Schriftenreihe der Hochschule für Musik Franz Liszt
herausgegeben von Tiago de Oliveira Pinto

BAND 11

Friederike Jurth

Da ideia ao Samba.
Von der Idee zum Samba

Kompositionsästhetik & Musikalischer Schaffensprozess im
Samba-Enredo der Escolas de Samba von Rio de Janeiro

BÖHLAU

Veröffentlicht mit der feundlichen Unterstützung durch:
UNESCO-Chair on Transcultural Music Studies
Hochschule für Musik FRANZ LIST Weimar
Deutscher Akademikerinnenbund e.V.
Fazit-Stiftung

Bibliografische Information der Deutschen Nationalbibliothek:
Die Deutsche Nationalbibliothek verzeichnet diese Publikation in der
Deutschen Nationalbibliografie; detaillierte bibliografische Daten sind
im Internet über http://dnb.d-nb.de abrufbar.

© 2024 Böhlau, Lindenstraße 14, D-50674 Köln, ein Imprint der Brill-Gruppe
(Koninklijke Brill BV, Leiden, Niederlande; Brill USA Inc., Boston MA, USA; Brill Asia Pte Ltd,
Singapore; Brill Deutschland GmbH, Paderborn, Deutschland; Brill Österreich GmbH, Wien, Österreich)
Koninklijke Brill BV umfasst die Imprints Brill, Brill Nijhoff, Brill Schöningh, Brill Fink, Brill mentis, Brill
Wageningen Academic, Vandenhoeck & Ruprecht, Böhlau und V&R unipress.

Alle Rechte vorbehalten. Das Werk und seine Teile sind urheberrechtlich geschützt. Jede Verwertung in
anderen als den gesetzlich zugelassenen Fällen bedarf der vorherigen schriftlichen Einwilligung des Verlages.

Umschlagabbildung: © Friederike Jurth
Detailanalyse des kompositorischen Schaffensprozesses einer Komponistengruppe

Korrektorat: Julia M. Nauhaus, Lübeck
Einbandgestaltung: Michael Haderer, Wien
Satz: Michael Rauscher, Wien
Druck und Bindung: CPI Print, Ulm
Gedruckt auf chlor- und säurefreiem Papier
Printed in the EU

Vandenhoeck & Ruprecht Verlage | www.vandenhoeck-ruprecht-verlage.com

ISBN 978-3-412-52751-8

Zwei Dinge sollten Kinder von ihren Eltern bekommen:
Wurzeln und Flügel.
Johann Wolfgang von Goethe

Meiner Familie

Die Musik ist der vollkommenste Typus der Kunst:
Sie verrät nie ihr letztes Geheimnis.
Oscar Wilde

Danksagung

Meinem Buch »Da Ideia ao Samba« vorangestellt, möchte ich meine tiefe Verbundenheit und einen besonderen Dank allen nachfolgenden Personen gegenüber ausdrücken, ohne deren Unterstützung meine Arbeit nicht in ihrer vorliegenden Form zu Stande gekommen wäre.

Zunächst gilt mein aufrichtiger Dank meinem Doktorvater, Prof. Dr. Tiago de Oliveira Pinto, der mich auf diesem langen Weg umfassend unterstützt, meine Ideen und Gedanken mit einer Vielzahl von Gesprächen inspirierend und konstruktiv geleitet und mich auf theoretischer und praktischer Ebene an mein Forschungsfeld herangeführt hat.

Mein aufrichtiger Dank gilt außerdem Prof. Dr. José Alberto Salgado, der mich während der gesamten Zeit an der UFRJ in Rio de Janeiro und bei meiner Feldforschung auf intellektueller und persönlicher Ebene begleitet hat. Ebenfalls gilt mein aufrichtiger Dank Prof. Dr. Thomas Nussbaumer, der mir besonders in der Publikationsphase mit wertvollem fachlichen Rat und wissenschaftlichen Dialogen zur Seite gestanden hat.

Meine tiefste Verbundenheit gilt allen mitwirkenden Komponisten: Evandro Bocão, Walace Cestari, Dalton Cunha, André Diniz, Junior Fionda, Leonel, Lequinho da Mangueira, Dudu Nobre und Guilherme Salgueiro, ohne deren Hilfe und Kooperation die Realisierung meiner Forschungsarbeit nicht möglich gewesen wäre.

Besonders danken möchte ich meiner Familie, die mich mit moralischem Beistand und Ermutigung in schwierigen und emotional kritischen Phasen unermüdlich bestärkt, mich mit zahlreichen Gesprächen und inspirierender, konstruktiver Kritik unterstützt hat. Sie hat mir über den langen Prozess des Forschens und Schreibens die erforderliche Kraft zur Anfertigung und Vollendung meiner Studie gegeben. Insbesondere möchte ich meine Mutter Sybille Jurth hervorheben, der ich für die außergewöhnliche Unterstützung in jedweden Momenten und verschiedensten Bereichen meiner Arbeit danke, die für mich von unschätzbarem Wert war. Weiterhin danke ich meinem Freund Walter Travis Islas Maldonado, der mir in allen Fragen der gestalterischen Umsetzung und technischen Bearbeitung meines audiovisuellen Quellenmaterials aus der Feldforschung mit kostbarem Wissen zur Seite gestanden hat.

Meine tiefe Verbundenheit gilt der GRES. *Unidos de Vila Isabel und der Liga Independente das Escolas de Samba* (LIESA) für die umfassenden internen Einblicke im künstlerischen Bereich, für die Ermöglichung des Zugangs zu exklusiven Materialien und Archiven sowie zum Seminar der Jurymitglieder der *Desfiles der Escolas de Samba*. Insbesondere danke ich Fernando Araújo, Direktor des *Centro de Memória* der LIESA, für sein unermüdliches Engagement und die Bereicherung mit erhellenden Gesprächen während meines gesamten Forschungsprozess.

Auch dem Deutschen Akademischen Austauschdienst (DAAD), der Hochschule für Musik Franz Liszt Weimar sowie dem Deutschen Akademikerinnenbund e.V. und der Fazit Stiftung möchte ich für die Förderung meiner Forschung im Rahmen von Graduierten- und Ph.D. Forschungsstipendien sowie Druckkostenzuschüssen aufrichtig danken.

Außerdem gilt mein tiefer Dank allen Freunden und Kollegen, die mich auf meinem Weg mit Anregungen, kritischen Auseinandersetzungen, differenzierten Anmerkungen und inspirierenden Diskussionen begleitet und bei der Durchsicht aller deutschen und portugiesischen Texte geholfen haben: Fernando Araújo, Cornelia Bruhn, Bianca und Jorge Cardoso, André Diniz, Laís Frey-Rode, Daniela Fugellie, Eduardo Gisi, Mariano Gonzalez, Lequinho da Mangueira, Eduardo Nunes, Tania Schneider-Palamkote, Guilherme Salgueiro, Paulo Portela, Chico Santana und Martinho da Vila. Hervorheben möchte ich hier die besondere künstlerische Unterstützung von Leonardo França de Almeida und Eduardo Gisi in Fragen der musikalischen Transkription.

Vorwort

Das musikalische Thema des alljährlich stattfindenden Umzugs ist ein immer wieder neues und eigens dafür zusammengestelltes Sujet, das textlich, mit entsprechenden Kostümen und allegorischen Wagen, mit Choreografien und vor allem auch mit Musik und mit einem großen Perkussionsensemble, der *bateria*, umgesetzt wird. Die abstrakte Idee wird zum großartigen, vielgestaltigen konkreten Spektakel, an dem am Ende auf der Umzugsstrasse, die *avenida*, etwa 4000 begeisterte Mitwirkende einer der großen Sambaschulen *(escolas de samba)* mitsingen, tanzen, musizieren, allegorische Wagen schieben und sich präsentieren.

Wie gelangt diese Idee zur Form eines Gesamtkunstwerks, das am Ende vor allem ein musikalisches ist? Diese Frage zu beantworten hat sich Friederike Jurth nach Rio de Janeiro aufgemacht, mitten hinein in die Welt der *escolas de samba*.

Daraus wurden fünf Jahre intensive Forschungsarbeit, bei der Friederike Jurth nicht nur das Vertrauen der Karnevalsexperten aus Rio de Janeiro erobert und erhalten hat, sondern vor allem die Freundschaft und echte Anteilnahme derjenigen, die für den jährlich immer wieder neu kreierten Samba verantwortlich sind: die Komponisten, Textdichter und die gesamte Community der *escolas-de-samba* von Rio de Janeiro.

Die Ergebnisse dieser Forschung sind von einer Tragweite, die weit über den Rahmen der *escola de samba* hinausgeht. Es ist der im kleinen Kollektiv durchdachte, zugleich kreativ und sozial verankerte Prozess, der zum kompositorischen Artefakt führt, das den Samba im Karneval von Rio de Janeiro auszeichnet und damit ein Modell veranschaulicht, wie die Entstehung von Musik funktionieren kann. Ihm liegt die Frage zugrunde, wie sich eine Gruppe um einen bestimmten mentalen Entwurf austauscht, um ihn zum Musikereignis zu machen, das dann Menschenmassen in Begeisterung versetzt. Ein zweifellos faszinierendes Phänomen, dessen Ergründung erstmals in der vorliegenden Arbeit zu einer systematischen Forschung geführt hat, die das Potential eines kollektiv-kreativen Schaffens in allgemeingültiger Deutlichkeit aufzeigt. Bei der Lektüre des Buches wird man Zeuge eines Entstehungsprozesses, der aufgrund seiner komplexen Verflechtungen kaum spannender sein könnte. Die wohl behütete »Receita« des *samba*, hat Friederike Jurth jedenfalls minutiös entschlüsselt und präsentiert sie uns ähnlich eines detailreich kommentierten Kochrezepts *(receita)*.

Die Materialfülle und die detailgetreue Analyse der Daten von drei unterschiedlichen Komponistengruppen, den sogenannten *parcerias*, mit denen die Autorin den gesamten Kompositionsprozess festhält, ist geradezu überwältigend. Friederike Jurth zeigt dabei, dass sie nicht nur eine akribische Datensammlerin ist und über eine untrüglich analytisch angelegte Forschernatur verfügt, sondern dass ihre fachliche Kompetenz dank ihrer großen Empathie für die Gewährsleute, diese als enge Mitarbeiter gewinnen kann. Dadurch kam ein ganz besonderer Austausch zustande, der es ihr am Ende ermöglichte, an jenen Bereich zu gelangen, der zu den bestens behüteten im Vorfeld des Karnevals gehört. Nichts von dem großen Samba Song soll im Vorfeld des Karnevals an die Öffentlichkeit gelangen. Er bleibt ebenso abgeschirmt wie die großen allegorischen Wagen der *escolas-de-samba*. Vor allem die melodischen Entwürfe, die überraschenden textlich-musikalischen Wendungen bleiben bis zum Schluss streng geheim. Friederike Jurth gelangte jedoch an genau diese Elemente und hat sie – mit dem Einverständnis der kreativen Gruppe – herausgearbeitet. Das Ergebnis daraus liegt mit diesem Buch vor. Etwas vom Nimbus des Geheimnisvollen, der Diskretion der Komponistengruppe, ist geblieben, denn einige dieser Kreativen wollen oder müssen namentlich unerwähnt bleiben.

Friederike Jurths ungewöhnlich enger und direkter Zugang zu den Machern der Musik im Karneval, den *carnavalescos* und den *parcerias* von Komponisten, wird von den beiden aus Rio de Janeiro stammenden Vorworte belegt, die dieses Buch nicht nur einleiten, sondern ihm gewissermaßen die Legitimation bescheinigen, über die es verfügt. Der Direktor des *Centro de Memória* der *Liga Independente das Escolas de Samba*, Fernando Araújo, sowie der bekannte Komponisten André Diniz heben mit ihren persönlichen Eingangsworten die Relevanz der vorliegenden Forschung hervor, vor allem aber bezeugen sie das Sachverständnis der Autorin, die in Rio de Janeiro längst nicht mehr die interessierte junge Forscherin aus Deutschland ist, sondern eine ebenbürtige Expertin, eine mittlerweile ernstzunehmende Stimme, selbst wenn es um die nun anstehende große Aufgabe geht, den Karnevalssamba aus Rio, der *samba carioca*, in die Bewerbung um einen Eintrag auf die UNESCO Liste des Immateriellen Kulturerbes zu unterstützen. Diesem auf den UNESCO Status zielenden Vorhaben wird das vorliegende Buch ein wichtiger Beitrag sein. Friederike Jurth schließt mit ihrem Buch ab, was sie im Laufe ihres Studiums am Weimarer Lehrstuhl für Transcultural Music Studies, der 2017 zum weltweit ersten musikwissenschaftlichen UNESCO Chair erhoben wurde, erlernt und erprobt hat.

Vor zehn Jahren habe ich die junge und wissbegierige Studentin Friederike Jurth auf ein Phänomen aufmerksam gemacht, das mir selbst als Student in den 1980er Jahre in Rio de Janeiro bei den Kompositionswertbewerben in den *escolas-de-samba* aufgefallen war: wie entsteht ein *samba enredo*? Ich hatte mir diese Frage als eigenes Vorhaben aufgespart. Dass sie es nun umgesetzt hat, ist mir eine besondere Genugtuung und die Bestätigung der eigenen Gedanken zum Thema.

Selbstverständlich gebührt ihr allein der Erfolg ihrer Arbeit. Die Schlussfolgerungen darin sind einzig die ihrigen. Das bedeutet aber auch, dass wir drei Schreiber der vorliegenden Vorworte in gewisser Weise zu Nutznießern der Ergebnisse von Friederike Jurth wurden. Uns hat sie eingangs befragt, nun sind wir diejenigen, die viel von ihr lernen können!

Mit DA IDEIA AO SAMBA beschenkt Friederike Jurth schließlich auch die Community des *samba* und die Musikforschung mit einer tiefgründigen Forschungsarbeit, die nicht nur Fleiß und wissenschaftliche Neugier offenbart, sondern die mit überaus viel Herzblut entstanden ist. Daher ist sie so glaubwürdig und bleibt sicherlich wegweisend für die kommenden Zeiten.

PROF. DR. TIAGO DE OLIVEIRA PINTO
UNESCO Chair Holder

Transcultural Music Studies
Hochschule für Musik Franz Liszt
Weimar und Friedrich Schiller Universität Jena

Prefácio – A Ideia do Samba. Da Ideia ao Samba

A música, a expressão sublime de um povo, desempenha um papel fundamental na formação da identidade de uma nação. No vasto mosaico da cultura brasileira, o samba ocupa um lugar de destaque, sendo um elo intrínseco à história e à alma do país. Nesse contexto, o samba enredo emerge como a artéria condutora de um dos mais grandiosos espetáculos culturais produzidos no Brasil: o desfile das escolas de samba. Esta é uma arte genuinamente brasileira, orgulhosamente carioca, e que se tornou uma das mais admiradas manifestações culturais do mundo.

A força do samba enredo reside em sua capacidade de unir a criatividade da arte popular com a necessidade de expressar a identidade nacional. Este gênero musical é, por excelência, a voz do povo, uma ferramenta democrática que permite a artistas anônimos transcender o presente e alcançar a imortalidade. A genialidade do samba enredo reside em sua capacidade de romper barreiras, conectando-se com pessoas de diferentes origens, idades e experiências.

Com sua trajetória centenária, o samba enredo merece atenção minuciosa em sua origem, formação e desenvolvimento. São poucas as manifestações populares que conseguem manter um diálogo com o público por tanto tempo, e, portanto, o interesse em transformar essa manifestação em fonte de estudo acadêmico é inigualável. Este trabalho acadêmico é o resultado de dedicação extrema, que envolveu o profundo desejo de conhecer, compreender e analisar todas as etapas do processo criativo que culmina em um samba enredo. A partir de uma ideia inicial, essa música se transforma em um espetáculo audiovisual que desempenha um papel singular como trilha sonora da grande ópera popular brasileira, proporcionando o ritmo e a emoção que se desdobram na avenida de desfile.

Foi um privilégio participar desse longo processo de investigação sobre uma manifestação que é, inegavelmente, a face do Brasil para o mundo. As discussões, as conversas e as opiniões registradas durante essa jornada acadêmica refletem a busca incessante de respostas para uma pergunta fundamental: como nasce uma obra de arte?

O trabalho acadêmico de Friederike torna-se uma referência essencial na investigação desse processo complexo e fascinante. Ele é, talvez, a prova da transcendência da música popular brasileira, que tem a capacidade de atrair a atenção de pesquisadores de diferentes continentes. O valor desta pesquisa é inestimável e contribui para a validação da importância da investigação científica de uma manifestação que nasceu nos corações de pequenos grupos e, ao longo do tempo, conquistou o mundo. O samba enredo não conhece fronteiras e, anualmente, dá à luz obras que se eternizam, deixando uma marca indelével na história cultural do Brasil e do planeta.

Fernando Araújo, Direktor des *Centro de Memória der Liga Independente das Escolas de Samba*, Rio de Janeiro, Oktober 2023

Prefácio

Aqui no Brasil quem trabalha com música, geralmente, sequer sabe ler uma partitura ou o que significa um si com sétima. Eu, por exemplo, na hora de compor, muito pouco uso o instrumento ou meu conhecimento de teoria musical.

Somos uma mistura de gente simples. Dos pretos um dia escravizados e de imigrantes europeus, que fugiam de fases de desemprego por aí, e aportavam aqui. Ambos calejados pela vida, que faziam da música uma forma simples de resistir, de lembrar, e sobreviver. O brasileiro pobre hoje, como mistura de seus antepassados que é, samba, canta, toca e batuca para não sucumbir à dureza do dia a dia. A música é o que ameniza toda a carência. Quando a bateria sobe é como se entrássemos em um transe coletivo que faz a cintura mexer, o coração sorrir e os olhos sofridos brilharem. É este brilho que desenha nossas melodias, é nossa essência, de riqueza harmônica europeia e rítmica africana, porque é isso que somos.

Do ponto de vista étnico, é muito difícil nos definir. O Brasil é preto Pelé, mulato Rebeca, moreno Romário, branco Gisele Bündchen ou Guga Kuerten e japa Sabrina. Não é fácil reconhecer um turista por aqui, temos cara de mundo todo. Sendo assim, demorei a entender que aquela loirinha Friederike era estrangeira, pois lá estava ela misturada com o pessoal da bateria, como vi tantas outras loiras e loiros, japas e afins.

Entendi algo diferente quando percebi que ela estava sempre escrevendo ou gravando alguma coisa. Depois me disseram que era uma estudante, mestranda e depois doutoranda em música. Aí me disseram que era alemã, e nos conhecemos, e acabei trabalhando junto com ela e participar aos seus estudos quando o assunto foi composição das músicas.

Já passei os olhos sobre o trabalho dela e adorei. Nas férias que virão agora vou debruçar e aprofundar sobre seus estudos e análises, e tenho certeza que são límpidos, corretos e certeiros por alguns motivos. Ela é competente pra isso, trabalhou e pesquisou muito pra encerrar sua tese. Esteve em cada batucada do bairro, em todas as esquinas de Vila Isabel onde o samba suava os corpos e os copos. Entretanto, não nego, acho que seu trabalho será ainda melhor, porque Friederike se permitiu o pertencimento da brasilidade.

Vi seus olhos brilharem de alegria, vi sua angústia quando as coisas não iam bem pra nós e seu alívio quando as coisas se resolviam. Vi executar seu violino se permitindo ser levada mais pelas sensações do que pela técnica refinada que tem, mesmo que por alguns instantes delirando em improvisos, mais senzala do que academia, mais favelada do que estudante de Weimar.

É este o diferencial. Não perder a frieza da análise e se permitir sentir o que sentimos!

Foi uma honra fazer parte de seus estudos e aguardo sua volta para o pós-doutorado.

Axé alemoa do morro dos macacos!

André Diniz, Komponist der Unidos de Vila Isabel, Rio de Janeiro, Oktober 2023

Inhalt

Danksagung 7

Vorwort 9

Prefácio – A Ideia do Samba. Da Ideia ao Samba 11

Prefácio 12

Nosso oro é a poema. Die Poesie ist unser Gold [Mc Guime] 19

PART 1: ZUM THEORETISCHEN HINTERGRUND DER STUDIE UND ZUR
ETHNOGRAFISCHEN FELDFORSCHUNG 27

Kapitel 1: Zu grundlegenden Begrifflichkeiten wie Komposition, Kreativität,
Improvisation und Performance sowie ihrem Verständnis im Kontext des Sambas
de Enredo 27

  1.1 Die Verschriftlichung als zentraler Bestandteil des traditionellen
       Kompositionsbegriffes 28
  1.2 Einheit und Trennung von Komposition, Improvisation und Interpretation 30
  1.3 Die Erweiterung des Kompositionsbegriffes im Kontext der populären Musik . . . 32
  1.4 Eine Frage der Definition: Das Komponieren, Bearbeiten und Arrangieren im
       Kollektiv 36
  1.5 Der kreative Funke: Voraussetzung und Schlüssel für das künstlerische Schaffen . . 37
  1.6 Zum Konzept der Phasentheorie des kreativen Prozesses 41
  1.7 Augenblick der Illumination: Ein Ergebnis künstlerischer Genialität oder kognitiv
       gesteuerter Arbeit? 43
  1.8 Trial-and-Error oder zielgerichtete Ideensuche? Zu Grundlagen des
       kompositorischen Handwerks und der Improvisation als Impulsgeber für
       künstlerische Einfälle 46
  1.9 Besondere Aspekte im Zuge von Gruppenkomposition 51
  1.10 Determination des Kompositionsvorgangs durch externe Rahmenbedingungen,
       stilabhängige Bezugssysteme und zur Schlüsselfunktion der Vorbilder und
       Vorerfahrungen mit der Materie 53

Kapitel 2: Methodenrepertoire und Vorgehen bei der Feldforschung und Datenerhebung 63
2.1 Datenerhebung und Umgang mit erstellten Quellen: Prämissen der Feldforschung 64
2.2 Die Kunst des korrekten Verhaltens: Zur Kontroverse von Nähe und Distanz im Feld 66
2.3 Methodik der Datenerhebung I: Beobachtungsformen und Reflexion der eigenen Rolle im Feld 68
2.4 Methodik der Datenerhebung II: Erstellung ethnografischer Aufnahmen 70
2.5 Herausforderungen bei der ethnografischen Arbeit und der Auswahl des Materials 75
2.6 Selektion der Fallstudien nach dem Prinzip des Theoretical Sampling 76
2.7 Methodik der Datenerhebung III: Zur Befragung der Komponisten im Rahmen von Experteninterviews und dem Aufbau des offenen Leitfragenkatalogs 77
2.8 Verarbeitung der Felddaten I: Transkription der Dialoge 81
2.9 Verarbeitung der Felddaten II: Einbezug von Körpersprache, Gesten und nonverbaler Kommunikation 83
2.10 Verarbeitung der Felddaten III: Betrachtung von Struktur und Verlauf der Sessions 84
2.11 Verarbeitung der Felddaten IV: Zur Form der Analyse und Interpretation zentraler Dialogsequenzen 85
2.12 Verarbeitung der Felddaten V: Betrachtung der musikalischen Ebene 88
2.13 Verarbeitung der Felddaten VI: Rhythmisch-melodische Formeln und Versatzstücke 90
2.14 Lévi-Strauss' Konzept des Mythos als Ausgangspunkt für eine strukturanalytische Untersuchung der Sessions 91
2.15 Modelle und Gestaltungselemente audiovisueller Inszenierung im Videoclip eines Sambas 95
2.16 Der Einbezug Weicher Daten 96
2.17 Methodentriangulation zum Abgleich und zur Validierung der Ergebnisse 97

Kapitel 3: Herausforderungen der Feldforschung: Reflexion zur Situation und eigenen Position im Feld 2012–2019 und zu meinem persönlichen Hintergrund 99
3.1 Ein steiniger Beginn: Ankunft in der *Unidos de Vila Isabel* und Aufbau eines ersten Kontaktnetzes 99
3.2 Als Instrumentalistin im *Disputa de Compositores* der *GRES. Unidos de Vila Isabel* . 100
3.3 Eine neue Herausforderung: Meine Arbeit als Musikerin beim *Carro de Som* und als Assistentin des *Carnavalescos* der *Unidos de Vila Isabel* 102
3.4 Persönlicher Hintergrund I: Klassisch-instrumentale Ausbildung 105
3.5 Persönlicher Hintergrund II: Von Weimar nach Rio de Janeiro 106
3.6 Persönlicher Hintergrund III: Forscherin in der Sambaschule. Eine tägliche Herausforderung 108

3.7   Theoretical Sampling I: Herstellung der Kontakte zu den Komponisten
       und Auswahl der Fallbeispielgruppen 109
3.8   Theoretical Sampling II zur Auswahl der Sambas: »Auf in die Materialschlacht« . 114

PART 2: »ES WAR EINMAL«: KONTEXT UND TRADITION DER KOMPOSITION IM
SAMBA-ENREDO DER *Escolas de Samba* VON RIO DE JANEIRO 121

Kapitel 4: Historischer Hintergrund und frühe Formen der Kompositionspraxis im
Samba-Enredo 121
4.1   Von den Ursprüngen des Karnevals und dem historischen Kontext des Sambas de
       Enredo 122
4.2   Ein buntes Gemisch diverser Traditionen und kultureller Elemente: Von *Ranchos*,
       Blocos und *Cordões* im Kleinen Karneval und den ersten *Desfiles* der Sambaschulen . 127
4.3   Eine neue Ära der Instrumentalisierung von Musik: Der Weg des Samba-Enredo
       vom politischen Mittel zum wirkungsvollen Werkzeug im Zeitalter von Kommerz
       und Globalisierung 130

Kapitel 5: Zur Kompositionstradition der *Parcerias* der Sambaschulen von Rio de
Janeiro 132
5.1   Von der Exklusivität des *Alas de Compositores* und den frühen
       Kompositionspraktiken 132
5.2   Was ist nun eigentlich eine *Parceria*? Zur Komponistengruppe in ihrer heutigen
       Ausprägung, zum zeitgenössischen Phänomen der *Firma* und zum *Escritório*
       do Samba 140

PART 3: *UMA RECEITA DA COMPOSIÇÃO*? DER KREATIVE SCHAFFENSPROZESS IN DER
KOMPONISTENGRUPPE ANHAND DER STUDIE DREIER FALLBEISPIELE 149

Kapitel 6: An der Schwelle zum kompositorischen Schaffensprozess 149

Kapitel 7: Fallbeispiel I: *GRES. Unidos da Tijuca*, 2016 157
7.1   Zur *Parceria*: Individuelle Portraits der Komponisten 1-1, 1-2 und 1-3 157
7.2   Zum Gesamtverlauf der 1. *Reunião* des Sambas für *GRES. Unidos da Tijuca* 2016 . 164
7.3   Betrachtung des strategischen Vorgehens von *Parceria* 1 beim Verlauf der Session . 184
7.4   Die Verteilung der Mytheme in der Samba-Komposition der *Parceria* 1 186
7.5   Generierung, Gestaltung und Verarbeitung musikalischer und poetischer Ideen . . 188
7.6   Kommunikationsstruktur und dialogischer Austausch 201
7.7   Bewertung, Kritik und hierarchische Strukturen 202

Kapitel 8: Fallbeispiel II: *GRES. Porto da Pedra* 2016 204
8.1   Zur *Parceria*: Individuelle Portraits der Komponisten 1-2, 2-2 und 3-2 204
8.2   Zum Gesamtverlauf der 1. *Reunião* des Sambas für *GRES. Porto da Pedra* 2016 . . 213
8.3   Betrachtung des strategischen Vorgehens von *Parceria* 2 im Verlauf der Session . . . 227
8.4   Die Verteilung der Mythemen in der Samba-Komposition der *Parceria* 2 229
8.5   Generierung, Gestaltung und Verarbeitung musikalischer und poetischer Ideen . . 231
8.6   Kommunikationsstruktur und dialogischer Austausch 246
8.7   Bewertung, Kritik und hierarchische Strukturen 247

Kapitel 9: Fallbeispiel III: *GRES. Estácio de Sá*, 2016 249
9.1   Zur *Parceria*: Individuelle Portraits der Komponisten 1-3, 2-3 und 3-3 249
9.2   Zum Gesamtverlauf der 1. *Reunião* des Sambas für *GRES. Estácio de Sá* 2016 . . . 255
9.3   Betrachtung des strategischen Vorgehens von *Parceria* 3 im Verlauf der Session . . . 275
9.4   Die Verteilung der Mythemen in der Samba-Komposition der *Parceria* 3 277
9.5   Generierung, Gestaltung und Verarbeitung musikalischer und poetischer Ideen . . 279
9.6   Kommunikationsstruktur und dialogischer Austausch 290
9.7   Bewertung, Kritik und hierarchische Strukturen 292

Kapitel 10: Vom Wohnzimmer auf die Bühne: Der Tonstudiobesuch als Brückenmoment
zwischen Komposition und Performance 294
10.1   Ein entscheidender Moment: Die Produktion des Videoclips und die Tonaufnahme
       des Sambas im Studio 294
10.2   Wie gestaltet sich der typische Ablauf einer Studioaufnahme? 295
10.3   *Recomposição do Samba*: »Neukomposition« des Sambas. Arrangements für
       besondere Instrumente, Transformationen und Momente vollständiger
       Neugestaltung im Studio 298
10.4   Von der Tonaufnahme zum Videoclip: Modelle, audiovisuelle Gestaltungselemente
       und Inszenierungskonzepte der *Parcerias* in ihren Videoclips für den *Disputa de
       Samba* 302
10.5   Das Werbevideo als künstlerische Visitenkarte der Komponistengruppe 308

Part 4: »Schöne Neue Welt«: Wo bleibt die künstlerische Freiheit?
Professionalisierung, Globalisierung und Kommerzialisierung in den
Komponistenwettstreiten und *Desfiles* der Sambaschulen 311

Kapitel 11: Der *Disputa de Samba* in Sambaschulen der *Grupo Especial* 311

Kapitel 12: Das Prinzip des Ausscheids aus dem Wettbewerb: Die *Corte do Samba* 315
12.1   Die Stationen von der ersten Wettstreitrunde bis zum großen Finale 318

12.2 Der lange Weg bis zur finalen Nacht der Nächte. Zur Struktur und Organisation der *Parcerias* für ihre Präsentationen im *Disputa de Samba* 319
12.3 Die Funktion und Bedeutung der Fangemeinde und das zeitgenössische Phänomen der *Torcida organizada* 322
12.4: The Show must go on: Ein Abend im Wettstreit der Komponisten während der *Eliminatória do Samba* 325

Kapitel 13: *Samba Campeão*. Der strahlende Sieger des Finales. Wie geht es nun weiter? . . 342

Kapitel 14: Externe Instanzen und Autoritäten mit Einfluss auf die künstlerische Arbeit der Komponisten 344
14.1 Die *Liga Independente das Escolas de Samba* (LIESA) und die Jury der *Desfiles* der Sambaschulen 344
14.2 Bewertungskriterien und Schlüsselargumente der Jury zur Beurteilung der künstlerischen Qualität eines Sambas de Enredo 347
14.3 Die Lyrics als Bewertungsgegenstand der Sambas de Enredo im *Desfile* 348
14.4 Die Musik als Bewertungsgegenstand der Sambas de Enredo im *Desfile* 350

Kapitel 15: Formelhaftigkeit in den zeitgenössischen Kompositionen: Aktuelle Kontroversen um melodische Versatzstücke und typische Bausteine der zeitgenössischen Sambas 355

Kapitel 16: Die *Escolas de Samba* in der Ära der Professionalisierung und Globalisierung, gefangen in einem System des externen Sponsorings 368

PART 5: *A RECEITA DO SAMBA*. EIN REZEPT FÜR DEN SAMBA 381

Kapitel 17: Darstellung der Ergebnisse zu Phasen, Charakteristika und Verlauf des künstlerischen Arbeitsprozesses in den kompositorischen Sessions der Fallbeispielgruppen 389

Kapitel 18: Theoriebildung zum kompositorischen Schaffensprozess der *Parcerias* der *Escolas de Samba* von *Rio de Janeiro* im Kontext ihres Feldes 399
18.1 Phasen, Komponenten und Elemente im Entstehungsprozess eines Sambas de Enredo 400
18.2 Ideengenerierung und Bearbeitung einer Samba-Komposition: Der Weg einer musikalischen oder poetischen Idee im künstlerischen Schaffensprozess 405
18.3 Der Samba als Lego? Die Schlüsselfrage nach der Existenz einer Formel x 411

18.4 Ideen im Korsett: Das Spannungsgefüge und Bedingungsfeld der Sambas de
       Enredo 413

Kapitel 19: *Não deixe o Samba morrer.* Lasst den Samba nicht sterben.
Perspektiven: Zurück zum kreativen Funken 416

Quellen- und Literaturverzeichnis 420

Tonquellen für die Hörbeispiele der Versatzstücke 436

Anhang. Abkürzungs- und Symbolverzeichnis 439

Digitaler Anhang mit:
Glossar portugiesischer Fachbegriffe in fünf Kategorien
Portugiesische Originaltexte der Experteninterviews
Verzeichnis der Schlüsselfragen der Leitfadeninterviews
Finalversionen der *Sambas* aus den Fallbeispielen
Partituren (Transkriptionen) der Sessions: Erarbeitung und Bearbeitung der Kompositionen
Melodische Versatzstücke des *Sambas de Enredo*, exemplarische Liste aus 60 Beispielen
Mythemen in den *Reuniões* der *Parcerias* (Aufschlüsselung in *Partes do Samba*)
Parameter der Videoclipanalyse am Beispiel der Eröffnungsszenen

Das digitale Material steht unter folgender Website zur Verfügung:
https://sambaenredo.com

Nosso oro é a poema. Die Poesie ist unser Gold [MC Guimê]

Das geheimnisvolle Phänomen des kreativen Funkens, der sich mit kognitiven, bewusst gesteuerten Überlegungen und sorgsam abgewogenen, strategischen Entscheidungen zum Prozess des kompositorischen Schaffens verbindet, ist eine Thematik, die mich bereits lange vor Beginn meiner Arbeit an der vorliegenden Studie zu beschäftigen und faszinieren begann. Wie entstehen musikalische Werke? Auf welche Weise greifen verschiedene Mechanismen von künstlerischer Eingebung, kreativem Impuls und zielgerichteter Erarbeitung ineinander? Unter welchen Einflüssen fügen sich kognitiv gesteuerte Entscheidungen über jene der Inspiration entspringenden, spontanen musikalischen Einfälle und poetischem Rohmaterial zu fertigen Abschnitten und schließlich zum vollständigen Werk zusammen? Meine erste Auseinandersetzung mit dem sensiblen Thema der kreativen musikalischen Schaffensprozesse war von praktischer Natur geprägt: Im Rahmen des Musiktheorieunterrichts unternahm ich erste Kompositionsversuche und improvisierte in meiner Freizeit auf dem Klavier. All diese Experimente waren zunächst im Bereich der klassischen Musik angesiedelt. Im wissenschaftlichen und theoretischen Kontext begann ich mich erst während meines Studiums intensiver mit der Komposition auseinanderzusetzen: Studien im Bereich der zeitgenössischen Musik und zum kollektiven Schaffensprozess in der Popularmusik brachten mich schrittweise meinem mittlerweile ausgewählten professionellen Schwerpunkt näher.

Die Idee für eine umfangreiche Studie zu musikalischen Schaffensprozessen in den Komponistengruppen der Sambaschulen von Rio de Janeiro erwuchs aus meiner ersten Feldforschungsepisode vor Ort (2012–2013): Hier entwickelte sich im Verlauf der Zeit und insbesondere durch meine Mitgliedschaft in der Sambaschule *GRES. Unidos de Vila Isabel* ein tiefergehendes Verständnis für die konstituierenden, typischen Vorgänge und Besonderheiten des Feldes und dem »Universum« der Sambaschulen. Ich entdeckte den Samba-Enredo als pulsierendes, musikalisches Herzstück des pompösen Gesamtkunstwerkes dieser »brasilianischen Oper«, als die sich das schillernde Spektakel der *Desfiles* in der *Avenida* verstehen lässt. Gleichzeitig erahnte ich die Komplexität und Vielzahl mich erwartender Hürden, die eine profunde Erforschung der verborgenen kompositorischen Praktiken in diesem öffentlichkeitsabgewandten Bereich der musikalischen Schaffensbereiche mit sich bringen könnte. Schlussendlich überflügelte meine Faszination jede Abschreckung. Aus meiner vorhergehenden Forschung waren mir die Randbedingungen und zahlreichen Besonderheiten des Feldes bekannt, darunter die Bedingungs- und Beziehungsgefüge sowie Arbeitsstrukturen der Komponistengruppen, Rollen und Funktionen der *Parceiros*, sensible finanzielle Aspekte und komplizierte politische Konstellationen im Wettbewerb der Komponisten[1] und schließlich die Konditionen im strahlenden *Desfile*, dem Wettbewerb

---

[1] Anmerkung zu verwendeten Genderbezeichnungen: Die maskuline Variante »Forscher« oder »Wissenschaftler« etc. wird im fortlaufenden Fließtext stellvertretend für alle Gender verwendet.

der Sambaschulen im *Sapucaí* und dem gleichzeitigen Höhepunkt des Karnevals. Die Schlüsselfunktionen all dieser Komponenten und Elemente sowie ihre Rollen im Moment des kompositorischen Schaffensprozesses waren mir zu diesem Zeitpunkt bereits weitgehend vertraut und bewusst. Nun begründen diese Rahmenbedingungen in Verbindung mit der bis zum heutigen Tag vorherrschenden Tradition einer lebendigen, oralen Vermittlung der Kompositionspraktiken von einer Komponistengeneration an die nächsten, die im privaten und öffentlichkeitsabgewandten Raum stattfindende Arbeit der Komponisten sowie ein Spektrum an weiteren heiklen, feldspezifischen Faktoren, dass eine Erforschung der inneren Prozesse und Vorgänge während der Gruppenkomposition in diesem Genre bis zum Zeitpunkt meiner Studie nie stattfinden konnte. Ungeachtet dessen übte ebenjene Mischung aus wohl gehüteten Geheimnissen, meiner Neugier und die Herausforderungen einer gewissen Unkalkulierbarkeit des Unternehmens einen besonderen Reiz auf mich aus. Was wäre die Feldforschung ohne Überraschungen und Risikobereitschaft?

Der Karneval der Sambaschulen von Rio de Janeiro ist ohne jeden Zweifel weltbekannt und schon lange den Kinderschuhen des rauschenden, doch auf ein regionales Publikum ausgerichteten Volksfestes entwachsen. Spätestens seit Beginn des neuen Millenniums hat er sich zu einem außergewöhnlichen Phänomen entwickelt, das einmal jährlich zum weltweiten Zentrum des Interesses wird und hohe Maßstäbe an seine Darbietungen setzt: von Jahr zu Jahr sollen sie sich erneut überflügeln. Zur sogenannten fünften Jahreszeit richten sich alle Augen auf das *Sapucaí* von Rio de Janeiro: Soziale Medien, Zeitungen, Fernsehen und Internet überschlagen sich mit beobachtenden, kommentierenden und kritisch-reflektierenden Berichten zu den Geschehnissen in der *Cidade Maravilhosa*. Wir begegnen Analysen aktueller Trends und technischer Innovationen, die in den allegorischen Wagen umgesetzt werden, ihnen Glanz verleihen und das Publikum zum Staunen bringen. Kostüme, die in der *Avenida* in Flammen aufgehen, meterhohe Figuren und flügelschlagende Fabelwesen, die kurz vor dem Ziel, dem *Praça da Apotheose*, vor dem Bogen des TV-Towers angehalten und in aufwändigen technischen Verfahren abgesenkt werden müssen, um die maximale Höhe nicht zu überschreiten. Das Publikum erlebt spektakuläre Fallschirmsprünge und funkensprühende Feuerwerke zur Eröffnung der *Desfiles* – und jedes Element der Präsentation bewegt sich zum Rhythmus und zur Spannungskurve der emotional mitreißendsten aller Komponenten: der Musik, der Melodie des Sambas. Der einzigartige Augenblick der Erschaffung eines Sambas de Enredo steht im Zentrum meiner Studie. Sie nährt sich ihm aus verschiedenen Perspektiven an, betrachtet Details und Zusammenhänge zwischen den Komponenten und entschlüsselt Strukturen, um die Puzzleteile des facettenreichen Panoramas zu einem vollständigen Bild zusammensetzen. Enthalten sind Betrachtungen des allgemeinen Verlaufs der Sessions, kompositorischer Vorgehensweisen, Strategien und Techniken, sowie die Erforschung künstlerischer Geheimnisse, zündender Ideen und die Untersuchung extern und intern gesteuerten Prämissen, die die kreative Arbeit der Akteure prägen und leiten. Um die Entscheidungsvorgänge der Komponisten zu verstehen und ihr künstlerisches Schaffen im Spiegel der verschiedenen Spannungsfelder zu entschlüsseln, sie transparent und nachvollziehbar darzustellen, ist auch die Einbindung der externen Einflussfaktoren und Berücksichtigung der Rahmenbedingungen des Umzugs, die in direkter Form auf die Handlungsabläufe einwirken, für die analytischen Betrachtungen relevant.

Bedingt durch die gegenwärtig noch äußerst rare Literatur zum kreativen Schaffensprozess im Samba-Enredo waren umfangreiche Feldforschungen in Rio de Janeiro zur Datenerhebung, Materialerstellung und Quellensammlung als Grundlage meiner Forschungsarbeit unerlässlich. Aktuelle Schlüsselwerke aus der einschlägigen Literatur zum Samba-Enredo konzentrieren sich derzeit in verstärkter Form auf den Bereich historischer Analysen und Untersuchungen zu Karneval und Sambaschulen oder auf Erörterungen spezifischer Fragen zu visuellen Komponenten der Umzüge, auf das zeitgenössische Phänomen des durchschlagenden Strukturwandels der *Desfiles* im Zuge von Globalisierung und Internationalisierung sowie ihren Wechselwirkungen mit dem Spektakel der Sambaschulen. Musikalischen Aspekten als zentralem Forschungsgegenstand wurde bisher wenig Aufmerksamkeit geschenkt. Sofern die musikalische Ebene in den Mittelpunkt der Betrachtungen rückte, fand dies zumeist mit einer Fokussierung auf die Perkussion der *Bateria* statt oder konzentrierte sich auf die Entschlüsselung musikalischer Charakteristika in einem determinierten historischen Zeitraum. Studien, die mit schriftlichem Notenmaterial arbeiten, verwenden meist kurze, ausschnittweise Transkriptionen und stellen die Musik darüber hinaus nur punktuell ins Zentrum ihrer Untersuchungen. In der Regel konzentrieren sich Forscher in analytischen Betrachtungen des Sambas de Enredo auf seine poetische, schriftlich fixierte Komponente: die Lyrics (*Letras*). Darstellungen wie jene von Carla Maria Oliveira Vizeu oder Fabinha Lopes da Cunha[2] schließen Betrachtungen zu zentralen rhythmisch-melodischen Merkmalen und Besonderheiten in die Untersuchungen ein, konzentrieren sich in ihren Systematisierungen jedoch auf ein limitiertes historisches Zeitfenster und lassen die Frage nach langfristigen Entwicklungen, Transformationen und aktuellen Tendenzen der musikalischen Ebene unbeantwortet. Das Fehlen von ganzheitlich ausgerichteten Analysen der Musik und die bisher vollständige Aussparung des Kompositionsprozesses selbst begründet sich in einer Reihe feldspezifischer Faktoren. Zweifelsohne spielt hier der vorherrschende Mangel an realem Notenmaterial eine Rolle, den die orale Vermittlungs- und Kompositionstradition mit sich bringt. Darüber hinaus entspringt die Abwesenheit konkreter Studien zum kreativen Schaffensprozess auch der erschwerten Zugänglichkeit zu Momenten der sensiblen, öffentlichkeitsabgewandten, kreativen Arbeit von Komponistengruppen, die bis heute noch immer ausschließlich im privaten Rahmen stattfinden. Hier setzt die vorliegende Arbeit an: Drei ausgewählte Fallbeispiele sowie ergänzende Quellen, die mit einem breiten Spektrum ethnografischer Methoden erstellt, analytisch ausgewertet und zueinander ins Verhältnis gesetzt werden, bilden den Mittelpunkt meiner Forschung und sind zugleich die Grundlage für die Erarbeitung eines detaillierten theoretischen

---

2 Vgl. Carla Maria de Oliveira Vizeu: *O Samba-Enredo carioca e suas transformações nas décadas de 70 e 80: Uma análise musical*, (Tese de Mestrado em Música Universidade Estudal de Campinas), Campinas 2004; vgl. Fabiana Lopes da Cunha: *Da marginalidade ao estrelato. O Samba na Construção da Nacionalidade*, São Paulo 2004.

Modells zur Komposition im Samba-Enredo. Als zentrales Resultat der Studie skizziert, fokussiert, illustriert und reflektiert es den typischen Entstehungsweg einer Samba-Komposition vom kreativen Funken und der ersten Idee bis zu seiner finalen Fixierung.

Im Verlauf von elf Kapitel eröffnet sich dem Leser zunächst ein tiefgründiges Verständnis für alle sichtbaren und unsichtbaren Komponenten, Parameter und Elemente; es kristalisieren sich die Zusammenhänge von kompositorischen Motiven, bewusst getroffenen Entscheidungen und unterbewussten Beweggründen für die Handlungen und künstlerischen Entscheidungen der Hauptakteure heraus, die ineinanderwirken, den kreativen Weg leiten und das Endergebnis maßgeblich beeinflussen.

Der eröffnende Teil der Studie, betitelt mit PART 1: ZUM THEORETISCHEN HINTERGRUND DER STUDIE UND ZUR ETHNOGRAFISCHEN FELDFORSCHUNG, versteht sich als eine grundlegende Einführung bzw. theoretische Hinführung zur Thematik. Im Zuge von drei Kapiteln stehen hier diverse, für das Verständnis der anschließenden Betrachtungen relevante Konzepte und Schlüsselbegriffe wie Komposition, Kreativität und Performance im Vordergrund. In Anlehnung an ihre traditionellen Auslegungen werden sie zunächst allgemein definiert und ausgehend von den tradierten Varianten im Folgenden um spezifische Charakteristika, Bedeutungen und Interpretationen im Bereich der Popularmusik erweitert. Ergänzende Überlegungen zu Überschneidungen und Differenzen der Begriffsverständnisse vervollständigen das Bild. Davon ausgehend erfolgt auch die Erweiterung der Definition um besondere Details, die hinsichtlich der Auffassung und Auslegung des Kompositionsbegriffs im Kontext des Sambas de Enredo signifikant sind. Neben den Kreativitäts- und Kompositionskonzepten kommen einschlägige Theorien und psychologische Hintergründe zur Entstehung von Ideen und Inspiration in künstlerischen Schaffensprozessen zum Tragen. Anknüpfend an diesen ersten Theorieteil präsentiert eine umfangreiche Methodendiskussion meine Prämissen, die angewandten ethnografischen Techniken sowie Vorgehensweisen bei der Datenerhebung und im Prozess der Auswahl zentraler Fallbeispiele. Es werden sowohl die Schwierigkeiten und Herausforderungen reflektiert, mit denen ich mich während der Etappen meiner praktischen Forschung konfrontiert sah, als auch meine eigene Rolle, Position und Situation im Feld transparent dargestellt und kritisch betrachtet.

Der sich dem theoretischen Rahmen anschließende PART 2: »ES WAR EINMAL«: KONTEXT UND TRADITION DER KOMPOSITION IM *Samba-Enredo* DER *Escolas de Samba* VON RIO DE JANEIRO präsentiert in Kapitel 4 und 5 die Wurzeln und historischen Ursprünge des Karnevals, der Sambaschulen und *Desfiles* von Rio de Janeiro. Er umreißt die Hintergründe zur Entstehung der Musikform Samba-Enredo, beleuchtet die Tradition und tägliche Praxis des *Alas de Compositores*[3] und illustriert frühe kompositorische Praktiken, strategische Vorgehens-

---

3   Wörtlich übersetzt: Komponistenflügel. Bezeichnet die Gemeinschaft der Komponisten einer Sambaschule.

weisen, Techniken und Normen, die den Grundstein für die heutige Arbeit der Komponistengruppen legten, Wege ebneten und ästhetische Prämissen und Traditionen ausprägten, die nun von einer Generation an die folgende weitergegeben werden. Nicht zuletzt klären sich hier elementare und kontextuelle Schlüsselfragen, wie jene, was im Samba-Enredo als Komponist und unter der *Parceria* als Komponistenkollektiv zu verstehen ist, was sich hinter dem geflügelten Begriff des *Escritório do Samba* verbirgt oder was mit der »Firma« im Zusammenhang mit dem *Ala de Compositores* der Sambaschulen gemeint ist. All diese theoretischen, methodologischen und kontextuellen Stränge werden im Hauptteil der Studie, dem PART 3: *Uma receita da composição?* DER KREATIVE SCHAFFENSPROZESS IN DER KOMPONISTENGRUPPE ANHAND DER STUDIE DREIER FALLBEISPIELE zusammengeführt. Hier steht in Kapitel 6 die heutige Praxis der Komposition in all ihren Facetten und Stadien im Fokus der analytischen Betrachtungen. Beginnend mit einer Introduktion der jeden Kompositionsprozess umrahmenden Schlüsselmomente, namentlich den saisoneröffnenden Ereignissen der Präsentation von *Enredo* (Thema) und *Sinopse*, der *Tira-Dúvida* (Tilgung der Zweifel) und der *Entrega do Samba* (Registrierung des Sambas), die als Schwellenmomente zum kompositorischen Prozess zu betrachten sind und den weiteren Weg des künstlerischen Schaffens der Gruppen entscheidend vorzeichnen und prägen, folgt im Zuge der Kapitel 7 bis 9 die Analyse des Kernprozesses des musikalisch-poetischen Schaffens in den Komponistengruppen. Untersucht werden nun die Sessions zur Komposition eines Samba-Enredo für die Teilnahme am *Disputa de Samba* in einer Sambaschule der höchsten Ligen *Grupo Especial* und *Grupo A*. Anhand von drei ausgewählten exemplarischen Fallbeispielen, *GRES. Unidos da Tijuca, GRES. Porto da Pedra* und *GRES. Estácio de Sá*, illustriert die Studie typische Verläufe des Schaffensprozesses, künstlerische Techniken und Strategien und kristallisiert elementare ästhetische Prämissen der Komponisten im Detail heraus. Die ausgewählten Fallstudien werden zum Gegenstand einer eingehenden Betrachtung, Reflexion und Interpretation verschiedener kompositorischer Ebenen und relevanter Komponenten wie dem Aufbau bzw. dem strukturellen Verlauf einer Session, der Kreation von Lyrics und Musik, dem interaktiven, kommunikativen Austausch der Gruppenmitglieder und ihrer Kriterien zur Entscheidungsfindung in den verschiedenen Phasen des kreativen Schaffens.

Im Zentrum meiner Untersuchungen stehen zunächst die internen, im privaten Rahmen und unter strengem Ausschluss der Öffentlichkeit stattfindenden Vorgänge und Abläufe einer Session, die im zweiten Schritt ins Stadium der Studioaufnahme überführt werden. Diese rückt im 10. Kapitel, betitelt mit »Vom Wohnzimmer auf die Bühne: Der Tonstudiobesuch als Brückenmoment zwischen Komposition und Performance« in den Vordergrund. Hier wird der typische Weg illustriert, der einen Samba von seiner vorläufigen, in der Session entstandenen Version in seine verbindliche Endfassung führt, die während der Tonstudioaufnahme festgelegt und produziert wird und in dieser Form über den anschließenden Wettstreit der Komponisten und darüber hinaus erhalten bleibt. Zeitgleich zur Entwicklung und Aufnahme der Endfassung entsteht ein öffentlichkeitswirksamer Werbevideoclip zum komponierten Samba. Bestehend aus einer bunten Mischung von prägenden Charakteristika und Elementen, die sowohl den kompositorischen

Momenten und kreativen Vorgängen der Sessions im privaten Rahmen als auch der späteren publikumszugewandten Bühnenpräsentation des fertigen Werkes im *Quadra* beim *Disputa de Samba* entspringen, lässt sich diese Etappe als Übergang vom intimen Augenblick des künstlerischen Schaffens zur Live-Performance einer *Parceria* begreifen und fließt somit als ergebnisrelevante Etappe in die Betrachtungen ein.

PART 4: »Schöne Neue Welt«: Wo bleibt die künstlerische Freiheit? Professionalisierung, Globalisierung und Kommerzialisierung in den Komponistenwettstreiten und *desfiles* der Sambaschulen knüpft an diesen Moment an und widmet sich in ausführlicher Form dem entscheidenden Augenblick der Live-Performance konkurrierender Sambas, die auf den Bühnen der Sambaschulen um den Titel des *Samba Campeão* (Sieger des Komponistenwettstreites) kämpfen. Im Rahmen der Kapitel 11 bis 16 findet eine transparente Darstellung aller relevanten Aspekte statt, die gegenwärtig zu Prüfsteinen im facettenreichen Spektrum der Konditionen für die Verteidigung eines musikalischen Werkes im Wettbewerb der *Parcerias* großer *Escolas de Samba* werden und darüber hinaus über dessen Erfolg im Kontext der zweiten Feuerprobe, dem *Desfile* der Sambaschulen, entscheiden. Hier wird umfassend beleuchtet und entschlüsselt, welchen Faktoren die Musikschaffenden mit einer Entscheidung für die Teilnahme am Wettstreit unweigerlich ausgesetzt sind: Diese sind wider Erwarten nicht ausschließlich künstlerischer Natur, sondern präsentieren sich als breite Palette von teils konträren Anforderungen der verschiedenen autoritärer Instanzen an die Musik und Poesie. Nicht zuletzt sind sie von ökonomischen Gesichtspunkten beeinflusst und von kommerziellen sowie von politischen Interessen geleitet. Hat sich ein Samba erfolgreich im internen Wettbewerb durchgesetzt, erwartet den Sieger die nächste Herausforderung: Wie geht es mit der Komposition weiter? Welche Kriterien und Maßstäbe werden von der 40-köpfigen Jury der *Liga* der *Escolas de Samba* (LIESA) zur Bewertung einer Sambaschule im *Sapucaí* angesetzt?

Die Analysen dieser übergeordneten Bedingungsgefüge illustrieren, wie externe Anforderungen und Konditionen den Radius der Kreativität von Komponisten determinieren. Der Kreis schließt sich mit einer Betrachtung der unmittelbaren Einflüsse äußerer Autoritäten – sei es die Sambaschule, die LIESA oder der Sponsor – die für die Gruppen in Hoffnung im Komponistenwettstreit in erster Instanz und mit den Anforderungen im *Desfile* in zweiter Instanz einen verbindlichen kreativen Rahmen definieren, der bereits im Augenblick der Komposition tief im Bewusstsein der Komponisten verankert ist und direkt auf ihre Entscheidungen einwirkt. Neben den relevanten Bewertungsrichtlinien für Lyrics und Musik sowie den öffentlich zugänglichen Juryurteilen ist die Formelhaftigkeit zeitgenössischer Sambas und der weit verbreitete Vorwurf des Recycelns und mosaikartigen Zusammensetzens melodischer Patterns und Versatzstücke zu einer Komposition, die wie mit einem Lego-Baukasten konstruiert erscheint, ein aktuell kontrovers diskutierter Gegenstand in Expertendebatten, der im Kontext des 15. Kapitels Berücksichtigung findet. Zu den Veränderungen der »Schönen Neuen Welt« zählen auch die Einflüsse der Globalisierung, Kommerzialisierung und Professionalisierung, die sich nicht nur auf das Gesamtgefüge des Karnevals der Sambaschulen, sondern auch auf die inneren Bereiche der *Escolas* in mannigfacher Form auswirken. Dieser Aspekt schließt als letzte Komponente im Kapitel 16 die Diskussion der gegenwärtigen Tendenzen.

Der 5. PART: *A receita do Samba*. EIN REZEPT FÜR DEN SAMBA bündelt abschließend in Kapitel 17 bis 19 alle im Verlauf der Studie gesammelten Ergebnisse und Erkenntnisse in einer mehrschrittigen Auswertung. Unter Einbezug der relevanten kontextuellen Bedingungen verdichten sich die aufgezeigten Stränge zu einem illustrativen Schema der Schlüsselphasen, die Charakteristika und Verläufe des künstlerischen Arbeitsprozesses zeigen und verbindet die Parameter zu einem theoretischen Modell des musikalischen Schaffensprozess in den Komponistengruppen, das die Essenz des Prozesses von Ideengenerierung und -entwicklung sowie den typischen Weg der künstlerischen Lösungsfindung von der Inspiration bis zur Endversion einer Idee visuell illustriert. Ein abrundendes Kapitel zu offenen und weiterführenden Forschungsfragen und Perspektiven schließt die Studie.

Part 1: Zum theoretischen Hintergrund der Studie und zur ethnografischen Feldforschung

Kapitel 1: Zu grundlegenden Begrifflichkeiten wie Komposition, Kreativität, Improvisation und Performance sowie ihrem Verständnis im Kontext des Sambas de Enredo

Die Natur des Kompositionsbegriffes, der im musikalischen Zusammenhang mit der künstlerischen Erschaffung eines Werkes mit den Komponenten Melodie, Harmonie, Rhythmus sowie den poetischen Lyrics gleichgesetzt werden kann,[1] ist überaus komplex und vielschichtig. Im Zuge dieses Kapitels soll er ebenso wie Kreativität, Improvisation und Performance hinsichtlich seiner diversen Bedeutungsebenen und Verwendungen definiert und insbesondere in Bezug auf sein Verständnis im Kontext des musikalischen Genres Samba-Enredo erläutert werden. Beginnen wir mit einer Annäherung an den Grundbegriff und die ihn konstruierenden Schlüsselkomponenten. Ausgehend von seinem traditionellen Verständnis wird er nachfolgend um ein breites Spektrum an relevanten Aspekten, ästhetischen Komponenten und spezifischen kulturellen Gegebenheiten[2] ergänzt und erweitert, die für seine Definition im Kontext der Popularmusik, zu der auch der Samba de Enredo gehört, eine zentrale Rolle spielen.[3] Jene traditionellen Interpretationen, die in einschlägigen Lexika wie dem *New Grove's Dictionary of Music and Musicians* und der *Musik in Geschichte und Gegenwart* nachzulesen sind und den Begriff der Komposition bzw. des musikalischen Schaffensprozesses in seinen Grundzügen innerhalb der abendländischen Kunstmusik in einer Vielzahl weiterer musikwissenschaftlicher Schriften charakterisieren, definieren eine Komposition als schriftlich fixiertes und reproduzierbares musikalisches Kunstwerk, welches durch seine Verschriftlichung darauf angelegt ist, die Zeit zu überdauern. Ein derartiges Verständnis legt jedem auskomponierten musikalischen Werk einen künstlerischen Anspruch und eine gewisse Vorausplanung und Wiederholbarkeit zugrunde, die sich von spontanen Entstehungskontexten wie beispielsweise der musikalischen Improvisation

---

[1] Vgl. Anja Rosenbrock: *Komposition in Pop- und Rockbands. Eine qualitative Studie zu kreativen Gruppenprozessen* (= Beiträge zur Musikpsychologie, Bd. 6), Hamburg 2006, S. 15.
[2] Vgl. ebd., S. 17.
[3] Vgl. Wolfram Knauer: *Jazz und Komposition. Darmstädter Beiträge zur Jazzforschung*, Darmstadt 1991, S. 6.

abhebt.[4] Neben einer Abgrenzung der Komposition von der Improvisation wird ebenfalls eine deutliche Linie zu ihrer performatorischen Aufführung gezogen. Im Fall einer Vermischung von Komponenten beider Ebenen wird der Begriff als nicht mehr haltbar betrachtet.[5] Die neue Definition im *New Grove Dictionary of Music and Musicians* fasst den Begriff der Komposition etwas weiter. Ausgehend vom etymologischen Ursprung der lateinischen Verbform »componere«[6] (zusammensetzen), werden nicht nur die zielgerichtete Lösungssuche, sondern auch die improvisatorische und spontane Komponente sowie eine Verbindung verschiedenster Bausteine und Parameter bei der Formulierung berücksichtigt. Ebenso schließt die Definition eine Einhaltung bestimmter genreabhängiger Regeln und die Frage von Talent und Expertise mit ein. Übereinstimmend mit der Auslegung in *Musik in Geschichte und Gegenwart* steht auch in beiden Fassungen des *New Grove's* die Verschriftlichung im Vordergrund, wird hier allerdings nicht als obligatorische Voraussetzung, sondern als gängige Möglichkeit aufgefasst:

> »›Composition‹ is an appropriate term when specific parts or elements of songs or instrumental pieces can be enumerated, yet the extent to which musicians speak of ›joining together‹ or ›coordinating‹ several components is a cultural variable [...].«[7]

> »[Composition is] usually referring to a piece of music embodies in written form or the process by which composers create such a piece. [...] In general, the term Composition is applied only where people engaged in making music. [...] in many societies this is regarded as a vocation requiring expertise, talent and an observance of implicit or explicit rules to ensure that the music will serve the functions of its Genre. [...] If there is one compositional issue that has generated more discussion than any other, it is how to coordinate poetry, song, dance and instrumental parts.«[8]

1.1 Die Verschriftlichung als zentraler Bestandteil des traditionellen Kompositionsbegriffes

Als elementare Komponente einer Definition von Komposition gilt ihre Verschriftlichung: Ein musikalisch auskomponiertes Werk zählt im traditionellen Sinne erst dann als Komposition,

---

4   Vgl. Klaus-Jürgen Sachs [u. a.]: Art. »Komposition«, in: *MGG 2*, Sachteil Bd. 5, Kassel u. a. 1998, Sp. 506–557, hier: Sp. 506 ff.
5   Vgl. Mark Lindley: Art. »Composition«, in: *New Grove's Dictionary of Music and Musicians*, Bd. 4, London 1980, S. 599–602, hier: Sp. 599 ff.
6   Vgl. Stephen Blum: Art. »Composition«, in: *New Grove's Dictionary of Music and Musicians*, Bd. 6, London ²2001, S. 186–201, hier: S. 186.
7   Ebd., S. 189.
8   Mark Lindley: Art. »Composition«, Sp. 599 ff.

wenn sie am finalen Punkt ihrer Kreation in schriftlicher Form vorliegt, beispielsweise in Gestalt einer klassischen Partitur. Zwar wird der Klang »als das Medium [aufgefasst] [...], das etwas vermittelt«[9] – ein Gefühl, eine Emotion oder einen bestimmten Charakter, doch wieder und wieder wird die verschriftlichte Fassung als Essenz verstanden: »Die Partitur ist die endgültige Substanz, das vollendete Werk«[10], formuliert der Dirigent und Pianist Daniel Barenboim. Für die Begriffsbildung innerhalb der populären Musik und der kollektiven Komposition ist diese Anforderung nur sehr bedingt haltbar, für die musikalische Komponente des Samba-Enredo gar nicht. Die Musikwissenschaftlerin Anja Rosenbrock merkt an, dass eine grundsätzliche Verpflichtung zur Verschriftlichung von (Gruppen-)Kompositionen unter Berücksichtigung des typischen Entstehungsprozesses popularmusikalischer Werke nicht vereinbar ist: »Die Musikstücke, welche in diesen Bands entstehen, sind selten vollständig notiert.«[11]

Auch Stephen Blum stellt in seiner 2001 veröffentlichten Fassung seines *New Grove's*-Artikels zur Komposition die dominante Forderung nach Verschriftlichung in Frage. Er verweist auf die Produktionsbedingungen der Gegenwart und bezeichnet Verschriftlichung als ein *Kann*, aber nicht als ein *Muss*: Hier handele es sich um ein Relikt der historisch-abendländischen Begriffsfassung.[12] Ihm zur Folge sollte das Werk innerhalb von unterschiedlichen Aufführungen einen Widererkennungswert besitzen, könnte aber auf verschiedene Weise – entweder in einem Notationssystem oder in oraler Form mittels einer Tonaufnahme – fixiert werden.[13] In *Musik als Kultur. Eine Standortsuche im immateriellen Kulturerbe* thematisiert Tiago de Oliveira Pinto den Beginn der schriftlichen Fixierung, die in diversen Definitionen einen elementaren Bestandteil bildet. Er führt an, dass die Forderung nicht seit dem Beginn der Musikgeschichte bestand, sondern sich erst mit der Entstehung der frühen Mensuralnotation der abendländischen Tradition herausbildete.[14] Zunächst existierte nur eine orale Form der Transmission musikalischer Werke und kompositorischer Techniken. Diese ist noch heute in diversen Kulturkreisen und Genres üblich, unter anderem im Samba-Enredo.[15] Nachdem sich neben Notationssystemen eine Vorstellung von Komposition als festgelegtem Ganzen entwickelte, bildete sich mit einer Vielzahl entstehender theoretischer Ausführungen ein fester übergeordneter Rahmen, der musikalische Entscheidungen in geordnete Bahnen lenkte und sie an gewissen Vorgaben ausrichten sollte: Nicht nur auf Grundlage künstlerischer Freiheit sollten Entscheidungen getroffen werden, sondern begründet auf der Basis eines übergeordneten Fundaments.[16] Auch im Samba-Enredo finden sich – trotz der vorrangig oralen

---

9 Daniel Barenboim: *Klang ist Leben. Die Macht der Musik*, München ²2009, S. 13.
10 Ebd., S. 58.
11 Anja Rosenbrock: *Komposition in Pop- und Rockbands*, S. 17.
12 Vgl. Stephen Blum: Art. »Composition«, S. 186.
13 Vgl. ebd., S. 198.
14 Vgl. Tiago de Oliveira Pinto: »Musik als Kultur. Eine Standortsuche im immateriellen Kulturerbe«, in: *Die Tonkunst. Magazin für klassische Musik und Musikwissenschaft*, Jg. 10/4 (2016), S. 378–389, hier: S. 382.
15 Vgl. Anja Rosenbrock: *Komposition in Pop- und Rockbands*, S. 23.
16 Vgl. Klaus-Jürgen Sachs: Art. »Komposition«, Sp. 508–511.

Tradition von Komposition und Fixierung – diverse bindende Vorgaben, die im Zuge des historischen Hintergrundes und innerhalb der Bewertung der Sambas durch die Jury der LIESA zu einem späteren Zeitpunkt näher beleuchtet werden. Wenngleich uns die Vorgaben hier bereits in schriftlicher Gestalt begegnen, ist zu bemerken, dass sie nicht in Form von offiziellen theoretischen »Regelwerken« vorliegen. Wie noch heute in der täglichen Praxis verschiedener Musikgenre üblich, fanden mündliche und schriftliche Übermittlung auch in der klassischen Musik über lange Zeit in einem sich ergänzenden System statt. Ihre schriftliche Fixierung fungierte als Gedächtnisstütze und variierte stets im Grad ihrer Komplexität und Ausführung,[17] ähnlich wie im Samba-Enredo der lyrische Part der *Letras*, welcher bis zum heutigen Tag in verschiedenen Arbeitsstadien und Korrekturstufen dokumentiert und niedergeschrieben wird. Einhergehend mit einem tiefgreifenden Wandel im Verständnis des Kompositionsbegriffes im Verlauf des 15. Jahrhunderts entwickelte sich die Verschriftlichung des musikalischen Werkes mehr und mehr zum »Symbol der Trennung zwischen Erfindung und klanglicher Realisation«[18] und bildete alsbald eine Messlatte für künstlerische Qualität. Erhard Karkoschka beispielsweise sprach der verschriftlichten Komposition gegenüber der Improvisation einen höheren Rang zu, da diese »dank Notenschrift sorgfältiger ausgearbeitet«[19] sei. Einhergehend mit einer Favorisierung des schriftlich ausgearbeiteten Werkes[20] erfolgte ein Wandel in der Wahrnehmung des Komponisten. Als individueller Schöpfer eines musikalischen Werkes[21] musste er zunehmend die eigene kompositorische Individualität durch eine musikalisch unverwechselbare Handschrift gegenüber der Konkurrenz herausstellen, um sich einen Namen zu erarbeiten, bekannt zu werden und von Auftragswerken leben zu können – ähnlich, wie es noch heute bei herausragenden Komponisten im Samba-Enredo beobachtet werden kann. Die Frage, ob theoretische Kenntnisse und die Option einer Verschriftlichung von Samba-Kompositionen für die Komponistengruppen von Vorteil seien oder natürliche Intuition und Talent zur Improvisation für die künstlerische Kreativität maßgeblicher und zuträglicher seien, begegnete mir wieder und wieder in Gesprächen mit den Komponisten. Eindeutig lösen konnten wir sie nicht.

1.2 Einheit und Trennung von Komposition, Improvisation und Interpretation

Neben der zunehmenden Theoretisierung und Fixierung auf Schriftlichkeit erlag auch die über lange Zeit bestehende Personalunion aus Komponist und Interpret bzw. Virtuose, der das fertige

---

17 Vgl. Anja Rosenbrock: *Komposition in Pop- und Rockbands*, S. 24.
18 Ebd.
19 Erhard Karkoschka: »Komposition – Improvisation«, in: *Über Improvisation*, hrsg. von Wolfgang Stumme, Mainz 1973, S. 95–101, hier: S. 96.
20 Vgl. Helmut Rösing und Herbert Bruhn: »Komposition«, in: *Musikpsychologie. Ein Handbuch*, hrsg. von Helmut Rösing u. a., Reinbek 1993, S. 515–516, hier: S. 515.
21 Vgl. Klaus-Jürgen Sachs: Art. »Komposition«, Sp. 521.

Werk auf der Bühne zur Aufführung brachte, etwa an der Schwelle zum 19. Jahrhundert einer Aufsplittung in verschiedene Aufgabenbereiche und einer Verteilung auf unterschiedliche Personen.[22] Innerhalb dieser Entwicklung kam Eduard Hanslicks Traktat *Vom Musikalisch-Schönen* eine tragende Rolle zu, in dem »die Zuständigkeiten beider Gruppen klar [...] in Komposition und Reproduktion«[23] aufgeteilt wird: Dem Komponisten wurde die Fertigung des »rein geistige[n], autonome[n] musikalische[n] Kunstwerk[es]«[24] zugesprochen, dem Virtuosen hingegen die »Ebene der musikalischen Gefühlsvermittlung«[25]. War es für die Interpreten zunächst »selbstverständlich, ein Musikwerk [...] durch bearbeitende Maßnahmen ihrer Zeit [...], den eigenen ästhetischen Idealen, den Voraussetzungen eines zeitgenössischen Hörens«[26] nach ihren individuellen Vorstellungen dem Publikum zu präsentieren, wurde ihr musikalischer Spielraum durch die immer exakteren und verbindlicheren Richtlinien im Notentext mehr und mehr eingeschränkt. Eine in Grundzügen vergleichbare Entwicklung vollzog sich auch in der Trennung von Komposition und Präsentation im Bereich des Samba-Enredo: Wie in den Kapiteln zum *Disputa de Samba* und zur *Gravação do Samba* im Detail ausgeführt wird, trennen sich heutzutage die Funktionen des Hauptinterpreten einer *Parceria* und die der Komponisten auf. Obwohl sich der chorische *Apoio* des *Puxadores* auf der Bühne meist aus Mitgliedern der *Parceria* zusammensetzt, wird der Part des Hauptinterpreten und der *Cavaquinhista* in der Regel nicht von der Gruppe selbst übernommen, sondern von extern unter Vertrag genommenen Musikern.

Der Verlauf des 19.–21. Jahrhunderts brachte erneute Umbrüche im Verständnis des Kompositionsbegriffs mit sich – nun jedoch experimenteller Natur. Hier wurden mit dem Drang nach Innovation in der abendländischen Musikkultur die »tradierten westlichen Harmoniemodelle, die Vorstellung von Tonalität [...] [aufgebrochen und] grundlegend hinterfragt; alternative Kompositionsmodelle wurden ausprobiert«[27], die Stephen Blum als »innovative approaches to the organisation of compositional resources«[28] beschreibt. Sie banden neue musikalische Parameter wie innovative Notationssysteme, Technologien, musikalische Entlehnungen außereuropäischer Musik etc. in die neuen Werke ein. Im Zusammenhang mit einem bewussten Einbezug unkalkulierbarer Parameter wie der spontanen Mitwirkung von Musikern bzw. Publikum prägte sich der Begriff der »Komprovisation«.[29] Auch im Samba-Enredo lassen sich seit etwa 1990 Tendenzen zur Experimentierfreudigkeit und Entlehnung von Elementen außerbrasilianischer

---

22 Vgl. Anja Rosenbrock: *Komposition in Pop- und Rockbands*, S. 27.
23 Ebd.; vgl. auch Eduard Hanslick: *Vom Musikalisch-Schönen. Ein Beitrag zur Revision der Ästhetik der Tonkunst*, Leipzig ²1965.
24 Anja Rosenbrock: *Komposition in Pop- und Rockbands*, S. 27.
25 Ebd.
26 Hermann Danuser: Art. »Interpretation«, in: *MGG 2*, Sachteil Bd. 4, Kassel 1998, Sp. 1053–1069, hier: Sp. 1059.
27 Anja Rosenbrock: *Komposition in Pop- und Rockbands*, S. 27.
28 Stephen Blum: Art. »Composition«, S. 199.
29 Vgl. Georg Hajdu: »Disposable Music«, in: *Die Dynamik des kulturellen Wandels. Essays und Analysen. Festschrift*

Musik in den Kompositionen beobachten. Diese finden jedoch in der Regel nicht als Cross-over statt, sondern als tonmalerische Umsetzung unter musikalisch-illustrativer Bezugnahme auf die Lyrics in direkter Anlehnung an das gewählte *Enredo*.

1.3 Die Erweiterung des Kompositionsbegriffes im Kontext der populären Musik

Im spezifischen Zusammenhang mit der populären Musik muss der Begriff der Komposition unter Berücksichtigung diverser Gesichtspunkte erweitert werden, welche auch im Samba-Enredo fundamentale Rollen spielen. Zum einen in Bezug auf die Bedeutung von Performance, Improvisation und Interpretation, die vor allem im Zuge des kollektiven Schaffens im Bereich der Popularmusik entscheidend sind, zum anderen hinsichtlich des spezifischen kulturellen Hintergrundes mit seinen determinierten sozialen Normen und Gegebenheiten wie beispielsweise dem Umfeld der Sambaschulen von Rio de Janeiro: »Sowohl der Kompositionsbegriff, damit verbundene Wertvorstellungen und die für Komposition geltenden Gesetze als auch die verwendeten Methoden und die Verwendung von Musikstücken sind in jeder Situation geschichtlich und kulturell bedingt.«[30] Dem Umstand geschuldet, dass in der populären Musik eine vollständige, der klassischen Musik vergleichbare schriftliche Ausnotation der Werke nicht üblich ist, sondern die Fixierung von Musik meist in Form von Tonaufnahmen vollzogen wird[31] und das entstandene finale Ergebnis unter Umständen noch während der Live-Performance spontan verändert werden kann,[32] lässt sich hier nur schwer eine klare Trennung zwischen Komposition und Bühnenszenario ziehen.[33] Performance wird von Jason Toynbee als Creation-in-Progress interpretiert.[34] Sie schließt verschiedene Komponenten ein und unterteilt sich in Live- und Studio-Typen[35] – eine Konzeption, die auch

---

Reinhard Flender zum 60. Geburtstag, hrsg. von Jenny Svensson (= Schriften des Instituts für kulturelle Innovationsforschung an der Hochschule für Musik und Theater Hamburg, Bd. 2), Berlin 2013, S. 227–245, hier: S. 231.
30 Anja Rosenbrock: *Komposition in Pop- und Rockbands*, S. 22.
31 Claudia Bullerjahn: »Junge Komponisten in zeitgenössischer Kunst- und Pop-Musik. Ein Vergleich musikalischer Werdegänge, Motivationen und kreativer Prozesse«, in: *Begabung und Kreativität in der populären Musik*, hrsg. von Günter Kleinen (= Beiträge zur Musikpsychologie, Bd. 4), Münster 2003, S. 118; vgl. auch Jason Toynbee: *Making Popular Music*, London 2000, S. 107–124, hier: S. 54.
32 Vgl. Stephen Blum: Art. »Composition«, S. 187.
33 Vgl. Anja Rosenbrock: »*... und ich sage dir, ob du Stücke schreibst*. Voraussetzungen für die Komposition in Pop- und Rockbands«, in: *Begabung und Kreativität in der populären Musik*, hrsg. von Günter Kleinen (= Beiträge zur Musikpsychologie Bd. 4), Münster 2003, S. 176–188S, hier: 177.
34 Vgl. Jason Toynbee: *Making Popular Music*, S. 53 ff.
35 Vgl. ebd., S. 55 f.; hier bezeichnete Typen: 1 – Recording; 2 – Broadcast of recordings and music video; 3 – Liveconcert.

für die Performancepraxis des Samba-Enredo haltbar ist. Während bei der Studio-Produktion verschiedene Phasen der Kontrolle und Korrektur durchlaufen werden, bis das fertige Ergebnis klanglich fixiert wird, ist die Live-Performance durch Prozesshaftigkeit gekennzeichnet.[36] Hier kommt neben einer theatralischen Ebene die Einmaligkeit der öffentlichen Aufführung zum Tragen, die »in besonderer Weise über die Dimension des bloß Akustischen hinaus[-reicht und] durch an das Ambiente gebundene visuelle [gestische, atmosphärische] […] Aspekte«[37] einschließt. Elementar ist hier die wechselseitige Kommunikation mit dem Publikum, auf welches die Ausführenden spontan und direkt zu reagieren versuchen. Darüber hinaus kommt bei der Performance – insbesondere bei nicht ausnotierten Werken – nicht nur dem Komponisten als alleinigem Werkschöpfer eine signifikante Rolle zu, sondern ebenso dem Interpreten als gestalterischem Übermittler und Mediator zwischen Komposition und Publikum.[38] Jason Toynbee leitet hier eine Erweiterung der Definition von Komposition ab, die nicht nur auf den konkreten Moment des Schaffensprozesses beschränkt ist, sondern »all stages of music-making, from writing through performance to production«[39] umfasst. Hier bekleidet auch die Improvisation eine zentrale Funktion:

> »Sowohl im Kontext des Jazz und der freien Improvisation als auch […] von Pop- und Rockbands, […] sollen alle Entscheidungsprozesse über musikalische Parameter Komposition genannt werden dürfen. Hier wird nicht nur auf das Kriterium der Notation verzichtet […], [sondern auch] die Improvisation in den Kompositionsbegriff miteinbezogen, ebenso wie Musikproduktion, die aus der kollektiven Interaktion entsteht. […] eine klare Trennung zwischen Komposition und Performance besteht hier also nicht mehr.«[40]

Die Improvisationshandlung ist in diversen Genres der populären Musik – zu der auch der Samba-Enredo zählt – ein wichtiges Element des kollektiven musikalischen Schaffens und darüber hinaus der Komposition selbst aufs Engste verbunden, weshalb ihre Funktion, Gemeinsamkeiten und Abgrenzungen zur Komposition kurz umrissen werden sollen. Bruno Nettl beschreibt die fließende Grenze vom einen zum anderen folgendermaßen:

---

36 Vgl. ebd.
37 Hermann Danuser: Art. »Interpretation«, in: *MGG 2*, Sachteil Bd. 4, Kassel u. a. 1998, Sp. 1053–1069, hier: Sp. 1060.
38 Vgl. ebd.
39 Jason Toynbee: *Making Popular Music*, S. 35 f.
40 Anja Rosenbrock: *Komposition in Pop- und Rockbands*, S. 18; vgl. auch Lucy Green: *Music, Gender, Education*, Cambridge 1997, S. 82.

»There is a close relationship between improvisation and composition, that the two are different faces of the same process, that it is hard to know, where one ends and the other begins.«[41]

Die Beantwortung der Frage, welche Form Improvisation annimmt und an welcher Stelle sie sich bewusst von der Komposition abgrenzt bzw. innerhalb der musikalischen Praxis als Mischform vorhanden ist, hängt stark vom jeweiligen kulturellen Umfeld ab. Bruno Nettl beschreibt:

»It encompasses the native American shaman who composes as he sings [...]. It includes the Carnatic musician who always gives you something new, selecting from and recombining a limited stock of melodic, rhythmic, motivic building blocks. It includes the jazz musician who learns his art listening to and memorizing recorded improvised solos, and the composer of classical music who played something, found that he liked it, and quickly wrote it down.«[42]

Improvisation gilt als fließende, natürliche Entwicklung musikalischer Linien, als »Musterbeispiel für kreative Musikalität, [...] als Erfinden und gleizeitig[es] klangliche[s] Realisieren von Musik«[43]. Bruno Nettl versteht sie als »music making with a special immediacy«[44] mit drei charakteristischen Stadien und Facetten: »Preparation, immediacy, mystery. [...] They certainly present it in three very different lights.«[45] Auch Thomas Turino bestätigt: »The conception of improvisation often varies substantially depending on the musical traditions with which a person is engaged.«[46] Darüber hinaus wird der Improvisation das Merkmal der Originalität zugesprochen. Hier begegnen wir einem schwer zu fassenden, überaus subjektiven Kriterium, weil eine künstlerische Idee »vom Subjekt erstmalig erfunden werden [kann], obwohl sie für den Fachmann sofort als Nachvollzug bereits bekannter Ideen erkennbar ist.«[47] Als entscheidende Bewertungsinstanz und Referenz zur Bestimmung gilt hier vor allem das Urteil von konsumierender Öffentlichkeit und Rezipienten wie Kollegen, Mitspielern und Publikum.[48] Wenngleich beiden Arten des musikalischen Schaffens grundsätzlich dieselben konstituierenden Mechanismen zugrunde liegen, ist – nach Ausführungen Howard Beckers – der sogenannte Editorial Moment, also der Schlüsselmoment einer bewussten Entscheidung für einen der möglichen

---

41 Bruno Nettl: »Preface«, in: *Musical Improvisation. Art, Education, and Society,* hg. von Gabriel Solis und Bruno Nettl, Chicago 2009, S. xi–1, hier: S. xi; vgl. auch: Bruno Nettl: Art. »Improvisation«, in: *New Grove's Dictionary of Music and Musicians*, Bd. 12, London 1980, S. 92–133.
42 Bruno Nettl: »Preface«, S. ix.
43 Reinhard Andreas: Art. »Improvisation«, in: *MGG 2*, Sachteil Bd. 4, Kassel 1998, Sp. 595–600, hier: Sp. 595.
44 Bruno Nettl: »Preface«, S. ix.
45 Ebd.
46 Thomas Turino: »Formulas and Improvisation in Participatory Music«, in: *Musical Improvisation. Art, Education, and Society,* hrsg. von Gabriel Solis und Bruno Nettl, Chicago 2009, S. 103-116, hier: S. 103.
47 Reinhard Andreas: Art. »Improvisation«, Sp. 596.
48 Vgl. ebd., Sp. 595 ff.

Wege und Varianten im Zuge einer kreativen Handlung, von fundamentaler Bedeutung.[49] Andreas C. Lehmann und Reinhard Kopiez hingegen betrachten das Erschaffen »eines ästhetisch ansprechenden und strukturierten Musikstückes«[50] sowohl als Ziel der schriftlich gefertigten Komposition als auch der musikalisch-freien Improvisation, wobei auch sie anmerken, dass die Lösungsstrategien beider Typen vom technischen Standpunkt aus »auf ähnliche mentale Problemlösung[en] zurückzuführen«[51] sind. Verschieden sei die jeweilige Behandlung der Flüchtigkeit eines musikalischen Gedankens: »Eine improvisierende Person lebe für den musikalischen Moment und entwickle eine musikalische Idee, nur um kurz darauf etwas anderes aus ihr zu entwickeln.«[52] Dies kann sowohl im Rahmen eines spontanen Prozesses oder durch die Entfaltung bereits vorgedachter Ideen geschehen. Thomas Turino beschreibt seinerseits die Zufälle, die einen natürlichen Teil des Improvisationsvorgangs bilden und je nach Situation und Betrachter vorher erdacht sind oder, einem impulsiven Funken entspringend, von glücklicher oder versehentlicher Natur[53] seien:

> »For me, improvisation sometimes occurs like a spontaneous spark, and at other times I think the idea before playing it.«[54]

Improvisation ist der Komposition an Komplexität nicht unterzuordnen – verlangt sie doch einen zeitgleichen Ablauf von musikalischer Kreation, Entscheidungsfindung und Performance, was Berliner als Real-Time-Composing[55] bezeichnet. Die komplexe Generierung musikalischer Motive und Phrasen sowie die motorische Ausführungen und Reaktionshandlungen der Musiker, die den extern gegebenen Impulsen folgen, müssen bei der Improvisation fast zeitgleich ablaufen.[56] Während die Ideen in der notierten Musik »auch wenn sie spontan und unerwartet auftreten, in einem sich vielleicht über Jahre hinziehenden Kompositionsprozess perfektioniert und [weiter-]entwickelt werden können, [werden sie] in einer Improvisation [...] sozusagen im Rohzustand präsentiert.«[57] Auch wenn die Improvisation als musterhaftes Beispiel musikalischer Kreativität betrachtet wird,[58] sollten die Vorerfahrung und Kenntnis musikalischer Bau-

---

49 Vgl. Howard Becker: *Art Worlds*, London u. a. 1982, S. 198–212; vgl. auch Jason Toynbee: *Making Popular Music*, S. 57.
50 Anja Rosenbrock: *Komposition in Pop- und Rockbands*, S. 83.
51 Ebd.
52 Ebd., S. 82.
53 Vgl. Thomas Turino: »Formulas and Improvisation in Participatory Music«, S. 105.
54 Ebd.
55 Vgl. Paul F. Berliner: *Thinking in Jazz. The infinite Art of Improvisation*, Chicago 1994, S. 221.
56 Vgl. Reinhard Andreas: Art. »Improvisation«, Sp. 597 f.
57 Anja Rosenbrock: *Komposition in Pop- und Rockbands*, S. 83; vgl. auch John A. Sloboda: *The Musical Mind. The Cognitive Psychology of Music*, Oxford 1985, S. 138.
58 Vgl. Reinhard Andreas: Art. »Improvisation«, Sp. 595.

steine als konstituierende Basis der Werke nicht unterschätzt werden. Bekannte Strukturen und gefestigte Formeln, die spontan in einen spezifischen Zusammenhang eingesetzt werden, treten in verschiedensten Kontexten der gemeinsamen Improvisation beispielhaft zu Tage[59] – denken wir an Jazz, Popularmusik oder auch indische Musik. Lange Zeit spielte sie ebenfalls in der klassischen abendländischen Komposition eine wichtige Rolle.[60] So belegen diverse Schriften, Berichte und Notentexte musikalischer Werke ihre elementare Funktion im Barock – beispielsweise durch Verzierungen, die spontan von den Virtuosen eingefügt wurden, oder als Quelle der Inspiration dienten.[61] Aus der abendländischen Musikgeschichte ist ein Brief Carl Philipp Emanuel Bachs an Johann Nikolaus Forkel bekannt, in dem er die Improvisation als zentrale Quelle für »den Stoff für diverse Klavierstücke [...] aus dem Fantasiren auf dem Claviere«[62] benennt. Bei allen Betrachtungen sollte berücksichtigt werden, dass die Definition von Improvisation und Komposition bzw. eine eindeutige Abgrenzung des einen vom anderen, der Umgang, Bewertung und Zuordnung des musikalischen Materials stets eng an den jeweiligen kulturellen Kontext gebunden und von ihm abhängig sind.[63] Wo genau der Trennungsstrich gezogen wird, ist ebenso unterschiedlich wie eine etwaige verbindliche Kondition einer Verschriftlichung.[64]

1.4 Eine Frage der Definition: Das Komponieren, Bearbeiten und Arrangieren im Kollektiv

Neben dem Diskurs zur Trennung von Improvisation und Komposition stellt sich auch die Frage nach dem Einbezug oder der Separation von Ideengenerierung und Bearbeitung vom eigentlichen kompositorischen Prozess. »Komposition als Erfindung aller wichtigen Elemente eines Stückes«[65] lässt sich nur äußerst schwer vom Vorgang der Bearbeitung splitten.[66] Im

---

59 Vgl. Stephen Slawek: »Keeping it Going: Terms, practices, and processes of improvisation in Hindustani Instrumental Music«, in: *In the course of Performance. Studies in the world of musical improvisation*, hrsg. von Bruno Nettl und Melinda Russell, Chicago 1998, S. 358–363, hier: S. 359 ff.
60 Hans-Joachim Schulze (Hrsg.): *Dokumente zum Nachwirken Johann Sebastian Bachs, 1750–1800*, Kassel u. a. 1972, S. 289.
61 Vgl. Derek Bailey: *The Art of Improvisation. Its Nature and its Practice in Music*, London 1992, S. 19 ff.
62 Anja Rosenbrock: *Komposition in Pop- und Rockbands*, S. 85.
63 Vgl. Bruno Nettl: »Preface«, S. xi; vgl. auch Thomas Turino: »Formulas and Improvisation in Participatory Music«, S. 103.
64 Vgl. Reinhard Andreas: Art. »Improvisation«, Sp. 595 ff.
65 Anja Rosenbrock: *Komposition in Pop- und Rockbands*, S. 20.
66 Vgl. ebd.; vgl. auch Jan Hemming: *Begabung und Selbstkonzept. Eine qualitative Studie unter semiprofessionellen Musikern in Rock und Pop* (= Beiträge zur Musikpsychologie, Bd. 3), Münster 2002, S. 164; vgl. auch Thomas G. Witzel: »Der musikalische Arbeitsprozess von Amateurbands. Eine empirische Untersuchung im Gießener Raum«, in: *ASPM – Beiträge zur Popularmusikforschung*, Jg. 25/26 (2000), S. 73–90, hier: S. 81.

kunstmusikalischen Kontext wird Komposition oft auf eine unerklärliche Illuminationsphase reduziert, selbst, wenn speziell im Rahmen von Gruppenkompositionen wie dem kollektiv erschaffenen Samba-Enredo elementare Veränderungen und Entscheidungsfindungen erst im Moment der Be- und Überarbeitung stattfinden.[67] Eine derartig enge Auslegung des Begriffs sowie eine hierarchische Trennung der kreativen Ideenschöpfung und des anschließenden Arrangierens und Bearbeitens, die als Teil des musikalisches Handwerk verstanden werden,[68] sind für den Samba-Enredo ungeeignet. Ihm werden eher die erweiterten Fassungen aus dem Bereich der Popularmusik gerecht:

> »Composition could be the work of an individual or of pairs of band members, the whole band or a combination of these. It could involve rearranging [...] or adopting and sometimes adapting sequences of music or whole songs [...] to reproduce [...] or as part of the bands own material. Compositions could also develop from an idea, from short sequences of notes, from a [...] more structured sequence, or from Lyrics.«[69]

Diese Definition deckt sich in zentralen Punkten mit dem Verständnis des Begriffs im Samba-Enredo, der unter Einbezug von Improvisation, Bearbeitung und Performance stets als Teil des spezifischen kulturellen Kontextes und sozialen Gefüges der *Escolas de Samba* von Rio de Janeiro verstanden werden muss. Neben einer Arbeitsdefinition des Begriffs Komposition ist somit eine kurze Darstellung der sich vollziehenden psychologischen Prozesse als Basis jeder schöpferischen Handlung im kompositorischen Schaffen sowie der kreativitätstheoretischen Modelle erforderlich.

1.5 Der kreative Funke: Voraussetzung und Schlüssel für das künstlerische Schaffen

Von schöpferischen Tätigkeiten und künstlerisch-kreativen Prozessen geht seit jeher eine große Faszination aus.[70] Sie gelten als Inbegriff von Individualität, Originalität, Innovation, Einfallsreichtum und Andersartigkeit.[71] Kreativ sein bedeutet, erfindungsreich zu sein und innovative

---

67 Vgl. Thomas G. Witzel: »Der musikalische Arbeitsprozess von Amateurbands«, S. 77, S. 81; vgl. auch Anja Rosenbrock: *Komposition in Pop- und Rockbands*, S. 20.
68 Vgl. Nicholas Cook: *Music – A very short introduction*, Oxford und New York 1998, S. 32.
69 Sara Cohen: *Rock Culture in Liverpool. Popular Music in the Making*, Oxford 1991, S. 135.
70 Vgl. Claudia Bullerjahn: »Junge Komponisten in zeitgenössischer Kunst- und Pop-Musik«, S. 107.
71 Vgl. Simon Frith: *Creativity as a social fact*, <https://www.degruyter.com/document/doi/10.1515/transcript.9783839419656.45/pdf> [8.11.2023], S. 3.

Ideen hervorzubringen, die von äußeren Instanzen als wertvoll geschätzt werden.[72] Basierend auf den Ergebnissen verschiedener wissenschaftlicher Studien stellten Kreativitätsforscher eine Reihe besonderer Merkmale und Bedingungen heraus, die bei der Entwicklung von kreativen Ideen eine elementare Rolle spielen:

> »In this model of affect and creativity, the major cognitive abilities that emerge as unique type and important in the creative process are linked to related specific affective processes and to global personality traits. In some cases, the personality traits are behavioural reflections of the underlying affective process. One assumption of this model is that these specific affective processes and personality traits facilitate creative cognitive abilities.«[73]

Laut Sandra Russ sind drei verschiedene Ebenen prägend, die eine Bandbreite an individuellen Voraussetzungen erfordern. Zunächst sind die sogenannten persönlichen Charakteristika – die Global Personality Traits[74] – relevant, welche die Offenheit und Experimentierfreude, Unabhängigkeit von äußeren Urteilen, Toleranz für die eigene Fehlbarkeit, unkonventionelle Werte und Denkrichtungen, Neugier, Risikobereitschaft sowie den Hang zu Komplexität und Herausforderungen bezeichnen. Darüber hinaus spielt die gefühlsgesteuerte Ebene eine wichtige Rolle, die von Sandra Russ mit dem Begriff Affective Process[75] benannt wird und welche die Einarbeitung der eigenen Emotionen und Gefühle in das kreative Werk bezeichnet. In diese Kategorie fallen auch die Ergebnisse gefühlsgesteuerter Denkweisen, die Nutzung der eigenen Fantasie, die Verarbeitung von Gefühl in Form einer Rückführung der Inspiration in den kognitiven Prozess und die Leidenschaft für die Aufgabe – das sogenannte Passionate Involvement[76]. Schließlich ist die abstrakte Ebene der kognitiven Fähigkeiten – Cognitive Abilities[77] – von zentraler Bedeutung. Sie führt die impulsiven, gefühlsgesteuerten Ergebnisse in eine rationale Bewertung, Kritik und bewusste Verarbeitung auf Grundlage bestehenden Wissens. Die Cognitive Abilities umfassen die Fähigkeit zu divergentem Denken, dem Finden von alternativen Lösungswegen und dem Abwägen der Möglichkeiten nebst einer hohen Sensibilität für die Identifikation von Problemen, einem guten Bewertungs- und Urteilsvermögen sowie einem umfangreichen Wissensschatz und der Fähigkeit zur Analogiebildung bei der Lösungssuche.

John Sloboda trennt in *The Musical Mind. The Cognitive Psychology of Music* die kognitive Ebene von der unbewussten, gefühlsgeleiteten. Zwischen beiden steht für ihn die bewusste Be-

---

72 Vgl. ebd.; vgl. auch Reinhard Andreas: Art. »Improvisation«, Sp. 595.
73 Sandra W. Russ: Art. »Emotion and Affect«, in: *Encyclopedia of Creativity*, Bd. 1, San Diego 1999, S. 659–669, hier: S. 665.
74 Vgl. ebd.
75 Vgl. ebd.
76 Vgl. ebd., S. 665 ff.
77 Vgl. ebd.

wertung und Entscheidung für eine der entwickelten Möglichkeiten.[78] Dennoch betrachtet er die emotionale Ebene nicht ausschließlich als unbewusst und gefühlsgebunden, sondern ordnet ihr ebenfalls das im Unterbewusstsein präsente Vorwissen über Stil, Genre, Tonsystem und Form sowie zu übergeordneten Rahmenbedingungen zu. Die rationale Ebene beinhaltet ähnlich dem Modell von Sandra Russ den Entscheidungsprozess mit einer Ausformung und Weiterentwicklung der entstandenen Ideen zu einer Zwischen- und Endversion wie auch die kritische Bewertung und Rückkopplung eines Einfalls zu vorhandenen theoretischen Kenntnissen und Richtlinien des Repertoires. Udo Rauchfleisch differenziert das Ineinandergreifen von bewussten und unbewussten Ebenen und Handlungen, indem er – angelehnt an die Theorie des kreativen Subsystems von Anton Ehrenzweig[79] – den kreativen Akt als ein mehrstufiges komplexes System beschreibt, in dem die kognitive Kontrolle von einer Bewusstseinsebene zur nächsthöheren stetig zunimmt.[80] Im ständigen Wechsel von gesteuerter Differenzierung und unbewusster Entdifferenzierung[81] drängen die Informationen und Ideen aus einer Matrix stufenweise in die nächsthöhere Bewusstseinsebene vor, wobei das »Ineinanderwirken unbewusster, vorbewusster und bewusster Komponenten [des autonom arbeitenden künstlerischen Subsystems] [...] als koordinierender Funktionskomplex [...] regressive und entdifferenzierende Prozesse einleitet und kontrolliert sowie für eine Verbindung zwischen aktuellen Erfahrungen und früheren Erlebnisinhalten [...] sorgt.«[82]

Teresa Amabile splittet die kognitiven Komponenten in die Kategorien der Domaine-Relevant Skills, welche alle feldspezifischen Kenntnisse des kreativen Individuums umfassen, und der Creativity-Relevant Skills, die sämtliche persönlichen und individuellen Fertigkeiten und Erfahrungen im Umgang mit schöpferischer Arbeit und entsprechender Techniken zur Ideenentwicklung umfassen und als Ableitung von erprobten, bereits bekannten Lösungsverfahren als konvergentes Denken gelten. Hinzu tritt die von Sandra Russ vorausgesetzte intrinsische Motivation. Teresa Amabile definiert diese Art der Motivation als Task Motivation[83]. Sie bestünde aus einer Kombination von inneren Beweggründen für das Projekt und der Fähigkeit zu einer gewissen Unabhängigkeit von äußeren Einflüssen sowie sozialer Kontrolle, die sich kontraproduktiv auf die kreative Entfaltung auswirken könne.[84] Den Fluss der Ideenströme beschreibt sie

---

78 Vgl. John A. Sloboda: *The Musical Mind*, S. 118.
79 Vgl. Anton Ehrenzweig: *The hidden order of Art: A study in the psychology of artistic imagination*, Berkeley und Los Angeles 1967.
80 Vgl. Udo Rauchfleisch: »Psychoanalytische Betrachtungen zur musikalischen Kreativität«, in: *Psychoanalyse und Musik. Eine Bestandsaufnahme*, hrsg. von Bernd Oberhoff, Gießen 2002, S. 333-361, hier: S. 349 ff.
81 Vgl. ebd.
82 Ebd., S. 353.
83 Vgl. Teresa M. Amabile: *The Social Psychology of Creativity*, New York 1983, S. 75.
84 Vgl. ebd.; vgl. auch Paul Torrance: »Dyadic Interaction in Creative Thinking and Problem Solving«, in: *Annual Meeting of the American Educational Research Association*, New Orleans 1973, S. 4.

als »Rush-in-Pell-Mell«, also als ständigen Wechsel zwischen Entstehung und Bewertung,[85] wobei nicht nur ein fantasievolles Umgehen mit dem Material und das Suchen von innovativen Lösungswegen relevant für das Entstehen von etwas Neuem sei,[86] sondern auch die Offenheit für unterschiedliche Strategien. In diesem Kontext ist zudem die in Philip Johnson-Lairds Theorie ergänzte subjektive Neuheit eines Gedankens ausschlaggebend, da bei der Generierung einer Idee nur schwer nachzuvollziehen ist, ob diese schon einmal von einer anderen Person gedacht wurde.[87] Ein unbelastetes und geistreiches Spielen mit Ideen, Offenheit für unkonventionelle Lösungen und ein urteilsfreier Fluss neuer und unter Umständen auch fremdartiger Ideen,[88] die mittels einer erprobten Strategie in die richtigen Bahnen gelenkt werden, seien entscheidender als das bloße Befolgen erlernter Regeln.[89] Dass letzten Endes weder ein rein konvergentes, noch ein rein divergentes Denken als Ursprung und Kern kreativer Schöpfung angesehen werden sollten, sondern der Schlüssel zum Erfolg in einer ausgeglichenen Mischung beider Formen sowie dem harmonischen »Zusammenwirken von freiem Ideenfluss und Kriterien zur Beurteilung von Ideen«[90] liege, betonten Anja Rosenbrock, Robert Weisberg und Joy Peter Guilford.[91] Eine kontroverse Frage, die bei einer Annäherung an die Vielschichtigkeit und Bedeutung von Kreativität eine Rolle spielt, ist der Einfluss gesellschaftlich-sozialer und finanzieller Aspekte. Sie nehmen insbesondere im Bereich der populären Musik, zu denen auch der Samba-Enredo zählt, beachtliche Dimensionen im Entscheidungsprozess ein – vor allem, wenn übergeordnete Ziele wie das erfolgreiche Abschneiden in Wettbewerben wie dem *Disputa de Compositores* einen zentralen Fokus im Arbeitsprozess bilden:

> »Creativity describes economic as well as musical relationships. […] it is not surprising, […] that disputes over who really contributed to a records sound or success tend to be disputes about money rather than aesthetics.«[92]

> »Was als kreativ gilt, bestimmt der gesellschaftliche Kontext; von ihm hängen […] [auch die] Beurteilung […] wie Neuartigkeit und Sinnhaftigkeit [ab, sowie der Einfluss] von zeitlichen, räumlichen und sozialen Gegebenheiten.«[93]

---

85 Vgl. Teresa M. Amabile: *The Social Psychology of Creativity*, S. 72.
86 Vgl. ebd.
87 Vgl. Philip Johnson-Laird: *How Jazz Musicians Improvise*, <http://mentalmodels.princeton.edu/papers/2002improvisation.pdf> [25.7.2018], S. 419 ff.
88 Bekannt als sogenanntes divergentes Denken.
89 Vgl. Philip Johnson-Laird: *How Jazz Musicians Improvise*, S. 419–420.
90 Anja Rosenbrock: *Komposition in Pop- und Rockbands*, S. 72.
91 Vgl. Robert W. Weisberg: *Kreativität und Begabung. Was wir mit Mozart, Einstein und Picasso gemeinsam haben*, Heidelberg 1989, S. 97.
92 Simon Frith: *Creativity as a social fact*, S. 7 ff.
93 Anja Rosenbrock: *Komposition in Pop- und Rockbands*, S. 67.

Dennoch sind nicht nur die äußeren Faktoren entscheidend, sondern auch die jeweiligen im Vorfeld erfolgten Prägungen einer Person. Verschiedene Forscher räumen ein, »dass für jedwede Art von schöpferischer Tätigkeit entsprechende Vorerfahrungen nötig sind.«[94]

1.6 Zum Konzept der Phasentheorie des kreativen Prozesses

Zu den elementaren, bisher nur unvollständig entschlüsselten Momenten musikalischer Schöpfung zählt bis zum heutigen Tag das Phänomen der Ideengenerierung. Mit einer Art Black-Box-Charakter[95] entziehen sich verschiedene Schritte und Stufen des Inspirationsprozesses bisher jeder wissenschaftlich exakten Betrachtung.[96] Die Auswertungen der psychoanalytischen Studien zum musikalischen Schaffensprozess zeigen, dass »beim Erarbeiten neuer Stücke immer bestimmte Arbeitsphasen durchlaufen werden«[97], was die Konstruktion eines theoretischen Phasenmodells ermöglicht.[98] Prägten frühe Studien noch das Bild von genieverherrlichender Exklusivität[99] und forcierten den Mythos vom »geniale[n] Augenblick, dem ein Kunstwerk entspringe«[100], in dem sich der Künstler einem übermächtigen Impuls der Inspiration folgend »gemäß dem Ausspruch von Richard Wagner [...] ›Der Künstler ist der Wissende des Unterbewussten‹ [...] [den] Geheimnissen in tiefen Werkstätten des Lebens«[101] diene, wird das Phänomen des inspirativen Impulses heute im Zusammenhang mit den entwickelten Modellen der Phasentheorie betrachtet.[102] Diese werden mittlerweile kontrovers diskutiert und unterliegen einem stetigen Prozess der Umarbeitung und Ergänzung. Da eine umfassende Vorstellung der kreativitätspsychologischen Modelle den Rahmen dieser Studie sprengen würde, soll hier nur die von Graham Wallas und Julius Bahle entwickelte Theorie – welche bis heute als Grundlage

---

94 Joy Peter Guilford: »Kreativität«, in: *Kreativität und Schule*, hrsg. von Günther Mühle und Christa Schell, München ²1970, S. 13–36, hier: S. 23.
95 Vgl. Helmut Rösing: Art. »Komposition«, in: *MGG 2*, Sachteil Bd. 5, Kassel u. a., Sp. 543–551, hier: Sp. 543.
96 Vgl. ebd., Sp. 544.
97 Thomas G. Witzel: »Der musikalische Arbeitsprozess von Amateurbands«, S. 75.
98 Vgl. Helmut Rösing: Art. »Komposition«, Sp. 544.
99 Vgl. Reinhard Kopiez und Luisa Rodehorst-Oehus: »*Eigentlich komponiert man immer*« – *Ein offenes Leitfadeninterview zum kreativen Prozess mit dem Komponisten Johannes Schöllhorn, dem Jazzmusiker Herbert Hellhund und dem Musikproduzenten Johann Weiß*, < https://d-nb.info/1017491267/34 > [9.11.2023], S. 4.
100 Helmut Rösing: Art. »Komposition«, Sp. 544.
101 Ebd.; vgl. auch Reinhard Kopiez und Luisa Rodehorst-Oehus: »*Eigentlich komponiert man immer*«, S. 3.
102 Vgl. Helmut Rösing: Art. »Komposition«, Sp. 546; vgl. auch Claudia Bullerjahn: »Junge Komponisten in zeitgenössischer Kunst- und Pop-Musik«, S. 107; vgl. auch Reinhard Kopiez und Luisa Rodehorst-Oehus: »*Eigentlich komponiert man immer*«, S. 5.

von Überarbeitung und Erweiterung späterer Versionen gilt[103] – in Kürze umrissen werden. In den 1920er Jahren skizzierten Graham Wallas und Henri Poincaré[104] den Verlauf des kreativen Schaffensprozesses in einem Vier-Phasen-Modell.[105] Die initiale Präparationsphase ist durch Bemühungen gekennzeichnet, die durch einen internen oder externen Auslöser entstehenden Probleme zunächst zu definieren und relevante Informationen zu sammeln. Im Rahmen dieser Zusammenführung steht »die gesamte musikalische Vergangenheit und Gegenwart«[106] des oder der Komponisten mit ihren ästhetischen Vorstellungen und Hörerfahrungen, »die durch Hören [Konsumieren] und Spielen [Produzieren]«[107] entstanden sind, zur Verfügung und bildet einen Pool an verschiedenen Möglichkeiten, aus dem Material zur Produktion eines neuen Werkes geschöpft werden kann.[108] Der aus dem Informationspool entstehende Einfall kann in der Inkubationsphase,[109] im Verlauf einer »unbewussten Weiterverarbeitung des Problems, beispielsweise in Arbeitspausen«[110] ungeplant und unter Umständen nicht sofort, sondern mit gewisser Verzögerung oder als Konsequenz von besonderen oder bewusst herbeigeführten externen, inspirierenden Faktoren entstehen.[111] Die Illumination bezeichnet schließlich den Schritt zur erhellenden Idee, welche wie ein Geistesblitz ins Bewusstsein übertritt und dem schöpferischen Individuum als mögliche Schlüsselidee erscheint: »Es ist nicht so klar, wo der Impuls herkommt, [erklärt der Komponist Johannes Schöllhorn.] [...] Es gibt den Impuls und es gibt Dinge. Es kommen immer Impulse, man muss aber dafür empfänglich sein.«[112] Diese beiden Phasen des kreativen Prozesses sind sicherlich wissenschaftlich am schwierigsten zu fassen, da sie auf keine Weise mit den Mitteln äußerer Beobachtung untersucht werden können. Julius Bahle stellte hier den Versuch an, die Stadien der Ideenentstehung durch eine Introspektion der Komponisten detailliert auf den Grund zu gehen. Die Ergebnisse sollten die Befragten auf einem Fragebogen sammeln und die inneren Vorgänge zu beschreiben versuchen, um die Entstehung und Impulsen ihrer kreativen Einfälle zu untersuchen[113]. Auf diese, vorrangig vom Black-Box-Charakter[114] geprägten Stadien der Inspiration und Illumination folgen die bereits

---

103 Vgl. Helmut Rösing: Art. »Komposition«, Sp. 544–545.
104 Vgl. Henri Poincaré: *The Foundations of Science*, New York 1913.
105 Vgl. Helmut Rösing: Art. »Komposition«, Sp. 544, Sp. 546 ff.; vgl. auch Reinhard Kopiez und Luisa Rodehorst-Oehus: »*Eigentlich komponiert man immer*«, S. 5.
106 Thomas G. Witzel: »Der musikalische Arbeitsprozess von Amateurbands. Eine empirische Untersuchung im Gießener Raum«, S. 75.
107 Ebd., S. 76.
108 Vgl. ebd.
109 Vgl. Claudia Bullerjahn: »Junge Komponisten in zeitgenössischer Kunst- und Pop-Musik«, S. 107.
110 Reinhard Kopiez und Luisa Rodehorst-Oehus: »*Eigentlich komponiert man immer*«, S. 5.
111 Vgl. Thomas G. Witzel: »Der musikalische Arbeitsprozess von Amateurbands«, S. 76.
112 Reinhard Kopiez und Luisa Rodehorst-Oehus: »*Eigentlich komponiert man immer*«, S. 5, auch S. 12.
113 Vgl. Helmut Rösing: Art. »Komposition«, Sp. 545.
114 Vgl. ebd., Sp. 543.

auf bewusster Ebene stattfindenden Phasen der Verifikation und Prüfung der entstandenen Ergebnisse.[115] Oft zieht der Moment einer schriftlichen Skizzierung und Ausarbeitung des notierten Entwurfes eine direkte Fortführung nach sich: Während der Verifikation wird die Ursprungsidee zunächst einer Weiterbearbeitung unterzogen und durchläuft eine erste Kontrolle und Überprüfung der Übereinstimmung mit äußeren Kriterien. Das so entstandene Ergebnis wird nun – bei positiver Validierung – akzeptiert und zur Integration in das musikalische Werk angenommen, bei gegenteiliger Einschätzung jedoch verworfen, worauf eine Rückkehr zum Ausgangspunkt [Phase 1] und eine erneute Suche erfolgt.[116] Eine Schwierigkeit in diesen theoretischen Modellen ist die ausschließliche Fokussierung auf die aktiven Vorgänge des künstlerischen Schaffensprozesses. Vernachlässigt werden dabei die »Beziehung[en] zwischen der kreativen Person und ihrem sozialen Umfeld«[117] und die aus ihm entstehenden entscheidungsleitenden Aspekte.[118] Daher werden die Einflussfaktoren der Vollständigkeit halber am Ende des Kapitels separat dargelegt.

1.7 Augenblick der Illumination: Ein Ergebnis künstlerischer Genialität oder kognitiv gesteuerter Arbeit?

Neben den Theorien zu Ablauf und Funktion des künstlerisch-kreativen Prozesses bestehen diverse Konzepte zur Umgehensweise mit generierten Einfällen.[119] Bis zum heutigen Tag sind kompositorische Schaffensprozesse – vor allem der schleierhafte Moment der Illumination – sowie die Herkunft und Entstehung von Kreativität aufs Engste mit der Vorstellung von einer Aura des Geheimnisumwobenen, Mystischen und dem Geniebegriff verbunden.[120] Robert Weisberg beschreibt den lange Zeit bestehenden Glauben an den göttlichen Funken als Impuls für kreatives Schaffen folgendermaßen:

> »Die Auffassung, dass kreative Menschen, durch göttliche Eingebung verursacht, etwas in sich Vollkommenes hervorbringen, [...] [lässt sich] bis in die Zeit der Antike zurückverfolgen. Man glaubte, dass die Musen den Künstlern kreative Ideen einhauchten. So wurden die Musen, die neun Töchter des Zeus, als Schutzgöttinnen der Künste und des geistigen Lebens um Inspiration angerufen.«[121]

---

115 Vgl. ebd., Sp. 543–545 ff.
116 Vgl. Teresa M. Amabile: *The Social Psychology of Creativity*, S. 72 ff.; vgl. auch Helmut Rösing: Art. »Komposition«, Sp. 544.
117 Reinhard Kopiez und Luisa Rodehorst-Oehus: »*Eigentlich komponiert man immer*«, S. 5.
118 Vgl. ebd.
119 Vgl. ebd.; vgl. auch Helmut Rösing: »Komposition«, Sp. 545 ff.
120 Vgl. Helmut Rösing: »Komposition«, Sp. 543 f.
121 Robert W. Weisberg: *Kreativität und Begabung*, S. 15; vgl. auch Reinhard Kopiez und Luisa Rodehorst-Oehus: »*Eigentlich komponiert man immer*«, S. 4.

Diverse Wissenschaftler, darunter Claude Lévi-Strauss, beschreiben die Entstehung von Musik als Gegenstand zahlreicher Mythen in unterschiedlichsten Kulturen.[122] Sie erscheint ebenso unerklärlich wie das herausragende Talent einiger weniger Komponisten.[123] Die Bildung von Mythen und Legenden wurde unter anderem durch die Eigenbeschreibungen des künstlerischen Schaffensaktes durch die Komponisten befeuert,[124] welche die Herkunft ihrer Ideen aus übernatürlichen Quellen erklärten. Udo Rauchfleisch kommentiert, dass Künstler ihre Quelle »oftmals als göttlich charakterisier[ten] [...] [und sich] selber [als] Gefäß, das sich der musikalischen Eingebung öffne, sie auffange und an die Welt weitergebe. [...] Die Stimme des Unterbewussten wird [in der mystifizierenden Auslegung der Komponisten zur] ›Stimme des Göttlichen‹ umgedeutet.«[125] Als Nachweis für eine derartige Auslegung wird oft ein Brief von Wolfgang Amadeus Mozart zitiert, in dem er den Vorgang einer Inspiration zu einer vollständigen Komposition beschreibt, die er gedanklich entwickelt und dann fehlerfrei aus dem Kopf niedergeschrieben habe.[126] Richard Wagner hingegen war dafür bekannt, somnambul zu komponieren.[127] Dennoch verdunkeln die Mythen oft die tatsächlichen Umstände und Gegebenheiten der musikalischen Produktion, insbesondere bei den als Genie geltenden Komponisten, deren Arbeitsweise durch Studien der Skizzen mittlerweile besser erforscht werden kann.[128] Jener Kult um den »göttlichen Funken«, der dem musikalischen Genie auf mysteriöse Weise eingehaucht wird, erlebte am Ende des 18. Jahrhunderts sowie im 19. Jahrhundert, insbesondere im Zeitalter der Romantik, seine Hochzeit.[129] »Ehrfurcht vor dem Geheimnisvollen ist bei den Romantikern die neue Grundhaltung«[130], formuliert Heinrich Besseler den Umbruch in der Wahrnehmung des schöpferischen Künstlers. Jason Toynbee und Simon Frith zur Folge kann dieses Konzept – ähnlich den Strategien der heutigen Musikindustrie[131] – vor allem als Mittel zur geschickten Vermarktung verstanden werden, welchem sich die Musiker und Komponisten gezielt bedienten, da sich Musik, entstanden durch die unerklärliche Schöpfungskraft eines Genies, wesentlich leichter und breitenwirksamer verkaufen ließ. Dies belegen Beispiele wie jene von Franz Liszt und Niccolò Paganini auf eindrucksvolle Art. Allein der Umstand, dass Komponisten und Musiker nicht mehr bei Hof angestellt sein mussten, wo sie ein festes

---

122 Vgl. Claude Lévi-Strauss: »The Structural Study of Myth«, in: *Myth. A Symposium* <www.jstor.org/stable/536768> [23.3.2011]; vgl. auch Stephen Blum: Art. »Composition«, S. 187.
123 Vgl. Simon Frith: *Creativity as a social fact*, S. 16.
124 Vgl. Helmut Rösing: Art. »Komposition«, Sp. 544.
125 Udo Rauchfleisch: »Psychoanalytische Betrachtungen zur musikalischen Kreativität«, S. 346; vgl. auch Reinhard Kopiez und Luisa Rodehorst-Oehus: »*Eigentlich komponiert man immer*«, S. 4.
126 Vgl. Nicholas Cook: *Music – A very short introduction*, S. 64–70.
127 Vgl. Kurt Westphal: *Genie und Talent in der Musik*, Regensburg 1977, S. 52 f.
128 Vgl. Nicholas Cook: *Music – A very short introduction*, S. 70.
129 Vgl. Simon Frith: *Creativity as a social fact*, S. 9.
130 Heinrich Besseler: *Aufsätze zur Musikästhetik und Musikgeschichte*, Dresden 1987, S. 157.
131 Vgl. Jason Toynbee: *Making Popular Music*, S. 115; vgl. auch Simon Frith: *Creativity as a social fact*, S. 16.

Gehalt bezogen, sondern Musik nun als Beruf, sogar als eine Art Handwerkskunst betrachtet wurde, mit der sich die Ausführenden ökonomisch und gesellschaftlich als Unternehmer etablieren und gegen die Konkurrenz durchsetzen mussten, erforderte ein solches Handeln.[132] Auch der Mythos von Genie und Wahnsinn bildete einen Teil dieser Vermarktungsstrategie und schürte eine Abgrenzung zwischen genial und gewöhnlich.[133] Selbst nach der Blüte der Genieverherrlichung im Zeitalter der Romantik blieb der Kult um die Mystik des göttlichen Funkens erhalten, wurde jedoch im Zuge der beginnenden psychologischen Kreativitätsforschung nicht mehr als alleiniges Merkmal des künstlerischen Schöpfers sondern stattdessen als Element einer breit gefächerten Palette verschiedener Komponenten begriffen.[134] Die nach wie vor bestehende Romantisierung des Genialen und Unerklärbaren wird jedoch vor allem unter den Wissenschaftlern nicht unterstützt: Robert Weisberg bezieht in *Der Mythos vom Unbewussten* eindeutig Gegenposition und spricht seine Zweifel darüber aus, dass spontane Eingebungen und Erkenntnissprünge ohne einen vorangehenden intensiven und kognitiv geprägten Arbeitsprozess sprichwörtlich »vom Himmel fallen« könnten.[135] Doch ganz gleich auf welche Weise die Illumination erklärt wird und welche unterbewussten Ebenen und Phasen eine sich entwickelnde Idee bis zu ihrem Eintreten durchschreitet, so wird der Moment ihrer bewussten Wahrnehmung von den Komponisten als klar und einschneidend registriert.[136] Paul Hindemith vergleicht das Erlebnis mit einem Blitz,[137] Aaron Copland beschreibt es als »Geschenk des Himmels«[138]. Alle Theorien vereinen sich in der Annahme, dass die Ideenbildung keiner vollständig bewussten Kontrolle ihres Schöpfers unterliegt und sich als solche nicht herbeiführen und erzwingen lässt.[139] Tatsächlich ist der Entstehungsmoment einer Idee laut verschiedenen Komponisten gefühlsgebunden und könne – selbst unter dem Einsatz erprobter Strategien – nicht immer kognitiv herbeigeführt werden.[140] Dennoch entwickeln viele Komponisten indivi-

---

132 Vgl. Kurt Westphal: *Genie und Talent in der Musik*, S. 52 ff.
133 Vgl. Simon Frith: *Creativity as a social fact*, S. 16; vgl. auch Helmut Rösing: Art. »Komposition«, Sp. 544.
134 Vgl. ebd.; vgl. auch Reinhard Kopiez und Luisa Rodehorst-Oehus: »*Eigentlich komponiert man immer*«, S. 4.
135 Vgl. Robert W. Weisberg: *Kreativität und Begabung*, S. 17; vgl. auch Anja Rosenbrock: *Komposition in Pop- und Rockbands*, S. 70.
136 Vgl. Helmut Rösing und Herbert Bruhn: »Komposition«, S. 515; vgl. auch Mihaly Csikszentmihalyi: *Kreativität. Wie sie das Unmögliche schaffen und ihre Grenzen überwinden*, Stuttgart 1997, S. 145–147; vgl. auch Anja Rosenbrock: *Komposition in Pop- und Rockbands*, S. 69.
137 Vgl. Udo Rauchfleisch: »Psychoanalytische Betrachtungen zur musikalischen Kreativität«, S. 345.
138 Anja Rosenbrock: *Komposition in Pop- und Rockbands*, S. 74; zitiert nach Howard Gardner: *Abschied vom IQ. Die Rahmen-Theorie der vielfachen Intelligenzen*, Stuttgart 1991, S. 102.
139 Vgl. Anja Rosenbrock: *Komposition in Pop- und Rockbands*, S. 74 f.
140 Vgl. Claudia Bullerjahn: »Junge Komponisten in zeitgenössischer Kunst- und Pop-Musik, S. 119; vgl. auch Anja Rosenbrock: »*Man kann ja beim Songwriting nicht sagen, dass es etwas Falsches und etwas Richtiges gibt. Fragen an eine Musikerin, die Workshops in Songwriting veranstaltet*«, in: *Begabung und Kreativität*

duelle Techniken und Strategien, sogar »Erfolgsrezepte«, durch die sie mit etwas Übung den Illuminationsmoment herbeiführen können. Einige versuchen, gezielt Situationen zu schaffen, mit deren Hilfe sie sich in andere Welten hineinversetzen, um sich über die eigene Vorstellungskraft und Assoziation in einen spezifischen musikalischen Charakter hineinzufühlen.[141] Von Richard Wagner ist bekannt, dass er besondere Strategien entwickelte, um sich aus der Routine zu lösen und künstlerisch zu inspirieren: Er umgab sich als Anregung zur Inspiration »mit Luxus und [kostbaren] Samt- und Seidenstoffen«[142], um eine besondere Aura für die kreative Arbeit zu erzeugen. Auch äußerer Druck kann als produktives Element für Kreativität wahrgenommen werden. So antwortete Ernest Hemingway auf die Frage nach seinem künstlerischen Impuls im Sinne des Ausspruchs »unter Druck entstehen Diamanten«: »Der für mich stärkste kreative Puls ist der Abgabetermin beim Verlag«[143]. Unabhängig von einer herausragend inspirierenden Situation, aus der innerhalb des Arbeitsprozesses eine neue Idee geboren wird, muss sich der Betrachter stets vergegenwärtigen, dass ein Komponist ununterbrochen von »Töne[n] im Kopf«[144] umgeben ist, mit denen das Unterbewusstsein stetig spielt und arbeitet. Der Übergang zum definierten Komponieren entsteht in jenem Augenblick, »in dem sich diese Ideen allmählich verfestigen [und die konkrete Form eines] musikalische[n] Bild[es] [annehmen. Dies kann alles sein –] vom einfachsten melodischen, rhythmischen oder harmonischen Fragment bis zum fast vollständig ausgearbeiteten Stück«[145].

1.8 Trial-and-Error oder zielgerichtete Ideensuche? Zu Grundlagen des kompositorischen Handwerks und der Improvisation als Impulsgeber für künstlerische Einfälle

Der Zugang zu einer Ideenfindung über den mentalen Weg ist nicht in jedem Fall der gewählte. In kollektiven Kompositionsprozessen wird meist auf ein anderes Prinzip zurückgegriffen: Das Experimentieren und Improvisieren mit dem Instrument als Quelle für die »angewandte, rationale Suche nach Einfällen«[146]. Der Einbezug eines Instruments in die aktive Suche nach Motiven und Melodien durch das sogenannte Trial-and-Error-Verfahren ermöglicht eine konkrete

---

in der populären Musik, hrsg. von Günter Kleinen (= Beiträge zur Musikpsychologie, Bd. 4), Münster 2003, S. 189–201, hier: S. 195.

141 Vgl. Reinhard Kopiez und Luisa Rodehorst-Oehus: »*Eigentlich komponiert man immer*«, S. 17.
142 Udo Rauchfleisch: »Psychoanalytische Betrachtungen zur musikalischen Kreativität«, S. 354; vgl. auch Kurt Westphal: *Genie und Talent in der Musik*, S. 52 f.
143 Ebd., S. 12.
144 Anja Rosenbrock: *Komposition in Pop- und Rockbands*, S. 74.
145 Howard Gardner: *Abschied vom IQ*, S. 10.
146 Thomas G. Witzel: »Der musikalische Arbeitsprozess von Amateurbands«, S. 76.

Vorstellung vom klanglichen Ergebnis.[147] Mit dem Instrument in der Hand und entsprechender Erfahrung wird das Ausprobieren zu einem Vorgang, bei dem die Finger motorisch und wie automatisch arbeiten.[148] Diese Methode von »Versuch und Irrtum« wird unabhängig vom musikalischen Genre von den Komponisten genutzt, um Schranken zu durchbrechen. Selbst Maurice Ravel soll gefragt haben, wie es denn möglich sei, passende Harmonien ohne die Hilfe eines Klavieres zu finden: »How can you find chords without a Piano?«[149], wie Nicholas Cook in *Music – A very short introduction* zitiert. Elementar für die Ideengenerierung mit oder ohne Instrument ist jedoch nicht nur die musikalische Vorstellungskraft: Einfälle können ebenso spontan bei musikfremden Tätigkeiten entstehen.[150] Jason Toynbee und Simon Frith erläutern die gespaltene Natur des Trial-and-Error-Prinzips,[151] das sich nicht ausschließlich auf das Herumprobieren beschränkt, sondern auch eine sehr rationale und strukturierte Seite besitze:

[The] »Idea [...] to produce popular music is not all an intuitive act of expression, but rather something which depends on planning, research and the constant monitoring of the outcome of decisions.«[152]

»A second aspect of Creativity [...] is the process of pragmatic experimentation, trying things out, whether on paper [score] or as sound.«[153]

Das manuelle Austesten ist besonders im Zusammenhang mit kollektiven Schaffensprozessen von zentraler Bedeutung: Auf diese Weise können alle Gruppenmitglieder an der Entwicklung und Veränderung der Komposition Anteil nehmen und wechselseitig intuitiv oder rational in das Geschehen eingreifen.[154] Die gemeinsame Suche bezeichnen die Komponisten oft als »Vor-sich-hin-spielen«[155] auf dem Instrument, aus dem erste Ideen in Form eines »Riff[s], eine[r] Akkordfolge [und] selten eine[r] Textidee oder eine Gesangsmelodie«[156] entstehen. Auch Zufälle können den Musikern zu Hilfe kommen: Beispielsweise beschreibt der Komponist Her-

---

147 Vgl. Nicholas Cook: *Music – A very short introduction*, S. 70.
148 Vgl. Jan Hemming: *Begabung und Selbstkonzept*, S. 156.
149 Nicholas Cook: *Music – A very short introduction*, S. 70.
150 Vgl. Howard Gardner: *Abschied vom IQ*, S. 102; vgl. auch Marc Leman: »Music«, in: *Encyclopedia of Creativity*, Bd. 2, San Diego 1999, S. 285–297, hier: S. 286; vgl. auch Anja Rosenbrock: *Komposition in Pop- und Rockbands*, S. 80.
151 Vgl. Jason Toynbee: *Making Popular Music*, S. 35; vgl. auch Simon Frith: *Creativity as a social fact*, S. 15.
152 Jason Toynbee: *Making Popular Music*, S. 35.
153 Simon Frith: *Creativity as a social fact*, S. 15.
154 Vgl. Thomas G. Witzel: »Der musikalische Arbeitsprozess von Amateurbands«, S. 80 ff.
155 Ebd., S. 81.
156 Ebd., S. 76; vgl. auch Claudia Bullerjahn: »Junge Komponisten in zeitgenössischer Kunst- und Pop-Musik, S. 119.

bert Hellhund einen unerwarteten Zwischenfall während einer Performance, der sich in einen plötzlichen Impuls verwandelt – ein Zufall, wie ihn Thomas Turino als »happy or no happy accident«[157] bezeichnet:

> »Der freie Improvisator und Posaunist Günther Christmann spielte einmal im Rahmen eines Workshop-Konzerts eine Soloperformance. Er geht immer sehr virtuos mit verschiedenen Dämpfern um. Plötzlich fiel ihm sein Cup, ein Dämpfer mit einem nach vorne spitz zulaufendem Kopf, herunter auf den Schwingboden der Bühne. Der Dämpfer rollte hin und her. Zuerst war Christmann ganz erschrocken, doch sofort hat er gemerkt: ›Aha, der Dämpfer macht eine Art rhythmisches Geräusch.‹ Dann hat er dem Dämpfer zugeschaut und nahm dann, aus der Dämpferbewegung heraus, total musikalisch den Dämpfer wieder auf und spielte mit erhöhter Intensität weiter. [...] Es ist immer ein Reagieren auf irgendetwas.«[158]

Eine der schwierigsten Fragen ist die Abgrenzung von Illumination bzw. Ideengenerierung zur sich unmittelbar anschließenden Phase der Verarbeitung und Umarbeitung.[159] Teilweise ist eine exakte Separation unmöglich, da »Überschneidungen und fließende Übergänge [...] sowohl in Bezug auf den zeitlichen Ablauf als auch in Bezug auf Kompositionsmethoden mancher Personen«[160] existieren, insbesondere, wenn es sich um einen kollektiven Schaffensprozess handelt. Laut Udo Rauchfleisch verläuft ein künstlerischer Kompositionsvorgang nie linear, sondern als Wechsel von Momenten der Inspiration und Elaboration,[161] wobei sich auch die Länge der Phasen »erhöhter Durchlässigkeit gegenüber dem Unterbewussten«[162] und jene der koordinierten Elaboration von Individuum zu Individuum unterscheidet. Wie sich der als typisch geltende Wechsel zwischen den Ebenen des Fokussierens und Entfokussierens konkret vollzieht, variiert. Herbert Hellhund erklärt in einer Selbstreflexion seine Arbeitsweise: »Ich würde die Trompete absetzen und aus dem Fenster schauen«[163]. Entgegen der nicht steuerbaren Initialzündung gilt die daran anknüpfende Aus- und Weiterverarbeitung des musikalischen Materials als eher kognitiv gesteuert, was ihre Abgrenzung oder Zugehörigkeit zum Begriff des Schaffensprozesses in Frage stellt.[164] Den Elaborationsprozess betrachtet Howard Gardner als regelrecht vorbestimmten, unausweichlichen Weg: »Ist die Idee einmal geboren, ist der nachfolgende Prozess der Entwicklung und Ausarbeitung überraschend selbstverständlich oder sogar unausweich-

---

157 Thomas Turino: »Formulas and Improvisation in Participatory Music«, S. 105.
158 Reinhard Kopiez und Luisa Rodehorst-Oehus: »*Eigentlich komponiert man immer*«, S. 11.
159 Vgl. Anja Rosenbrock: *Komposition in Pop- und Rockbands*, S. 77.
160 Ebd.
161 Vgl. Udo Rauchfleisch: »Psychoanalytische Betrachtungen zur musikalischen Kreativität«, S. 345.
162 Ebd.
163 Reinhard Kopiez und Luisa Rodehorst-Oehus: »*Eigentlich komponiert man immer*«, S. 10.
164 Vgl. Anja Rosenbrock: *Komposition in Pop- und Rockbands*, S. 77.

lich; das beruht auf den vielen verfügbaren Techniken und Strukturformen [...], Verfahren und Strategien [...], die sich über die Jahre gebildet haben.«[165] Dennoch muss auch die Illumination nicht vollständig ungeplant erfolgen, sondern kann mit einer gewissen Übung bewusst herbeigeführt werden. Johannes Schöllhorn erklärt, dass nicht nur der Bearbeitungsvorgang in gewisser Weise handwerklich erlernt werden kann, sondern auch die Phase der Inspiration, welche – entgegen den Vorstellungen von einer mystischen Natur – bis zu einem gewissen Grad strategisch steuerbar ist:

»Es ist richtig, dass man sich in eine Situation bringen muss. Jedoch ist diese nicht immer vorhersehbar, die kann einfach kommen. Eigentlich komponiert man immer. Es kann einen anfallen oder man muss es kitzeln und provozieren. Und man muss es auch üben. [...] [Das Ganze] muss sogar planbar sein, [...] [ein Wechsel zwischen] anstrengenden Denkprozessen in Abwechslung mit Entspannungsphasen.«[166]

Wird die Ausarbeitungsphase einer Idee als elementare Komponente des Kompositionsprozesses anerkannt, reduziert dies automatisch den Charakter des Mystischen. Versteht man sie lediglich als Überarbeitung des schöpferischen Werkes, reduziert sich die wertvolle Essenz des kompositorischen Schaffens auf den Illuminationsmoment.[167] Im Zuge einer Trennung von unerklärlicher Eingebung und strategischer Ausarbeitung ergibt sich die Überlegung, ob das Überwiegen des einen oder anderen gegebenenfalls typabhängig sein könnte. Julius Bahle gelangte 1936 zu einer Trennung der Komponisten in Arbeits- und Inspirationstyp, ein Konzept, das auch Jahre später noch seine Gültigkeit behielt.[168] Andreas C. Lehmann erklärt, dass sich beide Typen »schöpferischen Verhaltens [...] [hinsichtlich einer] Findung und Lösung musikalischer Probleme [unterscheiden]: [...] Der Inspirationstypus arbeitet unbewusst, er erlebt die einzelnen Arbeitsschritte stärker als von außen gesteuert und zufällig, während der Arbeitstypus sie als Teil intendierter und bewusster Schaffensarbeit deutet.«[169]

Auch hinsichtlich der Fixierung existiert eine Teilung zwischen dem eher handwerklich orientierten Skizzentyp und dem mentalen Typ. Dies lässt sich anhand der Arbeitsvorlieben großer Komponisten beispielhaft illustrieren: War Ludwig van Beethoven für die Bevorzugung der Schriftlichkeit bekannt, sowie dafür, die »Einfälle in jedem Verarbeitungsstadium in Skizzen-

---

165 Howard Gardner: *Abschied vom IQ*, S. 102.
166 Reinhard Kopiez und Luisa Rodehorst-Oehus: »*Eigentlich komponiert man immer*«, S. 10.
167 Vgl. Anja Rosenbrock: *Komposition in Pop- und Rockbands*, S. 75; vgl. auch Claudia Bullerjahn: »Junge Komponisten in zeitgenössischer Kunst- und Pop-Musik«, S. 107.
168 Vgl. Reinhard Kopiez und Luisa Rodehorst-Oehus: »*Eigentlich komponiert man immer*«, S. 4.
169 Ebd., S. 4; vgl. auch Andreas C. Lehmann: Art. »Komposition und Improvisation: Generative musikalische Performanz«, in: *Allgemeine Musikpsychologie. Allgemeinpsychologische Grundlagen musikalischen Handelns* (= Enzyklopädie der Psychologie, Bd. D/VII/1), Göttingen 2005, S. 913–954, hier: S. 927.

heften«[170] festzuhalten, galten Wolfgang Amadeus Mozart und Joseph Haydn eher als mentale Typen, die mit einer geringen Zahl schriftlicher Entwürfe auskamen und »vor [den] [...] musikalischen Details [mental eine] überblicksartige Vorstellung [...] der essenziellen Komponenten«[171] ausarbeiteten. Dennoch hält beispielsweise John Sloboda die strikte Unterteilung in Skizzentyp und mentalen Typ für zu eng gefasst und sieht die Realität in einer Mischung beider Formen.[172] Johannes Schöllhorn bestätigt diese Einschätzung aus der eigenen Praxis:

> »Der reine ›Inspirationstyp‹ hat kein Handwerk. Inspiration schlägt um in die Wiederholung von Konventionen, die man irgendwo aufgegabelt hat. Der ›Handwerkstyp‹, der braucht die Inspiration, weil Handwerk nur Handwerk sein kann. In dem schönen Wort ›Inspiration‹ steckt das Wort ›Geist‹ drin. Wenn ein Stück nicht ›beseelt‹ wird, um es anders zu sagen, dann kann ich viel Tonsatz schreiben, ohne Erfolg zu haben. Das eine und das andere gehören immer zusammen!«[173]

Unabhängig davon, welcher Kompositionstypus im individuellen Fall überwiegt, verweisen einige Forscher auf die elementare Bedeutung einer starken klanglichen Imagination und eines Klanggedächtnisses, welches die Strukturierung entstehender Ideen erst möglich macht. Darüber hinaus kommentieren sie das umfangreiche Spektrum an äußeren Bedingungen, die den kompositorischen Prozess von externer Seite maßgeblich beeinflussen.[174] Eine besondere Situation entsteht im Kontext einer Auftragskomposition mit begrenztem Zeitlimit: Hier ist der Komponist genötigt, eigene »Produktionsstrategien [wie] Handlungs[-pläne] [und bestimmte] Arbeitstechniken«[175] zu entwickeln, um dem Auftraggeber das fertige Werk zum gewünschten Zeitpunkt präsentieren zu können.[176] Der Musikproduzent und Musiker Johann Weiß schildert die Umstände folgendermaßen:

> »Bei einer Auftragskomposition, mit der ein kommerzieller Zweck erfüllt werden soll, ist es vielleicht mehr Handwerk. Ein Auftrag aus der Zeit, in der Robbie Williams ganz hoch im Kurs war, hätte beispielsweise so lauten können: ›Schreibe einen Song im Stil von Robbie Williams, am besten gemischt mit etwas Police, und auch Pink soll irgendwie enthalten sein.‹ Dann kaufe ich mir die Platten und analysiere sehr genau, was das Spezielle, das den Künstler ausmacht, ist, und versuche, die Dinge zu kombinieren. Das ist eher [...] Handwerk als Inspiration.«[177]

---

170 Anja Rosenbrock: *Komposition in Pop- und Rockbands*, S. 80.
171 Ebd.
172 Vgl. ebd.; vgl. auch John A. Sloboda: *The Musical Mind*, S. 112.
173 Reinhard Kopiez und Luisa Rodehorst-Oehus: »*Eigentlich komponiert man immer*«, S. 14.
174 Vgl. Determination der Komposition durch Rahmenbedingumgen und stilabhängige Bezugssysteme; vgl. auch Claudia Bullerjahn: »Junge Komponisten in zeitgenössischer Kunst- und Pop-Musik«, S. 114 ff.
175 Helmut Rösing: Art. »Komposition«, Sp. 544.
176 Vgl. ebd.
177 Reinhard Kopiez und Luisa Rodehorst-Oehus: »*Eigentlich komponiert man immer*«, S. 14 f.

1.9 Besondere Aspekte im Zuge von Gruppenkomposition

Ein besonderer Bereich innerhalb der Komposition ist der künstlerische Schaffensprozess in der Gruppe. Da die Erarbeitung eines neuen Sambas dem Feld der kollektiven Arbeit zuzuordnen ist, sollen an dieser Stelle einige Besonderheiten dieses Kompositionssystems, welches vor allem in der Popularmusik und in diversen Stilen außerhalb der europäischen Kunstmusik verbreitet ist, in Kürze umrissen werden. Beispielsweise muss die abweichende Bedeutung der Bezeichnung Komponist im Samba-Enredo differenziert werden, die nicht gemäß der klassisch-abendländischen Auslegung ausschließlich mit dem musik- bzw. textschaffenden Künstler gleichzusetzen ist. Stattdessen wird – in Übereinstimmung mit dem Verständnis und Konzept des Komponisten in der Popularmusik – die Bezeichnung hier auf alle diejenigen Personen ausgeweitet, die auf unterschiedliche Weise Anteil am Kollektiv tragen und am Entstehungsprozess beteiligt sind. Neben dem künstlerischen Part sind dies auch Aufgaben sozialer Natur.[178] Simon Friths Verständnis nach ist die Natur aller musikalischen Aktivität ein sozialer Akt kollektiver Handlung:

> [Composition] »is by its nature social and collaborative, is thus redefined as something driven by individual expressive needs.«[179]

Neben den bekannten Funktionsweisen der popularmusikalischen Bandarbeit können auch außereuropäische Beispiele zur Illustration dienen, wie Stephen Blums Beschreibung traditioneller Kompositionsprinzipen aus dem Königreich Tonga der Pazifik Islands eindrücklich verdeutlicht. Hier wird die Musik im Kollektiv kreiert, während die Komponisten abwechselnd für Poesie, Melodie, die rhythmische Komponente oder die Ebene der textbegleitenden und illustrierenden Gestik [Tanz] verantwortlich sind.[180] Auch Thomas Turino beschreibt das Zusammenwirken und aufeinander Reagieren in der Gruppe in seiner Monografie *Moving Away From Silence*:

> »When the guía indicates that it is time to begin, the musicians [...] start to offer musical ideas [...] that can serve as the A section of the piece [...]. When a musician has an idea, he will try it out, repeating it softly to himself on his instrument. At times five or more people may be playing their own phrases or motives simultaneously. There may also be periode of silence to which the guía [...] might respond with verbal encouragement. [...] After a period of time [...] when an idea is found promising

---

178　Vgl. Thomas Turino: *Moving Away From Silence: Music of the Peruvian Altiplano and the Experience of Urban Migration*, Chicago und London 1993, S. 73 ff., S. 76 ff.
179　Simon Frith: *Creativity as a social fact*, S. 15.
180　Vgl. Stephen Blum: Art. »Composition«, S. 189.

> [...] others will gradually take notice, stop what they are doing, and join in softly on their instruments until everyone has taken it up. «[181]

Wie bereits angemerkt, lässt sich der Samba-Enredo mit dem traditionellen Prinzip der Komposition in einer *Parceria* zwar der Gruppenkomposition zuordnen, doch beinhaltet die Bezeichnung »Komponist« verschiedene Bedeutungen und Funktionen, welche sich nicht exklusiv auf die musikalische Produktion beschränken, sondern über die künstlerisch-kreative Funktion hinausreichen. Dies wird in einem späteren Kapitel im Zusammenhang mit der Funktionsweise einer *Parceria* erläutert. Bedingt durch die Kompositionstradition des Samba-Enredo im Kollektiv muss an dieser Stelle das skizzierte Vier-Phasen-Schema schöpferischer Kreativität unter Gesichtspunkten gemeinschaftlicher Arbeit erweitert werden. Wie auch die improvisierte Musik eine »besondere Art sozialer Interaktion«[182] ist, unterliegt die Komposition in der Gruppe gegenüber der individuellen Schöpfung unterschiedlichen externen Mechanismen und Komponenten. Diverse Studien belegen, dass die Arbeit im Kollektiv weniger durch den sich in Stille vollziehenden mentalen Entwicklungsprozess künstlerischer Einfälle geprägt ist, sondern das »Erarbeiten der Stücke im Wesentlichen [...] durch [gemeinsames] Erspielen«[183] und wechselseitiges Probieren und Präsentieren in der Gruppe nach dem Prinzip des Trial-and-Error charakterisiert ist.

> »Im Vollzug des Spiels [...] wird der Song, ausgehend von einer Anfangsidee, zusammengesetzt. Diese Arbeit ist geprägt durch ständiges Wiederholen des bereits erarbeiteten Materials und durch Ausprobieren, Verändern oder auch Verwerfen neuer Vorschläge. Hierbei überwiegt ein intuitives Vorgehen. «[184]

Innerhalb dieses Vorgangs liegt eine bedeutende Voraussetzung für ein harmonisches Arbeitsklima zwischen den Mitgliedern in einem »gute[n] Verhältnis der [...] Mitglieder zueinander. [...] Persönliche Konflikte können sehr schnell zu einer Belastung werden und die musikalische Arbeit unmöglich machen.«[185] Auch die Phase der Verifikation, also der Prüfung und Bewertung generierter Ideen, vollzieht sich in und mit der gesamten Gruppe: »Jedes Zwischenergebnis des musikalischen Arbeitsprozesses durchläuft [...] [eine] Bewertung: Ist das Ergebnis nicht befriedigend, wird es verworfen und nach einer besseren Lösung gesucht. Wenn das Ergebnis gut ist, d. h. gefällt, wird es beibehalten.«[186] Zwei elementare Phasen innerhalb der kollektiven

---

181 Thomas Turino: *Moving Away From Silence*, S. 76 f.
182 Helmut Rösing: Art. »Komposition«, Sp. 599.
183 Thomas G. Witzel: »Der musikalische Arbeitsprozess von Amateurbands«, S. 87.
184 Ebd.; vgl. auch Sarah Cohen: *Rock Culture in Liverpool*, S. 136.
185 Thomas G. Witzel: »Der musikalische Arbeitsprozess von Amateurbands«, S. 86 f.
186 Ebd., S. 78.

Komposition, deren Zugehörigkeit zum Schaffensprozess in anderen musikalischen Genres sehr kontrovers betrachtet wird, sind die Momente des Ausarbeitens und Arrangierens.[187] Sie sind nicht auf gemeinsame Ideensuche ausgerichtet, sondern darauf, Schritt für Schritt das Rohmaterial des entstehenden Werkes unter spezifischen Gesichtspunkten und Kriterien zu bearbeiten, zu erweitern und zu fixieren.[188] Dabei beinhalten die Erwägungen nicht nur Überlegungen zum musikalischen Geschmack. Der Fokus richtet sich hingegen – ähnlich wie bei einer Auftragskomposition im klassischen Sinne – auf übergeordnete, externe Faktoren und Aspekte wie beispielsweise die Anforderungen eines bevorstehenden Konzerts, welches als »Ziel des musikalischen Arbeitsprozesses [...] während der Arbeit [...] als Orientierungsmaßstab dient. Auch bei ästhetischen Entscheidungen wird das spätere Publikum«[189] in die Überlegungen einbezogen.

1.10 Determination des Kompositionsvorgangs durch externe Rahmenbedingungen, stilabhängige Bezugssysteme und zur Schlüsselfunktion der Vorbilder und Vorerfahrungen mit der Materie

Der Vorgang der Komposition, insbesondere mit Zielen wie einer erfolgreichen Auftragserfüllung, Performance oder Studioproduktion findet nie losgelöst von äußeren Einflüssen im luftleeren Raum statt, sondern ist stets in ein komplexes System verschiedener Rahmenbedingungen eingebettet. Sie steuern zumindest unterbewusst wesentliche Entscheidungen im musikalischen Schaffensprozess und werden im Folgenden innerhalb von einer kurzen Reflexion zu sozialen Einflussfaktoren, persönlichen Erfahrungen und stilabhängigen Bezugssystemen vorgestellt. Helmut Rösing definiert den »Vorgang des Komponierens als gesellschaftliches Handlungssystem, [...] [indem der] Komponist [...] über eine Fülle von Voraussetzungen [...] [wie spezifisches] Wissen, Fähigkeiten, Motivationen [verfügt, die unter bestimmten] [...] ökonomische[n], soziale[n], politische[n] und kulturelle[n] Bedingungen«[190] sowie in Abhängigkeit von einer bestimmten Stilistik und der jeweiligen Kultur und Zeitgeschichte zum Tragen kommen.[191] Daher müssen sich laut Stephen Blum die Komponisten bei öffentlicher, publikumsorientierter Komposition stets des Gebrauchscharakters ihrer Schöpfungen bewusst sein,

---

187 Vgl. ebd., S. 75 ff.
188 Vgl. ebd., S. 76 f.
189 Ebd., S. 79.
190 Helmut Rösing: Art. »Komposition«, Sp. 543 f.
191 Vgl. Stephen Blum: Art. »Composition«, S. 186, S. 189 ff.; vgl. auch Helmut Rösing: »Forensische Popmusikanalyse«, in: *Black Box Pop*, hrsg. von Dietrich Helms und Thomas Phleps (= Beiträge zur Popularmusikforschung, Bd. 38), Bielefeld 2012, S. 258–259, hier: S. 258 f.

die mit gestalterischen »musikalische[n] Parameter[n] [...] [wie] Rhythmus [oder] Harmonie [eine besondere Funktion im gesellschaftlich-sozialen System] erfüllen.«[192]

> »Gewollt oder ungewollt ist der Komponist in dieses Bedingungssystem mit einbezogen. Aus diesem Grund läßt sich jede kompositorische Tätigkeit als Teil einer kommunikativen Handlung beschreiben [...]. Die ›generative‹ Sphäre als Voraussetzung für die Entstehung von Musik wird durch musikalische Strukturen konkretisiert [...] [und bringt] kompositorische Kompetenz [...], Musik und soziokulturelles Umfeld in einen als sinnvoll erkannten, auf Akzeptanz stoßenden Zusammenhang [...].«[193]

Da der Kompositionsvorgang als zielgerichtet verstanden werden kann, bei dem bedingt durch die »Wechselbeziehung von Individuum und Gesellschaft«[194] ein bestimmter kompositorischer Rahmen eingehalten werden muss, um dem Publikum durch diverse Verlinkungen ein auf Wiedererkennung basierendes Verständnis zu ermöglichen,[195] sind eine Orientierung am fixierten äußeren Rahmen, dem Regelsystem und den definierten stilistischen Besonderheiten eines Genres unabdingbar. Diverse Studien legen offen, dass jede Komposition für die Rezipienten erst dann verständlich wird und stilistisch zuordenbar ist, wenn sie sich auf ein determiniertes musikalisches Referenzsystem aus melodischen, harmonischen und rhythmischen Formeln bezieht und an Hörerfahrungen anknüpft.[196] »Für das Verstehen in der Musikkultur [...] sind [...] konkrete Patterns [...] und die Gesetzmäßigkeiten empfundener Prozesse bei der musikalischen Entwicklung wichtig [...]«[197]. Bedient sich also ein Komponist bzw. eine Komponistengruppe dieser determinierten Patterns, ist der bestimmte musikalische Stil in der Regel bereits innerhalb der ersten Takte für die Rezipienten erkennbar.[198] In Abhängigkeit von zeit- und milieuabhängigem Bedingungssystem,[199] welches als Brücke zwischen Komponist und Publikum steht und von Richard Middleton als »circularity of homological cause and effect«[200] bezeichnet wird,

---

192 Anja Rosenbrock: *Komposition in Pop- und Rockbands*, S. 21; vgl. auch Stephen Blum: Art. »Composition«, S. 186, S. 189 ff.; vgl. auch Helmut Rösing: »Forensische Popmusikanalyse«, S. 258 f.
193 Helmut Rösing: Art. »Komposition«, Sp. 543.
194 Claudia Bullerjahn: »Junge Komponisten in zeitgenössischer Kunst- und Pop-Musik«, S. 108.
195 Vgl. Jason Toynbee: *Making Popular Music*, S. 110.
196 Vgl. Claudia Bullerjahn: »Junge Komponisten in zeitgenössischer Kunst- und Pop-Musik«, S. 114; vgl. auch Helmut Rösing: »Forensische Popmusikanalyse«, S. 259; vgl. auch Tiago de Oliveira Pinto: *Capoeira, Samba, Candomblé. Afro-Brasilianische Musik im Recôncavo, Bahia* (= Veröffentlichungen des Museums für Völkerkunde Berlin, Abteilung Musikethnologie VII, Bd. 52), Berlin 1991, S. 37.
197 Tiago de Oliveira Pinto: *Capoeira, Samba, Candomblé*, S. 38.
198 Vgl. Jason Toynbee: *Making Popular Music*, S. 115.
199 Vgl. ebd., S. 114.
200 Richard Middleton: *Studying Popular Music*, Philadelphia 1990, S. 162; vgl. auch Jason Toynbee: *Making Popular Music*, S. 114.

bilden bekannte Zeichen, Symbole und gewachsene Traditionen innerhalb eines musikalischen Genres den Bezugsrahmen und definieren das Raster zentraler Orientierungspunkte.[201] Dieses nehmen die Komponisten als Ausgang für ihre schöpferischen Handlungen, von Jason Toynbee als »point of departure for creative action«[202] bezeichnet. Die Basis dieses bereichsspezifischen Wissenslagers, das sich aus einer Kombination thematischer, technischer und theoretischer Komponenten zusammensetzt,[203] fungiert wie ein Materialfundus für die musikalischen Schöpfer[204] und leitet ihre musikalische Aktivität in systematischer Weise, beispielsweise durch regelhaftes Verwenden einer »bestimmte[n] Abfolge von Tönen in bestimmten Stilzusammenhängen«[205], Formschemata usw. Die musikalischen Kreationen folgen also einer Kompositionsgrammatik, die auf ihrer jeweiligen Epoche und ihren stilistischen Gepflogenheiten beruht. Diese können in einzelnen Patterns bestehen, die sich zu Sammlungen vereinen. Thomas Turino beschreibt diesen Vorgang, der zentral in der Herausbildung eines musikalischen Stils oder Genre ist, als »[development of] models with associated collections of formulas rather than as set [...] of items«[206]. Max Peter Baumann erkennt diese musikalischen »Bausteine [...] [als] Teil eines übergeordneten Systems«[207], die vom Komponisten und Publikum gleichermaßen gekannt und erkannt werden müssen. Thomas Turino differenziert darüber hinaus die Wirkung der Muster in Abhängigkeit von Musiker und Hörer als signifikante Komponente:

> »Old formulas can surprise new music partners and listeners but still be habit-based and so not surprise the player and long-term partners and fans. Often repeated formulas become part of the model.«[208]

Bereits im ersten Stadium der Komposition werden musikalische Einfälle und Inspirationen durch ein System aus verschiedenen Bewertungsebenen geleitet[209] und mit den spezifischen Merkmalen und Normen der Gattung abgeglichen. Diese können von einem neu entstehenden Werk bewusst erfüllt oder gebrochen werden, oder hybrid mit den Charakteristika anderer

---

201 Vgl. Jason Toynbee: *Making Popular Music*, S. 110; vgl. auch Richard Middleton: *Studying Popular Music*, S. 162.
202 Ebd.
203 Vgl. Reinhard Andreas: Art. »Improvisation«, Sp. 597–599; vgl. auch Helmut Rösing: »Forensische Popmusikanalyse«, S. 258, S. 261 ff.
204 Vgl. Claudia Bullerjahn: »Junge Komponisten in zeitgenössischer Kunst- und Pop-Musik«, S. 107.
205 Ebd.
206 Thomas Turino: »Formulas and Improvisation in Participatory Music«, S. 104.
207 Max Peter Baumann: »The Musical Performing Group: Musical Norms, Tradition, and Identity«, in: *The world of Music*/Die Welt der Musik, Jg. 30/2 (1989), S. 80–111, hier: S. 83.
208 Thomas Turino: »Formulas and Improvisation in Participatory Music«, S. 105.
209 Vgl. Claudia Bullerjahn: »Junge Komponisten in zeitgenössischer Kunst- und Pop-Musik«, S. 107.

Genres in einem Cross-over verschmelzen.[210] Die Verschiedenartigkeit der Gattungen bringt eine Abweichung der typischen Techniken und Methoden in Abhängigkeit von Vorkenntnissen und Ressourcen bei der Kompositionshandlung mit sich.[211] Stephen Blum betont die Verbindlichkeit und Bedeutung anhaftender Traditionen:

> »Names of Genres often carry more weight [...]. The requirements of a genre may include advance preparation of new or old compositions, variation or recomposition of existing pieces during performance, spontaneous composition of a performance suited to the occasion of some combination of these.«[212]

Die Auseinandersetzung mit den Normen einer genrespezifischen Kompositionsgrammatik kann als Ausgangspunkt für bewusste Grenzüberschreitungen dienen, aber auch als Quelle zur Inspiration für Neuschöpfungen werden, in denen aus dem Spiel mit musikalischen Codes neue Facetten eines Genres entstehen.[213] Stephen Blum bezeichnet die Ergebnisse dieser experimentellen Handlungen als Spannungen, welche zwischen Vorgaben und Transformationen bis hin zur Sprengung traditioneller Grenzen führen können. Nicht zu unterschätzen ist in diesem Kontext der Stellenwert musikalischer Vorerfahrung, die Auseinandersetzung mit den »alten Meistern« sowie die Rezeption der von ihnen geschaffenen Kompositionen. Sie dienen bei der Ausbildung des eigenen Stils als Orientierung[214] und fungieren gegebenenfalls als Ideal. Ihnen möchte man entweder nahekommen oder mit ihren Gesetzen und Regeln bewusst brechen. Daniel Barenboim betrachtet hierbei die Dimensionen Rhythmus, Melodie und Harmonie zunächst als separate Parameter, die miteinander kombiniert »unendliche viele Variationen [bilden können]. [...] [Erst ihre spezifische] Trinität schafft das Ganze«[215], welches vom Rezipienten einem stilabhängigen Zeichen- und Bezugssystem zugeordnet werden kann. Zentraler Bestandteil des Bezugssystems ist das spezifische Vokabular eines Repertoires aus tradierten melodischen, rhythmischen, textlichen und ästhetisch gebundenen Mustern, welche zusammengenommen ein »Ensemble von Artikulationsformen [und] [...] Wortschatzelementen«[216] bilden. Diese formen nach den Konzepten Howard Beckers und Jason Toynbees einen Body of Conventions für die Komponisten.[217] Er definiert den Radius des Feldes, in dem eine Komposition vollzogen wird und bestimmt das aus der Tradition entstehende, von Pierre Bourdieu als »Space of possibili-

---

210 Vgl. Helmut Rösing und Herbert Bruhn: »Komposition«, S. 517 ff.
211 Vgl. Simon Frith: *Creativity as a social fact*, S. 10.
212 Stephen Blum: Art. »Composition«, S. 187.
213 Vgl. Jason Toynbee: *Making Popular Music*, S. 160, S. 38.
214 Vgl. Stephen Blum: Art. »Composition«, S. 191 ff.; vgl. auch Simon Frith: *Creativity as a social fact*, S. 10.
215 Daniel Barenboim: *Klang ist Leben*, S. 21.
216 Reinhard Kopiez und Luisa Rodehorst-Oehus: »*Eigentlich komponiert man immer*«, S. 12.
217 Vgl. Jason Toynbee: *Making Popular Music*, S. 40 f.; vgl. auch Howard Becker: *Art Worlds*, S. 30.

ties« bzw. »Set of possible uses« definierte Spektrum an Möglichkeiten, sowie den Grad an Variation bzw. Abweichung von den tradierten Varianten.[218] Ein illustratives Beispiele ist wohl die aus der Praxis der Jazzimprovisation bekannte Variation und Transformation bekannter Figuren im Prozess der kollektiven Improvisation.[219] Basierend auf dem jeweiligen grammatischen Referenzsystem ergibt sich für jedes Genre eine Wahrscheinlichkeit, mit der bestimmte Figuren und Muster ausgewählt werden. Toynbee bezeichnet sie als Likehood[220] und meint hier die proportionale Wahrscheinlichkeit, mit der bekannte und häufig eingebundene Formeln im Gegensatz zu seltener erscheinenden verwendet werden. Diese musikalischen Muster, die uns auch im Zusammenhang mit der Analyse der Samba-Enredos beschäftigen werden, ergeben sich aus dem Kompositionsrepertoire eines Genres und liefern einen Pool an Wahlmöglichkeiten bzw. Versatzstücken für bestimmte Momente der Komposition – beispielsweise für die Eröffnung, Fortführung und den Abschluss musikalischer Parts.[221] Sie stehen in der Regel in der Tradition eines bestimmten Stils und – entsprechend des allgemeinen Konsens eines Repertoires – in Einklang mit den Konventionen eines kompositorischen Modells. Patterns, Klänge oder Intervallkombinationen müssen nicht ausschließlich logistisch fixiert – also einem bestimmten Augenblick der Komposition zugeordnet – sein, sondern können auch an Verknüpfungen anderer Art, wie einer Tradition oder einem bestimmten Instrument, gebunden sein.[222] Letzten Endes fungieren bekannte musikalische Muster, Konventionen und Hörerfahrungen im kreativen Schaffensprozess als systematischer Rahmen und Richtlinie für die Künstler.[223] »The theory is based on music of a single style. [...] Though extraordinary individualistic in melody, rhythm, and dramatic expression, works in [...] [this] style are grounded in a highly sophisticated set of compositional conventions [...], what are identified [...] as formal functions«, formuliert William Caplin in seiner analytischen Schrift *Classical Form. A theory of formal functions for the instrumental music of Haydn, Mozart, and Beethoven*.[224] Die in verschiedenen Kreativitätsdefinitionen sehr kontroverse Bewertung standardisierter Formeln muss des Weiteren in Abhängigkeit von ihrer Ursprungskultur und ihren stilistischen Besonderheiten betrachtet werden. Nicht in jedem Fall wird das Recycling, also die erneute Nutzung, Verarbeitung oder Variation bereits bestehender Materialien, negativ aufgefasst und als »kreativlos« verurteilt.[225] Im Gegenteil: In einigen

---

218 Vgl. ebd., S. 38; vgl. auch Pierre Bourdieu: »The Forms of Capital«, in: *Handbook of Theory and Research for the Sociology of Education*, hrsg. von John G. Richardson, New York 1986, S. 214–258, hier: S. 235.
219 Vgl. Reinhard Kopiez und Luisa Rodehorst-Oehus: »*Eigentlich komponiert man immer*«, S. 12.
220 Vgl. Jason Toynbee: *Making Popular Music*, S. 39.
221 Zu einem ähnlichen Modell: Vgl. Thomas Turino: *Moving Away From Silence*, S. 76 ff.
222 Vgl. Stephen Blum: Art. »Composition«, S. 191 ff.
223 Vgl. ebd., S. 192 ff.
224 William E. Caplin: *Classical Form. A theory of formal functions for the instrumental music of Haydn, Mozart, and Beethoven*, New York und Oxford 1998, S. 3.
225 Vgl. Reinhard Kopiez und Luisa Rodehorst-Oehus: »*Eigentlich komponiert man immer*«, S. 12, S. 18; vgl. auch Daniel Barenboim: *Klang ist Leben*, S. 123.

Kontexten ist das Adaptionsverfahren nicht nur erwünscht, sondern oder sogar erforderlich.[226] Exemplarisch lässt sich die von Stephen Blum beschriebene jährliche Neukomposition eines Liedes für den sogenannten Schildkrötentanz in San Juan Pueblo, New Mexico, anführen, bei dem die Komponisten angehalten sind, ihre Neuschöpfungen basierend auf Teilstücken des Vorjahres zu kreieren und dabei lediglich bestimmte motivische Elemente zu verändern. Die entlehnten Sequenzen dürfen selbst in ihrer neuen finalen Form nicht von ihrer Positionierung in der letzten Version abweichen:

»The composers [...] may elect to recycle portions of earlier songs, perhaps altering words or melody. Whatever is borrowed must remain in its original position within the conventional form of five parts in the Sequence AABBA.«[227]

Ein anderes Exempel findet sich in Mauretanien, wo melodische Formeln, ebenfalls einem bestimmten Prinzip folgend, nur in einer definierten und begrenzten Zahl möglicher Varianten präsentiert werden dürfen, welche von den Musikern erlernt werden und einem vorgezeichneten Modell, dem *Black or White Way*, folgen.[228]

[It's] »a formula that can be played or sung in a limited number of ways as it combines with other formulae. More complex sets of models incorporate a number of structural levels. The professional *iggiw* [*iggawen*] of Mauretania must master a repertory that is organized according to the overall progression of any [...] performance and requires musicians to select beginnings, continuations and conclusions from the appropriate categories. [...] players [...] learn a sequence of four or five routes [...] which must be played in a prescribed order following either the Black way or the White way.«[229]

Schlussendlich ist und bleibt die Einbindung von vorgefertigten, tradierten Mustern ein zweischneidiges Schwert: Keine Komposition entsteht vollkommen ohne die Beeinflussung durch bekannte Muster, sondern sie gründet sich stets auf einem Fundus gesammelter Hörerfahrungen. Die Auswahl einer Idee geschieht in Rückkoppelung mit dem vorangegangenen Erfahrungsspektrum, an das sich die Komponisten anlehnen oder von dem sie sich bewusst abwenden.[230] »Ganz ohne Innovation geht es nicht, dann interessiert es niemanden mehr«[231], äußert

---

226 Vgl. Stephen Blum: Art. »Composition«, S. 191 ff.; vgl. auch Thomas Turino: *Moving Away From Silence*, S. 76 f., S. 87 ff.
227 Stephen Blum: Art. »Composition«, S. 188.
228 Vgl. ebd., S. 191.
229 Ebd.
230 Vgl. Reinhard Kopiez und Luisa Rodehorst-Oehus: »*Eigentlich komponiert man immer*«, S. 5, S. 19; vgl. auch Tiago de Oliveira Pinto: *Capoeira, Samba, Candomblé*, S. 38; vgl. auch Michael Klein: *Intertextuality in Western Art Music*, Bloomington 2005.
231 Reinhard Kopiez und Luisa Rodehorst-Oehus: »*Eigentlich komponiert man immer*«, S. 5, S. 19.

sich der Komponist Johannes Schöllhorn. Dennoch könne ein vollkommen neuer Stil nur äußerst schwierig kreiert werden, da die Entstehung von Ideen und »Handlungsimpulse[n] [...] [stets in] Rückkoppelung zu Erfahrungsstrukturen«[232] erfolgt, die sowohl maßgeblich durch die eigene künstlerische Entwicklung als auch durch ein im jahrelangen Üben und Lernen gefestigtes Referenzsystem beeinflusst ist.[233] Auch Howard Gardner stellt die essentielle Bedeutung der individuellen Hörerfahrung für den musikalischen Arbeitsprozess heraus:

> »Der musikalische Geist [...] [ist darauf ausgelegt,] vorwiegend mit den Mechanismen des Klanggedächtnisses [zu arbeiten]. Er kann nicht kreativ tätig werden, bevor er eine beträchtliche Vielfalt an Repertoire- und Klangerfahrungen gemacht hat.«[234]

Vor allem in der Popularmusik, deren Fokus weniger auf Theorie und Verschriftlichung ausgerichtet ist und in der sich bekanntlich viele Musiker ihre Fähigkeiten im autodidaktischen Lernprozess aneignen, spielen Hörerfahrung, die Kenntnis bestimmter Patterns und die Praxis der Imitation eine signifikante Rolle für die eigene Entwicklung und Stilbildung.[235] Auch in der abendländischen Kunstmusik ist es ungeachtet eines Strebens nach Innovation Teil der gängigen Praxis, bekannte Elemente, deren Wirkung bereits erprobt ist, aufzugreifen und neu miteinander zu verbinden,[236] also Komponenten des musikalischen Vokabulars zu recyceln.[237] Dieser Umstand sollte uns nicht überraschen, er ist keinesfalls als Phänomen der Gegenwart einzuordnen: Bereits von »alten Meistern« und Kompositionsgenies wie Joseph Haydn und Wolfgang Amadeus Mozart ist bekannt, dass auch sie sich aus einem Pool musikalischer Versatzstücke bedienten, die von ihnen wie ein individueller Vokabelschatz behandelt, »selektiert [und] [...] wieder zusammen[-gesetzt]«[238] wurden. Daniel Barenboim räumt ein, dass es zwar unendlich viele Variationen gäbe, um bekannte Patterns und Parameter einer musikalischen Linie zu transformieren, dass es aber bedingt durch individuelle Hörerfahrungen des Einzelnen nicht einfach sei, diese »in der Vergangenheit gesammelten Erfahrungen zu überprüfen und dann anzufangen, neu zu denken, anders zu denken.«[239] Auch wenn die Nutzung bereits bekannter, populärer Formeln oftmals als Klischeebedienung abgewertet wird, vergegenwärtigen die Komponisten basierend auf ihrer eigenen praktischen Erfahrung, dass »ein Klischee eine

---

232 Reinhard Andreas: Art. »Improvisation«, Sp. 597.
233 Vgl. ebd.; vgl. auch Reinhard Kopiez und Luisa Rodehorst-Oehus: »Eigentlich komponiert man immer«, S. 6.
234 Howard Gardner: *Abschied vom IQ*, S. 102.
235 Vgl. Anja Rosenbrock: »*Man kann ja beim Songwriting nicht sagen, dass es etwas Falsches und etwas Richtiges gibt*«, S. 189.
236 Vgl. Reinhard Kopiez und Luisa Rodehorst-Oehus: »*Eigentlich komponiert man immer*«, S. 19.
237 Vgl. Daniel Barenboim: *Klang ist Leben*, S. 123.
238 Reinhard Kopiez und Luisa Rodehorst-Oehus: »*Eigentlich komponiert man immer*«, S. 19.
239 Daniel Barenboim: *Klang ist Leben*, S. 122.

Art Rahmen darstellt [...], [der] auf eine sehr überraschende Weise neu zusammen[-gebaut werden kann]. Die Frage ist immer, wie man damit umgeht. Ohne Klischees kommt kein Mensch aus. Aber die Frage ist, was ich damit mache.«[240]

Schlussendlich bleibt die Frage nach der tatsächlichen Neuartigkeit eines musikalischen Gedankens. Jason Toynbee zufolge ist das Spektrum an Möglichkeiten zur Veränderung, Neukombination oder Variation musikalischer Bausteine nahezu unbegrenzt.[241] Bereits eine geringfügige Variation kann einem bekannten Element eine andere Farbe, ein neues Gesicht verleihen. Insbesondere die populäre Musik besitzt eine überreiche Palette an Möglichkeiten,[242] sodass jede Illumination in ihrer reduzierten Form als Variation von bereits bestehendem und verfügbarem Material verstanden werden kann.[243] Dennoch gilt es zu verteidigen, dass »bereits eine minimale neue Idee den Charakter des ganzen Musikstückes sehr originell zu verändern«[244] mag. Ob ein Gedanke tatsächlich »neu« ist und niemals zuvor gedacht wurde, lässt sich kaum nachweisen und ist eine überaus subjektive Frage. Daher kann diese Frage laut Mihály Csikszentmihalyi nur für das Individuum selbst bestimmt werden.[245] Abschließend zur kontroversen Debatte um den kreativen Einsatz von Versatzstücken und klischeehaften Formeln möchte ich hier eine kurze Überlegung zu ihrer Verwendung im Rahmen von kollektiver Komposition anfügen. Einerseits steht der Gruppe, bedingt durch die Anzahl teilnehmender Komponisten gegenüber dem einzelnen Künstler, das gesamte Spektrum ihrer individuellen und gemeinsamen Vor- und Hörerfahrungen als Basis und Pool für den musikalischen Arbeitsprozess zur Verfügung, was das Klangresultat auf tiefgreifende Weise beeinflusst.[246] Andererseits fungiert jedes Kollektiv als dem Individuum übergeordnete Kontrollinstanz zur Bewertung der Ideen einzelner Gruppenmitglieder. Hier wird nicht nur die Verwendung musikalischer Formeln durch viele Ohren überprüft, sondern es werden darüber hinaus auch ästhetische Aspekte gemeinsam beurteilt. Somit ist die Kompromissbereitschaft jedes Teilnehmers und die Offenheit für Vorschläge anderer für die erfolgreiche Gruppenarbeit unabdingbar.[247] Da ein kreativer Schaffensprozess bekannterweise nie vollkommen losgelöst von seinem kulturellen und gesellschaftlichen Kontext stattfindet, sondern stets von einem breiten Feld äußerer Randbedingungen umgeben und beeinflusst ist,[248] die in frühen Modellen zur künstlerischen Kreativität keine Berücksichtigung finden, soll

---

240 Reinhard Kopiez und Luisa Rodehorst-Oehus: »*Eigentlich komponiert man immer*«, S. 18.
241 Vgl. Jason Toynbee: *Making Popular Music*, S. 57 ff.; vgl. auch Andreas Reinhard: Art. »Improvisation«, Sp. 598.
242 Vgl. Andreas Reinhard: Art. »Improvisation«, Sp. 598–600.
243 Vgl. Reinhard Kopiez und Luisa Rodehorst-Oehus: »*Eigentlich komponiert man immer*«, S. 18 f.
244 Andreas Reinhard: »Improvisation«, Sp. 596.
245 Vgl. Reinhard Kopiez und Luisa Rodehorst-Oehus: »*Eigentlich komponiert man immer*«, S. 5 f.
246 Vgl. Thomas G. Witzel: »Der musikalische Arbeitsprozess von Amateurbands«, S. 84.
247 Vgl. ebd., S. 80 ff.; vgl. auch Claudia Bullerjahn: »Junge Komponisten in zeitgenössischer Kunst- und Pop-Musik«, S. 123.
248 Vgl. William E. Caplin: *Classical Form*, S. 3 ff.

an dieser Stelle eine kurze Auseinandersetzung mit relevanten aktuellen theoretischen Modellbildungen erfolgen. In seinem Konzept des Radius for Creativity[249] erläutert Jason Toynbee die komplexe Natur des künstlerischen Spannungsfeldes und Geflechtes aus sozialen und ökonomischen Faktoren, innerhalb derer die musikalische Praxis als Bestandteil und Ergebnis eines übergeordneten Autoritätssystems[250] verstanden werden muss: »Musikalisches Schaffen steht im gesellschaftlichen Kontext und ist so in seiner Ausprägung, [...] [seinen] Rahmenbedingungen und [...] ästhetischen Paradigmen von ihm abhängig.«[251] Besonders schwierig gestaltet sich die Balance zwischen musikalischer Freiheit und Anpassung im Falle von Werken, die in einem Abhängigkeitsverhältnis von ihrem Erfolg in einem kommerziellen System stehen. Hier wird oftmals Gegensätzliches verlangt: Einerseits wird Neues, Innovatives als künstlerisch hochwertig und wertvoll idealisiert, andererseits wird Simplizität und Breitenwirksamkeit des Werkes als unabdingbar herausgestellt.[252]

> »Je eindeutiger Popmusik [...] am Markt orientiert und kommerziell ausgerichtet ist, desto [...] mehr unterliegt sie dem Gesetz der Einfachheit. Strukturelle Simplizität statt Komplexität ist angesagt, um eine vertraute Symbolwelt musikalischer Klänge entstehen zu lassen. [...] Für den Normalhörer [...] hat diese Trivialität ihren besonderen Reiz. Durch sie werden die musikalischen Codes und Symbolwelten emotional verständlich.«[253]

Diesem künstlerischen Zwiespalt unterliegen auch die zeitgenössischen Samba-Kompositionen, deren vielschichtiges Bedingungsfeld im Kapitel des *Disputa de Samba* näher beleuchtet wird. Die Konzepte Howard Beckers, Pierre Bourdieus[254] und Simon Friths stimmen mit dieser Sichtweise überein und bestätigen, dass bestehende soziale Strukturen die kreativen Möglichkeiten eines Individuums elementar beeinflussen und richtungsweisend lenken können.[255] Jede Form von Entscheidung und Auswahl ist hier als Konsequenz einer Systemabhängigkeit und eines übergeordneten gesellschaftlichen, institutionellen bzw. autoritären Urteils zu verstehen, auf das der Künstler in einer individuellen Form reagiert und es entweder unterstützt oder ihm auf provokante Weise widerspricht.[256] Das beschriebene Feld selbst wird nicht nur durch seine domänenabhängigen Regeln bestimmt, sondern befindet sich wiederum in einem übergeordneten

---

249 Vgl. Jason Toynbee: *Making Popular Music*, S. 35 ff.
250 Vgl. Simon Frith: *Creativity as a social fact*, S. 10.
251 Reinhard Kopiez und Luisa Rodehorst-Oehus: »*Eigentlich komponiert man immer*«, S. 6; vgl. auch Andreas C. Lehmann: »Komposition und Improvisation: Generative musikalische Performanz«, S. 921.
252 Vgl. Simon Frith: *Can Music Progress? Reflections on the History of Popular Music*, <https://core.ac.uk/download/pdf/25912065.pdf> [30.4.2018], S. 251.
253 Helmut Rösing: »Forensische Popmusikanalyse«, S. 259.
254 Vgl. Howard Becker: *Art Worlds*, S. 198 ff.; vgl. auch Pierre Bourdieu: »The Forms of Capital«, S. 214–258.
255 Vgl. Simon Frith: *Creativity as a social fact*, S. 14.
256 Vgl. ebd., S. 12.

System und Abhängigkeitsverhältnis von verschiedenen Regeln und Kräften, die in ihm wirken und um die stärkste Position streiten. In diesem Zuge kommen die von Pierre Bourdieu definierten Formen des kulturellen, ökonomischen und sozialen Kapitals zum Tragen.[257] Verschiedene Wissenschaftler, darunter Anja Rosenbrock und Jason Toynbee, erklären, dass insbesondere die populäre Musik eine Kunstform sei, in der es wenig theoretische Normen gäbe, stattdessen aber die Gesetze des freien Marktes und kommerziellen Erfolges eine bedeutende Rolle spielen.[258] Der Rahmen an potenziellen Entscheidungsmöglichkeiten, auch Radius for Creativity genannt, ergibt sich durch ein Tauziehen zwischen etablierten Mustern, Techniken, Codes und Produktionsstrategien sowie neuen Wegen des kreativen Individuums, die in Abhängigkeit von externen Autoritäten ausgelotet werden.[259] Der Psychologe Mihály Csikszentmihalyi entwickelte auf Grundlage dieser Erkenntnisse als erweitertes Modell für künstlerische Produktivität das Kreative Dreieck,[260] in dem drei Hauptfelder in wechselseitigem Einfluss aufeinander interagieren, die nicht voneinander isolierbar sind: Das Spannungsfeld »besteht aus einer Reihe symbolischer Regeln und Verfahrensweisen. Diese wiederum sind in der Kultur, dem symbolischen Wissen, welches von einer bestimmten Gesellschaft oder der gesamten Menschheit geteilt wird, verankert«[261]. Der erste Bereich in diesem Konzept umfasst »alle Personen, welche die Domäne mitbestimmen, [der zweite hingegen] das Individuum selbst, [welches] z. T. widersprüchliche Eigenschaften«[262] in sich vereint. Mihály Csikszentmihalyi verdeutlicht in seiner Darstellung, »dass sich ein kreatives Produkt hinsichtlich der Anerkennung seiner Originalität stets in einem Spannungsfeld bewegt, das aus den Regeln und Praktiken einer Kultur, den Persönlichkeitsmerkmalen und der Expertise des kreativen Individuums und den Normvorgaben einer Gesellschaft besteht«[263]. Auch im Anschluss an die von Mihály Csikszentmihalyi entwickelte Theorie entstanden weitere Versuche, die Vorgänge des künstlerisch-kreativen Schaffens in theoretischen Schemata zu bündeln, wie beispielsweise das bekannte Modell Andreas C. Lehmanns zeigt, das sich spezifisch auf den musikalischen Arbeitsprozess bezieht.[264] Dennoch ist die Forschung bei Weitem noch nicht allen Geheimnissen der kreativen Schaffensprozesse auf den Grund gegangen, sondern sieht sich nach wie vor mit Fragen und Rätseln konfrontiert, die von zukünftigen Studien gelöst und entschlüsselt werden wollen.

---

257 Vgl. Pierre Bourdieu: »The Forms of Capital«, S. 214 ff.
258 Anja Rosenbrock: *Komposition in Pop- und Rockbands*, S. 198; vgl. auch Jason Toynbee: *Making Popular Music*, S. 37 ff., S. 115; vgl. auch Helmut Rösing: »Forensische Popmusikanalyse«, S. 258.
259 Vgl. Jason Toynbee: *Making Popular Music*, S. 40 ff., S. 160 ff.
260 Vgl. Reinhard Kopiez und Luisa Rodehorst-Oehus: »*Eigentlich komponiert man immer*«, S. 5.
261 Ebd.; vgl. auch Mihaly Csikszentmihalyi: *Kreativität*, S. 48 ff.
262 Ebd.
263 Ebd.
264 Vgl. z. B. Andreas C. Lehmann: »Komposition und Improvisation: Generative musikalische Performanz«, S. 913 ff.

Kapitel 2: Methodenrepertoire und Vorgehen bei der Feldforschung und Datenerhebung

Da es sich bei dem Forschungsfeld Samba-Enredo um einen Bereich handelt, der nicht punktuell, sondern als Teil eines komplexen Wirkungsfeldes unter dem Einfluss verschiedener interner und externer Einflüsse steht und als solcher aus unterschiedlichen Perspektiven zu betrachten ist,[1] kamen in Anlehnung an die methodischen Ansätze vorangehender Studien zu Kompositionsprozessen in populärer Musik diverse Formen der Datenerhebung zum Einsatz. Im Rahmen einer umfangreichen Feldforschung in Rio de Janeiro wurden unterschiedliche Primärquellen und Materialien von mir erstellt, die anhand eines breitgefächerten analytischen Methodenrepertoires hinsichtlich ihrer konstituierenden Komponenten und Mechanismen detailliert untersucht wurden, um das Handlungsgeschehen zwischen den beteiligten Akteuren und deren individuelle Motivationen und Entscheidungsgrundlagen innerhalb der stattfindenden sozialen Prozesse zu verstehen, beurteilen und offenzulegen.

Zu den Formen der Datenerhebung im Feld zählten die Dokumentation von Handlungen und Beobachtungen,[2] Interviewführung, die Sammlung von Dokumenten, Weichen Daten und Artefakten.[3] Während der Feldforschungsepisoden entstand eine umfangreiche Materialkollektion aus Ton- und Filmaufnahmen, handschriftlichen und gedruckten Quellen etc., welche mich anschließend vor die Herausforderung der Selektion in mehreren Auswahlphasen stellte. Bereits zwischen den verschiedenen Etappen versuchte ich, das gesicherte Datenmaterial Schritt für Schritt zu sichten, die relevanten Teile herauszufiltern, zu sortieren und parallel dazu mit den Transkriptionen der ausgewählten Quellen zu beginnen, um das Rohmaterial für die Analyse zusammenzustellen. Parallel zu den ersten Arbeiten stand ich – auch während der Zwischenaufenthalte in Deutschland – über Medien wie WhatsApp, E-Mail und Telefon stets in engem Kontakt mit allen an der Studie beteiligten Komponisten und Experten, was mir ermöglichte, Nachfragen zu Interviews oder Zweifel zu den Beobachtungen innerhalb der dokumentierten Kompositionssessions *(Reuniões)* sowie erste Analyseergebnisse und Details zu weiteren Forschungsetappen komplikationslos in persönlichen Gesprächen zu besprechen und zu klären.

---

1 Vgl. Heiner Legewie: »Feldforschung und teilnehmende Beobachtung«, in: *Handbuch Qualitative Sozialforschung. Grundlagen, Konzepte, Methoden und Anwendungen*, hrsg. von Uwe Flick u. a., Weinheim 1995, S. 189–193, hier: S. 189, S. 191 ff.
2 Vgl. Anja Rosenbrock: *Komposition in Pop- und Rockbands*, S. 144.
3 Vgl. Tiago de Oliveira Pinto: »Musik als Kultur. Eine Standortsuche im immateriellen Kulturerbe«, S. 379, S. 388.

2.1 Datenerhebung und Umgang mit erstellten Quellen: Prämissen der Feldforschung

Elementar im Zusammenhang mit jeder praktisch durchgeführten Feldforschung ist eine Aufschlüsselung der Methoden und Prämissen des Forschers. Während meine persönliche Situation, Position und Rolle im Feld separat reflektiert wird, ist es an dieser Stelle mein Anliegen, die Details meines technischen Vorgehens, das zur Datenerhebung und Analyse eingesetzte methodische Spektrum, meine Prämissen im Feld sowie die Auswahl der Fallstudien transparent darzulegen. Um dem Ideal einer Dokumentation von natürlichen, realitätsnahen Kompositionssituationen in der *Parceria* nahezukommen, mussten im Hinblick auf die Aufnahme der Sessions sowie der Interviews bestimmte Rahmenbedingungen im Vorfeld geschaffen werden, welche das Spektrum an vertrauten Elementen für die Komponisten möglichst groß hielten und Ausnahmesituationen reduzierten. Im Zuge dieser Prämisse achtete ich verstärkt darauf, jedwede Art von äußeren Eingriffen, Vorgaben oder Laborsituationen zugunsten eines vereinfachten Dokumentationsprozesses zu vermeiden, die eine inszenierte Situation oder direkte Beeinflussung der Komponisten hervorgerufen hätten.[4] Neben einer vorrangig passiven Form des Beobachtens ohne direktes Einwirken auf den Prozess zählte es zu meinen Forschungsprämissen, die Komponisten in ihrem gewohnten Umfeld arbeiten zu lassen – an selbstgewählten Orten, zu selbstbestimmten Uhrzeiten und in vertrauten Umfeldern – also in Situationen, die auch unabhängig von meinem Beisein stattgefunden hätten[5]. Abgesehen von der Prämisse, meinen persönlichen Einfluss auf den Prozess gering zu halten und jedwede Form der Fremdeinwirkung auf die Interaktionen der Komponisten zu vermeiden,[6] war es mir wichtig, anfangs frei von vorgefertigten Erwartungen, unstrukturiert und ergebnisoffen zu beobachten und erst im Verlauf des Prozesses zielgerichteter zu strukturieren und dokumentieren.[7] Bekanntermaßen besitzen die Position des Wissenschaftlers, seine Sicht sein Feld, sein theoretisches Vorwissen, die Selektion der zu dokumentierenden Events und Auswahl der Szenen signifikanten Einfluss auf die Entwicklung der Forschungsfrage[8] und des Forschungsprozesses. Sie beeinflussen die individuelle Perspektive, Wahrnehmung und die spätere Analyse, Auswertung und Interpretation nachhaltig. Daher ist nicht nur die Darlegung der eigenen Position als Ausgangspunkt der Forschung erforderlich, sondern auch die spätere Kennzeichnung einer eigenen »Autorenschaft,

---

4 Vgl. Anja Rosenbrock: *Komposition in Pop- und Rockbands*, S. 143.
5 Vgl. ebd.
6 Vgl. ebd., S. 143 f., S. 147.
7 Vgl. Christopher Dehn: *Die filmische Beobachtung als qualitative Forschungsmethode. Eine Untersuchung am Beispiel der Filmtrilogie »Turkana Conversations« von David und Judith MacDougall*, Berlin 1997, S. 49 f.
8 Vgl. Timothy Rice: »Toward a Mediation of Field Methods and Field Experience in Ethnomusicology«, in: *Shadows in the Field. New perspectives for Fieldwork in Ethnomusicology*, hrsg. von Gregory Barz und Timothy Cooley, New York ²2008, S. 42–62, hier: S. 44.

[...] Perspektive und [des] persönlichen Einfluss[es]«[9] in entsprechenden Passagen. Innerhalb der Sessions lag mein Fokus zunächst auf der Dokumentation von Momenten, in denen reines musikalisches Material oder Musik in Verbindung und Abstimmung mit dem Text entstand – also melodische Vorschläge entwickelt und eingebracht wurden oder in Kombination mit dem *Cavaquinho* bzw. alternativ dem *Banjo* generiert, geprüft und bewertet wurden. Besondere Aufmerksamkeit galt Situationen, in denen musikalische Zitate oder typische melodische Patterns bemerkt und in der Gruppe in Bezug auf das Für und Wider ihrer Verwendung zur Sprache gebracht wurden.[10] Gleichermaßen bedeutsam war die Dokumentation der Texterarbeitung und speziell die Rolle und Funktion der *Sinopse* innerhalb des Generierungs- und Bewertungsprozesses poetischer Ideen. Hierzu zählte die Berücksichtigung von Besonderheiten einer bestimmten Sambaschule und ihrer lyrisch-stilistischen Gestaltungsmittel. Besonders jene Momente der Kommunikation, in denen zwischen den Komponisten ein intensiver Austausch in sehr rascher Abfolge stattfand und sich zahlreiche Komponisten aktiv am Geschehen beteiligten, waren für mich interessant. Dennoch habe ich auch Augenblicke verbaler und musikalischer Stille dokumentiert, in denen die Komponisten individuell nach Lösungen suchten, welche im späteren Verlauf in der Gruppe diskutiert wurden. Ziel und Prämisse der Dokumentation war das Erforschen der für die Komposition im Samba-Enredo typischen Schlüsselmomente, die die künstlerische Arbeit maßgeblich prägen, und dennoch den Vorgang der Generierung und Bewertung von Musik und Text in den Fokus der Aufmerksamkeit zu rücken. Die erstellten Film- und Tonaufnahmen entstanden im Rahmen einer fortlaufenden Entwicklung und wurden vor der Analyse nicht von mir nachbearbeitet. Natürlich holte ich vor Beginn der Session und jeglicher Form der Dokumentation die Einwilligung der beteiligten Komponisten zur Aufnahme ein, die danach in Form einer offenen Beobachtung stattfand. Schließlich entstand eine umfangreiche Datenmenge, die eine Palette an Situationen und Stationen aus dem Kompositionsprozess der *Parcerias* bei der künstlerischen Arbeit innerhalb der Sessions wie auch im Studio bei der Fixierung des Sambas in Form einer Tonaufnahme dokumentieren. Sogar Dokumentationen des Stadiums der Performance im Rahmen von Komponistenwettstreiten sind enthalten. Dennoch stellt die von mir getroffene Auswahl der Materialien nur einen Realitätsausschnitt dar.[11]

---

9 Vgl. Anja Rosenbrock: *Komposition in Pop- und Rockbands*, S. 173.
10 Vgl. Fallbeispielanalysen I–III sowie Vgl. zur Formelhaftigkeit in den zeitgenössischen Kompositionen.
11 Vgl. Anja Rosenbrock: *Komposition in Pop- und Rockbands*, S. 154.

2.2 Die Kunst des korrekten Verhaltens: Zur Kontroverse von Nähe und Distanz im Feld

Die Gefahr und der Nutzen, wenn nicht sogar die Notwendigkeit eines umfangreichen Vorwissens zum Feld[12] zählen insbesondere bei der praktischen Feldforschung zu den schwierigsten Herausforderungen. Einerseits beeinflussen alle Formen von »theoretische[m] Vorwissen [...] [und] persönliche[r] Erfahrung [...] den Forschungsprozess, [...] [die] Auswahl der Forschungsfrage, aber auch Perspektive, Wahrnehmung, Deutung des Forschers«[13]. Wäre ein Forscher beispielsweise innerhalb einer Studie zu musikalischen Schaffensprozessen selbst als aktiver Komponist am musikalischen Geschehen beteiligt,[14] bestünde einerseits die Gefahr eines Mangels an Distanz und objektiver Beurteilung der erzielten Ergebnisse durch Befangenheit sowie Verfälschung der Daten durch eigenen Eingriff. Andererseits wird einem umfangreichen »Vorwissen zum musikalischen System und Feld«[15] und einem eigenen Erfahrungsschatz eine wichtige Bedeutung im Gesamtgefüge eingeräumt: Erst aus dem feldspezifischen Wissen erwächst die Möglichkeit, Details und Feinheiten zu identifizieren, die »ohne entsprechende Erfahrung keinerlei Verständnis, Interpretation oder auch nur Vermutung zu Daten«[16] nicht verstanden werden könnten. Darüber hinaus fungiert ein umfangreiches Vorwissen nach einer Überprüfung auch als stützender Beleg und als Gültigkeitsnachweis für Interpretationen.[17] Ein weiteres Argument zugunsten der starken Nähe zum Feld ist die Entwicklung eines Forschungsprojektes aus einer intrinsischen Motivation. Auch, wenn es aufgrund eines großen persönlichen Erfahrungsspektrums im vertrauten Feld manchmal schwieriger sein kann, den Fokus, roten Faden und das Forschungsziel nicht aus den Augen zu verlieren, ist laut Anselm Strauss und Juliet Corbin die »Erfolgswahrscheinlichkeit des Vorhabens [...], [welches aus einem] Forschungsinteresse aus eigenen praktischen Erfahrungen in einem Feld«[18] entsteht, deutlich erhöht.[19] Entscheidend für den Erfolg sind sowohl das sensible »Einfühlungsvermögen [des Forschers

---

12 Vgl. Uwe Flick: »Annäherungen an das Forschungsfeld«, in: *Handbuch Qualitative Sozialforschung. Grundlagen, Konzepte, Methoden und Anwendungen*, hrsg. von Uwe Flick u. a., Weinheim 1995, S. 154–156, hier: S. 155 ff.

13 Anja Rosenbrock: *Komposition in Pop- und Rockbands*, S. 172, zitiert nach Christopher Dehn: *Die filmische Beobachtung als qualitative Forschungsmethode*, S. 45, S. 48.

14 Vgl. ebd., S. 145.

15 Max Peter Baumann: »The Musical Performing Group: Musical Norms, Tradition, and Identity«, S. 81.

16 Anja Rosenbrock: *Komposition in Pop- und Rockbands*, S. 140.

17 Vgl. Anselm Strauss und Juliet Corbin: *Grounded Theory: Grundlagen Qualitativer Sozialforschung*, Weinheim 1996, S. 33 ff.

18 Anja Rosenbrock: *Komposition in Pop- und Rockbands*, S. 140, zitiert nach Anselm Strauss und Juliet Corbin: *Grounded Theory: Grundlagen Qualitativer Sozialforschung*, S. 21.

19 Vgl. Anselm Strauss und Juliet Corbin: *Grounded Theory: Grundlagen Qualitativer Sozialforschung*, S. 21.

als auch seine] Offenheit für Überraschungen«[20]. Oft wird im Feld eine besondere, determinierten Rolle eingenommen,[21] die bei einer sehr guten Kenntnis bis zu einer Insiderrolle reichen kann.[22] Diese Rolle ist vor allem im Zuge von Arbeiten in sensiblen, öffentlichkeitsabgewandten Bereichen elementar und Bedingung für die Wahrnehmung der Gegenwart des Forschers als natürlicher Teil der alltäglichen Normalität.[23] Erst dies ermöglicht ihm, ein Feld in seinem natürlichen Zustand zu untersuchen. Zum Gelingen des Spagates zwischen Nähe und Distanz liefert die Fachliteratur verschiedene Strategien und Ansätze: Einerseits wird im Rahmen des Methodenrepertoires zur Datenerhebung und Feldforschung eine umfassende Reflexion der eigenen Position und Rolle vorgeschlagen, andererseits muss innerhalb der Analysen und Auswertungen eine Kennzeichnung persönlicher Interpretationen und eigener Perspektiven im Textverlauf vorgenommen werden, um reine Daten und Fakten und persönliche Einflüsse für den Leser klar voneinander zu trennen.[24] Bei der Auswahl und Verarbeitung der Daten kann durch den Einsatz bestimmter Techniken eine Art »objektiver Distanz« geschaffen und die Datenverfälschung durch subjektive Färbung weitgehend ausgeräumt werden. Beispielsweise wird nach dem Konzept der Grounded Theory, die in dieser Studie unter anderem zur Anwendung kommt, bei der Auswahl der Fallbeispiele großer Wert auf eine »breite Streuung der Handlungsmuster«[25] nach dem sogenannten Theoretical Sampling gelegt.[26] Die Daten sollen in der Phase ihrer Erhebung nicht nur den erfahrungsbedingten Mustern folgend erstellt und selektiert werden, sondern Interviewleitfäden und Auswertungsverfahren sollen flexibel bleiben, um angemessen auf Überraschungen reagieren zu können.[27]

---

20 Tiago de Oliveira Pinto: *Capoeira, Samba, Candomblé*, S. 36.
21 Vgl. Timothy Rice: »Toward a Mediation of Field Methods and Field Experience in Ethnomusicology«, S. 46 ff.
22 Vgl. Bruno Illius: »Feldforschung«, in: *Ethnologie: Einführung und Überblick*, hrsg. von H. Fischer u. a., Berlin 2003, S. 73–98, hier: S. 81 ff.; vgl. auch Jonathan P. J. Stock: »Documenting the musical Event: Observation, Participation, Representation«, in: *Empirical Musicology. Aims, Methods, Prospects*, hrsg. von Nicholas Cook und Eric Clarke, Oxford 2004, S. 15-33, hier: S. 19.
Vgl. Nicholas Cook und Eric Clarke: »Introduction: What is Empirical Musicology?«, in: *Empirical Musicology. Aims, Methods, Prospects*, hrsg. von Nicholas Cook und Eric Clarke, 2004, S. 1–13, hier: S. 9.
23 Vgl. Anja Rosenbrock: *Komposition in Pop- und Rockbands*, S. 145.
24 Vgl. Eduard Matt: »Darstellung qualitativer Forschung«, in: *Qualitative Forschung. Ein Handbuch*, hrsg. von Uwe Flick u. a., Reinbek 2000, S. 578–587, hier: S. 585 f.
25 Anja Rosenbrock: *Komposition in Pop- und Rockbands*, S. 140; vgl. auch Thomas Brüsemeister: *Qualitative Forschung. Ein Überblick*, Wiesbaden 2000, S. 218.
26 Vgl. ebd., S. 139; vgl. Anselm Strauss und Barney Glaser: *Grounded Theory. Strategien qualitativer Forschung*, Bern ³2010, S. 61 ff.
27 Vgl. ebd.

2.3 Methodik der Datenerhebung I: Beobachtungsformen und Reflexion der eigenen Rolle im Feld

Eine zentrale Strategie zur Datengewinnung ist die Beobachtung der zu erforschenden Entwicklungen und Ereignisse sowie ihre Fixierung durch ethnografische Dokumentation. In der Literatur werden verschiedene Formen der Beobachtung vorgeschlagen, aus denen jeder Forscher die für seine Arbeit geeignetste herausfiltert und ihre Wahl nachvollziehbar begründet.[28] Zur Untersuchung neu zu erforschender Phänomene ist vor allem die teilnehmende Beobachtung[29] bzw. unvollständig teilnehmende Beobachtung verbreitet.[30] Für die vorliegende Studie habe ich die Variante einer unvollständig teilnehmenden Beobachtung gewählt, eine offene Methode, die es mir erlaubte, im Feld mit den Komponisten zu interagieren, meine Ergebnisse dokumentarisch festzuhalten sowie den Anteil einer aktiven Beteiligung zugunsten der objektiveren, observierenden Perspektive so weit möglich in Grenzen zu halten.[31] Dennoch sollte erwähnt werden, dass besonders in einem so sensiblen und öffentlichkeitsabgewandten Forschungsfeld wie den *Escolas de Samba* und dem künstlerischen Schaffensprozess eine Reduktion auf die ausschließlich passive Beteiligung nicht nur unrealistisch, sondern auch nicht zielführend ist,[32] da eine zu große Distanz durch fehlende Interaktion und ein mangelndes Vertrauensverhältnis zwischen Wissenschaftler und Akteuren die Realisierbarkeit des Forschungsvorhabens in Frage gestellt hätte. Betrachtungen der Kompositionshandlung von akademischer Seite sind im Samba-Enredo ungewöhnlich, weshalb reine Passivität eher zu Misstrauen und Unverständnis geführt und den natürlichen Prozess behindert hätte.[33] Auch die emische Form der Betrachtung[34] wurde von mir einbezogen. Der partizipatorische Anteil am Prozess – wie im Rahmen von Studioaufnahmen oder im *Disputa de Samba*, als Teilnehmerin an WhatsApp-Chats der Komponistengruppen,[35] wurde nicht nur positiv aufgenommen, sondern zeigte sich sogar als

---

28 Vgl. Bronislaw Malinowski: »Argonautas do pacífico ocidental«, in: *Textos básicos de Antropologia. Cem anos de tradição: Boas, Malinowski, Lévi-Strauss e outros*, hrsg. von Celso Castro, Rio de Janeiro 2016, S. 94–123, hier: S. 95., vgl. auch Heiner Legewie: »Feldforschung und teilnehmende Beobachtung«, S. 189 ff.
29 Vgl. Bruno Illius: »Feldforschung«, S. 76.
30 Vgl. Heiner Legewie: »Feldforschung und teilnehmende Beobachtung«, S. 189 ff. Neben der teilnehmenden Beobachtung existieren als weitere Möglichkeiten die passive Teilnahme, die sogenannte unvollständig teilnehmende Beobachtung, sowie die unvollständige Teilnahme mit offener Beobachtung. Die versteckte Beobachtung, also eine Beobachtung ohne Zustimmung und Wissen der Akteure, ist weder moralisch noch ethisch vertretbar und wird ausgeschlossen.
31 Vgl. Uwe Flick: »Annäherungen an das Forschungsfeld«, S. 155.
32 Vgl. Jonathan P. J. Stock: »Documenting the musical Event«, S. 19.
33 Vgl. Bronislaw Malinowski: »Argonautas do pacífico ocidental«, S. 99.
34 Vgl. Tiago de Oliveira Pinto: *Capoeira, Samba, Candomblé*, S. 39.
35 Ich mich bemühte mich dennoch, jeden Einfluss auf künstlerisch-kompositorisch diskutierte Fragen im Chat zu meiden und meine Partizipation auf für die Forschung unkritische Bereiche zu reduzieren.

elementar für den Erfolg meines Projektes. Vorangegangene Studien erläutern, wie schwierig es ist, den teilnehmenden Personen die Anwesenheit, das Forschungsvorhaben und die eigene Rolle plausibel zu machen und an einen Punkt zu gelangen, indem sie sich auf das Vorhaben einlassen und sich nicht während des Arbeitsprozesses gestört fühlen.[36] Dass es sich im gleichen Maße um die Grundvoraussetzung für das Gelingen sowie um eine der größten »Herausforderung[en] an die Forschenden [handelt], eine derartig hohe Akzeptanz im Feld zu finden, dass ihnen […] das Beobachten gestattet wird«[37] und auf freiwilliger Basis der Dokumentation ihrer Arbeit zugestimmt wird, erklär auch der Musikwissenschaftler und Musikpsychologe John Sloboda: »The live observation of composers during a session of composition […] requires a rare degree of co-operation from a composer.«[38]

Eine Situation, bei der sich die Teilnehmer an die beobachtende Person sowie den Vorgang der Dokumentation selbst gewöhnt haben und sich auch während des Aufnahmeprozesses so natürlich bewegen, als gäbe es keine Kamera, tritt erst dann ein, wenn es dem Forscher gelingt, eine »definierte Rolle im sozialen Feld [zu übernehmen, dass seine] […] Anwesenheit dort nicht als ungewöhnlich empfunden wird«[39]. Sie ist der Schlüssel zum Erfolg einer Feldforschung. Selbst, wenn jegliche Form eigener Partizipation neben den Gefahren der Beeinflussung der Studienteilnehmer[40] eine Limitation der Beobachtungs- und Dokumentationsmöglichkeiten birgt, wächst durch sie das profunde Verständnis von Phänomenen und bringt dem Forscher Klarheit und »Aha-Erlebnisse«.[41] Dass der tatsächliche Nachvollzug bis zu einem bestimmten Grad erst aus dem eigenen praktischen Erleben entsteht, kann ich aus eigenen Erfahrungen bestätigen.[42] Ein konkretes Problem bestünde nur, wenn ein Forscher selbst als aktiver Part, z. B. als Komponist bei der Erforschung eines Kompositionsprozesses, bewusst eingreifen und ihn somit direkt beeinflussen würde. Dies betrifft nicht nur das Bestreben nach Objektivität, sondern auch die Reinhaltung oder (ungewollte) Verfälschung von Felddaten. Diese Risiken werden im Rahmen einer unvollständig teilnehmenden Beobachtung zumindest als sehr gering bewertet. Als grundlegende Technik gilt die Kreation von eigenem ethnografischem Material, wobei die heutigen Möglichkeiten der Erhebung von Daten wie Audioaufnahmen und Filmmitschnitten umfangreicher und detailgetreuer sind als schriftliche Aufzeichnungen in Protokollen und Tagebüchern.[43]

---

36 Vgl. Uwe Flick: »Annäherungen an das Forschungsfeld«, S. 154 ff.; vgl. auch Heiner Legewie: »Feldforschung und teilnehmende Beobachtung«, S. 189.
37 Anja Rosenbrock: *Komposition in Pop- und Rockbands*, S. 145; vgl. auch Timothy Rice: »Toward a Mediation of Field Methods and Field Experience in Ethnomusicology«, S. 46–50.
38 John A. Sloboda: *The Musical Mind*, S. 103.
39 Anja Rosenbrock: *Komposition in Pop- und Rockbands*, S. 145.
40 Vgl. Jonathan P. J. Stock: »Documenting the musical Event«, S. 19.
41 Vgl. Tiago de Oliveira Pinto: *Capoeira, Samba, Candomblé*, S. 38.
42 Beispielsweise die Aha-Erlebnisse im Rahmen meiner Teilnahme als Musikerin [Violine] bzw. Sängerin im Chor während einer Aufnahme für Santa Marta 2016.
43 Vgl. Marcus Bowman: *Using Video in Research*, < https://www.sfu.ca/media-lab/cmns362/Spotlight45.pdf>

Für das Gelingen der Aufzeichnungen sollte bereits im Vorfeld – trotz beständiger Offenheit für unerwartete Situationen und mögliche Überraschungen[44] – eine Art Rahmenkonzept bestehen, welche Prämissen und Forschungsziele gedanklich strukturiert, abgrenzt und den ethnografischen Aufnahmen einen zielgerichteten, systematischen Charakter verleiht.[45] Nun stellt die Dokumentation künstlerischer Prozesse – wie der Ideengenerierung im Rahmen von Komposition – den Betrachter vor diverse Schwierigkeiten, da sich im Inneren des Künstlers stattfindende Überlegungen weder beobachten noch aufzeichnen lassen. Dieses Problem besteht jedoch hauptsächlich bei Individualkompositionen, die ihre Arbeit zu großen Teilen ohne begleitende bzw. erklärende Äußerungen des Komponisten vollziehen und bei denen ein Thinking-Aloud-Verfahren sogar als hinderlich für den fließenden Fortgang[46] wahrgenommen werden kann: »During a session [...] one may obtain concurrent comment from the subject about what he conceives himself to be doing.«[47] Im Kontext der Gruppenkomposition ist eine umfassende Beobachtung und ethnografische Erfassung der ablaufenden Handlungs-, Erarbeitungs-, Verarbeitungs- und Entscheidungsprozesse wesentlich einfacher zu realisieren. Das Thinking-Aloud-Verfahren ist innerhalb des Kollektivs eine wesentliche Methode der Kommunikation und des Austausches zwischen den Komponisten, da sie natürlicher Teil der Verbalisierung und gegenseitiger Präsentation von Lösungswegen ist: »Mitglieder [...] müssen [...] einander auf sinnlich wahrnehmbare Weise immer wieder vermitteln, was sie komponieren – Zwischenstadien und Entwicklungen werden so beobachtbar.«[48] Dieser günstige Umstand bringt es mit sich, dem sich selbsterklärenden Geschehen ohne störende Nachfragen zu folgen und sich bei der Beobachtung dezent im Hintergrund halten zu können.

2.4 Methodik der Datenerhebung II: Erstellung ethnografischer Aufnahmen

Um innerhalb der praktischen Feldforschung ein möglichst umfangreiches Spektrum unterschiedlicher Quellenmaterialien erstellen zu können, wurden bei der teilnehmenden Beobachtung innerhalb der *Reuniões* und Studioaufnahmen, bei der Durchführung der individuellen Portraitinterviews mit den Komponisten sowie innerhalb der dokumentierten Veranstaltungen

---

[8.11.2023], S. 1 ff. sowie: Uwe Flick: »Entscheidung für die Methode[n] der Datensammlung«, in: *Handbuch Qualitative Sozialforschung. Grundlagen, Konzepte, Methoden und Anwendungen*, hrsg. von Uwe Flick u. a., Weinheim 1995, S. 156 ff.

44 Vgl. Tiago de Oliveira Pinto: *Capoeira, Samba, Candomblé*, S. 36.

45 Vgl. Bruno Illius: »Feldforschung«, S. 78; vgl. auch Uwe Flick: »Fixierung der Daten«, in: *Handbuch Qualitative Sozialforschung. Grundlagen, Konzepte, Methoden und Anwendungen*, hrsg. von Uwe Flick u. a., Weinheim 1995, hier: S. 230 ff.

46 Vgl. John A. Sloboda: *The Musical Mind*, S. 103.

47 Ebd.

48 Anja Rosenbrock: *Komposition in Pop- und Rockbands*, S. 137.

in den *Quadras* der *Escolas de Samba* und dem *Desfile* unterschiedliche Arten von Aufnahmegeräten eingesetzt.[49] Hierbei handelte es sich um zwei verschiedene Kameratypen (eine Lumix-Spiegelreflexkamera sowie eine Digitalkamera für Fotos und Filmaufnahmen), ein Tonaufnahmegerät (Zoom H2) sowie zwei Smartphones, welche über Funktionen von Audioaufnahmen, Videomitschnitten und Fotografie verfügten und parallel zu den Kameras eingesetzt werden konnten. Gerade bei den Kompositionssessions erwies es sich als hilfreich, die Aufnahmegeräte an verschiedenen Standorten im Raum zu verteilen, wo sie unbewegt auf einer Position gelassen und maximal zur Kontrolle ihrer Funktion bewegt wurden.[50] Mehrere parallel eingesetzte Geräte[51] ermöglichten verschiedene Aufnahmewinkel, die bei undeutlichen Tonaufnahmen oder einer ungünstigen Perspektive – beispielsweise dem zugewandten Rücken einer sprechenden Person – abgeglichen werden konnten. Dies ermöglichte mehr Klarheit und Transparenz bei der Auswertung. Meine Prämisse war, das Geschehen nicht extern zu beeinflussen und die handlichen Geräte an unauffälligen Ecken aufzustellen, an denen sie den natürlichen Prozess nicht durch dieh abgelenkte Aufmerksamkeit der Komponisten störten. Bei der Aufnahme des sensiblen, öffentlichkeitsabgewandten Prozesses der Kompositionsarbeit wurde bewusst auf den Einsatz aufwendiger Technik verzichtet.[52] Der Umstand, dass Handys aller Art von den Akteuren selbst zur Fixierung und Konservierung ihrer Ideen eingesetzt werden, erleichterte den Einsatz dieser Geräte.

Neben den bereits erwähnten Dokumentationsmethoden wurden die traditionelle Methode des schriftlichen Protokollierens und das Führen eines Forschungstagebuches eingesetzt.[53] Verfügten Forscher in früheren Jahren vorrangig über handschriftliche Notizen wie Feldtagebücher und reduzierte Möglichkeiten zur Tonaufnahme mittels Wachswalzen[54], mithilfe derer sie ihre Beobachtungen im Feld dokumentieren konnten, so besteht seit den 1960er Jahren die Möglichkeit einer filmischen Dokumentation durch Kameras, welche neben dem bewegten Bild auch den begleitenden Ton aufzeichnen. Sie gliederten sich schnell als methodische Werkzeuge in das Spektrum der Mittel zur ethnologischen Datenerhebung ein[55] und gelten in heutigen Tagen als essenziell, um Ereignisse – speziell Kommunikation und Interaktion – in genauester Form aufzuzeichnen. Die Kamera ist auch gegenwärtig als einziges Dokumentationsmedium in der

---

49 Vgl. Uwe Flick: »Fixierung der Daten«, S. 230 ff.
50 Vgl. Anja Rosenbrock: *Komposition in Pop- und Rockbands*, S. 183.
51 Vgl. Marcus Bowman: *Using Video in Research*, S. 1 f.
52 Vgl. Heiner Legewie: »Feldforschung und teilnehmende Beobachtung«, S. 191.
53 Vgl. Jonathan P. J. Stock: »Documenting the musical Event«, S. 22.
54 Vgl. Tiago de Oliveira Pinto: »Musik als Kultur. Eine Standortsuche im immateriellen Kulturerbe«, S. 379 ff.; vgl. auch Tiago de Oliveira Pinto: »Der urbane Samba um 1900. Musikgeschichte und immaterielles Kulturerbe«, in: *Populäre Musik und Kulturelles Gedächtnis. Geschichtsschreibung – Archiv – Internet*, hrsg. von Martin Pfleiderer u. a. (= Schriftenreihe der Hochschule für Musik FRANZ LISZT, Bd. 7), Köln u. a. 2011, S. 49–65, hier: S. 50.
55 Vgl. Christopher Dehn: *Die filmische Beobachtung als qualitative Forschungsmethode*, S. 22 f.

Lage, »einen großen Detailreichtum einzufangen und im Gegensatz zu Beobachtungsnotizen«[56] eine Vielfalt mikroskopischer Informationen auf verschiedenen Ebenen zu liefern.[57] Nun spielte im Rahmen meines Forschungsprojektes nicht nur die verbale und mimisch-gestische Ebene, sondern zudem die musikalische Ebene als Teilkomponente des kompositorischen Interaktionsprozesses eine entscheidende Rolle. Somit standen Erhebungen von Datenmaterial mittels Tonaufnahmen und audiovisuellen Medien im Fokus. Sie machten nonverbale Äußerungen oft erst verständlich und brachten durch den Nachvollzug von Lippenbewegungen bei Überlappungen zeitgleicher Wortäußerungen oder das Sichtbarwerden des Griffbretts einer Gitarre bei simultanen verbalen und musikalischen Aktionen Klarheit.[58] Im Gegensatz zum Dokumentarstil, in dem die aufgenommenen Szenen geschnitten und mit technischen Effekten bewusst nachbearbeitet werden bzw. mit kommentierenden Hintergrundinformationen versehen werden können, entschied ich mich für die Belassung der Videos[59] in ihrem unbearbeiteten Originalzustand, in dem die Aufnahmen für sich sprechen[60] und einer »Beobachtung mit eigenen Augen ähnlicher«[61] sind. Natürlich vermittelt auch der ethnografische Forschungsfilm nur ein Realitätsfenster und ist nicht frei von subjektiver Sicht, die sich aus Entscheidungen wie der Szenenauswahl, der Kameraführung, der Filmdauer etc. ergibt.[62] Hinsichtlich von Kameraeinstellung und Positionierung von Aufnahmegeräten im Raum versuchte ich, in allen dokumentierten Sessions ein möglichst breites Spektrum an Winkeln und Perspektiven abzudecken.[63] Einige Aufnahmegeräte und Kameras platzierte ich an verschiedenen Orten, andere führte ich selbst und konnte so spontan auf den Verlauf des Prozesses reagieren und die Position der Geräte entsprechend der Situation bewusst auf Bewegungen der Akteure abstimmen.[64] Für das Tonaufnahmegerät suchte ich einen zentralen Ort, an dem es in einer Panoramaaufnahme möglichst alle Klänge und Gespräche in einem kreisförmigen Radius mitschneiden konnte – beispielsweise in direkter Nähe zum Kompositionstisch, um den sich die *Parceiros* in der Regel versammelten. Elementar war das

---

56 Anja Rosenbrock: *Komposition in Pop- und Rockbands*, S. 147.
57 Vgl. Hubert Knoblauch u. a.: »Introduction. Video-Analysis. Methodological Aspects of Interpretive Audiovisual Analysis in Social Research«, in: *Video-Analysis. Methodology and Methods. Qualitative Audiovisual Data Analysis in Sociology*, hrsg. von dens., Frankfurt am Main u. a. 2006, S. 69–83, hier: S. 14.
58 Vgl. Anja Rosenbrock: *Komposition in Pop- und Rockbands*, S. 183.
59 Aufnahmen aus *Reunião*, Studioaufnahme und *Disputa de Samba*.
60 Vgl. Hubert Knoblauch u. a.: »Introduction. Video-Analysis«, S. 13.
61 Anja Rosenbrock: *Komposition in Pop- und Rockbands*, S. 148, zitiert nach Christopher Dehn: *Die filmische Beobachtung als qualitative Forschungsmethode*, S. 83 f.
62 Vgl. Norman Denzin: »Reading Film – Filme und Videos als sozialwissenschaftliches Erfahrungsmaterial«, in: *Qualitative Forschung. Ein Handbuch*, hrsg. von Uwe Flick u. a., Reinbek 2000, S. 417–428, hier: S. 417 ff.
63 Vgl. Werner Petermann: »Fotografie- und Filmanalyse«, in: *Handbuch Qualitative Sozialforschung. Grundlagen, Konzepte, Methoden und Anwendungen*, hrsg. von Uwe Flick u. a., Weinheim 1995, S. 228–232, hier: S. 228 ff.
64 Vgl. Marcus Bowman: *Using Video in Research*, S. 1.

Einfangen von Detailaufnahmen der agierenden Komponisten, weshalb ich hier nicht nur mit einer Weitwinkeleinstellung zur Dokumentation der gemeinsamen Interaktion arbeitete, sondern auch mit gezoomten Einstellungen des handlungsführenden Komponisten, beispielsweise beim Spielen auf einem Instrument oder schriftlichen Änderungen der *Letras* auf Computer oder Papier. Die feststehenden Geräte programmierte ich auf die Panoramaeinstellung, in der sie aus einer gewissen Distanz – frontal oder soweit realisierbar aus einer Vogelperspektive – eine breite Palette an Gesten, Handlungen und Kommunikationsinteraktionen aufnehmen konnten.[65] Dies ermöglichte einen ganzheitlichen Überblick, ging aber gleichzeitig mit der Problematik der Bewegungen der Komponisten im Raum und der Gewohnheit des kreisförmigen Sitzens um einen Tisch einher, sodass von einigen Personen in diesen Aufnahmen nur der Rücken zu sehen ist. Eine besondere Herausforderung lag in der Dokumentation von Situationen, in die ich aktiv eingebunden war und bei Aufzeichnungen an Orten wie Tonstudios, an denen die räumliche Beschaffenheit meine Aufnahmen erschwerte. Innerhalb der Sessions, die in den Privathäusern der Komponisten im geschützten Rahmen stattfanden, war es unproblematisch, Bücherregale, Tische usw. als Abstellmöglichkeit für eine Kamera zu nutzen, im Studio hingegen blieb mir manchmal nur der Türgriff, um einen halt mit geeigneter Höhe für die Kamera zu finden. Zusätzlich erschwerte es die Situation, dass in verschiedenen Studioräumen zeitgleich ergebnissteuernde Handlungen stattfanden, ich selbst aber lediglich in einem Raum dokumentieren konnte. Als Kompromisslösung versuchte ich, in einem Raum das Aufnahmegerät aufzustellen, um zumindest die akustische Ebene einzufangen und im anderen Raum zu filmen. Diese Situationen fanden im Kontext der Studioaufnahmen konkurrierender Sambas für *GRES. Unidos de Vila Isabel* 2015 [*Parceria* 7, *Parceria* 18] statt, bei denen ich Violinen-Arrangements einspielte, sowie eines Sambas für *GRES. Unidos do Santa Marta* 2016, für den ich als Mitglied des Chores beim Einsingen der CD beteiligt war. Selbiges gilt für die Auftritte als Musikerin mit der Violine mit *Parceria* 7 im *Disputa de Samba*. Selbst, wenn die aktive Beteiligung mich in einen Konflikt brachte, erwies sich der entstehende Mehrwert als überaus lohnenswert und ermöglichte es, den Komponisten meinerseits etwas zurückzugeben. Die Partizipation beschränkte sich auf Momente und Kontexte außerhalb der *Reunião* und betraf Sambas, die nicht in die Fallbeispielanalyse mit eingingen. Zur Lösung des Konfliktes konnte ich halfen gelegentlich dritte Personen, wie beispielsweise der für die Interpretation des Sambas für *Santa Marta* beauftragte *Puxador*: sie erstellten Fotos verschiedene Szenen im Studio, bei denen ich aktiv teilnahm und stellten mir später die Aufnahmen zu Verfügung. Die Videoclips, die mir die Komponisten der entsprechenden *Parcerias* auf elektronischem Wege sendeten und diverses Foto- und Filmmaterial von den offiziellen Fotografen der *Vila Isabel*, das mir im Anschluss an den *Disputa de Samba* 2016 zukam, sind im digitalen Anhang zu finden. In diesem Kontext ist auch meine Funktion als Mitglied der Fangemeinschaft *Torcida* in verschiedenen *Parcerias* von 2012–2016 zu benennen. Die Partizipation erschwerte den technischen Aufnahmeprozess, da ich gleichzeitig agieren und do-

---

65 Vgl. Werner Petermann: »Fotografie- und Filmanalyse«, S. 229 ff.

kumentieren musste: Zunächst bei der Vorbereitungsphase der Einstimmung und des Einübens des Sambas vor dem gemeinsamen Eintritt zum Wettstreit ins *Quadra* – der *Concentração* und *Esquenta* der *Torcida* – und schließlich während der Aufführung selbst.

Eine zentrale Herausforderung war die Auswahl der am besten geeigneten Auswertungsmöglichkeiten verschiedener Ebenen des audiovisuellen Materials dar. Zwar existieren verschiedene Konzepte zur Videoanalyse und -transkription von Felddaten,[66] doch fehlt in diesem Bereich gegenwärtig noch ein standardisiertes Analyse- und Auswertungsverfahren, wie es für die Konversations- und Inhaltsanalyse zur Verfügung steht.[67] Neben den verschiedenen Ebenen verbaler, musikalischer und gestischer Kommunikation innerhalb der *Reuniões* existiert im audiovisuellen Material zum *Disputa de Samba* auch die Interaktion mit dem Publikum während der Performance. Zur Erzeugung einer animierten, euphorischen Atmosphäre ist hier nicht allein die Show und Bühnenpräsenz der Komponisten ausschlaggebend, sondern auch die Reaktion des Publikums. Diese hängt zu großen Teilen vom Engagement der gruppeneigenen Fangemeinde ab,[68] die die Dramaturgie der Performance mit symbolischen Elementen[69] und Gesten untermalt und entscheidend zum Aufblühen der Stimmung beiträgt. Mangels einer standardisierten Auswertungsmethode zur Analyse wird hier oft auf eine Transformation aller Teilkomponenten in verbale Daten mittels schriftlicher Transkription zurückgegriffen, eine Methode, die ich ebenfalls für meine Fallstudien übernahm.[70] Für den Einbezug der Interaktion mit dem Publikum innerhalb der Performance liefert Regula Burckhardt Qureshi[71] einen Vorschlag zur Erfassung aller Parameter mit einer grafischen Darstellung der relevanten Aktionen. Sie arbeitet mit einer Noten–Timeline, welche parallel die Reaktion der Rezipienten in Abhängigkeit von der Bühnenhandlung verzeichnet.[72] Das von ihr entwickelte mehrschichtige Darstellungssystem eignet sich, um die wechselseitigen Einflüsse zwischen Musikern und Publikum sowie den Beziehungsstrang zwischen musikalischen und außermusikalischen Geschehnissen im Detail aufzuzeigen und wurde von mir als Anhaltspunkt zur Auswertung der Performances im Wettstreit genommen:

---

66 Vgl. Horst Niesyto: *Editorial: Visuelle Methoden in der Forschung*, < https://www.medienpaed.com/article/view/53/53 > [8.11.2023].

67 Vgl. Philipp Mayring: »Qualitative Inhaltsanalyse«, in: *Handbuch Qualitative Sozialforschung. Grundlagen, Konzepte, Methoden und Anwendungen*, hrsg. von Uwe Flick u. a., Weinheim 1995, S. 209–213; vgl. auch Jörg Bergmann: »Konversationsanalyse«, in: *Handbuch Qualitative Sozialforschung. Grundlagen, Konzepte, Methoden und Anwendungen*, hrsg. von Uwe Flick u. a., Weinheim 1995, S. 213–219; vgl. auch Philipp Mayring: *Einführung in die qualitative Sozialforschung*, Weinheim und Basel 2002, S. 213–219.

68 Vgl. *Disputa de Samba*, S. 399 ff.

69 Vgl. Videoanalyse der Clips der *Parcerias*, S. 388 ff.

70 Vgl. Anja Rosenbrock: *Komposition in Pop- und Rockbands*, S. 154.

71 Regula Burckhardt Qureshi: *Sufi Music of India and Pakistan. Sound, Context and Meaning in Qawwali*, Chicago 1995.

72 Vgl. ebd., S. 166.

»This involves three levels of abstraction. The first is to observe and then to describe the performance interaction on concrete detail [...]. Here videotaped performances provide an accurate record of both [...] sound and audience behavior, which is indispensable for transcription and subsequent review by participants. [...] The next level of abstraction entails drawing a generalized picture of the performance process based on the particular instances of [...] performances. This is done [...] by charting a song performance as the performer experiences it, but in the abstract, covering the singer and the relationship between his performance options, both musical and contextual, at every step. The third level [...] [is] the analysis itself, [...] in a sense parallels the outline of a performance, but in the process replaces concrete options and relationships with abstract principles of meaning.«[73]

Die Autorin erläutert die Schwierigkeit der Erfassung von vielschichtigen Prozessen wie der Performance folgendermaßen:

»There are two problematic aspects facing any analyst of a performance process. One is the problem of having to deal with an interaction between two domains which are totally different from each other qualitatively, each consisting of a divergent range of variables. The second, more fundamental, problem is having to analyze process, an ongoing dynamic, by means of a procedure [...] so that the dynamic linking the pieces, the very crux of the process, tends to be left out of an analysis, which by its nature tends to turn process into structure.«[74]

2.5 Herausforderungen bei der ethnografischen Arbeit und der Auswahl des Materials

Auch wenn mein Wunsch bei ethnografischen Aufnahmen das Einfangen von Situationen war, die ohne meine Anwesenheit in derselben Form stattgefunden hätten, so hängt die Natürlichkeit dokumentierter Szenen stets von den teilnehmenden Personen, ihren Erfahrungen mit der Situation des Gefilmtwerdens und dem persönlichen Umgang mit der Kamera (beispielsweise einem Bestreben nach einem vorteilhaften Bild auf dem Video) ab.[75] Zur schrittweisen Gewöhnung der Komponisten an den Aufnahmeprozess verzichtete ich in den ersten Sessions auf die Kamera. Nachdem ich bei allen Gruppen verschiedene Sessions beobachtet, mittels Tonaufnahmen und Mitschriften dokumentiert und protokolliert hatte, wagte ich mich an den Einsatz audiovisueller Aufzeichnungsgeräte (Kameras). Es entstand ein umfangreiches Datenvolumen, welches die komplexe Realität zwar genau abbildete, mich aber gleichzeitig mit der Problematik

---

[73] Ebd., S. 141.
[74] Regula Burckhardt Qureshi: *Sufi Music of India and Pakistan*, S. 135.
[75] Gefahr des eigenen in-Szene-setzens; vgl. Anja Rosenbrock: *Komposition in Pop- und Rockbands*, S. 149; vgl. auch Hubert Knoblauch u. a.: »Introduction. Video-Analysis«, S. 10, S. 13.

einer unüberschaubaren Materialmenge konfrontierte, aus dem eine Auswahl getroffen werden musste – eine Schwierigkeit, die auch in der Literatur ausgiebig diskutiert wird.[76]

»The velocity and volume of data [...], make the sound film a difficult medium to analyze. A thousand pictures may not, unless the viewer is specifically trained, carry the effective information of a single word. And yet, this is not an irremediable situation. [...] the investigator [...] learn[s] to replay tapes to choose segments for re-examination.«[77]

»We have observed the same pattern of behavior repeated hundreds of times within a 20-minute period. A stretch of sound film 20 seconds in duration will often, when adequately analyzed, reveal patterns so basic to the base line of an actor that intensive descriptions of these 20 seconds will often prove more productive than hours of interviewing.«[78]

2.6 Selektion der Fallstudien nach dem Prinzip des Theoretical Sampling

Ein zentraler Bestandteil aus dem methodischen Spektrum ist die datengeleitete Auswahl der Stichproben.[79] Sie entschied sich innerhalb des Forschungsprozesses an den verfügbaren Beispielen und wurde nach dem sogenannten Prinzip des Theoretical Sampling[80] getroffen. Bei der Entscheidung über die Fallbeispiele legte ich meinen Fokus vorrangig »auf eine breite Streuung der Handlungsmuster«[81]. Um die Beweggründe der für die Diskussion ausgewählten Beispiele und die Motive ihrer Auswahl nachvollziehbar zu erklären, werden im folgenden Abschnitt ihre jeweiligen Entstehungskontexte sowie zentralen Charakteristika vorgestellt, aus denen sich die Relevanz jeder ausgesuchten Quelle erschließt.[82]

Die Auswahl der Fallbeispiele für meine Studie – sowohl der *Parcerias* als auch der *Reuniões* zur Erschaffung eines Samba-Enredo – stellte eine der schwierigsten Entscheidungen innerhalb des Analyse- und Auswertungsprozesses dar. Bei den zahlreichen Sessions, die ich im Laufe der Feldforschungsetappen von 2012–2016 beobachtete und dokumentierte, mussten verschiedene Grundbedingungen bzw. Kriterien erfüllt sein, um eine Komposition in den Pool der möglichen Stichproben nehmen. So war es eine zentrale Voraussetzung, dass das komponierte Werk

---

76 Vgl. Anja Rosenbrock: *Komposition in Pop- und Rockbands*, S. 155 f.
77 Ray Birdwhistell: *Kinesics and Context. Essays on Body-Motion Communication*, Norwich 1970, S. 152.
78 Ebd., S. 157.
79 Vgl. Nicholas Cook und Eric Clarke: Introduction: »What is empirical Musicology?«, in: *Empirical Musicology. Aims, Methods, Prospects*, hrsg. von dens., Oxford 2004, S. 3.
80 Vgl. Anselm Strauss und Barney Glaser: *Grounded Theory*, S. 61 ff., S. 76 ff.
81 Anja Rosenbrock: *Komposition in Pop- und Rockbands*, S. 140.
82 Vgl. ebd., S. 145.

zur Gattung des Samba-Enredo gehören musste und von einer Komponistengruppe für die Teilnahme am *Disputa de Compositores* einer *Escola de Samba* der *Grupo Especial* oder *Grupo A* in Rio de Janeiro[83] komponiert werden sollte. Diese Bedingungen mussten erfüllt sein, da das Genre des thematisch gebundenen Sambas mit spezifischen Konditionen verknüpft ist und einem Gefüge äußerer Faktoren und besonderer Dynamiken unterliegt, das sich von anderen Arten des Sambas unterscheidet, die frei und ohne Fokus auf eine erfolgreiche Teilnahme am Wettstreit geschrieben werden. Diese spezifischen Aspekte betreffen eine Begrenzung von Dauer und Umfang des Sambas, die Verwendung der *Sinopse* als Basis der Komposition, die Berücksichtigung bestimmter Wettstreitregeln, stilistischer Fragen zum *Desfile* und charakteristischer Details der *Escola*. Sogar ein Zeitrahmen, der die Kompositionsphase zwischen dem *Dia do Lançamento do Enredo e da Sinopse* und der *Entrega do Samba* eingrenzt, zählt zum Bedingungsfeld der Sambas de Enredo. Meine Schlüsselkriterien für die getroffene Vorauswahl der Fallbeispiele im Sinne von Einheitlichkeit und Vergleichbarkeit der Entstehungsbedingungen waren:

- Die Erschaffung eines Sambas im kompositorischen Kollektiv, also ausschließlich in der Komponistengruppe, nicht durch Einzelpersonen.
- Nur Berücksichtigung von *Parcerias*, die Samba-Enredo komponieren.
- Kein Einbezug von Kompositionen für einen privaten Rahmen bzw. unabhängig vom *Disputa de Samba*.
- Keine Berücksichtigung von *Parcerias*, die Kompositionen außerhalb der *Grupo Especial* oder *Grupo A* der *Escolas de Samba* von Rio de Janeiro anfertigen.

2.7 Methodik der Datenerhebung III: Zur Befragung der Komponisten im Rahmen von Experteninterviews und dem Aufbau des offenen Leitfragenkatalogs[84]

Eine wichtige Komponente innerhalb des methodischen Repertoires bei der ethnografischen Feldforschung ist die Durchführung von Leitfadeninterviews.[85] Als elementare Instrumente des methodischen Spektrums können sie nicht losgelöst von ihrem Kontext betrachtet und ausgewertet werden. Heiner Legewie betont, dass Dokumentation und Beobachtung ohne einen folgenden verbalen Austausch zwischen Forscher und Akteuren mit reflektierten Rückfragen zum betrachteten Prozess »ebenso undenkbar [sind] wie Gesprächsführung ohne Beobachtung

---

83 Die *Escolas* und der Karneval von Rio de Janeiro unterliegen anderen Bedingungen als Sambaschulen und Karnevalswettbewerbe in anderen brasilianischen Regionen/Städten oder jene außerhalb von Brasilien.
84 Vollständiger Katalog der Leit- und Schlüsselfragen: vgl. digitalen Anhang.
85 Vgl. Max Peter Baumann: »The Musical Performing Group: Musical Norms, Tradition, and Identity«, S. 80 f.; vgl. auch Uwe Flick: »Entscheidung für die Methode[n] der Datensammlung«, S. 157, S. 159.

des jeweiligen sozialen Kontextes«[86]. Selbst im Falle einer Feldzugehörigkeit des Forschers, der fundierten Kenntnis der Hintergründe und einem Verständnis, das die Einordnung und Bewertung der gesammelten Quellen und Daten erst ermöglicht, erfolgt die eigene Analyse und Interpretation des Materials stets aus der subjektiven Sicht.[87] Hier ermöglicht der aktive und reflektierende Austausch im Rahmen von Interviews einen neuen Zugang, gegebenenfalls sogar den Erhalt überraschender Informationen über das Feld und eröffnet neue Perspektiven auf Phänomene – besonders der verbreiteten Form offener Leitfadeninterviews mit optionalen Schlüsselfragen.[88] Durch die in offenen Leitfragen gegebenen Anregungen, auf die der Interviewte reagiert und sie in offener Form mit eigenen Erzählungen erweitert und spezialisiert, brachte er mir das Feld aus emischer Sicht näher.[89] Mit verbindlichen Kernfragen, optionalen Schlüsselfragen und einer offen gehaltenen Anlage, die Raum für persönliche Ergänzungen und Erzählungen der Komponisten bot, konnten die Aussagen an einen gemeinsamen roten Faden gebunden werden. Dies ermöglichte einerseits, Informationen zu den Komponisten vor ihrem persönlichen »Hintergrund, ihre Gewohnheiten und Handlungsmöglichkeiten sowie ihre Meinungen und Einstellungen«[90] herauszufiltern sowie einen gemeinsamen Rahmen und eine Vergleichbarkeit der Interviews zu gewährleisten. Durch den optionalen Charakter verschiedener Fragen und den Versuch einer möglichst freien Gestaltung konnten wir in jedem Gespräch individuelle Schwerpunkte setzen, was den Komponisten ermöglichte, aus ihrem Erfahrungsschatz zu berichten und inhaltliche Gewichtungen nach persönlichen Vorlieben zu gestalten. Die Durchführung eines gelungenen Interviews ist nach Anja Rosenbrock eine eigene Kunst, da es eine Gratwanderung sei und Fingerspitzengefühl erfordert, nicht nur die erfragten Basisinformationen, sondern darüber hinaus auch Erzählungen delikaterer oder problematischer Natur zu erhalten.[91] Dies geschieht erst basierend auf einer stabilen Vertrauensbasis zwischen Forscher und Interviewpartner: »Interviewte müssen den Forschenden vertrauen können; im Feld und bei der späteren Auswertung der Daten müssen [sich] die Forschenden [...] entsprechend verhalten [...]. Nur Personen, die gerne und freiwillig von sich und ihrem Umfeld erzählen, geben freiwillig wahre und relevante Informationen preis.«[92] Relevant sind hier die für die Interviewsituation geschaffenen äußeren Umstände: Für die Unterhaltung sollte eine angenehme Atmosphäre geschaffen werden, die zum Erzählen einlädt – wenn möglich im vertrauten Umfeld und gemäß den Vor-

---

86 Anna-Lena Rostvall und Tore West: *Theoretical Perspectives on Designing a Study of Interaction*, <http://citeseerx.ist.psu.edu/viewdoc/download?doi=10.1.1.513.256&rep=rep1&type=pdf> [8.11.2023], S. 2.
87 Vgl. Anja Rosenbrock: *Komposition in Pop- und Rockbands*, S. 148, S. 172.
88 Vgl. Max Peter Baumann: »The Musical Performing Group: Musical Norms, Tradition, and Identity«, S. 80.
89 Vgl. Anja Rosenbrock: *Komposition in Pop- und Rockbands*, S. 150.
90 Ebd., S. 151
91 Vgl. ebd.
92 Ebd.

lieben des Interviewten.[93] Bot es sich im Fall der vorliegenden Studie beispielsweise an, den Großteil der Portraits im Einzelinterview durchzuführen, bevorzugten einige Mitglieder der zweiten *Parceria* eine Befragung im Rahmen eines gemeinsamen Grillabends im Haus eines der Komponisten. Natürlich müssen die innerhalb dieser Situation entstandenen Materialien mit Vorsicht betrachtet und hinsichtlich einer möglichen gegenseitigen Beeinflussung durch die Anwesenheit der Gruppe beleuchtet werden.[94] Für den Interviewleitfaden, dessen Hauptziel im Sammeln von Hintergrundinformationen, Klärung von Detailfragen und sich aus den Beobachtungen ergebenden Verständnisfragen lag,[95] erwies sich das im Vorfeld erlangte Wissen und Spezialwissen zum Samba-Enredo und den *Escolas de Samba* als elementar.[96] Dank eines ständigen und ortsungebundenen Kontaktes war es im Falle meiner Studie zu jedem Zeitpunkt möglich, Nachfragen zu den Interviews zu stellen, Einzelheiten zu konkretisieren und Details nachträglich zu ergänzen. Der konstante Austausch mit den Akteuren, Komponisten und Experten aus dem Feld erlaubte es, gezielt Phänomene zu thematisieren, beleuchten und hinterfragen. Die unterschiedlichen Aussagen wurden im Anschluss an die schriftliche Transkription der Portraits miteinander verglichen, um Überschneidungen, Gemeinsamkeiten und Unterschiede festzustellen und zu meinen eigenen Kenntnissen und Erfahrungen ins Verhältnis gesetzt. Bei widersprüchlichen Fällen musste ich auf Grundlage eines Datenabgleichs entscheiden.[97]

Um den persönlichen Hintergrund und künstlerischen Erfahrungshorizont jedes Komponisten abzudecken, darüber hinaus Informationen über die gemeinsame Geschichte einer Gruppe und der Konstellationen ihrer Mitglieder innerhalb des Gruppengefüges zu gewinnen, wurden die neun Hauptkomponisten der drei *Parcerias* innerhalb der Portraitinterviews individuell befragt. Der erste Fragenkomplex zum persönlichen Hintergrund jedes Komponisten umfasste die biografischen Eckdaten. Hier wurden Hörgewohnheiten und musikalischen Prägungen[98] erörtert, Fragen zum eigenen musikalisch-künstlerischen Hintergrund wie z. B. dem Erlernen eines Instruments und der musikalischen Prägung im Kindes- und Jugendalter gestellt. Darüber hinaus wurden ersten Berührungen mit den *Escolas de Samba* sowie etwaige familiär verankerte Traditionen diskutiert und die ersten persönlichen Erfahrungen mit der Komposition thematisiert.

Der zweite Block kristallisierte Fragen zur Geschichte der *Parceria* heraus. Hier ging es sowohl um die Gründung als auch um gruppendynamische Aspekte wie beispielsweise der Verteilung von Aufgaben und der Dominanz einiger *Parceiros* nebst einer persönlichen Einschätzung der

---

93 Vgl. Uwe Flick: »Stationen des qualitativen Forschungsprozesses«, in: *Handbuch Qualitative Sozialforschung. Grundlagen, Konzepte, Methoden und Anwendungen*, hrsg. von Uwe Flick u. a., Weinheim 1995, S. 191 ff.
94 Vgl. Anja Rosenbrock: *Komposition in Pop- und Rockbands*, S. 151.
95 Vgl. ebd., S. 181.
96 Vgl. Max Peter Baumann: »The Musical Performing Group: Musical Norms, Tradition, and Identity«, S. 81.
97 Vgl. Anja Rosenbrock: *Komposition in Pop- und Rockbands*, S. 180.
98 Vgl. ebd., S. 181.

eigenen Funktion und Rolle in der Gruppe. Die Struktur gemeinsamer Entscheidungsfindungen, aber auch persönliche Ebenen der Komponisten wie Beziehungen privater Natur, über die gemeinsame kompositorische Arbeit hinaus, flossen mit ein. Schließlich erörterte ein dritter Block konkrete künstlerische Strategien und enthielt Reflexionen zum Thema Komposition und Komponistenwettstreit. Hier standen einerseits Aspekte des strategischen Vorgehens der Gruppe, Struktur und Gewohnheiten der *Reuniões* sowie der Komponist in seiner individuellen Funktion und Rolle im Kollektiv im Vordergrund, doch wurden auch Beeinflussungen durch externe Autoritäten, Regeln und Rahmenbedingungen erfragt und entschlüsselt. Im Zuge dieser Fragen wurden die Komponisten zu ihrer Sicht auf die aktuelle Situation der Kompositionen zwischen Tradition und Moderne befragt – beispielsweise in Bezug auf die Einbindung von Medien wie YouTube, Facebook, E-Mail, WhatsApp zur Kommunikation, zum oft beklagten Phänomen der zunehmend kommerzialisierten Produktion von Sambas, zur Finanzierung der Gruppe im Zusammenhang mit dem *Disputa de Samba* und dem daraus erwachsenden Konfliktpotential innerhalb der Gruppe.

Die aus den Einzelinterviews gewonnenen Daten wurden im weiteren Verfahren mit den selbstgesammelten Eindrücken und erstellten Quellen, den Resultaten der Konversations- und Musikanalyse sowie den Ausführungen der anderen *Parceiros* einer Gruppe abgeglichen und zu ihnen in Beziehung gesetzt, um Übereinstimmungen herauszukristallisieren und etwaige Widersprüche aufzudecken.[99] Die gesammelten Informationen bildeten die Ausgangsbasis und eröffnenden Komponente meiner sechs-schrittigen analytischen Betrachtung der Fallstudien: Basierend auf den einzeln und kollektiv geführten Interviews wurden Portraits aller federführenden Komponisten und Gruppen erstellt, die auf individueller Ebene den persönlichen Hintergrund, Werdegang, Bezug zum Feld der Sambaschulen und Einschätzungen der eigenen Position und Funktionsweise der *Parceria* skizzieren sowie auf Gruppenebene die gemeinsame Geschichte, hierarchischen Beziehungsgefüge und Einschätzungen der gemeinsamen Arbeit illustrieren. Diese Betrachtungen sind der Analyse des künstlerischen Schaffensprozesses vorangestellt und vermitteln einen Eindruck seiner Hauptakteure.[100]

ZUR ANONYMISIERUNG DER KOMPONISTEN: Da ethische Gründe die Verwendung realer Namen ausschließen[101] wurde die Identität aller Komponisten von mir in den dialogischen Transkriptionen anonymisiert. Jeder Komponist erhielt als Ersatz für seinen bürgerlichen Namen eine Zahlenkombination, bestehend aus individueller Ziffer und Gruppenziffer, z. B. Komponist 1 der Gruppe 1: Komp. 1-1.

---

99   Vgl. Anja Rosenbrock: *Komposition in Pop- und Rockbands*, S. 172.
100 Alle Ergebnisse der Analyse verstehen sich als Momentaufnahmen. Vgl. Heiner Ellgring: »Audiovisuell unterstützte Beobachtung«, in: *Handbuch Qualitative Sozialforschung. Grundlagen, Konzepte, Methoden und Anwendungen*, hrsg. von Uwe Flick u. a., Weinheim 1995, S. 203–208m, hier: S. 208.
101 Vgl. auch Bruno Illius: »Feldforschung«, S. 90.

2.8 Verarbeitung der Felddaten I: Transkription der Dialoge

Die bis zum heutigen Tage verbreitete Transformation ethnografischer, roher Felddaten in Gestalt von Ton- und Videoaufnahmen in eine analytisch auswertbare Form ist ihre Umwandlung in schriftliche Transkriptionsprotokolle. Eine schwierige Entscheidung ist die Voll- oder Teiltranskription selektierter Sessions[102]: »Transkription von Irrelevantem bedeutet unnötige Zeitverschwendung, doch Dinge, die bei der Transkription verloren gehen, sind meistens für den folgenden Forschungsprozess verloren«[103], weshalb in der Sekundärliteratur nahegelegt wird, die nicht in der Auswahl enthaltenen Passagen dennoch als Quellen zu behalten.[104] Zur Transkription der Dialoge entschied ich mich für eine Anlehnung an das Modell von John Heritage[105] und hielt mich neben den Audioquellen an die parallel erstellten Videoaufnahmen, die ergänzend zum verbalen Austausch zwischen den Komponisten den Einbezug visueller Äußerungen wie Blickkontakte, gestische Interaktionen und musikalische Handlungen ermöglichten.[106]

Für die Übertragung der verbalen Äußerungen habe ich zunächst eine Transkription in die portugiesische Sprache vorgenommen und die aufgezeichneten Dialoge im Folgeverlauf ins Deutsche übersetzt. Dabei mussten einige Passagen und umgangssprachliche oder genrespezifische Äußerungen durch hinzugefügte Erläuterungen ergänzt werden, um die Verständlichkeit der Aussage zu gewährleisten.[107] Eine weitere Ebene bildeten die musikalischen Äußerungen[108] – also jedwede Art musikalischer Präsentationen, gesungen oder gespielt –, welche ebenfalls passagenweise in Noten transkribiert und um jene Wortwechsel zwischen den Komponisten ergänzt wurden, die fundamental für das Verständnis des Fortganges der musikalischen Entwicklung waren.[109] Sowohl in Bezug auf das Textmaterial als auch der musikalischen Komponente stellte mich die Arbeit an den Transkriptionen vor Herausforderungen. Manchmal war die Identifikation der exakten Tonhöhen des Gesangs oder die Identifikation einzelner Worte aus Redebeiträgen aufgrund von Hintergrundgeräuschen, klanglichen und verbalen Überlappungen äußerst schwierig. Hier stellte sich der Abgleich mit Parallelaufnahmen – möglichst einer Filmquelle – als hilfreich heraus. Die Auswertungen audiovisueller Quellen mit ihrer Vielfalt an verschiedensten Äußerungen erforderte wiederum eine gesonderte Berücksichtigung von Mimik und Gestik, die als Teil der Kommunikation in die Transkription aufgenommen und der verbalen oder musi-

---

102 Vgl. Anselm Strauss und Barney Glaser: *Grounded Theory*, S. 61 ff., S. 76 ff.
103 Anja Rosenbrock: *Komposition in Pop- und Rockbands*, S. 151.
104 Vgl. Anselm Strauss und Juliet Corbin: *Grounded Theory*, S. 15.
105 Vgl. auch John Heritage: *Conversation Analysis and Institutional Talk: Analyzing Data*, <https://www.sscnet.ucla.edu/soc/faculty/heritage/Site/Publications_files/SILVERMAN_2.pdf> [8.11.2023].
106 Vgl. Anja Rosenbrock: *Komposition in Pop- und Rockbands*, S. 159.
107 Vgl. Philipp Mayring: »Qualitative Inhaltsanalyse«, S. 209 ff.
108 Vgl. Anna-Lena Rostvall und Tore West: *Theoretical Perspectives on Designing a Study of Interaction*, S. 2.
109 Vgl. Anja Rosenbrock: *Komposition in Pop- und Rockbands*, S. 186.

kalischen Äußerung hinzugefügt wurden. Wie in vorangegangenen Forschungsstudien anderer Wissenschaftler habe ich visuelle Komponenten nur dann in die Analyse einbezogen, wenn sie für die Interaktion und das Gesamtverständnis relevant und eindeutig interpretierbar waren.[110]

Bedingt durch den beschriebenen Detailreichtum stellte mich auch die Auswahl eines passenden Transkriptionssystems für die verschiedenen Ebenen der Kommunikation vor eine große Herausforderung: Die Sekundärliteratur stellt verschiedene Auswertungsmethoden vor, doch wird stets darauf hingewiesen, dass je nach Genre und Material individuelle Systeme entwickelt werden müssen und sich ein etabliertes Modell der gemeinsamen Analyse von Musik, Sprache und Interaktion bis zum heutigen Tag nicht durchgesetzt hat. Als Orientierung dienten mir der Ansatz von Anna-Lena Rostvall und Tore West [2003], in dem eine Tabellenform mit einer Unterteilung in sprachlich-dialogische Äußerungen, Gesten und in musikalische Äußerungen der Komponisten sowie farbigen Codierungen nach bestimmten Kriterien vorgeschlagen wird.[111] Eine weitere Methode zeigt die Auswertung einer Bandsession im Bereich der populären Musik durch Anja Rosenbrock, die ebenfalls in tabellarischer Form verschiedene Ebenen und Komponenten der Kommunikation miteinander verknüpft und zueinander ins Verhältnis setzt. Sie dokumentiert den Gesamtverlauf einer Probe[112] und unterteilt den Ablauf in thematische Sektionen, welche mit Titeln inhaltlicher Art sowie Angaben zur Dauer der Abschnitte versehen sind. Hinzu kommen eine Kommentarleiste und ein Zeichensystem für Überlappungen und unverständliche Abschnitte.[113]

Diese Vorlagen nahm ich als Anregung, um meine individuelle Variante eines geeigneten Transkriptionssystems als Basis für die weitere Analyse zu entwickeln: Für die Auswertung der Fallstudien habe ich auf Grundlage der vorhandenen, in der Reihenfolge ihrer chronologischen Entstehung geordneten Audio- und Videoaufnahmen eine vollständige Transkription aller Dialoge erstellt und durch begleitende Kommentare zur Beschreibung von Gesten oder musikalisch-kommunikativen Interaktionen ergänzt. Innerhalb der Übersetzung sowie des portugiesischen Originaltextes der eingebundenen Zitate habe ich von einer sprachlichen Anpassung weitgehend abgesehen. Szenentypische Schlagworte und Redewendungen sind aus der direkten Sprachpraxis übernommen und im Glossar definiert. Die verzeichneten temporalen Angaben beziehen sich auf die jeweilige Anfangszeit produzierter Videos. Irrelevante Passagen wurden ausgespart und Streichungen oder kommentierende Ergänzungen in den Transkriptionen entsprechend gekennzeichnet. Ebenso wie im Modell von Anja Rosenbrock markierte ich mir auffallende Parallelen und fallübergreifende Phänomene[114] sowie spezifische Beobachtungen und

---

110 Vgl. Marcus Bowman: *Using Video in Research*, S. 1–2 ff.
111 Vgl. Anna-Lena Rostvall und Tore West: *Theoretical Perspectives on Designing a Study of Interaction*, S. 1.
112 Vgl. Anja Rosenbrock: *Komposition in Pop- und Rockbands*, S. 186.
113 Abkürzungsverzeichnis der Konversationsanalyse im Anhang.
114 Vgl. die Darstellung der Fallbeispiele, bezüglich Prämissen oder ähnliche Handlungsweisen, Diskussion derselben Aspekte in Text und Musik.

Besonderheiten im strategischen Vorgehen einer *Parceria*. Um die Anmerkungen später leichter und übersichtlicher strukturieren zu können, versah ich jedes Memo mit einer Farbe, die einer bestimmten Kategorie zugeordnet wurde.[115]

2.9 Verarbeitung der Felddaten II: Einbezug von Körpersprache, Gesten und nonverbaler Kommunikation

Neben der auditiven Komponente ergab sich durch Anfertigung von Videoaufnahmen der Einbezug von Kommunikationselementen auf visueller, nonverbaler Ebene. Die Körpersprache umfasste ein Spektrum gesprächsbegleitender Gesten[116] der einzelnen Komponisten sowie Interaktion und Reaktionen durch bestimmte Bewegungen oder Signale im Kollektiv, welche in ihrer Funktion im Kontext der entsprechenden Szene gedeutet wurden.[117] Neben Handgesten, die »als ikonische Gesten [...] [häufig die] Komponenten des Redebeitrages [unter-]stützen«[118], illustrieren und rahmen, ist laut Harald Wallbott auch der gegenseitige Blickkontakt und die sich aus einem bestimmten Blick erschließende Bewertung einer Situation als körperliche Handlung aufzufassen.[119] Sie kann in diversen Fällen eindeutig zugeordnet werden. Verschiedene Wissenschaftler, darunter Christian Heath, Anja Rosenbrock und Anna-Lena Rostvall/Tore West, betonen die Bedeutung der visuellen Komponente, die neben der Konversationsanalyse dem Spektrum des methodischen Repertoires hinzugefügt werden sollte und ohne die bestimmte verbale Äußerungen kaum hinreichend verstanden und interpretiert werden können:[120] »I wish to suggest that ethnomethodology and conversation analysis [...] can also provide a methodological foundation for investigating the visual as well as vocal aspects of human conduct.«[121]

Besonders bei der Erschaffung populärer Musik spielen Gesten und motorische Handlungen eine entscheidende Rolle – man denke allein an den Prozess des Trial-and-Error oder den Vor-

---

115 Ähnlich den Codierungen in der Strukturanalyse.
116 Vgl. Anja Rosenbrock: *Komposition in Pop- und Rockbands*, S. 160; vgl. auch Christian Heath: »Talk and Recipiency: Sequencial organization in Speech and Body Movement«, in: *Structures in Social Action. Studies in Conversation Analysis*, hrsg. von John Maxwell u. a., London 1984, S. 183–200.
117 Vgl. Harald G. Wallbott: »Analyse der Körpersprache«, in: *Handbuch Qualitative Sozialforschung. Grundlagen, Konzepte, Methoden und Anwendungen*, hrsg. von Uwe Flick u. a., Weinheim 1995, S. 232–237, hier: S. 233, S. 235.
118 Anja Rosenbrock: *Komposition in Pop- und Rockbands*, S. 161.
119 Vgl. Harald G. Wallbott: »Analyse der Körpersprache«, S. 232–237.
120 Vgl. Anja Rosenbrock: *Komposition in Pop- und Rockbands*, S. 160; vgl. auch Christian Heath: »Talk and Recipiency: Sequencial organization in Speech and Body Movement«, S. 185 ff.; vgl. auch Anna-Lena Rostvall und Tore West: *Theoretical Perspectives*, S. 2.
121 Christian Heath: »Talk and Recipiency«, S. 183.

gang der Improvisation, der von diversen Musikern und Komponisten als Quelle für Inspiration und als Ausgangspunkt für die Generierung neuer Ideen bezeichnet wird.[122] Doch nicht nur die Motorik, auch die nonverbale Kommunikation über das Medium Musik spielt hier eine Rolle: Sie erwächst von der künstlerischen zur kommunikativen Komponente. Beispielsweise kann ein unkommentiertes musikalisches Zitat als selbstständiger Verweis zum Tragen kommen, der im Fall eines gemeinsamen Pools an Hörerfahrung in der Gruppe steht.[123] Auch Michael Klein erläutert in *Intertextuality in Western Art Music*[124], wie die Hörerfahrungen stetig als Referenz für die betreffende Person fungiert. Gerade im Hinblick auf alle Formen von Zitaten nehmen sowohl Literaten als auch Musiker bewusst oder unbewusst Bezug auf vorhandene Werke. Im Kontext von Komposition im Kollektiv ist der kreativ Tätige nicht nur auf seinen individuellen Erfahrungsschatz angewiesen, sondern hat auf vielfacher Ebene die Möglichkeit zum dialogischen Austausch, welcher neben der verbalen Äußerung auch auf rein musikalischer Ebene zwischen den Gruppenmitgliedern stattfinden kann und im Sinne von Ingrid Monsons Interpretation als Intermusicality[125] zu verstehen ist. Sie bezeichnet im Gegensatz zur universellen Intertextuality eine direkte Aufeinanderfolge reiner Musikbeiträge, die als nonverbale, kommunikative Reaktion aufeinander zu verstehen sind.[126]

2.10 Verarbeitung der Felddaten III: Betrachtung von Struktur und Verlauf der Sessions

Zu Beginn der Datenverarbeitung für die Fallbeispielanalyse habe ich auf Grundlage der vollständigen Transkriptionen eine zwei-schrittige Verlaufsbeschreibung vorgenommen, um einen allgemeinen Überblick zu Prozess und Vorgehensweise in einer *Reunião* samt verschiedener Phasen und Stationen zu erstellen. Jede Verlaufsskizze enthält eine kurze, eröffnende Situationsbeschreibung und endet mit einer abschließenden Skizzierung der Folgeentwicklung »nach der *Reunião*«. Der Hauptteil besteht aus einer Darstellung aller innerhalb der Session bearbeiteten Sambaparts und verzeichnet ihre konstituierenden Schlüsselmomente, elementare Wendepunkte, Entscheidungen und strukturierende Momente[127] sowie Abweichungen vom in Bearbeitung stehenden Part. Die grafische Übersicht zu Beginn jedes Teils präsentiert in chronologischer Form stichpunktartig und fett hervorgehoben die Schlüsselereignisse der Bearbei-

---

122 Vgl. Jan Hemming: *Begabung und Selbstkonzept*, S. 156.
123 Vgl. Max Peter Baumann: »The Musical Performing Group«, S. 83, S. 86; vgl. auch Tiago de Oliveira Pinto: *Capoeira, Samba, Candomblé*, S. 37.
124 Vgl. Michael Klein: *Intertextuality in Western Art Music*, S. 1, S. 12 ff.
125 Vgl. Ingrid Monson: *Saying something. Jazz Improvisation and Interaction*, Chicago 1996, S. 125–129.
126 Vgl. Anja Rosenbrock: *Komposition in Pop- und Rockbands*, S. 169.
127 Gemeint sind Unterbrechungen oder Rekapitulationen und Fixierungen von Ergebnissen.

tung, Abschweifungen in andere Samba-Parts und zentrale Wortwechsel der Komponisten und wird jeweils anschließend in einem Fließtext erläutert und interpretiert. Schließlich werden die Schlüsselmomente in Verbindung mit Informationen zum Vorfeld der Session in einer Gesamtübersicht zusammengefasst. Sie enthält Informationen zu:

- Arbeiten im Vorfeld
- Input (externe Vorgaben und Impulse)
- Arbeiten und Prozesse innerhalb der *Reunião* (zu Struktur, Verlauf, Charakteristik der künstlerischen Arbeit, Kommunikationsstruktur, zeitlicher Aufwand, Abschluss)
- Output (Ergebnisse der *Reunião*)
- Offene Arbeitsschritte und Absprachen der *Parceria* (nach der *Reunião*)
- Übersicht zu Reihenfolge und Bearbeitungszeit aller Teile und Abschweifungen

Als Komponente dieser Übersicht findet sich abschließend eine Gegenüberstellung der innerhalb der Session entwickelten Erstfassung der *Letras* und der Endversion (Studioaufnahme). Die Unterschiede beider Fassungen sowie vorübergehende Lösungen und Platzhalter, zu denen innerhalb der *Reunião* keine abschließende Entscheidung getroffen wurde, sind farbig in den Versen hervorgehoben. Die verschiedenen Fassungen der Lyrics dienen der Veranschaulichung der Arbeitsstadien, werden hier aber nicht zum Gegenstand separater Analyse.

2.11 Verarbeitung der Felddaten IV: Zur Form der Analyse und Interpretation zentraler Dialogsequenzen

Im Anschluss an die vollständige Verlaufsdarstellung erfolgte eine detaillierte Betrachtung dialogischer Schlüsselszenen. Die Auswahl der Szenen für jedes Fallbeispiel erfolgte unter Gesichtspunkten der enthaltenen Vielfalt zentraler und typischer Phänomene sowie individueller Strategien der Gruppen bei der künstlerischen Arbeit, bei der Entwicklung und Weiterentwicklung von Ideen.

Die betrachteten Szenen, in denen vorläufige Versionen von Versen und Segmenten entwickelt wurden, liefern einen umfassender Eindruck zu technischem Vorgehen und zur Arbeitsstruktur bei der Generierung von Text und Melodie im kollektiven Schaffensprozess einer Gruppe. Hierzu wurden aus den Gesamtprotokollen der durchschnittlich drei- bis fünfstündigen Sessions die aussagekräftigsten dialogischen Szenen ausgewählt, in denen zentrale Momente der Kommunikations-, Generierungs-, Entwicklungs- und Bewertungsprozesse in der *Parceria* sowie Beweggründe für oder gegen die Verwendung musikalischer Ideen[128] facettenreich zum Ausdruck kommen.

---

128 Vgl. Thomas Brüsemeister: *Qualitative Forschung*, S. 244 ff.

Bei den Szenen handelt es sich um mehrminütige, in der Regel aufeinanderfolgende Sequenzen, die ich für die Analyse und Interpretation in inhaltliche Sinnabschnitte unterteilt habe. Jeder Abschnitt wurde mit einer Szenennummer sowie einer vorangestellten Kurzübersicht zu Schlüsselereignissen versehen, die einen Überblick zu relevanten inhaltlichen und methodischen Geschehnissen der Sequenz geben. Die verschiedenen Dialoge der Komponistengruppe wurden nun Gegenstand einer Inhalts- und Konversationsanalyse. Einerseits ermöglicht die detaillierte Aufschlüsselung ein Verständnis der Gruppenkommunikation und legt Gewohnheiten im Austausch, Umgang sowie hierarchische Strukturen offen. Andererseits gibt sie Aufschluss über Prozesse der Bewertung, Meinungsäußerung und Kritik, die wichtige Pfeiler für die gemeinsam getroffenen Entscheidungen bilden. Die Dialoge erhellen sowohl Strategien technischer Ausarbeitung und Veränderung generierter Text- und Melodiepassagen der Sambas als auch Strategien zu konzeptionellen und künstlerischen Entscheidungen, die als Spiegel eines übergeordneten Spannungsfeldes individueller und kollektiver Bedingungen betrachtet werden können. Ein Sonderfall ist die Exkurs-Szene der zweiten Gruppe aus dem Kontext der Studioaufnahme des Sambas. Ursprünglich als *Gravação* geplant, repräsentiert sie kein Standardbeispiel einer Studioaufnahme, sondern gleicht in ihrer Struktur einer zweiten Kompositionssession. Im Studio ereigneten sich, bedingt durch die limitierte Zeit zur Entscheidungsfindung, in äußerst komprimierter Form Diskussionen zu künstlerisch-ästhetischen, strukturellen und technischen Aspekten sowie zu strategischen Grundfragen im Prozess der Komposition, die die während der Session getroffenen Entscheidungen erneut in Frage stellen.

Ziel der Konversationsanalyse war neben einer Entschlüsselung der zentralen Abläufe auch die Offenlegung von Mikroprozessen der Kommunikation und Verständigung. Hier half der Empic Approach[129], die natürliche Interaktion zwischen den Komponisten, die Mechanismen und Prinzipien, nach denen sie strukturiert sind, zu identifizieren.[130] An dieser Stelle wurden auch Redeanteile,[131] hierarchische Gefüge, Aufgabenverteilungen im Kollektiv und spezifische Rollen der Komponisten sowie ihre individuelle Partizipation am Bewertungsprozess in die Betrachtung einbezogen – größeres Wissen erlaubt in der Regel eine höhere Entscheidungsgewalt in der Gruppe.[132] Die Segmente wurden nach ihrer Transkription in Anlehnung an Maxwell Atkinson[133]

---

129 Vgl. Jörg Bergmann: »Konversationsanalyse«, S. 213 ff.
130 Vgl. Timothy Rice: »Toward a Mediation of Field Methods and Field Experience in Ethnomusicology«, S. 50.
131 Vgl. Ralf Bohnsack u. a.: »Exemplarische Textinterpretation: Diskursorganisation und dokumentarische Methode«, in: *Die dokumentarische Methode und ihre Forschungspraxis. Grundlagen qualitativer Sozialforschung*, hrsg. von Ralf Bohnsack u. a., Wiesbaden 2007, S. 309–324, hier: S. 309 ff.
132 Vgl. Anja Rosenbrock: *Komposition in Pop- und Rockbands*, S. 158; vgl. auch John Heritage: »Conversation Analysis and Institutional Talk: Analysing Data«, in: *Qualitative Research. Theory, Method and Practice*, hrsg. von David Silverman, London 1997, S. 169–172.
133 Vgl. auch J. Maxwell Atkinson und John Heritage: *Structures in Social Action. Studies in Conversation Analysis*, Cambridge 1984, S. 2.

und John Heritage[134] in thematische Sektionen aufgesplittet, aus denen typische Entwicklungsverläufe mit all ihren konstituierenden Teilsegmenten illustrativ zur Geltung kommen.[135] Diese Schlüsselmomente wurden der Mittelpunkt einer intensiven Betrachtung, Deskription und Interpretation. Dabei wurden Gespräche nicht nur als Produkt der Gruppeninteraktion, sondern auch als Konsequenz vorangegangener Redebeiträge interpretiert,[136] die laut John Heritage Gegenstand von positiver oder negativer Reaktion und Bewertung werden. Sowohl verbale Gesprächselemente als auch nonverbale Äußerungen können dabei bekräftigend oder illustrativ wiederholt, ergänzt, transformiert sowie offen oder versteckt kritisiert werden. Zusätzlich lag die Verknüpfung mit der Inhaltsanalyse nach dem Konzept von Philip Mayring[137] nahe, nach der Textsequenzen nicht nur isoliert betrachtet, sondern mit einer vorangestellten stichpunkthaften Kurzbeschreibung der Szenen versehen werden, die Aufschluss über wichtige Stationen und Aspekte innerhalb des Handlungsverlaufes gibt.[138] Zur Untersuchung der Kommunikationsstrukturen erwiesen sich sowohl mein Vorwissen als auch meine regions- und szenengebundenen sprachlichen Kenntnisse als wertvoll und unabdingbar.[139] Besonders in öffentlichkeitsabgewandten Feldern wie den *Escolas de Samba* von Rio de Janeiro und speziell der Komposition im Samba-Enredo definiert sich die Zugehörigkeit zur Gemeinschaft stark über einen gemeinsamen Ausdruck, der sich sprachlich in einem internen Codesystem[140] mit spezifischem Vokabular sowie szenengebundenen determinierten Expressionen und typischen Wortlauten äußert. Da ich die portugiesische Sprache vor allem innerhalb des Umfeldes der Sambaschulen von Rio de Janeiro mit und von den hier agierenden Personen lernte, die als Mitglieder der Gemeinschaft der *Sambista* mit szeneneigenen Doppelbedeutungen tagtäglich und selbstverständlich umgehen, erlernte ich das entsprechende Vokabular auf natürliche Weise. Anja Rosenbrock verdeutlicht die Bedeutung der sprachlichen Community:

»A cultural community is really a set of people with a shared expertise [...]. What makes them a community is a shared system of beliefs, practices, [...] conventions, values, skills, and know-how [...]. This expertise is graded. Some information is assumed to be central – [...] to be a part of every member's repertoire [...]. Cultural communities are therefore identifiable by their expertise.«[141]

---

134 Vgl. Ebd., vgl. auch John Heritage: *Conversation Analysis and Institutional Talk*, S. 1 ff.
135 Vgl. ebd.
136 Vgl. Anja Rosenbrock: *Komposition in Pop- und Rockbands*, S. 157; vgl. John Heritage: *Conversation Analysis and Institutional Talk*, S. 2 ff.; vgl. auch Ralf Bohnsack u. a.: »Exemplarische Textinterpretation: Diskursorganisation und dokumentarische Methode«, S. 309.
137 Vgl. Philipp Mayring: »Qualitative Inhaltsanalyse«, S. 209 ff.
138 Vgl. ebd.
139 Vgl. Thomas Brüsemeister: *Qualitative Forschung*, S. 242; vgl. auch John Heritage: *Conversation Analysis and Institutional Talk*, S. 2.ff; vgl. auch Bronislaw Malinowski: »Argonautas do pacífico ocidental«, S. 112.
140 Vgl. das Symbolverzeichnis für Zeichen, Abkürzungen etc. der transkribierten Szenen finde sich im Anhang.
141 Herbert Clark: *Using Language*, Cambridge 1996, S. 102.

2.12 Verarbeitung der Felddaten V: Betrachtung der musikalischen Ebene

Da der Prozess der Generierung, Entwicklung und Bewertung von Musik den Dreh- und Angelpunkt dieser Studie bildet, ist es elementar, bei allen Betrachtungen und Untersuchungen stets den Bezug zur musikalischen Komponente in den Fokus zu stellen, selbst, wenn außermusikalische Bedingungen, Faktoren oder aus ihnen resultierende Konsequenzen, die eine Komposition maßgeblich beeinflussen, analysiert und interpretiert werden.[142] Schriftliche Fassungen der Sambas de Enredo in Form von Partituren sind in der kompositorischen Praxis aufgrund der traditionellen oralen Vermittlung eine Ausnahmeerscheinung, was die Anfertigung von exemplarischen Notenbeispielen bzw. Transkriptionen der mehrstündigen Kompositionssessions unabdingbar machte. Die Verschriftlichung von exemplarischen Notenbeispielen und Partituren, ein Analyseinstrument aus dem Repertoire der klassisch-historischen Musikwissenschaft, ermöglicht den detaillierten Nachvollzug des kompositorischen Geschehens. Sie illustriert verschiedene Stadien des künstlerischen Schaffensprozesses, verdeutlicht typische Strategien und gewährleistet die Transparenz innermusikalischer Verbindungen. Susan McClary, Robert Walser und Anja Rosenbrock erklären die »am Notentext vorgenommene Analyse [...] [als] vielleicht [...] einzige Möglichkeit, im Rahmen eines schriftlichen Textes eine Aussage [über] musikalische Phänomene zu belegen und verständlich zu machen.«[143] Für die Darstellung der Fallbeispiele ist die musikalische Analyse der Kernmomente der Generierung künstlerischer Ideen und Weiterbearbeitung entwickelter Segmente essentiell. Da die musikalischen Arbeiten und Fixierungen von Zwischenergebnissen der Sambas ausschließlich in oraler Form vorlagen, wurden für jeden exemplarischen Auszug vier bis acht Segmente nach Kriterien der inhaltlichen und phänomenalen Vielfalt aus Phasen der Erarbeitung und Weiterentwicklung eines musikalischen Abschnittes angefertigt, die in der gedruckten Fassung dieser Studie exemplarisch eingebunden werden (vollständige Partituren finden sich im digitalen Anhang). Ergänzend sind auch die finalen Fassungen der Sambas sowie Tonaufnahmen der Version des *Disputas de Samba* im digitalen Anhang beigefügt. Zur Transparenz und Verständlichkeit aller Schlüsselmomente der Transformation ergänzte ich das Notenmaterial mit relevanten Wortwechseln der *Parceiros*, die für das Handlungsgeschehen und kontextuale Verständnis von musikalischen Veränderungen von Bedeutung sind. Für die transparente Zuordnung der agierenden Komponisten, *Parcerias* und Segmente finden sich Hinweise[144] am Zeilenanfang, wie beispielsweise (1-1) als Zahlenkombination für einen der Hauptkomponisten. Die jeweilige Variante und Fassung

---

142 Vgl. Anna-Lena Rostvall und Tore West: *Theoretical Perspectives on Designing a Study of Interaction*, S. 2.
143 Anja Rosenbrock: *Komposition in Pop- und Rockbands*, S. 169; vgl. auch Susan McClary und Robert Walser: »Start Making Sense! Musicology Wrestles with Rock«, in: Simon Frith u. a.: *On Record. Rock, Pop and Rap*, New York 1990, S. 277–292.
144 Die Anmerkung bzw. Nummerierung am Zeilenanfang erfolgt vor allem bei Komponistenwechseln oder parallelen Handlungen; bleibt sie aus, agiert derselbe Komponist.

der in Bearbeitung stehenden Phrase ist mittels Nummerierung kenntlich gemacht. Hier wird auch eine Unterscheidung des Ursprungsmaterials der Erarbeitung (mit Großbuchstaben) und der Bearbeitung (mit Kleinbuchstaben) vorgenommen. Es ergeben ich folgende Nummern und Buchstabenzordnungen:

- *Parceria* 1: A
- *Parceria* 2: B
- *Parceria* 3: C

- *Parceria* 1: a
- *Parceria* 2: b
- *Parceria* 3: c

Die Taktzählung wird im Entwicklungs- und Bearbeitungsteil jeweils neu begonnen, wobei alleinstehende Auftakte von der Zählung ausgenommen sind. Überlappungen und gleichzeitige gesangliche Betätigungen verschiedener Komponisten wie auch kurzzeitige Unterbrechungen des Geschehens sind ebenso wie musikalische Fragmente mit undefinierbarer Tonhöhe oder rhythmischen Unklarheiten im Notenmaterial entsprechend gekennzeichnet. Aus der Darstellung erschließt sich, wann ein Komponist einen untextierten Melodieentwurf präsentiert[145] oder der melodischen Linie eine spontane Textidee hinzufügt. Inspiriert durch Martinho da Vilas Konzept der *Célula Master*[146] als initialer Kernzelle einer Komposition kam in der Analyse eine musikalische Mikrostrukturierung der Phrasen und Segmente nach dem von Rudolf Réti[147] in *Thematic Patterns in Sonatas of Beethoven* entwickelten Modell sowie in Anlehnung an gängige Analysetechniken der klassischen Musikwissenschaft zu motivischen Beziehungs- und Verwandtschaftsverhältnissen rhythmischer und melodischer Natur zwischen verschiedenen musikalischen Partikeln, Phrasen und Teilen[148] zum Einsatz. Im Zuge der Ausformung neuen musikalischen Materials vom Fragment zur ganzen Phrase oder Thema habe ich hier eine Zerlegung in zentrale (Mikro-)Komponenten vorgenommen: Der Kernpartikel Prime Cell PC [Primärzelle, Kernzelle, *Célula Master*] und das ihr angegliederte Conclusion Motive CoM [Folgemotiv] bilden die Basiskomponenten eines Prime Motives [Kernmotiv]. Ihm schließt sich eine optionale Fortspinnung FF als direkte melodische Weiterführung an, welche im Verlauf der künstlerischen Arbeit entwickelt wird. Den Abschluss einer Phrase bildet das Final Motive FM. Neben einer Nummerierung der Segmente werden auch die entsprechenden Zellen [PC – CoM – FF – FM] mit einer über dem Partikel befindlichen Abkürzung und Nummerierung versehen und in der digitalen Version farblich voneinander getrennt.[149] Jedem Fallbeispiel wird im digitalen Anhang eine vollständige Partitur des Er- und Bearbeitungsbeispiels zugeord-

---

145 Oft wird eine untextierte Melodie mit »hm-hm«, »la-la-la«, »lalaia« oder ähnlichen Platzhaltern versehen.
146 *Célula Master*: Eintrag im Forschungsbuch zum Interview mit Martinho da Vila am 24.2.2016.
147 Vgl. Erläuterungen in: Rudolf Réti: *Thematic Patterns in Sonatas of Beethoven*, London 1976.
148 Vgl. Erläuterungen in: Clemens Kühn: *Formenlehre der Musik*, Kassel u. a. [8]2007.
149 Markierung auch im Folgeverlauf im Fall prägnanter Transformation in der Beilage im digitalen Anhang.

net, die umfangreiche kolorierte Einzeichnungen enthält, die die inneren musikalischen Beziehungen im Notenmaterial illustrieren.[150] Ebenso sind auftretende musikalische Zitate und erstmals präsentierte Textfragmente oder Textabschnitte gekennzeichnet.[151] Die musikalischen Ursprungselemente werden im Fall einer Veränderung und Versetzung in andere Sequenzen, aus denen neue motivische Konstruktionen und Kombinationen, rhythmische oder melodische Variationen, Repetitionen, Weiterentwicklungen und Sequenzierungen im improvisatorischen Prozess entstehen können, mit ihrer Ursprungszelle durch Pfeile verbunden, um selbst nach umfassender Transformation oder Neuplatzierung identifiziert und lokalisiert werden zu können. In den Bearbeitungsbeispielen richtet sich der Fokus auf bereits fertiggestellte Abschnitte, die im Zuge von Bewertung und Kritik in der Gruppe erneut einer Veränderung oder Neukomposition unterzogen werden. Im Zentrum der Aufmerksamkeit stehen hier neben der reinen Elaboration des musikalischen Materials auch die Beweggründe, die den Ausschlag für eine Weiterentwicklung oder Umgestaltung geben.

Aufgrund der Konzentration auf die Generierung und Transformation melodischer Linien, die sich innerhalb der Sessions oft in rein gesanglicher Form zwischen den *Parceiros* vollziehen, wurde von einer Analyse des harmonischen Geschehens abgesehen.

2.13 Verarbeitung der Felddaten VI: Rhythmisch-melodische Formeln und Versatzstücke

Die Idee zu dieser besonderen musikalischen Untersuchung entstand bereits in einer frühen Etappe der Feldforschung. Mit einer sich stetig erweiternden Hörerfahrung im Bereich des Samba-Enredo wurde meine Aufmerksamkeit durch ein akustisches Schlüsselerlebnis beim Hören der Sambas de Enredo 2012 der *Grupo Especial* auf das Phänomen melodischer Überschneidungen zwischen Kompositionen unterschiedlicher Schulen gelenkt. Die aus der Beobachtung erwachsende Hypothese festigte sich im Verlauf der Feldforschung im Zuge von Gesprächen mit Komponisten und Experten, bei der Lektüre neu erschienener Sekundärliteratur, der Revision von Urteilen der Jury des Karnevals im *Caderno do Julgamento* und sogar in

---

150 Die erste Schicht zeigt das Notenbeispiel in seiner Reinform, die zweite jeweils das sich in Bearbeitung befindliche Segment am Anfang der Zeile, durch das Symbol und die Segmentnummer gekennzeichnet, beispielsweise ¹, sowie die Aufschlüsselung der Segmente aus PC – CoM – FF – FM etc. in verschiedenen Farben. Im Erarbeitungsteil sind die Partikel mit farblichen Markierungen im Entstehungsmoment sowie bei gravierenden Veränderungen eingezeichnet. Im Bearbeitungsteil finden sie sich hingegen im Zuge von Transformationen und Erneuerungen, welche als Reaktionen auf eine in der Gruppe geäußerte Kritik vorgenommen werden. In der dritten transparenten Schicht illustrieren rosafarbene Einzeichnungen in Pfeil- und Kreisformen die jeweiligen musikalischen Ursprünge und melodischen bzw. rhythmischen Ableitungen der Partikel, Motive oder Segmente.
151 Vgl. Farblegende im digitalen Anhang.

einigen Momenten der *Reuniões*. Ich entschloss mich zu einer systematischen Untersuchung der viel diskutierten und umstrittenen Existenz melodischer Versatzstücke in den zeitgenössischen Sambas de Enredo. In Ermangelung von Notenmaterial wählte ich als Ausgangspunkt für die musikwissenschaftlichen Betrachtungen zunächst nach einer stichprobenhaften Höranalyse verschiedene aktuelle Sambas aus dem Pool der zwölf *Escolas do Grupo Especial* aus, die als Hymnen der höchsten Liga der Sambaschulen die Konventionen für die musikalische Gestaltung prägen und neue Trends setzen. Da sich das Prinzip des Auf– und Abstiegs zwischen den verschiedenen Ligen der Sambaschulen *(Grupo Especial/Grupo A)* durchgesetzt hat, ich jedoch eine konstante Gruppe für meine Untersuchung wählen wollte, fügte ich neben den elf, bereits seit vielen Jahren bestehenden Sambaschulen der *Grupo Especial*[152], der *Estácio de Sá*, die als legendäre Wiege des Sambas gilt, als zwölfte Schule hinzu. Nach einer ersten unsystematischen Höranalyse der Sambas der zwölf ranghöchsten *Escolas de Samba* im Zeitraum von 1980–2018 wurden relevante Beispiele mit prägnanten melodischen Übereinstimmungen – also eindeutig erkennbaren *Padrões melódicos* – gefiltert, selektiert und exemplarisch transkribiert. Die Verschriftlichung nahm ich zunächst in handschriftlicher Form vor. Später wurden die Ergebnisse in das Editionsprogramm Finale übertragen. Anschließend markierte ich systematisch motivische, rhythmisch-melodisch übereinstimmende Passagen oder Variationen farbig, um eine Klassifikation und Einordnung wiederkehrender Muster in Typen vorzunehmen, ihre systematische Positionierung im Samba zu identifizieren und eine Verbindung zwischen Patterns und *Escolas* untersuchen zu können.

2.14 Lévi-Strauss' Konzept des Mythos als Ausgangspunkt für eine strukturanalytische Untersuchung der Sessions

Wie im Kapitel der Begriffsdefinition und zum Verständnis von Komposition und Kreativität ausgeführt, blickt der Prozess der Erschaffung von Musik – besonders im Zusammenhang mit dem romantischen Geniekult des 18. und 19. Jahrhunderts – auf eine lange Tradition der Mystifizierung zurück. Für die strukturanalytische Untersuchung rückt der Begriff des Mythos nun in einem veränderten Blickwinkel in den Fokus der Studie: Nicht sein Verständnis im Sinne des Göttlichen, Übernatürlichen, sondern seine Auffassung als ganzheitliches System wird hier nun zentral; ein System, in dessen Motiven »ganze Kultur[en] ihren Ausdruck«[153] in den Elementen finden, die sie prägen und formen.[154] Auf Grundlage dieser Interpretation wird die Strukturanalyse nach dem Konzept der Mythenentschlüsselung von Claude Lévi-Strauss als Instrument zur Identifikation wesentlicher Bestandteile des kollektiven Kompositionsprozes-

---

152 *Escolas de Samba*, die bereits über Jahrzehnte einen festen Bestandteil der *Grupo Especial* bilden.
153 Gerold Dommermuth u. a.: *Mythen. Die großen Mythen der griechischen Antike*, Köln ²2016, S. 9.
154 Vgl. ebd.

ses eingesetzt. Bereits im Zuge einer ersten Sichtung des Transkriptionsmaterials[155] und eines primären Vergleichs von Parallelen und Differenzen im strategischen Vorgehen der *Parcerias* ergab sich die Idee einer strukturanalytischen Betrachtungsweise. Diesem Ansatz folgend wird ein bestimmtes Objekt, hier die Sambakomposition, als Mythos aufgefasst, der sich in verschiedene konstruierende Komponenten und elementare Bausteine (Mythemen) aufspalten lässt. Die zunächst undurchsichtige Abfolge von Ereignissen offenbart bei näherer Beleuchtung eine logische innere Struktur[156] der verschiedenen Variablen.[157] Die entschlüsselten Grundbausteine bzw. Variablen bilden in ihrer Summe den »Mythos« und sind grundsätzlich unabdingbar für seine Gesamtkonstruktion. In den Kompositionsverläufen treten sie jedoch in unterschiedlicher Quantität und in verschiedenen Kombinationen und Beziehungen zueinander auf.[158] »Dieselben [...] Elemente [werden in einem geschlossenen System] immer neu kombiniert«[159]. Sie sind nicht an feste Positionen im chronologischen Ablauf gebunden,[160] doch ist ihre Präsenz im Konstrukt insgesamt unabdingbar. Die Patterns fungieren hier ähnlich wie verschiedene Säulen, die ein Haus tragen und zueinander in logischer Beziehung stehen.[161] Dieses System betrachtend, konnte ich innerhalb des kompositorischen Prozesses wiederholt Schemen erkennen, in denen unterschiedliche Mythemen (Komponenten/Elemente) eine tragende Rolle spielen und regelmäßig sichtbar werden. Die Mythemen wurden zunächst identifiziert, extrahiert, auf ihre Essenz reduziert[162] und auf ihre Relevanz geprüft.[163] Als feste Bestandteile des Mythos der Samba-Enredo-Komposition offenbaren sie sich in jeder der begleiteten *Reuniões* als fundamentale Komponenten des kompositorischen Schaffensprozesses.

Eine Vielzahl sozialwissenschaftlicher Studien zieht für die qualitative Analyse empirischer Daten die Grounded Theory als zentrales Werkzeug aus dem methodischen Spektrum heran.[164] Da ich mich für den strukturanalytischen Ansatz zur Untersuchung der Fallstudien entschied, kam die Grounded Theory nur bedingt zum Einsatz, wenngleich sich verschiedene Vorgehensweisen beider Konzepte überschneiden. So stehen beispielsweise nach dem strukturanalytischen

---

155 Hier gemeint: der Sessions.
156 Vgl. Claude Lévi-Strauss: *Mythos und Bedeutung. Vorträge*, Frankfurt am Main ¹1995, S. 22.
157 Vgl. Claude Lévi-Strauss: *The Structural Study of Myth*, <www.jstor.org/stable/536768> [7.11.2023], S. 428–444, hier: S. 428, S. 413, S. 439.
158 Vgl. Claude Lévi-Strauss: *Mythos und Bedeutung*, S. 18 f.
159 Claude Lévi-Strauss: *Mythos und Bedeutung*, S. 60.
160 Vgl. Claude Lévi-Strauss: *The Structural Study of Myth*, S. 431, S. 433; vgl. auch Gerold Dommermuth u. a.: *Mythen*, S. 11.
161 Vgl. ebd., S. 430, S. 432.
162 Vgl. Gerold Dommermuth u. a.: *Mythen*, S. 14.
163 Vgl. Claude Lévi-Strauss: *The Structural Study of Myth*, S. 431.
164 Klassische Methode der qualitativen Datenanalyse und Standardmethode der Interviewauswertung mit einer Reihe von charakteristischen Merkmalen: *Kodieren* ist das zentrale Analyseverfahren der *Grounded Theory*; vgl. auch Anselm Strauss und Juliet Corbin: *Grounded Theory*.

Ansatz die Patterns – bzw. Mythemen – als eine Art von Variablen in ebenso logischer und kausaler Beziehung zueinander wie die Codes und Kategorien in der Grounded Theory.[165] Wie auch in der qualitativen Analyse der Grounded Theory üblich, wurden die von mir erstellten Transkriptionsprotokolle der Fallbeispiele somit nach dem Prinzip einer offenen – zunächst unsystematischen – Codierung analytisch betrachtet und im Anschluss systematisch ausgewertet.[166] Dabei konzentrierte ich mich auf die Entschlüsselung zentraler, wiederkehrender und prozesskonstruierender Phänomene und Komponenten.[167] Teils treten die Patterns als verbale Anmerkung oder direkt in praktischer musikalischer Form zu Tage: in Anspielungen, Schlüsselworten oder verbal ausformuliert. Unter Umständen äußern sie sich nonverbal in ausführenden Tätigkeiten und musikalischen Handlungen. Durch zahlreiche Übereinstimmungen und gehäuftes Auftreten der Mythemen (in Form von typischen Handlungsmustern, wiederkehrenden Variablen und Kernereignissen) in den *Reuniões*[168] ergab sich für mich die Notwendigkeit einer Suche nach zentralen Parametern, die elementar für die Theoriebildung der Komposition im Samba-Enredo sind. Die vermuteten Mythemen wurden in den Transkriptionen identifiziert und in unterschiedliche Kategorien geordnet,[169] die in ihrer Summe den Mythos Samba-Enredo konstruieren. Als übergeordnete Kategorien identifizierte ich:

1. *Enredo* und *Sinopse* (Thema und Handlungsleitfaden)
2. Melodie (*Melodia*)
3. Text (*Letra*, Lyrics des Sambas)
4. Sambaschule (*Escola*)
5. Struktur (musikalisch)
6. Fixierung (musikalisch als Audiofile)[170]

Vier von ihnen habe ich anschließend nach ästhetischen bzw. strukturellen Gesichtspunkten in Subkategorien aufgeschlüsselt, um eine verfeinerte Analyse zu ermöglichen. Codiert[171] wurden

---

165 Vgl. Claude Lévi-Strauss: *The Structural Study of Myth*, S. 430, S. 432.
166 Bezeichnung als axiales Kodieren in der *Grounded Theory*; vgl. auch Anselm Strauss und Juliet Corbin: *Grounded Theory*.
167 Vgl. Claude Lévi-Strauss: *Mythos und Bedeutung*, S. 18 f.
168 Sichtbar innerhalb einer *Reunião* und unabhängig von der *Parceria* und betreffenden Sambaschule.
169 Beispiel: *MaxQDA*, zu Methoden und Verfahren quantitativer Datenanalyse; vgl. auch Udo Kuckartz: *Computergestützte Analyse qualitativer Daten: Eine Einführung in Methoden und Arbeitstechniken*, Opladen 1999.
170 Unter den Begriff Fixierung fallen sämtliche Prozesse, bei denen ein musikalisches Ergebnis festgehalten wird, also die Tonaufnahme von Ideen, Teilstücken oder – zum Abschluss eines Arbeitsvorgangs – als vorläufige Version.
171 Die Aussage bzw. Handlungen werden für je einen Sprecher gewertet: Wiederholt der Komponist eine Aussage im selben Sprachabschnitt bzw. Kommentar – beispielsweise zur Verstärkung seiner Aussage oder zum Ausfüllen einer Schweigepause – wird dies nicht doppelt gewertet, sondern nur einfach gezählt.

dabei offene verbale oder praktisch-musikalische sowie gestische Äußerungen. Die erste KATEGORIE MELODIE erhält dabei die folgenden Subkategorien:

Melodie I Einbringen oder Generieren neuer melodischer bzw. harmonischer Ideen, ihre Bewertung und gegebenenfalls ästhetische Kritik, Fragen zu Schönheit der musikalischen Gestaltung (musikalische Kreativität, Variation, Vermeiden von Formelhaftigkeit in *Padrões* und *Desenhos melódicos* und Wiederholungen oder unbewusste musikalische Zitate, natürliche Verschmelzung und stilistische Übereinstimmung mit den Lyrics)
Melodie II Bezug auf ein musikalisches Zitat eines eigenen früheren Sambas
Melodie III Bezug auf ein musikalisches Zitat eines fremden (häufig früheren, offiziellen) Sambas bzw. einer sonstigen Komposition

Die zweite KATEGORIE TEXT enthält die Subkategorien:
Text I Einbringen einer neuen poetischen Idee und die Bewertung (ggf. Kritik) der Ästhetik und Schönheit der Gestaltung (wie die kreative, innovative, poetische Umsetzung eines Aspekts)
Text II Thematisierung stilistischer und linguistischer Aspekte wie poetische Stilmittel, sprachliche Feinheiten, Metaphern, Wiederholungen, Doppeldeutigkeiten, Wortspiele und Schlüsselbegriffe aus der *Sinopse* oder dem charakteristischen Vokabular des Karnevals[172]
Text III Innere Struktur (Verslänge, Umfang eines Teils, Verkürzung, Verlängerung und ggf. Umordnung von Ideen innerhalb eines Teils)

Die dritte KATEGORIE SAMBASCHULE (*Escola*) enthält die Subkategorien:
Escola I Bezug auf die Perkussionsgruppe der Sambaschule (*Bateria*)
Escola II Bezug auf stilistische Besonderheiten der Sambaschule in Text und Musik
Escola III Überlegungen zu Möglichkeiten des aktiven Einbezugs von einzelnen Gruppen (*Componentes*) der Sambaschule

Die Kategorie Struktur beinhaltet neben Entscheidungen zu Form, Gesamtkonzept und Organisation der Komposition[173] auch die gesonderte und herausgehobene Thematisierung des Refrains[174] – einschließlich seiner zentralen Charakteristika – sowie die Wahl der Tonart *(Tonalidade)*, Dauer des Sambas sowie seiner einzelnen Parts und schließlich der rhythmischen Anlage (Tempo, *Anda-*

---

172 Zu Schlüsselbegriffen, typischem Vokabular und Redewendungen: Vgl. Glossar.
173 Bezeichnet die Komponenten: Gesamtumfang, Zuordnung und Verteilung von Textpassagen/Teilen zu entsprechenden Sektoren/Teilen der *Sinopse*.
174 *Refrão do Meio, Refrão de Baixo*.

mento). Zur systematischen Auswertung habe ich die vollständigen Transkriptionen aller drei Fallbeispiele codiert und die entstandenen Ergebnisse – sowohl der reinen Bearbeitungen der Hauptteile *Primeira Parte – Refrão do Meio – Segunda Parte – Refrão de Baixo* als auch alle im Verlauf der Komposition erfolgten Abschweifungen – in einer Excel-Tabelle gesammelt. Diese wurde von mir zunächst in eine grafische Übersicht gebracht[175] und die Teilergebnisse in Diagramme umgewandelt, um die prozentuale Verteilung der Mytheme zu visualisieren und innerhalb der Sambaparts sowie zwischen den *Parcerias* festzustellen und zu vergleichen. Claude Lévi-Strauss beschreibt in seinen Massey-Vorträgen zu *Mythos und Bedeutung*, dass »die eigentliche Bedeutung des Mythos nicht durch die *[bloße]* Abfolge der Ereignisse, sondern [...] durch Ereignisbündel vermittelt wird, [...] [weshalb ein] Mythos mehr oder weniger wie eine Orchesterpartitur«[176] gelesen werden sollte. Diesem Ansatz soll durch die Analyse und Interpretation von gebündelt auftretenden Mythemen bzw. der Quantität ihres individuellen oder gemeinsamen Auftretens innerhalb bestimmter Sambateile Rechnung getragen werden.

2.15 Modelle und Gestaltungselemente audiovisueller Inszenierung im Videoclip eines Sambas

Um die jüngste Entwicklung der Videoclips konkurrierender Sambas zum Element mit signifikanter Bedeutung für den Ausgang der Komponistenwettstreite zu reflektieren, werden in exemplarischer Form verschiedene Modelle vorgestellt, mit denen sich die *Parcerias* vor ihrem Auftritt in der Sambaschule inszenieren. Hier stehen Charakteristika und Dimensionen im Vordergrund, die in den Videoclips individuell zum Tragen kommen und verschieden stark ausgeprägt sind. Die Kernmerkmale der Clips und ihre jeweiligen Gewichtungen im Video sowie die zur Geltung gebrachten Formen der Inszenierung einer *Parceria* basieren auf einer breiten Palette unterschiedlicher Kriterien, die im Zuge der Betrachtungen herauskristallisiert werden. Da die Untersuchungsmethoden popularmusikalischer Videoclips derzeit noch nicht vollständig erschlossen sind, wie Peter Wicke in *Popmusik in der Analyse*[177] anmerkt, habe ich einen Kriterienkatalog mit besonderer Berücksichtigung der Schlüsselfunktion eines Werbeclips im Wettstreit entwickelt, der seine Dimensionen und Parameter diversen, in der Sekundärliteratur vorgestellten, Ansätzen entlehnt.[178] In drei Schlüsselkategorien vereint sich ein Spektrum an

---

175 Hierbei gehen aus Platzgründen nicht die vollständigen Namen in die Tabellen ein, sondern Abkürzungen für alle *Mythemen* wie beispielsweise M 1 für Melodie 1. Eine ergänzende Übersicht der Abkürzungen für die Codes findet sich im Anhang.
176 Claude Lévi-Strauss: *Mythos und Bedeutung*, S. 66.
177 Vgl. Peter Wicke: »Popmusik in der Analyse«, in: *Acta musicológica*, Jg. 75 (2003), S. 106–126, hier: S. 106 ff.
178 Vgl. Christopher Jost: *Musik, Medien und Verkörperung. Transdisziplinäre Analyse populärer Musik*, Baden-

gestalterischen und stilistischen Kennzeichen, die als Mittel der Inszenierung einer *Parceria* in den Videos deutlich werden. Die Image-Gestaltung wird mit den Analysekriterien zur Semiotik in Videoperformances 1: Künstlerische Elemente/Image[179] untersucht, während die Einbindung spezifischer semiotischer und symbolischer Elemente unter Analysekriterien zur Semiotik in Videoperformances 2: Künstlerische Elemente/Zielgruppe[180] ausgewertet wird. Schließlich werden unter Analysekriterien der Videoperformance 3: Technische Merkmale[181] die verwendeten filmtechnischen Stilmittel detaillierter beleuchtet.[182]

2.16 Der Einbezug Weicher Daten

Neben den während der Feldforschung erstellten oder gesammelten Quellen wie Audiodateien, Videoaufnahmen, schriftlichen Dokumenten (in Form von gedruckten Schriften, handschriftlichen Manuskripten und Protokollen) finden sich auch Weiche Daten unter den verfügbaren Feldforschungsmaterialien. Unter diese Kategorie fallen im Kontext dieser Arbeit selbstproduzierte Werbe-CDs und Videoclips sowie Werbeartikel der Komponistengruppen für den *Disputa de Samba* wie beispielsweise T-Shirts, Dekorationsmaterialien oder Fahnen. Diese Produkte bereichern und vervollständigen das Spektrum an zugänglichen Quellen und erweitern die Palette relevanter Informationen, welche in die Analyse einbezogen werden. Dennoch haben sich bislang noch keine systematischen Methoden zur Verarbeitung solcher Quellen durchgesetzt,[183] weshalb zur Betrachtung und Auswertung individuelle Wege und Strategien gesucht werden müssen. Selbst, wenn sich mangels verbreiteter Strategien die Verarbeitung der Materialien schwieriger gestaltet als die der typischen Feldforschungsquellen, können sie wertvollen Aufschluss zu Details bestimmter Themenbereiche liefern[184], so können die verwendete Dekoration im Komponistenwettstreit, eine Demo-CD oder ein Videoclip Hinweise auf den Professionalitätsgrad der Gruppe oder die Höhe der Investitionen geben. Einerseits werden die

---

Baden 2012, S. 202 ff.; vgl. auch Christopher Jost: »Videoclip und Musik im Fernsehen«, in: *Populäre Musik*, hrsg. von Ralf von Appen u. a. (= Kompendien Musik, Bd. 14), Laaber 2014, S. 141–153, hier: S. 141 ff.; vgl. auch Erika Fischer-Lichte: *Semiotik des Theaters. Ästhetik des Performativen*, Berlin 2004.

179 Vgl. Christopher Jost: *Musik, Medien und Verkörperung*, S. 202 ff., vgl. auch Daniel Negeborn: *Die Kameraperspektive*, <https://www.filmmachen.de/film-grundlagen/bildgestaltung/kameraperspektive> [10.11.2023].

180 Vgl. ebd.

181 Vgl. Daniel Negeborn: *Die Kameraperspektive*; vgl. auch Horst Niesyto: *Editorial: Visuelle Methoden in der Forschung*.

182 Im digitalen Anhang findet sich die Aufschlüsselung der strukturellen, technischen und künstlerischen Parameter für die Videoanalyse der ausgewählten Clips.

183 Vgl. Anja Rosenbrock: *Komposition in Pop- und Rockbands*, S. 169 ff.

184 Vgl. ebd.

gesammelten Materialien im Zuge der Fallbeispielanalyse systematisch untersucht und als Belege verwendet, andererseits fungieren besondere Quellen aus dem Bereich der Social Media – beispielsweise Facebook und Webseiten der Sambaschulen und Komponistengruppen als Quellen. Dort veröffentlichte Ankündigungen und geteilte Links, Einladungen, YouTube-Channels etc. werden zu Werbezwecken angelegt, aktiv gepflegt und strategisch im Komponistenwettstreit eingesetzt. Sie dienen neben materiellen Elementen und Artefakte als unterstützendes Belegmaterial für die auf Grundlage der Beobachtungen und Interviews getroffenen Aussagen zum System und Ablauf eines Komponistenwettbewerbs.

2.17 Methodentriangulation zum Abgleich und zur Validierung der Ergebnisse

Trotz aller vorgenommenen Analysen, welche diverse Teile des Gesamtprozesses in detaillierter Form mittels der verschiedenen vorgestellten Methoden aus dem ethnografischen bzw. musikwissenschaftlichen Repertoire separat betrachten, darf eine ganzheitliche Perspektive der Forschungsresultate bei der Untersuchung nicht fehlen. Die Teilergebnisse müssen sich abschließend der Prüfung auf Validität und Reliabilität mittels Methodentriangulation unterziehen. Insbesondere die Forschungen im sozialwissenschaftlichen Bereich sehen sich den Naturwissenschaften gegenüber oft in der Kritik des Mangels an »standardisierten, quantitativ analysierbaren Messungen von Parametern«[185] und dem Subjektivitätsvorwurf ausgesetzt: Bedingt durch die Wahrnehmung der Sinnesorgane kann »immer nur einen Ausschnitt der Realität«[186] gezeigt werden. Dennoch sollte hier berücksichtigt werden, dass die Untersuchung sozialer Gefüge vorrangig auf die Betrachtung von Wahrnehmungen und Interaktionen ausgelegt ist.[187] Während der Selektion und Auswertung des Datenmaterials war es eine meiner Prämissen, Kompromisse zwischen den Ebenen der Detailanalyse und des Gesamtgefüges zu finden. Dies bezieht sich beispielsweise auf die Frage der Selektion von zu transkribierenden Ausschnitten. Wie erläutert, war aufgrund des umfangreichen Datenvolumens eine vollständige Transkription aller musikalischen Vorgänge nicht realisierbar und es mussten zwangsläufig einzelne, herausragende Beispiele aus einem Pool verfügbarer Exempel ausgewählt werden. Umso elementarer war es, die ausgewählten Beispiele nicht isoliert zu betrachten, sondern als Teil ihres spezifischen Kontextes zu verstehen, zu illustrieren, zu interpretieren, mit weiteren Quellen abzugleichen und sie zu ihnen ins Verhältnis zu setzen.[188] Neben der Validität bildete auch die Prüfung von Beständigkeit und Wiederholbarkeit einen wichtigen Aspekt: Sie legt durch einen Vergleich voneinander unabhängiger Stichproben offen, ob es sich bei Fallbeispielen

---

185 Anja Rosenbrock: *Komposition in Pop- und Rockbands*, S. 170.
186 Ebd.
187 Vgl. ebd.
188 Vgl. Max Peter Baumann: »The Musical Performing Group: Musical Norms, Tradition, and Identity«, S. 82, S. 91.

um Zufallsprodukte oder wiederkehrende Muster handelt, die als Ausgangspunkt für eine Theoriebildung verwendet werden können. Separat voneinander entstandene, mithilfe verschiedener Methoden generierte Daten, die zu einem spezifischen Themenkomplex erstellt wurden und deren Abgleich durch Methodentriangulation im Optimalfall zu denselben Ergebnissen leitet und somit eine Beobachtung oder Interpretation validiert,[189] gilt als Indikator und Beleg für Reliabilität.[190] Im Zuge der Methodentriangulation wurden die Resultate des Dokumentations- und Beobachtungsvorgangs von mir mit den verschiedenen durchgeführten Leitfadeninterviews sowie eigenem kontextuellem Wissen abgeglichen.[191] »Decken sich [...] die Ergebnisse, [...] wird dies als Beweis für Validität, [sogar für eine gewisse] Objektivität angesehen«[192]. Zu beachten gilt es hier, dass innerhalb des Methodenspektrums unterschiedliche Quellen in ihrem Objektivitätsgrad verschieden eingestuft werden und beispielsweise Ton- und Filmquellen als verlässlicher bewertet als handschriftliche Beobachtungsprotokolle.[193]

---

189 Vgl. Anja Rosenbrock: *Komposition in Pop- und Rockbands*, S. 170 f.
190 Vgl. ebd.
191 Vgl. ebd., S. 172.
192 Ebd.
193 Vgl. ebd., S. 171.

Kapitel 3: Herausforderungen der Feldforschung: Reflexion zur Situation und eigenen Position im Feld 2012–2019 und zu meinem persönlichen Hintergrund

3.1 Ein steiniger Beginn: Ankunft in der *Unidos de Vila Isabel* und Aufbau eines ersten Kontaktnetzes

Meine Feldforschungen im Rahmen der Masterarbeit von Sommer 2012 bis Frühjahr 2013 in Rio de Janeiro bildeten den Auftakt meiner Arbeit in den Sambaschulen und legten den Grundstein für alle weiterführenden Forschungsetappen. Während dieses ersten Aufenthalts gelang es mir, eine Reihe von Voraussetzungen zu schaffen, die aus heutiger Sicht elementar für die Realisierung meines ambitionierten Forschungsvorhabens waren: Neben dem Aufbau eines ersten Kontaktnetzes war der Erwerb von Kenntnissen zu meinem Forschungsfeld vor Ort, zur Landeskultur, Sprache und besonders zu den charakteristischen Gewohnheiten und Bedingungsgefügen der »Samba-Welt« unabdingbar. Nach einem schwierigen ersten Versuch, im Rahmen einer Reise im März 2012 in Rio die örtlichen Gegebenheiten im Alleingang zu erkunden, kristallisierte sich zweifelsfrei heraus, dass der Zugang zum Feld nur über interne Kontakte zu bewerkstelligen war. Zu meinem Glück befand sich Guilherme Werlang, Professor der *Universidade Federal Fluminense* (UFF) von Niterói, in dieser Zeit im Gastsemester in Weimar und schlug vor, mich an seinen ehemaligen Studenten Felipe zu vermitteln, dessen Vater Mitglied des *Alas de Compositores* der *Unidos de Vila Isabel* war. Felipe beherrschte, wie ich, die französische Sprache, was die Kommunikation deutlich vereinfachte und eine Ausweichmöglichkeit zu meinem damals sehr fragmentarischen Portugiesisch bot. Nach meiner Ankunft in Rio begleitete er mich bei meinen ersten Besuchen des *Quadra* (der Probenhalle der Sambaschule) und stellte mich der Komponistengruppe seines Vaters vor, die mich umgehend als Mitglied der ihrer Fangemeinde *(Torcida)* aktiv ins Wettbewerbsgeschehen integrierte. Obgleich die Aktivitäten und internen Vorgänge in einer Sambaschule für mich neu waren und ich Mühe hatte, die reizüberflutenden Ereignisse einzuordnen und in ihrer Bedeutung und Funktion zu verstehen, lernte ich das Prinzip des Komponistenwettstreits aus der Perspektive des teilnehmenden Beobachters kennen und schloss wichtige Kontakte wie zu Eduardo Nunes, einem mir bis heute eng verbundenen Freund und Kollegen, dessen Forschungsschwerpunkt ebenfalls im Bereich der Sambaschulen und insbesondere der *Vila Isabel* liegt.

Der erste Besuch eines *Disputa de Samba* erwies sich als Kulturschock: Unter einem Komponistenwettstreit stellte ich mir eine Art Wettbewerb nach dem mir vertrauten Modell des Wettbewerbs junger Musiker »Jugend musiziert« vor. Demzufolge hätten die Komponistengruppen in geschlossenem Rahmen ihre Werke der Reihe nach vor einer Jury präsentiert. Tatsächlich erwartete mich das Gegenteil: Ich fand mich inmitten eines Events mit dem Charakter eines Rockkonzerts, ausstaffiert mit allen nur vorstellbaren Arten von Dekoration, Showeffekten und Attraktionen in der Mitte von hunderten Besuchern und einer jubelnden, euphorischen Fangemeinde wieder. Auch die Diskrepanz zwischen dem offiziell auf 22 Uhr festgesetzten Beginn und dem tatsächlichen Anfang gegen 1 Uhr morgens traf mich sehr unerwartet. Zu meinem ersten Besuch im *Quadra* tauchte Felipe trotz mehrstündiger Verspätung mit aller nur vorstellbaren Gelassenheit auf, während ich vermutete, die Hälfte des Spektakels bereits verpasst zu haben. Amüsiert über meine Unruhe verdeutlichte er mir, dass in den *Escolas* andere Spielregeln herrschten und ich meine deutschen Gewohnheiten mit der Zeit ausblenden müsse, um mich erfolgreich in diese neue Welt zu integrieren, mich ihr anzupassen und sie zu verstehen. Bereits kurze Zeit nach dem Ende des Wettstreites registrierte ich mich als Mitglied der *Vila Isabel* für den Karneval 2013, was meine Position innerhalb der Sambaschule maßgeblich veränderte. Auch wenn ich erst kurze Zeit in Rio wohnte, das *Quadra* besuchte und in erster Linie noch als Ausländerin wahrgenommen wurde, war ein deutlicher Wandel im Umgang der Akteure des Feldes mit mir wahrzunehmen, denn als offizielles Mitglied gehörte ich nun etwas mehr dazu. Aus der Veränderung resultierten erste Erleichterungen beim Knüpfen neuer Kontakte: So konnte ich beobachten, wie die allmähliche Zugehörigkeit zu einem grundlegenden Faktor für meine wissenschaftliche Arbeit und eine weitaus bessere Rechtfertigung für mein Interesse wurde, als eine bloße Argumentation des akademischen Nutzens. Dies zeigte sich in einer erhöhten Bereitschaft zu Interviews der *Sambistas,* Mitglieder der *Bateria* und der *Comunidade* sowie der Komponisten. Sowohl für die persönliche Vermittlung nach dem Schneeballprinzip als auch bei meiner zielgerichteten Kontaktaufnahme zu *Mestre de Bateria*, *Carnavalesco* und *Diretores* war die neue Position von entscheidendem Wert.

3.2 Als Instrumentalistin im *Disputa de Compositores* der GRES. *Unidos de Vila Isabel*

Der Sprung in die nächste Etappe mit neuen Aufgaben und Funktionen in der *Vila Isabel* deutete sich während meines zwischenzeitlichen Aufenthalts in Deutschland (2013–2014) an, bei dem ich die während der Feldforschung geknüpften Kontakte pflegte und die Rückkehr nach Rio für Juni 2014 (den Beginn der Kompositionssaison) plante. Mehrere Monate vor der offiziellen Bekanntgabe des neuen Themas der *Vila Isabel* berichtete mir ein befreundeter Komponist von seinen Plänen, am Komponistenwettstreit teilzunehmen und warf die Idee ein, im Fall der Veröffentlichung eines *Enredos* zu Isaac Karabetchevski[1] seinem konkurrierenden Samba ein Geigensolo als besonderes, »exotisches« Element hinzuzufügen. Die Verbindung der Vio-

---

1 Hommage an einen der derzeit populärsten klassischen Dirigenten Brasiliens.

line mit einem traditionellen Samba der *Vila Isabel* sollte eine Fusion beider Genres herbeiführen und über die von vielen Brasilianern als Stereotyp der klassischer Musiktradition assoziierte Violine, gespielt von mir, symbolisch eine Brücke zwischen Samba und Klassik schlagen. Ich stimmte der Idee zu, selbst wenn es mir rätselhaft erschien, wie sich die Performance eines Violinen-Arrangements mit meinem akustischen Instrument und einer etwa 350–400 Personen starken Perkussionsgruppe realisieren lassen könnte. Ein weiterer Punkt, der Fragen aufwarf, war die Gestaltung des Arrangements. Da sich meine Ausbildung im klassischen Bereich stets in enger Bindung an Partituren und Noten gestaltete, fiel mir die Vorstellung schwer, im Bereich Samba-Enredo – mit dem ich bis zu diesem Zeitpunkt keinerlei instrumentale Erfahrung hatte – mit der Violine etwas Passendes zu improvisieren. Ich nahm jedoch an, dass dieser Umstand allen musikalisch verantwortlichen Mitgliedern der *Parceria* bewusst wäre und vorab entsprechende Vorbereitungen getroffen würden. Diese Illusion zerschlug sich umgehend bei meiner Ankunft im Aufnahmestudio: Passend zur genretypischen Spontanität,[2] die ich bereits kennengelernt hatte, entsprang nicht nur die Information über Ort und Zeit, sondern auch die musikalische Komponente dem Moment. Als ich das Studio erreichte, war der Aufnahmeprozess bereits in vollem Gange, doch stellte sich heraus, dass die Einspielung der Violine erst am Morgen des Folgetages, im Anschluss an die *Bateria*, stattfinden sollte. Für meinen Part gab es – abgesehen von der Idee, die Melodie des Sambas parallel zum *Puxador* mitzuspielen – kein spezifisches Konzept. Jedwede Art melodischer Verschriftlichung ist im Samba-Enredo ungewöhnlich und für die Komponisten und Musiker großenteils eine ungewöhnliche Vorstellung. Also verbrachte ich die Nacht damit, die Melodie von der Demo-CD zu transkribieren, um am kommenden Tag eine grobe Gedächtnisstütze zur Verfügung zu haben und den Sänger solider als nur nach akustischer Erinnerung begleiten zu können. Entgegen den ursprünglichen Erwartungen der *Parceria* stellte sich beim ersten Aufnahmeversuch heraus, dass die Idee der zeitgleichen Reproduktion der Melodie von *Puxador* und Violine aufgrund von Intonationsunstimmigkeiten eine ungeeignete Strategie war. Stattdessen gingen die professionellen Musiker – der *Líder* der *Parceria,* Tonmeister und *Cavaquinhista* – die Lösung des Problems gemeinsam mit mir durch eine Umgestaltung der Stimme der Violine an. Aus einer spontanen Improvisation von Geige und *Cuíca* entstand eine klassisch anmutende Hybridvariante des berühmten *Renascer das Cinzas* von Martinho da Vila, die als solistische Einleitung verwendet werden sollte.[3] Das Arrangement bestand nun nicht mehr in der melodischen Imitation des Sängers, sondern aus kontrapunktisch begleitenden melodischen Linien und motivisch-solistischen Einwürfen, die wir im Trial-and-Error-Verfahren entwickelten. Zu meinem Erstaunen wurde die markante Eröffnung der Violine zu einem Höhepunkt der Auftritte. Eine Vielzahl der Zuschauer hatte noch nie ein klassisches Konzert besucht und der Klang der Violine rief schon während der ers-

---

2 Ort und Zeit der bevorstehenden Aufnahme erfuhr ich erst im Moment des realen Beginns.
3 Vgl. Video 1 – *Gravação* des *Samba Concorrente da Parceria 7, GRES. Unidos de Vila Isabel,* Juli 2014, auch unter <https://www.youtube.com/watch?v=8cKhxwEjNrk> [9.11.2023].

ten Töne des Intros emotionale Reaktionen im Publikum hervor.[4] Zwar schied unsere Gruppe im Halbfinale aus, doch blieben die Erinnerung an die Violine bei Publikum und Direktion der Sambaschule präsent: Nach dem Ausscheiden meiner *Parceria* erhielt ich die Anfrage einer weiteren, sich noch im Wettstreit befindende Gruppe, die mir eine musikalische Partizipation für das Finale ihres Sambas vorschlug. Mit der Beteiligung als Musikerin im *Disputa* erweiterte sich mein Erfahrungsspektrum an internen Abläufen, Formalitäten technischer, künstlerischer, wie auch organisatorischer Art und zur Arbeit der Musiker und Komponisten im Vergleich zur vorangegangenen Feldarbeit fundamental.

3.3 Eine neue Herausforderung: Meine Arbeit als Musikerin beim *Carro de Som* und als Assistentin des *Carnavalescos* der *Unidos de Vila Isabel*

Kurze Zeit nach meinem Auftritt beim Finale des *Disputa de Samba* der *Vila Isabel* erhielt ich einen Anruf des *Diretor do Carnaval*. Zu meiner großen Überraschung lud er mich zur Aufnahme des neuen *Samba Campeão* in die *Cidade do Samba* ein[5] und fügte in einem Nebensatz hinzu: »Und nimm deine Geige mit!« (»E leva o violino!«). Wie bei der CD-Aufnahme blieb dies zunächst die einzige konkrete Information. Darüber, was genau ich spielen sollte oder ob es ein Arrangement gäbe, bestand keinerlei Gewissheit. All dies entschied sich erst während der Aufnahme mit Maestre Jorge Cardoso, dem musikalischen Direktor und Arrangeur der LIESA, der sich – zunächst überrumpelt von der unerwarteten Situation – dann doch mit der Idee anfreundete und mir ein Arrangement für CD und *Desfile* schrieb[6]. Zwar wird die etablierte Rollenverteilung zwischen den männlichen und weiblichen Mitgliedern der *Comunidades*, die aus der Literatur, Erzählungen oder Dokumentarfilmen wie *Nossa Escola de Samba, Vila Isabel* 1965[7] bekannt sind, heute mehr und mehr aufgebrochen, doch war meine neue Funktion als festes Mitglied des *Carro de Som* in der *Vila Isabel* nach der Einspielung des offiziellen Sambas[8] für alle Seiten gewöhnungsbedürftig und brach in jeder Hinsicht mit der Tradition: Als deutsche Geigerin war ich eine außergewöhnliche Erscheinung in der Samba-Welt. Mein Instrument, das keinen Platz in der traditionellen Besetzung der Musikergruppe besitzt und dessen Verwendung im Samba-Enredo sehr ungewöhnlich ist, schien die *Comunidade* trotz allem zu

---

4 Vgl. Video 2 – *Cortes do Samba* im *Quadra* der *GRES. Unidos de Vila Isabel* 2015 und 2016, September–Oktober 2014/2015.
5 Vgl. Video 3 – Clip zum *Carnaval* 2015 der *GRES. Unidos de Vila Isabel*, November/Dezember 2014, auch unter <https://www.youtube.com/watch?v=lEV7hN6SP_g> [9.11.2023].
6 Vgl. Abbildung 8 im digitalen Anhang.
7 Vgl. Video 4 und Video 14 – Szene 1 und 2 von *Nossa Escola de Samba* der *GRES. Unidos de Vila Isabel*: Dokumentarfilm der *Vila Isabel*: »*Nossa Escola de Samba*« zur *GRES. Unidos de Vila Isabel*, 1965: <https://www.youtube.com/watch?v=tnXFc_lolFg> [17.10.2023].
8 Vgl. Abbildung 1–4 im digitalen Anhang.

bezaubern. Die Entscheidung zur Integration der Violine sorgte nicht nur zu Beginn der Saison, sondern bis zum Tag der Präsentation für Aufsehen. Ich erhielt sogar Anfragen für Interviews und Dokumentarfilme.[9] Hier ist anzumerken, dass Blas- oder Streichinstrumente[10] in der typischen Besetzung nicht vorgesehen sind und Blasinstrumente im *Desfile* lange sogar untersagt waren. Die Gruppe der professionellen Musiker einer Sambaschule besteht auf Seiten der Sänger aus dem interpretierenden *Puxador* und seinem *Apoio*, bei den Instrumentalisten aus zwei bis drei *Cavaquinhos* und *Violão de Sete Cordas*.[11] Sie sind in der Regel männlich besetzt, während Frauen hauptsächlich im tänzerischen Bereich präsent sind.[12] Ist der *Ala das Passistas* gegenwärtig sehr gemischt, so sind die Musen, *Rainhas da Bateria, Destaques* und *Baianas,* überwiegend weiblich. Die Männer hingegen bekleiden neben Positionen als Musiker, Komponisten und *Ritmista* vorrangig Funktionen als Konstrukteure allegorischer Wagen. Selbst gegenwärtig sind einige *Baterias* noch hauptsächlich aus Männern zusammengesetzt – in früheren Zeiten waren Frauen hier sogar verboten.[13] Auch unter den Komponisten sind mir nur wenige Frauen bekannt, die ebenso wie Musikerinnen eine Ausnahme bilden. Mittlerweile lockert sich dieses Korsett[14] – beispielsweise durch die Integration von Sängerinnen in den *Apoio* des *Carro de Som*, wobei mir Instrumentalistinnen nicht bekannt sind. Folglich bedurfte es einer gewissen Zeit, bis ich von meinen Kollegen akzeptiert wurde und mich in die neue Aufgabe einfand, die keinerlei Orientierungsrichtlinien bereithielt. Schritt für Schritt musste ich eigenständig die Konventionen und das Beziehungsgefüge, in das ich nun überraschenderweise aktiv eingebunden war, erkunden und ausloten – sei es hinsichtlich von hierarchischen Strukturen, allgemeinen Abläufen oder künstlerisch-musikalischen Entscheidungen.

Natürlich brachte die Veränderung meiner Rolle innerhalb der *Vila Isabel* eine Vielfalt neuer Möglichkeiten mit sich: Neben typischen Prozessen, Funktionsweisen und inneren Abläufen der Proben und Veranstaltungen lernte ich – nun aus einer emischen Perspektive – die Organisation und interne Struktur des *Carro de Som* samt aller positiven und konfliktbehafteten Seiten der künstlerischen Arbeit innerhalb der Gruppe als auch im Zusammenwirken mit Tänzern, *Bateria* und Direktion kennen. Wie schon zuvor im Rahmen der CD-Aufnahmen für den Komponistenwettstreit gab es, bedingt durch die traditionell orale Ausrichtung, für die musikalische Gestaltung keinerlei bindende Vorgaben. Ich sollte »einfach improvisieren«, möglichst in Anlehnung an das Arrangement der offiziellen Version. Meine Unerfahrenheit mit eigenen Improvisationen

---

9 Zusatzvideo: Clip zum Artikel »Die Sambageigerin«, in: *Der Spiegel,* Februar 2015.
10 Gängige Formation der Musiker im *Samba-Enredo*.
11 Vgl. Video 5 – *Ensaio de Rua, GRES. Unidos de Vila Isabel*, Dezember 2014 und Video 14 – Szene 2 von »*Nossa Escola de Samba*« der *GRES. Unidos de Vila Isabel.*
12 Vgl. Dokumentarfilm der *Vila Isabel*: »*Nossa Escola de Samba*«, Dokumentarfilm über *GRES. Unidos de Vila Isabel,* 1965.
13 Informationen aus informellen Gesprächen mit Mitgliedern der *Comunidade* bzw. *Bateria.*
14 Aufgaben im leitenden Bereich wie Präsident oder Choreograf werden heute gleichermaßen von Frauen und Männern übernommen.

Szenen aus den Straßenproben in Vila Isabel: *Ensaio* der *Componentes*, *Ensaio de Rua* der *Unidos de Vila Isabel*, Oktober–Dezember 2014, Rio de Janeiro

im Genre Samba de Enredo schien niemanden zu beeindrucken. Stattdessen wurde der problemlose Umgang und die Vertrautheit mit den musikalischen Konventionen vorausgesetzt und mein musiktheoretisches Wissen aus der klassisch-instrumentalen Ausbildung zur Messlatte meiner Expertise erhoben, die mir größtmögliche Gestaltungsfreiheit für die Violine einräumte. Erst kurz vor dem *Desfile* fanden Besprechungen mit Douglas, unserem ersten *Cavaquinhista*, sowie dem damaligen *Mestre de Bateria* statt, in denen musikalische Anpassungen und Änderungen der Geigenstimme vorgenommen wurden[15], um das *Andamento* und die *Bateria* nicht mit dominanten Melodien und kontrastierenden Rhythmen aus dem Gleichgewicht zu bringen. Die Proben, die mehrmals wöchentlich im Innenraum des *Quadra* und ab November auch im Außenbereich als Straßenproben[16] mit allen Mitgliedern der *Vila* erfolgten, stellten an mich und mein akusti-

---

15 Vgl. Dokument 7 im digitalen Anhang.
16 Vgl. Video 5 – *Ensaio de Rua, GRES. Unidos de Vila Isabel*, Dezember 2014 und Video 6 – *Ensaio na Quadra* der *GRES. Unidos de Vila Isabel*, Dezember 2013.

sches Instrument besondere Herausforderungen. Nicht nur in musikalischer Hinsicht musste ich mich dem Umgang mit der neuen Art des Spielens ohne Vorgaben, Anleitung oder Partitur stellen, sondern auch in den technischen Belangen erforderte das neue Feld meine Anpassungsfähigkeit. So stellte sich schnell heraus, dass die akustische Violine im Kontext des Samba-Enredo und im Zusammenspiel mit einem regelrechten Perkussionsorchester, der aus 400 Personen bestehenden *Bateria*, dem mehrere hundert Mitglieder starken Chor der *Comunidade* sowie dem *Carro de Som* eine eher optisch dekorative als musikalisch wahrnehmbare Komponente im Gesamtgefüge war,[17] weshalb ich neue Möglichkeiten ausloten musste, um mir Gehör zu verschaffen und schließlich begann, eine elektrische Violine bei den Proben einzusetzen. Selbst diese Variante, bei der die Geige gemeinsam mit den anderen Instrumenten und Sängern an einem Pult abgemischt wurde, musste sich erst etablieren und brachte diverse technische Komplikationen mit sich.

Parallel zu meiner musikalischen Arbeit beim *Carro de Som* absolvierte ich eine künstlerische Assistenz im *Barracão da Vila Isabel* bei *Carnavalesco* Max Lopez, die meine Arbeit erweiterte und ergänzte: einerseits hinsichtlich der Einblicke in die künstlerischen Arbeitsprozesse und Aufgabenfelder[18], andererseits bezüglich meiner Einbindung in offizielle Anlässe, bei denen ich das bestehende Netz an Kontakten ausbauen konnte[19] und die mir den Zugang zu internen Materialien und Informationen möglich machte.

3.4 Persönlicher Hintergrund I: Klassisch-instrumentale Ausbildung

Meine musikalische Ausbildung begann bereits in der Kindheit – zunächst im Fachbereich Klavier. Nach dem mehrjährigen Besuch einer Musikschule in Berlin und dank der engagierten Förderung meiner damaligen Klavierlehrerin gelang mir der Wechsel an Berlins Hochbegabtenschule für junge Musiker – das Carl Philipp Emanuel Bach-Musikgymnasium – das die allgemeinbildende Ausbildung mit einem Jungstudium an der Hochschule für Musik Hanns Eisler verband. Auch, wenn ich dieses Gymnasium bis zum Abitur mit dem Hauptfach Klavier besuchte, galt meine Liebe der Violine. Im Alter von 14 Jahren begann ich autodidaktisch mit ihrem Erlernen. Als ich im zweiten Jahr meines Bachelorstudiums vom Erasmus-Aufenthalt in Paris an die Musikhochschule Weimar zurückkehrte, begann ich im dortigen Collegium Musicum, das in diesem Semester eines meiner Lieblingswerke der klassischen Literatur einstudierte: die 9. Sinfonie »Aus der neuen Welt« von Antonín Dvořák. Die Intensivierung des Geigenspiels setzte ich in Rio de Janeiro fort und betätigte mich ab 2012 im Orquestra Sinfonica da UFRJ. Oft kam ich direkt von den Mittwochsproben des Orchesters direkt mit der Violine

---

17 Jeder Versuch eines Verstärkens der akustischen Geige scheiterte.
18 Vgl. Abbildung 5–11 im digitalen Anhang.
19 Durch das Praktikum/die Assistenz beim *Carnavalesco* der *Vila Isabel* wurden Kontakte zu Direktoren, Choreografen und Arrangeuren der LIESA erst möglich.

zur Probe der *Vila* und lud Freunde und Bekannte aus der *Comunidade* regelmäßig zu unseren Orchesterkonzerten ein. Somit bestand für viele Mitglieder die Assoziation von mir als Violinistin und klassischen Musikerin schon vor Beginn meiner Arbeit beim *Carro de Som da Vila Isabel*. Bis zum Moment des ersten Violinen-Arrangements für den *Disputa de Samba* war ich mit Samba auf der Violine nicht in praktische Berührung gekommen – stattdessen beschränkte sich meine Erfahrung auf solistische, kammermusikalische, chorische und orchestrale klassische Musik sowie im Bereich der Improvisation auf einige Versuche mit der Irish Fiddle. Das musikwissenschaftliche Studium war zu großen Teilen theoretisch ausgerichtet und beschränkte sich in Komposition und Arrangement auf praktische Übungen in Partiturspiel und Tonsatz. Meine kompositorischen Experimente fanden hauptsächlich innerhalb der Ausbildung am Musikgymnasium statt, wo wir verschiedene Kompositionstechniken, darunter Kontrapunkt, Zwölftontechnik und Ansätze der Neuen Musik ausprobierten. Hier fertigte ich ein Streichquartett, versuchte ich mich in Improvisation am Klavier und sammelte im kammermusikalischen Wettbewerb »Denk Mal« Erfahrungen in kollektiver Komposition mit einem viersätzigen Instrumentalwerk in der Besetzung Klavier, Harfe, Violoncello, Theremin und Gesang, das in Berlins Abgeordnetenhaus zur Aufführung kam.

3.5 Persönlicher Hintergrund II: Von Weimar nach Rio de Janeiro

Die Wahl des Samba-Enredo aus Rio de Janeiro als Forschungsschwerpunkt einer deutschen Musikwissenschaftlerin ist auf den ersten Blick möglicherweise überraschend. Wie kam es dazu? Meine Themenfindung entwickelte und ergab sich in unterschiedlichen Phasen und Stationen: Der Grundstein meines besonderen Interesses wurde im Bachelorstudium gelegt, das ich mit einer Studie zur Thematik des Samba de Roda als Identität stiftenden kulturellen Element in Bahia, Brasilien, abschloss. Anlass für diese erste intensive Auseinandersetzung mit dem Samba war eine studentische Exkursion in den Recôncavo Baiano, nach Salvador, Santo Amaro und Cachoeira, zu den Wurzeln und heutigen Zentren des traditionellen Samba de Roda im Jahr 2011. Selbst, wenn ich mit dem lateinamerikanischen Kulturkreis, Brasilien und insbesondere Rio de Janeiro mit seinem farbenprächtigen, schillernden Karneval bereits in der Kindheit über verschiedene Medien in Berührung gekommen war und dieser stets einen großen Reiz und eine starke Faszination auf mich ausübte, kam ich erst im Zuge der Exkursion in praktische Berührung mit Brasilien, seiner kulturellen Vielfalt und seien gewachsenen, facettenreichen Traditionen. Diese erste experimentelle Feldforschung wurde für mich zu einem Schlüsselmoment, bei dem ich im geschützten Rahmen Erfahrungen sammeln, Methoden der Beobachtung und Dokumentation erlernen und Aufnahmetechniken ausprobieren konnte. Dennoch unterschied sich die Situation von allen später in Rio realisierten Feldforschungen: 2011 verfügte ich nur über äußerst fragmentarische Sprachkenntnisse, hatte keinerlei praktische Erfahrung mit ethnografischer Arbeit und nur grobes Hintergrundwissen zum Feld, weshalb ich die dokumentierten Ereignisse und besonderen Momente, die ich in Zeremonien des Candomblé, Capoeira, Samba de Roda und sogar bei einem Candomblé de Caboclo beobachtete, nicht in derselben Art verstehen und aufnehmen konnte, wie es mir später möglich wurde. Im Zuge der Exkursion waren wir stets als Gruppe unter Anleitung meines Doktorvaters Professor Tiago de Oliveira Pinto unterwegs. Die meisten Teilnehmer setzten zum ersten Mal den Fuß auf brasilianischen Boden, waren von der Vielzahl neuer Eindrücke überwältigt und im Umgang mit ethnografischer Dokumentation unerfahren. Dennoch wurde die Unternehmung für mich zum Ausgangspunkt und Grundstein für meine nachfolgenden Arbeiten. Mit der Gründung des UNESCO-Chairs on Transcultural Music Studies unter der Leitung von Professor Tiago de Oliveira Pinto hatte ich nach der Rückkehr von meinem Erasmus-Aufenthalt 2010 vielfach die Gelegenheit, Seminare zu brasilianischer, afrobrasilianischer und afrikanischer Musik zu besuchen, mir Wissen in diesen Bereichen anzueignen und dieses stetig zu erweitern. Nach meinem historisch ausgerichteten Bachelorstudium in Musik- und Geschichtswissenschaft konnte ich mich im Masterstudium gezielt der Vorliebe für transkulturelle Prozesse, Phänomene und musikalische Gattungen aus dem brasilianischen Kulturkreis widmen. Rasch entdeckte ich den Samba-Enredo für mich und befasste mich erstmals aus wissenschaftlicher Perspektive mit dem komplexen Phänomen der »brasilianischen Oper« – wie der Karneval von Rio bzw. die *Desfiles* seiner Sambaschulen gern bezeichnet werden.

Ein zweiter wichtiger Pfeiler für meine Themenfindung war ein Seminar von Professor Martin Pfleiderer, Leiter des Lehrstuhls für Jazz und Popularmusik an der Musikhochschule Weimar. Im Kontext der Veranstaltung zum Themenbereich kreativer Prozesse verfasste ich eine Studie über musikalische Schaffensprozesse in der Popularmusik und entdeckte meine Begeisterung für die Geheimnisse der Komposition in der Gruppe. Die Beschäftigung mit dieser Thematik begeisterte mich derart, dass ich schon während der Seminararbeit darüber nachdachte, das Thema der musikalischen Kreation zu einem späteren Zeitpunkt erneut aufzugreifen und tiefgründiger zu erforschen. Die Idee zur Verknüpfung der beiden Interessenbereiche (des Samba de Enredo und der kreativen kompositorischen Prozesse) wie auch die erste Konzeption der vorliegenden Studie entstanden schließlich im Zuge der ersten Feldforschungsetappe in Rio.

Nachdem ich in Bahia einen primären konkreteren Eindruck von der Praxis einer Feldforschung bekommen hatte und sich die Leidenschaft für die brasilianische Musikkultur, insbesondere für die Sambaschulen und farbenprächtigen Spektakel der *Desfiles* verfestigt hatte, beschloss ich 2012, mit einer musikwissenschaftlichen Fragestellung nach Rio zu reisen, um dort die Saison zu begleiten. Diese erste Episode ist für mich bis heute mit einem experimentellen Charakter behaftet[20] und war mit diversen anfänglichen Problemen und Komplikationen verbunden. Neben der sprachlichen Barriere verfügte ich über wenig konkrete Vorkenntnisse zum spezifischen Umfeld der *Escolas de Samba* und hatte zunächst nur einen einzigen direkten Kontakt, der mir den Zugang zum Feld ebnen sollte. Dennoch gelang es, nicht nur Personen in den *Comunida-*

---

20 Timothy Rice: »Toward a Mediation of Field Methods and Field Experience in Ethnomusicology«, S. 46.

des besser kennenzulernen, sondern auch den Kontakt zu Wissenschaftlern und Experten des Feldes – beispielsweise zu künstlerischen und administrativen Leitern der *Escolas de Samba* sowie zur Direktion der Liga der Sambaschulen (LIESA) – aufzubauen und mich meinem Forschungsgegenstand so aus unterschiedlichen Perspektiven anzunähern. Aus meiner Masterarbeit zu Transformationsprozessen und der Veränderung musikalischer Parameter in den Sambas de Enredo von 1980–2013[21] entwickelte sich bereits die Idee, das Themenfeld im Rahmen einer Dissertation tiefgreifender zu beleuchten. Während der ersten Feldforschungsarbeit war es mir bereits gelungen, kontextuelles Hintergrundwissen zur Samba-Komposition zu gewinnen und so die Grundvoraussetzungen für eine Fortführung meiner ethnografischen Arbeit zu schaffen. Die Idee zum Thema selbst entstand im Dialog mit Komponisten und Experten vor Ort. Waren die Schlüsselfragen zum Bereich der Kompositionsprozesse ursprünglich nur als Teilkomponente der Leitfadeninterviews konzipiert, so nahm der Dialog stets eine natürliche Wendung und richtete sich unter anderem auf die Veränderung der Kompositionspraktiken im Samba-Enredo. Je mehr ich in Erfahrung brachte, desto größer wurden einerseits meine Neugier und mein Interesse an einer eigenen Studie der musikalischen Schaffensprozesse und umso stärker kristallisierten sich andererseits heraus, dass es sich hier um ein noch nahezu unberührtes, komplexes und sensibles Forschungsfeld handele. Nun verband sich meine Faszination für den Samba des Karnevals mit der Leidenschaft für Kompositionsprozesse und eröffnete mir den Zugang zur neuen Forschungslücke. Natürlich war mir bewusst, dass eine Entscheidung für diese Thematik mit einer Grundlagenforschung verbunden wäre, bei der die Erstellung eigener Primärquellen unabdinglich sei, was eine starke Abhängigkeit von den feldzugehörigen Personen mit sich brächte. So entschied ich mich, das Projekt nicht lange zu vertagen, sondern dem Masterstudium direkt anzuschließen.

3.6 Persönlicher Hintergrund III: Forscherin in der Sambaschule. Eine tägliche Herausforderung

Die Arbeit als Musikethnologin im Umfeld der Sambaschulen zu rechtfertigen, um Daten für eine Verwendung im wissenschaftlich-akademischen Kontext zu erheben, war besonders zu Beginn der Feldforschungszeit ein schwieriges Unterfangen. Nur wenige Akteure des Feldes[22] sind mit den Prozessen und Prinzipien ethnografischer Datenerhebung vertraut, da akademische Arbeiten zum Samba-Enredo meist im historischen Bereich oder in dem der Kommerzialisierungs- und Globalisierungsprozesse angesiedelt sind. Den künstlerisch-kompositorischen Schaffensprozessen wurde bisher sehr wenig Aufmerksamkeit geschenkt, weshalb ich mich häufig mit

---

21 Die Wahl von 1980 als Referenzjahr entstand durch den stetigen Bezug der *Sambistas* auf die 1980er Jahre als »goldene Jahre« der *Sambas antigos* in diversen Interviews und persönlichen Gesprächen.

22 Akteure des Feldes sind beispielsweise Komponisten, *Sambistas* oder Mitglieder der Sambaschulen.

Fragen wie »Warum machst du das? Warum ist das für dich interessant?« konfrontiert sah. Die Bereitschaft der im Feld agierenden Personen, sich an der Studie zu beteiligen, erwuchs in der Regel keiner akademischen Motivation, sondern dem freundschaftlichen Verhältnis und belohnte mein ehrliches Interesse, das anhaltende Engagement und meine Fähigkeit zur Adaption. In jenem Moment, als die eigene Integration in die Gemeinschaft der *Sambistas* gelang und ich aktiv in der Sambaschule und die dort stattfindende künstlerische Arbeit integriert war, sich Freundschaften aufbauten, die über ein rein akademisches Arbeitsverhältnis von Forscher und Feldzugehörigen hinausgingen und beispielsweise gemeinsame Tage und Abende in der Sambaschule, Unterstützung bei Wettstreiten oder gemeinsame Unternehmungen beinhalteten, änderte sich auch unter den Skeptikern die Einstellung und schlug in Hilfsbereitschaft, Unterstützung und großes Interesse an meiner Arbeit um. Sicher erleichterte auch der Umstand, dass ich keine Brasilianerin bin und meine Neugier daher für alle Beteiligten ungeachtet der nun bestehenden Vertrautheit mit den spezifischen Konditionen und Bedingungen des Feldes nachvollziehbar ist, die Zugänglichkeit und das Verständnis für meine Arbeit. Die wesentlichen Einflussfaktoren, Problematiken und Herausforderungen wurden bereits unter Rolle und Situation im Feld sowie der ethnografischen Arbeit benannt und müssen hier nicht wiederholt werden. Einzig möchte ich hervorheben, dass eine musikethnologische Feldforschung im Umfang, wie ich sie realisieren konnte, ohne im Vorfeld geschaffenen Rahmenbedingungen, wie dem Zugang zum Feld, dem aufgebauten Kontaktnetz und der problemlosen Kommunikation in der Landessprache, der Vertrautheit mit spezifischem Vokabular und Gewohnheiten der Szene, die Integration und wachsende Legitimation im Feld sowie die Rechtfertigung der wissenschaftlichen Arbeit aus einer persönlichen Motivation und Verbindung zur Gemeinschaft, so nicht möglich gewesen wäre. War meine anfängliche Position für die meisten sehr abstrakt, so erwuchs aus der künstlerischen Assistenz beim *Carnavalesco* wie auch als Musikerin in der *Vila Isabel* eine signifikante Funktion, die dazu führte, dass mich schon bald professionelle *Sambistas* und Mitglieder anderer Sambaschulen zuordnen konnten und mit *Vila Isabel* assoziierten.

3.7 Theoretical Sampling I: Herstellung der Kontakte zu den Komponisten und Auswahl der Fallbeispielgruppen

Meine Entscheidung zur Auswahl der Fallbeispiele hing neben einigen kalkulierbaren Aspekten von einer breiten Palette äußerer, situationsabhängiger Faktoren sowie im Vorfeld geschaffene Rahmenbedingungen für die Beobachtung und Dokumentation der Kompositionssession ab.[23] Eine der wichtigsten Voraussetzungen lag in der räumlichen und zeitlichen Verfügbarkeit

---

23 Vgl. Timothy Rice: »Toward a Mediation of Field Methods and Field Experience in Ethnomusicology«, S. 46 ff.

potenzieller Komponistengruppen[24] innerhalb der für die Feldforschung vorgesehenen Zeiträume zur Datenerhebung und Materialerstellung. Bereits im Vorfeld versuchte ich Kompositionspläne der *Parcerias* in Erfahrung zu bringen und zu erfragen, ob, wann und für welche *Escola* sie Sambas komponieren würden, um meine Aufenthalte diesen Zeitfenstern anzupassen. Die Anfertigung von Kompositionen für *Grupo Especial/Grupo A* fällt in der Regel in die Monate Juni und Juli, jene für die Schulen niedrigerer Ligen[25] wie *GRES. Unidos do Santa Marta* in den Oktober und November, was den entscheidenden Zeitraum zumindest einigermaßen abgrenzte und definierte. Auch die natürliche Unberechenbarkeit von Entscheidungen für oder gegen eine Komposition eines Samba-Enredo – die an Aspekte wie der Wahl des *Enredos*, Ausführung und Beschaffenheit der *Sinopse*, Zusammensetzung der *Parceria* sowie politische und finanzielle Fragen gebunden sind oder spontane logistische Änderungen von Orten und Zeiten – beeinflussten meine Auswahl. Darüber hinaus spielte die Zugänglichkeit von Komponistengruppen und Sessions eine wichtige Rolle. Persönliche Kontakte und freundschaftliche Verhältnisse zu einem oder mehreren Mitgliedern der Komponistengruppen ermöglichten erst, sich bei ihnen nach Plänen für *Reuniões* zu erkundigen. Durch das spontane Kennenlernen der Komponisten von *Parceria* 2 hatte ich Gelegenheit, eine Gruppe einzubeziehen, die ich erst sehr kurz kannte. Da ich die meisten der an meiner Untersuchung beteiligten Komponisten im Kontext der gemeinsamen Sambaszene und Arbeit in der *GRES. Unidos de Vila Isabel* kennenlernte, musste ich den Gruppen wiederholt verdeutlichen, dass ich nicht ausschließlich an Kompositionen für die *Vila* interessiert war, sondern an Kompositionsprozessen im Samba-Enredo generell.

Eine zentrale Bedingung lag in der Bereitschaft der Gruppe zur Teilnahme an meiner Studie: Die Zustimmung aller Komponisten zur Beobachtung und Dokumentation eines so sensiblen Momentes wie dem der künstlerischen Schöpfung, ihre Einwilligung zur Reflexion in Interviews sowie einer späteren Veröffentlichung der Analysen und Offenlegung der Prozesse ist nicht selbstverständlich und setzt ein hohes Maß an Vertrauen voraus. Basis für dieses Vertrauen und um innerhalb der Session nicht als Störfaktor wahrgenommen zu werden, war der langfristige Kontakt zu den beteiligten Komponisten. Insgesamt gestaltete sich die Erreichbarkeit der *Reuniões* bei den professionellen *Parcerias* schwieriger, was einerseits an einer vergleichsweise hohen Anzahl beteiligter, mir zum Teil unbekannter Komponisten lag, andererseits an logistischen Gründen wie weit auseinanderliegenden Wohnorten, beruflichen Verpflichtungen und differierenden zeitlichen Verfügbarkeiten. Vielfach wurden Sessions abgesagt, verschoben und auf andere Orte oder auf digitale Medien verlegt. Dies sorgte manchmal für großes Chaos innerhalb der Gruppe und zog eine Reihe an praktischen Schwierigkeiten nach sich. Es führte sogar in den professionellen Gruppen nah an die Grenze der Realisierbarkeit einer Komposition. Die luxuriöse Situation, mit diversen Mitgliedern aller Gruppen in Kontakt zu stehen, begüns-

---

24 Vgl. Anja Rosenbrock: *Komposition in Pop- und Rockbands*, S. 179.
25 Die Sambaschulen sind je nach ihrem Rang in verschiedene Ligen unterteilt, *Grupo Especial* als höchster Liga folgen alphabetisch geordnet *Grupo A, B, C* (fortlaufend absteigend).

tigte den Erhalt von verlässlichen Informationen selbst im Fall von kurzfristigen Veränderungen und erlaubte es, Studien mit unterschiedlichsten Typen von *Parcerias* – von Hobbykomponisten bis zu professionellen Gruppen – durchzuführen. Der Einbezug von namenhaften Musikern brachte seitens der Aufnahmesituation Konflikte im Bereich einer Videodokumentation mit sich. Das Filmen gestaltete sich hier gelegentlich aufgrund einiger Personen, die nicht im Video erscheinen wollten, über weite Strecken als nicht realisierbar.[26] Auch gab es Sessions, zu denen ich – ebenfalls aufgrund von beteiligten Dritten, die mich nicht kannten – nicht einmal als Beobachterin zugelassen wurde. Bedingt durch die unterschiedliche Beschaffenheit und verschiedenartige Ausprägung des Professionalitätsgrades der teilnehmenden Gruppen konnte ich eine große Bandbreite verschiedener Typen und Gruppengefüge von amateurhaften, semiprofessionellen bis professionellen Komponisten erreichen und sogar das Phänomen der professionellen Komposition im Rahmen der sogenannten »Firma«[27] einbeziehen. Dennoch vereint alle ausgesuchten Fallbeispiele, dass die Hauptkomponisten unabhängig von ihrem Professionalitätsgrad mindestens einen Wettbewerb in einer *Escola do Grupo Especial* gewonnen haben. Dank dieser Vielfalt konnte ich in der Theoriebildung zum Samba-Enredo auf Erfahrungen mit Gruppen unterschiedlicher Professionalitätsgrade zurückgreifen. So konnte ich die Arbeitsweisen, Übereinstimmungen, Differenzen und zentralen Strategien der hauptberuflichen, semiprofessionellen und amateurhaften *Sambistas* miteinander vergleichen.

Kontaktaufnahme zu *Parceria* 1 (Hobbykomposition/semiprofessionell)

Die Verbindung zu den Komponisten der ersten Gruppe entstand bereits während meines ersten Forschungsjahres in Rio de Janeiro, ausgehend von meiner Mitgliedschaft in der *GRES. Unidos de Vila Isabel* und meinen sich dort formierenden Bekanntenkreis. Innerhalb der Probe der *Bateria* stellte mir ein befreundeter Komponist, damaliger *Diretor* und derzeit amtierender *Mestre de Bateria* Komp. 1-1 vor, den er als Interviewpartner für mein Forschungsprojekt zur musikalischen Transformation der Sambas de Enredo zwischen 1980 und 2013 empfahl. Komp. 1-1 war zu dieser Zeit ebenfalls *Diretor de Bateria* der *Vila Isabel* und stimmte einem Treffen zu. Als wir uns im Herbst 2012 dazu verabredeten, berichtete er mir im Zusammenhang mit der Transformation musikalischer Charakteristika und speziell der *Bateria*, dass er nicht nur als *Ritmista*, sondern ebenfalls als Komponist aktiv sei und sich auch in diesem Bereich seit den »goldenen« 1980er Jahren tiefgreifende Änderungen vollzogen haben: Die vielschichtigen Wandel im Samba betrafen nicht nur die äußeren Faktoren und die im *Desfile* messbaren Parameter wie das Tempo der *Bateria*, sondern auch die künstlerisch-kreativen Schaffensprozesse. Nach dem Interview hielt sich unser Kontakt und erreichte im Lauf mehrerer Jahre eine freund-

---

26 Vgl. Bruno Illius: Art. »Feldforschung«, S. 90 ff.
27 Eine Firma produziert eine Samba-Enredo-Komposition als vergütetes Auftragswerk.

schaftliche Ebene. Komp. 1-1 vermittelte mich auf ähnliche Weise, wie er mir zuvor vermittelt worden war – an Komp. 2-1, der mir von Anfang an sehr aufgeschlossen gegenüberstand und im Verlauf des ersten Interviews neben Informationen zur *Bateria* ebenfalls Umfassendes zur Komposition im Samba-Enredo und dem *Disputa de Samba* erklärte. Aufgrund meines persönlichen Interesses verlagerte sich bereits in unserem zweiten Interview der Fokus von der *Bateria* auf die Komposition. Meine Faszination für die künstlerischen Schaffensprozesse im Samba war bereits entflammt und ich hatte während der Reflexion über die Gespräche bereits verschiedene Fragen speziell zum Kompositionsprinzip entwickelt. Schließlich lernte ich mit Komp. 3-1 den dritten Komponisten der Gruppe kennen. Dies geschah eher zufällig im Rahmen eines gemeinsamen Abends, mit dem wir eine Mittwochsprobe der *Vila* in einer Bar ausklingen ließen. Alle drei Komponisten waren zu diesem Zeitpunkt feste Mitglieder in der *Bateria* der *Vila Isabel*. Mit Komp. 3-1 musste das Eis erst gebrochen werden: War er zunächst deutlich vorsichtiger und zurückhaltender als seine *Parceiros*, so entwickelte sich auch zwischen uns ein enges freundschaftliches Verhältnis, nachdem die anfängliche Skepsis überwunden war. Der feste Kontakt zu den drei Komponisten hielt sich auch nach meinen Feldforschungsetappen und besteht bis zum heutigen Tag. Selbst inmitten eines längeren Aufenthalts in Deutschland, in dem ich meine Masterarbeit beendete und die nächste Feldforschung in Rio vorbereitete, reiste ich 2013 und 2014 für einige Wochen zu den Finalrunden der Komponistenwettstreite und zum Karneval, traf die Komponisten zu Geburtstagsfeiern, Grillabenden, gemeinsamen Proben im *Quadra* und sonstigen Freizeitunternehmungen. Während der Monate in Deutschland konnte ich den Kontakt vor allem über Facebook, WhatsApp und Telefon pflegen und in Erfahrung bringen, ob und für welche *Escolas* sie Kompositionen und Teilnahmen an Wettstreiten planten. Die endgültige Entscheidung fiel nach dem Besuch des *Lançamento do Enredo e da Sinopse*, welche zeitnah zur Komposition stattfand: Zwar waren die ihnen vertrauten »Hausschulen« *Vila Isabel* und *Santa Marta* Favoriten, doch hing die Registrierung einer Komposition neben politischen und finanziellen Fragen auch stets von der Beschaffenheit und Anlage der *Sinopse* ab. In der *Parceria* 1 konnte ich über mehrere Jahre die Entstehung verschiedener Sambas beobachten und sie beim Kompositionsprozess und in zahlreichen *Disputas* für unterschiedliche Schulen begleiten.

Kontaktaufnahme zu *Parceria* 2 (Professionell)

Den musikalischen Leiter der zweiten *Parceria* lernte ich im Rahmen der Studioaufnahme eines konkurrierenden Sambas für *Unidos de Vila Isabel* kennen, für die ich das Violinen-Arrangement einspielte. Als Mitglied der Gruppe war er bei der *Gravação* des Sambas im Studio anwesend und wurde mir hier von einem gemeinsamen Freund vorgestellt. Zunächst hatte das Kennenlernen pragmatische Gründe: Bedingt von der Lokalität des Studios, das weit entfernt von den öffentlichen Verkehrsanbindungen inmitten einer Favela lag, wurde mir die Mitnahme im Auto bis zu einem belebteren Ort angeboten. Während der Fahrt streifte das Gespräch die Arbeit rund um die Komposition, wobei sich herausstellte, dass er nicht nur als nationaler wie internationaler bekannter Musiker tätig, sondern auch als federführender Komponist im Samba-Enredo seit einigen Jahren sehr aktiv ist. Nachdem ich verschiedene Details über mein Projekt erzählt hatte, was sein Interesse weckte, beschlossen wir, in Kontakt zu bleiben und realisierten wenige Tage später zunächst ein Interview, in dem er zunächst allgemein über die künstlerische Arbeit sowie spezifisch über seine Erfahrungen mit Komponistenwettstreiten berichtete. Abschließend fragte ich ihn, ob er eine Möglichkeit für mich sähe, in der anstehende Saison bei einer oder mehreren *Reuniões* anwesend zu sein und zu dokumentieren. Er bejahte, knüpfte seine Zusage allerdings an die Bedingung der Zustimmung aller jeweils beteiligter *Parceiros*. Unser Vorhaben war von Erfolg gekrönt: Eine der dokumentierten *Reuniões* ging als Fallbeispiel in die vorliegende Studie ein und wurde gleichzeitig zum Ausgangspunkt des Kontaktaufbaus zu zwei weiteren Hauptkomponisten der *Parceria*, mit denen ich bis heute in enger Verbindung und regelmäßigem Austausch stehe.

Kontaktaufnahme zu *Parceria* 3 (Semiprofessionel/professionell)

Komp. 3-1, künstlerischer Leiter der dritten Komponistengruppe, lernte ich bereits 2012 durch die Vermittlung von Eduardo, eines Freundes aus meinem universitären Umfeld in Rio, kennen. Eduardo gehörte zum Kreis der ehemaligen Studenten von Komp. 3-1 und war zu dieser Zeit selbst in der Samba-Szene als Jungkomponist und Musiker sehr aktiv. Im Kontext des persönlichen Gespräches über mein Projekt erinnerte er sich an seinen früheren Gymnasiallehrer, dessen Ausnahmetalent und seine Stellung als herausragender Komponist meiner Sambaschule *Vila Isabel*. Er schlug vor, Kontakt aufzunehmen, ihm von mir zu erzählen und eine Verbindung zwischen uns herzustellen. Unser erstes Interview realisierten wir in einem Studio – dem unter den Komponisten der Sambaschulen sehr bekannten *Studio do Léo* in *Vila Isabel* – das ich zu diesem Anlass zum ersten Mal besuchte. Ähnlich den Verläufen der vorangegangenen Interviews mit Mitgliedern anderer *Parcerias* kam auch dieses Gespräch wie automatisch auf verschiedene Fragen und Aspekte zur Komposition. Anschließend blieb ein aktiver Kontakt und Austausch bestehen, der auch während meiner Abwesenheit in Rio fortgeführt und intensiv gepflegt wurde. Schließlich berichtete ich ihm von meinem neuen Forschungsvorhaben und bat ihn, mit seiner langjährigen *Parceria* an meiner Studie teilzunehmen. Zu meinem Glück willigte er ein, wies mich allerdings darauf hin, dass er zum derzeitigen Moment noch nicht mit Gewissheit sagen könnte, ob bzw. für welche *Escola* er komponieren werde. Seine beiden *Parceiros*, mit denen ihn eine langjährige Zusammenarbeit und eine enge Freundschaft verbindet, kannte ich bereits flüchtig von verschiedenen Veranstaltungen unserer gemeinsamen Sambaschule, der *Unidos de Vila Isabel*. Persönlich lernte ich sie erst im Zuge der *Reuniões* und *Gravações* kennen, beginnend ab dem Zeitpunkt der ersten dokumentierten Session, zu der ich von Komp. 3-1 eines Abends zu *Churrasco e Composição* nach Hause eingeladen wurde. Ähnlich Komp. 1-3 standen auch diese beiden Komponisten meiner Anwesenheit beim Komponieren zunächst mit skeptischer Zurückhaltung gegenüber. Die anfängliche Scheu gegenüber der Dokumentation ihres kompositorischen Schaffensprozesses löste sich jedoch schon am selben Abend mehr und mehr und verwandelte sich im Laufe der Zeit in eine gewohnte Situation – insbesondere, nachdem ich meine Mitarbeit bei der *Unidos de Vila* begann, welcher sie über Jahrzehnte in verschiedensten Funktionen und Positionen eng verbunden sind.

3.8 Theoretical Sampling II zur Auswahl der Sambas: »Auf in die Materialschlacht«

Eine zentrale Herausforderung meines Forschungsvorhabens bestand nach der Datenerhebung in der Auswahl der passenden Fallbeispiele. Bedingt durch die umfangreiche Datenmenge musste ich einen Kriterienkatalog entwickeln, um den Pool aller in Frage kommenden Exempel mit vergleichbaren Entstehungskonditionen auf die von mir festgelegte Zahl von drei Schlüsselbeispielen zu beschränken. Zunächst war es notwendig, einen Überblick über alle Sambas und die Qualität bzw. Verwertbarkeit der zur Verfügung stehenden Aufnahmen und Materialien (Audioaufnahmen, Filme, Fotos, detaillierte Protokolle, Weiche Daten, Lyrics in ihren verschiedenen Transformationsstufen) zu gewinnen. Unter den Kompositionen befanden sich auch Sambas, die einen Wettstreit gewonnen hatten, was die Wahl erschwerte und dennoch kein gültiges Argument für oder gegen ihre Verwendung als Fallbeispiel sein konnte, wenn typische Schlüsselkomponenten nicht eindeutig sichtbar und zentrale Selektionskriterien nicht vollständig erfüllt waren. Die nachfolgende Übersicht zeigt alle Sambas, die ich von 2015 bis 2016 in den Komponistengruppen dokumentieren konnte und die meinen Grundstock für die Auswahl der Fallbeispiele bildeten:

Pool der zur Wahl stehenden Sambas:
1. GRES. *Unidos do Santa Marta* 2015
2. GRES. *Unidos do Santa Marta* 2016
3. GRES. *São Clemente* 2016
4. GRES. *Estácio de Sá* 2016
5. GRES. *Unidos da Tijuca* 2016
6. GRES. *Dragões da Real* 2016
7. GRES. *Unidos de Vila Isabel* 2015
8. GRES. *Mocidade Unidos da Glória* 2016
9. GRES. *Unidos da Porto da Pedra* 2016
10. GRES. *Unidos de Viradouro* 2016

Diese Sammlung wurde schrittweise reduziert, um je ein Fallbeispiel pro *Parceria* auszuwählen und dabei Rücksicht auf den folgenden Katalog von Schlüsselkriterien zu nehmen:

- Anfertigung der Komposition für eine *Escola do Grupo Especial* oder *Grupo A* aus Rio de Janeiro.[28]
- Komposition eines Sambas von Beginn an: Ich wollte keine *Reuniões* einbeziehen, in denen lediglich Ergänzungen, Feinheiten und Veränderungen vorgenommen wurden, nachdem der eigentliche Rohbau des Sambas aber bereits fertiggestellt war.[29]
- Die Favoriten und Sicht der Komponisten hinsichtlich geeigneter Beispiele sollten in die Bewertung einer möglichen Fallstudie als emischer Faktor in die Entscheidung einfließen.
- Die Materialfülle zog strukturelle Fragen hinsichtlich der Auswertung nach sich. Nachdem ich mich für die Detailanalyse signifikanter Komponenten und Parameter innerhalb des vollständigen Prozesses entschieden hatte, galt die Vollständigkeit einer Komposition (zumindest teilweise Erarbeitung aller vier Parts) als Auswahlkriterium.
- Nach Möglichkeit sollte auch die zugehörige *Gravação do Samba* als elementare Folgephase besucht und dokumentiert sein.

Innerhalb dieser Bewertungsrichtlinien selektierte und verringerte ich den Pool der Samples über mehrere Phasen. Zunächst erfolgte eine Vorauswahl von je zwei Sambas mit dem qualitativ hochwertigsten Material pro *Parceria*. Diese Selektion stellte mich bereits vor Herausforderungen, da es für die verschiedenen Sambas unterschiedliche und individuelle Argumente gab: Jener für *GRES. São Clemente* 2016 war beispielsweise als *Samba Campeão* aus dem Komponistenwettstreit hervorgegangen, allerdings hatte ich hier nur die zweite *Reunião* aufzeichnen können, in der Veränderungen getätigt und Korrekturen vorgenommen wurden, sich aber keine grundlegenden Kompositionshandlungen vollzogen. Die Sambas für *Dragões da Real* 2016 und *Mocidade Unidos da Glória* 2016 schieden aus, da sie für den Karneval von São Paulo, nicht aber für Rio, geschrieben wurden. Bei *Viradouro* 2016 konnte ich nicht aufnehmen und hatte somit kein zufriedenstellendes Material. Hier stand einer der anwesenden *Parceiros* in schwieriger politischer Konstellation zur *Escola* und konnte somit nicht in einem Video oder einer Tonaufnahme auftauchen. Das größte Kopfzerbrechen bereiteten herausragende Details und Besonderheiten der Sessions: In nahezu jedem Beispiel fanden sich entweder einmalige Entstehungsumstände oder punktuell besondere Situationen innerhalb der Kompositionshandlungen, einzigartige Dialoge zu künstlerischen Grundsatzfragen oder sonstige Höhepunkte, welche ich dem Leser nicht vorenthalten wollte und die mich bei der Auswahl in Konflikt brachten. Am schwierigsten war die Entscheidung für das Beispiel der ersten *Parceria*, bei der

---

28 Die Komponisten merkten an, dass für die Komposition in Rio/für *Grupo Especial* und *A* strengere Bedingungen und Regeln gelten, als für die Karnevale anderer Regionen
29 Um Vorgehen und Prozess ab der Generierung einer ersten *Célula Master* nachzuvollziehen.

ich die Wahl zwischen *Unidos do Santa Marta* 2016 und *Unidos da Tijuca* 2016 treffen musste. Nun war der Schaffensprozess für *Unidos da Tijuca* 2016 beginnend mit einem Kaffee und endend mit einem späteren Abendessen in familiärem Kreis in eine regelrecht bilderbuchartige Situation eingebettet. Außerdem tauchten hier typische Arbeitstechniken der Samba-Enredo-Komposition auf, aber auch Besonderheiten wie die Verwendung eines Synonymwörterbuchs für effizienteres Verfeinern und Elaborieren der Poesie, die ich vorher nie bewusst beobachtet hatte. Dieser Samba wurde in einer Rückfrage an die Komponisten auch von ihnen favorisiert und entstand im Rahmen einer von ihnen allen als optimal beschriebenen Situation. Für *Santa Marta* 2016 verfügte ich hingegen über vollständige Aufnahmen aller durchgeführten Sessions und künstlerischen Momente: jener ersten *Reunião* von Null an, einer zweiten, transformierenden zur Überarbeitung und Verfeinerung des Ergebnisses sowie die gesamte Studioaufnahme, bei der ich Mitglied des Chores war und das Phänomen einer Neu-Komposition erstmals aus emischer Perspektive erleben und verstehen konnte. Der Samba für *Viradouro* 2016 konnte aufgrund der problembehafteten Dokumentationslage leider nicht einbezogen werden, verfügte aber ebenso wie *Estácio* 2016 und *Porto da Pedra* 2016 über einmalige Momente der Gruppendiskussion zu Techniken des Komponierens und Debatten über die Bedeutung von Text und Musik. Schließlich ging ich dazu über, für jede der Gruppen eine Tabelle der favorisierten Werke anzulegen, um einen direkten Abgleich aller positiven und negativen Aspekte hinsichtlich ihrer Qualität, Vielfalt der Details und Besonderheiten zu realisieren. Hier sammelte ich auch die quantitativen Daten wie Anzahl und Dauer registrierter Filme und Audioaufnahmen, angefertigter Protokolle, Fotos, verfügbarer WhatsApp-Chats, Lyrics in verschiedenen Korrekturfassungen, *Sinopse* und Weiche Daten zum Samba. In jeder Liste befanden sich ausführliche Informationen zum Inhalt jeder erstellten Video- und Tonaufnahme und zum Umfang der Bearbeitung aller Samba-Parts und Verse. Des Weiteren enthielt sie eine separate Kommentarspalte zur Verzeichnung der spezifisch diskutierten Aspekte, Wiederholungen, Rückgriffe und eingebundenen Schlagworte aus der *Sinopse* bzw. dem typischen Vokabular des Samba-Enredo. Hier wurden auch handlungsvorantreibende und besonders einflussreiche Aktionen vermerkt. Darüber hinaus wurden Schlüsselmomente der Ideengenerierung, -entwicklung und -bewertung aufgenommen.

Im direkten Vergleich der Favoriten hinsichtlich ihrer Qualität, Vielfalt der Phänomene und Aussagekraft ergab sich folgende Entscheidung:

Parceria 1: *GRES. Unidos da Tijuca* 2016, VERWENDETES QUELLENMATERIAL:
- Drei Tonmitschnitte, insgesamt: 62.28 min (1.02 h)[30]
- 37 Videosequenzen (Kamera, Smartphone), insgesamt: 154 min (2.34 h)[31]
- Persönliche Beobachtungsnotizen (handschriftliches Protokoll, Forschungstagebuch)

---

30 Aufnahmen mit Zoom H2: 11.39, 49.54, 0.55 min.
31 Aufnahmen mit Kamera [digital]: 91 min [1.31h] aus: 8.13, 5.15, 2.07, 2.42, 1.32, 11.16, 5.10, 1.25, 6.08,

- 99 Fotos
- *Sinopse* der *GRES. Unidos da Tijuca* 2016[32]
- Lyrics in verschiedenen Korrekturstufen
- Offene Leitfadeninterviews mit den Komponisten 1-1/1-2/1-3 (Werdegang und Geschichte der *Parceria*)
- Audioversion und Videoclip des Sambas auf YouTube: https://www.youtube.com/watch?v=A09rG0KABTI

Parceria 2: *GRES. Porto da Pedra* 2016, VERWENDETES QUELLENMATERIAL:
- Zwei Audioaufnahmen der *Reunião*, insgesamt: ca. 30 min (0.5 h)[33]
- 19 Videosequenzen (Smartphone, *Reunião* und *Gravação*), insgesamt: 31.07 min (0.5h)[34]
- Persönliche Beobachtungsnotizen (handschriftliches Protokoll, Forschungstagebuch)
- 31 Fotos
- *Sinopse* der *GRES. Porto da Pedra* 2016 in gedruckter Form[35]
- Lyrics in verschiedenen Korrekturstufen aus *Reunião* 1 und *Gravação*
- Offene Leitfadeninterviews mit den Komponisten 1-2/2-2/3-2 zu persönlichem Hintergrund und der Geschichte der *Parceria*
- Audioversion und Videoclip des fertigen Sambas auf YouTube: https://www.youtube.com/watch?v=naC_LllK-2o

Parceria 3: *GRES. Estácio de Sá* 2016, VERWENDETES QUELLENMATERIAL:
- Vier Tonmitschnitte, insgesamt: 282 min (4.7 h)[36]
- 36 Videosequenzen (Kamera, Smartphone), insgesamt: ca. 130 min (2.10 h)
- Persönliche Beobachtungsnotizen (handschriftliches Protokoll, Forschungstagebuch)
- 115 Fotos

10.25, 29.59, 2.24, 3.21, 0.56 min; Smartphone: 62.55 min [1.03 h] aus: 1.26, 2.28, 1.15, 1.30, 0.54, 8.10, 0.23, 1.05, 2.46, 2.33, 1.56, 3.23, 3.56, 5.08, 1.35, 7.00, 3.26, 2.11, 1.14, 1.08, 2.20, 5.05, 2.01 min.

32 Vgl. Marcus Roza und Mauro Quintaes: *Semeando Sorriso, a Tijuca festeja o solo sagrado, Sinopse de Enredo da Unidos da Tijuca* 2015, < https://radioarquibancada.com.br/2015/07/03/sinopse-da-unidos-da-tijuca/> [9.11.2023].

33 Aufnahmen mit Zoom H2, aus: 24.00 und 5.23 min.

34 Aufnahmen mit Smartphone: 0.48, 2.08, 2.05, 2.04, 3.40, 1.28, 3.54, 1.01, 0.58, 0.21, 0.49, 7.11, 0.33, 0.23, 2.07, 2.13, 0.23, 0.40, 0.37 min.

35 Vgl. Jaime Cezário: *Sinopse de Enredo do Porto da Pedra* 2015, < https://galeriadosamba.com.br/noticias/confira-a-sinopse-do-enredo-da-porto-da-pedra-para-o-carnaval-2016/13453/> [10.11.2023].

36 Aufnahmen mit: Zoom H2, aus: 16.22 [Audio 1], 10.26 [Audio 2], 70.13 [Audio 5], 188 min. [Audio 7] sowie drei nicht verwendete, kurze Aufnahmen, bestehend aus Privatgesprächen der *Parceria*, nicht relevant für den Kompositionsprozess, daher nicht verwendet.

- *Sinopse* der *GRES. Estácio de Sá* 2016 in gedruckter Form[37]
- Lyrics in verschiedenen Korrekturstufen
- Offene Leitfadeninterviews mit den Komponisten 1-3/2-3/3-3 zum persönlichen Hintergrund und zur Geschichte der *Parceria*
- Audioversion und Videoclip des fertigen Sambas auf YouTube: https://wbww.youtube.com/watch?v=1RqpvgFfnVs

Wie im Abschnitt zum Theoretical Sampling beschrieben, war nicht nur die jeweilige Kompositionssession für den Prozess relevant, sondern auch die anschließende Studioaufnahme. Hier gestaltete sich der Pool meiner Aufnahmen folgendermaßen:

Pool der zur Wahl stehenden Studioaufnahmen:
1. *GRES. Unidos de Vila Isabel* 2015 (mitwirkend in 2 Studioaufnahmen konkurrierender und offizieller Sambas)
2. *GRES. Unidos de Vila Isabel,* offizielle Aufnahme 2015 und 2016 (mitwirkend im Chor der *Comunidade*)
3. *GRES. Pré-Gravação* der *Unidos de Vila Isabel* 2014/2016
4. *GRES. Unidos do Porto da Pedra* 2016
5. *GRES. São Clemente* 2016
6. *GRES. Acadêmicos do Salgueiro* 2016
7. *GRES. Unidos do Santa Marta* 2016 (mitwirkend im Chor der *Parceria*)

Die angeführten Gründe der Logistik und Verfügbarkeit bewirkten, dass leider nicht in allen Fällen die zusammengehörenden Kompositionssessions und *Gravações* begleitet werden konnten. Einige wurden einzeln, unabhängig vom kompositorischen Teil, begleitet, was in der Quintessenz dazu führte, die Studioaufnahmen entgegen meiner ursprünglichen Idee nicht als Teil eines Fallbeispiels, sondern separat zu behandeln.[38] Innerhalb des Quellenpools erhielten folgende Aufnahmen aufgrund meines aktiven Einsatzes als Musikerin und der daraus resultierenden eingeschränkten Verwertbarkeit der Mitschnitte einen Sonderstatus:

- *GRES. Unidos de Vila Isabel* 2015 (zwei Aufnahmen mit Violine)
- *GRES. Unidos do Santa Marta* 2016 (Aufnahme als Sängerin im Chor der *Parceria*)
- *GRES. Unidos de Vila Isabel* 2015–2016 (offizielle Aufnahmen im Chor der Sambaschule)

---

37 Vgl. Chico Spinosa: *Sinopse de Enredo do Estácio de Sá* 2015, < http://www.apoteose.com/carnaval-2016/estacio-de-sa/sinopse/> [9.11.2023].
38 Eine Ausnahme bildet die Exkurs-Szene der *Parceria* 2 innerhalb der Konversationsanalyse.

Bedingt durch die vom Kompositionsprozess abweichende Natur und Anlage der Studioaufnahmen differierten meine Prämissen für das Theoretical Sampling von denen der *Reuniões*: Der technische Ablauf einer Studioaufnahme ist in der Regel fest definiert, wird vom Tonmeister gesteuert und enthält keine umfassenden Kompositionshandlungen mehr. Daher entschied ich mich, die *Gravações* im Gegensatz zu den *Reuniões* nur allgemein in Ablauf und Funktionsweise vorzustellen und besondere Situationen exemplarisch herauszugreifen. Einen Sonderfall bildet die Verwendung einer Studioszene des zweiten Fallbeispiels der *GRES. Porto da Pedra* 2016. Bedingt durch seinen besonderen Inhalt wird ein Teil des Studiobesuches hier als elementare Ergänzung der *Reunião* direkt in die Fallbeispielanalyse integriert – einerseits als Exkurs innerhalb der Konversationsanalyse, andererseits als relevanter Zusatz zur Verlaufsdarstellung.[39]

Die angeführten *Gravações*, an denen ich als Sängerin oder Instrumentalistin beteiligt war, dienten mir als wichtige Erfahrungen und Quellen, um Verläufe und Entwicklungen spontaner musikalischer Transformationsprozesse sowie die Produktion von *Arranjos* nach der *Reunião* aus emischer Sicht zu verstehen und als solche beschreiben und interpretieren zu können. Hier kommt vor allem das Material der *Parceria 7* für *GRES. Unidos de Vila Isabel* 2015 zum Aufnahmeprozess im Tonstudio, der Erstellung von Videoclips und seiner Verbindung mit der Performance im Komponistenwettstreit des *Disputa de Samba* illustrativ zum Einsatz. Bei dieser Gruppe war es aufgrund organisatorischer und logistischer Probleme zunächst nicht möglich, an der Session selbst teilzunehmen und diese zu dokumentieren, da sie entgegen der Ankündigung bereits zu einem Zeitpunkt stattfand, zu dem ich noch nicht in Rio sein konnte. Als ich schließlich vor Ort war, war der Prozess der Komposition schon weitestgehend abgeschlossen und alle verbleibenden Fragen und Entscheidungen wurden nur noch auf elektronischem Wege zwischen den Gruppenmitgliedern geklärt. Dennoch sendeten mir verschiedene Komponisten ihre aufgenommenen Audiofragmente, die mir einen konkreten Eindruck der Geschehnisse in der *Reunião* vermittelten.

Die Entscheidung der *Parceria 7* zur Komposition für den Wettstreit der *Unidos de Vila Isabel* 2015 sowie die Idee zu meiner Mitwirkung mit der Geige eröffnete mir die einmalige Chance, einen exklusiven Zugang zu besonderen Materialien und eine Reihe an außergewöhnlichen Möglichkeiten zu erhalten: Die aktive Beteiligung als Musikerin am Aufnahmeprozess im Studio und den dort dokumentierten künstlerischen Veränderungen sowie die Teilnahme an der Performance im *Quadra* lehrte mich neben den künstlerischen Arbeitsprozessen auch die strategischen Vorgehensweisen bei Studioaufnahme, Clippproduktion und Wettstreit von neuer Seite kennen und verstehen. Von den wöchentlichen Versammlungen des *Alas de Compositores* in der Zeit des *Disputa* erhielt ich erst durch meine Beteiligung Kenntnis und die Berechtigung zur Teilnahme. Der Arbeit mit *Parceria 7* sind ebenfalls Kontakte zu weiteren, für meine Studie zentralen Komponisten zu verdanken: Einerseits erschloss sich hier die Verbindung zu *Parceria 2*, andererseits

---

39 Hier war eine Relativierung des (aus dokumentarischen Schwierigkeiten entstehenden) Bildes der *Parceria* im Arbeitsverlauf angebracht; dies wird innerhalb des Fallbeispiels genauer dargelegt.

lernte ich im Rahmen der Versammlung des *Alas de Compositores* Paulo Portela kennen, den ich mehrfach interviewte. Er verfasste ein detailliertes, überaus reflektiertes und wertvolles Kompositionstagebuch, in dem er das Vorgehen, die Entscheidungsfindungen, Recherchearbeiten und Arbeitsstrategien seiner *Parceria* im kreativen Schaffensprozess dokumentierte – eine Seltenheit im Samba-Enredo. Nach dem Wettstreit und der Verteidigung des Sambas im Finale der *Vila Isabel* überließ er mir sein Buch als besonderes Geschenk.

Part 2: »Es war einmal«: Kontext und Tradition der Komposition im Samba-Enredo der *Escolas de Samba* von Rio de Janeiro

Kapitel 4: Historischer Hintergrund und frühe Formen der Kompositionspraxis im Samba-Enredo

Beim Typus des thematisch gebundenen Samba-Songs des Karnevals, auch bezeichnet als Samba-Enredo, handelt es sich um jene Musikform, die seit dem Beginn ihrer Existenz untrennbar mit den Sambaschulen von Rio de Janeiro verbunden ist. Laut der *Enciclopédia da Música Brasileira Popular, Erudita e Folclórica* wird er als jene Form des Sambas definiert, die im Verlauf der 1920er bis 1930er Jahre aus der Feder der Komponisten der Sambaschulen von Rio de Janeiro entstand und dessen Text die poetische Zusammenfassung bzw. Begleitung eines historischen, folkloristischen, literarischen oder frei kreierten Themas ist, das von der Sambaschule gewählt und im *Desfile* präsentiert wird.[1] Mit dem Beinamen Enredo und verschiedenen besonderen Merkmalen wie seiner direkten Anbindung an das *Desfile* oder seiner Korrespondenz mit anderen Komponenten des Umzugs wie *Alegorias*, *Fantasias* und Choreografien der Tänzer setzt sich der thematisch gebundene Samba von etwa 170 weiteren bestehenden Samba-Arten ab,[2] die in den verschiedenen Regionen Brasiliens anzutreffen sind.[3] Enredo steht hier nicht nur als Überbegriff für das Thema einer Präsentation, sondern auch für die in ihm enthaltenen Bestandteile wie tänzerische Choreografien, szenische Umsetzungen und plastische Elemente wie Kostüme und Allegoriewagen.[4] Die Hauptfunktion des Sambas de Enredo liegt neben der poetisch-narrativen Verbindung der im *Desfile* präsentierten Stationen in seiner Funktion als musikalisches »Herz« des audio-visuellen Spektakels aus Musik, Tanz und bildenden Künsten.[5]

---

1 Vgl. Carla Maria de Oliveira Vizeu: *O Samba-Enredo carioca e suas transformações nas décadas de 70 e 80*, S. 44; vgl. auch Tiago de Oliveira Pinto: Art. »Samba«, in: *MGG 2*, Sachteil Bd. 8, Kassel u. a. 1998, Sp. 886–893, hier: Sp. 886 ff.
2 Vgl. Tiago de Oliveira Pinto und Gerhard Kubik: Art. »Afroamerikanische Musik«, in: *MGG 2*, Sachteil Bd. 1, Kassel u. a. 1998, Sp. 215–261, hier: Sp. 215.
3 Tiago de Oliveira Pinto: »Der urbane Samba um 1900«, S. 51.
4 Vgl. Hiram Araújo u. a.: *Memória Do Carnaval*, Rio de Janeiro 1991, S. 309.
5 Vgl. Maria Laura Viveiros de Castro Cavalcanti: »Os sentidos no espetáculo«, in: *Revista de Antropologia* Jg. 45/1 (2002), S. 37–78, hier: S. 47; vgl. auch Tiago de Oliveira Pinto: Art. »Samba«, Sp. 886 ff.

4.1 Von den Ursprüngen des Karnevals und dem historischen Kontext des Sambas de Enredo

Die Feier des Karnevals gilt als eines der Feste mit der am weitesten zurückreichenden Tradition. Wenngleich für den Ursprungsmoment des sogenannten »Fest[es] der verkehrten Welt«[6] von der Forschung bis zum heutigen Tag kein eindeutiger Zeitpunkt benannt werden kann, sondern sich »lokale Ausprägungen und Besonderheiten«[7] in langen Entwicklungszügen über große Zeiträume hinweg ausgebildet haben, belegen historische Studien »die ganz Europa in den Blick nehmen [...] gewisse Kontinuitäten, die zweitausend Jahre und mehr zurückreichen«[8]. Werner Metzger beschreibt die Fastnacht als äußerst komplexes und »vielschichtiges Phänomen, in dem sich verschiedenartigste Einflüsse aus zahlreichen Ländern und teilweise sehr weit auseinanderliegenden Epochen kompliziert überlagert [...] haben.«[9] Frühere Studien wie *El Carnaval* (1965) des spanischen Ethnologen Julio Caro Baroja zogen antike Relikte und Bräuche von stadtrömischen Festen der Wintermonate als Vorgänger des Karnevals in Betracht. Hierzu zählten Festivitäten wie die »Saturnalia« mit ihrer charakteristischen temporären Umkehr der gesellschaftlichen Ordnung und dem Spiel der verkehrten Welt zwischen Sklaven und Herren oder der »Calendae Januariae« mit den ihm zugehörigen Verkleidungsritualen.[10] Auch Festivitäten antiker Hochkulturen wie die ägyptische Feier zu Ehren der Göttin Isis oder das griechische Ehrenzeremoniell für Dionysos[11], die Tanz, Musik und Kostümierung als fixe Elemente beinhalteten, kamen als Vorformen in Betracht. Laut aktuellem Forschungsstand existieren jedoch keine konkreten Belege für diese Verbindungen.[12] Stattdessen werden drei Entstehungskontexte ins Feld geführt: Natur-, Kalender- und Kirchenjahr, wobei das vom Agrarzyklus dominierte Naturjahr mit dem Frühjahr als Neubeginn und Hoffnungsträger als älteste Grundlage herausgestellt wird.[13] Laut Metzgers aktuellen Forschungsergebnissen lassen sich schon sehr früh im Naturjahr begründete Riten und Symbolhandlungen während der Monate Januar und Februar nachweisen, die den geografischen Raum »über ganz Europa von der Iberischen Halbinsel bis ans Schwarze Meer«[14] einschließen. Sie bestehen in der »Bekämp-

---

6 Werner Metzger: *Schwäbisch-alemannische Fastnacht. Kulturerbe und lebendige Tradition*, Stuttgart 2015, S. 2.
7 Ebd.
8 Ebd., S. 11.
9 Ebd., S. 2.
10 Vgl. ebd., S. 12.
11 Vgl. Rachel Valença: *Carnaval, pra tudo se acabar na quarta-feira*, Rio de Janeiro 1996, S. 9.
12 Vgl. Werner Metzger: *Schwäbisch-alemannische Fastnacht*, S. 12; vgl. auch Thomas Nussbaumer: »Oswald von Wolkensteins Fasnachtslied (Kl 60) im Kontext der Fasnacht des Mittelalters«, in: *Miszellen und mehr. Hans Moser zum 80. Geburtstag*, hrsg. von Ursula Mathis-Moser und Thomas Schröder, Innsbruck 2019, S. 19–38, hier: S. 30.
13 Vgl. Werner Metzger: *Schwäbisch-alemannische Fastnacht*, S. 9, S. 13.
14 Ebd., S. 9.

fung einer Personifikation der kalten Jahreszeit [oder in] [...] Lärmumzüge[n] mit Schellen [...], durch deren Klang Böses verscheucht und die schlafende Natur geweckt werden sollte.«[15] Diese Rituale und »Umzüge mit Schellen, Tierverkleidungen und Ackergeräten [...], deren Wurzeln [...] vor der Christianisierung liegen«[16] und die sich gerahmt vom römischen Kalender »in weiten Teilen des Mittelmeerraums, des Alpenbogens und Südosteuropas«[17] über den Zeitraum der winterlichen Ausnahmemonate von Ende Dezember bis Anfang März konzentrieren, sind bis in die Gegenwart in vielschichtigen Varianten und Ausprägungen erhalten.[18] Dass sie die entscheidenden »Vorgaben für die spätere Fastnacht geliefert haben und in ihr aufgegangen sein könnten«[19], betrachtet die moderne Ethnologie derzeit als wahrscheinlichste aller Möglichkeiten. Als bislang ältester schriftlicher Beleg der »vasnacht« gilt Wolfram von Eschenbachs *Parzival* vom Beginn des 13. Jahrhunderts.[20] Etymologisch zwischen dem germanischen und romanischen Sprachraum regional differierend,[21] zeigen sich die Bedeutungen in ihrem Kern übereinstimmend: Wir finden sowohl die germanische Variante der »Fastnacht als Vorabend der Fastenzeit«[22] als auch den aus dem kirchenlateinischen »carnislevamen« abgeleiteten Karneval, der sich im 10. Jahrhundert zunächst zu »carnelevare« und schließlich zu seiner gekürzten romanischen Fassung »carnelevale« entwickelte. Metzger führt aus, wie die Fastnacht »im 14. und 15. Jahrhundert [...] vor allem im urbanen Raum [expandierte], wo sich um den [...] Termin in wachsendem Maße Spiel- und Schaubräuche [...]«[23] vereinten. Interessanterweise bestanden diese »frühesten Darbietungen [...] [aus] komische[n] Turniere[n], die teilweise [...] als ernsthafte Wettkämpfe ausgetragen wurden [oder] [...] als ausgelassene Parodien ritterlichen Lebensstils angelegt waren. [...] An der Schwelle zur Neuzeit entfaltete sich die demonstrative Seite der Bräuche«[24] in mehr und mehr organisierten und publikumswirksamen Vorführungen.[25] Im 15. und 16. Jahrhundert vollzog sich schließlich ein signifikanter Umbruch: »Die Fasnachtsbräuche entfalteten einen wachsenden Grad an Gelenktheit bei vermehrter

---

15 Ebd.
16 Ebd., S. 11.
17 Ebd.
18 Vgl. ebd.
19 Vgl. ebd.
20 Vgl. Thomas Nussbaumer: »Oswald von Wolkensteins Fasnachtslied (Kl 60) im Kontext der Fasnacht des Mittelalters«, S. 30.
21 Vgl. ebd.; vgl. auch Werner Metzger: *Schwäbisch-alemannische Fastnacht*, S. 13.
22 Ebd.
23 Thomas Nussbaumer: »Oswald von Wolkensteins Fasnachtslied (Kl 60) im Kontext der Fasnacht des Mittelalters«, S. 32; vgl. auch Werner Metzger: *Narrenidee und Fastnachtsbrauch. Studien zum Fortleben des Mittelalters in der europäischen Festkultur* (= Konstanzer Bibliothek 15), Konstanz 1991, S. 18.
24 Ebd., S. 15.
25 Ebd., S. 16.

Trennung zwischen Akteuren und Zuschauern«,[26] wobei als »Fastnachtsspiele« inszenierte weltliche Theateraufführungen nicht nur diverse charakteristische Kennzeichen von Großveranstaltungen aufwiesen, sondern auch eine stark ökonomisch ausgerichtete Hauptfunktion erkennen ließen.[27]

Wenngleich der Karneval als fester Bestandteil des liturgischen Kalenders im Zuge der Kolonialisierungsprozesse auch Lateinamerika erreichte,[28] stand seine praktische Ausführung besonders in Staaten wie Brasilien unter strenger Reglementierung und Kontrolle durch die christliche Obrigkeit. Die temporäre »Umkehrung der gesellschaftlichen Ordnung«[29] in der Zeit des Festes blieb als eines seiner zentralen Merkmale erhalten und vermischte sich mit neuen Elementen: Im Karneval von Rio de Janeiro[30] verbanden sich Traditionen afrikanischer Herkunft mit europäischen Bräuchen.[31] Nach der Abschaffung der Sklaverei in Brasilien im Jahr 1888 standen die Tabak-, Kakao- und Zuckerrohrplantagen in Bahia vor dem wirtschaftlichen Aus. Viele ehemalige Plantagenarbeiter suchten in den städtischen Metropolen ihr Glück: Rio de Janeiro war eines der betroffenen urbanen Zentren, die im Zuge der Zuwanderungswellen ihre Struktur stark veränderten. Die baianischen Ankömmlinge fanden vorrangig in Hafennähe wie Portuaria, Centro, Santo Cristo oder Gamboa Raum zur Ansiedlung und verdienten als Straßenverkäufer, Hausmädchen und Arbeiter ihr Brot. Mit ihnen fanden die tief im afrikanischen Erbe verwurzelten musikalischen Traditionen den Weg von Bahia nach Rio.[32] Der in jeder *Escola de Samba* obligatorische *Ala das Baianas*[33] ist die lebendige Form der Hommage an Bahia und die einflussreichen, aus Salvador da Bahia stammenden *Tias*, darunter Tia Ciata da Oxum[34], Tia Bebiana und Tia Hilário Jovino, in deren Häusern der Samba Carioca aus der Taufe gehoben wurde.[35] Tagsüber verkauften sie in Rio Süßigkeiten und Aracajé, des abends wurden ihre Häuser zu Zentren des Candomblé und der Zeremonien und Rituale des Samba do Terreiro zu Ehren der *Orixás*.[36]

---

26 Thomas Nussbaumer: »Oswald von Wolkensteins Fasnachtslied (Kl 60) im Kontext der Fasnacht des Mittelalters«, S. 32; vgl. auch Werner Metzger: *Schwäbisch-alemannische Fastnacht*, S. 16.
27 Vgl. Werner Metzger: *Schwäbisch-alemannische Fastnacht*, S. 16.
28 Vgl. Carla Maria de Oliveira Vizeu: *O Samba-Enredo carioca e suas transformações nas décadas de 70 e 80*, S. 19.
29 Ebd., S. 19; vgl. auch Monique Augras: *O Brasil do Samba-Enredo*, Rio de Janeiro 1998, S. 15.
30 Zu weiteren Karnevalstraditionen in Brasilien: vgl. Felipe Ferreira: *O livro de Ouro do canaval Brasileiro*, Rio de Janeiro 2004, S. 352 ff.
31 Vgl. Sérgio Cabral: *As Escolas de Samba do Rio de Janeiro*, Rio de Janeiro 1996, S. 19; vgl. auch Arne Birkenstock und Eduardo Blumenstock: *Salsa, Samba, Santería. Lateinamerikanische Musik*, München ²2003, S. 178.
32 Vgl. Carlos Sandroni: »Samba Carioca e Identidade Brasileira«, in: *Raízes músicais do Brasil*, hrsg. von Dominique Dreyfus, Rio de Janeiro 2005, S. 25-33, hier: S. 25 f.
33 Vgl. Felipe Ferreira: *O livro de Ouro do Canaval Brasileiro*, S. 368.
34 Sie ist die bekannteste aller *Tias* und trug als bürgerlichen Namen Hilária Batista de Almeida, 1854–1924.
35 Vgl. Helena Theodoro: *Guerreiras Do Samba*, <http://www.tecap.uerj.br/pdf/v6/helena_theodoro.pdf> [22.6.2017], S. 224, S. 227.
36 Vgl. ebd.

Noch heute spiegelt sich in verschiedenen Segmenten und Charakteristika der *Escolas* die enge ursprüngliche Verbindung zum afrobrasilianischen Candomblé.[37] Neben dem *Ala das Baianas* finden sich gebetsartige Elemente im Tanz von *Mestre-Sala* und *Porta-Bandeira (Dança da Reza)* und eindeutige Anklänge bzw. Verweise in den Lyrics des Sambas de Enredo.[38] Trotz strenger Auflagen, ständiger Beobachtung und unablässiger Kontrolle aller Formen von Versammlungen und Zusammenkünften der afrobrasilianischen Bevölkerung durch die Obrigkeit, die jegliche Form von Huldigung und Anbetung der afrikanischen Gottheiten zu unterbinden suchte, fanden die in Rio gestrandeten Zuwanderer verschiedenste Mittel und Wege, um ihre westafrikanischen Traditionen und ihren Glauben weiter zu pflegen.[39] Einerseits entwickelten sie die Strategie, ihre *Orixás* unter dem Deckmantel katholischer Heiliger zu verehren – an Stelle des Heiligen Georg wurde *Oxóssi* angebetet, der Heilige Hieronymus ersetzte *Xangô*, in Jesus konnte *Oxalá* und in der Heiligen Maria *Yemanjá* versinnbildlicht werden.[40]

Die Häuser der *Tias* entwickelten sich rasch zum zentralen Ort gemeinsamer Glaubensausübung. Hier wurde musiziert, getanzt und gefeiert, wobei sich die patrouillierende polizeiliche Kontrolle leicht über die tatsächlichen Beweggründe des geselligen Beisammenseins hinwegtäuschen ließ: Im offenen Vorzimmer feierte man zur Tarnung profane Feste, tanzte Lundu, Habanera, Polka, Marcha und Maxixe,[41] während die Zeremonien des Candomblé für die *Orixás* mit *Rodas de Batuque* im verborgenen Hinterhof praktiziert wurden.[42] Aus diesen musikalischen Zusammenkünften und der zeitgleichen Ausübung afrikanisch-religiöser und portugiesisch-profaner Musiktraditionen unter einem Dach ging die Vermischung verschiedener Elemente hervor.[43] Im vereinten Erbe der unterschiedlichen Kulturkreise verwoben sich Traditionen und Komponenten beiden Ursprungs, die den Samba-Enredo bis heute charakterisieren, darunter seine Liedstruktur aus Strophen und Refrainteilen, die im Prinzip des Wechselgesangs zwischen Interpret

---

37 Zu *Candomblé* vgl. auch: Tiago de Oliveira Pinto: *Capoeira, Samba. Candomblé.*
38 Vgl. Helena Theodoro: *Guerreiras Do Samba*, S. 229.
39 Barbara Browning: *Samba. Resistance in Motion*, Bloomington 1995, S. 23.
40 Chris McGowan und Ricardo Pessanha: *The Brazilian Sound. Samba, Bossa Nova und die Klänge Brasiliens*, St. AndräWördern 1993, S. 24.
41 Ballsaal-Stil mit rhythmischem Einfluss von *Tango* und *Habanera*.
42 Vgl. Carlos Sandroni: »Samba Carioca e Identidade Brasileira«, S. 25 f.; vgl. auch Helena Theodoro: *Guerreiras do Samba*, S. 224; vgl. auch Barbara Browning: *Samba. Resistance in Motion*, S. 30.
43 Rhythmische Konstruktionstechniken bzw. Gestaltungsebenen der *Marcação, Linha rhythmica, Elemtarpulsation*; Instrumentarium mit *Agogô, Cuíca, Atabaque*, Wechselgesang nach dem Prinzip des *Call–Response*, verminderte und fallende Melodiewendungen: Vgl. Auch Tiago de Oliveira Pinto und Gerhard Kubik: Art. »Afroamerikanische Musik«, Sp. 215; vgl. auch Tiago de Oliveira Pinto und Dudu Tucci: *Samba und Sambistas in Brasilien* (= Musikbogen. Wege zum Verständnis fremder Kulturen, Bd. 2), Wilhelmshaven 1992, S. 41 ff.; Zu Elementen afrikanischen Ursprungs im *Samba*: Vgl. auch Gerhard Kubik: *Angolan traits in Black Music, Games and Dances of Brazil*, Lissabon 1979; vgl. auch Peter Fryer: *Rhythms of Resistance. African Musical heritage in Brasil*, Hannover 2000.

und Chor vorgetragen werden, die Harmonisierung der Gesangslinie durch das *Cavaquinho* sowie der typische 2/4-Takt mit komplexer Polyrhythmik, die, mit synkopierten Grund- und Kreuzrhythmen ausgestaltet,[44] von unterschiedlichen Perkussionsinstrumenten wie *Tamborim, Surdo, Cuíca, Repinique, Caixa* und *Agogô* ausgeführt wird.[45] Das Haus der Tia Ciata, die bekannt für ihre direkte Verbindung zum Samba do Morro war,[46] wurde zu Beginn des 20. Jahrhunderts zur Wiege des Samba-Carioca und zum Treffpunkt seiner Gründerväter – darunter Ismael Silva,[47] Pixinguinha, Donga und João da Baiana[48]. In den Kompositionssessions der frühen *Parcerias* entstanden einige heute überaus bekannte Gemeinschaftswerke wie *Pelo Telefone*, das 1917 im Tonstudio aufgenommen[49] und kurz darauf von durchschlagendem Erfolg gekrönt wurde. Die Frage, ob *Pelo Telefone* als erster Samba bezeichnet werden kann, ist nicht eindeutig zu klären und nach wie vor Gegenstand von Kontroversen.[50] Nachdem die Ursprünge des Karnevals von Rio wie auch die zugeordnete Musikgattung Samba-Enredo bekanntermaßen auf einer Kombination europäischer und afrikanischer Elemente fußen,[51] erwähnen verschiedenste Forschungsberichte als weitere bedeutende Wurzel den portugiesischen *Entrudo*, der in Rio de Janeiro bis ins 19. Jahrhundert praktiziert wurde und lange als Synonym für den Karneval galt. Es handelt sich um eine Tradition, die in den Häusern wie auf den Straßen gefeiert wurde und in einer spielerischen »Schlacht« bestand, bei der sich die Teilnehmenden gegenseitig mit Wasser, Dreck, Kalk und Konfetti zu bewerfen versuchten.[52] Mit dem Anwachsen zur Großstadt wandelte sich das Stadtbild von Rio und damit das Bewusstsein seiner Einwohner: Die starke Veränderung der Sozialstruktur schlug sich unter anderem in der Organisation ihres Karnevals nieder. Es kam zur Aufsplittung in *Grandes e Pequenas Sociedades* – dem sogenannten Großen und Kleinen Karneval.[53] Der Große Karneval bezeichnete in diesem Kontext die ausschweifenden, exklusiven und für das Volk unzugänglichen Feste der aristokratischen Mittelklasse, die mit aufwändigen und

---

44 Vgl. Suzel Ana Reily: »Brazil: Central and Southern Areas«, in: *The Garland Handbook of Latin American Music*, hrsg. von Dale O. Olsen und Daniel E. Sheehy, London ²2008, S. 326–351, hier: S. 334.
45 Zur *Bateria* und zum Instrumentarium der *Escola de Samba*: vgl. Chico Santana: *Batucada: Experiencia em movimento* (Tese de doutorado em música, Instituto de Artes da Universidade Estadual de Campinas), Campinas 2018; vgl. auch Tiago de Oliveira Pinto und Dudu Tucci: *Samba und Sambistas in Brasilien*, S. 41 ff.
46 Vgl. Helena Theodoro: *Guerreiras Do Samba*, S. 227.
47 *Ismael Silva*: Gründervater der ersten Sambaschule *Deixa falar*, vgl. auch Maria Thereza Mello Soares: *São Ismael do Estácio, O Sambista que foi Rei*, Rio de Janeiro 1985.
48 Vgl. Fabiana Lopes da Cunha: *Da marginalidade ao estrelato*. S. 75.
49 Vgl. ebd., S. 138 ff.
50 Zu *Pelo Telefone*: vgl. Tiago de Oliveira Pinto: »Der urbane Samba um 1900«, S. 53; vgl. auch André Diniz: *Almanaque do Samba. A história. O que ouvir, o que ler, onde curtir*, Rio de Janeiro ³2012, S. 34 ff.
51 Vgl. Suzel Ana Reily: »Brazil: Central and Southern Areas«, S. 331.
52 Vgl. Sérgio Cabral: »Foliões do Brasil«, in: *Meu Carnaval Brasil*, hrsg. von Leonel Kaz und Nigge Loddi, Rio de Janeiro 2008/2009, S. 15–20, hier: S. 16. Zu *Entrudo*: Vgl. Fabiana Lopes da Cunha: *Da marginalidade ao estrelato*, S. 54 ff.; vgl. auch Felipe Ferreira: *O livro de Ouro do canaval Brasileiro*, S. 74 ff.
53 Vgl. Sérgio Cabral: »Foliões do Brasil«, S. 21; vgl. auch Tiago de Oliveira Pinto und Dudu Tucci: *Samba und*

kostspieligen Umzügen, den als *Brincadeiras* bezeichneten Spielen und venezianisch inspirierten Maskenbällen, begangen wurden. Typisch für die Bälle und Paraden war die Wahl eines *Enredos*, das vom Veranstalter frei gewählt und in prächtigen plastischen Elementen künstlerisch umgesetzt wurde. Als bevorzugtes Material für die Themenwahl galten neben Legendenstoffen auch Theaterstücke und beliebte Opern der Zeit, beispielsweise *Die lustige Witwe* und *La Bohème*.[54]

4.2 Ein buntes Gemisch diverser Traditionen und kultureller Elemente: Von *Ranchos*, *Blocos* und *Cordões* im Kleinen Karneval und den ersten *Desfiles* der Sambaschulen

Als Gegenentwurf zum Großen Karneval entwickelte sich gegen Mitte des 19. Jahrhunderts unter den weniger begüterten Bevölkerungsschichten der sogenannte Kleine Karneval, welcher von den *Ranchos*, *Blocos* und *Cordões*[55] praktiziert wurde. Diese Begriffe standen für musizierende Gruppen, deren Umzüge quer durch Rios Innenstadt führten. Den Kern der damaligen *Ranchos* bildeten nach den Ausführungen von Tinhorão die aus Bahia stammenden Landarbeiter, die ihre Umzüge mit einer allegorischen Frontfigur und farbenprächtig kostümiert als portugiesische Pastoren an der Pedra do Sal begingen. Musikalisch begleitet wurden sie von verschiedenen Harmonie- und Perkussionsinstrumenten.[56] Die aus dem afrikanischen Erbe entstandenen *Blocos* und *Cordões* kostümierten sich ebenfalls, verfügten aber über ein Perkussionsorchester, das als Vorläufer der *Bateria* der heutigen Sambaschulen gilt.[57] Eine Vermischung der Elemente und Bräuche ergab schließlich die heutige Form der *Desfiles*: Aus den *Ranchos* übernahm man die Struktur des Umzugs, aus den *Grandes Sociedades* das Konzept der allegorischen Wagen und die farbenprächtige Kostümierung, aus den *Blocos* und *Cordões* stammen die Wurzeln der *Bateria*.[58] Bereits in diesen frühen Entwicklungsjahren der *Esolas*[59] um 1930 prägte

---

Sambistas in Brasilien, S. 13; Zu *Großem* und *Kleinem Karneval*: vgl. auch Felipe Ferreira: *O livro de Ouro do canaval Brasileiro*, S. 104.

54 Vgl. Felipe Ferreira: »Terra de Samba e Pandeiro. Uma História do Carnaval«, in: *Meu Carnaval Brasil*, hrsg. von Leonel Kaz und Nigge Loddi, Rio de Janeiro 2008/2009, S. 21–45, hier: S. 33.

55 Vgl. Sérgio Cabral: »Foliões Do Brasil«, S. 24; vgl. Helena Theodoro: *Guerreiras Do Samba*, S. 231 ff.; vgl. auch Felipe Ferreira: »Terra de Samba e Pandeiro«, S. 32 ff.; vgl. auch Nei Lopes und Luiz Antonio Simas: *Dicionário da História social do Samba*, Rio de Janeiro 2015, S. 41, S. 78, S. 236.

56 Vgl. Tiago de Oliveira Pinto: Art. »Samba«, Sp. 886 ff.

57 Vgl. José Ramos Tinhorão: *Pequena história da música popular da modinha à canção de protesto*, Petrópolis 1974, S. 107; vgl. auch Carla Maria de Oliveira Vizeu: *O Samba-Enredo carioca e suas transformações nas décadas de 70 e 80*, S. 25.

58 Vgl. Sérgio Cabral: »Foliões Do Brasil«, S. 16.

59 Vgl. Carlos Sandroni: »Samba Carioca e Identidade Brasileira«, S. 29; vgl. auch Carla Maria de Oliveira Vizeu: *O Samba-Enredo carioca e suas transformações nas décadas de 70 e 80*, S. 37.

der kompetitive Charakter ihre *Desfiles*, die zunächst von verschiedenen *Blocos* – unter ihnen *Deixa Falar*[60] – mit Umzügen an der Praça Onze und in Estácio durchgeführt wurden. Für diese Umzüge wurden in mühevoller Handarbeit und mit großer Sorgfalt Kostüme, Flaggen und allegorische Wagen hergestellt: Während den Frauen die Näharbeiten an *Fantasias* und Fahnen ihrer Schule oblag, waren die Männer mit dem Bau von Instrumenten, den *Alegorias* sowie der technischen Umzugsplanung und -ausführung betraut. Um die Materialkosten zumindest teilweise zu decken, versuchten die Frauen den Finanzhaushalt durch die Produktion und den Verkauf kulinarischer Spezialitäten aufzubessern.[61] Darüber hinaus sah sich eine kleine elitäre Gruppe aus der *Comunidade* mit der Komposition des bzw. der Sambas verantwortlich – bis in die 1950er Jahre wurden im *Desfile* einer Sambaschule mehrere Sambas präsentiert.[62] Die Komposition wies in ihrer Anlage und Beschaffenheit eine Reihe von Differenzen zur heutigen Struktur auf: Während der erste Teil festgelegt war und vom Chor gesungen wurde, bestand der zweite ausschließlich in Improvisation; eine direkte Beziehung von Samba und *Enredo* wurde erst 1952 zur bindenden Pflicht.[63]

Das Ende der 1920er Jahre markierte den Entstehungsmoment der ersten *Escolas de Samba*.[64] Als *Berço do Samba* wurde 1928 in Estácio die erste Sambaschule *Deixa Falar* bekannt, die durch die erwähnte Gruppe um Ismael Silva aus der Taufe gehoben wurde – jener Komponistengruppe, die dem Samba-Carioca mit verschiedenen stilistischen Veränderungen zur endgültigen Ablösung von Maxixe und Marsch verhalf.[65] Die Zuschreibung der charakteristischen rhythmischen Formel, die oft als *Paradigma do Estácio*[66] bezeichnet wird, ist unter Experten eine ähnlich kontrovers diskutierte Frage wie die um *Pelo Telefone*. Neben der Musik erlebte auch die Textgestaltung einen Wandel. Durch die Thematisierung alltäglicher Belange in der Poesie der *Letras* gelang es den Komponisten, zu einem Sprachrohr der ärmeren gesellschaftlichen Schichten zu werden.[67] Zur Entstehung der Bezeichnung *Escola de Samba* existieren – ähnlich wie zum Begriff Samba selbst – verschiedenste Hypothesen. Suzel Reily beschreibt den Moment folgendermaßen:

---

60 *Deixa Falar*: Erste Sambaschule von Rio de Janeiro; vgl. auch André Diniz: *Almanaque do Samba*, S. 104 ff.
61 Vgl. Fabiana Lopes da Cunha: *Da marginalidade ao estrelato*, S. 37.
62 Vgl. Alberto Mussa und Luiz Antonio Simas: *Samba de Enredo. História e arte*, Rio de Janeiro 2010, S. 24.
63 Vgl. Carla Maria de Oliveira Vizeu: *O Samba-Enredo carioca e suas transformações nas décadas de 70 e 80*, S. 15, S. 44; vgl. auch Rachel Valença: *Palavras de purpurina*, Nierói 1982, S. 34; Zur Verbindung von *Samba* und *Enredo*: Vgl. auch Monique Augras: *O Brasil do Samba-Enredo*, S. 31.
64 Zur Entstehung und Entwicklung der *Escolas de Samba*: vgl. auch Alberto Mussa und Luiz Antonio Simas: *Samba de Enredo*; Renato Lemos: *Inventores do Carnaval* (= Cadernos de Samba), Rio de Janeiro 2015; Monique Augras: *O Brasil do Samba-Enredo*.
65 Beispielsweise Phrasierungen im 2/4-Takt, Mäßigung des Tempos, erfindungsreiche Melodien und Modulationen.
66 Zum *Paradigma do Estácio*: vgl. André Diniz: *Almanaque do Samba*, S. 104 ff.
67 Vgl. Chris McGowan und Ricardo Pessanha: *The Brazilian Sound*, S. 33–35.

»One afternoon in 1928, a group of samba musicians [...] belonging to an association known as *Deixa Falar* [...] was rehearsing in [...] front of a teacher-training college. Inspired by this situation, they decided to call their own association a samba school [...]. Thereafter, other Carnaval associations adopted the term, and samba schools began turning up [...].«[68]

Werden in der Literatur stets die künstlerischen und strukturellen Ursprünge und Verbindungen der *Escolas* zu den *Grandes e Pequenas Sociedades, Ranchos, Blocos* und *Cordões* herausgestellt, sollte auch ein weiteres Ursprungselement benannt werden, auf das mich Machadinho, Komponist und ehemaliger Präsident des *Alas de Compositores* der *Unidos de Vila Isabel*, aufmerksam machte: Die enge Verbindung zwischen einer *Escola* und dem *Clube de Futebol* eines Bezirks: Sie gaben den Sambaschulen unter anderem die Farben der heutigen Flaggen.

»Jede Sambaschule entstand aus einem Fußballclub. Zumindest die überwiegende Mehrheit. Die Flaggen, die Farben, kommen vom Team. [...] 1946 das Blau und Weiß. Im Jahr 1950 wurde ein Club gegründet, [...] der sich *Associacao Atlética de Vila Isabel* nannte. Und dann kam das *Gremio Recreativo da Escola de Samba Unidos de Vila Isabel*.«[69] MACHADINHO, Komponist [*Vila Isabel*], 23.2.2015.

Deixa Falar wurde nach kurzer Zeit zum Leitbild für neue *Escolas de Samba*,[70] die sich in anderen Stadtteilen nach ähnlichem Schema zusammenschlossen – darunter 1929 *GRES. Estação Primeira de Mangueira* unter der Führung von Cartola[71] und 1934 *GRES. Portela* unter Paulo da Portela.[72] In den 1930er Jahren wuchs mit Noel Rosa, Braguinha, Ary Barroso und Carmen Miranda eine neue Komponistengeneration heran,[73] die den Samba auch außerhalb der *Morros* in den bürgerlichen Bevölkerungsgruppen salonfähig machte, indem sie das Augenmerk auf die melodische und harmonische Gestaltung und subtile, elaborierte Poesie richtete und die Gefühlswelt der Menschen in den Mittelpunkt stellte.[74]

---

68 Suzel Ana Reily: »Brazil: Central and Southern Areas«, S. 342.
69 Originaltext: »Toda Escola de Samba nasceu de time de futebol. A maioria delas. As bandeiras, as cores [vem do time]. [...] Aquela azul e branco – em 1946. Em 1950 fundaram clube, [...] chamada Associacao Atlética de Vila Isabel. E lá era Grêmio Recreativo das Escolas de Samba Undios de Vila Isabel.«.
70 Vgl. Felipe Ferreira: *O livro de Ouro do canaval Brasileiro*, S. 327; vgl. auch Carlos Sandroni: »Samba Carioca e Identidade Brasileira«, S. 16 ff.
71 Zu den ersten *Escolas* wie *Portela* und *Mangueira*: vgl. André Diniz: *Almanaque do Samba*, S. 108, S. 117 ff.
72 Vgl. ebd., S. 117.
73 Vgl. Suzel Ana Reily: »Brazil: Central and Southern Areas«, S. 343. Zur Komponistengeneration von *Noel Rosa* und *Braguinha*: vgl. auch André Diniz: *Almanaque do Samba*, S. 60 ff. Zu *Noel Rosa*: vgl. auch Leonardo Bruno und Rafael Galdo: *Cartas para Noel. Histórias da Vila Isabel* (= Cadernos de Samba), Rio de Janeiro 2015.
74 Vgl. Chris McGowan und Ricardo Pessanha: *The Brazilian Sound*, S. 37.

4.3 Eine neue Ära der Instrumentalisierung von Musik: Der Weg des Samba-Enredo vom politischen Mittel zum wirkungsvollen Werkzeug im Zeitalter von Kommerz und Globalisierung

Das diktatorische Regime von Getúlio Vargas (1937–1945)[75] erkannte zeitnah die Breitenwirkung der *Escolas de Samba* sowie die Möglichkeit, die *Desfiles* bzw. *Enredos* als wirksames Mittel und Instrument zur politischen Beeinflussung einzusetzen: Ausschließlich nationale Themen sollten fortan als Thema für die Umzüge zur Wahl stehen – eine Entscheidung, die vom *Departamento de Imprensa e Propaganda* unterstützt und durchgesetzt wurde. Als eines der prominentesten Beispiele gilt die Disqualifikation der *Escola Vizinha Faladeira* im *Desfile* von 1938, die mit *Schneewittchen und die sieben Zwerge* ein Thema ohne nationalen Bezug präsentierte.[76] Ein neuer Paragraf im *Regulamento* schrieb die Thematisierung historischer Fakten, Orte und Persönlichkeiten oder regimeverherrlichende Darstellungen der Landesgeschichte vor,[77] eine Regel, die sich erst einige Jahrzehnte später im Zuge der Demokratisierung auflöste.[78] Die politische Instrumentalisierung des Sambas unter der eisernen Hand des *Estado Novo* entwickelte ihre Blüten auf eindrückliche Weise in patriotischen Sambatexten, die auch als Samba-Exaltação bekannt sind.[79] In der *Conferência de São Francisco* wurde im Jahr 1946 außerdem festgelegt, dass der Sambatext als in Versen angelegtes Libretto dienen sollte, welches das Thema auf musikalisch-poetischer Ebene in szenischer, opernähnlicher Form inszenierte.[80] Damit einhergehend wurden die Lyrics mittels folgendem Beschluss ihrer improvisierten Teile entbunden:[81] »Es ist die Pflicht der Komponisten, oder jenem, der den zweiten Teil des Sambas ausführt, dass nicht improvisiert wird, sondern die Lyrics in vollständiger Form vorliegen« (»É

---

75 Vgl. Eduardo Nunes da Silva: »Narrativas sobre a história e ação no domínio dos Enredos das Escolas de Samba do Rio de Janeiro durante a década de 1980«, in: *Mariana. Caderno de resumo e anais do 6. Seminário Brasileiro da História e Historiografia. O girolinguístico e a Historiografia: Balanço e Perspectivas*, Rio de Janeiro 2012, S. 3–20, hier: S. 3.

76 Luiz Antonio Simas und Fábio Fabato: *Pra tudo começar na quinta feira. O Enredo dos Enredos*, Rio de Janeiro 2015, S. 22; vgl. auch *Raymond Junior: Um tempo em que eram exigidos temas nacionais para os enredos*, 02/07/2012, <http://www.sidneyrezende.com/noticia/176180> [1.12.2017]. Zu *Enredos*: vgl. auch Luiz Antonio Simas und Fábio Fabato: *Pra tudo começar na quinta feira. O Enredo dos Enredos*, Rio de Janeiro 2015.

77 Vgl. Hiram Araújo: *Memória Do Carnaval*, S. 309.

78 Vgl. Eduardo Nunes da Silva: »Narrativas sobre a história e ação no domínio dos Enredos das Escolas de Samba do Rio de Janeiro durante a década de 1980«, S. 3.

79 Vgl. Alberto Mussa und Luiz Antonio Simas: *Samba de Enredo*, S. 38 ff.; Zum Phänomen des *Samba-Exaltação*: Vgl. auch Fabiana Lopes da Cunha: *Da marginalidade ao estrelato*, S. 219 ff.

80 Vgl. Carla Maria de Oliveira Vizeu: *O Samba-Enredo carioca e suas transformações nas décadas de 70 e 80*, S. 43; Zur *Conferência de São Fransisco*: Vgl. auch Alberto Mussa und Luiz Antonio Simas: *Samba de Enredo*, S. 42; vgl. auch Rachel Valença: *Palavras de purpurina*, S. 36.

81 Ebd., S. 34. Zur Verbindung von *Samba* und *Enredo*: vgl. auch Monique Augras: *O Brasil do Samba-Enredo*, S. 31 ff.

dever dos Compositores da Escola ou de quem responder pela *Segunda Parte* dos Sambas não improvisar, trazendo a *Letra* completa.«)[82]. Obwohl es bis in die 1950er Jahre gängige Praxis blieb, im *Desfile* mehrere Sambas zu präsentierten,[83] wurde dieser Moment zum Wendepunkt, an dem die Kompositionen eine definierte Struktur erhielt. Kurze Zeit später, 1952, wurde der Samba erstmalig als unabhängiges *Quesito* ins *Regulamento* aufgenommen.[84] Die 1960er und 1970er Jahre brachten erneut signifikante Einschnitte: Nachdem die Limitation der zur Wahl stehenden Themen mehr und mehr aufbrach,[85] markierte der Anbruch der neuen Ära der Kommerzialisierung und Professionalisierung der *Desfiles* und des Karnevals, die an der Schwelle zum neuen Jahrzehnt eingeleitet wurde, eine Zäsur in der Geschichte der *Escolas de Samba*. Der politische Fokus richtete sich im Zuge der fortschreitenden medialen Entwicklung auf den Ausbau des Marktes kultureller brasilianischer Güter, der zunehmend an Bedeutung und Aufmerksamkeit gewann.[86] Dieser Wandel schlug sich unter anderem auf den Karneval nieder, der bereits in dieser Zeit den Weg zum medienwirksamen, touristischen Ereignis eingeschlagen hatte. Mit der entstehenden und wachsenden Tonträger- und Filmindustrie fiel die Produktion der ersten CD der Sambas der *Escolas* in das Jahr 1968.[87] Kurz darauf gründete sich Riotur (1970), ein Tourismusverband, der den Karneval der Sambaschulen durch Subventionierung zu einer institutionellen Anbindung brachte, bei der er als übergeordnete Instanz fungierte.[88] Mit der Übertragung der Filmrechte der *Desfiles* an *Rede Globo*[89], die bis heute als Übertragungskanal fungiert, erfolgte eine Rationalisierung der Umzüge, welche durch den Umschlag von Sendezeit in finanzielle Ressourcen eine Doppelfunktion des Karnevals bewirkte: Einerseits blieb seine Rolle als traditionelles Fest erhalten, andererseits wurde er Medium ökonomischer Investitionen. Riotur wurde 1984 in ihrer Funktion durch die Liga der Sambaschulen, LIESA,[90] abgelöst, die gegenwärtig die Präsentationen der *Escolas* im *Desfile* koordiniert und bewertet. Ihre Gründungszeit fällt mit 1984 in dasselbe Jahr wie die Neukonstruktion des *Sapucai*.[91]

---

82 Zitiert nach: Carla Maria de Oliveira Vizeu: *O Samba-Enredo carioca e suas transformações nas décadas de 70 e 80*, S. 44; vgl. auch Monique Augras: *O Brasil do Samba-Enredo*, S. 78.
83 Vgl. Alberto Mussa und Luiz Antonio Simas: *Samba de Enredo*, S. 24.
84 Ebd.
85 Vgl. Hiram Araújo: *Memória Do Carnaval*, S. 309.
86 Vgl. Renato Ortiz: *A moderna tradicao brasileira. Cultura brasileira e indústria cultural*, São Paulo 1988, S. 113, S. 136, S. 147.
87 Vgl. Felipe Ferreira: *O livro de Ouro do canaval Brasileiro*, S. 124.
88 Vgl. Hiram Araújo: *Memória Do Carnaval*, S. 580., vgl. auch Hiram Araújo: *Seis Milênios do Carnaval*, Rio de Janeiro 2003.
89 Vgl. Eduardo Nunes da Silva: »Narrativas sobre a história e ação no domínio dos Enredos das Escolas de Samba do Rio de Janeiro durante a década de 1980«, S. 3.
90 *Liga Independente das Escolas de Samba* [LIESA].
91 Vgl. *Homepage der Liga Independent das Escolas de Sam*ba, <http://liesa.globo.com> [9.11.2023].

Kapitel 5: Zur Kompositionstradition der *Parcerias* der Sambaschulen von Rio de Janeiro

5.1 Von der Exklusivität des *Alas de Compositores* und den frühen Kompositionspraktiken

Der *Ala de Compositores* bezeichnet seit der Herausbildung der *Escolas de Samba* eine kleine, besondere Gruppe innerhalb der *Comunidade*, die sich als intellektuelle Elite verstand und von den anderen Mitgliedern als solche respektiert und geschätzt wurde. Diese hervorgehobene Position erwuchs zunächst aus der Identität der Gründerväter der traditionsreichsten Sambaschulen wie *Mangueira, Portela, Vila Isabel, Salgueiro* und *Estácio*, in denen sich bis heute eine Reihe namhafter Komponisten finden. Die Exklusivität begründete sich ferner in einem strikten Aufnahmeverfahren, dessen erfolgreiche Absolvierung unumgänglich für den Beitritt war: Um in den *Ala de Compositores* aufgenommen zu werden, musste ein Bewerber vor der gesamten Gemeinschaft der Komponisten eine Prüfung ablegen und gehörte erst dann fest zur Sambaschule, die er von diesem Moment an mit Stolz und aufopfernder Leidenschaft vertrat. Den Prozess der Prüfung und die persönliche Bedeutung für einen Komponisten beschreiben zwei Mitglieder der *Ala* der *Unidos de Vila Isabel*:

»Wenn du heute in irgendeine Sambaschule gehst und die Zeit des Komponistenwettstreites beginnt, gehst du, schreibst dich ein, bezahlst eine Gebühr, schreibst einen Samba und bist Komponist. [In früheren Zeiten] [...] nicht. Beispielsweise, wenn du in den *Ala de Compositores* aufgenommen werden wolltest. Der *Ala* verfügte über circa hundert Komponisten. Im Laufe von ein, zwei Jahren starben fünf, sechs oder sieben – und ihre Plätze wurden frei. Um aufgenommen zu werden, gab es einen Wettbewerb: Du bekamst ein Thema und musstest einen Samba komponieren, der dann [in seiner Qualität und Stilistik] beurteilt wurde und du wurdest aufgenommen oder auch nicht. [...] Man musste sich aufopfern.«[1] CLAUDIA NELL, Komponistin [*Vila Isabel*], 7.11.2014.

---

1 Originaltext: »Hoje qualquer Escola de Samba, quando cê entra na época do Samba-Enredo, você vai, se inscreve, paga uma taxa, escreve um Samba e vira Compositor. [Antigamente] [...] não. Pra entrar na Ala de Compositores – por exemplo – tinha uns cento e tantos Compositores. Aí durante de um ano, dois anos, morreram cinco, seis, sete – aí vagavam essas vagas. Aí pra entrar, eles te davam um tema, você tinha que fazer um Samba a ser avaliado por uma banca – [Autorin: Sozinha?] É. Sozinha... [mas] claro que cê não faz sozinha ... – você era avaliado por uma banca, aí a banca te apovava ou não. Então, cara, eu nem lembro qual foi o ano, acho que eu entrei na Vila pra ala... acho que foi em noventa e alguma coisa. Noventa e seis, noventa e sete... acho que foi. Como Compositora. Então eu continuava na Diretoria, desfilava na Bateria. [...] você tem que ter dedicação.«.

»1968 fand ein Wettbewerb um die Aufnahme in den *Ala de Compositores* statt, an dem ich teilnahm und zugelassen wurde. Von diesem Moment an war ich Teil der Komponisten der *Unidos de Vila Isabel*, worauf ich überaus stolz war, allerdings gewann ich bis heute nur einen einzigen Samba-Enredo – den von 1992 [...]. Komponist zu sein wurde mir bereits in die Wiege gelegt, denn mein Vater spielte [...] das *Sanfona*.«[2]

Wie streng die Zugehörigkeit verteidigt wurde, illustriert eine Szene des Spielfilms *Trinta. A história do homem que reinventou o Carnaval*[3]. Hier zeigt ein Dialog zwischen dem *Diretor do Carnaval* der *Acadêmicos do Salgueiro* und einem externen Komponisten aus São Paulo die Abgeschlossenheit und Exklusivität der *Escolas de Samba* und ihrem *Ala de Compositores*, die auch heute noch in verschiedenen Musikstilen und Gattungen wie beispielsweise dem Rap oder Hip-Hop anzutreffen sind.[4] Im Fall des Sambas waren nicht einmal Angehörige eines anderen *Morros* als Komponisten der eigenen Sambaschule erwünscht, geschweige denn ein Fremder aus einer anderen Stadt. Bereits der Umstand, nicht der *Comunidade* bzw. dem *Morro do Salgueiro* anzugehören und darüber hinaus nicht aus Rio zu stammen, erschienen als Verhöhnung und wurde mit dem abfälligen Ausspruch »Ach, in São Paulo gibt es Karneval? [...] Ai Paulista, komm wieder, wenn du eine *Parceria* hast!«[5] bestraft.[6] Ähnliches bestätigte mir der Komponist Machadinho im Interview. Seine Erinnerungen an die rigorose Trennung beschrieb er folgendermaßen:

»Die Komponisten kamen alle vom selben *Morro*. Es gab niemanden von außerhalb. Man hätte nicht von dem einem zum anderen *Morro* kommen und bitten können, mit den Komponisten von dort zusammen Samba zu machen. Es wurde ja nicht einmal geduldet, mit jemandem aus der Nachbarstraße Fußball zu spielen!«[7] MACHADINHO, Komponist [*Vila Isabel*], 23.2.2015.

---

2 Carlinhos da Vila: *Minha Vida, Minha História. Lembranças & Recordações*, Rio de Janeiro 2007, S. 26. Originaltext: »Em 1968 houve um concurso para ingresso na Ala de compositores do qual participei e fui aprovada. Passei então a fazer parte da Ala de Compositores da Unidos de Vila Isabel com muito orgulho, mas até a data de hoje só ganhei um único Samba-Enredo, 1992 [...]. Mas eu já carregava a veia de Compositor desde criança, pois meu pai tocava sanfona na década de 1960.«
3 Vgl. DVD: »*Trinta. A história do homem que reinventou o Carnaval*« [2015], Sony DADC Brasil/20th Century Fox, 94 min., Manaus 2015.
4 Vgl. Giwar Hajabi [Xatar]: *Xatar. Alles oder Nix. Bei uns sagt man, die Welt gehört dir*, München 2015, S. 109.
5 Originaltext: »Ah, tem Carnaval em São Paulo? [...] você é Paulista! Volta quando tiver Parceria!«, DVD: »*Trinta. A história do homem que reinventou o Carnaval*« [2015].
6 Vgl. Video 7 – *Parceria do Salgueiro, Acadêmicos do Salgueiro* 1974.
7 Originaltext: »[Os Compositores] eram todos de lá, de cima do morro. Não tinha ninguém de fora. Nem podia chegar do outro morro e fazer Samba no outro. Nem aceitavam jogar futebol pra quem era da outra rua!«.

Die Abschottung betraf alle Bereiche und Segmente. Martinho da Vila berichtete über einen ethischen Kodex innerhalb und zwischen den *Escolas de Samba* und ihren *Comunidades*. Ein Wechsel von einer zur anderen Sambaschule war nicht – wie heute – von einem auf das andere Jahr möglich. Das verbat bereits der Anstand. Erfolgte dennoch ein Tausch, so war zumindest eine Karenzzeit einzuhalten:

> »Zu dieser Zeit[8] gehörten die Segmente wirklich zur *Escola*. [Früher] gab es das nicht, dass eine Sambaschule mit der *Porta-Bandeira* einer anderen auftrat ... jeder hatte sein eigenes Team. Wenn jemand aus einer Sambaschule austreten oder wechseln wollte, verbrachte er ein ganzes Jahr ohne *Desfile* und lief erst dann zur neuen *Escola* über. Das war eine Frage der Ethik.«[9] MARTINHO DA VILA, Komponist [*Vila Isabel*], 24.2.2016.

Ähnlich verhielt es sich mit Neulingen des *Alas de Compositores*: Im ersten Jahr, in dem man sich für die Aufnahme qualifizierte, durfte man noch nicht am *Disputa de Samba* teilnehmen, sondern absolvierte eine Art Praktikum, in dem man alle Vorgänge ausschließlich beobachtete und begleitete, ohne aktiv teilzunehmen. Die beschriebene Rigorosität im Auswahl- und Aufnahmeverfahren brach mit dem Einzug von Professionalisierung, Kommerzialisierung und dem zunehmenden Einfluss von Presse, Plattenindustrie und verschiedenen Medien mehr und mehr auf und erreichte zur Millenniumswende ihren erschreckenden Höhepunkt: Die Aufnahme in den *Ala* beschränkte sich nun auf die bloße Entrichtung einer Registrierungsgebühr, die zugleich für die Teilnahme am *Disputa de Samba* ermöglichte.[10] Die Notwendigkeit finanzieller Unterstützung öffnete Außenstehenden die Schranken. Dennoch zeigt sich in den von mir geführten Interviews, dass in vielen Fällen eine Exklusivität und Abschottung der Komponisten gegenüber externen Personen in der täglichen Praxis fortbesteht. Dudu Nobre beschrieb mir seine ersten Versuche, Mitglied einer *Parceria* zu werden, die im entscheidenden Moment mit einer unausgesprochenen Zurückweisung endeten, wie folgt:

> [Autorin: Hast du den Samba allein oder in der *Parceria* geschrieben?] »Allein. Eigentlich wäre ich gern Teil einer *Parceria* gewesen. Aber *Alas de Compositores* sind sehr verschlossen. Jeder kam und sagte: Ja, klar, wir komponieren zusammen! Und plötzlich waren alle verschwunden. Und ich

---

8 Gemeint ist hier die Präsidentschaftszeit des ersten Präsidenten der *Unidos de Vila Isabel* [bis 1958], bekannt unter dem Namen »Seu China«; vgl. auch Homepage der *GRES. Unidos de Vila Isabel* < https://unidosdevilaisabel.com.br> [9.11.2023]; vgl. auch: Leonardo Bruno und Rafael Galdo: *Cartas para Noel. Histórias da Vila Isabel* (= Cadernos de Samba), Rio de Janeiro 2015.

9 Originaltext: »Naquele tempo os componentes eram da própria Escola. [Antigamente] não tinha uma Escola desfilar com a Porta-Bandeira do outro ... cada um tinha o seu time. Quando alguém saía de uma Escola de Samba, passava um ano sem desfilar e depois ia pra outra. Tinha uma ética.«.

10 Vgl. Nei Lopes und Luiz Antonio Simas: *Dicionário da História social do Samba*, S. 69.

stand da und musste den Samba doch allein schreiben.«[11] Dudu Nobre, Komponist [*Mocidade*], 17.2.2016.

Gegenwärtig zeigt sich bezüglich der Beschaffenheit von *Parcerias* (in Abhängigkeit von den Mitgliedern) die Tradition im Aufbruch: Die Öffnung zur Zusammenarbeit mit Neuzugängen und gegebenenfalls unerfahrenen Komponisten wird nicht von allen als negativ bewertet, sondern kann innerhalb eines eingespielten Kollektivs als Bereicherung und Nachwuchsförderung empfunden werden, wie Lequinho da Mangueira formuliert:

> »Im Prinzip sind wir daran gewöhnt, mit den vertrauten Personen innerhalb unserer Gruppe zu arbeiten, aber es funktioniert ebenso mit externen Komponisten. Meist ist es einfach [...], aber es gibt auch Leute, mit denen es kompliziert ist [...]. Wir mögen es, unsere Gruppe für Personen zu öffnen, die von außen kommen ... allein schon, um die Person dadurch wertzuschätzen. Manchmal besitzt jemand ein großes Talent, dessen er sich selbst nicht mal bewusst ist. Und wenn er keine Chance bekommt, es zu entdecken und zu nutzen, geht es einfach verloren.«[12] Lequinho da Mangueira, Komponist [*Estação Primeira de Mangueira*], 25.2.2016.

Im Samba-Enredo ist es nach wie vor üblich, nicht individuell, sondern im Kollektiv zu komponieren, auch wenn es in anderen Samba-Arten durchaus verbreitet ist, die künstlerische Arbeit einzeln oder auch zu zweit und im Moment einer natürlichen Inspirationsphase zu realisieren. Im Interview erzählt der Direktor des *Centro de Memória* der LIESA, Fernando Araújo, von den früheren Kompositionspraktiken in den *Escolas de Samba*, bei denen die Improvisation nicht nur fester Teil des täglichen Lebens in den Sambaschulen war, sondern auch zur Messlatte für die Qualität eines Komponisten erhoben wurde. Fernando beschreibt seine Erinnerungen an nächtliche Ausflüge mit dem Vater, dem langjährigem Präsidenten der *GRES. Portela* im Vorort von Madureira, Oswaldo Cruz, wo zwischen den Komponisten künstlerische Duelle nach dem Prinzip der improvisatorischen Stehgreifpraxis veranstaltet wurden, die heute auch aus dem Rap bekannt sind.[13] An diesen Duellen, die im Kontext der *Rodas de Samba* stattfanden, jeweils zwischen zwei Komponisten ausgetragen wurden und so lange andauerten, bis einen der beiden die Inspiration verließ, nahmen alle Komponisten der *Escola* teil. Im Inter-

---

11 Originaltext: [Autorin: Você fez o Samba sozinho ou na Parceria?] »Sozinho. Na verdade eu queria fazer com Parceria. As Alas dos Compositores, elas são muito fechadas. Aí todo mundo veio: Ah, vamos fazer Samba junto – vamos fazer Samba junto! Daqui a pouco o pessoal sumia. E todo mundo se fechava lá e eu 'tava sozinho pra fazer o Samba.«.
12 Originaltext: »No fundo, a gente 'tá acostumado de fazer entre a gente, mas também com pessoas de fora. Geralmente fica [...] fácil pra gente fazer, mas tem gente que é mais difícil de fazer [...]. A gente gosta de abrir pra uma pessoa que tá chegando ... até pra dar valor a uma pessoa. Às vezes a pessoa tem um talento que mesmo ela não descobriu ainda. E aí cê vai perdendo talento.«.
13 Vgl. Giwar Hajabi [Xatar]: *Xatar. Alles oder Nix.*, S. 114–116.

view zog Fernando einen Vergleich zwischen der damaligen Bedeutung des Komponisten in der Sambaschule, der er sich auf familiäre Weise verbunden fühlte und dem heutigen Szenario, in dem viele Komponisten je nach Bedarf – manchmal im Jahrestakt – die Sambaschule verlassen, um in einer anderen ihr Glück zu versuchen:

> »Früher gab es die sogenannten *Rodas de Samba,* die in den Häusern der Vororte stattfanden. Pagode. Und es gab Duelle zwischen den Komponisten. Ein Komponist wurde auf die besondere Eigenschaft einer anderen Person aufmerksam, zum Beispiel eine große Nase [...] und machte daraus eine Stegreifkomposition, indem er spielerisch darüber improvisierte. Das war sehr verbreitet. Spontan, [...] ein Duell. [...] So ähnlich, wie es heute im Rap ist ... Man schaute sich um, mit wem man sich messen wollte [...]. Und derjenige von beiden, dem kein Reim mehr einfiel, verlor. Exakt wie im Rap. Ich erinnere mich noch daran, wie wir zu diesen *Rodas de Samba* gingen, als ich Kind war. Und alle waren belustigt. Ich fragte meinen Vater: ›Papa, was ist denn das für eine Musik, über die alle lachen?‹ und er antwortete: ›Das ist Musik, die aus dem Moment entsteht.‹ Das war sehr verbreitet [...] und hat viele talentierte Komponisten hervorgebracht. Heute gibt es das nicht mehr. Aber früher nahmen an diesen Sessions alle Komponisten teil. [...] Früher war die Komponistengruppe einer Sambaschule viel umfangreicher als heute. [...] Es gibt diese Art der *Comunidade* nicht mehr. Heute ist es gängig, dass ein Komponist dieses Jahr in der einen *Escola* ist und nächstes Jahr zu einer anderen überläuft. Er kann das eine Jahr für eine bestimmte Sambaschule schreiben, aber schon kommendes Jahr wird er in der anderen sein. Vor zwanzig, dreißig Jahren war das ganz anders. Da blieb ein Komponist das ganze Leben einer Sambaschule treu, [...] entwickelte sich in und mit ihr, wuchs. [Autorin: So, als wäre es eine Familie?] Ja, genau!«[14] FERNANDO ARAUJO, Direktor des *Centro de Memória* [LIESA], 29.10.2012.

Auch, wenn mir von verschiedenen Seiten berichtet wurde, dass diese Form des Komponistenduells in freier Improvisation nicht mehr Teil des heutigen Alltags ist, belegt die folgende Er-

---

14 Originaltext: »Antigamente existia uma coisa chamada Roda de Samba, que se fazia num fundo das casas no Subúrbio. Pagode. E existia um Duelo entre os Compositores. Ele olhava a caracteristica de uma pessoa, tipo nariz grande [...] e ele fazia uma composição, brincando com as das caracteristicas na hora. Isso era muito comum. [Era] espontâneo, [...] um Duelo. [...] Quase igual com o Rap... você olhava quem você queria desmoralizar [...]. E perdeu quem não conseguiu fazer uma rima. Igualzinho do Rap. Eu lembro quando era pequeno, ia nessas Rodas de Samba. E todo mundo ria. Aí eu perguntava ao meu pai, falei: ›Pai, que é essa música que todo mundo tá rindo?‹ Aí ele falou: ›É a musica que se faz na hora.‹ Isso aí era muito comun [...] fazia, gerava muitos Compositores. Hoje não existe mais isso. Nessas rodas participaram todos Compositores. [...] Antigamente a Ala de Compositores era muito maior do que hoje. [...] Você não tem mais a comunidade. Hoje um Compositor ele tá na Escola e o ano que vem ele vai pra outra. Ele pode escrever um ano em uma Escola. Mas no próximo [ano] ele vai tá na outra Escola. Há trinta, vinte anos atrás, não. Ele pertenceu uma Escola, passava a vida inteira naquela [...] e se envolveu, cresceu dentro daquela. [Autorin: Como se fosse uma família?] Exatamente.«.

innerung des Komponisten Machadinho, dass sie in Ausnahmefällen auch gegenwärtig noch praktiziert wird:

> »Xande de Pilares hat in einer *Roda de Samba* zwei Stunden lang improvisiert! In früheren Zeiten gab es Samba de Roda, das war etwas fantastisches, aber stand stets unter Kontrolle und polizeilicher Verfolgung.«[15] MACHADINHO, Komponist [*Vila Isabel*], 23.2.2015.

Die Komponisten bekleideten innerhalb der *Comunidade* eine besondere Funktion und Position: Sie waren diejenigen, die den Überblick über die neuesten internen Ereignisse und Vorkommnisse in der Sambaschule hatten und selbst den jüngsten Klatsch auf scherzhafte Weise in spontanen improvisierten Versen unter das Volk brachten. Die Komponistin Claudia Nell vergleicht eine der vielen Funktionen augenzwinkernd mit dem heutigen Facebook und lässt durchschimmern, wie fieberhaft die Samstagsproben stets erwartet wurden:

> »Früher liefen die Proben am Samstag folgendermaßen ab: Die Komponisten kamen am *Quadra* an, registrierten sich in der Reihenfolge ihrer Ankunft, gingen auf die Bühne und begannen zu singen. Das nannte sich *Samba do Meio do Ano*. Es sind kurze Sambas. Und dann gab es natürlich Liebesgeschichten zwischen den Mitgliedern der *Escola*: Dieser war mit jener liiert, jene aber die Geliebte eines Dritten, es folgte ein Streit und der Komponist nahm es zur Kenntnis und wandelte die Story in Musik um. Am Samstagabend kam er in das *Quadra*, ging auf die Bühne und begann zu singen. Und plötzlich begannen alle zu tuscheln – ›Aaah interessant – das ist also die Geschichte zwischen Person x und y!‹ [...] Das war großartig! [...] Es war das Facebook von heute. Die Sambaschule hatte sozusagen auch die Funktion des heutigen Facebook. Das nannte sich *Samba do Terreiro*.«[16] CLAUDIA NELL, Komponistin [*Vila Isabel*], 7.11.2014.

Die künstlerische Praxis der freien Komposition wird jedoch im Samba-Enredo seit der Professionalisierung der *Escolas* und des Karnevals in dieser Form kaum noch ausgeübt. Walace Cestari erzählt im Interview von seiner ersten Komposition, die er mit nur einem *Parceiro* für einen *Disputa de Samba* komponierte. Damals verfügte er nach eigener Aussage über keinerlei Erfahrung mit den Normen und Praktiken im Bereich des Samba-Enredo, sondern erschuf

---

15 Originaltext: »O Xande de Pilares ficou duas horas versando na Roda de Samba, era improviso! Antigamente era Samba de Roda, era muito legal, mas a Polícia perseguia.«.
16 Originaltext: »Antigamente os ensaios do Sábado era assim: os Compositores chegavam na quadra, se insceviam por ordem de chegada, subiam no palco e cantavam. Porque [tinha] uma música chamada ›Samba do Meio do Ano‹. É um Samba pequeno. Assim tinha histórias de amor dentro da Escola, fulano namorava fulana, fulana era amante de fulano, descobria, dava briga, aí o Compositor logo fazia uma música, aí chegava o sábado, aí ia pro palco e cantava aquilo. Aí quando começava a cantar. *E aí*, todo mundo falou: ›Aiii – essa [é] a história de fulano com fulana ...!‹ [...] Era muito legal! [...] Era igual Face [Facebook]. Era – o Face de hoje era a Escola de Samba. Se chamava Samba do Terreiro.«.

seine Komposition in bohemischem Stil am Abend in der Bar. Das entstandene Werk hatte zwar künstlerischen Wert, war jedoch für den offiziellen Wettstreit nicht geeignet:

> »Meinen ersten Samba habe ich 2006/2007 in der *Vizinha*[17] mit dem *Enredo Gilberto Gil* komponiert, gemeinsam mit einem Nachbarn, der sonst andere Arten von Samba komponiert. Wir haben einen Samba geschrieben, der viel zu lang war. Wir hatten überhaupt keine Vorstellung von dem Prinzip der Fangemeinde, den Finanzen, einen Sänger unter Vertrag zu nehmen etc. Es war eine *Parceria* ganz anderen Typs: Wir saßen in einer Bar, aßen zusammen, er nahm die Gitarre mit, ich Papier und Stift. […] In so einer Konstellation hast du Freiheit – du kannst das sagen, was dir gerade in den Sinn kommt, ohne auf eine *Sinopse* zu achten […] oder darüber nachzudenken, wem du es recht machen musst. […] ich drücke das aus, was ich möchte, in der Form, die ich wähle […]. Was ich interessant finde, ist das auszudrücken und zu präsentieren – die Welt, wie ich sie gesehen habe, die Geschichte, die ich mir ausgedacht habe, […] in der Form, die mir am besten gefällt, die am subtilsten ist, die ich als am ästhetisch schönsten empfinde. […] Und genau das wird bei den Personen verschiedenste Reaktionen hervorrufen.«[18] WALACE CESTARI, Komponist [*Vila Isabel*], 20.2.2016.

Diese Kompositionspraxis verkörpert die romantische Idee des Künstlers, der gelöst von äußeren Zwängen der Inspiration des Augenblickes folgt. Sie entspricht jener der früheren Generationen von Pixinguinha, Ary Baroso und Silvão Silva,[19] die dessen Neffe und Präsident der *Ala de Compositores* der *Vila Isabel*[20] wie folgt beschreibt:

> »Ich wurde hier in der *Vila* [Vila Isabel] geboren […]. Ich war der Neffe eines Komponisten namens Silvão Machadão da Silva[21], der unter anderem die Songs von Carmen Miranda geschrieben hat. […] Ich habe die Musik dadurch kennengelernt, dass sie gemeinsam in unserem Haus sangen. Carmen Miranda […], ihre Schwester und auch meine verstorbene Mutter sangen. So habe ich gelernt. […] Sie kamen und brachten ihre Gitarren mit. Mein Onkel Silvão Silva [war] Komponist, Braguinha [war] Komponist, Pixinguinha [war] Komponist […] sie alle kamen zu uns nach Hause und aßen die Suppe,

---

17 Gemeint ist: *GRES. Vizinha Faladeira*.
18 Originaltext: »Meu primeiro Samba que fiz foi em 2006/2007 na Vizinha, com o Enredo de Gilberto Gil, com um vizinho que faz samba, mas normalmente outro tipo de samba. Fizeram um samba que ficou muito grande. Não fazíamos ideia do esquema de Torcida, dinheiro, contratar o cantor etc. Mas foi uma Parceria muito diferente: Sentar num bar, comer, ele levou o violão, eu o caderno. […] Aí você tem uma liberdade pra falar, não tem Sinopse […] você não tem que tá preocupado de agradar […] Eu expresso o que eu quero, na foma que eu quero. E eu tô interessado em expressar e representar aquilo que – o mundo que eu vi, a história que eu criei […] na forma que eu acho mais sutil, que eu acho mais legal, que eu acho esteticamente bem bolada […] e isso vai gerar nas pessoas reações diversas.«.
19 Mitbegründer von *GRES. Imperio da Tijuca*.
20 * 1948; von 2005–2008 Präsident des *Ala de Compositores* der *GRES. Unidos de Vila Isabel*.
21 Mitgründer der Sambaschule *GRES. Império da Tijuca*.

die meine Mutter kochte [...]. Es gab auch Brot, Süßkartoffeln, *Aipim* ... Sie spielten auf den Festen. [...] Nelson Cavaquinho, Cartola ... Es gab so viele Genies, die in unserem Haus musizierten. Sie aßen ihre Suppe und meine Mutter wusch Kleidung im Bottich, während sie vor sich hin trällerten [...]. Wenn die Musik schlecht war, sagte meine Mutter: ›Das Lied ist hässlich!‹ Sie knüllten das Papier zusammen und schossen es [wie beim Fußball] auf dem Hof hin und her, es wurde sogar Feuer damit gemacht! Später versuchte ich all diese Papiere zu verwahren, schrieb, schrieb und schrieb. Wenn die Mutter meinte: ›Nein, aus dieser Musik wird nichts.‹, entknitterten wir trotzdem das Papier [...]. Es war einfaches Brotpapier, weißes gab es nicht. Das gab es einfach nicht. Das war Kartonpapier von den Einkäufen. [...] Richtiges Papier war viel zu teuer. Und wir hatten kein Geld. Ich wurde 1948 geboren und war zu dem Zeitpunkt etwa sieben, acht Jahre alt. Das Haus von meiner Mutter lag in Engenho Novo, war ein sehr großes Haus. [...] Man traf sich zu Hause, um zu komponieren. Niemand wäre auf die Idee gekommen, sich in eine Bar zu setzen, weißt du, warum? Das wäre viel zu teuer gewesen. Und wir hatten ja kein Geld. Man kommunizierte und verabredete sich täglich und persönlich. Wir machten einen Tag aus und jeder kam, wann er nach der Arbeit konnte. Diejenigen, die früh aufstehen mussten, gingen auch früher, jene, die später arbeiteten, blieben länger.«[22]
MACHADINHO, Komponist [*Vila Isabel*], 23.2.2015.

Damals erfolgte die Arbeit unabhängig von äußeren Zwängen oder Auflagen wie den bindenden Vorgaben der *Sinopse*, die den Komponisten gegenwärtig – bedingt durch die Funktion des Sambas als musikalisches Herz eines *Desfiles* – eine regelkonforme Umsetzung der Leitfäden abverlangen. In früheren Jahren waren die Reihenfolge der Entstehung von *Sinopse* und Samba förmlich umgekehrt: Martinho da Vila berichtet, dass nur das *Enredo* selbst als Leitlinie für die Komponisten fungierte. Eine *Sinopse* gab es nicht. Stattdessen zeichnete der *Carnavalesco* seine allegorischen Wagen und Kostüme auf der Grundlage des erwählten Sambas.

---

22 Originaltext: »Sou nascido e criado praticamente aqui na Vila [...]. Eu era sobrinho de um Compositor chamado Silvão Machadão da Silva que fazia as músicas da Carmen Miranda [...]. Eu aprendi aprendia música ouvindo eles cantarem na minha casa. A Carmen Miranda [...], a irmã dela, a minha falecida mãe, cantavam também. Assim que eu aprendi [...]. Eles chegavam com violões. Meu tio Silvão Silva – Compositor, Braguinha – Compositor, Pixinguinha – Compositor, [...] iam na minha casa, tomavam uma sopa que minha mãe fazia. [...] comiam pão, batata doce, aipim... Eles iam pra tocar nas festas. [...] Nelson Cavaquinho, Cartola... Na minha casa tinha tantos deles fazendo música. Eles tomando sopa, minha mãe lavando roupa no tanque, eles cantarolando [...]. Quando a música era ruim, minha mãe falava: ›Esta música é feia.‹ Eles embolavam o papel, jogavam no quintal, a gente fazia fogueira com essa música! Depois disso eu guardava esses papeis todos, depois eu escrevia, escrevia, escrevia. A gente, se a mãe falava ›Essa música não vai dar certo.‹ Desembalava o papel de pão [...] não tinha papel branco. Não existia. Era papel de cartão de bolsa de compras. [...] Era caro o papel. E a gente não tinha dinheiro. Eu tinha 7, 8 anos... nasci em 1948. A casa da mãe era no Engenho Novo, uma casa grande. [...] Era na casa mesmo. Ninguem se reunia nos bares, sabe por quê? Era muito caro. A gente não tinha dinheiro. A comunicação acontecia diária e pessoalmente. Marcávamosmus um dia e cada um chegava depois do trabalho. Quem tinha que acordar mais cedo ia embora mais cedo.«.

»Früher verhielt es sich folgendermaßen mit dem Samba: Zuallererst kam der Samba selbst. Stellen wir uns vor, wir wollen einen Samba für das kommende Jahr. Was präsentieren wir? [Beispielsweise] nehmen wir als Thema den Wein. Also – Komponisten: Das *Enredo* wird Wein sein. Fertig. Es gab keine *Sinopse*. [...] Jeder von uns forschte selbst und entwickelte eigene Ideen zum Thema Wein. [...] Dann käme der Wettstreit. Der Gewinner wäre jener Samba, den das Publikum am meisten lieben würde. Davon ausgehend würde der *Carnavalesco* dann die Allegoriewagen entwerfen, die Kostüme zeichnen – alles auf der Grundlage des Sambas.«[23] MARTINHO DA VILA, Komponist [*Vila Isabel*], 24.2.2016.

Die ersten Ansätze zur Umkehrung dieses Verhältnisses bzw. der geänderten Entstehungsreihenfolge von Samba und *Enredo* lösten bei Direktion und Komponisten Unverständnis und Unmut aus, wie sie aus ihrer Erinnerung berichten, wie es aber auch Dokumentarfilme illustrativ nachzeichnen. Ein exzellentes Beispiel ist eine hitzige Diskussion des berühmten *Carnavalescos* Joãozinho Trinta mit dem *Diretor do Carnaval* der *GRES. Acadêmicos do Salgueiro* von 1974, welches den Kampf um die künstlerische Freiheit auf eindrückliche Weise veranschaulicht (vgl. Video 8 – Samba-Enredo, *Acadêmicos do Salgueiro*, 1974).[24]

5.2 Was ist nun eigentlich eine *Parceria*? Zur Komponistengruppe in ihrer heutigen Ausprägung, zum zeitgenössischen Phänomen der *Firma* und zum *Escritório do Samba*

Die *Parceria* bezeichnet den Zusammenschluss mehrerer Komponisten aus dem *Ala de Compositores* einer Sambaschule zu einem Kollektiv, das in gemeinschaftlicher Arbeit einen Samba-Enredo zur Teilnahme am Komponistenwettstreit erschafft, ihn offiziell registriert und in wöchentlichen Live-Performances vor der Gemeinschaft der Sambaschule, der Direktion und einem wechselnden, externen Publikum in mehreren Runden verteidigt. Bei den Mitgliedern der *Parcerias* kann es sich um Komponisten handeln, die bereits seit mehreren Jahren Angehörige der Sambaschule sind, es können heutzutage aber ebenso externe Personen hinzukommen, die sich zu Beginn einer Saison mit der Einreichung ihres Sambas neu registrieren oder von einer bereits bestehenden Komponistengruppe aufgrund von individuellen Qualitäten zur Teilnahme an der Komposition in einer *Parceria* eingeladen werden. In einigen Fällen gehen externe Komponisten

---

23 Originaltext: »O Samba antigamente era o seguinte: primeiro era o Samba. Vamos fazer um Samba para o ano que vem – o que é que vamos apresentar? O Enredo vai ser [por exemplo] o vinho. Então – Compositores: o enredo vai ser o vinho. Acabou. Não tinha Sinopse. [...] E cada um de nós ia pesquisar e cada um fazia como ele via o vinho. [...] Aí vai pra Disputa. O primeiro Samba que caiu mais no gosto geral era escolhido. A partir daí o Carnavalesco ia criar as alegorias, ia desenhar as fantasias – tudo a partir do Samba.«.
24 Vgl. DVD: »*Trinta. A história do homem que reinventou o Carnaval*« [2015].

auch eigeninitiativ auf eine Komponistengruppe oder auf Individualpersonen des *Alas de Compositores* zu, um diese um eine Zusammenarbeit zu bitten. Die heutigen *Parcerias* der höchsten Ligen *Grupo A* und *Grupo Especial* sind nach einem bestimmten System organisiert und setzen sich aus einer Gruppe von drei bis zehn oder mehr Mitgliedern zusammen, die gewisse Kriterien erfüllen. Hier werden jedem einzelnen Komponisten determinierte Aufgaben zuteil. Traditionell wählte man die Mitglieder seiner *Parceria* in erster Linie aus den Reihen seiner Bekannten, Freunde und Familie, die in der Regel derselben Sambaschule angehörten.

> »Zu meiner Zeit als Komponistin hatte ich einen *Parceiro* – den Vater meiner Töchter. Ich habe seine Kompositionen von ihm gelernt und bin [im *Quadra*] immer mit ihm auf die Bühne gegangen und wir haben zusammen gesungen.«[25] CLAUDIA NELL, Komponistin [*Vila Isabel*], 7.11.2014.

Diese Praxis findet bis heute Anwendung, jedoch unter Vorbehalt: Die beschriebenen engen persönlichen Beziehungen bestehen in der Regel zwischen den Hauptkomponisten, die für die kollektive künstlerische Arbeit verantwortlich sind. Diese wird durch eine langjährige Zusammenarbeit vereinfacht und begünstigt. Individualkompositionen sind hingegen rarer denn je, auch wenn es noch gegen Ende der 1980er Jahre möglich war, allein in einen Wettstreit einzutreten:

> »Nachdem ich eine Zeitlang bei der *Mocidade* war, wo ich ebenfalls den ersten Samba gewann, wechselte ich zu *Império de Futuro* und hörte dann auf, pausierte. Das war der Beginn von allem. Da war ich 16. Ich bin in der *Mocidade* zum Komponistenwettstreit angetreten, allein, stand im Halbfinale, dann mit 17 habe ich es wieder versucht. Danach begann ich bei einem Freund als Musiker zu arbeiten [...]. Und als ich 18 wurde, habe ich dem *Disputa de Samba* den Rücken gekehrt, denn das war jene Zeit, als die Wettstreite begannen, kommerziell zu werden, man mehr und mehr Geld investieren musste. Und ich war allein, weißt du, das ist sehr kompliziert.«[26] DUDU NOBRE, Komponist [*Mocidade*], 17.2.2016.

Auch heute existieren noch vereinzelte Ein-Mann-*Parcerias*, wie ich während des *Disputas* der *Vila Isabel* 2016 feststellte. Die Chance auf Erfolg geht in solch einem Fall allerdings gegen Null: Im Vergleich zu den *Parcerias* verfügt der solistische Komponist kaum über die erforder-

---

25 Originaltext: »Eu, na época quando era Compositora ainda, eu tinha um Parceiro, que é o pai das minhas filhas e era Compositor. E eu aprendia as músicas dele e sempre subia no palco e cantava com ele.«.
26 Originaltext: »Depois ia pra Mocidade, ganhei o primeiro Samba também, fui pra Império de Futuro e terminei, parei. Aí foi isso o início todo. Neste mesmo tempo com 16 anos. Disputei na Mocidade, sozinho, fui semifinalista, depois com 17 disputei de novo. Aí começei a trabalhar [...] com um amigo na época como músico [...]. E aí comecei com 18 anos a me afastar de Disputa de Samba-Enredo, porque já não tinha muito tempo pra disputar e foi quando começaram as parcerias a gastar muito dinheiro e eu fazia Samba sozinho, entendeu, que é meio complicado.«.

lichen Mittel, um einen *Disputa* finanziell und organisatorisch allein zu bestreiten und ebenso wenig über die Möglichkeit, eine eigene Fangemeinde zu mobilisieren, weshalb ein solcher Samba meist nach ein oder zwei *Cortes do Samba*[27] ausscheidet. Die Performance kann dem Komponisten bestenfalls Anerkennung für seinen Mut einbringen, aber nur im Ausnahmefall wird er als Anwärter auf den Titel des *Samba Campeão* wahrgenommen. Martinho da Vila berichtete mir, dass es bis zum Moment der Umstrukturierung des *Disputas* in ein kommerzielles Event tatsächlich möglich war, allein zu gewinnen:

> »Wenn man heute Komponist ist – egal wie talentiert und intelligent –, gibt es so gut wie keine Chance, als Einzelner einen Samba zu verteidigen ... Es ist theoretisch möglich, aber äußerst unwahrscheinlich und schwierig. [...] ich habe schon mal das Wunder erlebt und es geschafft – ich habe ein paar Sambas in der *Vila* [Vila Isabel] ohne *Parcerios* gewonnen. Denn der Samba war bei der *Comunidade* so beliebt, dass die Mitglieder spontan meinen Samba als *Torcida* unterstützt haben. [...] Später allerdings, als der Wettstreit begann eine finanzielle Angelegenheit zu werden, seit die Sambas im Studio aufgenommen werden müssen, hat sich alles sehr verändert. Heutzutage gibst du ca. 100.000 Reais für den *Disputa* aus. [...] Die Komponisten haben keine Wahl, sie sind gezwungen, dieses Geld zu investieren. Also – ein Komponist allein soll 100.000 [...] aufbringen? Das geht nicht, oder? Du siehst, es ist sehr kompliziert.«[28] MARTINHO DA VILA, Komponist [*Vila Isabel*], 24.2.2016.

Innerhalb einer größeren, professionell organisierten *Parceria* obliegt die künstlerische Arbeit – also die Kreation von Poesie und Musik – in der Regel einer kleinen Gruppe von nur zwei bis drei, maximal vier Hauptkomponisten. Diese besitzen häufig einen professionellen Hintergrund oder zumindest ausgeprägte Fachkenntnisse in ihrem jeweiligen Wirkungsbereich. Der *Líder* der *Parceria* ist meist auch der Musiker der Gruppe und bekleidet die Funktion des künstlerischen Leiters. Sofern keiner der Komponisten über einen musikalischen Hintergrund verfügt, können auch externe Musiker, beispielsweise Mitglieder des *Carro de Som*, damit beauftragt werden, die melodische und harmonische Gestaltung der Komposition oder gegebenenfalls korrigierende Eingriffe in die *Letras* zur Anpassung von Text und Musik gegen einen finanziellen Ausgleich vorzunehmen.[29]

---

27 *Corte do Samba*: Synonym für den *Disputa de Samba*.
28 Originaltext: »Hoje por exemplo, um Compositor – por mais talentoso que ele seja, inteligente e tal – pra disputar um Samba-Enredo sozinho... dificilmente ele ganha. É possível, mas é difícil. Muito, sabe. [...] Houve o milagre que dava pra fazer – eu ganhei alguns Sambas dentro da Vila Isabel sem Parceiros. Porque havia a espontaneidade de pessoas que iam torcer pelo Samba. [...] Mas depois quando a Disputa virou uma coisa mais financeira, quando os Sambas passaram a ser gravados, aí mudou a coisa. Então hoje em uma Disputa de Samba-Enredo, você gasta hoje assim – em média – cem mil Reais. [...] Os Compositores têm que gastar isso. Então – um Compositor sozinho tem que despedir 100.000 [...] não dá ne?! Então isso é complicado.«.
29 Quelle: Eintrag im Forschungstagebuch zum Gespräch mit Douglas Rodrigues, *Primeiro dos Cavacos* der *Vila Isabel* am 15.1.2015.

Neben den Musikern und Dichtern gibt es weitere Aufgabenfelder in einer modernen *Parceria*. Alberto Mussa und Antonio Simas beschreiben in *Samba de Enredo. Historia e Arte*, dass in diesem Genre die unterschiedlichen Aufgaben der in Komponistenkollektiven mitwirkenden Personen und die Bedeutung des Wortes Komponist nicht allein auf eine künstlerische Beteiligung reduziert werden können:

> »Die Anwesenheit von *Parceiros* oder Co-Autoren, welche den Titel des Komponisten nicht durch ihr kompositorisches Schaffen führen, sondern durch eine Funktion als Interpret oder da sie einen *Sambista* an einen Radiosender oder Tonstudio vermittelt hatten, existiert schon seit langer Zeit. [...] In sehr vielen Fällen werden *Parceiros* aufgrund von äußeren Umständen[30] und Fragen des *Disputa* aufgenommen.«[31]

Diese Art der Kollaboration begründet sich unter anderem damit, dass der Samba-Enredo nie als losgelöstes Kunstwerk und ausschließlich durch seine künstlerische Natur und Qualität vor der *Comunidade* Bestand hat, sondern stets an das Gesamtgefüge des Umzugs und den *Disputa de Samba* gebunden ist, dessen Anforderungen von den Entscheidungsträgern im Ausscheid berücksichtigt werden.[32]

> »Die *Parceria* setzt sich meistens so zusammen: An erster Stelle braucht man logischerweise Komponisten, möglicherweise auch aus verschiedenen *Escolas*. Dann braucht man auch Personen, die im ökonomischen Bereich helfen. Das ist heutzutage leider die Realität. Man braucht die Sponsoren. Und auch Organisatoren, die sich um die *Torcida* kümmern. [...] Was geschieht? Man braucht Personen, die verfügbar sind. Die jeden Samstag im *Quadra* sein können. [...] Und es geht nicht mal nur um die Samstagabende. Ich gebe dir ein Beispiel: Es gibt die *Feijoada* der *Escola*, [...] die Proben der *Bateria* – da muss jemand aus der *Parceria* hingehen. Die Versammlung der *Baianas* findet statt – auch da sollte jemand sein ... Das ist eine Sache, die sich durch die gesamte Woche zieht. Und es darf den Fall nicht geben, dass niemand da ist. Die anderen *Parcerias* werden nämlich unter Garantie vertreten sein. Und du bist mitten in einem Wettstreit – einem Kampf, bei dem verglichen wird. Präsenz ist also etwas Elementares!«[33] DUDU NOBRE, Komponist [*Mocidade*], 17.2.2016.

---

30 Beispielsweise, weil sie Einfluss in der *Comunidade* haben, den Wettstreit finanzieren etc.
31 Vgl. Alberto Mussa und Luiz Antonio Simas: *Samba de Enredo*, S. 187. Originaltext: »Sempre foi comum a presença de Parceiros ou Co-Autores, que figuravam nessa condição não por terem participado da composição, mas por serem intérpretes, por terem levado o Sambista a um rádio ou a uma gravadora de discos. [...] Há tantos casos em que os Parceiros são incorporados ao Samba por questões de Disputa, por serem membros influentes na Comunidade da Escola, porque podem financiar a Disputa, por terem prestígio e assim.«.
32 Vgl. ebd.
33 Originaltext: »A Parceria, ela se dá muito da seguinte maneira: Você tem que ter – lógico – Compositores, de diferentes nomes de Escola também tem que tá junto. E cê tem que ter gente que vão te ajudar financeiramente. Infelizmente é uma realidade de hoje. Tem que ter os financeiros, tem que ter pessoal que vai mobilizar a Tor-

Abgesehen von den Komponisten, welche die künstlerische Arbeit leiten und vollbringen, besteht eine Gruppe nach den Ausführungen von Dudu Nobre auch aus Verantwortlichen für den Finanzhaushalt der *Parceria*, zu denen sowohl die Sponsoren selbst als auch die Finanzverwalter zählen. Daneben sind Verantwortliche für die Organisation der wöchentlichen Abendplanung unabdingbar. Ihnen obliegt die gesamte Planung für den *Disputa de Samba*: Die Beschaffung und Verteilung von *Adereços*, Dekorationen, Einladungskarten bzw. Eintrittstickets, Organisation und Betreuung der Musiker und Sänger vor der Bühnenperformance. Auch das Sicherstellen einheitlicher Kleidung, die Verantwortung für die gruppeneigene *Torcida* innerhalb des Komponistenwettstreites sind für die gelungene Performance fundamental. Selbst die kulinarische Versorgung gehört zu den Aufgaben dieser Komponisten.

> »Heute nehmen die Leute Wirtschaftsunternehmer zu den Abendveranstaltungen in den Sambaschulen mit ... es ist wie eine Show ... Jede Probe hat den Charakter eines großen Events.«[34] Claudia Nell, Komponistin [*Vila Isabel*], 7.11.2014.

Wichtig ist, dass jedes Mitglied der *Parceria* – ganz gleich, welche Funktion und Aufgaben es erfüllen mag – als Komponist bezeichnet wird und auch offiziell, beispielsweise während des Wettstreits auf der Kleidung gedruckt, diese Bezeichnung führt. Dennoch ist die Bindung der Komponisten an die *Escolas* und den *Ala* in vielen Fällen nicht mehr mit der früheren Loyalität zur *Escola* und der »traditionellen Liebe zur Flagge«[35] vergleichbar, die eher noch unter den Komponisten der älteren Generationen herrscht:

> »Heute ist eine Probe in einer Sambaschule nicht mehr wie früher nur ein Treffen unter Freunden. Damals war es so. Die Leute kamen, besaßen ihre ›Liebe zur Flagge‹, kamen ins *Quadra*, um dort ihre Freunde zu sehen. [...] Um heute zum *Ala de Compositores* einer Sambaschule zu gehören – natürlich gibt es die älteren Komponisten, die zum *Ala* gehören, da sie seit jeher Komponisten ihrer *Escola* sind – reicht es theoretisch aus, am Wettstreit der Komponisten teilzunehmen. Es gibt viele Personen, die dazu kommen, sich registrieren, aber den *Disputa* verlieren und auf Nimmerwiedersehen verschwinden. Einige wenige kommen immerhin noch zum *Desfile*. Die *Vila*[36] besitzt zumindest noch einen richtigen *Ala de Compositores* [...]. Wir haben zum Beispiel unser eigenes Fest ... auf dieser

---

cida. [...] E aí o que ocorre: você tem que ter na Parceria [...] pessoas que vão estar disponíveis, de estar lá todo sábado. E não é só o sábado. Por exemplo: tem a feijoada da Escola, [...] tem Ensaios da Bateria – tem que ter gente lá, tem a Reunião das Baianas – tem que ter gente lá... É uma coisa durante a semana inteira. Não pode ter ninguém. Porque as outras Parcerias vão tá lá. E você tá numa Disputa, uma disputa de comparação. E aí a presença é importante!«.

34 Originaltext: »Hoje no Ensaio da Escola de Samba as pessoas levam empresários, é um showzinho, né... todo Ensaio da Escola de Samba é um Show.«.

35 Vgl. Nei Lopes und Luiz Antonio Simas: *Dicionário da História social do Samba*, S. 69.

36 Gemeint: *GRES. Unidos de Vila Isabel*.

Feier – die dieses Jahr schon stattgefunden hat – sieht man auch immer noch die Komponisten der alten Generation ... Komponisten, die zum Kern des *Alas* gehören. Das ist auch ein Kriterium, um weiterhin Teil des *Alas* zu bleiben.«[37] CLAUDIA NELL, Komponistin [*Vila Isabel*], 7.11.2014.

Die derzeitigen Aufnahmebedingungen des ehemals so exklusiven *Alas de Compositores* sind bei Weitem nicht mehr so streng wie beschrieben, sondern mittlerweile vor allem von formalen und finanziellen Belangen abhängig. Ein damit einhergehender, bedeutender Unterschied zu der früheren Bindung an eine *Escola* und zur ehemaligen Beschaffenheit des *Alas* ist der Umstand des raschen, zum Teil saisonalen Wechsels, sowohl der Komponisten zwischen den *Parcerias* als auch der Komponisten zwischen den Sambaschulen, der von verschiedenen Seiten scharf kritisiert wird. Das sogenannte *Escritório do Samba* ist ein derzeit sehr verbreitetes, gleichzeitig aber äußerst sensibles und kritisches Phänomen im Kontext der Komposition, dessen detaillierte Diskussion Schwierigkeiten mit sich bringt. Dennoch sollen an dieser Stelle einige Anmerkungen zum Verständnis des Ausdrucks und seiner Hintergründe erlaubt sein. Es handelt sich um Komponisten, die innerhalb einer *Parceria* maßgeblich an der Komposition – insbesondere am künstlerisch-kreativen Schaffensprozess – beteiligt sind, den Samba jedoch nicht unter ihrem Namen veröffentlichen, sondern dritte Personen als »Strohmänner« für die offizielle Registrierung einsetzen. Obwohl in der Gemeinschaft der *Sambistas* die meisten um die Existenz der *Escritórios* wissen, wird es nur äußerst selten direkt zur Sprache gebracht. Die Identität der federführenden Genies ist den meisten nicht bekannt – und wenn, dann nur im engen, vertrauten Kreis. Nach meinem Kenntnisstand[38] existieren gegenwärtig in Rio etwa sieben bedeutende und stilprägende *Escritórios do Samba*, auf die aus ethischen Gründen hier nicht näher eingegangen werden kann. Interessant ist der signifikante Einfluss der betreffenden Komponisten, die nicht selten Teil der erfolgreichsten Gruppen im Samba-Enredo sind. Ihr persönlicher musikalischer oder poetischer Stil gilt als ideal und prägt die modernen Tendenzen sowie die musikalische Entwicklung der Gattung richtungsweisend. Es ist ein offenes Geheimnis, dass ebenjene *Escritórios* in den verschiedensten *Escolas de Samba* der höchsten Ligen innerhalb desselben Jahres regelmäßig parallel die Wettbewerbe gewinnen. Dies gilt offiziell als unzulässig, ist tatsächlich

---

37 Originaltext: »Porque hoje um Ensaio de uma Escola de Samba não é só um encontro de amigos. Antigamente era encontro de amigos. Pessoas iam, tinham o amor da bandeira, iam pra Quadra pra encontrar amigos. [...] Hoje, pra você participar da Ala de Compositores – claro que tem aqueles antigos, né, que são Compositores mesmo porque são da bandeira – e tem gente que só quer vir [pra] concorrer, entram na Escola, dizem que estão concorrendo no Samba, aí não ganham, aí vai embora e não volta mais. Alguns poucos ainda desfilam. Mas a Vila ainda tem um Ala de Compositores [...]. Já teve a festa da Ala de Compositores... nessa festa – que já fizemos este ano – você ainda vê alguns idosos, né... Compositores idosos, que são antigos dentro da Ala. É o critério também pra você, usa-se como critério pra você pertencer à Ala.«.

38 Die Kenntnisse stammen aus persönlichen Gesprächen mit Komponisten und Musikern der *Carros de Som* der *Grupo Especial*; Namen der Komponisten und *Escolas* werden aus ethischen Gründen nicht genannt; vgl. auch Uwe Flick: »Forschung als sozialer und kommunikativer Prozess«, S. 170.

aber Bestandteil der gängigen Praxis und wird mittlerweile sogar innerhalb der *Desfiles* offen dargestellt: Im Karneval von 2019 thematisierte und visualisierte ein *Carro Alegórico* der *GRES. São Clemente* mit der seitlichen Aufschrift *Escritório do Samba* im Rahmen des *Enredos: E o Samba Sambou* diesen Teil der Geschichte und Gegenwart der Komposition.[39]

Ein Komponist[40] erzählte mir:

>»Ich komponiere für viele verschiedene *Escolas*. Aber den Samba unterschreibe ich ausschließlich in *Escola x*. Insgesamt gibt es viele Sambas, die von mir sind – dieses Jahr zum Beispiel: Der von *Escola x, Escola y, Escola z*. Die habe ich alle geschrieben, aber natürlich nicht unter meinem Namen registrieren lassen. Das kann ich nicht tun. Niemand weiß, dass sie von mir sind. Das nennt sich *Escritório do Samba*.«[41]

Die Gründe der Komponisten dafür, einen Samba für den *Disputa* zu schreiben, unter Umständen zu verkaufen[42] und nicht unter dem eigenen Namen zu registrieren, sind mannigfaltig. Auch in der Fachliteratur finden sich vereinzelt Anmerkungen:

>»Bis in die 1950er Jahre war der Verkauf der eigenen Sambas eine weitverbreitete Praxis – als die Namen der wirklichen Komponisten aber wenigstens mit dem Werk verbunden und festgehalten wurden. In der Welt des Samba war das Prinzip der offiziellen Autorenschaft eh nie etwas, das exakt mit der tatsächlichen Autorenschaft übereinstimmte. Es gibt so viele Fälle, in denen *Parceiros* aufgrund von Fragen des Komponistenwettstreites in die Gruppe aufgenommen werden, da sie beispielsweise einflussreiche Mitglieder der *Comunidade* sind, ökonomische Ressourcen für den *Disputa* oder besonderen politischen Einfluss haben [...], genauso wie es auch Beispiele gibt, in denen der Schöpfer sein Werk nicht offiziell anerkennt, da er in einer anderen Sambaschule im Wettstreit steht, da er nicht zum *Ala de Compositores* der betreffenden Sambaschule zählt oder eine Höchstanzahl der Komponisten von der *Escola* festgelegt ist, die bereits erreicht ist.«[43]

---

39 Vgl. *Desfile* des *GRES. São Clemente* 2019: <https://www.youtube.com/watch?v=_qc6QcneHEU> [28.3.2019].
40 Namen der betreffenden Komponisten und der *Escolas* werden aus ethischen Gründen nicht genannt.
41 Originaltext: »Eu faço Samba para muitas Escolas, assinando só na [Escola x]. Então, tenho muitos Sambas ... Este ano, o Samba é o meu: Na [Escola x], [Escola y], [Escola z] são Sambas, que eu escrevi, mas não botei a signatura. Não posso. Ninguém sabe que são meus. Chama-se Escritório do Samba.«.
42 Vgl. Nei Lopes und Luiz Antonio Simas: *Dicionário da História social do Samba*, S. 70.
43 Alberto Mussa und Luiz Antonio Simas: *Samba de Enredo*, S. 187. Originaltext: »Prática generalizada, principalmente até os anos 1950, foi a venda de sambas – quando os nomes dos verdadeiros autores sequer constavam na obra. No mundo do samba, o conceito de autoria também nunca correspondeu precisamente com a composição. Há tantos casos em que os Parceiros são incorporados ao Samba por questões de Disputa – por serem membros influentes na Comunidade da Escola, porque podem financiar a Disputa, por terem prestígio

In der jüngsten Vergangenheit hat sich neben den genannten Gründen jedoch verstärkt das Prinzip des kommerziell orientierten *Escritórios* oder auch »der Firma«, wie sie von den Komponisten bezeichnet wird, herausgebildet. Die Arbeit einer solchen Firma für die anzufertigenden Sambas kann im Extremfall die Ausmaße einer fließbandartigen Produktion erreichen, was sich unter anderem auf die musikalische Gestaltung niederschlägt:

> »Einer [ein Komponist] schreibt die Melodie und danach wird der Text draufgesetzt, der auch nur von einer einzigen Person gemacht wird. In diesen *Escritórios* gibt es Leute, die ausschließlich den Text erarbeiten. Also – [...] aus diesem Grund erscheint alles so musterhaft, denn einer macht einen Text, auf den jede Melodie passt. Dann gibt er die Lyrics an den Musiker weiter, der seine Melodie darüberlegt. Im *Escritório* verkümmert die Kreativität mitunter.«[44] ALBERTO MUSSA, Komponist [*Acadêmicos do Salgueiro*], 8.9.2014.

Sicher ist der Verkauf der eigenen Komposition für sich genommen kein unbekanntes Phänomen,[45] doch die derzeitige Ausprägung und der professionelle Charakter einer »Firma« unterscheiden sich auf fundamentale Weise von früheren Formen. Auch wenn das *Escritório* oft finanziell motiviert ist, ist dies nicht ausschließlich der Fall. Legen beispielsweise der *Puxador* oder die Direktion besonderen Wert auf die Einarbeitung spezifischer musikalischer Charakteristika ihrer Sambaschule, könnten sie diese durch die Beteiligung eines herausragenden Komponisten einer anderen *Escola* (der kein *Compositor de Casa* ist und in dessen Handschrift sich der musikalische Stil einer anderen Sambaschule unverkennbar spiegelt) als gefährdet sehen.

Die Verdeckung der Identität kann hier als Schutzschild dienen, beispielsweise, wenn einem Samba aufgrund der Zuordnung einer seiner federführenden Komponisten zu einer anderen Sambaschule keine faire Behandlung im *Disputa* erfahren würde. Im persönlichen Gespräch berichtete mir ein Komponist von solch einem Vorkommnis und der Eliminierung eines seiner Sambas, da der *Puxador* der betreffenden Schule am entscheidenden Abend des Finales preisgab: »Nein, ich werde auf keinen Fall Samba x singen, in jeder Note steckt der Charakter von Sambaschule y.«[46] Abschließend sei hier vermerkt, dass bei einer Komposition im *Escritório* zwischen den künstlerisch schaffenden Komponisten und ihren den Samba offiziell vertretenden Strohmännern der sogenannte *Codex de Cavalheiro* existiert, ein informelles, ethisches Abkommen,

---

 e assim [...], como há casos em que o autor não assina a obra – porque está concorrendo em outra, porque não faz parte da Ala de Compositores, porque a Escola impõe um número máximo de Parceiros.«.

44 Originaltext: »Alguém colocou a melodia depois uma letra pronta, que tem também uma pessoa que faz só a letra. Nesses Escritórios tem gente que só faz a Letra. Então [...] é por isso que tá tudo padronizado, porque ele faz uma Letra que qualquer melodia cabe dentro dela. E aí vai pro melodista, o melodista bota melodia em cima da Letra. No Escritório empobreçe muito a criação.«.

45 Ebd.

46 Quelle: Eintrag im Forschungstagebuch zu informellem Gespräch mit André Diniz am 13.3.2019.

das die jeweiligen Autorenrechte sowie die Rechtslage im Falle des Sieges klärt. Wie genau diese Absprachen in Bezug auf die Verteilungen von finanziellen Gewinnen und Rechten aussehen, unterscheidet sich von *Parceria* zu *Parceria*. Entscheidend ist allerdings, dass sämtliche Einigungen vor dem Beginn des *Disputas* getroffen und gegebenenfalls vertraglich geregelt werden, um spätere Konflikte im Fall des Sieges oder Scheiterns zu vermeiden.

Part 3: *Uma receita da composição?* Der kreative Schaffensprozess in der Komponistengruppe anhand der Studie dreier Fallbeispiele

Kapitel 6: An der Schwelle zum kompositorischen Schaffensprozess

Bevor der künstlerische Schaffensprozess in einer *Parceria* beginnt, finden eine Reihe von Rahmenveranstaltungen statt, mit denen die Saison bereits vor dem *Disputa de Samba* eröffnet wird. Zunächst besuchen die Komponisten das *Festa do Lançamento do Enredo e da Sinopse* – das Fest der Vorstellung von Thema und *Sinopse* –, das ihnen mit der Präsentation des *Enredos* und der Konzeption seiner verschiedenen Stationen zentrale Informationen zu Aufbau und Gestaltung ihrer Lyrics liefert und damit die Weichen für die poetisch gelungene Umsetzung stellt. Hier handelt es sich um die erste große Veranstaltung zum Auftakt der neuen Saison. Das neue *Enredo* wird von der Direktion und der künstlerischen Leitung vor einem Publikum aus Komponisten, Angehörigen der *Escola* und externen Besuchern präsentiert. Die Feier kann im *Quadra* der Sambaschule ausgerichtet werden, welches zu diesem besonderen Anlass passend geschmückt wird oder auch an einem Ort außerhalb, der zum gewählten Thema passt: beispielsweise fand die Feier der *GRES. Unidos de Vila Isabel* für das Jahr 2016 zum Thema *Pai Arráia* in der *Feira Nordestino, São Cristóvão* statt. Die feierliche Vorstellung des neuen *Enredos* ist ein besonderes Ereignis, das mit großer Spannung erwartet und meist einige Wochen im Voraus in den sozialen Medien angekündigt wird. In vielen Fällen findet die Präsentation des Themas gemeinsam mit der Vorstellung der *Sinopse* statt. Ob sie jedoch am selben Tag oder später präsentiert wird, obliegt der individuellen Entscheidung jeder *Escola*. Allerdings findet diese nie innerhalb der Präsentation des *Enredos* statt, sondern in einer separaten Versammlung der Komponisten mit der künstlerischen Leitung und dem Präsidenten – die unter Umständen für ein breiteres Publikum und die Presse geöffnet werden kann. Die Entscheidung über Zutritt oder Ausschluss der Öffentlichkeit obliegt ebenfalls der Direktion.

Anschließend ermöglicht die *Tira-Dúvida* mit dem *Carnavalesco* eine »Tilgung der Zweifel« von verbleibenden, im Nachhinein oder während der Komposition entstandenen Unklarheiten, die vor der Fertigstellung des Sambas ausgeräumt werden können. Sie erfolgt parallel zum Schaffensprozess in mehreren Phasen und ist eine Form künstlerischer Richtungsweisung und Kontrolle des Bearbeitungsstandes durch den *Carnavalesco*. An ein bis drei von ihm festgesetzten Terminen findet sie in den Wochen zwischen dem *Lançamento da Sinopse* und der *Entrega do*

GRES. São Clemente und *GRES. Estação Primeira de Mangueira*: Ankündigung der *Tira-Dúvida* für den Karneval 2016, Juni–Juli 2015, Rio de Janeiro

Samba in regelmäßigen Abständen statt. Eine genaue Bestimmung der Anzahl von Terminen und sonstige Modalitäten wie beispielsweise einer Voranmeldung obliegt dem *Carnavalesco* und wird nach der Veröffentlichung der *Sinopse* bekanntgegeben – entweder über die Homepage, soziale Medien oder Handreichungen wie gedruckte Flyer an die Komponisten:

Zu beachten ist, dass die Teilnahme an einer *Tira-Dúvida* auf freiwilliger Basis geschieht und ohne Konsequenzen für die *Parcerias* bleibt, die sich dagegen entscheiden. Dennoch gibt sie Gelegenheit, während der für den Schaffensprozess und die künstlerische Ausarbeitung des Sambas anberaumten Zeit richtungsweisende Hinweise des *Carnavalescos* zu erhalten und seine Vorschläge umzusetzen, um eventuelle Fehlinterpretationen der *Sinopse*, der Reihenfolge der Stationen oder des Handlungsgeschehens zu korrigieren und in die richtigen Bahnen zu lenken, bevor die Endversion des Sambas für den *Disputa* aufgenommen wird. Das Beratungsangebot ist hilfreich und verlockend, und dennoch haben Komponisten, die dies nicht in Anspruch nehmen, in der Regel gute Gründe: Zum einen kann die Angst vor Spionage ausschlaggebend sein, also die Befürchtung, dass eine andere *Parceria* von den Wahlberechtigten bereits im Vorfeld favorisiert wurde und eine herausragende Idee heimlich weitergegeben würde, die plötzlich am Tag des Wettstreites wie von Zauberhand in einem konkurrierenden Samba erscheine. Zum anderen empfinden manche den eigenen künstlerischen Fluss durch eine Fremdeinwirkung gehemmt und möchten sich nicht in der Pflicht sehen, Ratschläge einzuarbeiten, die sie – möglicherweise entgegen der Meinung des künstlerischen Leiters – ungeeignet für ihr Werk halten. Ein weiterer Aspekt kann eine zeitliche Überschneidung der *Tira-Dúvida* mit persönlichen oder beruflichen Verpflichtungen sein. Illustrierend zu Ablauf und Inhalt einer solchen Veranstaltung folgt hier ein kurzer Auszug aus meinem Forschungstagebuch beim Besuch in der *Estação Primeira de Mangueira*, zu der ich vom *Carnavalesco* Leandro Vieira eingeladen wurde:

Abend des 6.7.2015, 18.00 Uhr *Barracão* der *Mangueira* in der *Cidade do Samba*, Zweite *Tira-Dúvida* der *Estação Primeira de Mangueira*[1]

»Bei meiner Ankunft im *Barracão* der *Mangueira* ist bereits die Dunkelheit in Rio hereingebrochen. Alles ist still, nur eine kleine Tür zum Erdgeschoss geöffnet. Glücklicherweise ist der *Porteiro* noch da. Ich kämpfe mich durch das Gewirr der *Alegorias* des vergangenen *Desfiles*, die nach dem Umzug zurückgebracht wurden und sich schon im Prozess der Demontage befinden. Als ich endlich den Tisch des Türstehers erreiche, blickt mich dieser fragend an und schickt mich, nachdem ich mich vorgestellt habe, mit einem ermutigenden Lächeln in den dritten Stock zum Büro des *Carnavalescos*.[2] Nervosität breitet sich aus, während ich den Weg zum Büro suche. Die *Tira-Dúvida* ist eine sehr private Veranstaltung. Es ist vollkommen offen, wie die Komponisten auf meine Anwesenheit reagieren werden ... Es ist eine exklusive Möglichkeit, eine Ehre für mich, dass ich überhaupt hier sein darf.

---

[1] Eintrag im Forschungstagebuch zum 6.7.2015.
[2] Leandro Vieira, *Carnavalesco* der *GRES. Estação Primeira de Mangueira*.

Im Vorzimmer, wo ich auf Leandro warte, umgibt mich ein Meer von Plakaten, Fotos etc. – alles in *Verde-Rosa*, den Farben der *Mangueira*. Schließlich kommt Leandro, an seiner Seite der *Diretor do Carnaval* und eine Frau, wahrscheinlich seiner Sekretärin. Er begrüßt mich sehr freundlich und kommentiert lächelnd, mit einem Blick auf meine rosa Bluse, dass ich ja eigentlich in der *Vila* zu Hause sei, aber heute – passend zum Anlass – in den Farben des Hauses gekleidet wäre. Wir unterhalten uns, gehen gemeinsam zum *Sala da Reunião* (Versammlungszimmer). Noch ist das Vorzimmer leer. Leandro erklärt mir den Ablauf, auch, dass ich nicht filmen oder aufnehmen darf, nur Zuhören und schriftliche Notizen sind erlaubt. Heute, am zweiten der drei Termine, kommen in der Regel die meisten, erklärt er mir. Er hat den Zeitraum von 18–22 Uhr für die Beratung vorgesehen, die *Parcerias* werden der Reihe nach zu ihm ins Büro gerufen. Dann höre er sich den Zwischenstand ihrer Arbeiten an – die einen bringen die vorläufige Version ihrer *Letras* mit, andere singen vor, das sei ganz unterschiedlich. Bisher hätten es in diesem Jahr elf *Parcerias* in seine Beratungsstunde geschafft, im letzten Jahr waren es insgesamt 29 Besuche. Aber es sei ja heute auch erst der zweite von drei Terminen, die meisten kommen erfahrungsgemäß erst gegen Ende – also zum zweiten oder dritten Termin. Es gäbe allerdings auch Gruppen, die zu allen angesetzten Daten erscheinen und versuchen, die Kommentare einzuarbeiten, um das veränderte Gesamtergebnis dann erneut prüfen zu lassen.

Kurz nach 18 Uhr betritt die erste *Parceria* den Raum. Der *Primeiro* der Gruppe ist ein freundlicher, älterer Herr, der bereits seit seinem 18. Lebensjahr komponiert und kommentiert, dass er die Wettstreite immer sehr nervenaufreibend fände. Er legt Leandro seine *Letras* in ihrem derzeitigen Bearbeitungsstand vor – auf dem Papier sieht man noch Ausstreichungen und Lücken. Nachdem die beiden kurz den Text begutachtet haben, fordert der *Carnavalesco* auf: ›Sing es mal, damit wir sehen, wie es im Gesamten wirkt.‹[3] Anschließend kommentiert er: ›Die Melodie hat Kraft. Und der Text deckt das ganze Thema ab!‹[4] Er ist zufrieden mit den Überarbeitungen vom letzten Mal. Die zweite *Parceria* hat etwas weniger Glück. Leandro, die *Sinopse* vor sich auf dem Tisch betrachtend, bemerkt: ›Hm, es gibt einige Passagen, die vom Thema abschweifen.‹ [5] Beispielsweise das Ende des ersten Absatzes: Den *Letras* zufolge wären die *Baianas* bei ›Die *Baianas* nehmen uns mit.‹[6] Protagonisten. Es sollte aber der Sänger sein. Unmissverständlicher wäre z.B. die Ich-Form: ›Ich nehme mit.‹[7] Er markiert die entsprechende Stelle. Darüber hinaus gibt es weitere unklare und unnötige Passagen sowie eine Wiederholung: ›Der Aspekt der Religiosität ist eigentlich schon am Beginn der ersten Strophe abgehakt!‹[8] [...] Die nächste Gruppe betritt den Raum. Unter den Mitgliedern befinden sich einige mir befreundete Komponisten. Die Überraschung und Freude darüber, mich anzutreffen, ist ihnen in die Gesichter geschrieben. Sie sind bester

---

3   Originaltext: »Canta pra mostrar como fica!«.
4   Originaltext: »Tem uma melodia que pega. E tá passando o Enredo todo.«.
5   Originaltext: »Fora do Enredo.«.
6   Originaltext: »Quem leva é a Baiana.«.
7   Originaltext: »Eu levo.«.
8   Originaltext: »Já martou a religiosidade em cima, na Cabeça!«.

Laune und haben nicht nur die Lyrics dabei, sondern auch zwei *Cavacos* und eine Trommel. Nachdem sie ihren Samba gespielt haben, urteilt der *Carnavalesco*: ›Der Anfang ist perfekt, es fehlt nichts. Ihr seid immer eine sehr starke Gruppe!‹[9] Es gibt nur ein paar kleine Anmerkungen: Im ersten Sektor wird es fünf verschiedene *Fantasías* geben – er holt einige Zeichnungen aus der neben ihm liegenden Mappe mit Skizzen und Stoffproben. Der dritte und vierte Sektor wurde in einer Phrase abgehandelt, bemerkt er, das müsste etwas umfangreicher sein. Schließlich spielen sie noch einmal, halten auf »*Batuque*« inne und erklären, dass sich hier ein *Breque da Bateria* anbieten würde. Schließlich kommt eine letzte Anmerkung von der künstlerischen Leitung: ›Ihr müsst aufpassen, dass der Samba nicht zu lange zu weit oben in der Tonhöhe liegt. Wir müssen ans Publikum im *Sapucai* denken, so lange hoch zu singen ist schwierig, sehr anstrengend.‹[10] [...] Schließlich wird auch diese *Parceria* mit den neuen Anregungen entlassen, Leandro kündigt an, dass es zwar erst 20.30 Uhr wäre, die Gruppen aber noch bis 22 Uhr Zeit zum Erscheinen hätten. Solange niemand käme, würde er sich zum Arbeiten zurückziehen.«

Als letzte der saisoneröffnenden, offiziellen Veranstaltungen vor dem Beginn des Wettstreits besiegelt die *Entrega do Samba*, Registrierung der Sambas, den Abschluss und zugleich Höhepunkt der Kompositionsphase. Dieses besondere Ereignis beschreiben alle von mir befragten Komponisten als sehr ergreifenden und emotional bewegenden Moment. Der Ablauf ist simpel, doch kann die Bedeutung und Besonderheit der Veranstaltung mystifizierende Ausmaße annehmen. *Entrega do Samba* bezeichnet den Moment der offiziellen Einschreibung aller Sambas für den Komponistenwettstreit, der meist nur wenige Tage später mit der ersten Live-Präsentation aller teilnehmenden Gruppen eröffnet wird. Mit der Registrierung ihres Werkes werden die *Parcerias* gleichzeitig offiziell Teil des *Alas de Compositores* der betreffenden Sambaschule. Hierzu wird ein von *Carnavalesco* und Direktion gewählter Tag bestimmt, an dem die Komponisten (entweder die ganze *Parceria* oder nur einige Vertreter) in einem festgelegten Zeitfenster im *Quadra* erscheinen und eine vorgegebene Anzahl von Kopien ihrer *Letras*, CDs mit der fertigen Aufnahme des Sambas und einer Einschreibegebühr mitbringen. Meist wird die Information über Tag, Zeit und Anzahl der einzureichenden CDs und Kopien sowie die Höhe des Registrierungsbeitrags bereits am Tag des *Festa do Lançamento do Enredo e da Sinopse* bekanntgegeben und auf der in der Versammlung an die Komponisten ausgeteilten Handreichung vermerkt.[11] Die Mitglieder der *Parcerias* erscheinen am angesetzten Tag zu einer individuell bestimmten Uhrzeit innerhalb des vorgegebenen Zeitrahmens – meist ist der gesamte Tag vorgesehen, da sich die Berufstätigen erst nach der Arbeit auf den Weg zum *Quadra* machen können. Lequinho da Mangueira erwähnte, dass manche Komponisten einen regelrechten Kult um die *Entrega do Samba* betreiben würden: Manche reisen von weit her an, nur um an diesem

---

9 Originaltext: »O início tá perfeito, falta nada. Vocês são sempre uma Parceria muito forte ...!«.
10 Originaltext: »Tem que prestar atenção que o Samba não fique tanto pra cima, porque aí, imagina na Sapucai, seja complicado, cansativo pra cantar.«.
11 Vgl. Abbildung 12 im digitalen Anhang.

Moment teilzuhaben, andere stehen in aller Frühe auf, um die erste *Parceria* im *Quadra* zu sein und ihren Samba mit der Nummer 1 registrieren zu lassen. Weitere legen großen Wert auf eine bestimmte Zahl, z. B. ihre Glückszahl, ein Geburtstag etc. und versuchen sicherzustellen, dass ihr Samba mit dieser Nummer eingeschrieben wird, was Geduld und ein gewisses Koordinationstalent erfordert, da die Kompositionen in laufender Reihenfolge registriert werden[12] und diese sich nach dem Erscheinen der *Parcerias* richtet.[13] Guilherme Salgueiro erzählte mir auf unserem gemeinsamen Rückweg von der *Entrega* bei *GRES. Unidos do Santa Marta*, dass es gerade in den größeren Sambaschulen üblich sei, den Anwesenden die Sambas bei der Registrierung vorzuspielen – ein besonderer Moment für Komponisten, Konkurrenten und das neugierige Publikum. Auch Paulo Portela bestätigt diese Reihenfolge der Ereignisse:

> »Du gehst mit deiner im Studio aufgenommenen CD dorthin.[14] [...] Für gewöhnlich gibt man die Lyrics und die CD ab. Jemand aus der Direktion legt dann die Aufnahme in den CD-Player und lässt den Samba durchlaufen, so dass ihn die ganze *Comunidade* hören kann. Das ist öffentlich. Und natürlich sind alle ganz gespannt.«[15] PAULO PORTELA, Komponist [*Vila Isabel*], 11.11.2014.

Nachfolgend findet sich eine Übersicht des von mir dokumentierten Verlaufs der Einschreibung am 30.10.2014 bei *GRES. Unidos Santa Marta*:[16]

ANKUNFT DER *Parceiros*	Ankunft der *Parceiros* im *Quadra* (nach gemeinsamer Absprache einer passenden Uhrzeit), im Fall der von mir begleiteten Gruppe bei *GRES. Unidos do Santa Marta*: Treffen am frühen Abend vor dem Eingang zum *Quadra*.
	Nach dem Eintreffen aller *Parceiros*, die ihre Anwesenheit zugesagt haben (der *Primeiro* sollte in jedem Fall anwesend sein) Versammlung der Gruppe im Raum des *Quadra*.
KONTROLLE DER UNTERLAGEN	Kontrolle aller für die Registrierung erforderlichen Requisiten[17]:
	1. CDs von der im Studio gefertigten Aufnahme des Sambas, in der Regel ein bis zwei CDs pro *Parceria*
	2. Kopien der *Letras* – ca. 30 Exemplare
	3. Entrichtung der Einschreibegebühr – 150/200 RS[18] pro *Parceria*.

---

12 Vgl. Abbildung 13–17 im digitalen Anhang.
13 Eintrag im Forschungstagebuch: Interview mit Lequinho da Mangueira am 25.2.2016.
14 »Dorthin« meint hier: ins *Quadra*, zur *Entrega do Samba*.
15 Originaltext: »Cê vai lá com CD, gravado no estúdio. [...] Entrega a Letra e o CD. Aí uma pessoa da Diretoria coloca lá no aparelho e toca pra Comunidade toda ouvir, pela primeira vez. E aberta assim. Fica todo mundo muito curioso né?!«.
16 Eintrag im Forschungstagebuch zum 30.10.2014.
17 Quantität an CDs, Kopien und die Höhe der Gebühr entsprechen den Richtwerten anderer *Escolas* wie *Mangueira* oder *Vila Isabel*.
18 Einige Sambaschulen variieren in der Gebühr in Abhängigkeit von der Struktur der *Parceria*; Beispiel: *Vila Isa-*

BEGRÜSSUNG ZWISCHEN *Parceria* UND DIREKTION	Die Gruppe bewegt sich gemeinsam zur Bühne, auf der ein Tisch mit verschiedenen Dokumentenstapeln, Kamera und Geldrollen aufgebaut ist, Begrüßung zwischen *Parceiros* und anwesenden Mitglieder der Direktion (*Carnavalesco*, Präsident).
REGISTRIERUNG 1: EINSCHREIBUNG	Die Komponistengruppe erhält eine Nummer in laufender Reihenfolge, unter der ihre *Parceria* und ihr Samba von diesem Moment an geführt werden.
REGISTRIERUNG 2: ABGABE DER *Letras*, CDs, GEBÜHR	CDs und *Letras* (die in der Regel gesammelt und später im Archiv der *Escola* aufbewahrt werden) werden überreicht und die erforderliche Gebühr an Präsidenten bzw. *Carnavalesco*[19] entrichtet.
Regulamento KONDITIONEN DES *Disputas*	Das *Regulamento* für den Wettbewerb wird überreicht: Es enthält genaue Informationen zu Ablauf und Terminen der Präsentationen, Modalitäten zum Thema *Adereços*, Dekoration, Verwendung von Nebelmaschinen und *Chuva de Prata*, *Fogos interiores* (silberner Konfettiregen, Innenfeuerwerk), Angaben zu technischen Details wie der Verfügbarkeit von Mikrofonen und sonstiger von der *Escola* zur Verfügung gestellter technischer Ausstattung. Es erfolgt eine Belehrung zum Verhalten im Umgang mit den anderen *Parcerias*, pünktlichem Erscheinen, Kleiderordnung, Anwesenheitspflicht bei der wöchentlichen *Reunião da Ala de Compositores*. Auch die Modalitäten der *Entrega* können noch einmal im *Regulamento* aufgeführt werden.
REGISTRIERUNG 3: UNTERSCHRIFTEN	Nach dem Entgegennehmen des *Regulamentos* registrieren sich die anwesenden *Parceiros* mit einer Unterschrift und geben damit ihre Zustimmung und Anerkennung der Regeln und Modalitäten des Wettbewerbs.
ABSCHLUSS	Foto der *Parceria* mit den anwesenden Vertretern der Direktion.

Im Fall der *GRES. Unidos do Santa Marta* setzten sich die Anwesenden am 30.10.2014, dem Tag der *Entrega*, nicht ausschließlich aus Mitgliedern der *Parcerias* und Direktion zusammen: Stattdessen schauten auch Angehörige anderer *Alas* wie *Baianas*, *Velha Guarda* und *Bateria* im *Quadra* vorbei. Sie waren neugierig auf die zur Wahl stehenden Sambas der kommenden Saison und kamen, um erste Eindrücke zu gewinnen, Meinungen auszutauschen und mit den Komponisten zu plaudern. Es herrschte ein reges Kommen und Gehen bei diesem für alle Mitglieder der *Escola* zugänglichen Ereignis. Die Komponisten nutzten die günstige Gelegenheit, um ihre Chancen im Wettstreit zu verbessern: Fast alle Gruppen hatten eine überschüssige Zahl an CDs und Textkopien dabei, die sie unter den Anwesenden verteilten – ein kluger Schachzug, denn diese unkomplizierte Form der Werbung ermöglichte ihnen eine gute Ausgangsposition im *Disputa*. Die Mitglieder der *Comunidade* konnten im Vorfeld Gefallen am Samba finden, Melodie und *Letras* lernen und am Tag der ersten Präsentation als Teil der *Torcida* mitsingen. Am Abend des 30.10.2014 notierte ich im Forschungstagebuch, dass die begleitete *Parceria* etwa 25–30 CDs im Publikum verteilte und den Besuchern weitere Exemplare für Freunde

---

bel 2012: 150 RS für *Parcerias*, die sich aus Komponisten des eigenen *Alas de Compositores* zusammensetzten, 200 RS für gemischte *Parcerias*, die über externe Komponisten verfügen.

19 Die Höhe der Gebühr für Komponisten der der *Ala* und externe Komponisten ist unterschiedlich hoch.

und Verwandte der Mitglieder der *Comunidade* mitgab. Neben der kostenlosen Ausgabe von Tonträgern und *Letras* beobachtete ich im Verlauf meiner Feldforschung weitere Varianten frühzeitiger Werbung für einen Sambas wie beispielsweise regelmäßige Live-Präsentationen konkurrierender Kompositionen beim wöchentlichen *Churrasco* der Bewohner des *Morro do Salgueiro* oder *Santa Marta*. Diese trugen einerseits zwar zur musikalischen Unterhaltung bei, dienten im Hintergrund aber auch der Mobilisierung einer starken *Torcida* aus den Reihen der eigenen *Comunidade*.

Kapitel 7: Fallbeispiel I: *GRES. Unidos da Tijuca*, 2016

7.1 Zur *Parceria*: Individuelle Portraits der Komponisten 1-1, 1-2 und 1-3

Zur Vita: Komponist 1-1 [* 1983], hauptberuflich Musiker und Lehrer für Gitarre, *Cavaquinho* und E-Bass, wurde in *Vila Isabel*, Rio de Janeiro, geboren und steht bereits seit seiner Kindheit in enger Verbindung zu den *Escolas de Samba*. Die Großeltern hegten eine starke Sympathie für die *Unidos de Vila Isabel*, während sein Vater und seine Tante *Salgueiro* favorisierten. Dennoch ist Komp. 1-1 der erste seiner Familie, der nicht nur als aktives Mitglied bei *Vila Isabel* und bei weiteren *Escolas* eingebunden ist, sondern dort auch besondere Funktionen innehat. Darüber hinaus ist er der erste professionelle Musiker seiner Familie. Die Liebe zur Musik entwickelte sich ebenso früh wie die zum Samba: Mit sieben Jahren begann er, im Rahmen von Privatunterricht Gitarre zu lernen, später folgten *Cavaquinho* und Bass. Im Interview erzählt er von seinem Kindheitstraum, Gitarrist zu werden: »Ich erinnere mich, dass ich einmal eine Plastikgitarre zu Weihnachten geschenkt bekam. Während des Festes spielte ich und im Fernsehen war MTV angeschaltet. Als ich das Solo des Gitarristen von Aerosmiths im Live-Video *On the Edge* sah, dachte ich – wow! So wie der möchte ich mal sein!«[1]. Auch wenn die Idee, professioneller Musiker zu werden, anfangs auf starke Kritik von Seiten der Familie stieß, die diesen Wunsch für eine fixe Idee hielt, setzte sich seine Berufung durch: »Ich habe es immer ernst genommen, die Musik war stets meine Priorität«[2], erklärt Komp. 1-1. Seine musikalischen Einflüsse und Hörerfahrungen sind breit gefächert: Alles, was im Radio gespielt wurde, ganz gleich ob Pop, Rock oder Bossa Nova, versuchte er abzuhören und zu reproduzieren. Zu seinen Idolen zählen die Beatles, Rush, Muse, Paralamas und Elton John. Manchmal überlegt er beim Komponieren, wie seine Vorbilder wohl diese oder jene Situation lösen würden: »Was würden die Beatles hier machen, [...] um nicht den konventionellen Weg zu nehmen. Oder wie würde Elton John eine musikalische Linie bearbeiten, um zu modulieren? Ich denke darüber nach, aber es ist nicht meine wirkliche Inspiration. Eher eine Art ausgleichender Gegenpol.«[3] Im speziellen Fall des Samba-Enredo waren vor allem anfangs die Kompositionen von Komp. 3-1 sein Vorbild:

---

1 Originaltext: »Lembro que uma vez eu ganhei uma guitarra de plástico, assim, tocava, né, era de natal, e aí eu ficava na festa vendo televisão, MTV [...] e aí eu vi o clip live ›On the Edge‹ de Aerosmith. E eu vi o solo [...] ficava assim – cara, isso eu quero ser.«.
2 Originaltext: »Sempre levei a sério, sempre foi minha prioridade.«.
3 Originaltext: »O que os Beatles fariam aqui [...] pra sair do lugar comum. Ou então, como Elton John trabalha uma linha melódica quando ele vai modular. Então eu penso nisso. Mas não é a minha inspiração definitiva. Ela serve como um contrapeso, um comparativo.«.

Der erste eigene Versuch, einen Samba-Enredo zu kreieren, bestand in einer Art musikalischer Collage verschiedener Passagen eines Sambas von Komp. 3-1, die er überarbeitete und neu zusammenfügte, um daran die Komposition im Stil und Charakter seiner Herzensschule, der *Vila*, zu erlernen. 2003 wurde er zum ersten Mal von einer *Parceria* zur Mitwirkung an ihrer Komposition für *GRES. Tuiuti* eingeladen – der Beginn einer langen Geschichte als Sambakomponist. »Ich bin daran gewöhnt, Samba in der Gruppe zu komponieren. Jeder Samba ist eine neue Erfahrung.«[4], sagt er.

EINSCHÄTZUNG DER ARBEIT IN DER *Parceria*: Komp. 1-1 sieht seine eigene Funktion vor allem in der des musikalischen Leiters. Dabei empfindet er seine musiktheoretischen Kenntnisse als hilfreich für die Lösungsfindung im kreativen Prozess: »Meistens singe ich etwas vor, versehe die Melodie gleich mit den passenden Akkorden und die beiden verstehen meine Intention. Ausgehend von dort beginnen sie dann, den Text zu entwickeln.«[5] In Bezug auf die Arbeit in der Gruppe betrachtet er ein harmonisches Klima, gegenseitiges Verständnis und Offenheit als elementar: »Schau, wir haben unser Können statt großer finanzieller Ressourcen. [...] Wir haben ein sehr gutes Gruppenklima [...], vor allem, weil unsere Gespräche immer sehr offen sind. Keiner hat Angst zu kritisieren. Wenn es hässlich ist, ist es hässlich – wenn es schön ist, ist es schön! O etwas wie dieses ›Hm, ist schon okay‹, mit dem man dann nach Hause geht und denkt: ›Ah, eigentlich gefällt es mir nicht!‹ gibt es bei uns nicht.«[6] Wirkliche Auseinandersetzungen gäbe es innerhalb der Gruppe bei der Komposition nicht: »Bevor es zum Konflikt kommt, wird eine Einigung gefunden.« Was häufig diskutiert wird, sei die Strategie des *Disputas de Samba*, nicht aber die Komposition selbst, erzählt er.[7] Wenn die kreative Arbeit ins Stocken gerät, wird die Session im Zweifelsfall aufgelöst. Jeder fährt nach Hause und denkt in Ruhe über einen möglichen Weg nach, der dann über WhatsApp oder auf anderem Wege ausgetauscht und in der nächsten Session gemeinsam diskutiert wird.[8] Zur Frage der negativen Aspekte von Gruppenarbeit gegenüber individueller Komposition fällt ihm nur ein Schwachpunkt ein, der sich jedoch bei genauer Betrachtung als zweiseitige Medaille entpuppt: »Manchmal verbringen

---

4 Originaltext: »Tô acostumado a fazer Samba em grupo. Cada samba é uma experiência diferente.«.
5 Originaltext: »Então eu sempre apresento cantando – pego o cavaquinho e canto, solfejo e aí eles entendem qual é a minha intensão. E na parte deles, eles vão envolver a letra.«.
6 Originaltext: »Olha, a gente tem caneta, a gente não tem dinheiro. [...] A gente tem um entrosamento muito bom [...] até porque a conversa entre a gente sempre foi muito franca. Mas aqui ninguém tem medo de falar, não. Se tá feio, tá feio. Se tá bom – tá bom! Não tem este negócio de ficar: ›Ah ... hum ... sim‹ ... aí acaba e vai embora pra casa ficar falando ›Ah, não gostei.‹«.
7 Originaltext: »A gente nunca chega num conflito, porque a gente consegue chegar num acordo um antes de enfrentar um conflito. A gente discute muito a estratégia da Disputa. Não na composição.«.
8 Originaltext: »A gente para, sabe que não vai render mais de ficar, para, cada um vai pra sua casa e a gente vai pensar no Samba. Quem tem uma ideia manda pelo WhatsApp, por mensagem de texto, por e-mail, e aí a gente vê o que cada um achou.«.

wir viel Zeit mit Herumalbern, sprechen über andere Dinge und die Zeit vergeht. Aus diesen Momenten können aber auch gute Ideen für die Komposition – Melodien oder Texte – entstehen ... Wenn wir also nicht herumflachsen, [...] ginge uns also auch Inspiration verloren.«[9]

ZUR VITA: KOMPONIST 2-1 [* 1976], hauptberuflich als Lehrer für Portugiesisch tätig, wuchs in einem äußeren Bezirk von Rio de Janeiro, nahe dem *Quadra* der *Caprichosos de Pilares,* auf. *Carnaval* und Samba gehörten seit frühester Kindheit dazu – als Vergnügen für die ganze Familie, bei dem man tagsüber gemeinsam draußen auf der Straße feierte und abends im Fernsehen den Wettbewerb im *Sapucaí* verfolgte. Die professionelle Komponente stand zunächst nicht zur Diskussion, auch wenn er von Kindesbeinen an starke familiäre Verbindung zu den *Escolas* hatte: Sein Onkel und sein Großvater besuchten regelmäßig die Proben der *Caprichosos,* deren Aufstieg in die *Grupo Especial* er als besonderes und prägendes Schlüsselerlebnis in Erinnerung hat. Zur Frage nach seiner musikalischen Vorbildung erzählt er, dass die Musik in seiner Familie stets dazugehörte und aktiv gepflegt wurde, wenngleich nicht auf professioneller Ebene. Sein Onkel spielte Gitarre und er selbst eignete sich deren Grundlagen sowie musiktheoretisches Wissen auf autodidaktischem Wege sowie durch Zuhören und Imitieren von einem Freund an, der ihm verschiedene Grundkenntnisse vermittelte. Die ihn prägenden musikalischen Einflüsse und Vorbilder entstammen einem breiten Spektrum: Neben klassischer Musik, die für ihn bis heute nach einer Kompositionssession als ausgleichender, entspannender Gegenpol fungiert, erklärt er, dass der Samba in verschiedensten Varianten und Typen stets einer der wichtigsten Wegbegleiter war. Nicht nur Samba-Enredo, auch Choro, den sein Großvater liebte und oft mit ihm hörte, Pixinguinha, aber auch MPB von Musikern wie Ronaldo Silva, Beth Carvalho, Caetano Veloso, Maria Bethânia und Chico Buarque, die seine Mutter sehr schätzte. Er selbst entdeckte im Jugendalter die Pop- und Rockmusik der Rolling Stones und Pink Floyd für sich, tanzte in der Disco zu Funk und elektronischer Musik. Seine große Leidenschaft waren die Beatles: »Als ich im Schulalter war, gab es in Tijuca einen Plattenladen, an dem ich immer vorbeikam. Statt den Bus zu nehmen, bin ich zu Fuß gegangen, um das Geld zu sparen und mir davon das Beatles-Album *Help* kaufen zu können.«[10] Zur Komposition fand er erst im Erwachsenenalter, 2006/2007, mit einem Samba für die GRES. *Vizinha Faladeira.* Diese erste Erfahrung beschreibt er als sehr gegensätzlich zu seiner jetzigen Gewohnheit: Er setzte sich mit seinem *Parceiro* in eine Bar, und beide komponierten, ihrer Inspiration folgend, ohne Erfahrung und Bewusstsein über die Normen und Konditionen, die einen für den Wettstreit geschaffenen Samba-Enredo bestimmen. Dass er langjähriger *Ritmista* in der *Bateria* der

---

9 Originaltext: »Às vezes a gente perde muito tempo brincando, falando de outras coisas e a hora vai passando. Só que isso acaba virando um ponto positivo, porque das brincadeiras surgem as melodias boas, letras boas. Então, se a gente não brincar também, [...] a gente não se inspira.«.
10 Originaltext: »Voltei da Escola a pé pra economizar dinheiro das passagens pra comprar um Vinil na Tijuca de novos e usados, comprei o álbum ›Help‹ dos Beatles e um de Rolling Stones.«.

Vila Isabel ist, empfindet er als große Hilfe für den Kompositionsprozess, vor allem für die Gestaltung der Metrik und Verse. Anfänglich stand er einer festen Mitgliedschaft bei einer Sambaschule zurückhaltend gegenüber, bis er 1985 nach Vila Isabel zog, Sprachen und Literatur an der Universidade do Estado do Rio de Janeiro studierte und Komp. 1-1 kennenlernte. »Komp. 1-1 war der erste aus der *Parceria*, mit dem ich Kontakt hatte. Er war bereits Mitglied der *Vila* und spielte dort *Tamborim*. Ich mochte die *Vila* schon vorher sehr, ging zu den Proben ins *Quadra*, habe aber niemals am Umzug teilgenommen. Ich spielte kein Instrument und dachte, richtig dabei sein wäre eine Sache der Leute vom *Morro*. Wahrscheinlich würde ich als der Weiße, von außen Kommende betrachtet werden.«[11]

Einschätzung der Arbeit in der *Parceria*: Seine Einschätzung zu Aufgabenverteilung und Arbeitsklima in der Gruppe erweist sich als übereinstimmend mit Komp. 1-1: »Man könnte sagen, wenn es eine Aufteilung gibt, dass die Komposition der musikalischen Ebene vor allem Komp. 1-1 obliegt, ich selbst für das Gerüst, die Struktur, verantwortlich bin und Komp. 3-1 die Feinarbeit an den Versen übernimmt, sie an den richtigen Ort bringt. [...] er ist der Administrator mit dem Überblick zu Thema und *Sinopse*. [...] Meistens bin ich es, der den ersten Vers kreiert.«[12] Als wichtige Voraussetzung für eine gelungene Komposition hebt er hervor, dass innerhalb der Gruppe keine Rivalitäten, sondern Kompromissbereitschaft bestehen muss, um die Zufriedenheit aller mit dem Resultat zu gewährleisten. Seiner Ansicht nach trage das enge freundschaftliche Verhältnis dazu bei, dass es tatsächliche Auseinandersetzungen im kreativen Schaffensprozess nicht gäbe: »Streit gab es nie, nur verschiedene Ansichten. Sobald eine Lösung einem von uns nicht gefällt, denkt jeder im Stillen über eine Alternative nach. Dieses gegenseitige Verständnis ist auch ein Resultat unserer Freundschaft.«[13] Das Positive an der kollektiven Komposition sind für ihn das Zusammensein und die gemeinsame Arbeit mit den Freunden. Als negative Punkte führt er – ähnlich wie Komp. 1-1 – einen gewissen Mangel an Struktur ins Feld: »Wir treffen uns meist sehr spät. Und selbst wenn wir uns früh treffen, bringt es nichts, weil wir erst sitzen und quatschen.«[14] Das Schwierigste seien Sessions mit zu vielen Teilnehmern: »Wenn wir zusammensitzen und nicht zu einem Ergebnis kommen [...]. Das pas-

---

11 Originaltext: »Fui encontrar o Komp. 1-1, o primeiro da parceria com quem tive contato, que já tocava tamborim, já tava dentro da Escola. Eu antes já gostei muito da Vila, ia na quadra de vez em quando, mas não desfilei, porque não tocava instrumento, achava que era mais coisa do morro, que fosse visto como ›o branquinho‹.«.
12 Originaltext: »Se a gente teria uma divisão assim seria do tipo – o Komp. 1-1 é sempre mais cobrado, mais responsável pela melodia [...], eu acabo sendo responsável por um esqueleto qualquer [...] e o Komp. 3-1 vai acertar, levando as pecinhas no lugar. [...] é o grande administrador, faz a pesquisa do Enredo, da Sinopse [...] normalmente eu faço o primeiro verso.«.
13 Originaltext: »Briga nunca tinha, só opiniões diferentes. Se acontece que um não gosta, todo mundo entra em silêncio [...] vamos pensar em outra solução. Também é resultado da amizade.«.
14 Originaltext: »A gente sempre faz uma Reunião muito tarde, [...] e no outro dia tem que acordar cedo, aí ce vai estragado. Toda vez que marca cedo também não adianta porque a gente chega, Bate-Papo.«.

siert meist bei großen Gruppen. Im Fall der *São Clemente* waren wir zu zwölft. Und es fehlten viele Leute in der Session, [...] dann hast du diejenigen, die nicht zum Komponieren kommen, sich danach aber über das Ergebnis beklagen. Dann geht die Diskussion über WhatsApp los – das ist ganz klar ein Negativaspekt.«[15]

ZUR VITA: KOMPONIST 3-1 [* 1975], ebenfalls Lehrer für Portugiesisch, stammt aus einer argentinischen Familie, lebt aber bereits seit frühester Kindheit in Rio de Janeiro. Trotz der ausländischen Wurzeln erzählt er, dass ihm die Leidenschaft für den Samba bereits in die Wiege gelegt wurde: »Meine Geschichte mit dem Samba begann bereits im Elternhaus. [...] Meine Eltern sind große Fans von *Salgueiro*. Mein Vater nahm jährlich am *Desfile* teil [...]. Meine Mutter verfolgte die Umzüge im Fernsehen.«[16] Die Nähe zu *Salgueiro* erklärt er unter anderem mit der Wahl des Wohnortes: Da die Familie stets in den *Barrios* Vila Isabel, Grajaú und Tijuca lebte, waren sowohl das *Quadra* von *Salgueiro* als auch jenes der *Vila* und *Mangueira* unweit entfernt. Eine instrumentale musikalische Ausbildung durchlief er nicht, begann aber, als *Ritmista* das *Tamborim* in der *Bateria* der *Vila* zu spielen, wo er bereits vor der ersten gemeinsamen künstlerischen Arbeit Komp. 1-1 kennenlernte. Er berichtet, dass er ab 2010 fast jährlich gemeinsam mit Komp. 1-1 und Komp. 2-1 am *Desfile* teilnahm. Bezüglich seiner musikalischen Einflüsse und Vorlieben nennt er neben Samba speziell die Rockmusik, eine Liebe, die er mit Komp. 1-1 teilt: »Komp. 1-1 und ich haben beide eine Leidenschaft für Rock n Roll. 2011, 2012 und 2015 waren wir zusammen bei *Rock in Rio*.«[17] Als erste Komposition erinnert er sich an einen Samba für die Saison 2010/2011, den er in Teamarbeit mit Komp. 1-1 und Komp. 2-1 verfasste.

EINSCHÄTZUNG DER ARBEIT IN DER *Parceria*: Seine eigene Position in der Gruppe ordnet er übereinstimmend mit den Einschätzungen von Komp. 1-1 und Komp. 2-1 ein: »Was mir aufgefallen ist, ist, dass ich mehr für die Gesamtstruktur verantwortlich bin, das Gerüst des Ganzen. Komp. 2-1 kreiert die Verse, die wir dann verändern und an die passende Stelle bringen und Komp. 1-1 entwickelt dazu die Melodie. Dieses Positionsgefüge von uns dreien ist nicht fest definiert. Aber es ist das, was in den meisten Fällen geschieht.«[18] Die enge freundschaft-

---

15 Originaltext: »Quando a gente tá fazendo Reunião reunião e não decide nada [...]. Isso acontece geralmente quando as Reuniões são maiores. Na São Clemente tinha 12 pessoas. E aí assim – falta muita gente na Reunião, [...] o cara não vai na reunião e vai questionar depois as decisões tomadas. Aí começa Reunião pelo WhatsApp! Pelo WhatsApp é um ponto negativo.«.
16 Originaltext: »A minha história com Samba nasceu dentro de casa. [...] Meus pais são Salgueirenses. Meu pai desfilava todo ano [...]. Minha mãe acompanhava os Desfiles.«.
17 Originaltext: »Eu e o Komp. 1-1 gostamos de Rock n Roll, temos a paixão de Rock. 2011, 2012 e 2015 fomos pro Rock in Rio.«.
18 Originaltext: Originaltext: »O que tenho percebido é que eu fico mais responsável pela estrutura, esqueleto em primeiro, o Komp. 2-1 vem com os versos, aí mudamos os versos do Komp. 2-1 e aí o Komp. 1-1 vai com a melodia. Isso não é definido. Mas que vem acontecendo em muitos casos.«.

liche Verbindung und die daraus resultierende Offenheit zu- und untereinander betrachtet auch er als entscheidendes Kriterium für eine harmonische Arbeitsatmosphäre und ein zufriedenstellendes Endergebnis: »Einen wirklichen Streit gab es nie zwischen uns. Manchmal bemerke ich vor allem zwischen Komp. 2-1 und mir differierende Ansichten, z. B. dass er etwas, das mir besonders gefällt, nicht so mag. [...] Oder umgekehrt: Er hat eine Idee, von der er sehr überzeugt ist, die mir aber nicht gefällt. [...] Aber das artet nicht in Streit aus. Streit vermeide ich – schon, weil es unnötig ist! Warum sollten wir uns über Samba streiten? Und wenn es um die melodische Gestaltung geht, hat Komp. 1-1 das letzte Wort, er versteht am meisten davon. [...] Wir sind alle sehr offen und empfänglich für die Meinungen der anderen.«[19] Mag die freundschaftliche Nähe den kreativen Schaffensprozess und die gemeinsame Suche nach Ideen beflügeln, so räumt Komp. 3-1 ebenfalls die Kehrseiten ein: Für die Zukunft wünsche er sich eine besser organisierte Struktur der *Reuniões* und mehr Professionalität im Moment des Komponierens: »Wir verstehen uns sehr gut ... wir müssten eine strukturiertere Trennung von Arbeit und Pause erreichen. [...] Die Privatgespräche für nach der Arbeit aufheben. Uns fokussieren. Manchmal hat eine Auflockerung einen positiven Effekt, entspannt. Aber dann muss man wieder in die Arbeit zurückfinden. Zukünftig werde ich versuchen, ein professionelleres Vorgehen herbeizuführen. [...] Wir treffen uns am Tag x, um Uhrzeit y. Dann haben wir zwei Stunden für die Arbeit. Danach können wir runtergehen, Pizza essen, herumflachsen ...«[20]. Insgesamt hält er ein in jedweder Hinsicht gut geplantes Vorgehen bereits aufgrund der ökonomischen Rahmenbedingungen für unabdingbar: »Wenn der Finanzplan nicht steht, kann man den Wettstreit vergessen«[21], meint er. Besteht die »Schokoladenseite« der Kompositionsarbeit für ihn darin, gemeinsam mit den *Parceiros* ein neues Werk entstehen zu lassen, so bevorzugt auch er, genau wie seine Freunde, für die Sessions das persönliche Treffen gegenüber dem schriftlichen Austausch: »Im Fall der *São Clemente* [...] sollte alles über WhatsApp gelöst werden. Dafür möchte ich mich nicht zur Verfügung stellen, mir liegt dieses Modell nicht. Es ist viel besser, zusammenzusitzen und einander in die Augen sehen zu können!«[22] Selbst, wenn die drei ein eingespieltes Team sind, ist es für Komp. 3-1 wichtig, auch für andere Modelle und neue *Parceiros* offen zu

---

19 Originaltext: »Discussão nunca houve. Em alguns momentos, principalmente entre mim e o Komp. 2-1, eu percebo que ele não gosta do que eu coloco e eu gosto muito. [...] Aí às vezes ele coloca uma coisa que eu não gosto e ele acha que é muito bom [...] aí também acabo de não entrar em combate. Eu evito o conflito – porque não tem por que ter conflito. Eu vou brigar pra fazer Samba? [...] Até em [termos de] melodia a gente às vezes faz isso com o Komp. 1-1. Ele é o cara da melodia [...]. E todo mundo tá muito aberto em escutar o outro.«.

20 Originaltext: »A gente se entende muito... cê deve ter hora e hora gravado de falar besteira [...] aí perde o clima da coisa. Às vezes nascem ideias e voltam, mas às vezes não volta. [...] Deixa o papo pra depois. Focar. Às vezes pode ter uma quebra pra relaxar. Mas às vezes demoram [...] pra voltar. Aí nos próximos anos eu vou começar [...] montar um esquema mais profissional. [...] Vamos nos reunir – tal dia, tal hora. A gente vai ter duas horas [...] pra produzir. Depois a gente desce, vai comer Pizza, vai falar besteira...«.

21 Originaltext: »Se você não se planeja financeiramente, cê não consegue.«.

22 Originaltext: »Na São Clemente [...] eles tão fazendo tudo pelo WhatsApp. Eu não tenho disponibilidade

bleiben, um die eigene Komposition zu bereichern: »Wir haben bereits einen eigenen Stil entwickelt. Aber wir können uns nicht darauf ausruhen, da wir uns sonst in unserem Modell festfahren und nichts von den anderen dazulernen.«[23]

PORTRAIT DER *Parceria* 1: Die drei *Parceiros* verbindet eine langjährig enge und intensiv gepflegte Freundschaft, von der die gemeinsamen Kompositionen lediglich einen Teil bilden. Dennoch war es der Samba, der sie zusammenführte und die Grundlage für ihre starke persönliche Verbindung schuf, wie sie unabhängig voneinander im Interview betonen. Ausgehend von einer *Parceria*, die sich bereits 2009 für den *Disputa* der *Vila Isabel* zusammenfand, an der jedoch nur Komp. 1-1 mitwirkte, veränderte sich bedingt durch persönliche Motive und Differenzen in den Folgejahren die Formation bis hin zur heutigen Struktur, die seit 2011 fest besteht. Komp. 2-1 und 3-1 arbeiten beide als Lehrer für Portugiesisch und kannten sich bereits als Kollegen, doch verband sie bis zum Moment der ersten gemeinsamen Komposition keine besondere Beziehung: »Es war dieses gewöhnliche – ›Hallo, wie geht's?‹ – ›Danke, gut. Und selbst?‹«, erzählt Komp. 3-1. »Damals hatten wir nicht das enge Verhältnis, das wir heute haben. Die Nähe zu Komp. 2-1 und Komp. 1-1 entstand tatsächlich durch den Samba. Heute sind die beiden für mich so etwas wie Brüder. [...] Durch den Samba ist unsere Freundschaft entstanden.«[24] Komp. 1-1 und Komp. 2-1 kannten sich zunächst auf ähnlich formeller Ebene: im Verhältnis von Lehrer und Schüler. Bereits vor der ersten gemeinsamen Komposition entstand eine weitere Verbindung: Relativ zeitgleich begannen alle drei, *Tamborim* in der *Bateria* der *Vila* zu spielen, was den Kontakt auf mehr persönlicher Ebene förderte. Im Zuge eines konkurrierenden Sambas von 2009, zu dem Komp. 1-1 schließlich Komp. 2-1 und Komp. 3-1 als Experten der portugiesischen Sprache in beratender Position hinzurief, intensivierte und verfestigte sich Schritt für Schritt der Kontakt. »Ja, heute sind wir eine Familie«[25], bestätigt Komp. 1-1. Neben dem Samba teilen sie viele Erlebnisse in ihrer Freizeit. Egal ob Jahreswechsel, *Churrasco*, *Rock in Rio* oder sonstige Anlässe: »Wenn irgendwo etwas los ist, rufe ich als Erstes Komp. 2-1 und Komp. 3-1 an!«[26], erzählt der *Primeiro* der *Parceria*.

---

por isso. Eu não gosto deste modelo. Acho melhor que a gente tá aqui sentado, reunido, olhando pra cara do outro.«.

23 Originaltext: »A gente já tem um estilo de fazer Samba. Por outro lado, a gente a gente não pode só ficar nisso porque a gente fica preso em nosso modelo e não aprende com os outros.«.

24 Originaltext: »Era aquele ›Oi – tudo bem?‹ – ›Tudo bem!‹ Lá não tinha a grande intimidade que tem hoje. A intimidade que tem hoje com o Komp. 2-1 e Komp. 1-1, foi o Samba que deu. [...] São – hoje são meus irmãos. [...] Foi o Samba que criou a amizade.«.

25 Originaltext: »Sim, a gente é família.«.

26 Originaltext: »Se tem alguma coisa pra fazer – a primeira coisa que eu faço é ligar pro Komp. 3-1, ligar pro Komp. 1-1.«.

7.2 Zum Gesamtverlauf der 1. *Reunião* des Sambas für *GRES. Unidos da Tijuca* 2016

SITUATION: Am Nachmittag des 5.7.2015 treffen sich die *Parceiros* im Haus von Komp. 2-1. Da es Teil einer »*Vila*«, einer privaten Siedlungsanlage aus mehreren Häusern mit gemeinsamer Hofanlage, ist, verlagert sich das Geschehen zunächst in den Garten. Dieser Sonntag ist nicht ausschließlich für eine Samba-Session gedacht: Stattdessen soll die Komposition in ein gemütliches Beisammensein der drei Freunde samt Kaffeetrinken und einem späteren *Churrasco* mit der Familie eingebettet werden. Die künstlerische Arbeit wird als Anlass des Treffens betrachtet, findet aber nicht isoliert, sondern eingebunden in private Arrangements statt – ein wichtiger Aspekt. Nach dem Eintreffen von Komp. 1-1 und Komp. 3-1 tauschen sich die *Parceiros* zunächst über diverse private Neuigkeiten aus. Nach dem Kaffee beginnt die *Reunião*. Im Hintergrund sind Jazz-Klänge vom Nachbargrundstück zu hören. Die Gruppe schließt sich zu organisatorischen und finanziellen Details kurz, Komp. 1-1 äußert Empörung über den engen Zeitplan, der offenbar während der Versammlung der Komponisten zur Präsentation der *Sinopse* im *Quadra* der *Unidos da Tijuca* nicht zur Sprache gebracht wurde: Das Zeitfenster bis zur Einreichung des Sambas, der *Entrega do Samba*, betrage dieses Mal weniger als vier Wochen, in denen drei komplexe Arbeitsphasen von der Rohfassung bis zur Fertigstellung und schließlich die Studioaufnahme durchlaufen werden müssen. Auf dem Arbeitstisch werden Mobiltelefone für die Audioaufnahmen, Schreibmaterialien für handschriftliche Mitschriften der Textideen und Korrekturen sowie drei ausgedruckte Exemplar der *Sinopse* verteilt. Der Gruppenleiter nimmt das *Cavaquinho* zur Hand, stimmt und beginnt sich warmzuspielen. Komp. 3-1 hört auf seinem Handy den Mittschnitt der Präsentation der *Sinopse* durch den *Carnavalesco*, den einer der Komponisten beim *Lançamento do Enredo* aufgenommen hat. Parallel dazu macht er sich Notizen auf seiner Papierversion der *Sinopse*.

KOMPOSITION I – 1. STROPHE (P)

* Beginn: Lektüre der *Sinopse*, Sektorenzuteilung

* Komp. 2-1: [Erste Idee] Metapher als Kernidee für Anfang: Verbindung von *Tijucas* Farben »*Azul, Dourado*« [Blau, Gold] mit Morgenröte im *Sapucaí*

  • ABSCHWEIFEN ZUM RB 1

* Komp. 2-1: »Ich möchte gern eine Referenz zum anderen Enredo von *Tijuca* schaffen« • [singt Idee] – Komp. 1-1: »Das Problem ist, dass diese Phrase nicht zu diesem *Enredo* von *Tijuca* passt.«

RB 1

* Komp. 1-1: »Viele schöne Refrains in g-Moll« – Komp. 2-1: »Aber wir müssen alles ändern.« [Idee, andere Teile der Grundtonart anzupassen]

* Komp. 2-1: [Idee] »Wir könnten einen kurzen Refrain von sechs Zeilen schreiben und nur die letzten beiden wiederholen. Ich würde das mit unserem machen.«

* Zurück zur Anfangsidee: Komp. 2-1: Erklärung über Metapher »das Blau des Himmels/im Blau des Himmels«
* Komp. 1-1/Komp. 2-1: Struktur: 1. Sektor im 1. Vers, dann zu 2. Sektor [mit neuer melodischer Idee]

UNTERBRECHUNG [5 MIN] REGENSCHAUER

* Idee Komp. 2-1: Musikalische Referenz (Zitat) aus populärem Samba der *GRES. União da Ilha*?

• ABSCHWEIFEN ZU RM
• REKAPITULATION
• AUDIO VON P UND RM
• ABSCHWEIFEN ZU RM 2/RB 2

* Komp. 1-1: »Bis hier. Wir müssen den Schluss definieren.«

* 2. Sektor, Diskussion über Umsetzung *Sinopse* »Erde, Feld, Arbeit« • Komp. 1-1: »Was meint ihr zu ›Deine Früchte‹.« • Kritik Komp. 2-1: »›Deine‹? – nein, so was machen wir eigentlich nie.« • Komp. 2-1: »Ich hatte daran gedacht etwas anderes zu machen [...] mit ›Arbeit‹.« • Komp. 3-1: »Ich dachte an ›Plackerei‹.«

• Kritik Komp. 1-1: »Nein – alles was Kennzeichen der *Vila Isabel* ist muss raus« • Verteidigung von Komp. 3-1: »Aber ›Plackerei‹ hat hier eine andere Bedeutung als in der *Vila*, wo es gleich am Beginn der ersten Strophe käme.«

RM

* Komp. 2-1: »Und wenn wir das im RM machen?« [Melodie 2.–4. Vers]
* Komp. 3-1: »Mach das noch mal! [...] Aber mit mehr *Quebradas* [Einschnitten]!«

• RÜCKKEHR ZUR P
• REKAPITULATION, AUFNAHME VON AUDIO DER P UND RM [22. MINUTE]

RM 2/RB 2

* Komp. 1-1: »Das hier ist schon der RM.« • Komp. 2-1: »Wir könnten zwei Refrainteile [in einem] anlegen.« • Komp. 3-1: »Genau, wir könnten einfach dasselbe machen ... [und] nur den unteren Teil wiederholen [...], nur die beiden letzten Zeilen.« • Komp. 2-1: »Ja. Wir müssen uns nicht extra etwas anderes für unten ausdenken!«

* Komp. 3-1: »Ich glaube auch. Ich rutsche ganz automatisch in [die Melodie/den Samba] ... [singt] was ist das?« • Komp. 1-1: »Das ist [ein Samba von] *Rocinha*.«

• Komp. 2-1: »Lasst uns die Idee noch mal anhören. Wir müssen das Ende festlegen, sonst bleiben wir nur an der ersten Strophe hängen.«

Die Session beginnt mit einer ersten gemeinsamen Lektüre und Interpretation der *Sinopse* – sowohl ihres Handlungsstranges als auch der Sektoren mit ihren Kernaspekten. Jeder der *Parceiros* rekapituliert zunächst im Stillen den eröffnenden Ausschnitt in seinem gedruckten Exemplar und notiert eigene Gedanken und Ideen, bis Komp. 2-1 die gemeinsame Arbeit durch ein Vorlesen des ersten Abschnitts einleitet und die Gruppendiskussion mit einem Vorschlag für die *Cabeça do Samba* eröffnet. Als konzeptionelle Leitidee präsentiert er eine doppelte Metapher: Die Erwähnung der Farben Blau und Gold könne einerseits stellvertretend für das Farbspektrum des Morgenhimmels, andererseits als symbolischer Verweis auf die Flaggenfarben der *Unidos da Tijuca* genutzt werden. Ein weiteres Argument für die Verwendung dieser Farbmetapher sei die Reihenfolge der Sambaschulen am Tag des *Desfiles*: *Tijuca* werde als letzte *Escola* im *Sapucaí* einlaufen und der Zeitpunkt ihres Einzugs in die *Avenida* folglich in die Stunde der Morgendämmerung fallen, was ein visuelles Erleben der gesungenen Verse für das Publikum im Augenblick ihres Erklingens ermögliche. Ausgehend von diesem Einfall schweifen die Ideen und

Gedanken der Gruppe in einen anderen Teil ab – den *Refrão de Baixo*. Hier stellt sich die Frage nach der Wahl der Grundtonart, die traditionell am »Herzstück« einer Samba-Komposition entschieden wird. Als Musiker der Gruppe durchdenkt Komp. 1-1 die zur Verfügung stehenden Möglichkeiten und schlägt als Tonart g-Moll vor, da bekanntlich »viele schöne Refrains in g-Moll« stehen[27]. Er gibt die Reichweite der zu treffenden Entschcidung zu bedenken: Alle folgenden Teile müssen harmonisch entsprechend ausgerichtet werden, z. B. stehe die *Primeira* in H-Dur. Komp. 2-1 wirft ein, den Refrain nicht unnötig auszudehnen, sondern auf sechs Zeilen zu reduzieren und hierfür eine melodische Passage aus einem älteren gruppeneigenen Samba zu verwenden: »Wir könnten einen kurzen Refrain von sechs Zeilen schreiben und nur die letzten beiden wiederholen. Ich würde das mit unserem machen.«[28] Nach diesem kurzen Exkurs schwenkt die Unterhaltung zurück zur ersten Strophe. Mit der Rückkehr zur Anfangsidee, jener Metapher der Farben, erfolgt eine ausschweifende Diskussion zur poetischen Differenz von »›das Blau des Himmels‹« und »›im Blau des Himmels‹«[29]. Doch nicht nur gestalterische Details stehen im Fokus: Der Dialog führt in eine ausführliche Debatte der Frage, wie man den ersten Teil grundsätzlich strukturieren wolle. Darüber, die Vertonung des ersten Sektors im ersten Vers vorzunehmen, herrscht bereits Einigkeit. Von dort wolle die Gruppe durch eine melodische Idee mit neuem Charakter fließend zum zweiten Sektor übergehen. Bevor das weitere Vorgehen im Detail erörtert werden kann, bricht unerwartet ein Regenschauer herein und die *Parceiros* flüchten sich ins Innere des Hauses.

Nach dem Umzug setzt sich die künstlerische Arbeit nahtlos fort. Komp. 2-1 wirft ein, vielleicht ein musikalisches Zitat aus einem beliebten und populären Samba der *GRES. União da Ilha* unterzubringen. Solch eine bewusste musikalische Referenz könnte durchaus einen positiven Effekt haben und mit Eingängigkeit und leichter Reproduzierbarkeit mittels der Wiedererkennung durch das Publikum punkten. Hier kommt indirekt die Thematik der Wiederverarbeitung melodischer Schlüsselpattern im Samba-Enredo zur Sprache, wird jedoch nicht weiter ausgeführt, sondern weicht der Auseinandersetzung mit einem neuen Aspekt: Welcher Teil werde hier gerade komponiert? Komp. 1-1 räumt die Zweifel aus: »Ja, das hier ist schon der RM.«[30], woraufhin seine *Parceiros* zur Diskussion der Strukturgestaltung übergehen und die Überlegung einwerfen, ob eingebaute Wiederholungen die kompositorische Arbeit erleichtern könnten: Komp. 2-1: »Wir könnten zwei Refrainteile [in einem] anlegen«[31]; Komp. 3-1: »Genau, wir könnten einfach dasselbe machen … [und] nur den unteren Teil wiederholen […] nur

---

27 Originaltext: »Em Sol-maior tem muitos Refrões bons.«.
28 Originaltext: »A gente pode fazer um Refrão curto, de seis linhas e repetir só as últimas duas. [...] Eu iria fazer com o nosso.«.
29 Originaltext: »›O azul do céu‹«; »›No azul do céu‹«.
30 Originaltext: »Refrão do Meio já.«.
31 Originaltext: »Faz dois Refrões.«.

die beiden letzten Zeilen.«[32]; Komp. 2-1: »So ist es. Wir müssen uns nicht extra etwas anderes für unten ausdenken!«[33] Nun schwenkt die Gruppe zur melodischen Ebene: Könne man einen Teil der generierten Linie besser hier als in der *Primeira* verwenden? Die Überlegung stößt auf Zuspruch, doch gibt Komp. 3-1 zu bedenken, dass es mehr *Quebradas* [Einschnitte] bräuchte, damit sie als Melodie für den Refrain geeignet wäre. Mit der Fixierung der vorläufigen Fassungen von P und RM im Audio erfolgt eine Rekapitulation der vorläufigen Ergebnisse. Die Revision inspiriert Komp. 3-1 zur melodischen Fortspinnung der Melodie für den Mittelrefrain [RM]: Textlos gesummt setzt er fort, bricht schließlich ab und kommentiert die im natürlichen Fluss entstandene Wendung: »Ich rutsche ganz automatisch in ... was ist das?«[34] Komp. 1-1 ergänzt: »Ja, das ist *Rocinha*.«[35] Mit dem Ziel, erneute Abschweifungen zu vermeiden, ruft Komp. 2-1 zum Fokussieren in der Abschlussphase auf. Sein Ziel ist es, einen freien Kopf für die Bearbeitung der nachfolgenden Teile zu haben: »Lasst uns die Idee noch mal anhören. Wir müssen das Ende festlegen, sonst bleiben wir nur an der ersten Strophe hängen.«[36] Zentraler Gegenstand wird nun die Verarbeitung des zweiten Sektors: Wie kann der Hauptaspekt, das Leben und die schwere körperliche Arbeit auf dem Land, poetisch geschickt umgesetzt werden? Als mögliche Lösung schlägt Komp. 3-1 »Arbeit, Plackerei«[37] vor, ein Einfall, der den Kern des Gegenstandes erfassen würde, von Komp. 1-1 und Komp. 2-1 jedoch entschlossen abgelehnt wird. »Nein! Das ist viel zu sehr *Vila* [Kennzeichen der *Vila Isabel*]!«[38] Obwohl Komp. 3-1 anführt, dass die spezifische Bedeutung des Wortes eine Frage seiner Platzierung im Samba sei und die »›Plackerei‹ [...] hier eine ganz andere Bedeutung [habe] als in der *Vila*«, wo sie gleich am Beginn der ersten Strophe käme[39], kann er die anderen mit seinen Argumenten nicht hinreichend überzeugen. Erneut rückt die melodische Gestaltung ins Zentrum der Aufmerksamkeit. Komp. 2-1 schlägt als innovative Lösung[40] vor: »Statt die Melodie zu wiederholen, könnte man den herausgestrichenen Teil für den Übergang zu Dur verwenden.«[41] Komp. 1-1 ist einverstanden und ergänzt, dass diese Melodie auch als Beginn der *Segunda Parte* geeignet wäre: »Ich dachte daran, die zweite Strophe sehr traditionell zu beginnen«[42] [...] »das könnte der Anfang dieser Strophe sein.«[43]

---

32 Originaltext: »Pode fazer a mesma coisa ... repetir só de baixo [...] os dois últimos só.«.
33 Originaltext: »É. A gente não precisa usar este diferente lá em baixo.«.
34 Originaltext: »Eu tô inconcientemente... isso é o quê?«.
35 Originaltext: »É a Rocinha.«.
36 Originaltext: »Escuta de novo aí a ideia, senão a gente só faz a Primeira. Tem que definir o finalzinho, senão a gente só faz a Primeira.«.
37 Originaltext: »›Lida‹«.
38 Originaltext: »Não – é muito Vila.«.
39 Originaltext: »Mas essa ›lida‹ não tem tanta importância do que a lída na Vila. Que vira logo na Primeira.«.
40 Originaltext: »Pra ser inventivo.«.
41 Originaltext: »Em vez de repetir a melodia, colocar a parte que a gente tirou pra entrar na maior!?«.
42 Originaltext: »Pensei em começar a Segunda bem tradicional.«.
43 Originaltext: »Sim, pode ser o início da Segunda.«.

Komposition II – Mittlerer Refrain (RM)

* Beginn mit Wiederholung zur Vergegenwärtigung der vorläufigen Fassung

* Idee von Komp. 1-1: »Wollen wir den RM auf einem höheren Ton anlegen?« • Diskussion über Tonart des RM, Audioaufnahme

* Idee von Komp. 2-1: »Ich versuche mal, erfinderisch zu sein: Anstatt zu wiederholen, [...] können wir den Teil, [...] den wir gestrichen haben, vielleicht in Dur präsentieren!?«

• Abschweifen zur S

* Komp. 2-1: »Der RM ist technisch betrachtet dasselbe Stück. Und die Prosa setzt sich fort.« • Vorlesen von *Sinopse* und filtern der Schlagworte: »Gesang, Gitarre, erwecken, pflanzen«
   * Komp. 1-1: »Der Hauptrefrain ist das Fest! Es muss auf jeden Fall *Quadrilha* geben und Tanz. Vielleicht können wir das *Sanfona* nutzen?«

* Komp. 2-1 [mit *Sinopse*]: »Die Religiosität muss dabei sein.« • Idee: »Wir schließen diesen Teil des Festes ab [...] und leiten von dort zur Religiosität über« • Vorlesen der *Sinopse*, fokussiert auf Naturbilder: Komp. 1-1: »Ich habe an das Bild des Tanzes von einer Biene und einer Blume gedacht.« [Metapher, um die Segmente aktiv einzubeziehen]

• Komp. 3-1: »Wo haben wir eigentlich das ›Lächeln‹?«
• Komp. 2-1: »Das war im RB.«

• Abschweifen zu RB 1

* Idee: [Komp. 1-1] »Das wäre die *Porta-Bandeira*« • Komp. 2-1: »Von dort fangen wir an, die Segmente der *Escola* spielerisch einzubeziehen: »›Der Tanz der Biene mit der Blume‹« [als Metapher für Tanz von *Mestre-Sala* und *Porta-Bandeira*] • Komp. 1-1: »Und wenn wir anstatt der Blume die Rose nehmen« [Argument: ist poetischer] • Komp. 2-1: »Ja, das ist poetischer, [aber wir brauchen] einen simplen Reim für den Refrain [...]. Wir müssen das nicht unnötig verkomplizieren.«

S

* Komp. 1-1: »Ja, das kann der Anfang der *Segunda* sein. Meine Idee war, die *Segunda* sehr [musikalisch] traditionell zu beginnen. Ich versuche das später zu glätten.«

RB 1

* Komp. 2-1: »›*Tijuca* pflanzt Freude und erntet Lächeln [...], die *Avenida* zum Boden [dafür] macht‹«
* Idee von »*Sorriso*«: Doppelsinn für das Lächeln und den Namen der Stadt

* Ästhetisches Konzept: Simplizität hat Priorität
• Reihenfolge der Bearbeitung von Musik und Text: Komp. 2-1: »Wir brauchen einen geeigneten Reim [...], wo wir schon so viele Reime eingebaut haben, die simpel sind.«

* Konzept und Idee: Einfache Reime kreieren und darüber die passende Melodie legen

* Komp. 3-1: »Ich habe eine Idee, die ein bisschen provokativ ist: ›Komm und tanz mit mir‹, [...] das würde die Leute mitreißen.« • Kritik von Komp. 1-1: »Ich mag die Idee aber es klingt zu sehr nach der *Vila!*«

* Zur Reimgestaltung: Komp. 1-1: »Ich sehe keine Notwendigkeit [...] für einen Reim in diesem Vers« • Komp. 2-1: »Aber mit ›r‹ wäre es hübsch.« • Komp. 1-1 kritisiert: »Das wäre dann ›r – r‹ und ›or – or‹.« • Komp. 2-1: »Für den Refrain passt das.« • Komp. 3-1: »Glaube ich auch, vor allem, weil wir oben wenige Reime haben [...] der Refrain muss einfach und transparent [verständlich] sein.«

* Neuer Impuls: [Komp. 1-1] »›Komm, mein Guter‹« • Ablehnung Komp. 2-1: »Das soll ein poetischer Samba werden, [...] nicht einer, in dem wir uns unterhalten.«

• ABSCHWEIFEN ZU RB 2

* Überarbeiten der Endversion des Abschlussverses

• UNTERBRECHUNG: ABSCHWEIFEN ZU *Disputa* UND FINANZ
• REKAPITULATION:

* Komp. 2-1: »Ich möchte alles hören, von Anfang an!«
• Komp. 2-1: »Wie viel Zeit wäre das? – Miss das mal!«
• Audio [= in der 26. Minute Bearbeitungszeit RM] • Komp. 3-1: »Hier ist eine Sache [...] ›Samen – Aussäen‹«
• Komp. 2-1: »Ah, ja, das ist eine Wiederholung.«

• REKAPITULATION des Zwischenergebnisses, mit neuem Gesamtaudio [28. Minute] und ÜBERGANG ZUR S: Komp. 2-1: »Gehen wir weiter zur 2. Strophe!«

RB 2

* Komp. 1-1: »Dieser Teil mit der Leidenschaft...«
• Komp. 2-1: »Wir müssen die verschiedenen Segmente mit einbeziehen!«
* Idee von Verwendung in anderem Part des Sambas von Komp. 3-1: »Und wenn wir das für den Refrain aufheben?«

Nach der 32-minütigen Bearbeitung der *Cabeça do Samba* [P] wird der kreative Schaffensprozess mit dem sich chronologisch anschließenden *Refrão do Meio* [RM] fortgesetzt. Die Komponisten vergegenwärtigen sich die bereits erarbeiteten Segmente und beraten über die Konsequenzen einer Veränderung der Tonart für die Gestaltung der Harmoniefolge. »Wollen wir den RM auf einem höheren Ton [in einer höheren Tonart] anlegen?«[44], fragt Komp. 1-1, und sein *Parceiro* Komp. 2-1 knüpft umgehend an: »Ich versuche mal, erfinderisch zu sein: Anstatt, dass wir wiederholen, [...] können wir den Teil, [...] den wir gestrichen haben, in Dur präsentieren.«[45] Der *Primeiro* der Gruppe nimmt den Impuls auf. Die Idee gefällt ihm, doch er empfindet sie für einen anderen Teil passender: Komp. 1-1: »Ja, das kann der Anfang der 2. Strophe sein. Meine Idee war, die 2. Strophe sehr traditionell zu beginnen.« Um den Fokus nicht zu verlieren, beschließt er, die musikalische Entscheidung zu vertagen: »Ich versuche das später zu glätten.« Zurück im RM stellt Komp. 2-1 mit einem Blick in die *Sinopse* fest, dass es sich hier auf poetischer Ebene um eine direkte Fortsetzung der ersten Strophe handelt: »Es ist technisch betrachtet dasselbe Stück, die Prosa setzt sich fort.«[46] Illustrativ beginnt er, den entsprechenden Paragrafen vorzulesen und die sich herauskristallisierenden Schlagworte gesondert hervorzuheben: »Gesang, Gitarre, erwecken, pflanzen«[47]. Aufgabe der Gruppe ist es nun, daraus ein stimmiges Gesamtkonzept zu entwickeln. Komp. 1-1 hat bereits konkrete Assoziationen zu Atmosphäre und Handlungsgeschehen: »Der Hauptrefrain ist das Fest! Es muss auf jeden Fall eine ›*Quadrilha*‹ geben und Tanz. Vielleicht können wir das ›*Sanfona*‹ nutzen?«[48] Sein Vorschlag stößt auf Zustimmung, doch gibt Komp. 2-1 zu bedenken, dass auch die Religiosität hier Beachtung finden müsse: »Die Religiosität muss dabei sein.«[49] Als Kompromiss wird vorgeschlagen, beides zu verbinden: zunächst die Religiosität und dann käme das Fest. Die *Sinopse* zeigt sich hier für die Entwicklung eines schlüssigen Konzeptes als fundamentaler Anker. Neben dem Handlungsgeschehen definiert sie zentrale Begriffe, die poetisch geschickt eingebunden werden müssen und wird fast pausenlos von der Gruppe konsultiert und in Auszügen vorgelesen. Den Augenblicken dieser Lektüre entwachsen nacheinander spontane Assoziationen wie der aus Religiosität hervorgehende Einfall »mein Erblühen«[50] zeigt, welcher Komp. 1-1 wiederum zum metaphorischen Bildnis des Tanzes einer Biene mit einer Blume inspiriert. Weitere philosophische Ausführungen dieser Idee werden von Komp. 3-1 unterbrochen: »Wo haben wir eigentlich ›das Lächeln‹?«[51] Seine *Parceiros* erinnern sich, dass »*Sor-*

---

44 Originaltext: »Fazer o RM num tom maior?«.
45 Originaltext: »Tentando ser inventivo: Se em vez da gente repetir isso [...] colocar a parte [...] que a gente tirou pra a apresentar no maior!?«.
46 Originaltext: »É tecnicamente o mesmo pedaço, a prosa segue.«.
47 Originaltext: »›Canto, moda de viola, revelar, plantar‹«.
48 Originaltext: »É o Refrão, é a festa! Tem quadrilhas, tem dança [...] a gente pode usar [...] a sanfona.«.
49 Originaltext: »Tem que ter [...] religiosidade.«.
50 Originaltext: »›O meu florescer‹«.
51 Originaltext: »Onde entrou o ›Sorriso no rosto‹?«.

riso« (das Lächeln) erst für den RB vorgesehen war. Komp. 2-1: »Das war im RB.«⁵² Da das Gespräch nach diesem Impuls im natürlichen Fluss zum RB abschweift, nutzt Komp. 2-1 die Gelegenheit für eine weitere, doppelsinnige Refrainidee: »›*Tijuca* pflanzt Freude und erntet Lächeln.‹«⁵³ Basis des Einfalls ist das Bild der traditionellen landwirtschaftlichen Arbeit des Säens und Erntens, das hier metaphorisch auf das bunte Treiben in der *Avenida* übertragen wird: *Tijuca* verwandelt das *Sapucaí* zum Boden, auf dem Freude gesät und Lächeln geerntet wird. Schließlich leitet die *Parceria* ihren Fokus zurück zum RM und knüpft an die Metapher des Tanzes von Biene und Blume an. Ihr Schöpfer erklärt den hintergründigen Sinn: Es sei als Bildnis für den Tanz von *Porta-Bandeira* und *Mestre-Sala* zu verstehen. Doch ist die Rose vielleicht poetischer als eine Blume?⁵⁴ An dieser Frage entzündet sich eine ästhetische Grundsatzdebatte um Nutzen und Erfordernis komplexer, poetischer Stilmittel, die zwangsläufig zulasten der idealisierten Simplizität gehen. Dieser künstlerische Spagat beträfe die Refrainparts in besonderer Form, da diese zugunsten von Verständlichkeit und Eingängigkeit für *Comunidade* und Publikum eher eine Ästhetik der Einfachheit repräsentieren sollten: »Ja, es ist vielleicht poetischer, aber es braucht einfache Reime für den Refrain. Wir müssen das nicht unnötig verkomplizieren.«⁵⁵ (Komp. 2-1). In diesem Zusammenhang kommt auch die Priorität in der Reihenfolge der Bearbeitung von Musik und Text zur Sprache: Am besten wäre es, einfache Reime zu bilden, ohne die Verse unnötig zu verkomplizieren und den Silben entsprechend passende melodische Linien zu formen.⁵⁶ Das Thema wechselnd, wagt sich Komp. 3-1 vor: »Ich habe eine Idee, die ein bisschen provokativ ist: ›Komm und tanz mit mir‹, [...] das würde die Leute mitreißen.«⁵⁷ Ziel sei es, die Zuhörer über die Ich-Perspektive aktiv einzubeziehen. Das sei zwar ein kluger Schachzug, doch erinnere diese Wendung erneut zu sehr an den Stil der *Vila Isabel*, was sie für *Tijuca* disqualifiziere, gibt Komp. 1-1 zu bedenken: »Ich mag die Idee, aber es klingt zu sehr nach der *Vila*!«⁵⁸ Selbst eine Modifikation zu »Komm, mein Guter‹«⁵⁹ stößt als poetisch ungeeignete Lösung auf Ablehnung. Komp. 2-1: »Das soll ein poetischer Samba werden, [...] nicht einer, in dem wir uns unterhalten.«⁶⁰, kritisiert er. Ein weiterer Knackpunkt ist die passende Reimstruktur. Das gehäufte »r – r« und »or – or« wird von dem Leiter der Gruppe

---

52 Originaltext: »Era no Refrão de baixo.«.
53 Originaltext: »›Tijuca planta alegria e colhe sorriso‹«.
54 Originaltext: »Se a gente em vez da flor usar a rosa?«.
55 Originaltext: »É poético sim, [mas precisa de] uma rima simples pro Refrão [...] não precisa complicar muito isso na linha.«.
56 Aus: Protokoll: Criar rimas simples e a melodia em cima.
57 Originaltext: »Tenho uma ideia que seria um pouco provocante [...] de ›vem dançar comigo‹ [...] que é bem empolgante.«.
58 Originaltext: »Gosto dessa ideia, mas aí é muito Vila!«.
59 Originaltext: »Vem, meu bem.«.
60 Originaltext: »É um Samba que tá bem poético [...] não é pra gente conversa.«.

für zu dominant befunden: »Das ist ständig ›r – r‹ und ›or – or‹«[61], von beiden Experten der portugiesischen Sprache mit dem erneuten Verweis auf die signifikative Bedeutung eingängiger Wortkombinationen jedoch durchgesetzt. Besonders im Refrain würde eine klare Reimstruktur für Eingängigkeit und Transparenz sorgen. Komp. 2-1: »Für den Refrain ist es geeignet« und Komp. 3-1: »Glaube ich auch, vor allem, weil wir oben wenige Reime haben [...] der Refrain muss einfach sein.«[62] Noch immer dem Impuls der Abschweifung zum RB folgend, fokussiert sich die Gruppe auf die bereits begonnene Überlegung zur direkten Integration der Segmente. Komp. 1-1: »Dieser Teil mit der Leidenschaft ...«; Komp. 2-1: »Da müssen wir bei der *Comunidade* ankommen«; Komp. 3-1: »Und wenn wir das für den Refrain aufheben?«[63] Da für den Moment keine abschließende Einigung erreicht wird, vertagt die *Parceria* diese Entscheidung.

Das Gespräch verlagert sich nun auf Fragen der Organisation und geplanten Finanzierung des *Disputa*. Um den eigentlichen Fokus nicht aus den Augen zu verlieren, fordert Komp. 2-1 nach kurzer Zeit zur Rekapitulation der bisherigen Ergebnisse und Fixierung von P und RM in einem Audio auf: »Ich möchte alles hören, von Anfang an!«[64] Komp. 1-1 ergänzt zustimmend: »Wie viel Zeit wäre das? Miss mal!«[65] Mit der Gesamtzeit von 1.07 Minuten ist die Gruppe noch nicht zufriedengestellt und wägt ab: »Es wäre besser, auf eine Minute zu reduzieren, allerdings könnte damit einiges an Poesie verloren gehen.«[66] Während der erneuten Repetition der *Cabeça do Samba* kommt Zweifel auf. Sollte besser eine poetische Lösung gesucht werden, die näher an den Ausführungen der *Sinopse* läge? Komp. 3-1: »Hier ist eine Sache [...] ›Samen – Aussäen‹«; Komp. 2-1: »Ah, ja das ist eine Wiederholung.«[67] Vielleicht passe ja »›der geheiligte Boden‹« besser?[68] Erneut fixiert die Gruppe ihre veränderte Fassung in einer Tonaufnahme. Die erstellte Gesamtfassung besiegelt die Überleitung. Komp. 2-1: »Gehen wir weiter zur *Segunda*! Hier warten noch einige Sektoren auf uns.«[69]

---

61 Originaltext: »Fica ›r – r‹ e ›or – or‹.«.
62 Originaltext: Komp. 2-1: »Pro Refrão fica bom«; Komp. 3-1: »Acho também, até porque a gente tem pouca rima lá em cima [...] O Refrão ele tá fácil.«.
63 Originaltext: Komp. 1-1: »Essa parte da paixão ...«; Komp. 2-1: »– tem que chegar com componente«; Komp. 3-1: »Se deixar esperando isso pro Refrão?«.
64 Originaltext: »Eu quero saber de tudo, do início!«.
65 Originaltext: »Quanto tempo dá? – Marca aí ...!«.
66 Originaltext: »Seria melhor diminuir para 1.00, mas tem perigo de perder poesia.«.
67 Originaltext: Komp. 3-1: »Tem uma coisa aí [...] Semente – Semeia« – Komp. 2-1: »Ah, é a mesma repetição.«.
68 Originaltext: »›O Solo – sagrado‹«.
69 Originaltext: »Vamos pra Segunda!«.

Komposition III – 2. Strophe (S)

Beginn: Komp. 2-1: »Gehen wir weiter zur *Segunda!* [...] Hier warten einige Sektoren auf uns.« [Vorlesen der *Sinopse*]

* Erste Idee Komp. 1-1: »›Pflanzen um zu ernähren‹? ›Ernten‹?«

- Abschweifen zu RB 1

Komp. 3-1: »Hier ist die Rede von der Landwirtschaft [...]« • Komp. 2-1: »Also – Hauptstadt, eine bäuerliche Welt, die ›*Sorriso*‹ genannt wird.« • Komp. 1-1: »Und da sind wir wieder beim Punkt der Stadt!«

- Abschweifen zu RB 2

* Komp. 1-1: »Wir könnten Stadt sagen [...] oder Hauptstadt. Wir müssen den Namen ›*Sorriso*‹ nicht benutzen.« • Komp. 2-1: »Wartet, ich glaube, wir sollten hier aufhören, wir sollten hier nicht bis zum Schluss gehen.«

- Abschweifen zu RB 3

* Weiter zu nächstem Sektor: Komp. 2-1: »Als nächstes kommt die Plage [...], wir können über Technologie und Innovation sprechen.« • Komp. 1-1: Explorative Improvisation • Komp. 2-1 singt früheren Samba von *Tijuca*: singt spielerisch »›Oh – *Tijuca* – Bühne meiner Inspiration‹« • daraus erwächst spontan kompletter Entwurf der Melodie für RB

- Abschweifen zu RB 4

* Zurück zu »›Plage‹« • Improvisation Komp. 1-1 • Komp. 3-1: »Das gab es auch schon – lalala – ›Orchester – ein Ton der Magie‹ ...« • Komp. 2-1: »Schön, wir bringen das zum Ende und schauen dann; was wir noch brauchen. Lasst uns erst mal die Pizza bestellen.« [Diskussion über Fertigstellung]

RB 1

* Komp. 2-1: »Die Worte ›pflanzen‹ und ›ernten‹ kommen im RB.«

RB 2

* Komp. 2-1: »Wir spielen schon im RB mit der ›Stadt‹.«

RB 3

* Komp. 3-1: »Der Schluss kommt erst im RB.«

RB 4

* Komp. 1-1: Idee »›Es wird Morgen – Zeit zum Träumen‹. [...] ich würde nur den Abschluss verändern [...] ›Glück pflanzen und Lächeln ernten‹.« • Komp. 2-1: »›Die Erde gibt mir – alles was ich brauche – *Tijuca* pflanzt Freude und wird heute Lächeln ernten‹.«

- UNTERBRECHUNG VON CA. 30 MIN [GEMEINSAMES ESSEN], DANN REKAPITULATION

* Komp. 3-1: »Gehen wir den Samba einmal durch; um zu sehen, wo wir stehen?«

- AUFNAHME EINES AUDIOS ALLER BISHERIGEN TEILE: P, RM, S
- ERGEBNIS: DAUER VON 1:07

* Komp. 2-1: »Nur 24.« [Mit 24 Zeilen ist der Samba zu kurz]

- ABSCHWEIFEN ZU P – RM
- AUDIOAUFNAHME, NEUE ZEITMESSUNG

* Urteile: Komp. 3-1: »Die Melodie [...] ab ›Arbeit‹ abwärts ist schon gut, aber in den ersten vier Versen furchtbar.«
• Lösungsvorschlag: sollen sie einen Teil vom gemeinsamen Samba für *Vila Isabel* 2012 zu *Angola* verwenden?
• Komp. 2-1: »Und wenn wir diesen Teil von *Angola* nehmen, nur die Einleitung?«

* Sorgen von Komp. 1-1: »Ich mag diese Melodie! [Aber] ich habe Angst, dass alles zu lang wird.«; »Diesen Teil haben wir auch bei ›die Kunst‹.« • Komp. 2-1: »Nein, ich finde es ist nicht identisch. [Aber] ich möchte es nicht schließend...«

* Neuer melodischer Vorschlag • Kritik Komp. 3-1: »Das klingt genau wie unser Samba vom letztem Jahr – ›Maestre da Vila – Senhor Partideiro‹« [wie eigener Samba für *Vila Isabel* 2015]

• Komp. 2-1: »Wie [...] wäre es denn [...] bis ›Semeia‹ [säen] mit dem von *Angola*? [...] das wäre anders, besonders [...] und wir nehmen ja nur ein winziges Stück.«

- ABSCHWEIFEN ZU RB 5
- UNTERBRECHUNG, DANN REKAPITULATION

• Komp. 3-1/1-1: »Super!« – »Schreib das auf!«
* Komp. 1-1: »»Es wird Morgen – Der Tag erhellt sich‹?« • Kritik: Komp. 3-1: »›Erhellen‹ würde ich nicht nehmen [...]; das gab es dieses Jahr schon.«

REKAPITULATION: Komp. 2-1: »Der Refrain ist schon fast fertig!«

P – RM

* Audio ergibt 1.07 Minuten • kann es auf eine Minute gekürzt werden? Problematisch: Einbußen in der Poesie beim Kürzen • Komp. 2-1: »Aber dann verliert es an Poesie.«

* Komp. 2-1: »Und wenn wir anstatt Samen [...] ›heiliger Boden‹ nehmen?« [Das ist näher an *Sinopse*]

RB 5

* Wiederholung des RB mit verschiedenen musikalischen Endungen

* Komp. 2-1: »Was haben wir schon?«

* Fortführung, Diskussion um poetische Umsetzung der Schlüsselworte: »Schönheit, gigantisch, die Mission, die guten Dinge«
• Komp. 1-1: »›Brasilien, deine Aufgabe ist es, die Welt zu ernähren‹« • Komp. 3-1: »Das stimmt nicht mit der *Sinopse* überein.« • Komp. 1-1: »›Verbindung der guten Dinge‹?« • Komp. 3-1: »Ich weiß nicht, das ist nicht schön zu singen.« • Komp. 1-1: »Ziel ist, zu animieren.« • Komp. 3-1: Schluss mit »Brasilien?« [reimt] • Komp. 2-1: »Ich glaube, ein Reim ist hier nicht notwendig.« • Komp. 2-1: »›Verbundenheit, die nächste Generation inspiriert‹?« • wird zu Platzhalter, keine finale Lösung • Komp. 3-1: »Lassen wir das erst einmal so.«

* Idee Komp. 2-1: »›Feiert zum Geläut der *Catira*‹«? • Komp. 3-1: »Was bedeutet ›*Catira*‹?« • Komp. 2-1: »Das steht im *Enredo*, ist ein ländlicher Tanz […] der Stadt ›*Sorriso*‹«

• Komp. 2-1: »›Die *Avenida* ist das Feld des Gaudis‹?« [Als Metapher: *Sapucaí* als »Feld des Gaudis/Spaßes«] • Komp. 2-1 erklärt: »Um zu zeigen […], dass Karneval ist und Moment der *Desfiles* im *Sapucaí*.«

• Komp. 3-1: »Wir bereiten den Refrain vor, den Refrain und seine Attacke! Die Eröffnung des Refrains muss die Leute animieren, mitreißen.« • »›In dieser Ausgelassenheit – singe ich‹?«

* Idee: »Gaudi, Ausgelassenheit« (*Folia*) als Überleitung/Eröffnung zum RB? • [Metapher: *Sapucaí* als »›Bühne des Spaßes/Gaudis‹?«] • Komp. 2-1: »›Inmitten dieses Gaudis – singt das Volk‹?«

* Zur Konzeption des Charakters [RB] herrscht Einigkeit: »Die Überleitung zum Refrain muss animieren!« [musikalische Vorstellung: Melodie sollte offen enden, um musikalisch die Attacke zum RB vorzubereiten]

* Urteil: Komp. 2-1: »Der Refrain ist schön so.«; nur am Anfang, an der Eröffnung, müsse noch gearbeitet werden; »›Ein Tag‹« könnte passend sein

Charakteristisch für die künstlerische Arbeit an der zweiten Strophe ist ein stetiger Wechsel zwischen ihrer gesonderten Bearbeitung und Abschweifungen zum RB, der gleich fünfmal ins Zentrum der Aufmerksamkeit rückt und währenddessen zu einer vorläufigen Fassung wächst. Wieder beginnt die *Parceria* mit einer Vergegenwärtigung des Handlungsgeschehens der betreffenden Sektoren in der *Sinopse*. Als erste lyrische Idee schlägt Komp. 1-1 »wir pflanzen, um zu ernähren? ›Ernten‹?«[70] vor, ein Textinhalt, den sein *Parceiro* Komp. 2-1 eher dem RB zugedacht hat: »Die Worte ›pflanzen‹ und ›ernten‹ kommen im RB.«[71] Ähnlich kompliziert gestaltet sich die Frage nach der geeigneten Platzierung des Schlüsselwortes »Lächeln«, das in der *Sinopse* doppeldeutige Funktion einnimmt: »Also – Hauptstadt, eine bäuerliche Welt, die ›Sorriso‹ genannt wird.«, zitiert Komp. 2-1 die *Sinopse*[72]. Der *Primeiro da Parceria* interpretiert: »Und da kommen wir wieder zum Punkt der Stadt!«[73] Die Zuordnung von »Cidade« und »Sorriso« löst zwischen den Komponisten eine kontroverse Debatte aus: Während Komp. 1-1 meint, dass man besser von Hauptstadt sprechen und den Namen »Sorriso« hier nicht erwähnen brauche,[74] finden seine Kollegen, dass das Wort allein im RB seinen Platz hätte: »Das kommt dann im letzten, im RB.« (Komp. 3-1)[75]; »Wir spielen schon im RB mit der ›Stadt‹.« (Komp. 3-1). Zurück in der zweiten Strophe führt Komp. 2-1 mit der erneuten Lektüre der *Sinopse* den nächsten nun abzuhandelnden Aspekt ein: »Als nächstes kommt die Plage [...], *wir können über Technologie und Innovation sprechen*.«[76] Mit dem *Cavaco* in der Hand eröffnet der Musiker der Gruppe (Komp. 1-1) mittels explorativer Improvisation die Suche nach einer geeigneten Linie und gleitet dabei unwillkürlich in einen bekannten früheren Samba der *Unidos da Tijuca* ab, dessen Melodie von seinem Freund Komp. 2-1 aufgenommen und belustigt weitergeführt wird: »›Oh – *Tijuca* – Bühne meiner Inspiration‹«[77]. In spielerischer Weise ergibt sich daraus eine Melodie mit für den RB passendem Charakter – die *Parceria* schweift zum vierten Mal in diesen letzten Teil des Sambas ab und nutzt den kreativen Impuls, um die entwickelte Linie spontan um geeignete Verse zu ergänzen. Komp. 1-1: »›Es wird Morgen – Zeit zum Träumen‹. [...] ich würde nur den Abschluss verändern [...] ›Glück pflanzen und Lächeln ernten‹«.[78] Komp. 2-1 ergänzt: »›Die Erde gibt mir – alles was ich brauche – *Tijuca* pflanzt Freude und wird heute Lächeln ernten‹.«[79] Die spontane Eingebung wird von seinen *Parceiros*

---

70 Originaltext: »›Plantar de alimentar‹? ›Colher‹?«.
71 Originaltext: »›Plantar‹ e ›colher‹ tão no RB.«.
72 Originaltext: »Seja – capital, um mundo rural que se chama ›Sorriso‹«.
73 Originaltext: »Aí volta a parte da cidade!«.
74 Originaltext: »Gente pode falar cidade [...] ou capital. Não precisa usar o nome ›Sorriso‹.«.
75 Originaltext: »O último é no RB.«.
76 Originaltext: »Pode falar sobre a praga, [...] tecnologia, inovação«.
77 Originaltext: »Oh – Tijuca – a passarela para a minha inspiração«.
78 Originaltext: »›Vai amanhecer – tempo de sonhar‹. [...] Só mudaria [...] a parte final pra [...] ›plantar felicidade e colher sorriso‹.«.
79 Originaltext: »›A terra me dá – tudo que eu preciso – a Tijuca planta alegria e hoje vai colher sorriso‹.«.

begeistert aufgenommen. Komp. 3-1/Komp. 1-1: »Super!« – »Schreib das auf!«[80] Er präsentiert alternativ: »›Es wird Morgen – Der Tag erhellt sich‹?«[81], wird jedoch auf die Problematik einer Wiederholung hingewiesen. Komp. 3-1: »›Erhellen‹ würde ich hier nicht nehmen, [...] das gab es dieses Jahr schon.«[82] Bereits vor seiner geplanten Bearbeitung ist das Herzstück der Komposition, der RB, in großen Zügen durch spontane Einfälle geschaffen. Erstaunt und erfreut merkt Komp. 2-1 an: »Der RB ist ja schon fast fertig!«[83] Erneut unternimmt die Gruppe einen Versuch zur Vervollständigung der zweiten Strophe. Komp. 1-1 improvisiert und rutscht im Rahmen des explorativen Trial-and-Error in eine melodische Linie, die Komp. 3-1 wiedererkennt. Sogleich verweist er auf die ursprüngliche Quelle der Fortspinnung: »Das gab es auch schon – lalala – ›Orchester – ein Ton der Magie‹ ...«.[84] Komp. 2-1 erkennt die Stagnation im Bearbeitungsprozess von Strophe 2 und schlägt vor: »Schön, wir bringen das zum Ende und schauen dann, was wir noch brauchen. Lasst uns erst mal die Pizza bestellen.«[85]

Nach einer 30-minütigen Unterbrechung dienen eine Bestandsaufnahme[86] und die Rekapitulation der vorläufigen Fassung im Audio als Wiedereinstieg in den kreativen Prozess. Das Ergebnis zeigt Schwächen. Mit 24 Zeilen enthält der Samba zu wenig Verse: Komp. 2-1: »Nur 24.«[87], ist aber mit einer Dauer von 1:07 Minuten unter Berücksichtigung der noch ausstehenden Verse eigentlich zu lang und in den Augen der Komponisten verbesserungsbedürftig. Komp. 3-1: »Die Melodie [...] ab ›Arbeit‹ abwärts ist schon gut, aber in den ersten vier Versen furchtbar.«[88] Komp. 2-1 unterbreitet den Vorschlag, einen früheren Samba der Gruppe[89] auszugsweise zu verarbeiten, der sich für die betreffende Stelle eigne. Komp. 2-1: »Und wenn wir diesen Teil von *Angola* nehmen, nur die Einleitung?«[90] Diese Möglichkeit wird von verschiedenen Seiten beleuchtet: Für den Abschluss sei die Melodie zu lang, befindet der Gruppenleiter: »Ich mag diese Melodie! [Aber] ich habe Angst, dass alles zu lang wird.«[91], darüber hinaus gäbe es eine melodische Wiederholung im oberen Part: »Diesen Teil haben wir auch bei ›die Kunst‹.« Komp. 3-1 fühlt sich in der musikalischen Weiterführung ebenfalls zu sehr an die jüngste Komposition der Gruppe für *Vila Isabel* 2015 erinnert: »Das klingt genau wie unser Samba vom letztem

---

80 Originaltext: »Maneiro!«; »Anota aí!«.
81 Originaltext: »›Vai amanhecer – o dia clarear‹?«.
82 Originaltext: »›Clarear‹ bota não [...] é deste ano.«.
83 Originaltext: »Já tem o RB!«.
84 Originaltext: »Já tem isso também – lalalal – ›Orquestra – um tom da magia‹ ...«.
85 Originaltext: »Beleza, a gente fecha e depois veja o que tá precisando. Vamos pedir a Pizza.«.
86 Originaltext: »O que exatamente a gente tem?«.
87 Originaltext: »24 só.«.
88 Originaltext: »A melodia [...] da ›lida‹ pra baixo tá beleza, mas nos quatro primeiros versos a melodia tá mal.«.
89 Gemeint: Eigener Samba von 2012 für *Unidos de Vila Isabel*.
90 Originaltext: »Se a gente faz essa parte de Angola, só a introdução?«.
91 Originaltext: »Gosto dessa melodia! [mas] tô com medo que fica tudo muito longo.«.

Jahr – ›*Maestre da Vila – Senhor Partideiro*‹«[92]. Diese Bemerkung streift das sensible Thema von Nutzen und Gefahr musikalischer Zitate bzw. populärer Wendungen, die *Padrões melódicos* enthalten. Die Verarbeitung musikalischer Zitate aus früheren fremden oder eigenen Sambas[93] ist für jede *Parceria* eine Gratwanderung. Komp. 2-1 bringt erneut die angesprochene Passage des gruppeneigenen Werkes von 2012 zum Thema *Angola* ins Spiel und ergänzt, dass es sich hier ja nur um ein winziges Stück handele, nicht um ein richtiges Zitat: »Wie […] wäre es denn […] bis ›*Semeia*‹ [säen] mit dem von *Angola*? […] das wäre anders, besonders […] und wir nehmen ja nur ein winziges Stück.«[94] Komp. 1-1 stimmt zu: »Das ist ok für mich, es ist eine kreative Lösung und wir verwenden nur einen Teil der Melodie.«[95]

Zum fünften Mal in Folge schweifen die Überlegungen nun zum RB ab, hier mit konzeptionellem Inhalt: Man könnte den Text als Tag auf dem Land gestalten, allerdings ohne ihn zur Kopie des Klassikers der *Vila Isabel* von 2013 werden zu lassen. »Wie wäre es, die Überleitung von 2. Strophe zum *Refrão Principal* [RB] mit ›Ein Tag…‹[96] zu beginnen?« (Komp. 2-1). Bevor weitere Ideen ausgetauscht werden, erfolgt nach der nur 15-minütigen Bearbeitungsepisode eine erneute Unterbrechung, die mit der Revision des Gesamtergebnisses beendet wird. Komp. 2-1: »Was haben wir schon?«[97] Der Gesprächsfokus setzt sich auf inhaltlich-lyrischer Ebene fort. Aus der *Sinopse* kristallisieren sich die Schlagworte Schönheit, gigantisch, die Mission, die guten Dinge[98]. Sie sollen künstlerisch geschickt eingebettet werden, wobei mehrere Varianten aus verschiedenen Gründen abgelehnt werden: Die »›Verbindung der guten Dinge‹«[99] empfindet Komp. 3-1 als unsanglich, »›Brasilien, deine Aufgabe ist es, die Welt zu ernähren‹«[100] stimme »nicht mit der *Sinopse* überein«[101]. Auch »›Verbundenheit, die neue Generationen inspiriert‹«[102] wird nicht als finale Lösung betrachtet, erhält aber zumindest den Status des Platzhalters: »Gut, lassen wir das erst einmal so.«[103] Komp. 3-1 unternimmt noch einen Anlauf und unterbreitet einen Vorschlag mit Reim, was nicht als überzeugend bewertet wird. Komp. 2-1: »Ich sehe keine Notwendigkeit für einen Reim.«[104] Die Gruppe hat sich mittlerweile zum Abschluss-

---

92 Originaltext: »Tá igual ao nosso deste ano – ›Maestre da Vila – Senhor Partideiro‹«.
93 Melodische Muster: Versatzstücke, auch *Padrões melódicos*,
94 Originaltext: »Como […] ficaria […] até ›Semeia‹ com aquele de Angola? […] fica diferente […] a gente só pegou um pedacinho.«.
95 Originaltext: »Fecho, porque fica diferente, a gente só pegou um pedacinho.«.
96 Originaltext: »Um dia.«.
97 Originaltext: »O que a gente tem?«.
98 Originaltext: »Beleza, giganta, a missão, bonança.«.
99 Originaltext: »Ligada de bonança«.
100 Im übertragenen Sinne übersetzt; Originaltext: »Brasil, o teu ligado é o mundo alimentar«.
101 Originaltext: »Acho isso fora da Sinopse.«.
102 Originaltext: »›Ligado que inspira as futuras gerações‹.«.
103 Originaltext: »Por enquanto deixa então.«.
104 Originaltext: »Não tem necessidade da rima.«.

vers vorgearbeitet. Im *Enredo* findet sich der Hinweis auf den ländlichen Tanz »*Catira*«. »Das steht im *Enredo*, ist ein ländlicher Tanz [...] der Stadt *Sorriso*«[105] (Komp. 2-1). Als Eröffnung des Verses geeignet, könnte dieses Element im zweiten Abschnitt metaphorisch mit dem *Sapucai* verknüpft und die *Avenida* zur »›Bühne des Gaudis‹« werden. Komp. 2-1 schlägt vor: »›Feiert zum Geläut der *Catira* – Die *Avenida* ist das Feld des Gaudis‹«[106]. Sein *Parceiro* Komp. 3-1 unterbreitet einen Gegenvorschlag, der sowohl »Folia«, ein Schlüsselwort der Sambaszene, als auch die *Comunidade* direkt einbezöge: »›Inmitten dieses Gaudis – singt das Volk‹«[107]. Der Charakter des letzten Verses vor dem RB, jener *Chamada*, die das Herzstück der Komposition eröffne und vorbereite, muss besonders gut überlegt sein. Komp. 3-1: »Wir bereiten den Refrain vor, den Refrain und seine Attacke! Die *Chamada* muss die Leute animieren, mitreißen«[108]. Als musikalische Lösung wird eine aufwärts führende, offen endende Melodie bevorzugt. Abschließend erfolgt eine Reflexion zur nun vorliegenden Fassung: »Also – was haben wir schon?«[109], welche nach einer weiteren Audioaufnahme zur Evaluation und Fixierung der Ergebnisse befürwortet wird. Der Samba in seiner Grundgestalt steht bereits; was noch fehlt, sind Teile des Hauptrefrains sowie kleine Veränderungen und Korrekturen der geschaffenen Teile.

KOMPOSITION IV: HAUPTREFRAIN (RB)

* Wiederholung, Vergegenwärtigung: Komp. 3-1: »Wie war deine Idee mit › *Tijuca* pflanzt‹?«
* Idee und Erklärung: Doppelsinn »*Sorriso*« (das Lächeln/Name der Stadt), Frage nach Platzierung und Verwendung von »*Cidade*« (Stadt) » Komp. 2-1: »Wir können die Stadt [hier: *Sorriso*] integrieren.« » Komp. 1-1:   • ›*Sorriso*‹ steht schon für die Stadt. Besser, es erscheint dort, wo es in der *Sinopse* genannt wird.« » Komp. 2-1:   • ›Inmitten dieses Gaudis – kommen die Leute zu singen‹?«   • Komp. 1-1 lehnt ab: »Das entstellt den Charakter!«
* Rückkehr zum Beginn des RB: Komp. 1-1: »Der Morgen bricht an – Ich möchte Samba tanzen/Heute werde ich Samba tanzen« » Vorschlag Komp. 2-1: »*Despertar*« (Erwecken) integrieren, wegen »*Amanhecer*« [dämmern als Schlagwort aus der *Sinopse*] » Kritik Komp. 1-1: »Das hatte *Tijuca* schon im letzten Jahr: ›Die Uhr hat geweckt‹«   • Wiederholungen aus anderen Sambas sollen unbedingt vermieden werden

---

105 Originaltext: »É no Enredo, é uma dança [...] do interior [...] da cidade do Sorriso.«.
106 Originaltext: »›Festeja no gingado da catira – a Avenida é campo da folia‹ [...]. Pra dizer [...] virou Carnaval, que chegou na Sapucai.«.
107 Originaltext: »›Nessa folia – o povo a cantar‹«.
108 Originaltext: »A entrada pro Refrão precisa animar.«.
109 Originaltext: »O que já temos?«.

> Komp. 2-1: Idee vom metaphorischen Spiel mit »*Amanhecer*« (Morgendämmerung), da *Tijuca* als letzte Schule ihr *Desfile* in der Morgenröte haben wird
>
> * Im *Refrão* sollte die *Escola* bzw. *Alas* (Segmente) aktiv mit einbezogen werden: »Das soll die *Bateria* ansprechen«, evtl. mit *Pura Cadência* [Beiname der *Bateria* von *Tijuca*], das träfe den Stil von *Tijuca*
> * Einigkeit herrscht darüber, dass der Eigenname der *Escola* im Hauptrefrain genannt werden muss
>
> - REKAPITULATION: AUDIO ZUR FIXIERUNG DES ENDERGEBNISSES:
>
> * Messung der Gesamtzeit des Sambas ergibt 2.27 min.
>
> - ABSCHLUSS DER ARBEIT, GEMEINSAMES ESSEN UND OFFENER ABEND
>
> * Komp. 2-1: Idee für den 1.Vers [später, in der Küche]: »›Der Morgen bricht an – Zeit zum Träumen‹« – [ergänzt erklärend:] »*Tijuca* mag solche Wendungen ... die Anspielung auf die Aussicht, Sieger zu werden.«

In nahtlosem Übergang initiiert die Gruppe ihre Hauptarbeit am bereits in vielfachen Abweichungen diskutierten RB. Ausgehend von den während dieser Exkurse generierten Vorschlägen. Komp. 3-1: »Wie war deine Idee mit ›*Tijuca* pflanzt‹? ›*Tijuca* pflanzt Freude und erntet Lächeln?‹«[110] entspinnt sich erneut eine Debatte um die doppelte Bedeutung des Schlüsselwortes »*Sorriso*«. Abgesehen vom Eigennamen der Stadt »*Sorriso*« steht es bekannterweise auch für »das Lächeln«. Ist mit der Einbindung von »*Sorriso*« in den RB der Aspekt der »›*Cidade do Sorriso*‹« bereits abgedeckt oder sollte »*Cidade*« unter Berücksichtigung der konkreten Position in der *Sinopse* separat eingearbeitet werden? Komp. 1-1 meint: »Es muss dort erscheinen, wo es in der *Sinopse* genannt wird.«[111] Ein weiteres Thema ist die Integration von »*Folia*« – möglicherweise mit einer weiteren Metapher, die das *Sapucaí* als »Bühne des Spaßes« interpretiere?[112] Trotz umfangreicher Diskussionen wird keine abschließende Entscheidung getroffen. Die Gruppe kehrt stattdessen zum ersten Refrainvers zurück. Angesichts des *Desfiles* in der Morgenröte favorisiert Komp. 2-1 eine Verbindung von »*Amanhecer*« (Morgendämmerung) und »*Despertar*« (erwecken). Seine Idee wird mit dem Argument verworfen, dass es bereits im vergangenen Jahr eine ähnliche Wendung in den *Letras* von *Tijuca* gegeben habe und eine Wiederholung daher außer Frage stehe. Komp. 1-1: »Das gab's schon vergangenes Jahr bei *Tijuca*: ›Die Uhr hat geweckt‹«[113]. Auch der aktive Einbezug der Segmente der *Escola* rückt erneut in den Fokus der Unterhaltung: Mit »*Pura Cadência*« (pure Balance) könne die *Bateria* gewürdigt werden. Da *Pura Cadência* der Beiname von *Tijucas Bateria* ist, ähnlich wie die *Swingueira*

---

110 Originaltext: »Como era a tua parada de plantar Tijuca? ›Tijuca planta alegria e colhe sorriso‹?«.
111 Originaltext: »Tem que botar onde fica na Sinopse.«.
112 Originaltext: »Palco da folia.«.
113 Originaltext: »Já tinha na Tijuca no ano passado: ›O relógio disparou‹.«.

jener der *Vila Isabel* oder *Bateria Furiosa* der *Acadêmicos do Salgueiro,* wäre dies ein gekonnter Schachzug. Einigkeit herrscht darüber, dass im *Refrão de Baixo* neben dem Namen der *Bateria* unbedingt auch jener der *Escola* selbst mit einfließen müsse. Abschließend fixieren die Komponisten die vorläufigen Ergebnisse aller vier Teile als Gesamtaudio, welches mit einer Zeit von 2.27 Minuten gemessenen und als sehr zufriedenstellend bewertet wird.

Als Bilanz des Abends und Ausblick auf die kommende *Reunião* wird festgehalten, dass der Samba in seiner Grundgestalt bereits fertiggestellt ist und beim Folgetreffen nur über melodische Feinheiten und vorläufig eingesetzte Platzhalter in den *Letras* entschieden werden soll: »Nun fehlen nur noch einige Stückchen, Teile der Melodie und Korrekturen«[114]. Für diesen Tag aber wird die kompositorische Arbeit niedergelegt, und der Abend klingt mit einem gemeinsamen *Churrasco* aus. Zu späterer Stunde, beim Aufräumen der Küche vor sich hin summend, ereilt Komp. 2-1 ein spontaner Einfall für den ersten Vers der *Cabeça do Samba,* an denen er seine *Parceiros* teilhaben lässt: »›Der Morgen bricht an – Zeit zum Träumen‹«[115]. Strahlend fügt er hinzu: »*Tijuca* mag diese Dinge ... die Anspielung darauf, Sieger zu werden ... «[116]. Diese Idee erhält begeisterten Zuspruch und wird vor dem Auseinandergehen der Gruppe in einem Audio festgehalten.

NACH DER *Reunião*: Die geplante 2. Session zu Feinarbeiten am Samba vor dem Aufnahmetermin im Studio fand einige Tage später im Haus von Komp. 3-1 statt. Hier erfolgte die Überarbeitung offener Passagen und Einflechtung neuer Ideen, die sich zwischenzeitlich ergeben haben. Während der Kompositionspause zwischen den beiden Sessions standen die Komponisten über die gemeinsame WhatsApp-Gruppe im Austausch, über die Vorschläge geteilt, von der gesamten Gruppe diskutiert und bewertet wurden.

ÜBERSICHT ZUR KOMPOSITION DES *Sambas* FÜR GRES. *Unidos da Tijuca* 2016
ENREDO: »*Semeando Sorriso, a Tijuca festeja o solo sagrado*«

Bearbeitungszeit (gesamt): 175 Minuten

AUSSERHALB DER REUNIÃO im Vorfeld	Besuch des »*Lançamento do Enredo/Apresentação da Sinopse*« (durchgeführt vom künstlerischen Leiter der Sambaschule) durch die Mitglieder der *Parceria*
	Zu Hause: erste individuelle Überlegungen zu möglicher Einteilung, Umsetzung, Sammlung erster Ideen, Recherche zur Thematik
	Austausch über die gemeinsame WhatsApp-Gruppe: Organisation der *Reunião*, Vereinbarung von Terminen und Absprache zu technischen Details

---

114 Originaltext: »Agora só faltam alguns pedacinhos, partes da melodia e ajustes«.
115 Originaltext: »›Vai amanhecer – tempo de sonhar‹«.
116 Originaltext: »A Tijuca gosta de negócios desses ... a ser Campeão ...«.

Input	*Sinopse* »*Semeando Sorriso, a Tijuca festeja o solo sagrado*« (2016) IN SCHRIFTLICHER AUSFÜHRUNG
	* Informationen von *Carnavalesco* und *Direção do Carnaval* der *GRES. Unidos da Tijuca* (Tonaufnahme der Präsentation) * Elementar: Kenntnisse der besonderen Charakteristika der *Escola* (musikalisch: *Andamento da Bateria*, melodische Stilistik; poetisch: spezifische Wortwendungen)
INNERHALB DER *Reunião*	STRUKTUR/VORGEHEN: Arbeit an Text und Musik aller vier Teile des Sambas [P–RM–S–RB].
	Beginn mit Lektüre der *Sinopse*, Herausarbeiten von zentralen Aspekten, Zuteilung der Sektoren zu den Sambateilen; Beginn der Komposition mit *Cabeça do Samba* [P]; Entwicklung einer vorläufigen kompletten Fassung jedes Sambaparts [P–RM–S–RB]
	VERLAUF: Entwicklung der Komposition ist insgesamt sehr zielgerichtet, chronologisch von einem Teil zum nächsten übergehend; durchbrochen von kurzen Abschweifungen in verwandte oder benachbarte Teile bei P, RM und S (bedingt durch spontane Einfälle bzw. Repetition); Gleichzeitige Bearbeitung verschiedener Parts im Rahmen allgemeiner Entscheidungen zur Konzeption und Struktur
	CHARAKTERISTIKA DER KÜNSTLERISCHEN ARBEIT: Regelmäßige Rekapitulationen (vor allem in Verbindung mit Audios) zum Abschluss der jeweiligen Teile; Zwei größere Unterbrechungen (Dauer: 5 min und 30 min) werden verzeichnet, nach Abschluss einer Arbeitsphase; Rückgriffe auf/Wechsel in andere Verse, bedingt durch spontane Einfälle; Repetition als Medium für Kontrolle und Evaluation von Ideen oder Ausgangspunkt für ihre Fortführung,
	STRUKTUR DER KOMMUNIKATION: Ausgewogenheit im Anteil verbaler und musikalischer Kommunikation bei Ideenaustausch zwischen den Komponisten; Repetition zur Kontrolle und Evaluation, nicht als Ersatz für gemeinsame verbale Lösungssuche und Ideenaustausch
	ZEITLICHER RAHMEN: 175 MIN. zur Erarbeitung der beiden Strophen und Refrainteile, dabei ähnlicher Zeitaufwand für die Strophen (ca. 40–50 min) P und S (mit leichtem Übergewicht der umfangreichen S) und kürzere Bearbeitungszeit der Refrainteile (ca. 30 min und 10 min), wobei die Gruppe den RB mit 10 min am zügigsten erstellt

ENTWICKLUNG DER PARTS, ABSCHWEIFUNGEN UND BEARBEITUNGSZEITEN IN *Reunião* 1

PRIMEIRA PARTE	• RB, RM, RB–RM	40.30 min + 4 min+ 5 min U [Regen]
REFRÃO DO MEIO	• S, RB [2 x], P	27.20 min + 5 min

Segunda Parte	• RB [5 x], P–RM–S	53.55 min + 4.30 min + 30 min U
Refrão de Baixo	• ohne Abschweifung	10 min [davon 2 min U]

Abschluss der *Reunião*	Rekapitulation und Zusammenfassung der vorläufigen Version nach der Aufnahme eines abschließenden Audios * Besprechung zum weiteren Vorgehen: Was muss noch überarbeitet werden? * Korrekturen, Feinheiten, Veränderungen (*Lapidar o Samba, fazer ajustes*) * Organisatorische und technische Absprachen (Finanz, *Gravação*, Vorbereitungen vom *Disputa*) * Verabreden einer weiteren *Reunião*; in der Zwischenzeit: Kommunikation, Austausch und spontane Veränderungsvorschläge der Gruppe über WhatsApp-Gruppe und E-Mail
Output	Vorläufige komplette Version des *Sambas* (Text und Musik aller vier Teile), überwiegend bereits Endfassung
Nach der *Reunião*	Weitere Session, geplant für den 7.5.2015 Ziel: Einarbeitung von Veränderungsvorschlägen, Überarbeitung von Feinheiten (*Ajustes*) und Polieren des Sambas (*Lapidar o Samba*) für die Aufnahme im Studio

Lyrics für *GRES. Unidos da Tijuca*, Samba 2016 Version 1: *Reunião*, Version 2: Endfassung

Primeira Parte

O Dourado do sol no azul do céu
Faz germinar
Semente no solo abençoado
Do barro, o homem nasceu
Semeia a terra mãe Dona da vida
Os frutos, sabedoria e amor
Deságua em tuas mãos a força do querer
Pra cultivar o grão, nossa raiz
Nas gotas de suor, a fonte do viver
Que faz brotar do chão, o meu país

Refrão do Meio

Vai ter moda de viola, até o amanhecer
Na prosa tem tempero que dá gosto de se ver
E o bailado da abelha com a flor
Espalhando harmonia pelas mãos do criador

Primeira Parte final

Oxalá semeia toda criação
Nanã derrama sua bênção
Divino sopro de Olorum
Floresce na **terra mãe, Dona da vida**
O homem, acendente a germinar
Deságua em tuas mãos a força do querer
Pra cultivar o grão, nossa raiz
Nas gotas de suor, a fonte do viver
Que faz brotar do chão do meu país

Refrão do Meio final

Vai ter moda de viola, quando anoitecer
Na prosa tem tempero que dá gosto de se ver
E o bailado da abelha com a flor
Desabrocha na harmonia de um jardim encantador

SEGUNDA PARTE

Segue pelos verdes campos
São tantos encantos, mosaico de cor
Respeito pela natureza
Teus [os] filhos do mundo já sabem de cor
A lida traz o desafio
A essência da luta do bem contra o mal
A arte de inovar a plantação
Renova a esperança no amanhã
Fartura que alimenta a imensidão do meu Brasil
Legado que inspira as futuras gerações
Festeja no gingado da Catira
Nessa folia, o povo a cantar

REFRÃO DE BAIXO

Vai amanhecer, tempo de sonhar
A felicidade vai brilhar
A terra dá, tudo que eu preciso
Tijuca planta amor e vem colher sorriso

SEGUNDA PARTE FINAL

Desce pelos verdes campos
São tantos encantos, mosaico de cor
Respeito pela natureza
E pela certeza de um mundo ideal
A lida traz o desafio
A essência da luta do bem contra o mal
A arte de inovar na plantação
Renova a esperança no amanhã
Fartura que alimenta a imensidão do meu Brasil
Legado que inspira as futuras gerações
Festeja no gingado da Catira
A capital de nossos corações

REFRÃO DE BAIXO FINAL

Vai amanhecer, tempo de sonhar
A felicidade vai brilhar
A terra dá, tudo que eu preciso
Tijuca planta amor e vem colher sorriso

7.3 Betrachtung des strategischen Vorgehens von *Parceria* 1 beim Verlauf der Session

In dieser ersten *Reunião* des Sambas für *GRES. Unidos da Tijuca* lässt sich über den Verlauf des gesamten kreativen Schaffensprozesses eine sehr stringente Entwicklung der künstlerischen Arbeit der ersten *Parceria* an Text und Musik beobachten. Im zeitlichen Umfang von insgesamt 175 Minuten, die bereits sämtliche Unterbrechungen der kompositorischen Arbeit oder Abweichungen vom jeweils fokussierten Sambapart einschließen, bearbeitet die Gruppe der chronologischen Reihenfolge entsprechend 1. Strophe – *Refrão do Meio* und 2. Strophe – *Refrão de Baixo*. Dieses Vorgehen begründet sich in der Auflage, den Handlungsverlauf der *Letras* exakt der *Sinopse* anzupassen und die Lyrics so eng wie möglich an ihm entlang zu komponieren.[117] Ein Vergleich der Bearbeitungsdauer aller Teile legt offen, dass die einander verwandten Strophen- und Refrainteile dicht beieinanderliegen [RM und RB sowie P und S]. Dass die Komposition der Strophenteile insgesamt eine deutlich längere Bearbeitungszeit als die der Refrainabschnitte erfordert, zeigt sich sowohl in den zeitlichen Auswertungen als auch in der Verlaufsbeschreibung. Die beiden Strophen – jene innerhalb des Sambas aufwendigsten, da um-

---

117 Ziel ist es, die Reihenfolge der durch *Alegorias* und *Fantasias* erzählten Geschichte so exakt wie möglich einzuhalten, um den Zuschauern so detailgetreu und nachvollziehbar wie möglich einen roten Faden und Transparenz im Handlungsgeschehen zu liefern.

fangreichsten Teile – beinhalten nahezu das gesamte Handlungsgeschehen des geplanten *Desfiles*, was sich in einer Länge von 50 [S] bzw. 60 Minuten [P] Bearbeitungszeit niederschlägt. Als vom Zeilenmaß her umfangreichster Part, dessen Beginn [*Cabeça do Samba*] die Aufgabe einer Eröffnung und musikalisch–poetischen Visitenkarte gleichkommt, erfordert die 1. Strophe ein besonderes Maß an Aufmerksamkeit. Dies liefert eine mögliche Erklärung für die zehnminütige Differenz in den Bearbeitungszeiten der 1. und 2. Strophe [P und S]. Der RM steht mit seiner halbstündigen Bearbeitungsdauer zwischen dem Hauptrefrain und den Strophenteilen, was sich aus seiner Rolle als mittlerer Refrainpart mit teils definierten, teils frei gestaltbaren Elementen ergibt. Der nur vier Zeilen lange Hauptrefrain [RB], der nicht nur in spontanen Exkursen bereits vor seinem regulären Bearbeitungsfenster in großen Teilen erschaffen wird, sondern auch hinsichtlich des musikalischen Charakters in Ausdruck und Text am stärksten vordefiniert ist, wird in nur 10 Minuten intensiver Arbeit entwickelt. Ein wichtiger Pfeiler im Kompositionsverlauf der 1. Gruppe sind die regelmäßigen Revisionen und Rekapitulationen von Teilergebnissen: Nach kurzen Pausen oder längeren Unterbrechungen sowie im Zuge der Rückkehr zu einem Teil nach einer Abschweifung in einen anderen oder zur Prüfung des vorläufigen Resultates zum Abschluss eines Parts werden Rekapitulationen, Revision und Fixierungen von Teil- oder Endergebnissen zur Vergegenwärtigung des »Ist-Zustandes« genutzt. Trotz der grundsätzlich detailgetreuen Orientierung an den Vorgaben der *Sinopse* durchbricht die Gruppe die separate (streng chronologische) Bearbeitung der Parts in zahlreichen Abweichungen. Diese entwickeln sich meist aus Momenten spontaner Inspiration oder im Zuge von Rekapitulationen. Exkurse in andere Sambateile umfassen hier sowohl das Überschwappen von einem zum anderen Teil als auch die simultane Be- und Überarbeitung mehrerer Teile. Im Fall eines spontanen Impulses handelt es sich meist nur um kurzzeitige Ausflüge[118], die in der Regel von einem der Komponisten nach einer maximal fünfminütigen Zeitspanne wieder in den ursprünglichen Sambapart zurückgelenkt werden. Zeitgleiche Bearbeitungen erfolgen insbesondere in Situationen, bei denen von der Gruppe partübergreifende oder gesamtstrukturelle Entscheidungen gefällt werden müssen. Konkret kann es sich hier um strukturelle Fragen wie die Festlegung oder den Wechsel der Grundtonart handeln, aber auch um Versetzungen melodischer bzw. poetischer Hauptmotive, Elemente und ganzer Passagen von einem in den anderen Teil. Im RB bleiben derartige Exkurse vollkommen aus.

Die in den Verlaufsgrafiken zum künstlerischen Arbeitsprozess der *Reuniões* gekennzeichneten Unterbrechungen größeren Umfangs, von mehr als 5 Minuten, erfolgen ebenso regelmäßig wie Rekapitulationen und ereignen sich aus verschiedenen Situationen heraus: Einerseits entstehen sie aus äußeren Umständen wie Regenschauern, andererseits in Momenten der Überwindung künstlerischer Stagnation oder als verdiente Erholung nach einem fertiggestellten Teil.

---

118 Als einander verwandt werden die Strophen- bzw. Refrainteile betrachtet, direkt benachbart P und RM, RM und S, S und RB.

7.4 Die Verteilung der Mythemen in der Samba-Komposition der *Parceria* 1

Part	P	RM	S	RB	GEMISCHT	GESAMT [GEMISCHT][119]
Poesia	41 %	49 %	46 %	47 %	15 %	44 % [43 %]
Melodia	26 %	20 %	34 %	13 %	19 %	25 % [25 %]
Sinopse	14 %	10 %	8 %	4 %	7 %	9 % [9 %]
Escola	3 %	4 %	2 %	9 %	4 %	4 % [4 %]
Refrain	1 %	5 %	1 %	13 %	30 %	5 % [6 %]
Struktur	6 %	4 %	4 %	9 %	19 %	5 % [6 %]

Tonart – Fixierung – Andamento – Dauer: 0–4 % (bis max. 6 %)

Ein statistischer Vergleich der Werte der zehn aus den Konversationsverläufen der Komponisten herausgearbeiteten Mythemen zeigt in der Auswertung der prozentualen Verteilung der 1. Gruppe deutliche Tendenzen und Gewichtungen. Die Aufteilung zeigt die Poesie als am meisten thematisierten Parameter: In den Strophenteilen entfallen 41 % und 46 % des dialogischen Austauschs auf die Diskussion dichterischer Fragen und poetischer Stilmittel. In den Refrainteilen bleibt ihr Anteil mit 47 % [RM] und 49 % [RB] unter 50%. Der zweitwichtigste Gesprächsaspekt ist die Musik. Sie erhält in Strophen- und Refrainparts prozentuale Werte von 26 % [P], 20 % [RM], 34 % [S] und 13 % [RB]. Obwohl sie neben der Poesie im Zentrum der Aufmerksamkeit der Gruppe steht, liegt die Musik im direkten Vergleich mit der Poesie deutlich hinter ihr. Die prozentual höchste Differenz beider Parameter ist im Hauptrefrain [RB] zu erkennen. Hier beträgt der Diskussionsanteil der Poesie 47 %, jener der Musik hingegen nur 13 %.

Innerhalb der Kategorie Musik als Mythema fällt auf, dass sie – komplementär zur Poesie – mit 26 % [P] und 34 % [S] in den Dialogen der Strophenteile deutlich stärker präsent ist, als mit 20 % [RM] und 13 % [RB] in den Refrainteilen. Überraschend sind dagegen die Ergebnisse der Abschweifungen: Hier übertrifft die Auseinandersetzung mit musikalischen Details mit 19 % die nur zu 15 % thematisierte Poesie, gleicht jedoch dem Parameter Struktur (19 %).

Der hohe prozentuale Anteil der Struktur, der in den Abschweifungen verzeichnet wird, lässt sich damit begründen, dass innerhalb der simultanen Bearbeitung mehrerer Sambaparts die strukturelle Anlage, Aufteilung und Verteilung der Sektoren auf die Parts im Mittelpunkt des Geschehens stehen. Aspekte wie die Zuordnung und Aufteilung des Handlungsgeschehens konzentrieren sich am Beginn der Komposition innerhalb der *Primeira*, während grundlegende strukturelle Entscheidungen in der Regel zu Beginn und am Ende der Komposition – also in der

---

119 Ergänzende Diagramme zur Aufschlüsselung der Resultate aller reinen Parts und Abschweifungen: vgl. digitalen Anhang, Übersicht: Mythemen in den *Reuniões* der *Parceria* 1–3, S. 44 ff.

Cabeça do Samba und im *Refrão de Baixo* – getroffen werden. Folglich erreicht der Parameter Struktur in diesen Sambateilen mit 6 % und 9 % seine Höchstwerte.

Dass die Struktur mit 9 % ihren zweithöchsten Wert im Hauptrefrain verzeichnet, ergibt sich aus dessen Funktion als Dreh- und Angelpunkt der Komposition. Seine Gestaltung hat weitreichende Konsequenzen für die anderen Sambateile, denen er als Orientierungsgrundlage dient: Beispielswiese richten sich elementare Entscheidungen wie die der Grundtonart an ihm aus. Fragen zur Beschaffenheit des Hauptrefrains selbst werden mit 13 % innerhalb seiner reinen Bearbeitung diskutiert, sind darüber hinaus aber auch mit einem Anteil von 5 % im RM sowie mit 30 % in den Abschweifungen zu finden.

Sinopse–Enredo verzeichnet innerhalb der reinen Bearbeitungsphasen Werte von 14 % [P], 10 % [RM], 8 % [S], 4 % [RB]. Obwohl dieser Parameter mit 9 % im Gesamtdurchschnitt die dritte Position belegt, fällt auf, dass sein Wert von einem Sambapart zum folgenden konsequent sinkt.

Die prozentualen Verteilungen offenbaren, dass der Höchstwert der *Sinopse* mit 14 % in der Komposition der handlungszentrierten ersten Strophe zu verzeichnen ist, ihr Tiefstwert mit 4 % hingegen auf den *Refrão de Baixo* entfällt. Diese Entwicklung lässt sich wie folgt begründen: Als zentraler Ort der Verarbeitung des Handlungsgeschehens ist die *Primeira Parte* nicht nur der umfangreichste und komplexeste Sambapart, sondern auch eng an der *Sinopse* entlangkomponiert, die im Geschehen der Session in herausragend hohem Maße zur Geltung kommt. Der Hauptrefrain hingegen ist mit einem Umfang von vier Versen kurz und darüber hinaus als hymnische Würdigung der *Escola* zu verstehen. Somit bildet er kein direktes Zentrum der Narration und ist von der Notwendigkeit entbunden, seine Verse an Handlung und Sektoren anzupassen. Folglich kommt die *Sinopse* hier äußerst sekundär zum Einsatz.

Die spezifischen Charakteristika der Sambaschule und die Integration ihrer Komponenten kommen in den Diskussionen mit einem Anteil von 3% [P], 4% [RM], 2% [S] und 9% [RB] nur punktuell zum Tragen, wobei sie mit 9 % im hymnischen *Refrão de Baixo* ihren Höchstwert verzeichnen. Die Parameter Tonart, Fixierung, Dauer und *Andamento* bewegen sich in Kleinstwerten von maximal 5 % und werden in den Gesprächen der Gruppe nur selten separat thematisiert.

Der Gesamtdurchschnitt, der sich in seinen Werten nur geringfügig von den Ergebnissen der gemischten Bearbeitungen (Abweichungen) unterscheidet, spiegelt in komprimierter Form die Resultate der Einzelauswertungen wider: Poesie [44 %], Melodie [25 %] und *Sinopse* [9 %] zeigen sich als meistdiskutierte Komponenten, während die verbleibenden Parameter *Escola*, Refrain und Struktur mit 4 % bis 5 % deutlich weniger thematisiert werden und Tonart, Fixierung, *Andamento* sowie Dauer des Sambas mit 0 % bis 5 % lediglich in spezifischen Situationen von der *Parceria* besprochen werden.

7.5 Generierung, Gestaltung und Verarbeitung musikalischer und poetischer Ideen

1. Strategien zur Erarbeitung der Lyrics

Ihrer Strategie poetischer Entwicklung ähnlich arbeitet sich die 1. *Parceria* blockweise vor: Vers für Vers werden die Lyrics in stringenter Form aufgebaut, während sich die Gruppe zur Entwicklung des roten Fadens im Handlungsgeschehen dicht an der *Sinopse* entlanghangelt, Charakteristika, Vorgaben und Schlagworte verarbeitet, Stationen zuordnet und gefundene Ideen durch regelmäßiges Nachlesen und Abgleichen der entsprechenden Passagen auf ihre Stimmigkeit im Gesamtgefüge überprüft. Sämtliche Kontrollen erfolgten gemeinschaftlich und reflektieren den kontextualen Zusammenhang. Doch wird nicht nur die *Sinopse* als Referenz verwendet: Auch die metrische Stimmigkeit von Text und Silbenverteilung und zugehöriger melodischer Sequenzen sowie dem *Andamento da Bateria* fließen in die Entscheidung ein. Die detaillierte Betrachtung offenbart, wie, bedingt durch spontane Einfälle und versübergreifende Ideen sowie regelmäßige Repetition als Medium von Kontrolle, Evaluation und Fixierung, stetige Wechsel zwischen den Versen stattfinden. Die *Parceria* generiert nach dem Prinzip des poetischen Trial-and-Error in einem Zug zwei zusammengehörige, komplementäre Verse. Existiert für eine Passage noch kein Textvorschlag, wird dieser stellvertretend mit *Lalala* oder einem sonstigen Platzhalter textiert.

Im kreativen Prozess der poetischen Arbeit werden von *Parceria* 1 eine Reihe von Details thematisiert: Die Charakteristika der *Escola*, der Zeitpunkt des *Desfiles* (hier die Morgendämmerung), das Handlungsgeschehen, die korrekte Positionierung von Schlagworten (z. B. *Cidade*) und poetische Stilmittel wie Metaphern (z. B. »Biene mit der Blume« als Ausdruck für das Standartenträgerpaar *Mestre-Sala* und *Porta-Bandeira*). Diverse Wortspiele, Reime und vielschichtige Mehrdeutigkeit werden zur Gestaltung der Lyrics verwendet. Es stellen sich ästhetische Fragen: Ist die Rose poetischer als die Blume? Sollten zu viele Worte mit gleichklingenden Vokalen vermieden werden? Wie kann der Stil der Sambaschule gewahrt werden? In diesem Zusammenhang wird beispielsweise »Komm, tanz mit mir« als zu charakteristisch für *Vila Isabel* verworfen. Auch die *Comunidade* versucht die 1. Gruppe adäquat in die *Letras* einzubinden. Letztgenannte Punkte stehen besonders im zentralen RB im Vordergrund. Seine fundamentale Funktion als Dreh- und Angelpunkt der Komposition, die damit verbundene richtungsbestimmende Bedeutung und die Verbindlichkeit der Erfüllung an ihn geknüpfter Charakteristika wie Eingängigkeit, Simplizität und die Notwendigkeit des direkten Einbezugs der Sambaschule ist der *Parceria* überaus bewusst. Dies bestätigen Einwürfe wie »Der Refrain ist simpel« (Komp. 1-1) und »Ja, wir müssen die Segmente einbeziehen«. Im Prozess der Erarbeitung versucht die Gruppe, schnelle standardisierte Lösungswege – also die Verwendung gängiger Muster – zu vermeiden und stattdessen stilvolle und poetisch geschickte Umsetzungen in Form von vielschichtigen Metaphern, Bildnissen und dem direkten Einbezug der *Comunidade* zu realisieren. Die Zeit, welche für die Lösungsfindung benötigt wird, spielt angesichts des Perfektionsanspruchs eine untergeordnete Rolle.

Exemplarische Auszüge der Dialoge (RM), Gruppenkonversationen der 1. *Parceria*

Szene 1
• Übergangsphase von P zu RM
• Beginn gemeinsamer Lektüre und Analyse der *Sinopse* [Lesen, Verstehen, Vergegenwärtigen von Inhalt und Fokus; Überlegung zur Konzeption]
• Anfangsidee und erste Verse werden generiert [Gesang, Harmonie], Inspirationssuche, Orientierung an der *Sinopse*, Trial-and-Error in der Gruppe [Poetische Umsetzung und Melodiegestaltung]

1		KOMP. 2-1: Ich weiß nicht, was danach kommt [singt und bewegt die Arme im
2		Rhythmus dazu], Die Gitarre wird erklingen – wenn die Nacht anbricht –
3	14.06	sing laut, meine Schule‹ ...
4		KOMP. 1-1: Ich habe an etwas mit ›Ausgelassenheit‹ gedacht
5		KOMP. 3-1: Das haben wir schon ...
6		[Kurze Pause, Privatgespräch, Komp. 2-1 notiert etwas]
7	15.56	KOMP. 1-1: Wir können – lasst uns das ›*Sanfona*‹ benutzen. [...] [singt] › Die
8		Gitarre wird erklingen – wenn die Nacht anbricht – zum Klang des *Sanfona*‹ – nananana ...
9	16.13	KOMP. 3-1: Ich dachte an so was: ›Die Gitarre wird erklingen – wenn die
10		Nacht anbricht‹ und dann beruhigt es sich, bis zu ...
11		KOMP. 1-1: Aber das hier ist der Refrain. Hier muss das Fest kommen!
12		Es gibt ›*Quadrilha*‹ und Tanz....
13	16.30	KOMP. 3-1: Ich denke, wir sollten nicht so sehr von ›Mensch und Erde‹
14		abweichen.
15		KOMP. 2-1: [Nimmt die *Sinopse*] Dann muss kommen: ›Die Religiosität‹ ... in
16		diesem Abschnitt gibt es: [Liest laut] ›nachdenklicher Träumer, es ist schon
17		spät, im Schimmer des Türchens, kreiert durch Gottes Worte, unser Herr, reime diese Poesie
18		mit [...] den Harmonien der Gitarre, das Leben auf dem Land‹ ... Ich glaube so
19		– das Leben und die Schönheit besingen, dann kommt die Idee von ...
20		KOMP. 1-1: [Singt] ›Die Gitarre wird erklingen – wenn die Nacht anbricht‹ –
21		– und von dort – gehen wir über zur Religiosität. Oder so:
22		Wir beenden das Fest und thematisieren dann in der zweiten Strophe –
23		so wie [singt textlos] Dadada ... [etwa 4 Verse]. Der Teil ist zur Religiosität.

> SZENE 2
> - Entwicklung von Vers 3: Einbindung der *Sinopse*
> - Erarbeitung von poetischen Ideen [Einsatz von poetischen Stilmitteln wie Metaphern]
> - Kritik und Bewertung in der Gruppe

1	17.08	KOMP. 2-1: Und es muss ›*Furor*‹ haben, nicht wahr, etwa so: [Liest] ›In der
2		Intimität […] Erneuert sich mein Erblühen‹
3	17.27	KOMP. 1-1: Oder so – ich habe an das Bild vom Tanz der Biene, des
4		Insektes, mit der Blume gedacht – [singt]: ›Die Gitarre wird erklingen – wenn
5		die Nacht anbricht‹ dadadada – dadadada und dann: [singt, führt fort] ›Und im
6		Tanz‹ … was auch immer, irgendwas von einem Insekt mit einer Blume
7		tanzend … [Unterstreichende Gesten der Arme, begleitet von tänzerischer Bewegung]
8		KOMP. 2-1: [Singt] ›Beim Tanz … des Insektes mit der Blume … danke ich
9		dem Schöpfer‹ … lalalala…
10		KOMP. 1-1: Ist…
11	18.00	KOMP. 3-1: Ist die Rede von einem Insekt? Insekten gibt es hier nicht.
12		KOMP. 1-1: Nein, nein … Aber das wäre meine Idee.
13		KOMP. 2-1: Vielleicht … die Biene. Das Insekt ist die Biene … Es wäre
14		besser, anstatt des Insektes die Biene zu nehmen. [Singt:] ›Die Biene mit der Blume‹?

> SZENE 4
> - Bearbeitung von Vers 3: Poetische Darstellung von Aspekten und Stationen der *Sinopse*
> - Bewertung und Kritik, inhaltliche Diskussionen
> - Metaphorische Umsetzung [Einbringen] von Komponenten der *Escola*
> - Fragen zu poetischen Stilmitteln [Reime, Metaphern] und dem Charakter eines Refrainteils

1	21.51	KOMP. 1-1: Und … dann hätten wir die *Porta-Bandeira* …
2		KOMP. 2-1: So ist es … Und von dort aus versuchen wir auf spielerische
3		Weise, die Segmente der *Escola* einzubeziehen. [Geht zum Computer, dreht sich
4		wieder um, singt gestikulierend] ›Und im Tanz der Biene mit der Blume … in
5		Harmonie … mit der Kreation des Schöpfers‹ – hm, was nur passt …
6	22.00	KOMP. 3-1: Bezüglich des Tanzes der Biene mit der Blume müssten wir daran
7		denken, irgendetwas mit der Natur dabei zu haben. Damit wir es ein bisschen
8		vorwärtstreiben … und damit wir die Position des Menschen mehr einbeziehen.
9		KOMP. 2-1: Aber mit ›Tanz der Biene mit der Blume‹ reden wir schon von der
10	22.45	Erde und [im weiteren Sinne von] der Schöpfung.
11		KOMP. 1-1: [Singt] ›Und der Tanz‹ – Dadida – Dadadia – Dadadi– ›des
12		Schöpfers‹ – Ist es das?

13		KOMP. 2-1: Das wäre ... ›In Harmonie – Mit der Schönheit des Schöpfers‹
14	23.06	etwas in der Art ... Weil ich Harmonie benutzen möchte, weil unter dem Tanz
15		der Biene mit der Blume stellen wir uns vor, dass es *Mestre-Sala* und *Porta-*
16		*Bandeira* sein könnten. Oder? Das wäre die Idee ... eigentlich ist es ein toller
17		Einfall, das Bild des Tanzes von Biene und Blume.
18		KOMP. 1-1: Und wenn wir anstatt der Blume die Rose nehmen? Weil die
19		Rose ... ich glaube bei der Biene mit der Blume – die Blume ist weniger poetisch.
20		KOMP. 2-1: Aber hör mal, Komp. 1-1, poetischer ist es, mit diesem Reim mit
21		dem Schöpfer, das wäre ein simpler Reim für den Refrain, nicht wahr, oder
22		auch ... eine einfache Idee: Er thematisiert die Blume. – Aber wir sollten
23		versuchen, die Verse nicht unnötig zu verkomplizieren ...
24		KOMP. 1-1: Ja, so ginge es ...
25		KOMP. 2-1: [Singt] ›Und im Tanz der Biene mit der Blume ...‹
26		KOMP. 1-1: [Mit ruckhafter Armbewegung nach oben und einem erhellten
27		Gesichtsausdruck] ›Die süße Harmonie‹ ... süß, Biene ... passt – oder? ...
28		[durch eine fragende Geste mit den Armen begleitend] Oder etwas in der Art ...

SZENE 6
- Abschluss der Arbeit am *Refrão do Meio*
- Generierung einer Zwischenlösung [Platzhalter] für den fehlenden zweiten Vers
- Bewertung und Kritik in der Gruppe
- Überlegungen zur Einarbeitung besonderer Charakteristika der *Escola*
- Erneute Diskussion über erwünschte Charakteristika [Stilistik] des *Refrão de Baixo* und Involvieren verschiedener Gruppen [*Componentes, Segmentos*], exploratives Trial-and-Error

1	26.00	[Unterbrechung, aufgeregtes Durcheinanderreden]
2		KOMP. 2-1: Wir singen hier schon so viele Reime, die einfache
3		Reime sind ...
4		KOMP. 1-1: Wie der mit dem Schöpfer, oder?
5		KOMP. 2-1: Was wäre, wenn ...
6		KOMP. 3-1: Ich habe auch daran gedacht: Ich dachte, es wäre vielleicht gut ...
7		Anstelle von ... – Ich hab eine Idee, die ein bisschen provokant ist ...
8		Die Idee von ›komm und tanz mit mir‹. Das hätte eine mitreißende Wirkung,
9		und passt sich besser ein als ›auch ich komme, zu tanzen‹.
10		[Komp. 1-1 nickt, Komp. 2-1 mit verschränkten Armen, schüttelt den Kopf]
11	26.48	KOMP. 2-1: Nein ...
12		KOMP. 3-1: Mir gefällt die Idee.

13	27.00	KOMP. 2-1: Und dann – kommen wir zur Idee der Umgangssprache zurück und machen ...
14		KOMP. 1-1: Also – ich mag die Idee – aber ich finde – das ist zu sehr *Vila* ...
15		KOMP. 2-1: [Nickt, blickt von Komp. 1-1 zu Komp. 3-1] Ja, es ist total *Vila* ...
16		Für die *Vila* müssten wir so was machen, aber ... [Singt, probiert]
17	27.25	›Die Gitarre wird erklingen – wenn die Nacht anbricht‹ ...
18		[Allgemeines Schweigen, Unterbrechung]
19		KOMP. 2-1: [Blickt auf die *Sinopse*] Und es gibt hier noch ein Wort, die ›kleine
20		Pforte‹. ›Geh im Licht der kleine Pforte‹, oder? – so ähnlich – geh durch die kleine Pforte?
21	27.32	KOMP. 1-1: Ich...Ich sehe eigentlich keine Notwendigkeit für einen Reim in diesen Vers.
22		KOMP. 2-1: Ich glaube, mit ›r‹ wäre es schön.
23		KOMP. 1-1: Das wäre dann ›r – r‹ und ›or – or‹ ... [Er probiert aus]
24		KOMP. 2-1: Ich denke, für den Refrain würde das passen.
25		KOMP. 3-1: Glaube ich auch, vor allem, weil wir oben sehr wenige Reime haben.
26	28.05	[Alle drei singen:] Lalalala – ›Die Biene mit der Blume – durch die Hände des Schöpfers‹
27		KOMP. 2-1: Man, ich glaube das ist okay. Für den Refrain ist es gut, selbst
28		wenn ... Wir brauchen ein bisschen Vertrauen ...
29		KOMP. 3-1: Der Refrain – muss einfach sein.
30		KOMP. 1-1: [Spielt zweimal den Refrain, teilweise mit Text, z. T. auf Lalala]
31		KOMP. 2-1: Hm, in der Hitze dieses Feuers, ich weiß nicht ...
32		KOMP. 1-1: Nimm mal – ...sind ganz schön viele Insekten unterzubringen [Lächelt, singt, pro-
33		biert] ›wenn die Nacht anbricht – In der Hitze dieses Feuers‹ –
34		KOMP. 3-1: Feuer passt nicht, aber Ausgelassenheit schon?
35		KOMP. 1-1: Aber Hitze [*Fogueira*] und Gaudi/Ausgelassenheit [*Folia*] sind doch hier dasselbe!
36		[Singt, rhythmisch betont, scherzhaft, begleitet von Armbewegungen] Wenn ›in diesem Feuer‹
37	29.30	nicht passt – dann passt ›in diesem Gaudi‹ auch nicht – das ist hier dasselbe.
38		
39		KOMP. 3-1: Genau ...
40		KOMP. 2-1: Gut ...
41		KOMP. 1-1: ›In der Hitze dieses Gaudis – kommt mein Guter um mich zu erwärmen‹
42		KOMP. 2-1: Ah, ich möchte dieses ›mein Gu-uter‹ nicht ..., oder ›erwärmen‹ ...
43		das ist kein Samba, in dem wir uns unterhalten. Das soll ein poetischer Samba werden.
44		KOMP. 1-1: Ich glaube, dieser Teil mit der Leidenschaft ... ich denke, hier ist es elementar, dass es
45		uns gelingt, die ...
46		KOMP. 2-1: [Aufgeregt auf- und ablaufend] ... die Segmente einzubeziehen ...

2. Strategien der musikalischen Ideenfindung und -verarbeitung

Die Analyse des musikalischen Transkriptionsmaterials aus er- und bearbeiteten Abschnitten des Sambas offenbart eine vielschichtige, dichte rhythmisch-motivische Verarbeitung des musikalischen Materials.[120] Sie vollzieht sich in verschiedenen Schritten, ausgehend von in der Gruppe generierten musikalischen Kernzellen [PC]. Diese können aus Momenten des kompositorischen Schaffensprozesses hervorgehen und fungieren als fragmentarische Ausgangsbasis musikalischer Kernmotive oder komplexerer Segmente. Die Impulse für ihr Entstehen sind vielfältig: Einerseits als spontaner Geistesblitz, inspiriert durch einen vorgetragenen Auszug der *Sinopse*, andererseits veranlasst durch persönliche Assoziationen und Erinnerungsmomente oder als bewusst herbeigeführtes Produkt des gemeinsamen improvisatorischen Trial-and-Error-Verfahrens.

Beispiel 1

Beispiel 2

Eine so entstandene Kernzelle vervollständigt die *Parceira* im strategischen Verfahren der Improvisation und des kollektiven Ideenaustauschs um eine weiterführende Fortspinnung und ergänzt sie mit neuen komplementären Motiven und musikalischen Partikeln.

Beispiel 3: Segment 1

---

120 Vgl. vollständige Transkription der Session (Erarbeitung und Bearbeitung) mit mehrschrittiger Analyse musikalischer Beziehungen, koloriert und in mehreren Schichten im digitalen Anhang.

Bei der Generierung der Segmente wird deutlich, dass die *Parceria* jeweils zwei Segmente als Hälften einer komplementären Einheit kreiert. Das 2. Segment wird hierbei als passende Fortsetzung und Ergänzung des ersten angelegt und besteht in der Regel aus demselben musikalischen Grundmaterial. Ähnlich der Phrasenanlage im Call-Response-Prinzip bzw. einer klassischen Periodenform übernimmt das 1. Segment eine öffnende, das 2. eine schließende Funktion in der jeweiligen Phrase [1–2, 3–4, 5–6, 7–8].

Beispiel 4: Segmente 1–2 und 3–4

Beispiel 5: Segmente 5–6 und 7–8

Die Passagen bestehen nicht nur aus demselben Material, sondern gehen direkt auseinander hervor bzw. leiten sich voneinander ab. Dabei kann die Art und Weise der Verarbeitung des rhythmisch-melodischen Ursprungsmaterials verschiedene Wege nehmen. Eine Möglichkeit ist die Variation und Fortspinnung im wiederholenden Charakter, beispielhaft im Fall des ersten Entwurfes des 1. Segments zu beobachten, dessen Schluss bereits ein Element des 2. Segments beinhaltet: FF 1 und FM 1¹ werden zu neuem PC 2 und FM 2.

Beispiel 6: Segment 1 und 2

Hier entspringt das 2. Segment als musikalische Ableitung dem Kernmaterial des 1. Ähnlich verhält es sich mit Segmenten 3–4, 5–6 sowie 7–8. Sie illustrieren weitere zentrale Strategien der *Parceria* im Umgang mit dem entwickelten Material. Es kommen Prinzipien rhythmischer Veränderung, melodischer Ausschmückung, Umspielung und Ausgestaltung mit dekorativen Elementen wie Durchgängen oder Wechselnoten für die Ausformung eines Motives zum vollständigen Segment sowie ein Spiel mit Sequenzierungen zur Ableitung von Komplementärsegmenten zum Tragen.

Beispiel 7: Segment 1–4

Beispiel 8: Segment 5

Beispiel 9: Segmente 5–6

Beispiel 10: Segment 7–8

Allgemein obliegt der Hauptpart der musikalisch-gestalterischen Arbeit des improvisatorischen Weiterentwickelns und Umformens der entstandenen Kernmotive, ihrer Kontextualisierung und Harmonisierung mit passenden Akkordfolgen auf dem *Cavaquinho* Komp. 1-1, dem professionellen Musiker der *Parceria*. Ungeachtet eines insgesamt sehr geradlinigen Vorgehens in Segmentblöcken entfaltet die Gruppe die Abschnitte nicht immer auf Anhieb vollständig: Manchmal entstehen zunächst ein- bis zweitaktige Teilsegmente und erst nach mehreren Anläufen eine ausgeformte Linie.[121] Musikalische Zitate werden sowohl bewusst als auch unwillkürlich aufgegriffen und in den natürlichen melodischen Fluss eingebunden, bleiben jedoch in keinem Fall unkommentiert, sondern werden von der Gruppe hinsichtlich ihrer musikalischen Herkunft geprüft, um schließlich bewusst verwendet oder verworfen zu werden. Dies zeigt sich deutlich anhand der Beispiele *Maestre da Vila* und *Angola*.

---

121   Vgl./Gemeint ist Segment 5–6.

Kapitel 7: Fallbeispiel I

Beispiel 11: *Maestre da Vila*, Segment 3-4

Beispiel 12: *Angola*, Segment 7-8

Zu beobachten ist, dass die Neutextierung eines Segments oder Motives in der Regel eher unstrukturiert, moment- und inspirationsabhängig erfolgt. Gelegentlich werden vollständige Textsegmente in einem Zug mit der Melodie kreiert, manchmal auch erst im Nachhinein oder während der Überarbeitung mit einer lyrischen Idee versehen. Verbleibende poetische Lücken in einer vollständig kreierten melodischen Linie werden mit lyrischen Platzhaltern oder durch stellvertretendes Summen ersetzt.

Beispiel 13: Textierung in Etappen am Beispiel von Segment 1–2

Im musikalischen Schaffensprozess ihres Sambas geht *Parceria* 1 schrittweise und sehr geordnet vor: Dem entstehenden 1. und 2. Segment folgt direkt das 3. und 4., ein vollständiger Durchlauf aller vier Segmente beschließt als Revision den ersten Arbeitsblock. Nun folgt die Erarbeitung der Abschnitte 5–6, die sich über einen umfangreichen Zeitraum erstreckt und wiederum mit einer Rekapitulation beendet wird, um anschließend die finalen Segmente 7–8 im separaten Block zu kreieren.

Für die Ausbildung einer Phrase geht die Gruppe stets von einer kreierten und als zufriedenstellend befundenen *Célula Master* aus, die von ihr durch ein Fortspinnungsmotiv [CoM] bzw. Finalmotiv [FM] ergänzt wird. Diese rhythmisch-melodische Grundgestalt erweitert sich durch dekorative Fortspinnungsmotive aus demselben bzw. eng verwandten melodischen Material. Ob ein Segment bereits in seiner Erstversion vollständig ausgeformt und wie in den Segmenten

1–2/3–4 aus verschiedenen Komponenten zusammensetzt ist oder zunächst nur aus einer reinen *Célula Master* [PC] besteht, welche im improvisatorischen Verlauf ausgebaut wird, wie Segment 5–6/7–8, entscheidet sich am individuellen Fall.

Beispiel 14: Segmente 1–4

Beispiel 15: Segment 5 in Transformation

Wie in der Transkription kenntlich gemacht, bilden nicht nur die jeweiligen Komplementärsegmente 2, 4, 6 und 8 musikalische Ableitungen des ihnen zugehörigen Ursprungssegments, sondern es werden melodische und rhythmische Elemente auch in variierter Form in andere Segmente versetzt. In verschiedenen Fällen erarbeitet die Komponistengruppe im Zuge des improvisatorischen Trial-and-Error-Prinzips mit einer phrasenübergreifenden Versetzung und dem Recycling musikalischer Elemente, Partikel und Motive. Sie tauchen entweder in ihrer ursprünglichen Form oder als Resultat einer Vermischung in neu entstehenden Hybridformen wieder auf.[122]

---

122 Der typische Weg von einer musikalischen Kern-/Ursprungszellen zu ihren Ableitungen, Variationen und Neufassungen ist in der farbigen Version des digitalen Anhangs entsprechend gekennzeichnet.

Die Bearbeitung bereits gefertigter Abschnitte zeigt ähnliche Strategien im Umgang mit dem entwickelten musikalischen Material wie die Phase der Erarbeitung. Auch hier geht die Gruppe bei der Überarbeitung der Segmente blockweise vor und widmet sich einem neuen Abschnitt erst dann, wenn die vorangehende Passage in zufriedenstellender Weise gefertigt ist. Genau wie im Prozess der Erarbeitung wechseln Momente der Segmentüberarbeitung und Segmenttransformation mit kontextualisierenden Gesamtdurchläufen (Rekapitulation). Dies wird anhand der Segmente 5–8 deutlich. Das Beispiel der Neukomposition des 5. Segments im Anschluss an einen kompletten Durchlauf der Passagen 5–8 illustriert, wie Rekapitulationen in einem erneuten Hinterfragen eines eigentlich abgeschlossenen Segments enden können.

Beispiel 16: Neukomposition des 5. Segments im Anschluss an einen Durchlauf

Auch, wenn die Gründe für das Aufgreifen und Modifizieren einer schon gefertigten Passage vielfältiger Natur sein können,[123] besitzt die Zufriedenheit aller Gruppenmitglieder mit dem fi-

---

123 Die im Dialog geäußerte Kritik lautete: Die Melodie ist zu lang/zu ähnlich zu einem anderen Samba, zu geschlossen.

nalen Ergebnis oberste Priorität. Ebenso wie eine Neuerarbeitung endet auch eine Überarbeitung grundsätzlich mit der abschließenden Prüfung auf die kontextuale musikalische Stimmigkeit einer Passage mit ihrem Anschlusspart bzw. den sie umrahmenden Parts, im transkribierten Beispiel jener von *Segunda Parte* und *Refrão de Baixo*. Darüber hinaus ist die bewusste Einbindung musikalischer Zitate eigener oder fremder Sambas im kompositorischen Prozess mehrfach Gegenstand einer besonderen Prüfung: »Das mag ich nicht, weil es genau so ist, wie unser Samba von diesem Jahr«, bemerkt beispielsweise Komponist 1-1 und liefert somit ein triftiges Argument zur erneuten Reflexion und Revision der Fassung.

7.6 Kommunikationsstruktur und dialogischer Austausch

Bei den Komponisten der 1. Gruppe zeigt sich die zentrale Rolle des verbalen Austausches in diversen Momenten des gemeinsamen Schaffensprozesses. Unabhängig von Art, Natur und Inhalt des Beitrags und seiner positiven oder negativen Bewertung ist über den Verlauf der gesamten Session eine beachtlich offene und direkte Art der Kommunikation zu beobachten, die als charakteristisch für die Gruppe betrachtet werden kann. So zeigt sich an unterschiedlichsten Situationen, Wortwechseln und Aktionen das in den Interviews beschriebene enge freundschaftliche und über lange Zeit gewachsene persönliche Vertrauensverhältnis zwischen allen drei Komponisten. Die Form ihrer Dialoge bestätigt einen respektvollen Umgang miteinander – unabhängig davon, ob Bewertungen und Kritik für einen Vorschlag positiv oder negativ ausfallen. Aussagen, Bewertungen und Gesprächsbeiträge verschiedener Personen überlappen sich im Dialog im Regelfall nicht, sondern werden nacheinander vorgebracht. Auch die direkt aufeinander bezogenen Reaktionen und auseinander hervorgehende Kommentierungen vorangegangener Ereignisse illustrieren ein aufmerksames, bewusstes Zuhören und gegenseitiges Verständnis füreinander. Insgesamt dominieren kurze Repetitions- und Rekapitulationsmomente. Der nonverbale Ideenaustausch wird besonders bei musikalischen Beiträgen als wichtiges Medium genutzt aber nicht inflationär[124] oder als Ersatz für verbale Kommunikation verwendet. Zahlreiche Beispiele aus der Konversationsanalyse demonstrieren, wie die *Parceiros* einander die konzeptionellen Erwägungen, Hintergründe und Doppeldeutigkeiten eingebrachter Ideen erläutern, miteinander diskutieren, abwägen und verschiedene Lösungen hinsichtlich ihrer Vorteile, Nachteile und Wirkungen vergleichen. Hitzige Auseinandersetzungen oder Streitsituationen habe ich selbst im Kontext von Meinungsverschiedenheiten zu passenden oder unpassenden Ideen nie beobachtet. Dies bestätigen auch die Erzählungen der *Parceiros* in den individuellen Interviews: Das gemeinsame kreative Schaffen sei der erfreuliche und vergnügliche Teil des Prozesses, den man nicht mit Auseinandersetzungen vergiften müsse. Im Zweifelsfall würde man »um des lieben Friedens Willen« zurückstecken. Übereinstimmend bevorzugen die *Parceiros* für ihren

---

124 Inflationär in der Bedeutung von vielfacher Wiederholung ohne Zielführung.

gemeinsamen kompositorischen Schaffensprozess den traditionellen Rahmen der *Reunião*. Selbst, wenn in heutiger Zeit die Möglichkeiten der virtuellen Kommunikation über Telefon, WhatsApp und E-Mail den schnellen, ortsungebundenen Austausch ermöglichen und in vielen Fällen erleichtern, wird das persönliche Treffen als unkomplizierter und unterhaltsamster Weg bevorzugt. Der direkte Kontakt zueinander, das gemeinsame Erleben der Höhen und Tiefen, in denen ein Samba entsteht. Berauschende Erfolgsmomente, Witze und Flachsereien sowie Augenblicke der Verzweiflung und Inspirationslosigkeit gemeinsam zu durchleben sei, was zusammenschweiße und die Komposition erst zu dem mache, was sie sei. Kein Medium könnte diese Momente und Atmosphäre ersetzen, sagen die drei. WhatsApp ist der einhelligen Ansicht nach eher zur Kommunikation zwischen den Sitzungen gedacht und für organisatorische Absprachen geeignet, sollte aber keinesfalls als Ersatz für gemeinschaftlich verbrachte Stunden der Kompositionssession verstanden werden.

7.7 Bewertung, Kritik und hierarchische Strukturen

Die Art und Weise der Evaluation, Bewertung und Kritikausübung spiegelt das enge freundschaftliche Verhältnis der drei Komponisten wider: Ihr dialogischer Austausch illustriert und demonstriert, dass jeder der Komponisten nicht nur Ideen, sondern auch Kritik und Veränderungswünsche in offener Form an- und einbringen kann, ohne dass seine *Parceiros* persönlich Anstoß an seiner Art der Kritik nehmen. Wie sie in den Portraitinterviews unabhängig voneinander erklären, verfügt jeder über besondere, individuelle Stärken und Qualitäten in den Bereichen Text, Musik, strukturelle Gestaltung und Verarbeitung der *Sinopse*. In seinem jeweiligen Hauptfeld bringt sich der Komponist in vergleichsweise hohem Maß in die Entscheidungsfindung ein und fungiert als Entscheidungsautorität in der Gruppe, was die hierarchische Struktur als weitgehend demokratisches Konstrukt gestaltet. Komp. 1-1 und Komp. 1-2 präsentieren insbesondere künstlerische Ideen aus dem melodisch-harmonischen bzw. lyrischen Bereich: Komp. 1-2 als Professor für portugiesische Sprache die poetischen, Komp. 1-1 vor allem die musikalischen. Komp. 1-3 als Struktur- und Sprachspezialist konzentriert sich darauf, den Ideenfluss seiner *Parceiros* in geordnete Bahnen zu lenken und im Hinblick auf den Leitfaden der *Sinopse* die Reihenfolge, Anordnung und Gewichtung von Ideen auf ihre Stimmigkeit im Gesamtkonzept zu überprüfen. Darüber hinaus bringt auch er regelmäßig künstlerische Ideen ein. Diverse Situationen verdeutlichen, dass zwar keine statische hierarchische Ordnung zu Entscheidungsfragen vorherrscht, dafür aber ein Bewusstsein der Stärken der einzelnen *Parceiros*. So wird beispielsweise die Meinung von Komp. 1-1, den seine Kollegen auch als *Primeiro da Parceria* bezeichnen, vor allem in musikalischen Belangen besonderes geschätzt. Als Berufsmusiker verfügt er über ein fundiertes praktisches wie theoretisches Wissen im Bereich der Kreation und Vervollkommnung melodischer Motive und Passagen, die er mit dem *Cavaquinho* mit passenden Harmonien zu ergänzen versteht.

Wie die Komponisten übereinstimmend in ihren Portraitinterviews berichteten und sich anhand der Beobachtung zahlreicher *Reuniões* der Gruppe bestätigte, werden abschließende Entscheidungen im autoritären Gleichgewicht und ohne nennenswerte Spannungen getroffen. Neben der Einbringung von Ideen und persönlichen Meinungen steht es allen Gruppenmitgliedern offen, Kritik zu jedem künstlerischen Bereich zu äußern, wobei alle präsentierten Vorschläge zunächst fixiert werden, bevor sie ein komplexes System der kollektiven Prüfung durchlaufen, um endgültigen Eingang in den Samba zu finden oder verworfen zu werden. Kritische Anmerkungen jedweder Art werden nicht wortlos übergangen, sondern in der Runde diskutiert, wobei Streitsituationen im Kontext von Kritik und Bewertung nie von mir beobachtet wurden. Spannungsgeladene Momente entschärft die Gruppe vorzugsweise mit einer Prise Humor, die zur Auflockerung und Entspannung beiträgt. Nicht zuletzt kann aus Scherzen oder dem ironischen Schlagabtausch in Augenblicken allgemeiner Ermattung nach einer Phase langen, angestrengten Überlegens sogar die benötigte Inspiration für eine geeignete Lösung entstehen. Die individuelle Beteiligung der drei *Parceiros* am Schaffensprozess und das jeweilige Einbringen, Kommentieren und Bewerten von Ideen aus verschiedenen Bereichen stehen trotz individueller Stärken, Schwerpunkte und Vorlieben innerhalb der kollektiven Arbeit in einem sehr ausgewogenen Verhältnis.

Kapitel 8: Fallbeispiel II: *GRES. Porto da Pedra* 2016

8.1 Zur *Parceria*: Individuelle Portraits der Komponisten 1-2, 2-2 und 3-2

Zur Vita: Komponist 1-2 [* 1973] ist professioneller Musiker im Bereich Samba und brasilianische Popularmusik. Er verbrachte seine Kindheit und Jugend in den Bezirken Vila Isabel und Padre Miguel von Rio de Janeiro, eine Zeit, die er als schön und überaus unbeschwert in Erinnerung hat. Seine Familie wohnte in Vila Isabel, die Mutter arbeitete jedoch in Padre Miguel, wo sie ihn und seine Schwester regelmäßig seiner Tante zur Betreuung überließ. Da der Großvater von Komp. 1-2 zu den Gründungsmitgliedern der *GRES. Mocidade Independente de Padre Miguel* zählte, die Familie mütterlicherseits somit der *Mocidade* seit ihrer Gründung aufs Engste verbunden und sein Vater darüber hinaus Mitglied der *GRES. Império Serrano* war, entstand bereits in frühen Jahren sein Zugang und enger Kontakt zum Umfeld der *Escolas de Samba*. »Ich hatte von Kindheit an immer diesen engen Kontakt zu der Welt der Sambaschulen«[1], erklärt Komp. 2-1. Auf die Einladung einer *Parceria* für den Wettstreit in der *Escola Mirim* (Nachwuchsförderung) der *GRES. Alegria da Passarela* schrieb er bereits im Alter von zehn Jahren seinen ersten eigenen Samba und legte den Grundstein für eine Karriere als Jungkomponist. Bis zum Alter von 18 Jahren konkurrierte er in diversen *Escolas de Mirim*, darunter jene der *GRES. Acadêmicos do Salgueiro*, den *Herdeiros da Vila* und der *Estrelinha da Mocidade*. »Das war der Beginn von allem«[2], erzählt er. Mit 18 Jahren begann er, sich von den Wettstreiten der Sambaschulen zu distanzieren und als Musiker in der Gruppe von Zéca Pagodinho zu arbeiten. Während er in den *Escolas Mirim* einen Samba auch allein, ohne *Parceria*, erfolgreich verteidigen konnte, war das Klima des *Disputa* der großen Sambaschulen und ihres *Alas de Compositores* von vollkommen anderer Natur und zusätzlich erschwert von drückenden finanziellen Anforderungen und der Abgeschlossenheit des *Alas*: »Mit 19 Jahren begann ich in der Band von Zeca zu spielen. Und ich begann, mich von den Sambawettstreiten zu distanzieren ... Eigentlich wollte ich mit einer *Parceria* komponieren. Diese *Alas de Compositores* sind sehr verschlossen. Zuerst sagen alle – Leute, wollen wir zusammen komponieren? Und dann waren plötzlich alle verschwunden. Und ich stand allein da. [...] Dann begann ich, mich davon zu entfernen, da ich eh kaum Zeit für den Wettstreit hatte und die Komponisten begannen, große Summen an Geld dafür auszugeben.«[3] Erst 2014 kehrte er aktiv als Komponist in die *Escolas de*

---

1 Originaltext: »Sempre teve este contato desde criança com todo este universo da Escola de Samba.«.
2 Originaltext: »Aí foi isso o início todo.«.
3 Originaltext: »Aos 19 comecei a entrar na Banda do Zeca. E aí comecei [...] a me afastar de Disputa de Samba-Enredo ... Na verdade eu queria fazer em Parceria. Mas as Alas dos Compositores, eles são muito fechados. Aí

Samba zurück. Zur Frage nach ihn prägenden musikalischen Einflüssen sowie dem Beginn seiner Ausbildung erklärt er, dass er sich gerade am Anfang der klassischen Musik sehr verbunden fühlte, der Alltag jedoch stets vom Samba bestimmt war: »Der Samba war immer da. [...] Ich habe tatsächlich die ganze Zeit Samba gehört.«[4] Als professioneller Musiker und international bekannter *Sambista* verfügt er über ein breites musiktheoretisches Wissen und beurteilt diese Grundlagen als hilfreich für die Komposition. Dennoch relativiert er, dass gerade der Samba als traditionell intuitiver Musikstil auf natürliche Weise entstehen müsse und in musiktheoretischer Hinsicht nicht so kompliziert sei, dass man der Theorie zu viel Gewicht beimessen solle. Über den Gebrauch und Einsatz von externen stilistischen Elementen urteilt er, dass Hörerfahrungen aus anderen Genres beim Komponieren zwar nützlich seien, eine direkte Verarbeitung sambafremder Einflüsse allerdings eher für andere Samba-Typen geeignet sei wie beispielsweise Samba do Meio do Ano.

EINSCHÄTZUNG DER ARBEIT IN DER *Parceria*: Innerhalb des hierarchischen Gefüges seiner Gruppe sieht sich Komp. 1-2 in der Regel in der Position und Funktion des Gruppenleiters. Zum einen verfügt er als international sehr erfolgreicher Musiker über das umfangreichste musikalische Wissen, andererseits begünstige die logistische Frage seinen Status, da Sessions meist in seinem Haus stattfinden.[5] Er schätzt Ausgeglichenheit innerhalb der Gruppe sowie die Möglichkeit für jeden, seine Ideen einzubringen. Selbst, wenn er gern die Federführung übernimmt, liegt ihm Demokratie unter den *Parceiros* grundsätzlich am Herzen: »Meist nehme ich die Leitung in die Hand. [...] Es werden immer einige Personen mehr Ideen einbringen als andere. [...] Und es gibt eine Gruppe von *Parceiros*, die ebenfalls starke Führungspersönlichkeiten sind [...]. Aber meist bin ich es, der Melodie und Text kreiert und die Komposition vorantreibt. [...] Ich höre mir alle Meinungen an, aber die Mehrheit äußert sich nur, wenn ich nicht weiterkomme und einen äußeren Impuls zur Inspiration brauche. – Ich bin der künstlerische Leiter.«[6] Obgleich die hierarchischen Strukturen und Entscheidungsgewalten für ihn eindeutig definiert sein müssen, sieht er auch Diskussionen und unterschiedliche Meinungen als bereichernd an. Um konstruktiv zu wirken und nicht in Chaos auszuarten, müssen die Ideen jedoch abschlie-

---

    todo mundo: ›Ah, vamos fazer Samba junto‹ [...] daqui a pouco o pessoal sumia. E eu 'tava sozinho pra fazer o Samba. [...] aí comecei [...] a me afastar [...], porque já não tinha muito tempo quando começaram as Parcerias a gastar muito dinheiro e eu fazia Samba sozinho, entendeu, que é meio complicado. Antigamente você não gastava esta grana toda que gasta hoje. Justamente quando começou estes gastos foi quando eu me afastei.«.

4 Originaltext: »Sempre foi muito o Samba. Sempre [...] foi ouvindo Samba o tempo todo.«.

5 Originaltext: »Nas Parcerias que eu participo acabo sendo o Líder. Até pelo fato das pessoas se deslocarem pra minha casa.«.

6 Originaltext: »Geralmente eu tomo a frente, né. [...] Sempre tem uma pessoa que vai dar mais ideia. [...] tem uma galera que tem uma liderança grande [...]. Mas geralmente sou eu quem faz a melodia e a letra e acabo [...] a puxar. [...] eu escuto todos eles, mas a maioria das pessoas só entra quando preciso de um link. Eu sou o Líder.«.

ßend wieder in geordnete Bahnen gelenkt werden: »Manchmal ist eine Meinungsverschiedenheit sogar etwas Gutes und hilft, dass sich alle einmal klar positionieren [...]. Es ist eine Art, Politik zu machen. Ich mag es sogar. [...] Natürlich muss es eine gewisse Demokratie in der Entscheidungsfindung geben, aber es braucht auch ein gewisses Maß an Bestimmung, damit eine Diskussion nicht in Chaos ausartet.«[7] Wirkliche Probleme entstehen laut seiner Aussage selten bei der gemeinsamen Suche nach künstlerischen, kompositorischen Lösungen oder durch verschiedenen Ansichten zur Melodie- und Textgestaltung, sondern bei Fragen finanzieller Natur sowie durch *Parceiros*, die sich künstlerisch einbringen und ihre Meinung gegen die anderen durchsetzen wollen, obwohl sie für diesen Bereich weder zuständig noch qualifiziert sind. Auch mangelnde Illoyalität im Moment des Wettstreits könne große Differenzen innerhalb der *Parceria* verursachen: »Manchmal gibt es Streit und Konflikte [...] vor allem wenn es um die Finanzen geht. Das größte Problem sind tatsächlich meist [...] die Investoren [...] der *Parceria*. Die Mehrheit von ihnen will sich einbringen, aber versteht nichts von der Komposition [...], hier wird es kompliziert. [...] Ich habe schon mal den Fall erlebt, dass ein Typ mitten im Wettstreit [...] plötzlich einen konkurrierenden Samba toller fand als unseren und lauthals verkündete: ›Der andere Samba ist viel besser!‹ [...] Dann schnappte er sich ein T-Shirt und fing an, deren Samba mitzusingen ... Die *Parceiros* aus unserer Gruppe waren natürlich wütend, hätten ihn am liebsten verprügelt.«[8]

ZUR VITA: KOMPONIST 2-2 [* 1978], hauptberuflich Sänger bei der *GRES. Estação Primeira de Mangueira*, verbrachte die ersten 20 Jahre seines Lebens im für seine Sambatradition bekannten Bezirk Padre Miguel. Während der Schulzeit begann er, sich intensiv mit dem Fach Musik auseinanderzusetzen: Obwohl es in seiner Familie keine professionellen Musiker gab, entdeckte Komp. 2-2 schon im Kindesalter seine Liebe zum Gesang und begann, in einer Band von Nachbarjungen zu singen, die zunächst Samba und Pagode zur Unterhaltung an öffentlichen Plätzen spielte und später an Musikfestivals teilnahm, die schulintern ausgerichtet wurden. Seine Lehrerin am *colégio* übte einen besonderen Einfluss auf seine künstlerische Entwicklung aus – sie lenkte seine musikalische Begabung in geordnete Bahnen, erweckte und stärkte in ihm die Liebe zur Komposition[9] und zum Schreiben von Sambas. Was als eine Art Hobby begann, wurde nun gezielter und ernsthafter betrieben, zunächst durch Kompositionsaufgaben

---

7 Originaltext: »Às vezes eu acho que um conflito lá pode até ser uma coisa legal para a Parceria se posicionar [...]. É uma maneira de fazer política, né. Eu gosto muito. [...] Neste momento, logico, tem que ter uma certa democracia, mas também tem que ter também uma ditadura, se deixa rolar solto vira bagunça.«.

8 Originaltext: »Às vezes tem discussão, às vezes tem conflito [...] principalmente quando se discute a parada do dinheiro. A maior dificuldade é [...] o cara que [...] bota o dinheiro na Parceria. A maioria deles querem e não entendem, é muito complicado. [...] eu já tive um Samba, depois que a gente tá no meio da Disputa, [...] vem um cara – [...] chega assim ›Não, o outro Samba é melhor do que o nosso‹ [...] o cara pegou camisa do Samba e ia cantar outro Samba ... aí os outros queriam bater no cara.«.

9 Originaltext: »Foi ela que fez despertar em mim esta vontade de escrever, de fazer Samba.«.

und schließlich auch mit für die Musikfestivals verfassten Stücken. Abgesehen vom Samba sieht er sich am stärksten von der MPB beeinflusst. Nicht nur im Elternhaus hörte er Gonzaguinha, Milton Nascimento und Caetano Veloso, sondern bis heute gehört die Musica Popular Brasileira für ihn zur Entspannung. Regelmäßig besucht er Konzerte und sieht seine eigenen Kompositionen von ihren Rhythmen geprägt. Jene Pagode-Gruppe, die seine ersten Schritte in die Musikpraxis ebnete, entwickelte sich auch zum Sprungbrett für die professionelle Karriere als Interpret und *Cantor de Samba*. Nach einem Auftritt anlässlich eines Kinderfestes wurde Komp. 2-2 eingeladen, als *Puxador* der *Escola Mirim Estrelinha da Mocidade* beizutreten. Von ihr kam er nur ein Jahr später zum *Carro de Som* der *GRES. Mocidade Independente de Padre Miguel*, dem er bis zu seinem Wechsel zur *GRES. Caprichosos de Pilares* im Jahr 2000 treu blieb. Schließlich führte ihn sein Weg ein Jahr später, 2001, zur *Estação Primeira de Mangueira*, in der er bis heute als Sänger und Komponist tätig ist. Seine Karriere als professioneller *Sambista* war ebenso wenig durch familiäre Traditionen vorgezeichnet, wie jene als Musiker. Zwar verband die gesamte Familie eine gemeinsame Liebe zum Samba – wohnten sie doch in einem Bezirk von Rio, in dem die Tradition der Sambaschulen stark ausgeprägt war und nahmen seine Schwestern sowie der Vater regelmäßig an den *Desfiles* der *Mocidade* teil – handelte sich dabei doch um eine Partizipation in gewöhnlichem Maße: »Als ich ein Junge war, fuhr mein Vater mit mir immer zum Karneval ins Zentrum, um die Allegoriewagen in der *Concentração* anzuschauen. Nachmittags fuhren wir dann nach Hause, um abends die *Desfiles* der Sambaschulen im Fernsehen zu verfolgen. Damals dachte ich nicht daran, eines Tages professionell in den Karneval einbezogen zu sein, [...] ich mochte die *Desfiles* und ging zu den Proben mit meinen Schwestern ins *Quadra*, aber diese professionelle Form existierte für mich noch nicht.«[10]

EINSCHÄTZUNG DER ARBEIT IN DER *Parceria*: Als eine zentrale, unabdingbare Komponente bei der künstlerisch-kreativen Arbeit in der *Parceria* und gleichzeitig als Rezept für ein harmonisches und inspirierendes Klima beschreibt Komp. 2-2 das enge und vertraute Verhältnis der Gruppenmitglieder untereinander. Freundschaftliche Verbindungen seien geradezu essenziell für ein erfolgreiches Ergebnis: »Wenn keine Freundschaft bestünde«, sagt er, »würde es sich erstens gar nicht lohnen, zusammen zu komponieren, und zweitens wäre das Resultat bei Weitem nicht so gut ... Du schreibst zusammen den Samba, bist in einer vertrauten Umgebung, hast Spaß und lachst mit den anderen [...], das ist es, was Freude macht, wofür es sich lohnt!«[11]

---

10 Originaltext: »Quando era ainda muito garoto, meu pai ia comigo pro centro da cidade pra ver os carros alegóricos parados lá na concentração no dia do Desfile. Então lembro que meu Carnaval era – de dia – ir pra cidade com meu pai, olhar os carros, e quando no final da tarde, voltava pra casa pra poder assistir o Desfile das Escolas de Samba. Mas não imaginava que em algum momento teria algum envolvimento na festa em si, [...] gostei de desfilar e tal, ia pros ensaios na quadra, minhas irmãs iam e tal, mas não tinha este envolvimento profissional.«.

11 Originaltext: »Se não tiver amizade, primeiro não vale a pena e acho que em segundo, não vai ser tão bem feito,

Kreativität und künstlerische Inspiration sind für Komp. 2-2 eine sehr sensible Angelegenheit, die sich nicht auf Knopfdruck herbeizaubern lässt, aber bei der eine enge, vertrauensvolle Beziehung und genaue Kenntnis des bzw. der anderen eine große Hilfe seien. In der *Parceria* vereinen sich verschiedene Talente, die sich im optimalen Fall zu einer guten Mischung ergänzen. Auch an Tagen, an denen einem selbst die zündende Idee fehle, sei der individuelle Erfolgsdruck geringer, wenn man im Kollektiv sei, gemeinsam arbeite und sich von den anderen inspirieren lassen könne. Zumindest einer der *Parceiros* wäre mit Gewissheit in besserer Verfassung als man selbst: »Inspiration ist eine sehr subtile Sache. Das heißt – wenn du mit einem Freund zusammenarbeitest, ein Team bist, gelingt und entwickelt sich die Arbeit viel besser. Die Kenntnisse jedes Einzelnen verbinden sich – jeder hat seine Stärken auf einem anderen Gebiet … In einem kannst du herausragend sein, im anderen hingegen weniger gut. Du hast selbst weniger Druck, und selbst wenn du einen Tag schlecht drauf bist, hilft und inspirieren dich die Ideen deines *Parceiros*.«[12] Wenngleich Freundschaft und Inspiration laut Komp. 2-2 die Grundlage für die Entstehung eines guten Sambas ist, so betont er gleichsam die Seite der ernsthaften, schweißtreibenden Arbeit, Kontinuität und Strenge im Schaffensprozess: »In der Zeit der Komposition treffen wir uns täglich, ohne ein Zeitlimit zu setzen, um nach Hause zu gehen. Es wird so lange gearbeitet, wie es gut und fließend vorangeht. Es kann sein, dass nur ein Teil entsteht oder auch ein ganzer Samba, alles ist möglich. Aber egal, wie das Tagesergebnis ist, am nächsten Tag treffen wir uns erneut und schauen, ob das, was wir am Vortag produziert haben, tatsächlich den erwünschten Grad an Qualität und Perfektion erfüllt. Nur so gelingt es uns, dem perfekten Ergebnis nahezukommen.«[13] Bezüglich jenes Aspekts empfindet er das Vorgehen der *Parceiros* bei der Komposition für *GRES. Porto da Pedra* 2016 fragwürdig, da hier mehr Wert auf die Produktionsgeschwindigkeit als auf die Qualität des Endergebnisses gelegt wurde: »Die Zeit, die sie investieren, um einen Samba zu schreiben, ist weitaus kürzer als normalerweise bei uns üblich. Aber wir haben auch nicht das Ziel, schnell zu sein. Sie wollen den Samba in einer Nacht schreiben. Das kann gut gehen, muss aber nicht…«[14]. Für seine *Parceria* und ihrem Modell einer

---

né, como se tem amizade, entendeu […] você faz o Samba, você tem um ambiente mais familiar, se diverte, um brinca com o outro […] que dá um prazer!«.

12 Originaltext: »A inspiração é uma coisa muito sutil. Quer dizer – eu acho que se você trabalhando com amigo, se você tá neste time, trabalhando junto com amizade também envolvida, foi muito melhor o trabalho. Todo o conhecimento musical quer vir agregar também com conhecimento que nós já temos – cada um na sua área, né, você pode bem dominar uma área, mas tem um conhecimento menor na outra – e o outro numa outra. Primeiro você não fica tão pressionado e segundo que se você, um dia, você não ficar tão inspirado, teu Parceiro vai tá inspirado.«.

13 Originaltext: »A gente se encontra todo dia sem ter hora pra ir embora. Vai até a hora que a gente acha que tá fluindo bem. Pode ser só um pedaço ou pode ser o Samba inteiro. Pode ser tudo. Só que amanhã a gente se encontra de novo pra observar se isso que foi feito é realmente bacana. Com essa cobrança a gente consegue chegar mais próximo de uma perfeição.«.

14 Originaltext: »O tempo também que eles levam pra fazer o Samba é bem menos do que o tempo que nós leva-

hierarchischen Struktur, in der es – laut seiner Aussage – zugunsten von vielen eingebrachten Meinungen, Ideen und Stärken in unterschiedlichen Bereichen gelegentlich auch zu produktiven, hitzigen Diskussion kommen dürfe, bevorzugt er ein gleichberechtigtes Verhältnis aller gegenüber einer diktatorischen Führung: »Wir sind daran gewöhnt, verschiedene Leute dazu zu holen und nach ihren Meinungen zu fragen [...], damit man tatsächlich das Gefühl hat, jeder bringt sich in das Gesamtergebnis ein. Das ist unsere Art zu arbeiten [...], jeder hat seine Besonderheit. Wir mögen viele Ansichten, viele Ja's und Nein's, viele Ideen.«[15] Offenheit und Debatten um verschiedene Lösungen betrachtet er als wichtigen Bestandteil: »Wir nehmen uns die Freiheit, zu sagen ›Nein, das hier gefällt mir überhaupt nicht!‹. Dann werden wir uns vielleicht darüber streiten, diskutieren [...], aber keiner wird wütend nach Hause gehen [...]. Es geht nicht um Rivalität und darum, sich durchzusetzen, sondern darum, was das Beste für den Samba ist. Genau das macht unsere Kompositionen so erfolgreich.«[16] Bedeutend ist für ihn die Funktion der *Parceria* als Kontrollinstanz für entwickelte Ideen und zur kritischen Selbstprüfung jedes Mitgliedes. Da die Komposition im zeitgenössischen Samba-Enredo gegenwärtig stets die Gefahr eines Verfallens in Formelhaftigkeit[17] in sich birgt, was die *Parceiros* unbedingt vermeiden wollen, ist ein externes Feedback essenziell: »Wenn es sich um eine Musik wie Samba-Enredo handelt, die eine sehr vordefinierte Musik ist, für deren Entwicklung es einen vorgezeichneten Weg gibt, den man nehmen muss, versucht man natürlich, die vorgegebene Linie kreativ zu verändern. [...] Dennoch kann es passieren, dass man etwas erfindet und erst später feststellt, dass Sambaschule x im Jahr y dies oder jenes bereits in ihrem Samba hatte. Solche Zufälligkeiten können entstehen. Wichtig ist, dass man versucht, neue Wege zu finden und zu vermeiden, dass altbekannte Formeln auftauchen. Darum machen wir innerhalb unserer *Parceria* eine Übung und suchen gezielt und penibel, ob irgendetwas in den kreierten Melodien jemanden an etwas erinnert. Dafür brauchst du schon die *Parceria* – [...] wir arbeiten Hand in Hand. Sonst hättest du niemanden, der deine Ideen überprüft, den du fragen könntest, ob das oder jenes gut ist.«[18]

---

    mos? Menor, sim. A gente procura demorar mais. Eles querem pegar uma noite fazer o negócio acontecer. Pode dar certo? Pode. Mas também pode ser que não dê certo.«.

15 Originaltext: »Nós costumamos chamar mais pessoas pra vir aqui pra dar opinão, [...] pra gente fazer o Samba junto pra ter realmente um clima de que todo mundo tá ajudando. Essa é a nossa forma de trabalhar [...] cada um tem a sua particularidade. A gente gosta de ter muitas opinões, de muitos sims e de muitos nãos, de muitas ideias.«.

16 Originaltext: Nós temos muita liberdade pra dizer pro outro assim – ›Oh! não gostei!‹ A gente vai brigar, a gente vai discutir, a gente vai embora e amanhã a gente tá junto de novo. Claro que tem esses conflitos, mas [...] ninguém vai embora chateado. A gente sabe que ninguém tá fazendo isso por rivalidade [...]. A gente quer sempre o melhor. É isso que sempre faz nossos Sambas competitivos.«.

17 Gemeint ist das Verwenden von vorgefertigten, als unkreativ geltenden melodischen Phrasen.

18 Originaltext: »Quando há uma música, no caso do Samba, que é uma música direcionada, você tem mais ou menos um caminho histórico pra fazer, que você tem que seguir, cê tem que procurar mudar, claro. [...] Mas pode acontecer que você faz uma determinada coisa e só depois de um tempo – deixa eu te falar – poxa, essa

ZUR VITA: KOMPONIST 3-2 [* 1980], ebenfalls Sänger beim *Carro de Som* der *GRES. Estação Primeira de Mangueira*, wuchs in einer für seine Sambatradition bekannten Region von Rio de Janeiros auf: Engenho de Dentro, in unmittelbarer Nähe zu den *Quadras* der *Mangueira* und *Caprichosos de Pilares*. Die musikalischen Weichen wurden bereits durch seine Familie gestellt: Der Onkel war Musiker, spielte Gitarre in Bars und gab kleinere Konzerte, die hauptsächlich in Kompositionen von Zaguinha und Djavan aus den Bereichen der Musica Popular Brasileira sowie dem Samba selbst bestanden – Genres, die seine Hörgewohnheiten entscheidend prägten. Noch heute benennt er sie – neben einer Leidenschaft für Funk – als bevorzugte Musikstile. Darüber hinaus hatte er eine enge Verbindung zur *Estação Primeira de Mangueira*: »Eigentlich war mein Onkel der Grund, dass ich zur *Mangueira* kam«[19], erklärt Komp. 3-2. Als sein Onkel starb, hinterließ er verschiedene Instrumente, von denen zwei – eine Gitarre und ein *Cavaquinho* – an Komp. 3-2 übergingen. Kurze Zeit später lernte er einen Jungen aus der Nachbarschaft kennen, der unter dem Namen Cezinha do Banjo bekannt war und begann, bei ihm *Cavaquinho*-Unterricht zu nehmen. Er beschreibt den damaligen Lernprozess als an der Praxis orientiertes Lernen, wobei die Kenntnisse in oraler Form durch Vor- und Nachspielen an ihn vermittelt wurden. Mit den theoretischen Grundlagen begann er sich erst vor wenigen Monaten ernsthaft zu beschäftigen.[20] Er betrachtet sie als nützlich, da alles, was beim Komponieren helfen würde, tendenziell positiv sei: »Den Kenntnisstand für das Komponieren zu erweitern, ist immer gut. Schon deshalb, weil wir von der Komposition leben!«[21] Dennoch betrachtet auch er die Beschäftigung und Vervollkommnung der theoretischen Kenntnisse als durchaus zweischneidiges Schwert: Erwächst aus ihrer Beherrschung einerseits der gezielte, und durchdachte Einsatz musikalischer Mittel, passender Melodieverläufe und geeigneter Harmonien, so erhöht sich andererseits die Verleitung zum Einsatz vorgefügter *Padrões* (Muster), welche im ungünstigsten Fall eine Behinderung für intuitiv entstehende Melodien bedeuten können. Er kommentiert, dass sein *Cavaquinho*-Lehrer ihn sogar gebeten hätte, die Musik weiterhin ohne Instrument in der Hand zu kreieren und erst später – für die bereits fertige Melodie – die passenden Harmonien zu suchen.[22] Der Weg in eine professionelle Karriere im Bereich der *Escolas de Samba* führte neben dem bereits erwähnten Onkel, leidenschaftlichem Anhänger der *Man-*

---

    melodia lembra daquele Samba da Escola xy do ano x. Podem acontecer algumas casualidades então. Bacana é se você sempre procura fazer coisas diferentes. Evitar ao máximo de aparecer alguma outra coisa que alguém lembre. A gente faz um exercício de criação, a gente tem meio um exercício de destruição, de procurar [...] se tá parecendo nada. [...] Você precisa da Parceria – [...] todos nós trabalhamos juntos. Porque se não teria ninguém pra você passar, pra quem você perguntar se tá bom.«.

19 Originaltext: »Então já passei a ser Mangueira por causa desse tio.«.
20 Originaltext: »Agora eu tô começando a estudar, já tem alguns meses que tô estudando mesmo solfejo.«.
21 Originaltext: »Na verdade a gente faz tudo pra compor mesmo. Então, melhorar o estudo é sempre bom pra compor. Porque a gente vive de composição!«.
22 Originaltext: »O que meu professor falou – ›Vai compondo sem cavaquinho, por favor! Continue compondo sem cavaquinho! Pega o cavaquinho pra tirar o que você fez.‹«.

gueira, über seinen Vater. Dieser nahm mehrmals mit einer *Parceria* am Komponistenwettstreit der *Portela* teil und gewann diesen sogar im Jahr 1996. Zu diesem Zeitpunkt war Komp. 3-2 etwa 14 Jahre alt, unterstützte den Vater aber bereits tatkräftig beim Komponieren und im kräftezehrenden *Disputa de Samba*. Dennoch ist seine *Escola do coração* bis heute die *Mangueira*. Obwohl er regelmäßig die *Quadras* anderer Sambaschulen besucht, ist er nie für eine andere *Escola* durchs *Sapucai* gelaufen.

Einschätzung der Arbeit in der *Parceria*: Seine Funktion innerhalb der Gruppe sieht er, ebenso wie Komp. 2-2, in jener des Textdichters und Musikers. Aus seinen Beschreibungen geht deutlich hervor, dass er auf eine gleichberechtigte Behandlung aufkommender Ideen und eine demokratische Struktur bezüglich der Hierarchie und Aufgabenverteilung im Gruppengefüge großen Wert legt. Im Kollektiv der *Parceria* sieht er zum einen die Kontrollinstanz für eigene Ideen, zum anderen aber auch eine Inspirationsquelle, bis hin zu einem Ideenpool, aus dem das Beste herausgefiltert werden kann: »Alleine kannst du akzeptable Ergebnisse erreichen. Aber richtig gut bist du allein nie. Das Kollektiv ist immer stärker.«[23] Er räumt ein, dass er ein enges freundschaftliches Vertrauensverhältnis als überaus wichtig, wenn nicht sogar als grundlegend für ein harmonisches Arbeitsklima in der Gruppe empfindet. Auf dieser Basis entstünden herausragende Kompositionen. Zu vermeiden wären hingegen gruppeninterne Rivalitäten und Entscheidungen zugunsten von Einzelpersonen: »Komposition ist immer eine Mischung aus Vertrauen in die Fähigkeiten des *Parceiros* und strenger gegenseitiger Kontrolle. [...] Ich denke bei Freunden verlangt man sogar weitaus mehr, ist strenger als bei fremden Personen. Je stärker die gemeinsame Basis und das gegenseitige Einfühlungsvermögen ist, umso perfekter wird ein Samba. Der andere Aspekt ist Rivalität in der Gruppe – wenn es die gibt, gewinnt man auch nicht. Das gemeinsame Ziel muss es sein, das Beste aus dem Können aller für die Komposition herauszuholen – ein optimales Ergebnis für diese 31, 32, 33 Zeilen, nichts anderes.«[24] Auch wenn er und einige seiner langjährigen *Parceiros* ein eingespieltes und erfolgreiches Team sind, ist er kein Verfechter von festgefügten Funktionen, sondern empfindet neu dazu kommende, unter Umständen noch unerfahrene Mitglieder mit verborgenem Talent als Bereicherung, die wertgeschätzt, entfaltet und genutzt werden sollten: »An sich sind wir es gewöhnt, in der erprobten Konstellation zu komponieren, aber wir sind auch offen für neue Leute. Generell [...] ist es meist einfach [Externe zu integrieren], kann aber auch anstrengend werden. Trotzdem öffnen wir unsere *Parceria* gern für junge Komponisten ... allein schon, weil wir ihnen

---

23 Originaltext: »Você é legal sozinho. Bom não é. Então em grupo, você é sempre melhor. O coletivo vale sempre mais.«.
24 Originaltext: »É sempre comparando e confiar–desconfiando. É isso que a gente confia do cara, do Parceiro. [...] Acho que com amizade a gente até cobra mais um do outro. Quanto mais a gente já tiver entrosamento, melhor fica o Samba. [...] cê acaba também não ganhando [...] se tiver rivalidade [...]. Então se você tira a rivalidade e pensa em o que vai terminar ali que são o que é importante – são 31, 32, 33 bem simples linhas.«.

eine Chance geben wollen. Manchmal entdeckst du Talente, deren sich noch nicht mal der Besitzer selbst bewusst ist. Die würde man sonst einfach verlieren.«[25]

PORTRAIT DER *Parceria* 2: Da Komp. 1-2 in der Szene brasilianischer Popularmusik, besonders in Samba und MPB, den Ruf und Status des weltweit renommierten Musikers genießt, auf nationalen und internationalen Tourneen unterwegs ist und die verfügbare Freizeit so weit möglich mit der Familie verbringen möchte, hat die Gruppe für ihn eher eine pragmatische Funktion. Seiner eigenen Aussage nach verfügt er – im Unterschied zu den Mitgliedern von Gruppe 1 und 3 – nicht über einen Grundstock an festen *Parceiros*, sondern über einen Stab verschiedener Personen für unterschiedliche Arten der Zusammenarbeit: Mit einigen komponiert er ausschließlich Samba-Enredo, mit anderen nur Samba do Meio do Ano – und innerhalb der Kategorie Samba-Enredo wechselt die Wahl der *Parceiros* in Abhängigkeit von Thema, *Escola* und Beschaffenheit des zu produzierenden Sambas: »Ich bin erst vor drei Jahren zum Samba-Enredo zurückgekommen. [...] es gibt einen *Parceiro*, mit dem ich häufig Samba komponiere [...] und einige, mit denen ich nur einmal komponiert habe. [...] mit jedem *Parceiro* ist es anderes. Mit Komp. 2-2 und Komp. 2-3 kann man besonders gut emotionale, mitreißende Sambas komponieren, mit Komp. x und y[26] die subtilen, melodischen. Mit einigen verbindet mich eine Freundschaft, mit anderen nur der Samba selbst.«[27] Mit Komp. 2-2 und Komp. 2-3 hat er bereits mehrere Male kollegial zusammengearbeitet, doch bilden sie mit ihm keine feste *Parceria*. Er betont, dass die Arbeit im Komponistenkollektiv nicht immer einfach sei: Bereits auf Grund von logistischen und technischen Fragen[28] beansprucht er als professioneller Musiker und Ausrichter der Session in der Regel die Position des *Primeiros* der *Parceria* für sich. Komp. 2-2 und Komp. 3-2 verbindet ihrerseits eine langjährige freundschaftliche Beziehung sowie eine gemeinsame Geschichte als *Parceiros* im Samba-Enredo. Ihre Zusammenarbeit begann 2003 nach dem *Disputa de Samba* der *Estação Primeira Mangueira*, in dem keiner der beiden den Sieg für sich erringen konnte. »Als die nächste Saison begann«, beschreibt Komp. 2-2,

---

25 Originaltext: »No fundo, a gente tá acostumado a fazer entre a gente, mas também com pessoas de fora. Geralmente fica [...] fácil pra gente fazer, mas tem gente que é mais difícil de fazer [...]. A gente gosta de abrir pra uma pessoa que tá chegando ... até pra dar valor a uma pessoa. Às vezes a pessoa tem um talento que mesmo ela não descobriu ainda. E aí cê vai perdendo talento.«.
26 Komponisten, die nicht an der *Parceria* 2 beteiligt sind.
27 Originaltext: »Voltei pro Samba-Enredo só três anos. [...] tem um Parceiro frequente do Samba [...] Tem outros que eu já fiz Samba mas que depois a parceria não se repetiu [...]. Cada Parceiro traz algo diferente. Com o Komp. 2-2 e Komp. 2–3 foi bacana de fazer com eles dois Sambas mais empolgantes. Com Komp. x e y é bacana de fazer os Sambas mais trabalhados, mais melodiosos. Com Komp. 1–3 também. [...] São uns que tem amizade; tem outros que nem tanto, que fica muito pra questão do Samba-Enredo e disputa mesmo.«.
28 Um nicht im Haus eines anderen – bedingt durch die eigene Bekanntheit – zum Ereignis für die Familienmitglieder des Hausbesitzers zu werden, finden die Kompositionen, an denen er beteiligt ist, meist in seinem eigenen Haus statt.

»begannen die Leute mir zu sagen – ›Du musst mit Komp. 3-2 komponieren.‹ Eines Tages rief mich sein Vater an und meinte – ›Hallo, ich bin der Vater von Komp. 2-2. Was meinst du – wollt ihr euch nicht zusammentun?‹ [...] Als das neue Jahr begann und die *Sinopse* veröffentlicht wurde, hatten wir uns immer noch nicht getroffen. Eines Tages ging ich auf die Straße [...] und sah ihn. [...] Er kam auf mich zu und meinte ›Hi, ich bin Komp. 2-2, wie siehts aus – versuchen wir mal gemeinsam unser Glück?‹ Wir begannen, uns zu unterhalten, schrieben unseren ersten Samba und trugen den Sieg davon. Seitdem besteht unsere *Parceria,* mittlerweile seit 12 Jahren.«[29] Die entstandene innige Freundschaft sehen beide als großen Vorteil für die gemeinsame Arbeit, auch wenn sie neu hinzukommenden Kollegen offen gegenüberstehen: »So weit ich weiß, ist unsere *Parceria* nach *Parceria 3* im Samba-Enredo die älteste, einander am längsten verbundene«, meint Komp. 2-2 im Interview. Und Komp. 2-3 ergänzt: »Ja, an sich sind wir es gewohnt, nur miteinander zu komponieren, aber auch Personen von außen können dazukommen. Ich denke, unsere Freundschaft bringt uns dazu, gegenseitig mehr zu fordern. [...] Je besser man sich kennt und einander versteht, desto besser wird der Samba.«[30] Komp. 1-2 kennen beide ebenfalls seit vielen Jahren, »von damals, als wir noch alle als Sänger bei der *Mocidade* angestellt waren ...«, erzählt Komp. 2-2. Doch geben auch sie an, dass die gemeinsame Arbeit sich eher auf gelegenheitsbedingter Komposition gründe, als auf einer permanenten *Parceria*.

8.2 Zum Gesamtverlauf der 1. *Reunião* des Sambas für *GRES. Porto da Pedra* 2016

SITUATION: *Parceria 2* setzt sich aus einer Gruppe von 11 Komponisten zusammen. War der Beginn der *Reunião* ursprünglich für den Nachmittag des 17.6.2015 vorgesehen, verschob sich die Uhrzeit zunächst von 15 auf 17 und schließlich 20 Uhr, bis zumindest die federführenden Komponisten für künstlerische Belange im Hause des Gruppenleiters, Komp. 1-2, versammelt waren. Dennoch begann die *Reunião* nicht sofort mit der kompositorischen Arbeit, sondern zunächst mit einem gemeinsamen Lunch, der von Gesprächen zu unterschiedlichen Themen begleitet war: Teils betrafen sie die Komposition oder damit verbundene organisatorische Randaspekte, teils aber auch andere, private Bereiche oder das im Fernsehen nebenherlaufende

---

29 Originaltext: »Quando começou o outro ano, a gente começaram comentar [...] – ›Komp. 2-2, tem que fazer junto com o Komp. 3-2.‹ Um dia, o pai dele me ligou e falou ›Sou [...] o pai do Komp. 2-2. [...] e se vocês se juntassem?‹ [...] Quando chegou a época que foi lançada a Sinopse, a gente não tinha se encontrado ainda. Até um dia que eu saí de uma casa [...] e vi este rapaz [...]. Ele falou – ›Sou Komp. 2-2, vamos fazer a Parceria junto?‹ Aí a gente começou a conversar, fizemos o Samba junto e aí o primeiro Samba foi Campeão! Faz agora 12 anos de Parceria.«.
30 Originaltext: »No fundo, a gente tá acostumado a fazer entre a gente, mas [também] com pessoas de fora. Acho que com amizade a gente até cobra mais um do outro [...]. Quanto mais a gente já tiver entrosamento, melhor fica o Samba.«.

Fußballspiel. Ein demonstratives Platznehmen des Hausherrn und *Primeiro* der *Parceria* am Kopfende des Kompositionstisches – das *Cavaco* auf dem Schoß und ein Tablet mit der *Sinopse* vor sich aufgebaut – eröffnet schließlich die Session. Essen, Getränke und mehrere digitale sowie ausgedruckte Exemplare der *Sinopse* befinden sich für alle Komponisten zugänglich als Arbeitsmaterial auf dem Tisch, die meisten von ihnen verfügen über auf den Handys gespeicherte Audioaufnahmen von der Präsentation und Erläuterung der *Sinopse* durch den *Carnavalesco* aus dem *Lançamento do Enredo*.

Komposition I: 1. Strophe (P)[31]

* Komp. 1-2: »Wir müssen mit der Komposition der *Cabeça do Samba* und Aufteilung der Sektoren zu den vier Parts des Sambas beginnen.«

* Beginn der künstlerischen Arbeit mit Zuordnung und Aufteilung der Sektoren und Sambaparts in Anpassung an die Chronologie der *Sinopse* [*Cabeça* – 1. Sektor – *Picadeiro, Segunda* – 2. und 3. Sektor]

* Komp. 1-2: »Da es ein Samba für Gruppe A ist, muss es Feuer haben!« [Charakteristisch für *Gruppe A*: stärkerer Fokus auf Emotion und mitreißende Wirkung (*Empolgação*) ausgerichtet, um Publikum und *Escola* zu animieren]

* Kritik in der Gruppe: Ähnlichkeit mit Samba der *Vila* 2013, »die Melodie ist schön, aber ...«

» Komp. 4–2: »Wollen wir nicht versuchen, eine andere, neue melodische Linie zu finden?«

- REKAPITULATION: KONTROLLE DES VERSUMFANGS UND ZEITMESSUNG

* Ergebnis: »25 Zeilen sind zu lang, das muss gekürzt werden.«

- ABSCHLUSS: UNTERBRECHUNG VON CA. 5 MIN, DANN ÜBERGANG ZU BEARBEITUNG DES RM

Die *Parceria* beginnt ihre kompositorische Arbeit mit der gemeinsamen Lektüre der *Sinopse*. Komp. 1-2 fasst den Inhalt jedes Sektors kurz zusammen und orientiert seine Gruppe: Zunächst müsse die 1. Strophe, die Eröffnung des Sambas, entworfen werden und die verschiedenen Stationen des *Desfiles* in ihrer Reihenfolge und Gewichtung auf die vier Parts – P – RM – S – RB verteilt werden: »Wir müssen auf jeden Fall mit der Komposition der *Cabeça do Samba* und der Aufteilung der Sektoren zu den vier Parts des Sambas beginnen.«[32] Die Gruppe entscheidet sich für die Abhandlung des *Circo Picadeiro* aus dem 1. Sektor direkt zu Beginn der 1. Strophe, der Sektoren 2 und 3 in der 2. Strophe. Weitere Aufteilungen werden zunächst nicht vorgenommen. Innerhalb von nur einer knappen halben Stunde vollzieht sich die kompositorische

---

31 Aus dem schriftlichen Protokoll der Session rekonstruiert, am 17.6.2015 in Barra da Tijuca, Rio de Janeiro.
32 Originaltext: »Tem que começar pela [...] Cabeça do Samba e distribuição dos setores pelas partes.«.

Erarbeitung der melodischen und textlichen Gestaltung des ersten Teils unter der Federführung von Komp. 1-2. Hier rücken unterschiedliche Aspekte in den Fokus: Zum einen diskutieren die Komponisten über die Umsetzung des erforderlichen Charakters eines Sambas für eine *Escola de Samba* der *Grupo de Acesso*. Es müsse verstärkt darauf geachtet werden, dass sowohl der musikalische Stil als auch der Text so mitreißend gestaltet seien, dass Sänger, Publikum und *Escola* zur Höchstform animiert würden – kurz: Es brauche jede Menge *Empolgação*. »Da es ein Samba für Gruppe A ist, muss es Feuer haben!«[33] Im weiteren Verlauf wird während der melodischen Lösungsfindung eine Passage kritisiert, die eine starke musikalische Parallele zum offiziellen Samba der *Unidos de Vila Isabel* von 2013 aufweist. Selbst, wenn die Melodie vom Kollektiv für »schön« befunden wird[34], muss eine Wiedererkennung dieser Art unbedingt vermieden werden. Komp. 4-2 schlägt vor: »Wollen wir nicht besser versuchen, eine ganz andere, neue melodische Linie zu finden?«[35] Bereits gegen Ende der Bearbeitungszeit der 1. Strophe rekapituliert die Gruppe das vorläufige Ergebnis und misst die Gesamtdauer mittels eines Audios. Es stellt sich heraus, dass der Versumfang mit 25 Zeilen für eine P allein zu umfangreich ist: »25 Zeilen sind zu lang, das muss gekürzt werden.«[36] Dennoch verwirft die Gruppe die aussortierten poetischen Ideen nicht gänzlich, sondern hält sie zumindest schriftlich fest, um sie gegebenenfalls wiederzuverwerten und zu einem späteren Zeitpunkt einfließen zu lassen. Den Abschluss der Komposition der P und Übergang zur Arbeit am RM bildet schließlich eine etwa fünfminütige Unterbrechung, in der eine gemeinsame WhatsApp-Gruppe angelegt wird, über die bereits erste Audios, Ideen für die Lyrics und sonstige relevante Informationen verschickt werden. Parallel telefoniert Komp. 1-2 mit dem Leiter des Tonstudios. Von der Anwesenheit aller Komponisten zur terminlichen Abstimmung profitierend wird der 2.7.2015 als Tag der *Gravação* fixiert.

KOMPOSITION II: MITTLERER REFRAIN (RM)[37]

* Gruppe: Einführend gemeinsame Lektüre der *Sinopse*, Diskussion über poetische Umsetzung * Kernidee für Anfang: Komp. 1-2: »›In den Wellen des Radios – der Kasper des Liedes‹« • Fortführung bereitet Schwierigkeit, Suche nach Anhaltspunkten: Komp. 1-2: »Los, schlagt was vor, ich brauche eine Idee, um hier weiterzumachen!« » Komp. 5-2: »Wie war der Name des Radios [...], was wurde über das Radio gesagt? [...] in dem, was du vorgelesen hast, [...] fiel ein konkreter Name.« » Keine Lösung, sondern Weiterführen.

---

33 Originaltext: »Como é um Samba pro Grupo A, tem que ter porrada!«.
34 Originaltext: »Uma melodia bonita«.
35 Originaltext: »Será que tentamos fazer uma linha diferente?«.
36 Originaltext: »25 linhas é muito grande, tem que diminuir.«.
37 Aus dem Protokoll und der Audioaufnahme der Session, am 17.6.2015 in Barra da Tijuca, Rio de Janeiro.

* Spontane Idee für Endvers » Komp. 2-2: »Wir können einen Reim suchen, um mit ›Lernen‹ zu schließen. [...] Ich hätte gern etwas mit ›den Kindern beibringen‹«

* Suche nach Vervollkommnung des Mittelparts: Komp. 5-2: »›Freude übermitteln‹?« » Überprüfung auf Wortwiederholung von Freude [*Alegria*]: Komp. 1-2: »Ja, ›Freude‹ haben wir oben noch nicht.« [statt Diskussion direkte Fortführung] » Komp. 2-2: »Auf zum Finale!«

* Als Wunsch für die Mitte: Reim auf ›Kasper des Liedes‹ » Komp. 1-2: »Etwas mit ›ão‹!« Vorschlag von Komp. 2-2: »*Encantava multidão*« (die riesige Menge bezaubernd)

  • REKAPITULATION ZUM CHARAKTER DES SAMBAS

* Urteil Komp. 1-2: »Das klingt sehr abgedroschen, oder? Was können wir machen?« » Suche nach Veränderungen [der *Letras*] und Abschluss: Komp. 2-2: »Wie könnte die letzte Zeile sein?«

  • REKAPITULATION IN DER GRUPPE, KRITIK UND SORGE:

* Komp. 3-2: »Es sind schon fünf Zeilen, oder?« » Komp. 2-2: »[...] besser nicht noch erweitern.« » Komp. 1-2: »Lasst uns ›*multidão*‹ (Menge) einsetzen und dann messen.«
* Audioaufnahme, Uneinigkeit über Beginn der Phrase und das Wort ›Menge‹: Wahl von ›Mitgerissen‹ als Platzhalter » Komp. 5-2: »Nur, um die Melodie zu fixieren.«
* Dennoch herrscht Unmut über die melodische Lösung: Komp. 2-2 kritisiert: »Hm, das ist zu absteigend.«

* Der Abschluss bleibt ungeklärt: Komp. 1-2: »›Die Bedeutung des Wissens – nenenene – ich brauche hier eine Idee!« Komp. 1-2: »Mit ›ia‹ schließen wäre optimal. [...] ›Melodie‹?« » Komp. 5-2: »Haben wir schon ›Kinder‹ im Text?« Komp. 2-2: »›Poesie‹?« » Komp. 1-2: »›*Folia*‹ (Gaudi/Spaß)?« » Komp. 4-2: »›Sieger des Spaßes‹?«
  • Verwerfen der vorherigen Idee: Komp. 4-2: »*Campeão da folia* gibt es viele.«

* Spontane poetische Idee für Mittelvers: Komp. 2-2: »›Die Unschuld übermittelte – die Bedeutung des Wissens‹ – Ist es das? Das ist es!«

  • REKAPITULATION:

* Komp. 3-2: »Gehen wir vom Anfang zum Ende durch [...] wir kommen fließend in die 2. Strophe« » Fixierung des Zwischenergebnisses im Audio

* Die Gruppe reflektiert den Bearbeitungsstand. Urteil: 1) Melodie liegt sehr tief; 2) Es ist zu leidenschaftslos » Komp. 1-2: »Mann, das ist *Acesso*! Das muss richtig Feuer haben!« » Komp. 2-2: »Bis Freitag –« [geplanter Tag der Studioaufnahme] Komp. 1-2: »Wir müssen das noch sehen.«

  • AUDIO, REKAPITULATION, EVALUATION GEGEN ENDE DER ARBEITSPHASE:

* Durchspielen mit *Atabaque* zur Simulation der *Bateria* » URTEIL: Komp. 1-2: »Die *Bateria* dort ist kadenziert, ne?!« » Komp. 2-2: »Die Stelle vom ›Kasper des Liedes‹ ist viel zu hoch! Geh mal zur anderen Version zurück!«

> - ABSCHLUSS: ÜBERGANG ZU BEARBEITUNG S UND ABSCHLIESSENDES URTEIL ZUM ZWISCHENERGEBNIS:
>
> * Komp. 2-2: »Lassen wir's so?« » Komp. 1-2: »Ja, das ist es! [...] Was denkt ihr [...] über einen [melodischen] Abstieg am Schluss?« [Idee: Vom RM zur 2. Strophe melodisch abzusteigen, wird unter Vorbehalt in Erwägung gezogen] » Komp. 2-2: »Kommt ganz drauf an – was ist der nächste Punkt?«

Die künstlerische Arbeit am ersten Refrainteil des Sambas [RM] beginnt mit einer gemeinsamen Lektüre der *Sinopse*. Jener Abschnitt des betreffenden Sektors, samt der geplanten Themen, Wagen und Kostüme, muss konzeptionell erörtert werden. Nach einer gedanklichen Rekapitulation beginnt Komp. 1-2, spontan eine Idee für Melodie und Text des 1. Verses zu präsentieren: »›In den Wellen des Radios – der Kasper des Liedes.‹«[38] – welche noch einer Fortführung bedarf, die ihm trotz mehrfachen Wiederholens nicht gelingt. Folglich gibt er die Verantwortung nach dem von ihm im Portrait beschriebenen Prinzip an die Gruppe ab: »Los, schlagt was vor, ich brauche eine Idee, um hier weiter zu machen!«[39]. Komp. 5-2 kommt ihm auf der Suche nach einem geeigneten Impuls und Anknüpfungspunkt zur Hilfe: »Wie war der Name von dem Radio[-sender] [...], was wurde über das Radio gesagt? [...] in dem, was du vorgelesen hast,[40] fiel ein konkreter Name.«[41] Da sich trotz vielfachen Hin- und Herüberlegens keine definitive, das Kollektiv zufriedenstellende Lösung ergibt, wird die Suche auf einen späteren Zeitpunkt vertagt und stattdessen – einer spontanen Eingebung folgend – der Abschlussvers bearbeitet: »Wir können einen Reim suchen, um mit ›Lernen‹ zu schließen. [...] Ich hätte gern etwas mit ›den Kindern beibringen‹«[42], gibt Komp. 2-2 an. Dieser Vorschlag stößt in der Gruppe auf Zustimmung. Nun entstehen auch neue Ideen für die Vervollständigung der Mittelsektion: Komp. 5-2 schlägt »›Freude übermitteln‹«[43] vor. Bevor der Einfall abgesegnet wird, erfolgt zur Kontrolle die Überprüfung einer möglichen Wortwiederholung von »*Alegria*« (Freude). Komp. 1-2 bestätigt erleichtert: »Ja, ›Freude‹ haben wir oben noch nicht.«[44] Sein *Parceiro* Komp. 2-2 signalisiert, dass der Zeitpunkt gekommen wäre, sich hier nicht weiter an Details aufzuhalten, sondern voranzuschreiten und ruft: »Los, auf zum Finale« «[45] Zuvor versucht die *Parceria* auf Wunsch ihres *Líders*, den Mittelteil mit einem Reim auf

---

38 Originaltext: »›Nas ondas do rádio – o palhaço da canção‹«.
39 Originaltext: »Dá ideia pra seguir.«.
40 Gemeint ist hier: in der *Sinopse*.
41 Originaltext: »Qual é o nome do rádio [...] o que tinha falado do rádio? [...] no que cê leu tinha nome«.
42 Originaltext: »Pode buscar uma rima pra depois fechar com ›aprender‹. [...] Queria ensinar pra criança – ›pra criança aprender‹.«.
43 Originaltext: »›Transporta alegria?‹«.
44 Originaltext: »›Alegria‹ tem em cima, não.«.
45 Originaltext: »Finalzinho!«.

die Silbe »ão«[46], passend zum Fragment des »›Kasper des Liedes‹«[47] zu vervollständigen, was Komp. 2-2 zu »›die riesige Menge bezaubernd‹«[48] als mögliche Lösung inspiriert. An diesem Punkt hat sich bereits die grobe Struktur des RM herauskristallisiert und die Gruppe wiederholt und rekapituliert das Zwischenergebnis. Hierbei stellt der musikalische Leiter das Ergebnis besorgt in Frage: »Das klingt sehr abgedroschen, oder? Was können wir machen?«[49] Nun werden auch zeitliche Dauer und Umfang kritisch zur Sprache gebracht. Komp. 3-2 meint: »Es sind schon fünf Zeilen, oder?«[50], und Komp. 2-2 ergänzt: »Ja, besser wäre es, den Umfang nicht noch mehr zu erweitern.«[51] Komp. 1-2 rät, zunächst »riss die Menge mit« einzusetzen, damit kontrollweise die Zeit des Zwischenergebnisses ermittelt werden könne: »Lasst uns mal ›*Multidão*‹ (Menge) einsetzen und dann messen.«[52] Komp. 5–2 vergewissert sich, dass dies nur der vorübergehende Platzhalter wäre, der später noch ausgetauscht werden würde. Doch könne auf diese Weise die Melodie gesichert werden: »Nur, um die Melodie zu fixieren.«[53] Komp. 2-2 ist mit dem Ergebnis noch nicht einverstanden und bemerkt: »Hm, aber die Tendenz [melodische Richtung] ist zu stark absteigend«[54]. Auch der Abschluss, das letzte Verspaar des RM, ist nach wie vor ungeklärt. Komp. 1-2 gibt die Aufgabe an die Gruppe ab. Er singt den bereits bestehenden ersten Teil des Verses und füllt die Textlücke mit »nenene«, um sie von den anderen vervollständigen zu lassen: »›Die Bedeutung des Wissens‹ – nenenene – ich brauche hier eine Idee!«[55]. Dabei hat er bereits eine konkrete poetische Vorstellung: »Also wenn wir auf ›ia‹ schließen könnten, wäre das ideal.«[56] Es folgt eine Kette verschiedener Ideen, die nacheinander in den Raum gestellt werden: Komp. 5–2: »Haben wir schon ›die Kinder‹ irgendwo im Text?«[57], Komp. 2-2: »Poesie?«[58], schließlich auch das Schlagwort »Ausgelassenheit/Spaß/Gaudi« von Komp. 1-2 und von Komp. 4-2: »›Sieger des Spaßes‹«[59]. Letztere Idee wird von der Gruppe aufgrund mangelnder Spezifik verworfen: »Sieger des Spaßes gibt es ja viele«[60], merkt Komp. 4-2 an. Als beste Lösung bleibt schließlich ein Vorschlag von Komp. 2-2: »Die

---

46 Originaltext: »Dá um ão!«.
47 Originaltext: »›Palhaço da canção‹«.
48 Originaltext: »Encantava multidão‹«.
49 Originaltext: »É muito batido, né?! Fazer o quê?«.
50 Originaltext: »Cinco linhas, não é?«.
51 Originaltext: »Melhor não aumentar«.
52 Originaltext: »Vamos colocar a multidão e vamos marcar.« [Gemeint ist hier: die Dauer messen].
53 Originaltext: »Só pra segurar a melodia«.
54 Originaltext: »O curso é muito baixo!«.
55 Originaltext: »›A importância do saber‹ – nenenene – preciso de uma ideia aqui!«.
56 Originaltext: »Fechar com ›ia‹ seria ideal.«.
57 Originaltext: »Tem criança aí?«.
58 Originaltext: »Poesía?«.
59 Originaltext: »›Campeão da folia‹?«.
60 Originaltext: »›Campeão da folia‹ tem vários.«.

Unschuld übermittelte – die Bedeutung des Wissens‹«[61], die begeistert mit »Ist es das? Das ist es!«[62] von der *Parceria* befürwortet wird. Das vorläufige Ergebnis wird erneut einer Revision unterzogen und als Audio fixiert. Dabei stellt die Gruppe voller Elan fest, dass es sich durch die geschickte Melodie- und Textgestaltung anbieten würde, direkt vom RM in die 2. Strophe überzugehen: »Los, Leute, gehen wir mal ganz durch, vom Anfang bis zum Refrain [...], wir kommen sogar fließend in die 2. Strophe!«[63]. Dennoch werden verschiedene Punkte nach wie vor kritisiert und im Kollektiv erneut zur Diskussion und Reflexion gestellt: Die Melodie liegt sehr tief, sie müsse mitreißender, aufstrebender und explosiver sein, da es sich ja – wie erneut von Komp. 1-2 angemerkt wird – um eine *Escola* der *Grupo A* [*Acesso*] handele: »Mann, das ist *Acesso*! Das muss richtig Feuer haben!«[64] Die Sorge wird entschärft, da man noch genügend Zeit habe, um die unstimmigen Punkte bis zum kommenden Freitag, dem geplanten Tag der Studioaufnahme, auszubessern: »Wir müssen das noch sehen«[65], beschwichtigt Komp. 1-2, und Komp. 2-2 ergänzt: »Ja, bis Freitag.«[66] Für die erneute Evaluation, welche sich nun auch auf die Stimmigkeit mit den rhythmischen Charakteristika der *Bateria* der *GRES. Porto da Pedra* richtet, wird erneut ein Audio aufgenommen. Ein Perkussionsinstrument, gespielt von Komp. 2-2, dient zur Kontrolle von Tempo, *Divisão* und *Marcação* der *Bateria*. Zwei Aspekte werden bei diesem Durchlauf für verbesserungswürdig und unstimmig befunden. Komp. 1-2 gibt zu bedenken: »Denkt dran, die *Bateria* dort ist kadenziert«[67] und Komp. 2-2 äußert Einwände zur transformierten Melodie, die nun etwas zu hoch geraten ist: »Die Stelle vom ›Kasper des Liedes‹ ist viel zu hoch! Geh noch mal zur anderen Version zurück!«[68]

Zum Abschluss der Bearbeitung des RM rekapituliert die Gruppe das entstandene Ergebnis und überlegt, wie man von hier aus geschickt in die 2. Strophe überleiten könne. Komp. 2-2 vergewissert sich: »Und – lassen wir es so?«[69] und erhält Bestätigung vom *Primeiro da Parceria*: »Ja, das ist es! [...] Was denkt ihr [...] über einen [melodischen] Abstieg am Schluss?«[70] Unter Vorbehalt der Rücksichtnahme auf den Handlungsfortgang wird hier eine melodische Abwärtsbewegung vom RM zur S vorgeschlagen. Komp. 2-2: »Das kommt ganz drauf an – was ist der nächste Punkt[71] in der *Sinopse*?«[72]

---

61 Originaltext: »›A inocência transmitiu – a importância do saber‹«.
62 Originaltext: »– Saiu? Saiu!«.
63 Originaltext: »Vamos passar da Cabeça pro Refrão [...] já acaba na Segunda direto«.
64 Originaltext: »Acesso, Cara! É que tem porrada!«.
65 Originaltext: »Gente tem que ver isso«.
66 Originaltext: »Até a Sexta.«.
67 Originaltext: »A Bateria lá é cadenciada.«.
68 Originaltext: »›O palhaço da canção‹ – é muito alto! Volta pro outro!«.
69 Originaltext: »Completou assim?«.
70 Originaltext: »É esse mesmo! [...] O que cês acham [...] de uma caida no final?«.
71 In der Chronologie der Handlungsgeschehens.
72 Originaltext: »Depende, qual é o próximo assunto?«.

Komposition III: 2. Strophe (S)[73]

* Beginn mit Vergegenwärtigung der *Sinopse* » Komp. 1-2: Schlagworte »TV, *Tupi, Carequinha*«
* Diskussion über Möglichkeiten der poetischen, geschickten Umsetzung des Aspektes » *Tela* « (Bildschirm) [aus der *Sinopse*] » Frage, wie der Bildschirm allegorisch vom künstlerischen Leiter umgesetzt wird:
Komp. 5-2: »Erinnert ihr euch an einen Tipp, den er [der *Carnavalesco*] uns gegeben hat – dass es unklug wäre, konkrete Namen zu zitieren?« » Komp. 4-2: »Das Zentrale in diesem Sektor ist, den Zirkus auf den Bildschirm zu bringen« » Komp. 2-2: »Genau das ... ›der Bildschirm‹« » Komp. 4-2 schlägt als Kernidee vor: »›Auf dem Bildschirm – mache ich Scherze und komme auf die Bühne‹«, dazu Melodie von Komp. 1-2

* Melodie ist gefunden, der Text aber noch unsicher: soll in die *Letras* ein Platzhalter eingesetzt werden, »nur um die Melodie zu fixieren«

* Metaphorisch: »*Avenida*« als »Bühne der Emotionen« oder »Bühne der Illusion« » Dazu verschiedene Vorschläge für poetische Wortspiele (*Jogo de palavras*):
1. »*Held*«
2. »›Der lächelnde Held‹«
3. »›Es gibt ein Fest für den Helden der Bande‹«
4. »›Der Held spielt Komödie – und macht Scherze‹«

* Kritik in der Gruppe: »Die Melodie müssen wir ändern, die ist zu hoch« und bei Textvariante 3: »Das ›a‹ ist zu dominant.« [gemeint: zu excessive Nutzung des Vokales a]

  • Unterbrechung: Gemeinsames Essen

* Gespräch über Integration von »*Avenida*« und »Gaudi/Ausgelassenheit«: »›Der Gaudi in der *Avenida*‹ muss rein« » Vorschläge: Verbindung mit »Schatz« (*Tesouro*): Metaphorisch: Die *Escola* als Schatz:
1. »›Ließ einen Schatz [Lücke] – *Avenida*‹«
2. »›Ließ dort einen Schatz – scherzen in der *Avenida*‹«
3. »›Ließ einen Schatz – der alle/mich fasziniert‹«

  • Rekapitulation, Festlegen von »Platzhaltern«, um weiterzugehen

* Außerdem: Schlüsselwort »Kasper« (*Carequinha*) für den Schluss, als Überraschung lassen: »Lasst uns Kasper erst ganz am Schluss, in der letzten Verszeile singen, nicht vorher, das wird eine Überraschung.«

  • Rekapitulation und Audio zur Fixierung der vorläufigen Version

  • Abschluss: Unterbrechung, Übergang zur Bearbeitung des RB

Die Bearbeitung der 2. Strophe beginnt mit der analytischen Vergegenwärtigung aller zentralen Schlüsselaspekte der ihr zugeordneten Sektoren in der Gruppe. Komp. 1-2 fasst die konzep-

---

[73] Aus dem Protokoll und der Audioaufnahme der Session, am 17.6.2015 in Barra da Tijuca, Rio de Janeiro.

tionellen Grundpfeiler dieser Sektion für die Gruppe zusammen: »TV, *Tupi, Carequinha*«. Schon entspinnt sich eine angeregte Diskussion über alle Varianten der poetischen, geschickten Umsetzung, vor allem bezüglich des in der *Sinopse* hervorgehobenen Bildschirms »*Tela*«. Die Komponisten überlegen, wie dieses Element allegorisch vom *Carnavalesco* verarbeitet werden könne, wobei verschiedene, teils sehr fantasievolle Ideen und Spekulationen entstehen. Komp. 5-2 warnt: »Erinnert ihr euch an einen Tipp, den er[74] uns gegeben hat – dass es unklug wäre, konkrete Namen zu zitieren?«[75] Komp. 4-2 versucht daraufhin, die Überlegungen auf den zentralen Aspekt zurückzulenken und die aufkommenden Ideen in fokussierte Bahnen zu lenken: »Das Zentrale an diesem Sektor ist, den Zirkus auf den Bildschirm zu bringen«[76]. Als erste Kernidee schlägt er vor: »›Auf dem Bildschirm – mache ich Scherze und gehe auf die Bühne‹«[77], eine Textidee, die von Komp. 1-2 melodisch umgesetzt wird. In der sich anschließenden intensiven Arbeitsphase ist die Melodie für die gesamte 2. Strophe in kurzer Zeit erstellt, hauptsächlich durch eingebrachte Ideen von Komp. 1-2 und Komp. 2-2. Dennoch stellt die lyrische Gestaltung die Gruppe vor große Herausforderungen. Die gefundenen Lösungen werden nicht von allen *Parceiros* gleichermaßen beurteilt und abgesegnet, weshalb an den entsprechenden Stellen vorläufige Platzhalter mit der Option eines späteren Austauschs eingesetzt werden, »nur, um die Melodie zu fixieren«[78]. Im weiteren Verlauf werden besonders die poetische und metaphorische Umsetzung von Schlagworten und Schlüsselaspekten aus der *Sinopse* diskutiert: Zum einen stellt sich die Frage, ob *Avenida* in metaphorischer Form als »›Bühne der Emotionen‹«[79] oder »›Bühne der Illusion‹«[80] in die *Letras* einfließen könne. Des Weiteren werden verschiedene Vorschläge für sogenannte *Jogos de palavras*[81] und mögliche Varianten der Integration des Schlüsselwortes Held[82] gemacht. Als Lösungen kommen »›Der lächelnde Held‹«, »›Es gibt ein Fest für den Helden der Bande‹« und »›Der Held spielt Komödie – macht Scherze‹«[83] in die engere Wahl. Beim wiederholenden, rekapitulierenden Singen stoßen verschiedene Elemente auf eine kritische Bewertung in der Gruppe. Die Melodie der Passage wird von Komp. 3-2 als insgesamt zu hoch und somit unbequem zu singen bewertet: »Die Melodie müssen wir ändern, die ist zu hoch«[84]. Außerdem müsse man aufpassen, dass der Vokal »a« die

---

74 *Ele* [hier]: *Carnavalesco*.
75 Originaltext: »Cês lembram de uma sugestão que ele falou – que não dá pra citar nomes?«.
76 Originaltext: »O importante neste Setor aí é levar o circo [...] pra cinema.«.
77 Originaltext: »›Na Tela – faço a graça e vou pra cena‹«.
78 Originaltext: »Pra segurar a melodia«.
79 Originaltext: »›Palco das emoções‹«.
80 Originaltext: »›Palco da ilusão‹«.
81 Poetisches Stilmittel: Wortspiele, welche die Kunstfertigkeit der Textdichter unter Beweis stellen.
82 Originaltext: »Herói«.
83 Originaltext: »›O Herói ... sorrindo‹«; »›Tem festa – pro Herói da molecada‹«; »›Herói faz comédia – faz piada‹«.
84 Originaltext: »Tem que mudar a melodia, fica muito alta.«.

Letras hier nicht zu stark dominiere und man beim Singen nur noch »a« höre, besonders in der dritten Variante.[85] Da sich die Komponistengruppe für den Moment auf keine definitive Lösung einigen kann, wird die Sitzung zur Auflockerung mit einer längeren Pause unterbrochen, in der Zeit für ein gemeinsames Essen und zur gedanklichen Zerstreuung ist. Anschließend konzentriert sich das Team auf zwei weitere, zentrale Fragen des RB: Wie können die Schlüsselworte des letzten Sektors »*Avenida*, Gaudi, Kasper« spielerisch und dennoch geschickt in den Text eingeflochten werden? Dass diese Vokabeln erscheinen müssen, steht für die Gruppe außer Frage: »*Folia*« als Inbegriff für Ausgelassenheit und Gaudi gilt im Vokabular des Samba-Enredo als eines der zentralen Schlagworte für den Karneval, der umgangssprachlich als »*Festa da Folia*« bezeichnet wird.[86] Die Komponisten überlegen, ob man als Versinnbildlichung der Liebe der Mitglieder zu ihrer Sambaschule die Worte »*Avenida*« und »*Tesouro*« verbinden könne, also auf metaphorische Weise die *Escola* als Schatz[87] ihrer Mitglieder deuten und interpretieren könne: »›Ließ einen Schatz [Lücke] – Avenida‹«; »›Ließ einen Schatz – scherzen in der Avenida‹« und »›Ließ dort einen Schatz – der alle/mich fasziniert‹«[88] kommen in die engere Auswahl, werden zunächst aber nur in der Funktion des Platzhalters eingesetzt.

Als abschließender Diskussionspunkt wird nun »*Carequinha*« (Kasper) als Schlüsselwort des gesamten *Desfiles* aufgegriffen, das nicht nur hinsichtlich seiner Funktion und Bedeutung in der *Sinopse* zentral ist, sondern sogar Teil des Titels des *Enredos*. Hier planen die Komponisten eine Überraschung: Man könnte das Wort bis zur letzten Zeile der Strophe zurückhalten – ein kleiner Scherz und finaler Höhepunkt mit großem Effekt: »Lasst uns ›*Carequinha*‹ erst ganz am Schluss, in der letzten Verszeile singen, nicht vorher, das wird eine Überraschung.«[89] Bevor der letzte Arbeitsabschnitt – die Bearbeitung des RB – begonnen wird, fixiert Komp. 1-2 das vorläufige Ergebnis in einer Audioaufnahme.

Komposition IV – Hauptrefrain (RB)[90]

* Insgesamt etwa 25 min Arbeit am Hauptrefrain [RB]
* Der Abschluss der künstlerischen Arbeit geht fließend in eine organisatorische Besprechung der Gruppe über
* *Parceria* diskutiert wichtige Aspekte wie determinierte Schlagworte, die in RB einfließen sollten:

---

85 Originaltext: »O ›a‹ é muito dominante«.
86 Originaltext: »Tem que entrar ›a folia na Avenida‹.«.
87 Originaltext: »›Tesouro‹«.
88 Originaltext: »›Deixou um tesouro [Lücke] Avenida‹«; »›Deixou um tesouro – brincar na Avenida‹«; »›Deixou um tesouro – que todos/me fascina‹«.
89 Originaltext: »Cantar Carequinha só na última linha, vai surpreender.«.
90 Aus: Protokoll der Session.

1. Name der *Escola* als Beginn: »›*Porto da Pedra* ist angekommen‹« oder »›Ich bin *Porto da Pedra*‹«
2. Wichtig: »Stolz, Leidenschaft und Liebe zur Sambaschule vermitteln«; Die Worte »Stolz« und »Leidenschaft« sind außerdem Teil des Titels des *Enredos* und können eingeflochten werden.
3. »Der Refrain muss eine starke Wirkung haben« [charakterstark, mitreißend, besonders in Bezug auf die Melodie], z. B.: man könnte mit illustrativen Worten wie »Glück« und »animiert« den Charakter unterstreichen

- ABSCHLUSS DER BEARBEITUNG: REKAPITULATION

* Mit Aufnahme eines Audios aller vier Teile erfolgt die Fixierung der vorläufigen Endversion
* Ergebnis: *Refrão* besitzt Platzhalter und Textlücken, die erarbeitet werden müssen [insgesamt 4 Verse], die Melodie ist hingegen schon definiert: »›*Porto da Pedra* ist da; ich bin *Porto da Pedra* – der Zirkus ist da […] animiert – […] Glück‹«

- VERSCHICKEN VON AUDIOS UND TEXTEN IN DIE GEMEINSAME *WhatsApp*-GRUPPE

Absprachen zum weiteren Vorgehen und einem neuen Termin vor dem Studiobesuch

Die verbleibenden 30 Minuten bis zum Abschluss der Session sind der Bearbeitung des RB gewidmet, dem Herz der Samba-Komposition. Innerhalb dieser Episode werden charakterbildende Elemente, signifikante Schlagworte und Expressionen diskutiert, die in diesem Sambapart typischerweise enthalten sein sollten, um seiner Funktion als Hymne an die *Escola* Rechnung zu tragen und die *Comunidade* zum fieberhaften Mitsingen und -tanzen zu animieren.

In diesem Kontext erörtert die Gruppe folgende Punkte:

1. Einbettung des Namens der *Escola*, wobei sich besonders eine Benennung zu Beginn der gängigen Version von vier Versen anbiete, z. B.: »›*Porto da Pedra* ist da‹«; »›Ich bin *Porto da Pedra*‹«[91]
2. Einbindung markanter Schlüsselworte zur Vermittlung von Emotionen, Stolz, Liebe und Leidenschaft zur Sambaschule[92] in die Lyrics; Stolz und Leidenschaft eignen sich besonders: als Teil des Titels sind sie außerdem zentrale Begriffe im *Enredo* der *Porto da Pedra* 2016.
3. Zur Charakterbildung des zentralen RB als Dreh- und Angelpunkt der Komposition ist eine besondere melodische Gestaltung elementar: Hier muss eine mitreißende, möglichst aufwärtsstrebende und eingängige Melodie gefunden werden, deren Wirkung zusätzlich mit Worten wie Glück oder Ausgelassenheit gesteigert werden kann.

Der Abschluss des vierten und damit letzten Teils des Sambas geht fließend in eine Besprechung der Gruppe über, in der die Tagesergebnisse rekapituliert werden. Mit einer Gesamtdauer von

---

91 Originaltext: »›Sou Porto da Pedra‹ [alternativ] – ›Porto da Pedra chegou‹«.
92 Originaltext: »›Orgulho, paixão‹«.

25 Minuten Bearbeitungszeit, die dem mittleren Refrain [RM] entspricht, wird die Komposition des RB mit der Aufnahme eines Audios abgeschlossen, welches den Zwischenstand aller vier Teile dokumentiert und das Endergebnis der Session fixiert. Im Vergleich zu P, RM und S, die bereits lyrische Platzhalter für die noch zu überarbeitenden Passagen beinhalten, weist der RB mit einem Gesamtmaß von vier Versen bisher nur einen recht fragmentarischen Text auf, dessen Lücken in einer zweiten Session der Gruppe geschlossen werden sollen: »›*Porto da Pedra* ist angekommen‹ – [alternativ] ›Ich bin *Porto da Pedra* – Der Zirkus ist angekommen‹ – nanana – ›ausgelassen‹ – nanana – ›Glück‹«.⁹³ Die Melodie hingegen ist bereits vollständig und die freien Textstellen werden im Audio stellvertretend mit »nanana – lalala« bzw. textlosem Summen ausgefüllt. Bevor die *Parceiros* auseinandergehen, werden in einer kurzen Nachbesprechung die Details für das weitere Vorgehen erörtert. Nicht nur die künstlerische Seite, sondern auch Finanzen, Politik des *Disputa* und organisatorische Belange zum nächsten geplanten Treffen und zur Studioaufnahme kommen zur Sprache. Die Audios und eine vorläufige Version der Lyrics werden in die während der *Reunião* angelegte WhatsApp–Gruppe verschickt.

NACH DER *Reunião*: Die geplante 2. Session zur Überarbeitung kompositorischer Feinheiten vor der Studioaufnahme konnte aufgrund von terminlichen Unstimmigkeiten bei der Koordination der zahlreichen Gruppenmitglieder nicht realisiert werden. Der Austausch nach der hier dokumentierten *Reunião* erfolgte ausschließlich über die gemeinsame WhatsApp-Gruppe, was am Tag der *Gravação* zu Differenzen und Spannungen innerhalb der *Parceria* führte. Trotz der bereits fortgeschrittenen Entwicklung aller vier Samba-Teile verblieben Entscheidungen über diverse melodische und poetische Platzhalter sowie sonstige Feinheiten, die vor der Aufnahme nicht getroffen wurden. Bedingt durch eine ausschließlich digitale Kommunikation, an der nicht alle *Parceiros* mit derselben Intensität teilnahmen, ergaben sich im Studio Unstimmigkeiten. Verschiedenen Vorstellungen zu aktuellem Bearbeitungsstand und favorisierten Lösungen gipfelten in eine Polarisierung der Gruppe, die eine spontane Transformation der geplanten Aufnahmesession zur 2. *Reunião*⁹⁴ mit diversen spontanen künstlerischen Überarbeitungen und einer regelrechten Neukomposition verschiedener Abschnitte des Sambas zur Folge hatte.

---

93 Originaltext: »›Porto da Pedra chegou‹ [alternativ] ›Sou Porto da Pedra – O circo chegou‹ – nanana – ›animado – nanana – ›felicidade‹«.

94 Aus der geplanten Studioaufnahme wurde eine zweite Kompositionssession.

Übersicht zur Komposition des *Sambas* für *GRES. Porto da Pedra* 2016
Enredo: »*Palhaço Carequinha: Paixão e Orgulho de São Gonçalo! Tá certo ou não tá?*«

Bearbeitungszeit (gesamt): 175 min sowie 27 min Mitschnitt der *Gravação* (gesamt 202 min)

Ausserhalb der Reunião		Besuch des »*Lançamento do Enredo/Apresentação da Sinopse*« (durchgeführt vom künstlerischen Leiter der Sambaschule) durch die Mitglieder der *Parceria*
Vorfeld		Zu Hause: erste individuelle Überlegungen zu möglicher Einteilung, Umsetzung, Sammlung erster Ideen, Recherche zur Thematik
		Austausch über die gemeinsame WhatsApp-Gruppe: Organisation der *Reunião*, Vereinbarung von Terminen und Absprache zu technischen Details
Input		*Sinopse* »*Palhaço Carequinha: Paixão e Orgulho de São Gonçalo! Tá certo ou não tá?*« (2016) in schriftlicher Ausführung
		* Informationen von *Carnavalesco* und *Direção do Carnaval* der *GRES. Porto da Pedra* (Tonaufnahme der Präsentation) * Elementar: Kenntnisse der besonderen Charakteristika der *Escola* (musikalisch: *Andamento da Bateria*, melodische Stilistik; poetisch: bevorzugte Wortwendungen)
Innerhalb der *Reunião*		**Struktur/Vorgehen:** Arbeit an Text und Musik aller vier Teile des Sambas [P–RM–S–RB].
		Beginn mit gemeinsamer Lektüre der *Sinopse*; Herausarbeiten und Zuteilung der Sektoren zu den Sambateilen; Beginn der Komposition mit *Primeira Parte* [P]; Entwicklung einer vorläufigen Fassung jedes Sambaparts [P–RM–S–RB] (mit Varianten)
		Verlauf: Entwicklung der Komposition insgesamt sehr stringent, chronologisch von einem Teil zum nächsten übergehend; Abweichungen in andere Teile sind erst bei der *Gravação* zu verzeichnen
		Charakteristika der künstlerischen Arbeit: Regelmäßige Rekapitulationen (besonders in Verbindung mit fixierenden Audioaufnahmen) zum Abschluss der jeweiligen Parts und in gehäufter Form im RM; mehrfach längere Unterbrechungen (Dauer: zwischen 5–15 min, zwei davon je nach Abschluss eines Parts); Sprünge, Rückgriffe, Wechsel in andere Verse (bedingt durch spontane Einfälle und extrem ausgeprägte Repetition bereits entwickelter Phrasen) als Anstoß zur Überarbeitung und Fortsetzung sowie als Medium zur Kontrolle und Evaluation von Ideen
		Struktur der Kommunikation: Sehr hoher Anteil an musikalischer, nonverbaler Kommunikation als Medium zum Ideenaustausch und zur Evaluation; häufig überlappende oder parallel stattfindende Gespräche oder Repetitionen musikalischer Phrasen in der Gruppe (zwischen einzelnen Gruppenmitgliedern)
		Zeitlicher Rahmen: 175 min. für die Erarbeitung und Entwicklung der beiden Strophen (45–60 min) und jeweils 25-minütige (kurze) Bearbeitungszeiten beider Refrainteile

Entwicklung der Parts, Abschweifungen, Bearbeitungszeiten in *Reunião* 1 und *Gravação*

1.	Primeira Parte	--	60 min + 5 min U		2.	Refrão do Meio	--	2.30 min
2.	Refrão do Meio	--	25 min			Primeira Parte	• RM, RB	9.50 min
3.	Segunda Parte	--	45 min [davon 5 min U] + 15 min U			Refrão do Meio	• P	12.20 min
4.	Refrão de Baixo	--	25 min			Segunda Parte	• P	2.40 min

Abschluss der *Reunião*	Rekapitulation und Zusammenfassung der entstandenen Ergebnisse/vorläufigen Version nach Aufnahme des abschließenden Audios: * Alle vier Teile des Sambas wurden bereits bearbeitet (komplette Version mit einigen Platzhaltern, für die noch eine bessere Lösung fehlt) * Besprechung zu weiterem Vorgehen: Was muss noch gemacht werden: Korrekturen, Feinheiten, Veränderungen (*Lapidar o Samba, fazer ajustes*) * Organisatorische und technische Absprachen (Finanz, Sponsoren, Studioaufnahme am 2.7.2015, 1. Tag des *Disputas*: 11.7.2015, Verabreden weiterer *Reunião* für den 19.6.2015) * Kommunikation und Austausch von Veränderungsvorschlägen über WhatsApp; Abschlussaudio wird verschickt
Output	Vorläufige komplette Version des *Sambas* (Text und Musik aller vier Teile), überwiegend in Endfassung
Nach der *Reunião*	Plan für weiteres Treffen, das jedoch nicht umgesetzt wird Ziel: Einarbeitung von Veränderungsvorschlägen und Überarbeitung von Feinheiten für die Aufnahme im Studio

Lyrics für *GRES. Porto da Pedra, Samba* 2016, Version 1: *Reunião*, Version 2: Endfassung

Primeira Parte

Chegou a Trup' do Samba
Loucos de Pedra a te encantar
Num Picadeiro a emoção
Pra colorir seu coração
Tem marmelada, tem!
Tem palhaçada, tem!
Tem, sim, sinhô
Pureza no olhar
Meu tigre vem contar
Uma história de amor

Refrão do Meio

Nas ondas do rádio, o palhaço da canção
Transbordando alegria, arrastou a multidão
   (1) Na inocência transmitiu
   (2) Na melodia transmitiu
A importância do saber
Fez melodia pra criança aprender

Segunda Parte

Na »Tela« ...
Faz a »Graça« e rouba a cena
Inovando vira tema para o risco consagrar
Tem festa com herói da molecada
É comédia, é chanchada para o povo gargalhar
Medalha de ouro com sua magia
Ergueu um tesouro que a todos fascina
   (1) Tá certo ou não tá, brincar na Avenida
   (2) A dor suplantar é arte da vida
   (3) Tá certo ou não tá, essa honra é minha
Bravo Carequinha!

Refrão de Baixo

O astro é você, vem iluminar
A Porto da Pedra, feliz a cantar
De São Gonçalo para o mundo
Paixão e orgulho, nosso circo vai brilhar

Primeira Parte final

Chegou a Trup' do Samba
Loucos de Pedra a te encantar
Num Picadeiro a emoção
Pra colorir seu coração
Tem marmelada, tem!
Tem palhaçada, tem!
Tem, sim, sinhô
Pureza no olhar
Meu tigre vem contar
Uma história de amor

Refrão do Meio final

Nas ondas do rádio, o palhaço da canção
Transbordando alegria, arrastou a multidão
Na inocência transmitiu

A importância do saber
Fez melodia pra criança aprender

Segunda Parte final

Na »Tela« ...
Faz a »Graça« e rouba a cena
Inovando vira tema para o risco consagrar
Tem festa com herói da molecada

É comédia, é chanchada para o povo gargalhar
Medalha de ouro na arte da vida
Ergueu um tesouro que a todos fascina
Tá certo ou não tá, brincar na Avenida
Bravo Carequinha!

Refrão de Baixo final

O astro é você, vem iluminar
A Porto da Pedra, feliz a cantar
De São Gonçalo para o mundo
Paixão e orgulho, nosso circo vai brilhar

8.3 Betrachtung des strategischen Vorgehens von *Parceria* 2 im Verlauf der Session

In der ersten Session der 2. *Parceria* werden von der 1. Strophe zum Mittelrefrain und über die 2. Strophe bis zum Hauptrefrain sämtliche Teile des Sambas bis zur Entstehung einer vollständigen ersten Fassung der Komposition bearbeitet. Dabei bewegt sich die Gruppe in einem Gesamtzeitraum von etwa 175 Minuten chronologisch von einem Teil zum nächsten: In blockweiser Arbeit entstehen, der vorgegebenen Reihenfolge entsprechend, nacheinander die vier Teile des Sambas: *Primeira – Refrão do Meio – Segunda Parte – Refrão de Baixo*. Auch in diesem Komponistenkollektiv begründet sich das stringent chronologische Vorgehen innerhalb der *Reunião* in der gattungsbedingten Orientierung an der *Sinopse*, die als inhaltlicher Leitfaden für die detailgetreue Abbildung des Handlungsgeschehens in den *Letras* fungiert. Ein direkter Vergleich der Bearbeitungsdauern aller Parts ergibt ein der 1. *Parceria* ähnliches Bild: Die Strophenteile, Zentrum der in der *Sinopse* beschriebenen Ereignisabfolge, nehmen mit 60 und 45 Minuten ein deutlich längeres Zeitfenster ein als die Refrainteile. Dass hier die 1. Strophe gegenüber der 2. um ein gutes Zeitviertel länger ist, ist sowohl durch ihren Versumfang als auch durch ihre besondere Funktion als Eröffnungspart begründet. Die *Parceria* ist angehalten, nicht nur über die Gestaltung der *Cabeça do Samba* nachzudenken, sondern sich zunächst einen Gesamtüberblick zu verschaffen und grundsätzliche, strukturelle Entscheidungen zu fällen. Die Bearbeitungszeiten der Refrainteile fallen gegenüber den Strophenzeiten mit jeweils 25 Minuten deutlich geringer aus, entsprechen sich untereinander aber relativ exakt. Dies überrascht, da die poetischen und musikalischen Charakteristika[95] für den RB deutlich stärker vordefiniert sind als für den mittleren Refrain und dem Hauptrefrain damit einen wesentlich engeren Bewegungsrahmen für kreative Ideen gesetzt wird.

Markante Rekapitulationsmomente mit einer Fixierung der Ergebnisse als Audio sowie Unterbrechungen von fünf oder mehr Minuten erfolgen hauptsächlich am Ende einer Arbeitsphase bzw. am Übergang von einem Samba-Part zum folgenden. In der Regel stehen sie am Abschluss eines Teils und sind nach einer Vergegenwärtigung von Zwischenergebnissen die verdiente Entspannungspause, in der die *Parceiros* sich zu Themen und Neuigkeiten aus dem persönlichen Bereich austauschen, gemeinsam essen, mit der Familie des Gastgebers plaudern oder sich anderweitig zerstreuen. Meist lenkt der *Primeiro da Parceria* nach einiger Zeit zurück zum Kompositionsgeschehen. Bei einer Betrachtung des Verlaufs sticht die äußerst stringente Form der künstlerischen Arbeit ins Auge, die sich beispielsweise daran zeigt, dass sich in dieser 1. *Reunião* kaum nennenswerte Abschweifungen in andere Teile vollziehen. Da der Großteil der Session allerdings nur in protokollarischer Form vorliegt und auf Wunsch der *Parceiros* nicht in Tonaufnahmen dokumentiert werden durfte, muss dieses Ergebnis unter Vorbehalt betrachtet werden.[96] Die er-

---

95 Determiniertes Vokabular (Schlagworte, Wendungen) aus dem Bereich des Samba-Enredo, vgl. Glossar.
96 In der *Reunião* 1 konnte nur die Entstehung des *Refrão do Meio* als vollständige Audioversion dokumentiert werden; die anderen Teile sind in Form von Verlaufsprotokollen und teilweiser Audioversion vorhanden. Er-

gänzte Übersicht zur Neukomposition im Rahmen der Studioaufnahme relativiert und korrigiert die scheinbar unbeirrbare Stringenz des Kompositionsprozesses. Sie illustriert, dass auch im Fall der 2. Gruppe das Prinzip kurzzeitiger Abweichungen in benachbarte oder verwandte Teile zum Tragen kommen kann, selbst wenn die Chronologie in der Erarbeitung der Parts während der Überarbeitung weitgehend erhalten bleibt: [*Refrão do Meio*] – 1. Strophe – *Refrão do Meio* – 2. Strophe. Am Ende der *Reunião* findet in dieser mitgliederreichen *Parceria* eine gemeinsame Rekapitulation des entstandenen künstlerischen Ergebnisses sowie die umfangreiche Besprechung des weiteren Vorgehens bis zur ersten Präsentation im *Quadra* statt. Zwar wurden alle vier Teile des Sambas von ihnen bearbeitet, doch bestehen in verschiedenen Passagen noch Lücken und Platzhalter: Bis zur Fertigstellung müssen diese ergänzt oder gegen zufriedenstellende Ergebnisse ausgetauscht, Korrekturen vorgenommen und Feinheiten auskomponiert werden. Auch die Besprechung politischer Strategien für den *Disputa* sowie organisatorische Abstimmungen zu Studioaufnahme und Finanzierungspläne sind Teil des Abschlussgespräches.

8.4 Die Verteilung der Mythemen in der Samba-Komposition der *Parceria* 2

PART	P	RM	S	RB	GEMISCHT	GESAMT[97]
Poesia	14 %	48 %	58 %	37 %	–	43 %
Melodia	39 %	29 %	9 %	17 %	–	28 %
Sinopse	2 %	6 %	24 %	15 %	–	7 %
Escola	3 %	2 %	–	20 %	–	3 %
Refrain	6 %	3 %	3 %	2 %	–	3 %
Struktur	16 %	5 %	–	–	–	6 %

Tonart – Fixierung – Andamento – Dauer: zwischen 0–4 %

Die folgenden analytischen Betrachtungen zu den Verteilungen der Mytheme in der *Reunião* der 2. *Parceria* beziehen sich, bedingt durch die Aufnahmesituation,[98] ausschließlich auf die reinen (abschweifungsfreien) Bearbeitungen der vier Sambaparts P – RM – S – RB. Die prozentualen Gesamtergebnisse errechnen sich aus dem Querschnitt der reinen Bearbeitungsphasen der aller Teile.

Als innerhalb der Session meist diskutiertes Mythema erscheint die *Poesie* mit einem prozentualen Anteil von 14 % [P], 48 % [RM], 58 % [S] und 37 % [RB] in den Einzelparts und 43 % in der Gesamtverteilung. In drei der vier Sambaparts [RM], [S] und [RB] dominieren die poetischen Fragen und Belange die Dialoge der Gruppe. Somit zeigt sich die Poesie in der Session

---

gänzend wurden für die Erstellung der Verlaufsgrafik sowie in der Konversationsanalyse die Aufnahmen der besuchten *Gravação* herangezogen.
97 Ergänzende Diagramme zur Aufschlüsselung der separaten Resultate aller Parts: vgl. digitalen Anhang.
98 Über weite Abschnitte war die nur Dokumentation in Protokollform möglich.

insgesamt als dominantester Parameter. Hervorzuheben ist in diesem Zusammenhang der prozentuale Anteil von 58 % innerhalb der 2. Strophe [S], in der die Diskussion der lyrischen Umsetzung und poetisch-geschickten Gestaltung mehr als die Hälfte der Kommunikation beträgt. Auch im mittleren Refrain [RM] dominiert die Poesie mit 48 % nahezu die Hälfte der Dialoge. Eine Ausnahme bildet die 1. Strophe: Hier belegt der Parameter Musik mit 39 % die erste Position, während auf die Erörterung lyrischer Aspekte nur 14 % der Konversationen entfallen.

Der nonverbale Austausch über das Medium Musik steht während der Bearbeitung der 1. Strophe mit 39 % als meist vertretenes Mythema im Zentrum des kommunikativen Austauschs, reduziert sich im [RM] auf 29 % und 9 % in der 2. Strophe [S]. Im Hauptrefrain [RB], dem musikalischen »Herz« des Sambas, gewinnt sie mit 17 % wieder an Gewicht. Somit zeigt sich bei einem direkten Vergleich des prozentualen Verhältnisses der Dimensionen Musik und Text im kompositorischen Verlauf von [P] zur [S] ihre Entwicklung als proportional umgekehrt zueinander: im selben Maße, wie der dialogische Anteil zu poetischen Themen sich in den Gesprächen der Komponisten erhöht, sinkt die Diskussion musikalischer Aspekte bzw. der Austausch über die rein musikalische Ebene.

Die *Sinopse* als Orientierungsgrundlage zu allen Fragen des Handlungsgeschehens ist mit 24 % als zweitstärkster Parameter vor allem in der 2. Strophe [S] und mit 15 % im Hauptrefrain [RB] vertreten.[99] Auch in der prozentualen Gesamtverteilung belegen *Sinopse-Enredo* mit einem Wert von 7 % nach Poesie und Musik die dritte Position in der Rangliste der Mytheme.

Da sich Fragen zur Grundstruktur und Konzeption der Komposition typischerweise am Beginn des Arbeitsprozesses stellen, erzielt diese Komponente in der Eröffnung der 1. Strophe [P] (*Cabeça do Samba*) mit 16 % ihr anteilig höchstes Ergebnis als von den Komponisten diskutierter Parameter. Im mittleren Refrain [RM] sinkt der Anteil struktureller Belange auf 5 %, in der 2. Strophe [S] und dem Hauptrefrain [RB] verschwinden sie aus dem Fokus. Entsprechend verzeichnet die Struktur im Gesamtdurchschnitt einen Wert von 6 %, was sie nach Poesie, Melodie und *Sinopse* auf die viertstärkste Position bringt.

Verschiedene Möglichkeiten der Einbindung von *Componentes* sowie spezifischen Charakteristika der Sambaschule werden besonders im hymnischen Finale des Sambas [RB] diskutiert, in dem sie einem anteiligen Wert von 20 % erreichen. In diesem signifikanten Part des Sambas tragen die Dialoge der *Parceria* wie zu erwarten der Kreation einer emotional mitreißenden Hommage an die eigene Sambaschule Rechnung und enthalten verstärkt Überlegungen zur geschickten Einbindung und Verarbeitung charakteristischer Schlagworte des Genres. Die verbleibenden Variablen des Mythos der Samba-Komposition, Tonart, Fixierung, *Andamento* und Dauer sowie Refrain bewegen sich im prozentual geringen Rahmen von bis zu maximal 4 %. Sie bilden in spezifischen Kontexten punktuelle Diskussionspunkte.

Der Gesamtschnitt offenbart prozentuale Übereinstimmungen mit den Teilergebnissen der 1. Strophe: Poesie [48 %], Melodie [28 %], *Sinopse* [7 %] und Struktur [6 %] dominieren als

---

99 Die geringe Einbindung der *Sinopse* in den Anfang der Komposition [P] kann verschiedene Ursachen haben und müsste in weiteren Fallstudien der *Parceria* überprüft werden.

zentrale Themen die Dialoge der Gruppe, während die Mytheme Refrain, Tonart, Fixierung, *Andamento* und Dauer mit maximal 4 % in untergeordneter Form zur Sprache kommen. Eine Ausnahme bildet die Dimension Fixierung im Hauptrefrain [RB]. Sie verzeichnet einen Wert von 8 %, was hier auf eine wiederholte Konservierung der Teilergebnisse in Form von Audioaufnahmen am Abschluss der *Reunião* zurückzuführen ist.

8.5 Generierung, Gestaltung und Verarbeitung musikalischer und poetischer Ideen

1. Strategien zur Erarbeitung der Lyrics

Für die Erarbeitung der *Letras* fungiert die *Sinopse* auch für die 2. *Parceria* als Dreh- und Angelpunkt des Geschehens. Ein bedeutender Anteil des dialogischen Austauschs entfällt auf Diskussionen zur bestmöglichen dichterischen Umsetzung formulierter Vorgaben und Schlüsselworte. Ebenso wie die musikalische Linie[100] wird der Text im kollektiven Prozess von Trial-and-Error erarbeitet und verändert. Die Komponenten der Verse entstehen entweder sofort in vollständiger oder in fragmentarischer Form, die nach und nach mit passenden lyrischen Elementen aufgefüllt wird. Abgesehen von einer subtilen poetischen Schönheit und geschickten Verarbeitung dichterischer Stilmittel wie Reime und Metaphern legt die *Parceria* ihr Augenmerk auf Simplizität und die Verständlichkeit textlicher Wendungen. Obwohl die Eröffnungsverse grundsätzlich sehr schnell entwickelt sind und zu großen Teilen in ihrer Ursprungsversion erhalten bleiben, lösen sprachliche Detailfragen teils heftige Kontroversen und Meinungsverschiedenheiten zwischen den Komponisten aus und führen in einer Textzeile des hier exemplarisch angeführten Konversationsauszugs zu einem regelrechten Verbeißen: Die Diskussionen um die zu wählenden Zeitformen von »*Transbordar*« und »*Arrrastar*«, zur losgelösten Platzierung von »*Bravo Carequinha*« sowie der Formulierung »Diese Ehre ist meine« bilden Kernpunkte der hitzigen Kontroverse. Auch Aspekte wie die inflationäre Verwendung bestimmter Reime oder gleichklingender Vokale bringt die Gruppe kritisch zur Sprache. Als stilprägend zeigt sich die gezielte Einflechtung standardisierter Wort- und Redewendungen aus dem einschlägigen Vokabular des Samba-Enredo, die besonders den Refrain dominieren: *Avenida*, Name der Sambaschule, Glück, Sieger usw. Ebenso, wie eine Verwendung melodischer Formeln kritisch kontrolliert wird, versucht die *Parceria*, auch bei der Kreation der *Letras* die Schlagworte nicht zu stereotyp und plakativ einzusetzen: Komp. 4–2: »Sieger des Spaßes gibt es viele.« Für offene Textstellen verwendet die Gruppe vorübergehende Platzhalter, um eine entwickelte Melodie im Fluss zu halten. Diese können in aneinandergereihten Silben, wie »Gegege« oder »Lalala«, Wortfragmenten oder vollständigen Versen bestehen, die für eine spätere Stichwahl nebeneinander notiert werden.

---

100 Siehe nachfolgender Abschnitt »2. Strategien der musikalischen Ideenfindung und -verarbeitung«.

Exemplarische Auszüge der Dialoge (RM) und Gruppenkonversationen der 2. *Parceria*

Szene 3
• Ideengenerierung und Ideenbewertung in der Gruppe: Weiterentwicklung, Repetition, Fortspinnung
• Verwendung der *Sinopse* als Kontrollinstanz für Schlüsselbegriffe und Wiederholungen
• Diskussionen ästhetisch-poetischer Fragen [Schlagworte wie *Folia* und *Campeão*]
• Konversation zum musikalischen Charakter, besondere Merkmale einer *Escola* der *Grupo A*
• Tempo (*Bateria*) sowie Ästhetik (*Beleza*) der Poesie: Kritik an übermäßigem Gebrauch von »o« und »a«

1 [+ 2]	7.20	[Stille, gefolgt von verhaltenem Murmeln] KOMP. 1-2: Ich brauche hier eine Idee ...
3		KOMP. 4-2: Hast du schon etwas mit ›die Kinder‹?
4		KOMP. 3-2: Ja, ich glaube das ist schon drin.
5		KOMP. 1-2: [Singt] ›Die Bedeutung des Wissens – machte eine Melodie
6		[Stille, dann Wiederholung] ›Durch die Wellen des Radios [...] riesige Menge‹
7 [+ 8]		[Erneutes Schweigen, gefolgt von melodischem Trial-and-Error] Gegegege – Gegege–e
9	8.08	KOMP. 2-2: [Direkt anschließend, vor sich hinsingend]
10		›Die Bedeutung des Wissens – machte eine Melodie ...‹
11		KOMP. 1-2: Wenn möglich hätte ich gern etwas mit ia, um zu schließen.
12		KOMP. 2-2: Aa-ah okay.
13	8.30	KOMP. 1-2: Als Abschluss wäre das ideal, verstehst du ...? Vielleicht erst mal ›brächte mit‹,
14		... um zu sehen, ob es wirklich so funktioniert.
15		KOMP. 2-2: [Summt] ›Der Kasper des Liedes‹ – lalalala – lalala ›Herz‹
16		KOMP. 1-2: Dadadada – Melodie – dadadada – Poesie?
17		KOMP. 2-2: Hum, ja, ich habe es so verstanden, aber ich würde es anders machen ...
18		KOMP. 1-2: ›*Folia* – *Folia*! *Folia*! *Folia*!‹ [Gaudi/Spaß/Verrücktheit]
19		KOMP. 2-2: Oder das ... Aber etwa so: ›Ein Kasper, wer würde sagen‹ ... [...]
20		KOMP. 5–2: ›Sieger des Gaudis‹. Was hat er [gemeint: *Carnavalesco*] gesagt? Sieger wovon?
21		Die Frage ist ja – Sieger gibt es verschiedene.
22		[Es folgt reges Durcheinander, dann setzt die Gruppe erneut an]
23		ALLE: ›*Uma história de amor*‹ (Eine Liebesgeschichte) – [...] [überlappende Gespräche, Stimmengewirr] [...]
24		KOMP. 2-2: *Acesso* (Wertungsgruppe A) – Mann! *Acesso* – die haben Feuer!!
25		KOMP. 3-2: Ja, Ja, es kann Feuer haben, was ich meine ist [...] die Phrase
26		oben: ›Eine Liebesgeschichte‹ [...]
27		KOMP. 1-2: Leute, das ist die erste Schule am Freitag, wir müssen mit einem
28		ausgefallenen Refrain kommen ... Aber bedenkt [...] die *Bateria* dort ist »kadenziert« (ausgeglichen/gemäßigt)
29		[Zustimmung aller] KOMP. 3-2: Verstanden?
30		KOMP. 4–2: Klar ... Am Beginn des Refrains ... und die Radiowellen kommen in der Melodie
31		[wird von Trial-and-Error überdeckt], ich finde es ist viel zu viel mit ›la‹ und ›lo‹ ...

SZENE 4 (IN AUSZÜGEN)
- Komplikation durch Kontroversen um poetische Lösungen [Stilmittel, Reime]
- Zeitformen zweier Verben lösen hitzige Diskussion aus: Neben Frage der grammatischen Stimmigkeit und Reimstruktur entsteht eine Diskussion um Sinnentstellung durch verschiedene Zeitformen.
- Konflikt erweitert sich um strukturelle Fragen [Kontextuelle Loslösung von Versen, Länge von P/RM]
- Versuch einer Kompromisslösung zugunsten der allgemeinen Struktur: weniger ästhetisch-poetische Schönheit gipfelt in Monolog von Komp. 5-2 zu allgemeinen Problematiken bei Kompositionen im Samba-Enredo

1	0.00	KOMP. 1-2: [Wiederholt, unterbricht bei Passage: ›*Inocência transmitiu*‹]
2	0.12	Soll es tatsächlich das hier werden? [Schweigen] Das hier? – Sprecht!
3		[Durcheinanderreden, schließlich Wiederholung]
4	0.28	KOMP. 2-2: ›Überschwappend – mitreißend‹... oder etwas anderes –
5		überschwappend und mitriss‹? [*Transbordar*: überschwappen; *Arrastar*: mitreißen]
6		KOMP. 5-2: »›Überschwappend‹...«
7		KOMP. 2-2: [Gesungen] ›Durch die Radiowellen – übermittelt der Kasper
8		des Liedes Freude ... – und reißt die Menge mit‹
9		KOMP. 6-2: ›Migerissen‹ ...
10		KOMP. 2-2: Nein, Mann, es ist [heißt] ›mitreißen‹ ... – übereinstimmend [hier gemeint: Zeitform]
11		KOMP. 6-2: [Parallel] ›Riss mit!‹
12		KOMP. 2-2: [Singt] ›Freude übertragend – die Menge mitreißend‹
13	0.53	KOMP. 5-2: Nein, Mann! Es ist: ›Freude überschwappend – riss er
14		die Menge mit‹. [...] [Durcheinander verschiedener Stimmen]
15		KOMP. 4-2: Mann, aber so funktioniert das nicht!
16		KOMP. 2-2: [Streckt mit zweifelnder Miene die Handflächen nach oben]
17		Nein, Mann! ›Übertragen und mitgerissen‹?
18		KOMP. 5-2: [Nachdrücklich] Genau, Mann!
19		KOMP. 6-2: Weil ›übertragen‹ Präsens ist und ›mitriss‹ Vergangenheit.
20		[Lautstarkes Durcheinanderreden]
21		KOMP. 5-2: [Schreitet gestikulierend im Raum auf und ab] Er *überträgt* Freude ...
22		und *riss* dadurch die Menge *mit*!
23	1.16	KOMP. 2-2: [Liest und überlegt laut:] ›Durch die Wellen des Radios‹ ... hat er ...
24		KOMP. 5-2: ›Durch die Wellen des Radios‹ ... *er* hat die Freude übertragen und
25		die Menge mitgerissen ... Mann ... *er* hat sie erobert ... Mann ... [Mit den *Letras* in der Hand stark gestikulierend]
26		Das ist eine Handlung durch *ihn*! ... der *Carnavalesco* hat von der
27		Vergangenheitsform gesprochen, vom Perfekt.
28		KOMP. 2-2: Ne-ein ...
29		KOMP. 5-2: Oder Imperfekt ... da musst du dann ...
30		KOMP. 2-2: Ich glaube wir müssen das Verb ändern ... wenn du ›übertragen‹

31		nimmst: ›Hat Freude übertragen – und die Menge mitgerissen‹
32		KOMP. 4-2: Wollen wir das jetzt schnell klären?
33 + 34		[Stimmengewirr, Fetzen verständlich: Problem des Versumfangs, Melodie erweitern]
35	2.20	KOMP. 5-2: Der Reim ... ich denke ... jetzt ... ich glaub der Refrain ... wäre stärker [wenn]
36		[Gesprächsgewirr in der Gruppe]
37		KOMP. 5-2: Also was wollt ihr?
38	2.34	KOMP. 1-2: [Singt leise] ›Sicher oder nicht – wir scherzen in der *Avenida* –
39		Bravo Kasper‹!
40		KOMP. 5-2: Wenn es euch gefällt – Leute – sagt eure Meinung!
41		KOMP. 1-2: [Leise, zu Komp. 5-2] Die Meinung war ... den Refrain hier
42		kurz zu machen. [...] Ich glaube dieses ›Bravo‹ hier ist das einzige,
43		was [...] losgelöst da steht. [...] ›Diese Ehre ist meine‹ ... diese Lösung ist
44		irgendwie ohne ... ohne Zusammenhang!
45		KOMP. 5-2: Ja, das ist wie hineingeworfen.
46		[Schweigen in der Gruppe]
47	3.20	KOMP. 4-2: Aber das war eher aus einem Spaß heraus.
48		KOMP. 2-2: Wirst du ... wenn wir eine Passage komponieren würden ...wenn du nicht ›*vida*‹
49		(Leben) nehmen, reimt es sich nicht mit ›*Avenida*‹ ... dann ist ›Leben‹ oben total isoliert
50		... also ... [Schaut fragend zu Komp. 1-2,
51 +52		drückt mit fragendem Ausdruck und Schulterzucken seinen Zweifel aus]
53		KOMP. 1-2: So steht ›*Avenida*‹ losgelöst ... oder ›Leben‹ oder [bricht ab]
54		KOMP. 2-2: Ja ... Oder man müsste eine zusätzliche Phrase
55		mit der Endung ›inha‹ finden oder einen exakten Reim mit
56		›*Carequinha*‹, aber ich denke nicht, dass das notwendig ist, Mann!
57		Wenn es nach mir geht, können wir direkt weitergehen. [Schüttelt den Kopf]

81	0.00	KOMP. 7-2: Gut, wenn wir noch eine Phrase brauchen, schreiben wir eine ...
82		im richtigen Zusammenhang – naja, verrückt, aber ...
83		KOMP. 5–2: Schön. Aber es muss – schaut mal, folgendes:
84		Ich war in der *Reunião*, als wir versucht haben, die Melodie zu
85		vervollständigen. Wir hatten die Idee, mit einem Reim zu schließen. Einem
86		exakten Reim. Wir haben versucht und versucht, Mann, um die Melodie auf
87		den Text zu bekommen. Mit Reim und allem ... [Unruhig gestikulierend,
88		letztes Wort unverständlich] das ist alles viel kleiner.
89	0.35	KOMP. 5-2: Und der Reim! Und das – ›minha‹! – das ist noch eine Sache, die mir nicht gefällt.
90		Furchtbar! *Porto da Pedra* singen zu lassen ›Diese Ehre ist meine‹ ... [zeigt mit den Händen
91		auf sich, deutet dann von sich weg] wenn man von jemandem redet, der herumalbert ...
92		das würde der Typ nicht sagen ›Diese Ehre ist meine ..., diese Ehre ist meine ...!‹

93 + 94		[Er blickt suchend nach oben, gestikuliert halb abwehrend, halb entschuldigend]
95		Ja, kann man machen ..., um es mit der Melodie zusammenzubringen
96		man kann es auch rausnehmen. Für das *Enredo* macht es keinen Unterschied.
97		Das ist meine Meinung ...verständlich?
98		[Schweigen, nachdenkliche Mienen, alle blicken auf den Text, die *Letras*]
99	1.00	KOMP. 5-2: [Erhebt sich] – Weil, ... wir dachten, dass es alles zu kurz ist.
100		Komp. 2-2 meinte, dass es zu kurz ist.
101	1.08	KOMP. 2-2: Ich habe von der ersten Strophe gesprochen ..., dass sie kurz ist.
102		KOMP. 5-2: Na schön ... [Unterbricht mit beschwichtigender Geste, noch sehr
103		aufgeregt] Also die erste Strophe. Ich habe mir den Samba angehört.
104		Und er hatte nur eine Minute und vierzig, Mann ... [Kurze Pause, in der er nach Bestätigung
105		suchend zu Komp. 1-2 blickt, dann schulterzuckend] – 1:40 Minuten! Zu kurz!

2. Strategien der musikalischen Ideenfindung und -verarbeitung

Auch in den Transkriptionen der 2. *Parceria* illustriert die Analyse wiederkehrende Elemente, Schemen und zentrale Mechanismen, die den Prozess des künstlerischen Er- und Bearbeitens eines Sambaparts in seinen Grundzügen strukturieren.[101] Der Kompositionsvorgang eines Segments beginnt in der Regel mit der Erschaffung einer *Célula Master* durch einen der *Parceiros* – im Regelfall durch den *Primeiro da Parceria* oder einen der federführenden Komponisten 2-2, 2-3 oder 2-4. Am häufigsten entspringt der Funke einer Inspiration aus der lauten Lektüre der *Sinopse* – es entsteht eine Kernzelle oder eine melodische Wendung, meist in unmittelbarem Zusammenhang mit einer poetischen Idee.

Beispiel 1: Segment 1–2 in zwei Varianten

Eine weitere Möglichkeit bildet das bewusste Suchen im Prozess des Trial-and-Error-Verfahrens, in dem auf explorative Art und Weise mit oder ohne instrumentale Harmonisierung durch das *Cavaquinho* nach passenden Lösungen für eine bestimmte Stelle gesucht wird. Eine gefundene

---

101 Vgl. vollständige Transkription der Session (Erarbeitung und Bearbeitung) mit mehrschrittiger Analyse musikalischer Beziehungen, koloriert und in mehreren Schichten im digitalen Anhang.

und von der Gruppe für gut befundene *Célula Master* bildet hier meist den Ausgangspunkt für musikalische Fortführungen durch sich anschließende Segmente oder Motivpartikel wie CoM, FF und FM, welche den Komplex einer Passage vervollständigen und schließen.

Beispiel 2: Segment 1–2

Beispiel 3: Segment 3

Je nach Situation wird die musikalische Linie vom Schöpfer der Ursprungsidee oder in gemeinschaftlicher, wechselseitiger Fortführung durch verschiedene Komponisten entwickelt und um weitere Motive ergänzt; auch vollständige Segmente können im improvisatorischen Prozess in einem Zug entstehen.

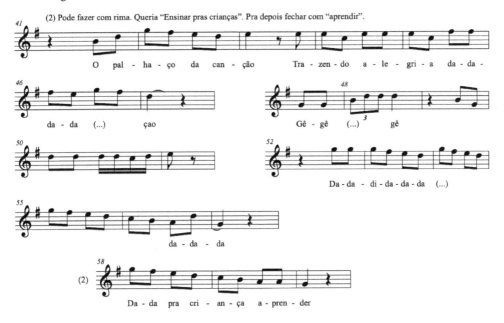

Beispiel 4: Segment 2–8

Beispiel 5: Segmente 3–4 und 5–6

Zwar zeichnet sich auch in der 2. *Parceria* ein komplementäres Verhältnis von zwei jeweils aufeinanderfolgenden Segmenten ab [1–2, 3–4, 5–6, 7–8], doch lassen sich keine Versetzungen von Motiven oder Wiederverwendungen bereits kreierter Melodien in anderen Passagen erkennen; die Segmente bestehen hingegen aus sehr unterschiedlichem motivischem Material. In der Regel bleiben die Grundzüge der entwickelten Erstversion trotz diverser Durchläufe im Trial-and-Error erhalten. Selbst bei einer Verarbeitung des lyrisch-musikalischen Materials in rhythmischen und melodischen Variationen findet keine fundamentale Entfremdung der Ausgangsfassung oder ihres Charakters statt. Die Veränderungen zeigen sich eher als dekorative Verzierung oder Variante von Segmentpartikeln.

Beispiel 6: Segment 7–8

Beispiel 7: Segment 1–2 (aus dem Bearbeitungsteil)

Sind die Segmente fertiggestellt, werden sie im Prozess permanenter Repetition innerhalb ihres musikalischen Kontextes rekapituliert, um die Gesamtwirkung zu prüfen. Dies geschieht in mehreren Durchläufen. Hier kontrolliert die Gruppe den Fluss der melodischen Linie, die Stimmigkeit des Charakters aller Sambateile, ihre rhythmisch-melodische Vereinbarkeit mit der Stilistik der Sambaschule, der betreffenden Liga[102] sowie mit dem *Andamento* der *Bateria*.

---

102 *Samba do Grupo A, Samba do Grupo Especial*

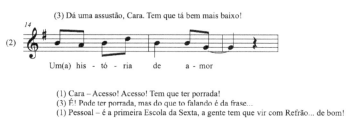

Beispiel 8: Segment 1–2 (aus dem Bearbeitungsteil)

Bei spontanen Einfällen zu Veränderungen einer Passage können Überlappungen durch eine zeitgleiche Reproduktion verschiedener *Parceiros* stattfinden[103] oder Neuansätze nach einer kurzen Unterbrechung erfolgen.

Beispiel 9: Segment 4

---

103 Z. B. Segment 8; Segment 4.

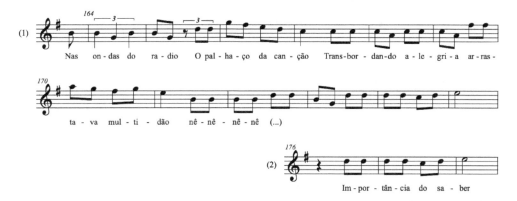

Beispiel 10: Segment 6

Im musikalischen Schaffensprozess des 2. Kollektivs zeichnet sich insgesamt die Tendenz zu zahlreichen aneinander anschließenden Durchläufen einer entwickelten Passage im Wechsel mit punktueller, blockweiser Überarbeitung einzelner Segmente oder Segmentpaare ab, die von mehreren Komponisten gemeinsam vorgenommen werden. Oft entwickelt die Gruppe den Text zeitgleich mit der Melodie und versieht lückenhafte, ungelöste Passagen mit vorläufigen Platzhaltern wie »Gegege« und »Lalala« bzw. zieht Beschreibungen aus der *Sinopse* als Ausgangspunkt und Impulsgeber für lyrische Inspiration heran.

Der Erarbeitungsprozess des *Refrão do Meio* beginnt mit einer nahtlosen Kreation der ersten drei Segmente, die aus der Feder des *Primeiro da Parceria* entstehen. Bereits innerhalb dieses ersten Trial-and-Error wird das erste Segmentpaar mit einer Textversion versehen, die in die spätere Endfassung eingeht, während das 3. Segment aus Ermangelung einer spontanen Eingebung lediglich mit lyrischen Platzhaltern »Nenenene« versehen wird.

bricht ab: (1) O que temos lá em cima agora? (4) Canção – canção!

Beispiel 11: Segment 1–4

Schon in der Ursprungfassung bestehen die Abschnitte nicht aus Fragmenten, sondern sind mit PC, anschließenden CoM und FM kurze, aber vollständig ausgebildete Segmente. In einem Prozess aus Repetitionen mit geringen Variationen und Durchläufen des entwickelten musikalischen Materials entsteht ergänzend das Anschlusssegment 4, worauf die Gruppe ihr strukturelles Schema aufbricht und zur separaten Überarbeitung übergeht – wiederum beginnend mit den Anfangssegmenten 1–2. Die verbleibenden Segmente 5–8 entfalten sich in wechselseitiger gemeinschaftlicher Arbeit. Anschließend kehrt die Gruppe noch einmal zum Anfang zurück und widmet sich aus dem Rückgriff heraus im Trial-and-Error-Verfahren gesondert der blockweisen Bearbeitung von Text und Musik des 3. Segments.

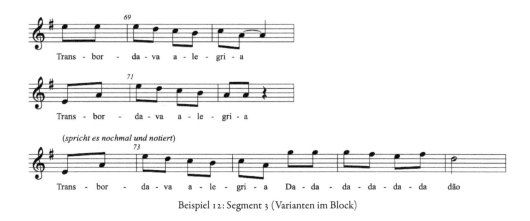

Beispiel 12: Segment 3 (Varianten im Block)

Nach demselben Schema erfolgen weitere Durchläufe mit jeweils anschließender Bearbeitung der abschließenden Segmente 7 und 8. Dieser Wechsel aus mehrfachen Durchläufen und blockhafter einzelner oder paarweiser Segmentbearbeitung mit anschließender Kontextualisierung der umrahmenden Passagen ist kennzeichnend für die Kompositionsstruktur der Gruppe. Bereits im Moment der Revision werden bewertende und korrigierende Kommentare eingebracht, welche die Erarbeitung in eine bestimmte Richtung lenken:

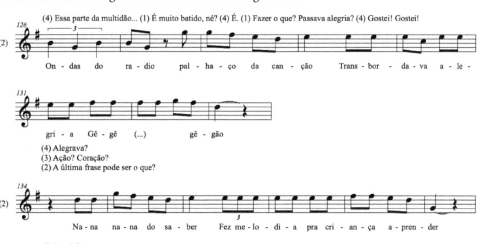

Beispiel 13: Bearbeitung der Segmente 7–8

Einige Passagen werden aus der Spontanität und Inspiration des Moments heraus zeitgleich von mehreren Komponisten vertont.[104] Nicht immer ist die Rekapitulation vollständig: Manchmal setzt der betreffende Sänger direkt im komplementären Segment eines Paares an oder spart Mittelstücke aus.

Beispiel 14: Durchlauf ohne Segment 5

Wie sich anhand der Analysen der Herkunft musikalischer Ursprungsmotive offenbart, werden keine tiefgreifenden Veränderungen von Melodie oder Rhythmus innerhalb der Segmente

---

104 Z. B. Segment 8; Segment 4.

vorgenommen. Eher handelt es sich um kleine Variationen. Gelegentlich können kleine Teilelemente von bestehenden Phrasen in neue Segmente eingeflochten werden.[105] Die herausgestellten Prinzipien der künstlerischen Arbeit lassen sich in der Phase der Überarbeitung des musikalischen Materials wiederfinden. Allerdings werden Änderungsvorschläge und Kritik hier häufiger mit verbalen Erklärungen versehen als bei der Erarbeitung. Der Wechsel zwischen Phasen blockweiser, intensiver Umarbeitung eines Abschnitts[106] und rekapitulierender Durchläufe – kontextualisiert mit benachbarten Sambateilen – bleibt als kompositorisches Grundprinzip erhalten. Dabei können sich Vorschläge verschiedener Komponisten überlappen. Doch erfolgen auch in der Umarbeitung rhythmische und melodische Veränderungen stets in Form von Details durch teils mikroskopische Variationen von einer Repetition zur nächsten, ohne Umbrüche oder Charakterwechsel. Die Variationen entstehen zum einen Teil aus einer fortgeführten Trial-and-Error-Improvisation,[107] zum anderen direkt aus dem Impuls kritischer Anmerkungen, die aufgenommen und umgesetzt werden: Komp. 3-3: »Das erschreckt, Mann! Das muss viel tiefer sein!«; Komp. 1-3: »*Acesso*! Das muss Feuer haben!«; Komp. 2-3: »Das ist viel zu hoch! Geh zum anderen zurück!«. Neben den für die *Grupo de Acesso* typischen musikalischen Charakterzügen fokussieren sich die Komponisten auf die Vermeidung standardisierter Wendungen: Komp. 4-2: »Das ist ziemlich klischeehaft, nicht?« sowie die Stimmigkeit von Samba und *Andamento*: Komp. 1-2: »Die *Bateria* dort ist kadenziert«.

---

105 Z. B. Segment 3; Segment 7–8.
106 Segment 1–2; Segment 5–6; Segment 7–8.
107 Z. B. Segment 1; Segment 5–6.

Beispiel 15: Segment 1–2

8.6 Kommunikationsstruktur und dialogischer Austausch

Typisch für die Kommunikationsstruktur der 2. *Parceria* ist der beachtlich hohe Anteil des Austauschs über die Musik, die zentrales Medium der Ideendemonstration und Evaluation in der Gruppe ist. Auch auf verbaler Ebene kommt es zur Entwicklung und Fortführung von Einfällen, doch entstehen gerade melodische Veränderungen oft durch praktische, wechselseitige Demonstration, die keiner sprachlichen Kommentierung bedarf. Die Dialoge offenbaren hier ein dicht aneinandergereihtes Einwerfen diverser Ideen und Vorschläge, was auch die Lyrics betrifft, die mitunter ohne ergänzende Erklärung vorgebracht werden. Eine direkt reflektierende Reaktion der vorangegangenen Redebeiträge erfolgt eher zwischen den miteinander vertrauten *Parceiros*, die nicht nur aus politischen oder beruflichen Gründen im Rahmen dieser Gruppe zusammenarbeiten, sondern einander auf persönlich-freundschaftlicher Ebene verbunden sind, wie beispielsweise Komp. 2-2 und Komp. 3-2 oder Komp. 1-2 und Komp. 4-2. Bedingt durch die Gruppengröße kommt es häufig zu überlappenden oder zeitgleichen Parallelkonversationen und simultanen musikalischen Repetitionen. Nebenhandlungen und sonstige Ablenkungen wie das im Fernseher mitverfolgte Fußballspiel erhöhen gelegentlich den Lärmpegel, der bis zur Stagnation der kreativen Arbeit führen kann. Es zeigt sich eine facettenreiche Mischung von Momenten intensiver, kommunikativer Arbeit der federführenden Komponisten bis zu Situationen, in denen Kommentare und Bewertungen ohne Reperkussion der Gruppenmitglieder ins Leere laufen und tiefgründige Reflexionen und experimentelle Veränderungen ausbleiben. Gerät das »kreative Chaos« zu sehr außer Kontrolle, ergreift nach kurzer Zeit einer der Komponisten – in der Regel der Gruppenleiter – die Initiative und ruft die Gruppe zu Ordnung und Fokus auf: »Meist übernehme ich die Führung. [...] Wenn jemand, der keine Ahnung hat, etwas hinzufügen will und insistiert, hält das alles auf [...] – ich höre mir alle Meinungen an, aber der Großteil der Leute bringt etwas ein, wenn ich einen Link brauche. Ich bin der Gruppenleiter.« Elementar ist die Nutzung des WhatsApp-Chats als Medium des gemeinsamen Austauschs. Wenngleich einerseits ein Segen für den unkomplizierten Austausch, wird die Möglichkeit der virtuellen Kommunikation andererseits zum Ersatz für ein zweites persönliches Treffen der *Parceria* und schlussendlich zum Problemfaktor. Die künstlerisch aktiven Komponisten erklären im Rahmen der Portraitinterviews, dass WhatsApp aufgrund der Ortsungebundenheit zwar für den spontanen Austausch außerhalb der Sessions geeignet sei, eine Session jedoch keinesfalls ersetzen könne. Die Konsequenz zeigt sich im Tonstudiobesuch: Hier führt das lediglich flüchtige Mitverfolgen der Konversationen zu verschiedenen Vorstellungen der Mitglieder über die Endgestalt der Komposition, zu Meinungsverschiedenheiten und Komplikationen bis hin zu offenem Streit und schließlich zur unfreiwilligen Neukomposition zentraler Stellen des Sambas: (Komp. 1-2) »Ihr seht, wie das ist, wenn man nicht zur *Reunião* kommt, um den Samba zu beenden.«

8.7 Bewertung, Kritik und hierarchische Strukturen

Im Gruppengefüge des Kollektivs zeichnet sich eine determinierte hierarchische Ordnung ab, nach der eine künstlerische Entscheidung gefällt und Kritik eingebracht wird. Bedingt durch die hohe Teilnehmerzahl entsteht eine Splittung in künstlerisch dominante und wortführende sowie entscheidungsbegleitende Mitglieder. Deckend mit meinem bei Feldbeobachtungen gewonnenen Eindruck erklärte der Gruppenleiter im Portrait, dass nur wenigen federführenden Komponisten die musikalische und poetische Entscheidungshoheit obliegt, um eine stilistische Einheitlichkeit und den »roten Faden« des Sambas zu wahren. Komp. 1-2: »Meist kommen alle zu mir nach Hause, und ich übernehme die Führung.« Der künstlerische Alleingang und seine Dominanz in der Ideenentwicklung pausiert in Momenten der Stagnation, in denen er sich mit Sätzen wie »Ich habe hier ein Problem mit den Versen...« hilfesuchend an die Gruppe wendet. Dennoch ist eine Komposition nicht das Werk des Einzelnen: Neben dem Leiter sind auch Komp. 2-2, Komp. 2-3 und Komp. 2-4 sehr intensiv in die künstlerische Entwicklung und Ausarbeitung des Sambas involviert. Komp. 2-2, ebenfalls professioneller Musiker, übernimmt die Funktion des Co-*Líders* und generiert in ähnlichem Maße wie Komp. 1-2 neue Ideen. Bei Unzufriedenheit mit einem Ergebnis verschafft er sich Gehör in der Gruppe, wenn nötig mit einem laut gesungenen Gegenvorschlag oder Zwischenrufen wie »Hey! Habt ihr gehört?!«. Als erfahrene *Sambistas* scheuen weder er noch sein langjähriger *Parceiro* und enger Freund Komp. 2-3 kritische Widerworte. Beide besitzen einen hohen Anspruch an künstlerische Perfektion und äußern mit Kommentaren wie »Das ist viel zu hoch.« (Komp. 2-2) oder »Das muss Feuer haben!« (Komp. 2-3) ebenso offen und direkt ihre Vorstellungen und Bedenken wie der Gruppenleiter. Auch Komp. 4-2 und Komp. 5-2 bringen sich rege in die Diskussionen ein: Erster bemüht sich um die enge Zusammenarbeit mit Komp. 1-2 und springt im Zweifelsfall mit Vorschlägen ein. Letzter fällt besonders im hitzigen Diskussionskontext der Studioaufnahme auf. Im Vergleich zu den federführenden drei ersten *Parceiros* offenbart er ein gewisses Maß an Zögerlichkeit und sogenanntem »Hedging« beim Vorbringen von Ideen und Änderungsvorschlägen. Anstatt nachdrücklich die eigene Meinung zu vertreten, sind seine Beiträge in den Dialogen eher von einem vorsichtigen, relativierenden Stil gekennzeichnet und vermitteln sogar Unsicherheit, was in mehrfachen Nachfragen, Stimmlage und Körpersprache zur Geltung kommt und gelegentlich zum Übergehen seiner Vorschläge führt.

Insgesamt erscheint die Arbeitsatmosphäre in der 1. *Reunião* entspannt und angeregt. Negative Bewertung und gegenseitige Kritik scheuen die Komponisten nicht. Selbst in Anbetracht der einen oder anderen Unstimmigkeit in Fragen des Geschmacks und verschiedene Philosophien zur Gewichtung von Text und Musik in der Sambakomposition entsteht angesichts der Tatsache, dass noch kein Zeitdruck droht, nie eine ernsthafte Auseinandersetzung. Im Kontext der Studioaufnahme verändert sich dieser Umstand: Hier wird hitzig über wenige, aber zentrale Details gestritten. Die zeitliche Limitation befeuert die Anspannung und gipfelt schließlich im leidenschaftlichen Monolog von Komp. 5-2, der seine Unzufriedenheit mit der Gesamtsituation in aller Offenheit vorbringt. Obwohl das gelungene Endergebnis und die Zufriedenheit aller Komponisten mit der Qualität des entstandenen Werkes als Prämisse der Gruppe gelten, liegt das letzte Wort in künstlerischen Entscheidungsfragen nun beim *Primeiro da Parceria* und den neben ihm erfahrensten Komponisten. Zum Prinzip einer autoritären Führung in kritischen Situationen erklärt Komp. 1-2, dass einer das letzte Wort haben müsse, um die Gruppe zusammenzuhalten sowie die Einheit des Charakters und innere Stimmigkeit der Komposition zu gewährleisten.

Kapitel 9: Fallbeispiel III: *GRES. Estácio de Sá*, 2016

9.1 Zur *Parceria*: Individuelle Portraits der Komponisten 1-3, 2-3 und 3-3

ZUR VITA: KOMPONIST 1-3 [* 1973], hauptberuflich Geschichtslehrer an einem *colégio*, verbrachte seine Kindheit im Bezirk Vila Isabel von Rio de Janeiro. Er hatte bereits seit frühester Jugend einen familiär bedingten Bezug zur Sambaschule des *Barrios* und erfuhr eine starke Prägung durch die *GRES. Unidos de Vila Isabel*. Da sein Vater, den er als fanatischen Fan der *Vila Isabel* beschreibt, jährlich als Direktor eines *Alas* der *Comunidade* am *Desfile* teilnahm und von ihm und seinen Geschwistern ab dem Alter von fünf Jahren regelmäßig begleitet wurde, war ihm die Verbindung zu dieser Sambaschule regelrecht »in die Wiege gelegt«. Sein erstes *Desfile*, bei dem er für die *Vila Isabel* durchs *Sapucai* lief, war im Alter von 12 Jahren. Auch die Leidenschaft zur Musik entwickelte sich durch den Einfluss seines Vaters. Zwar war dieser nicht als professioneller Musiker tätig, spielte jedoch in seiner Freizeit Klavier und Gitarre und arrangierte Kompositionen. Komp. 1-3 begann, sich für das *Cavaquinho* zu begeistern und einige Monate bei einem Freund der Familie Unterricht zu nehmen, der ihm nicht nur das instrumentale Handwerk, sondern auch die erforderlichen musiktheoretischen Grundlagen beibrachte. Er berichtet, dass die eigentliche Motivation für das Erlernen des *Cavacos* nicht aus dem Wunsch, Samba-Enredo zu spielen oder zu komponieren erwuchs, sondern um an den *Rodas de Samba* teilzunehmen, die regelmäßig zu Fußballspielen des *Clube de Flamengo* vor dem Stadion *Maracanã* stattfanden. »Ich habe viel auf der Straße gelernt«, beschreibt Komp. 1-3. »Ich beobachtete die *Pagode*-Runden, wie sie spielten und habe mir ein paar Dinge von ihnen beibringen lassen. Am Eingang zum *Maracanã* gab es eigentlich immer Samba und Pagode. Schließlich habe ich jemanden namens Marquinhos do Banjo kennengelernt, ein Komponist der *Ilha*[1]. Er spielte unglaublich gut.«[2] Seine Erfolgsgeschichte als Komponist für Samba-Enredo begann in der *Unidos de Vila Isabel*: Alles begann mit einer Einladung von Komp. 2-3, den er über die gemeinsame Leidenschaft für den Fußballclub *Flamengo* im *Maracanã* kennenlernte, als *Cavaquinhista* für einen Samba im Wettstreit der Komponisten. Er erzählt: »An einem Tag konnte er mir kein Geld geben. Als Ausgleich und Anerkennung für den Arbeitsaufwand versah er die Komposition mit meinem Namen. Und im Folgejahr gewannen wir. Das war mein

---

1   Gemeint: *GRES. União da Ilha do Governador*.
2   Originaltext: »Eu fui aprender muito na rua também. Vi um Pagode, vi como eles fazem umas coisas e eles me ensinaram. Depois só reproduzi. Enquanto isso, eu era da torcida organizada do Flamengo. Na porta do Maracanã rolavam uns Sambas e Pagodes. Aí comecei a ver um cara tocando Banjo, chamado Marquinhus do Banjo, era Compositor do Samba da Ilha. Achei ele o máximo.«.

erster richtiger eigener Samba.«³ Als wichtigste musikalische Einflüsse und Vorbilder nennt er Martinho da Vila, insbesondere dessen CD »Martinho da Vila Isabel«. Daneben zählen Zéca Pagodinho, Almir Guineto, Arlindo Cruz und Jorge do Fundo de Quintal zu seinen Favoriten, aber auch Musik außerhalb von Samba und MPB wie beispielsweise die Scorpions haben ihn sehr geprägt.

EINSCHÄTZUNG DER ARBEIT IN DER *Parceria*: Die von Komp. 1-3 beschriebene eigene Funktion und Position innerhalb der hierarchischen Struktur seiner langjährigen *Parceria* ähnelt stark der von Komp. 1-2 beschriebenen Konstellation: Als unumstrittener *Primeiro* der Gruppe fühlt er sich für das künstlerische Gesamtergebnis verantwortlich, erfindet und entwickelt innerhalb seines Dreiergespanns den größten Teil an musikalischen und poetischen Ideen für die Komposition. Komp. 2-3 und Komp. 3-3 kommen überwiegend Aufgaben der Qualitätskontrolle der kreativen Arbeit und der generierten Ideen zu: »Meist bin ich es, der eine Idee hat«, berichtet Komp. 1-3 im Interview. »Diese versuche ich dann den anderen zu zeigen. Manchmal verstehen sie meine Intention, manchmal aber auch nicht. In diesem Fall versuche ich, die Idee zu perfektionieren. Wenn es dennoch nicht gelingt, suche ich eine andere Variante […], wenn es keinem gefällt, gefällt es halt keinem. […] In der *Parceria* mit Komp. 2-3 und Komp. 3-3 ist es eher so, dass die beiden meine Arbeit durch ihr Urteil bewerten und lenken. Wir arbeiten Hand in Hand. Ich frage sie nach ihrer Meinung – ›Ist das gut so?‹, aber mein eigener Anteil an Ideen ist deutlich höher. Und das letzte Wort bei künstlerischen Entscheidungen liegt ebenfalls bei mir. Eine richtige »Teilung des künstlerischen Schaffens« existiert in diesem Sinne nicht. Sie sind eher eine Qualitätskontrolle für meine Arbeit. Natürlich ist es elementar, dass es ihnen gefällt. Man muss aufmerksam zuhören und manchmal sind andere Endungen geschickter, manchmal gibt es eine besser klingende Note [melodische Wendung]. Ich mache den Entwurf, der dann gemeinsam überarbeitet wird – vor allem hinsichtlich der Melodie. Ich allein würde sehr festgefahren in meinen Entwürfen sein, denken, so wäre es am besten, auch wenn es nicht der Fall ist ... Vor allem in diesem Fall ist es wichtig, ihre Meinung zu hören.«⁴
Die engste und am längsten andauernde persönliche Verbindung hat er zu Komp. 2-3: »Meine

---

3   Originaltext: »Teve um dia, que […] esse cara não me deu dinheiro. Em forma de gratidão este cara fez um Samba botou meu nome. No outro ano ganhamos. No outro ano foi meu primeiro Samba.«.

4   Originaltext: »Geralmente quem ensina uma ideia – sou eu. Eu tento mostrar o que eu fiz. Às vezes eles não entendem. Ou não gostam. Ou não gostam porque não entenderam. Então eu tento aperfeiçoar aquela ideia pra tentar convencer. Se eu não conseguir, despeço – […] ninguém gostou – ninguém gostou. […] Quando tem uma Parceria como aquela que eu tenho – eu, Komp. 2-3 e Komp. 3-3 – é basicamente que eles dirigem meu trabalho. Trabalhamos juntos. Eu vou perguntar ›Isso tá legal?‹ E vão muito mais ideias do que eu protagonizo. Então o mando artístico é meu. Não há uma divisão artística. Eles são muito mais controles de qualidade. Lógico, tem que confirmar, tem que escutar, às vezes tem outras saídas, às vezes a nota não é aquela. O rascunho é meu e aí vai acertando principalmente a melodia. Fico muito preso ao meu rascunho, acho que meu rascunho tá certo... aí eles vão dar uma opinião, é importante.«.

melodischen Einfälle versteht eigentlich nur Komp. 2-3 so richtig ... Ich kreiere die Melodie oft schon mit der entsprechenden Harmonie, versuche aber zunächst, innovative Wege zu finden und neue melodische Kernzellen allein zu entwickeln. Das Fremde ist meist erst einmal seltsam. Das versteht nicht jeder sofort. Aber bei ihm weiß ich, dass er mir vertraut und mich versteht, selbst wenn das nicht immer gleich im ersten Moment ist.«[5] Im Fall von Partnern wie Arlindo Cruz oder Martinho da Vila, die ebenfalls zu seinen festen *Parceiros* gehören, sieht er die hierarchische Struktur verändert; hier besteht eher eine künstlerische Gleichberechtigung und ähnliche Verbreitung der Ideen: »Wenn ich mit Arlindo komponiere, gibt es eine größere Verteilung von Ideen. Er komponiert viel. Und sehr schnell. Wenn man mit jemandem wie Martinho komponiert, ist die Ideenverteilung ebenfalls größer.«[6] Diskussionen und Spannungen entstehen laut seiner Aussage besonders unter gleich starken *Parceiros* mit jeweils sehr ausgeprägten Individualstilen, die ihre persönliche Handschrift durchsetzen und in der Komposition verwirklichen möchten. In diesem Fall ist von beiden Seiten Kompromissbereitschaft bei der Lösungssuche gefragt: »Dieses Jahr gab es schon viele Diskussionen. Vor allem mit Martinho. Du hast ja gesehen – beim Samba für *Estácio* ging es ganz flüssig voran. Aber Martinho hat einen anderen Stil. Viele Sachen, die er mochte, fanden wir nicht gut. Aber ich kann nicht alles akzeptieren, nur weil er es gut findet und ebenso wenig alles durchsetzen, was mir gefällt. Man muss Dinge akzeptieren, die für einen in Ordnung sind und versuchen, ihn zu überzeugen, die Ideen, mit denen man gar nicht klarkommt, zu streichen.«[7]

ZUR VITA: KOMPONIST 2-3 [* 1964] wuchs in Vila Isabel, Rio de Janeiro, auf. »Wer mich in die *Vila* brachte, war mein Großvater, der selbst Klavier spielte und auch Komponist war – allerdings nicht im Bereich Samba-Enredo.«, erzählt Komp. 2-3. »Er hatte sogar eine Verbindung zur *Vila Isabel* und ging dort zu Proben, war aber nie Mitglied des *Alas de Compositores*.«[8] Seit frühester Kindheit ging er regelmäßig mit seinem Vater, der den *Escolas de Samba* und vor allem der *Vila Isabel* sehr verbunden war, zu den *Ensaios*. Musik und Fußball hatten in seinem

---

5 Originaltext: »De melodia só quem entende o que eu faço é o Komp. 2-3 ... Porque eu crio solfejando, eu quando tô solfejando, primeiro eu crio, eu tento criar células desconhecidas. E o desconhecido é estranho, né ... Então eu tento sair das desconhecidas e nem sempre as pessoas entendem. Eu sei que o Komp. 2-3, que ele vai me entender. Vai confiar em mim.«.
6 Originaltext: »Quando tem um Parceiro como Arlindo, tem uma distribuição maior. Ele compõe muito. E muito rápido. Quando cê tem um Parceiro igual Martinho, as ideias são também mais distribuídas.«.
7 Originaltext: »Já teve discussão, um monte este ano. Com Martinho da Vila um monte. Tu viu – no Estácio fluiu bem. Mas com Martinho são estilos muito diferentes. Muita coisa que ele fazia que a gente não gostava. Porque o que não posso desprezar que ele fez também, se me agride, também não posso colocar. Então cê tem que escolher coisas interessantes que o Parceiro faz, coisas que agradam e tentar convencer o Parceiro de tirar coisas que não agradam.«.
8 Originaltext: »Quem me levou pra Vila foi meu avô, que também era Compositor e tocava piano. Meu avô no caso, tinha ligação, chegou [...] mas nunca foi Compositor de uma Escola.«.

Leben stets eine besondere, hervorgehobene Position: So war er beispielsweise über die Dauer mehrerer Jahre Präsident der *Torcida de FC Flamengo*. Obwohl er kein Harmonieinstrument erlernte, entwickelte er eine Passion für Gesang und die Perkussionsinstrumente der *Bateria*: »Ich habe ein gutes Rhythmusgefühl und hatte immer große Lust, ein Instrument zu lernen, aber ich hatte nie die Möglichkeit. Aber von Perkussion verstehe ich etwas. [...] Die Musik hat mich immer berührt. Ich würde es so sagen – ich möchte die Musik sehr, [...] gesungen und gehört. Vor allem meiner Großmutter hörte ich zu, wenn sie [sang während sie] Kleidung wusch. Das war etwas sehr Natürliches für mich.«[9] Besonders in Erinnerung geblieben ist ihm ein Radioprogramm für Samba und Musica Brasileira, das täglich um Mitternacht begann und dass er bereits als Kind regelmäßig hörte. Als Lieblingsmusiker hebt er Candeia hervor, dessen Stil er als prägend für seinen eigenen Musikgeschmack und Kompositionsstil empfindet.

EINSCHÄTZUNG DER ARBEIT IN DER *Parceria*: Komp. 2-3 beschreibt seine Funktion sowie jene von Komp. 3-3 übereinstimmend zu den von Komp. 1-3 formulierten Einschätzungen. Innerhalb der Gruppe bekleide Komp. 1-3 die in künstlerischer Hinsicht führende Position, während er und Komp. 3-3 vor allem bewertende, beratende und richtungsleitende Funktionen hätten: »Wir stecken alle sehr viel Energie und Leidenschaft in die kompositorische Arbeit. Dennoch ist Komp. 1-3 der unbestrittene Star unserer Gruppe. Wir helfen ihm, so gut es geht, steuern Ideen bei, aber er hat einfach ein herausragendes Talent.«[10] Auch für Komp. 2-3 ist es elementar, dass die Arbeit des gemeinsamen kreativen Schaffens in der *Parceria* nicht durch interne Rivalitäten behindert wird. Das Optimum der entstehenden Komposition muss von allen gleichermaßen als übergeordnetes Ziel angesehen werden. Von der Durchsetzung einer individuellen Vorliebe aus persönlichen Motiven müsse im Hinblick auf den Erfolg des Gesamtergebnisses abgesehen werden: »Das, was für den Samba am besten, geeignetsten ist, wird gemeinsam ausgewählt. Kann sein, dass es in einem Fall mehr von Komp. 1-3, im anderen mehr von Komp. 3-3 hat. Das ist unwichtig. Entscheidend ist, dass das Endprodukt herausragend ist.«[11] Hierbei sind seiner Einschätzung nach sowohl die freundschaftliche Verbindung als auch der gegenseitige Respekt elementar.[12] Nach einer so langen gemeinsamen Zeit von 21 Jahren kenne man den bzw. die anderen so gut, dass man wisse, was die *Parceiros* zu leisten in der Lage

---

9 Originaltext: »Eu tenho uma boa batida e sempre tinha vontade de aprender, mas não foi. Agora percussão eu vou bem. [...] A música sempre mexeu comigo. Então quero dizer assim – sempre gostei muito de música, [...] sempre cantei e escutei, sempre escutei a minha avó quando lavava cantando. Era uma coisa que vinha natural.«.

10 Originaltext: »E tem uma grande vontade e vantagem nossa de fazer. [...] O Komp. 1-3 é o craque. Mas ajudamos, damos ideia, mas o Komp. 1-3 é top.«.

11 Originaltext: »E o que for melhor é que vai ficar no Samba. Pode ter um samba que tem mais a cor do Komp. 1-3 ou num outro que a ideia foi mais do Komp. 3-3. Não tem essa rivalidade. O produto final tem que ser maravilhoso.«.

12 Originaltext: »Amizade ajuda muito. Amizade e o respeito.«.

seien, erklärt er, und vergleicht die Konstellation der *Parceria* mit einem Ehepaar, dass nach vielen Jahren Seite an Seite genau die Stärken und Schwächen des anderen kennt.[13] »Genauso ist es mit dem Samba: Du kannst dem anderen ganz offen ins Gesicht sagen, was du denkst. Wenn du denkst, das oder jenes ist schlecht, wirst du nicht sagen, es ist gut, nur um ihn nicht zu verärgern.«[14] Jeden Samba beschreibt er als gemeinsames Projekt, dessen Erfolg oder Misserfolg aller Beteiligter bedeute. Deshalb sei es wichtig, bei der Entscheidungsfindung aufrichtig und offen miteinander umzugehen, und die Gewissheit zu haben, sich aufeinander verlassen zu können: »Wenn es gut ist, ist es gut für alle, wenn nicht, dann ist es schlecht für jeden Einzelnen. Du kannst nicht nur in der Stunde des Erfolgs Freund sein, du bist es ebenso bei der Niederlage.«[15] Streitigkeiten könne es geben, die seien auch schon vorgekommen. »Am wichtigsten ist, dass man das im Sinne der *Escola,* der *Comunidade*, entscheidet, nicht für zwei oder drei Personen. Es nützt nichts, es muss der *Escola* gefallen, den Leuten. Dafür muss man sich an bestimmte Regeln halten. [...] Wenn die Mehrheit für eine Lösung stimmt, gilt sie. [...] Das größte Problem entsteht dann, wenn Leute mit vorgefertigten Ideen kommen und diese gegen die Gruppe behaupten wollen. [...] Das beeinflusst das ganze Werk, das du schaffst. In unserem Fall ist es nicht so – unser Ziel ist es, aus der *Reunião* zu gehen und ein Ergebnis zu haben, mit dem alle zufrieden sind.«[16]

ZUR VITA: Im Fall von KOMPONIST 3-3 [† AM 24.12.2015, IM ALTER VON 54 JAHREN] wurde die Erstellung des individuellen Portraits aufgrund von tragischen Ereignissen zu einem komplizierten Unterfangen. Am 24.12.2015 kam er vor seinem Haus in *Vila Isabel* als Opfer eines Gewaltverbrechens zu Tode, dessen Umstände bis zum heutigen Tag nicht aufgeklärt werden konnten. Da zum Zeitpunkt seines Ablebens das Interview noch zu führen war und die Ereignisse im Moment meines folgenden Aufenthalts nur einen Monat nach dem Geschehen bei Familie und Angehörigen noch so frisch waren, dass eine Befragung nicht denkbar gewesen wäre, blieb mir als Alternative, seine beiden *Parceiros* im Anschluss an ihr eigenes Interview kurz zu Lebenslauf und künstlerischer Laufbahn von Komp. 3-3 zu befragen. Persönliche An-

---

13 Originaltext: »Quando cê tá tanto tempo aí junto, [...] cê sabe onde cada um pode chegar. [...] entendeu – tanto tempo, 21, como se fosse um casal, entendeu? Tu sabe os defeitos que ele tem e ele sabe aqueles que você tem.«.

14 Originaltext: »Igual pra fazer Samba. Igualzinho ... tem que dizer na cara do outro o que que é. Se tu acha que isso aqui é ruim, não pode dizer que é bom.«.

15 Originaltext: »Se tá bom é bom pra todo mundo, se tá ruim – tá pra todo mundo. É amizade sincera. Cê não pode ser amigo do cara só na boa. Cê tem que ser amigo.«.

16 Originaltext: »Já houve discussão. [...] você tá ali pra ver o melhor pra Escola, cê tem que ver o geral pra Escola, não é pra agradar um, dois ou três. Não adianta, tem que agradar a Escola, o povo, [em] total. Tem que respeitar as normas da agremiação. [...] Se a maioria acha que aquilo ali é, o decidimos. O que atrapalha é o cara que vem com uma ideia fixa. [...] Não adianta [...] prejudicar aquela obra que tu fez. Não é o nosso caso, entendeu? A gente procura o melhor. Sair de lá pra todo mundo gostar.«.

sichten, wie seine Einschätzungen zur künstlerischen Arbeit und hierarchischen Strukturen in der *Parceria,* sowie zu positiven und negativen Aspekten des kreativen Schaffens in der Gruppe etc. bleiben aufgrund des Ausnahmezustandes ungeklärt. Komp. 3-1 und Komp. 3-2 gaben unabhängig voneinander an, dass Komp. 3-3 nicht gebürtig aus Rio de Janeiro stammte, sondern aus Recife. Was genau ihn und seine Familie in den 1990er Jahren nach Vila Isabel verschlagen habe, wusste keiner der beiden genau. Hauptberuflich zunächst als Kaffeeverkäufer tätig, lernte er recht kurz nach seinem Umzug nach Rio seine Frau kennen und zog mit ihr nach Vila Isabel. Hier begann er, sich in die Tradition des Bezirks einzufinden und sich durch die auf der Straße stattfindenden *Rodas de Samba* an dieses musikalische Genre heranzutasten. Allmählich erlangte er auch Zugang zur Sambaschule *Vila Isabel* und erreichte schließlich den Moment, in dem er als Sänger für die Verteidigung eines Sambas im *Quadra* engagiert wurde. Auch in der benachbarten Sambaschule der *Acadêmicos do Salgueiro* nahm er einige Jahre in unterschiedlichen Funktionen am *Disputa de Samba* teil. Seine Familie verfügte ursprünglich weder über eine besondere Verbindung zu den *Escolas* noch zu ihrer Musik und hatte auch keine Berufsmusiker. Die Leidenschaft für den Samba und die direkte Involvierung in eine Sambaschule entwickelte sich laut der Aussagen seiner *Parceiros* aus ihm selbst heraus und wurde an seine Kinder weitergegeben, die zum heutigen Zeitpunkt hauptberuflich als professionelle Kostümschneider im Bereich der Sambaschulen tätig sind.

PORTRAIT DER *Parceria* 3: In *Parceria* 3, vor allem zwischen Komponist 1-3 und 2-3, ähnelt das Beziehungsgefüge dem der 1. Fallbeispielgruppe: Das persönliche Verhältnis unter den Mitgliedern beschränkt sich nicht allein auf die gemeinsame Komposition, sondern gründet auf einer langjährigen Freundschaft, die sämtliche Lebensbereiche umfasst. Der Samba ist einer von ihnen: »Meine *Parceria* ist eigentlich keine *Parceria*. Ich bin der Freund von Komp. 2-3, er ist wie ein Bruder für mich, weißt du ... «,[17] beschreibt Komp. 1-3 die Verbindung der beiden. Sie lernten sich als passionierte Anhänger des Fußballclubs *Flamengo* Ende der 1980er Jahre im *Maracanã* kennen. Sehr bald entwickelte sich eine enge freundschaftliche Beziehung. Eines Tages kam Komp. 2-3 auf den heutigen *Primero da Parceria* mit dem besonderen Anliegen zu, zusammen den Samba eines gemeinsamen Bekannten im Komponistenwettstreit der *Vila Isabel* zu verteidigen. Auf diese Weise nahmen sie erstmals als Musiker zusammen am *Disputa* teil: Komp. 1-3 spielte *Cavaquinho*, Komp. 2-3 sang – ohne zunächst jedoch mit einem eigenen Samba anzutreten. Die erste eigene Komposition schrieben sie 1993. Ihre künstlerische Aufgabe ergab sich aus einem Zufall, denn ursprünglich war nur die musikalische Mitwirkung am Samba geplant. »Vorher konnte ich nicht mal richtig komponieren, naja, wenigstens konnte ich ein bisschen *Cavaco* spielen«,[18] beschreibt Komp. 1-3 die Situation. Dennoch stellten sich beide der Herausforderung mit großem Erfolg und gewannen den *Disputa de Samba*. Komp. 3-3

---

17 Originaltext: »A minha Parceria não é Parceria. Sou amigo do Komp. 2-3. É meu irmão de vida, entendeu ... «.
18 Originaltext: »Antes nem sabia compor, pelo menos sabia que toquei Cavaquinho mal.«.

stieß 1997 als dritter im Bunde dazu. Nachdem er zunächst als Konkurrent im Wettstreit aufgetreten war, zeigte sich Komp. 1-3 von der Idee einer gemeinschaftlichen Arbeit nicht besonders angetan, sondern war sehr skeptisch. Er entdeckte mit der Zeit jedoch die Qualitäten dieser Verbindung: »Es war genau, was wir brauchten – [...] jemanden für den organisatorischen, logistischen Teil. Komp. 2-3 brachte Komp. 3-3 mit zu mir nach Hause. Anfangs war ich nicht begeistert, habe mich gefragt, was er bei uns will ... Aber dann zeigte sich, dass er für unsere *Parceria* sehr wertvoll sein würde [...], allein schon durch den für ihn charakteristischen Fleiß und seine Aufopferung für eine Sache.«[19] Er führt weiter aus: »Als ich noch sehr jung war, hatte ich Zeit für diese ganzen logistischen Dinge – die Studioaufnahme organisieren, die Musiker kontaktieren, all das. Aber als ich dann zu arbeiten begann, hatte ich für diesen technischen Part keine Nerven mehr. [...] Und Komp. 3-3 begann seinerseits, diese Aufgaben mit Eifer zu übernehmen.«[20] Heute ist die Komponistengruppe mit 25 Jahren gemeinsamer Arbeit laut verschiedener Einschätzungen nicht nur die dauerhafteste aller *Parcerias* in der jüngeren Geschichte der *Escolas de Samba* von Rio de Janeiro, sondern gleichzeitig eine der erfolgreichsten und ein großes Vorbild für junge Komponisten. Vor allem Komp. 1-3 bezeichnen verschiedenste Komponisten als ihr Idol im Samba-Enredo.

9.2 Zum Gesamtverlauf der 1. *Reunião* des Sambas für *GRES. Estácio de Sá* 2016

SITUATION: Die 3. *Parceria* setzt sich aus insgesamt fünf Komponisten zusammen, von denen drei (Komp. 1-3, Komp. 2-3 und Komp. 3-3) seit etwa 25 Jahren in fester Formation miteinander arbeiten. Bereits um 15 Uhr am Nachmittag des 30.6.2015 trifft sich die Gruppe zum gemeinsamen Komponieren im Atelier von Komp. 2-3, das für Schneiderarbeiten an *Fantasias* der *Escolas de Samba* genutzt wird. Als Grundlage für die kreative musikalisch-poetische Arbeit liegen mehrere ausgedruckte Exemplare der *Sinopse* auf dem Tisch, daneben befindet sich einen Laptop mit der digitalen Version. Dieser ist vor dem Gruppenleiter Komp. 1-3 aufgebaut, der mit einem *Banjo* in der Hand Platz genommen hat. Komp. 3-3 hat ein *Surdo* aus der *Bateria* der *Vila Isabel* organisiert, mit dem die Stimmigkeit zwischen Melodie, Textverteilung und *Marcação* geprüft werden kann. Außerdem sind mehrere Handys auf dem Tisch verteilt, die für spätere Fixierungen von Ergebnissen als Audios gedacht sind. Eine Tonaufnahme der Präsenta-

---

19 Originaltext: »Era que a gente precisava – [...] alguém pra organizar. Komp. 2-3 levou ele lá em casa. No início nem gostei, pensei o que este cara tá fazendo aí? Mas ele já se mostrou muito valoroso, né, como era [...] que era a característica dele, [...] muito trabalhador, muito esforçado.«.

20 Originaltext: »Quando era muito garoto, então tinha tempo pra fazer tudo, marcar o estúdio, combinar com músico, isso tudo. Quando comecei a trabalhar, comecei a não ter mais tempo pra parte logística. [...] e o Komp. 3-3 começou assumir essa parte.«.

tion der *Sinopse* durch den *Carnavalesco* und die *Direção do Carnaval* von *Estácio*, die zu einem früheren Zeitpunkt von einem der *Parceiros* mitgeschnitten wurde, dient parallel zur Lektüre der *Sinopse* der Vergewisserung und Orientierung der Gruppe bei ihrer Entscheidungsfindung. Komp. 4-3 und 5-3 stoßen erst etwa ein bis zwei Stunden nach dem Anfang der *Reunião* dazu. Im Vorfeld hat Komp. 5-3 verschiedene musikalische und dichterische Ideen für die Eröffnung und den Beginn der P entwickelt, die der *Parceria* per Audio vorliegen.

Komposition I: 1. Strophe (P), Teil 1

* Gemeinsames Lesen der *Sinopse*, Vergegenwärtigung von Handlung und zentralen Aspekten: »*Capadócia, São Jorge* in der Welt, der Kampf mit dem Drachen«

* Komp. 1-3 hat die erste musikalische Kernidee, Sorge »Das ist gefährlich. Scheint zu einfach. Einen simplen Samba machen alle gut.«

* Melodische Kernidee wird Ausgangspunkt für Diskussion zu Tonart, Melodiegestaltung, Struktur [Gesamtanlage des Sambas] • Komp. 1-3: »Wir könnten dieselbe Melodie [...] noch mal in Dur bringen. [...] Die Idee wiederholen, [...] aber aufwärts führend.«

  • Abschweifen: P, RM, S, RB 1

* Trial-and-Error-Suche nach Ursprungsidee: Komp. 1-3: »Wir haben vergessen, was wir gemacht haben.«

  • Abschweifen: Ideen für neuen *Samba* für *Vila Isabel* 2016

* Vergessenes melodisches Kernmotiv soll wiedergefunden werden • Suche nach Idee auf Aufnahmechip

* Komp. 1-3: [Inspirationssuche] »Wie ist der Titel?« • Komp. 2-3: »»Der Krieger des Glaubens«« • Komp. 1-3: »»Der Krieger des Glaubens leitet uns – gesegnet sei mein *Estácio de Sá*«« • Lektüre der *Sinopse* [1. Sektor: »Legenden, Religion, Krieger, gesegnet«]

RM, S, RB 1

* Idee [Struktur] Komp. 1-3: »*BIS* [Wiederholung] und Refrain. [...] danach eine kurze 2. Strophe, *BIS* in der Mitte der 2. Strophe. [...] Was meint ihr?«

* Komp. 3-3: »Bis zur Hälfte finde ich es gut, nur danach [...] muss [...] es Feuer haben.«

Vila Isabel 2016
* Komp. 1-3: »Das hier ist für die *Vila*!«

* Abschweifen zur technischen Fragen: Komp. 1-3: »Wann ist der erste Tag des *Disputas?*« • Komp. 2-3: »Am 7.«

- REKAPITULATION DES ERGEBNISSES:

* Komp. 1-3: »Ich bin mir noch nicht ganz sicher, ob es das hier wirklich ist.« • Komp. 2-3/Komp. 3-3: »Die Musik ist fantastisch.« • Komp. 3-3: »Aber wir müssen sehen, ob Komp. 5-3 [...] etwas Fertiges mitbringt.« • Komp. 1-3: »Nimm auf! Unser Weg ist der hier!«

- UNTERBRECHUNG [CA. 4.5 MIN]
- REKAPITULATION: AUFNAHME VON NEUEM AUDIO, KRITIK AM CHARAKTER

* Komp. 4-3: »Der Charakter [von *Estácio*] ist sehr feurig, nicht wahr?« • Komp. 3-3: »Ja, das ist ihr Markenzeichen.« • Komp. 1-3: »Genau, das ist problematisch.« • Komp. 2-3: »Es entsteht [bei uns] so eine Schwerfälligkeit.« • Komp. 3-3: »Sie [die Melodie] scheint so starr.«

- ABSCHWEIFEN: RM, KONZEPTIONELLE FRAGE ZU PLATZIERUNG DER »*Chamada*« (RUF)

* Komp. 3-3: »Los, lasst uns weiter machen!« • Komp. 4-3: »Ja, es gibt noch viel zu tun.« • Konsultieren der *Sinopse* [Schlüsselworte: »*Capadócia,* Kirchen, Legende, Kreuz«]

- ABSCHWEIFEN: RM, S, RB 2, FRAGE NACH STRUKTURIERUNG

* Idee: Den Löwen integrieren, Komp. 1-3: »›Die Kraft des Löwen‹« • Komp. 3-3: »Toll!«

- REKAPITULATION, DANN UNTERBRECHUNG [6 MIN.]

* Komp. 3-3: »Bis hier ist es gut! [...] Wir müssen die Idee noch mehr ausarbeiten [...] sie ist fantastisch. Das berührt und bewegt die ganze *Comunidade.* [emotional]«

RM

*Idee: *Chamada* als Ende der P oder im RM? • Komp. 4-3: »Ich glaube, das hier ist schon der Refrain.«

RM, S, RB 2

* Zur Struktur und Aufteilung: Komp. 1-3: »Der 2. Sektor ist der RM. [...] Danach kommt *São Jorge* in der Welt, *São Jorge* die Legende.« • Komp. 2-3: »Und die *Feijoada.*« • Komp. 3-3: »Als Finale!«

* Idee für RB: Komp. 2-3: »›Ô-Ô-Ô *Estácio* ist da‹«

Nachdem sich Gruppe 3 ihren Arbeitsplatz im Atelier eingerichtet hat, beginnt der künstlerische Schaffensprozess mit einer ersten gemeinsamen Lektüre der *Sinopse* zur Vergegenwärtigung des von der Sambaschule konzeptionierten Handlungsgeschehens und einer Übersicht der in den Sektoren thematisierten zentralen Stationen: *Capadócia*, *São Jorge* in der Welt, der Kampf mit dem Drachen. Komp. 3-3 liest laut vor, während seine *Parceiros* die Abschnitte parallel in ihren Skizzen den entsprechenden Samba-Teilen zuordnen. Bereits im Moment dieses allgemeinen Überblicks fühlt sich Komp. 1-3 zur ersten musikalischen Kernidee inspiriert, die er vorbringt. Besorgt hält er inne, schweigt kurz und kommentiert: »Das ist gefährlich. Scheint zu einfach. Einen simplen Samba machen alle gut.«[21] Ohne auf diese Bedenken näher einzugehen, nimmt seine *Parceria* den melodischen Impuls auf und entzündet an ihm eine Kette von Überlegungen zu verschiedenen grundsätzlichen Entscheidungen für den Samba wie seine Tonart, melodischen Charakter und Wiederholungsstruktur. Komp. 1-3: »Wir könnten dieselbe Melodie [...] noch mal in Dur bringen. [...] Die Idee wiederholen, [...] aber aufwärts führend.«[22] Auch die nachfolgenden Parts des Sambas [RM, S und RB] werden hier Teil der Debatte um die gesamtstrukturelle Konzeption, die vor Beginn der Detailarbeit an der ersten Strophe bestimmt werden soll: »*BIS*[23] [Wiederholung] und Refrain. [...] danach eine kurze 2. Strophe, *BIS* in der Mitte der 2. Strophe. [...] Was meint ihr?« – Komp. 3-3: »Ich denke, bis zur Mitte ist es super, aber danach [...] braucht es mehr Leidenschaft, Feuer.«[24]

Bei der Rückkehr von den Abschweifungen in die anderen Sambateile beginnt, in Ermangelung einer Fixierung oder Verschriftlichung, die Suche nach der anfangs entwickelten Ursprungsidee. Komp. 1-3 bemerkt ungläubig: »Wir haben vergessen, was wir gemacht haben.«[25] Zunächst bleibt keine andere Alternative als die Suche nach der verlorenen *Célula Master* im Trial-and-Error-Verfahren. Hierbei stoßen sie leider nicht auf die gesuchte melodische Phrase, dafür aber auf eine Idee für einen potenziellen neuen Samba für die kommende Saison der *Vila Isabel*: »Das hier ist für die *Vila*!«[26] (Komp. 1-3). Die gesuchte Kernzelle lässt sich trotz intensiven Probierens nicht wiederfinden. Die Gruppe beschließt kurzerhand, den Chip aus meinem Aufnahmegerät zu entnehmen, um die im Rahmen der Forschungsaufnahme verewigte Idee hier wiederzufinden, was ihnen mit Erfolg gelingt! Nun beginnt der strukturierte kompositorische Arbeitsprozess an der *Cabeça do Samba*. Zunächst führt der künstlerische Leiter gezielt inspirative Impulse durch eine erneute Zusammenfassung des entsprechenden Auszugs der *Sinopse*

---

21 Originaltext: »O negócio é perigoso. Fácil demais. Um Samba fácil todo mundo faz bem.«.
22 Originaltext: »A gente poderia fazer a mesma melodia [...] em maior. [...] Repetindo a mesma ideia, [...] só que subindo.«.
23 BIS: Kleine Wiederholung [Kurzrefrain am Ende eines Abschnittes].
24 Originaltext: »BIS de segurança e Refrão. [...] segue uma Segundinha pequena, BIS de segurança no meio da Segunda. [...] o que cês acham?« – Komp. 3-3: »Até o meio eu acho legal, só que depois [...] tem [...] que ter porrada.«.
25 Originaltext: »A gente esqueceu o que a gente fez.«.
26 Originaltext: »Isso tá pra Vila!«.

sowie der Herausarbeitung in ihr markierter Schlagworte herbei [1. Sektor: Legenden, Religion, Krieger, gesegnet][27]. Dabei möchte er den Titel des *Enredos* selbst einbinden: »Wie ist der Titel?«[28] Komp. 2-3: »Der Krieger für den Glauben, im Zeichen des Glaubens«[29]. Ein erster Vers entspinnt sich: »›Der Krieger des Glaubens leitet uns – gesegnet sei mein *Estácio de Sá*‹«[30]. Durch die Ablenkung der Gruppe mit einer organisatorischen Zwischenfrage erfolgt hier eine kurze Unterbrechung. Komp. 1-3: »Wann ist der erste Tag des *Disputa*?« worauf Komp. 2-3 entgegnet: »Am 7.«[31] Die *Parceria* kehrt zurück zum künstlerischen Werk, noch immer mit dem einen oder anderen Zweifel behaftet. Ein ungeklärter Aspekt ist die Frage, ob Komp. 5-3, der zu diesem Zeitpunkt noch nicht zur Gruppe gestoßen ist, auf der Basis seiner Insiderposition als *Puxador* exklusive Informationen zum geplanten *Desfile* habe und im Vorfeld konkrete bzw. verbindliche Ideen entwickelt hätte, die der Gruppe derzeit noch nicht zur Verfügung stünden, allerdings zu entscheidenden Veränderungen in der Konzeption und Anlage des Sambas führen könnten. Es entfacht sich eine Diskussion, in welcher Komp. 1-3 deutlich den Standpunkt vertritt, dass er die zurückliegende Arbeit nicht umsonst getan hätte – unabhängig von Komp. 5-3 sei der Weg für ihn klar vorgezeichnet. Komp. 1-3. »Ich bin mir noch nicht ganz sicher, ob es das hier wirklich ist.«[32]; Komp. 2-3/Komp. 3-3: »Die Musik ist fantastisch.«[33] Komp. 4-3, der zwischenzeitlich zur Gruppe gestoßen ist, erklärt erneut: »Aber wir müssen sehen, ob Komp. 5-3 […] etwas Fertiges mitbringt.«[34] Er wird umgehend von Komp. 1-3 belehrt: »Nein – das hier nehmen wir auf jeden Fall, der musikalische Weg ist dieser und kein anderer!«[35] Dennoch besteht nach einem ersten rekapitulierenden Audio offener Zweifel an der Übereinstimmung der Melodie mit dem erwünschten musikalischen Stil[36]. Komp. 4–3: »Der Charakter [von *Estácio*] ist sehr feurig, nicht wahr?«; Komp. 3-3: »Ja, das ist das Markenzeichen.«; Komp. 1-3: »Genau, das ist problematisch.«; Komp. 2-3: »Es entsteht so eine Stagnation, Schwerfälligkeit.«; Komp. 3-3: »Sie [die Melodie] scheint so starr, gefangen.«[37]

Erneut kommt es von der derzeit im Fokus stehenden P zu einer Abschweifung in den Nachbarteil RM, dieses Mal aus der Überlegung heraus, wo man den Ruf an die *Comunidade* zum Refrain am wirkungsvollsten platzieren solle. Traditionell als Strophenende angelegt, könnte die

---

27 Originaltext: »›Lendas e religiões, gueirreiro, abençoado‹.«.
28 Originaltext: »Qual [é] o título?«.
29 Originaltext: »Guerreiro na fé«.
30 Originaltext: »›O Guerreiro na fé vai nos guiar – abençoa meu Estácio de Sá‹«.
31 Originaltext: Komp. 1-3: »Que dia é a apresentação?« – Komp. 2-3: »Dia sete.«.
32 Originaltext: »Tô só em dúvida se é isso.«.
33 Originaltext: »A música é maneira.«.
34 Originaltext: »Precisamos saber, se Komp. 5-3 […] já traz algo gravado«.
35 Originaltext: »Grava isso! O caminho é esse!«.
36 Besonders für *Escolas* der *Grupo A* sind mitreißende, populäre Melodien erwünscht.
37 Originaltext: Komp. 4-1: »Lá é porrada mesmo né?« – Komp. 3-3: »É o sotaque.« – Komp. 1-3: »Esse é o problema.« – Komp. 2-3: »Tem uma gravação. […] tá solto.« – Komp. 3-3: »Ela tá presa«.

Chamada das Finale der P werden, Komp. 4-3 hält sie jedoch am Beginn des RM selbst für mitreißender: »Ich dachte, das ist schon der Refrain.«[38] Komp. 3-3 mahnt, sich nicht zu sehr mit Diskussionen über Details aufzuhalten, worin ihn sein *Parceiro* bestätigt: »Los, lasst uns weiter machen«[39]; Komp. 4-3: »Ja, es gibt noch viel zu tun.«[40] Um effektiv voranzuschreiten, vergegenwärtigen sich die Komponisten fokussiert die zentralen Elemente der *Sinopse*: Komp. 1-3: »Der 2. Sektor ist der RM. [...] Danach kommt *São Jorge* in der Welt, *São Jorge* die Legende.«; Komp. 2-3: »Und die *Feijoada*.«; Komp. 3-3: »Ja, für den Schluss, als Finale!«[41] Beim Stichwort »Finale« wirft Komp. 2-3 einen spontanen Einfall für die Eröffnung des RB in die Runde, der für eine spätere Verwendung im Audio festgehalten wird: »›Ô-Ô-Ô *Estácio chegou*‹ [*Estácio* ist angekommen]«. In diesem Kontext entsteht der Vorschlag, das Symbol und Wappentier von *Estácio*, den *Löwen*, an geeigneter Stelle in den Samba zu integrieren, was auf uneingeschränkte Zustimmung stößt. Komp. 1-3: »›Die Kraft des Löwen‹?«[42]; Komp. 3-3: »Ja, fantastisch!«[43] Bevor die Arbeit kurzzeitig unterbrochen wird, findet eine Rekapitulation und Revision der bisherigen Ergebnisse statt, deren positive Bewertung die Gruppe beflügelt. Komp. 3-3: »Bis hier ist es gut! [...] Wir müssen ein paar Dinge verfeinern, aber die Idee ist fantastisch! Das berührt die gesamte *Comunidade*!«[44]

Komposition I: 1. Strophe (P), Teil 2

* Beginn mit *Sinopse*: Suche nach Idee • Komp. 1-3: »›Goldene Wiege‹?« • Komp. 3-3: »›Goldene [...] Wiege‹ oder ›Wiege des Sambas‹? [...] *Estácio* ist die Wiege des Sambas! Lasst uns mal sehen, ob das hier steht.«

* Diskussion zu Harmoniegestaltung und Umsetzung der *Sinopse*. • Komp. 4-3: »An der Stelle von ›seine Träume‹ – in F, schauen wir mal, ob wir D mit Septime machen. [...] Von dort vielleicht ein C [oder] H erniedrigt.« • Komp. 2-3: »Die Wortwahl ist gut, oder?!« • Komp. 1-3: »Ja, sehr. Aber ich weiß nicht, ob es zu wenig ist. [...] Das Thema ist so einfach.«

---

38 Originaltext: »Acho que já é Refrão.«
39 Originaltext: »Vamos embora!«.
40 Originaltext: »Tem muita coisa diferente!«.
41 Originaltext: Komp. 1-3: »O segundo setor é RM. [...] Depois São Jorge no mundo, São Jorge a lenda.« – Komp. 2-3: »E a Feijoada.« – Komp. 3-3: »Na final!«.
42 Originaltext: »›A força do leão‹.«.
43 Originaltext: »Maneiro!«.
44 Originaltext: »Até aí é bom! [...] Tem que ajeitar, mas a ideia [...] é maravilhosa. Mexe com a Escola.«.

- ANKUNFT KOMP. 5-3
- ABSCHWEIFEN ZU RM
- REKAPITULATION UND BEWERTUNG

* Trial-and-Error: Sie geraten dabei unwillkürlich in einen Samba der *Grande Rio* • Komp. 5-3: »Hier bist du in den Samba der *Grande Rio* gerutscht.«

* Zur Harmoniegestaltung: Komp. 1-3: »Du bist nach D gegangen.« • Komp. 4-3: »Erniedrigt.« • Komp. 1-3: »Das ist zu tief.« • Komp. 4-3: »Geh zurück zur Quinte.« • Komp. 1-3: »G und verzögere ein bisschen [...], dann C mit Septe, D mit Septe, [...] E, [...] D mit Septe...« • Komp. 4-3: »E.« • Komp. 1-3: »Danach zurück auf C. [...] Aber dann müssen wir die [Harmonien der] ganze[n] erste[n] Strophe erhöhen.«

* Frage zu *Breque* [Einschnitt] und *Andamento*: Komp. 2-3: »Mach hier keinen Einschnitt/Zäsur. [...] sonst rennt alles!« • Komp. 1-3: »Die *Bateria* rennt schon extrem [...]. Wenn wir eine gerade Melodie nehmen, verliert es die Schönheit!« • Komp. 2-3: »Du hast schon eine Zäsur auf ›Tatze‹, [...] auch bei ›*Jorge*‹, willst du wirklich noch eine weitere?«

• Für den Moment findet sich keine Lösung • Komp. 4-3: »Los, lasst uns weitermachen. [...] Danach sehen wir.«

- REKAPITULATION ZU *Andamento* UND ZUR MELODIEFÜHRUNG

* Komp. 4-3: »Wir müssen zum Refrain hin stärker animieren!« • Komp. 1-3: »Das muss so bleiben. Die Melodie ist die hier. [...] Ich spreche von der Hetzerei. Vom schnellen Tempo. Der Anfang muss gebunden sein.« Komp. 4-3: »Nein, es muss einen Sprung geben. Aber wir müssen die *Chamada* (den Ruf) für den Refrain [RB] abwarten.«

- ABSCHWEIFEN ZU GESTALTUNG DES ÜBERGANGS [*Chamada*, BIS] ZWISCHEN P UND RM 1

* Einarbeiten von Stichworten der *Sinopse*: »Roter Planet« [aus der *Sinopse*] • Komp. 3-3: »Rot für *Estácio*.«

RM
* Komp. 1-3: »Ich würde gern eine Textwiederholung einbauen [...], damit es außergewöhnlich wird!« • Komp. 4-3: »Das kann [später] im Refrain wiederholt werden – das ist anders [als vorher].«
* Ankunft Komp. 5-3: »Ich habe ein paar Fragmente mitgebracht« • Komp. 3-3: »Volkstümlich, nicht?!«
• Komp. 5-3: »Volkstümlich! Genau [...] Und für die Eröffnung würde ich vorschlagen: ›*Salve Jorge* – der noble Ritter – Erleuchteter‹ [...] ›Kämpfer – im Krieg des Guten gegen das Böse‹ [...], das würde den Kern treffen. Gut ... das ist der Weg, den wir nehmen werden. Davon sollten wir nicht so sehr abweichen.«

P + RM 1
* Komp. 5-3: »Um zum Refrain zu rufen?« • Komp. 1-3: »Vorzubereiten!« • Komp. 5-3: »Ein *BIS* dort ist fantastisch.« • Komp. 1-3: »Die Idee ist eine Wiederholung.« • Komp. 5-3: »Genau! – Und dann die Auflösung beim zweiten Mal. Um als *Chamada* zu rufen ...« • Komp. 1-3: »Mit demselben Text.«

- Abschweifen zu Übergang P und RM 2, technischen Details [Clip]

* Komp. 5-3: »Wenn wir das hier fertig haben, machen wir einen Zeitplan. Sie haben hat darum gebeten, ein Video [Werbeclip] einzureichen.«

- Abschweifen zu RB

* Komp. 5-3: »Wir sind auf dem richtigen Weg!«
• Komp. 3-3: »Das ist eine Melodie, die mitreißt!«

- Unterbrechung von 33 min.

P + RM 2
* Komp. 5-3: »Ich würde noch einmal zum Übergang zum Refrain [gehen]. [...] keine Änderung am Text [...], aber an der Melodie [...], öffne sie nach oben [...], singe erneut [und] löse auf.«

RB
* Komp. 5-3: »›Ich bin *Estácio*‹.«

Die kompositorische Arbeit setzt sich mit der Verfeinerung und Vervollkommnung der *Cabeça do Samba* [P] fort. Wieder dient das Durchsuchen der *Sinopse* nach Schlüsselworten zuzüglich der Ausführungen des *Carnavalescos* als Inspirationsquelle für die poetische Gestaltung. Ziel ist, die markanten Symbole und besonderen Charakteristika der *Escola* miteinfließen zu lassen: Komp. 1-3 schlägt »Vergoldete Wiege«[45] als doppeldeutig für die Geburt des Heiligen Georg wie auch metaphorisch für *Estácio*, im Volksmund »›Wiege des Sambas‹« (*Berço do Samba*) vor. Komp. 3-3 vergewissert sich: »›Vergoldete Wiege‹ [...] oder ›Wiege des Sambas‹? [...] *Estácio* ist die Wiege des Sambas! Lasst uns mal sehen, ob das hier steht.«[46] Es entspinnt sich ein dialogischer Wechsel zu verschiedenen Komponenten: Zunächst steht eine Reflexion zur Harmoniegestaltung im Zentrum der Debatte. Komp. 4-3: »An der Stelle von ›seine Träume‹ – in F, schauen wir mal, ob wir D mit Septime machen. [...] Von dort vielleicht ein C [oder] erniedrigtes H.«[47]. Der Überlegung folgt eine Diskussion um Dichte und Quantität der *Letras*, geeignete Stellen für Textwiederholungen sowie die Gefahr der unterschätzten Qualität der Konkurrenten angesichts von Popularität und Transparenz des Stoffes. Der Schlüssel gegenüber gegnerischen Kompositionen könnte die Andersartigkeit sein, beispielsweise in der Form von unkonventionellen Wiederholungen sowie durch besondere Textausdeutungen. Auch, wenn diese Überlegung von Komp. 1-3 auf Zustimmung stößt, stellt sich die Frage des geeigneten Momentes. Komp. 2-3: »Die Wortwahl ist schön, oder?!«; Komp. 1-3: »Ja, sehr. Aber ich weiß nicht, ob es zu wenig ist. [...] Das Thema ist zu simpel. Ich würde gern ein paar Textwieder-

---

45 Originaltext: »›Berço dourado‹«.
46 Originaltext: »Berço [...] dourado ou berço do Samba? [...] Estácio é o Berço do Samba! Vamos ver se tá aí.«.
47 Originaltext: »No ›seus sonhos‹ – do Fá ve se faz um Ré com sete. [...] Daí pode ver se faz um Dó, Si-menor.«; [Fá: F; ré com sete: D 7; Dó: C; Si-menor: h-Moll].

holungen einbauen [...], damit es ein bisschen außergewöhnlicher wird!«; Komp. 4-3: »Ja, wir können im Refrain wiederholen – dann ist es anders.«[48]

Während die *Parceiros* noch in diese Debatte verstrickt sind, stößt endlich Komp. 5-3 zur Gruppe und präsentiert seine im Vorfeld entwickelte Ideen für die Einleitung und die 1. Strophe: »Ich habe ein paar Fragmente mitgebracht«, strahlt er. Komp. 3-3: »Volkstümlich, nicht?!«; Komp. 5-3: »Volkstümlich! Genau [...]. Und für die Eröffnung würde ich vorschlagen: ›*Salve Jorge* – der noble Ritter – der Erleuchtete‹ [...] ›Kämpfer – im Krieg des Guten gegen das Böse‹ [...] – das würde den Kern treffen.«[49] Allen bereits von der Gruppe entwickelten Ideen zum Trotz stellt er, in seiner Funktion als langjähriger *Puxador* der *Escola* und somit unumstrittener Experte für den Stil von *Estácio*, heraus: »Gut ..., das ist der Weg, den wir nehmen werden. Davon sollten wir nicht so sehr abweichen.«[50] Beim gemeinsamen explorativen Trial-and-Error zur Suche nach einer geeigneten Fortführung der melodischen Linie entsteht aus der Improvisation unwillkürlich eine Parallele zu einem bekannten Samba der *GRES. Acadêmicos do Grande Rio*: Komp. 5-3: »Hier bist du in den Samba der *Grande Rio* gerutscht.«[51] Dies führt zum erneuten Hinterfragen der harmonischen Komponente und übergeordneten harmonischen Konzept aller vier Teile. Die Gruppenmitglieder reflektieren gemeinsam die Konsequenzen der spontanen Transformation: Komp. 1-3: »Du bist nach D gewechselt.«; Komp. 4-3: »Erniedrigt.«; Komp. 1-3: »Das ist zu tief.«; Komp. 4-3: »Geh mal zurück auf die Quinte.«; Komp. 1-3: »Auf G und verzögere ein bisschen [...], dann C mit Septe [Septime], D mit Septe, [...] E, [...] D mit Septe ...«; Komp. 4-3: »E.« – Komp. 1-3: »Danach zurück auf C. [...] Aber dann müssen wir die [Harmonien der][52] ganze[n] erste[n] Strophe erhöhen.«[53] In diesem Rahmen werden nun auch der Parameter Tempo/*Andamento* und die pausendurchsetzte Melodieführung diskutiert. Die Vielzahl entstandener Durchbrechungen der melodischen Linie [*Breques*], die dem musikalischen Teil eine besondere, individuelle Note verleihen sollen, wird von Komp. 2-3 als zerfasert und hektisch bewertet und kritisch in Frage gestellt: »Mach hier keinen Break. [...] sonst hetzt alles!«; Komp. 1-3: »Die *Bateria* rennt schon extrem [...]. Wenn wir eine gerade Melodie

---

48 Originaltext: Komp. 2-3: »As palavras são bonitas, né?!« – Komp. 1-3: »É bonito. O problema é que não sei se é pouco [...] Porque o enredo é fácil demais.« – Komp. 1-3: »Queria repetir a Letra. [...] pra ficar diferente!« – Komp. 4-3: »Pode repetir no Refrão lá – é diferente.«.
49 Originaltext: »Vi aqui uns trechos« – Komp. 3-3: »Povão, né.« – Komp. 5-3: »Povão! É [...] Na abertura – botaria: ›Salve Jorge – nobre Cavalheiro – iluminado‹ [...] ›Guerreiro – a luta do bem contra o mal‹ [...] tem a ver.«.
50 Originaltext: »Bom ... esse é o caminho que cê vai tomar. Não pode fugir mu-uito disso.«.
51 Originaltext: »Aqui entrou no Samba da Grande Rio.«.
52 Anmerkung der Autorin.
53 Originaltext: Komp. 1-3: »Foi pra Ré.« – Komp. 4-3: »Sustenido.« – Komp. 1-3: »Fica baixo.« – Komp. 4-3: »Volta lá pra quinta.« – Komp. 1-3: »O Sol, retardar mais um pouco [...]. Dó sete, Ré sete, [...] Mi, [...] Ré sete.« Komp. 4-3: »Mi.« – Komp. 1-3: »Depois voltar pro Dó. [...] tem que levantar a cabeça toda.«.

nehmen, verliert es die Schönheit!«; Komp. 2-3: »Du hast schon eine Zäsur auf ›Tatze‹, [...] auch bei ›*Jorge*‹, willst du wirklich noch eine weitere?«[54] Da im Augenblick keine zufriedenstellende Einigung erreicht wird, beschließt die Gruppe, die Entscheidung über Durchbrechungen zu vertagen: Komp. 4-3: »Los, lasst uns weitermachen. [...] Danach sehen wir.«[55] Der Fokus der Aufmerksamkeit verlagert sich nun auf die Stimmigkeit von *Andamento* und Strukturgestaltung der melodischen Linie, insbesondere hinsichtlich ihrer Sprünge, Bindungen und Sanglichkeit. Hier stellt sich erneut die Frage der *Chamada*[56] und ihrer bestmöglichen Platzierung, ein Aspekt, der von den *Parceiros* verschieden bewertet wird: Komp. 4-3: »Wir müssen zum Refrain hin stärker animieren!«; Komp. 1-3: »Das muss so bleiben. Die Melodie ist diese hier. [...] Ich spreche von der Hetzerei. Vom Tempo. Der Anfang muss gebunden sein.«; Komp. 4-3: »Nein, es muss einen Sprung geben. Aber wir müssen die *Chamada* für den Refrain abwarten [aufbewahren].«; Komp. 5-3: »Um zum Refrain aufzurufen?«; Komp. 1-3: »Vorzubereiten!«[57] Die Idee einer zweizeiligen Wiederholung begrüßt Komp. 5-3: »Ein *BIS* wäre dort fantastisch.«; Komp. 1-3: »Die Idee ist eine Wiederholung.«; Komp. 5-3: »Genau! – Und dann die Auflösung beim zweiten Mal. Um als *Chamada* zu rufen...«; Komp. 1-3: »Mit demselben Text.«[58] Zum Abschluss dieser Bearbeitungsphase der P werden in der *Parceria* noch einmal die zentralen, teilweise bereits thematisierten, aber noch ungeklärten Punkte rekapituliert. Zum einen sucht die Gruppe eine geschickte, metaphorische Verbindung von Schlüsselworten aus der *Sinopse* wie »Planet« und typischen Symbolen von *Estácio* wie beispielsweise der Farbe Rot: Komp. 1-3: »»Roter Planet‹« [Mars][59]; Komp. 3-3: »Rot für *Estácio*.«[60], zum anderen wird von Komp. 5-3 erneut ein Lösungsvorschlag für die melodische Umsetzung des Übergangs zwischen P und RM angeboten, den er vorträgt und gleichzeitig nahelegt, das heikle Thema der Simplifizierung der Lyrics auf einen späteren Moment zu vertagen und sich zunächst ausschließlich auf die melodische Komponente zu fokussieren: »Ich würde noch mal am Übergang zum Refrain ansetzen. [...] eine melodische Änderung vorschlagen [...]. Ich würde es nach oben öffnen.

---

54 Originaltext: Komp. 2-3: »Dá um breque aí, não. [...] vai correr!« – Komp. 1-3: »A Bateria já corre [...] Se a gente bota a melodia reta, não tem beleza!« – Komp. 2-3: »Já deu um breque ali na ›Garra‹, [...] no Jorge, vai brequar de novo?«.
55 Originaltext: »Vamos embora. [...] Depois a gente vê.«.
56 Den Refrain vorbereitender Ruf des *Puxadores* an die *Comunidade*.
57 Originaltext: Komp. 4-3: »Tem que chamar pro Refrão.« – Komp. 1-3: »Mas tem que ser. A melodia é essa. [...] Tô falando da correria. Do Andamento. Pro início tem que ser ligado.« – Komp. 4-3: »Tem que saltar. Mas tem que guardar a chamada pro Refrão.« – Komp. 5-3: »Chamar pro Refrão?« – Komp. 1-3: »Preparar.«.
58 Originaltext: Komp. 5-3: »Um BIS aí fica maneiro.« – Komp. 1-3: »A ideia é repetir« – Komp. 5-3: »Isso! – E aí resolve na segunda vez. Pra chamar...« – Komp. 1-3: »Com a mesma Letra.«.
59 Originaltext: »Planeta vermelho«.
60 Originaltext: »Planeta vermelho« – Komp. 3-3: »Vermelho é Estácio.«.

[...] singe noch mal und löse auf.«[61] Es kommt zur Abschweifung von der künstlerisch-kreativen Arbeit, als Komp. 5-3 plötzlich auf eine technische Anweisung zur späteren Studioaufnahme hinweist: »Wenn wir das hier fertig haben, machen wir einen Zeitplan. Der Typ hat darum gebeten, auch ein Video einzureichen.«[62] Komp. 3-3 entwickelt parallel die *Célula Master* für den RB: »›Ich bin *Estácio*‹.«[63] Sie wird in einem Audio fixiert, bevor die Gruppe, nun mit ihrem Ergebnis zufrieden, resümiert: Komp. 5-3: »Wir sind auf dem richtigen Weg!«; Komp. 3-3: »Das ist eine Melodie, die mitreißt.«[64].

KOMPOSITION I: 1. STROPHE (P), TEIL 3

* Versuch zur Fortsetzung der Arbeit, initiiert von Komp. 1-3: »Komp. 5-3, sing etwas, damit wir wieder anfangen zu arbeiten!«

ERNEUTE UNTERBRECHUNG [15 MIN]
* Anschluss mit Vergegenwärtigung der *Sinopse*: Komp. 5-3: »Welcher Punkt kommt als nächstes?«
* Komp. 1-3: »Lasst uns mal das Ende ansehen. [...] Wenn ich wiederhole, ist es sehr lang. Ideal wäre es, zu wiederholen [...] aber wenn wir nicht wiederholen, können wir mehr [Text] unterbringen.«

• ABSCHWEIFEN: P, RM, S [ZUORDNUNGEN, STRUKTUR] UND REKAPITULATION

* Frage nach Wiederholung/Idee des BIS ist schwierig: Komp. 1-3: »Gut, ich habe es mit einer Wiederholung angelegt.«

• REKAPITULATION UND ÜBERLEGUNG ZUR KOMPLEXITÄT UND REPETITION DES ZWISCHENERGEBNISSES

* Komp. 1-3: [Entscheidet] »Ohne den Text zu wiederholen! [...] Es ist wirklich kompliziert.« • Komp. 2-3: »Wir müssen die Sprache ein bisschen vereinfachen.«

P, RM, S

* Zur Struktur: Komp. 2-3: »Und wenn wir das ›nananana‹ in der 2. Strophe machen?«

• Komp. 1-3: »Nein, [...] die 2. Strophe hat einen ganz anderen Charakter.« • Komp. 2-3: »Aber legen wir die 2. Strophe nicht kleiner [kürzer] an? Dann wäre es doch kein Problem, wenn die 1. etwas umfangreicher wäre.« • Komp. 1-3: »Genau. [...] aber dann verlieren wir die Idee des BIS vor dem Mittelrefrain.«

---

61 Originaltext: »To interferindo pra entrar no Refrão. [...] mexo na melodia, [...] Deixar aberta, [...] por cima. [...] voltar cantar [e] resolve.«.
62 Originaltext: »Quando terminar aqui vai fazer o cronográma. O cara pediu pra fazer a filmagem.«.
63 Originaltext: »Eu sou Estácio«.
64 Originaltext: Komp. 5-3/Komp. 3-3: »O caminho que tá seguindo vai ficar legal.« – »Melodia que pega!«.

* Schlagwort der *Sinopse*: »Planet« • Komp. 1-3: »›Planet‹ ist furchtbar! Furchtbar. Ich würde Universum, Kosmos nehmen.«

* Komp. 1-3: »›In den Händen die Lanze – auf der Brust das Kreuz – verteilt sein Erbe – erfüllt von Hoffnung – Weg des Lichts‹. Kann man das verbessern? […] Der Text enthält mehr Intelligentes als Volkstümliches.«; Er ist noch unzufrieden: »Das können wir noch verbessern, ihm mehr Leichtigkeit geben.« • Komp. 4-3: »Lasst uns zum Refrain übergehen.« • Komp. 2-3: »Danach ist Zeit für eine Vereinfachung der Lyrics.«

- REKAPITULATION: QUANTITÄT UND KOMPLEXITÄT

* Komp. 1-3: »Wollt ihr, dass ich den Text verändere? Wenn ihr mehr Text wollt, erweitere ich […] Erkläre besser. Wenn […] es zu viel ist, streichen wir etwas weg.« • Komp. 2-3: »Es ist so schwerfällig […], sehr schön […] und sehr gut umgesetzt […], aber meine Angst ist, dass es zu komplex ist.«

- REKAPITULATION: VERÄNDERUNG DER LETRAS, UNEINIGKEIT ÜBER KOMPLEXITÄT UND ZUR *Bateria*

* Komp. 4-3: »Schauen wir mal, was die *Bateria* dort macht.« • Komp. 3-3: »Ich glaube, das ist gut […] aber der Samba muss fließen … Es ist schön, aber zu fest.« • Komp. 1-3: »Der Teil, über den ich gerade nachdenke, ist der […] rote Mantel.« • Komp. 2-3: »Wir müssen etwas Funktionaleres machen.« • Komp. 1-3: »›Die Seele fühlte‹ *oder* ›die Sonne reflektierte sich auf dem roten Mantel‹« • Komp. 4-3: »Nimm das raus!«

- REKAPITULATION: WIEDERHOLUNG MIT INSTRUMENTALER BEGLEITUNG, KLÄRUNG MUSIKALISCHER FRAGEN

* Zur Gestaltung der Musik [*Puxador/Andamento da Bateria*] • Komp. 1-3: »Das ist immer noch verbesserungsfähig, oder?« • Komp. 2-3: »Die Note muss so gedehnt sein?« • Komp. 3-3: [Sorge] »Der Sänger wird sie sicher nicht so langziehen. Nimm es raus.« • Komp. 2-3: »Das gibt mehr Feuer, mehr Kraft! Es darf nicht stehenbleiben und stocken.«; Komp. 3-3: »Es muss effektvoll sein!«

* Rückkehr zu *Letras*; Idee: Umkehrung zweier Versteile? • Komp. 1-3: »›Weg des Lichts – in den Händen die Lanze – auf der Brust das Kreuz‹?«

• Verteilung, Quantität, Anordnung entwickelt sich zu Sackgasse: Komp. 2-3: »Wir müssen weiterkommen, damit der Samba fertig wird. Die Frage, ob er nun das Knie gebeugt hat oder nicht …« • Komp. 1-3: »Mich besorgt die Passage um ›die Aura‹, ›die Seele‹ […], das ist viel zu kompliziert … Das verstehen die Leute nicht.«

* Kritik an *Letras*: Komp. 1-3: »Für mein Empfinden ist es ist zu viel ›ia‹ und ›ança‹.«

- REKAPITULATION: ÄSTHETISCHES KONZEPT DER SIMPLIZITÄT; ÜBERGANG ZUM RM

* Komp. 2-3: »Lasst uns vereinfachen – dann wird es viel besser.« • fließender Übergang zum RM

Nach einer umfangreichen Unterbrechung von 33 Minuten kehrt die *Parceria* zur Arbeit an der 1. Strophe zurück, die sie nach ausschweifender Bearbeitung endlich zum Abschluss bringen möchte. Komp. 1-3 fordert zur Disziplin auf: »Komp. 5-3, sing etwas, damit wir mal wieder anfangen zu arbeiten!«[65] Ungeachtet dessen wird das Privatgespräch um weitere 15 Minuten fortgesetzt und erst mit Komp. 5-3 rückbesinnender Frage: »Welcher Punkt kommt als nächstes?«[66] tatsächlich abgeschlossen. Zunächst fokussiert sich die Gruppe unter Anleitung des *Primeiro* auf den Abschlussteil: »Lasst uns mal das Ende ansehen.«[67], verstrickt sich jedoch in eine erneute Debatte über strukturelle Aspekte und den Einsatz von Textwiederholungen bzw. aus ihr resultierende Konsequenzen für die Länge der verschiedenen Sambateile. Komp. 1-3: »Wenn ich wiederhole, ist es sehr lang. Ideal wäre es zu wiederholen [...], aber wenn wir nicht wiederholen, können wir mehr [Text] unterbringen«; Komp. 2-3: »Und wenn wir das ›nananana‹ in der 2. Strophe machen?«; Komp. 1-3: »Nein, [...] die 2. Strophe hat einen ganz anderen Charakter.«; Komp. 2-3: »Aber legen wir die 2. Strophe nicht kleiner an? Dann wäre es doch kein Problem, wenn die 1. etwas umfangreicher wäre.«; Komp. 1-3: »Genau. [...] aber dann verlieren wir die Idee des *BIS* vor dem Mittelrefrain.«[68] Das Thema der Wiederholungen und des *BIS* entwickelt sich zur Zerreißprobe: Komp. 1-3 erklärt: »Gut, ich habe es mit einer Wiederholung angelegt.«[69] und trifft eine vorläufige Entscheidung, damit die Gruppe voranschreiten kann: »Ohne den Text zu wiederholen! [...] Es ist wirklich schwierig.«[70] Komp. 2-3 kritisiert den komplizierten, zu dichten Stil der Poesie: »Wir müssen die Sprache ein bisschen vereinfachen.«[71] Darüber hinaus bereiten einige für die Lyrics erwünschte Schlagworte der *Sinopse*, deren Integration trotz persönlichen Missfallens obligatorisch ist, den Komponisten Kopfzerbrechen: Komp. 1-3: »›Planet‹ [ist] furchtbar. Ich würde Universum, Kosmos nehmen.«[72] Die Diskussion führt zurück zu Form und Zuordnung der Sektoren sowie zur komplizierten Textgestalt, die nach Meinung der Komponisten an Verständlichkeit und Leichtigkeit gewinnen müsse, um den Geschmack der *Escola* zu treffen. Um sich aus einer Stagnation zu retten, schlagen Komp. 4-3 und Komp. 2-3 vor, mit der Arbeit am RM fortzusetzen und sich später noch einmal mit neuer Energie der Frage einer Simplifizierung der *Letras* der P zu stellen: Komp. 1-3: »›In den Händen die Lanze – auf der Brust das Kreuz – verteilt sein Erbe – er-

---

65 Originaltext: »Komp. 5–3, canta uma música aí pra gente recomeçar a trabalhar!«.
66 Originaltext: »Qual é o assunto que vem agora?«.
67 Originaltext: »Vamos ver o finalzinho!«.
68 Originaltext: Komp. 1-3: »Se eu repetir, vai ficar grande. O ideal seria repetir [...] se não repetir cabe mais.« – Komp. 2-3: »Se a gente faz o ›nananana‹ na Segunda?« – Komp. 1-3: »Não, [...] a Segunda tá com outro efeito.« – Komp. 2-3: »Mas a gente não vai fazer uma Segunda menor? Aí não tem problema se a Primeira fica um pouquinho maior.« – Komp. 1-3: »É [...] aí a gente perde a ideia do BIS antes do RM.«.
69 Originaltext: »Montei pra fazer com repetição.«.
70 Originaltext: »Sem repetir a Letra! [...] tá complicado.«.
71 Originaltext: »Tem que dar uma leveza nas palavras também.«.
72 Originaltext: »*Planeta* é horrível. Vou botar universo, no cosmo.«.

füllt von Hoffnung – Weg des Lichts‹. Kann man das verbessern? [...] Der Text enthält mehr Intelligentes [gemeint: Komplexes] als Volkstümliches. Das können wir noch verbessern, mehr Leichtigkeit geben.«[73]; Komp. 4-3: »Lasst uns zum Refrain übergehen.«; Komp. 2-3: »Danach ist Zeit, sich um die Vereinfachung der Lyrics zu kümmern.«[74] Doch der musikalische Leiter möchte nicht voranschreiten, ehe das Problem gelöst ist. Er kommentiert: »Wollt ihr, dass ich den Text verändere? Wenn ihr mehr Text wollt, erweitere ich. [...] Erkläre besser. Wenn [...] es zu viel ist, streichen wir etwas weg.«; Komp. 2-3: »Es ist so schwerfällig [...], sehr schön [...] und sehr gut umgesetzt [...], aber meine Angst ist, dass es zu komplex ist.«[75]

Noch einmal erfolgt die Rekapitulation des Zwischenergebnisses. Das Urteil bleibt identisch: Die Lyrics seien zu elaboriert und komplex. Sie müssten vereinfacht und der Samba funktionaler gestaltet werden. Komp. 4-3 schlägt vor, auch die *Bateria* zu bedenken und das Metrum der Poesie in jedem Fall am ihr eigenen Puls und Stil auszurichten. Zentral wäre es, eine Natürlichkeit des Sambas zu erreichen, der flüssig und leicht reproduzierbar sein müsse, statt schwerfällig und zäh zu wirken: Komp. 4-3: »Schauen wir mal, was die *Bateria* dort macht.«; Komp. 3-3: »Ich glaube das ist gut [...] aber der Samba muss fließen ... Es ist schön, aber zu fest.«; Komp. 1-3: »Der Teil, über den ich gerade nachdenke, ist der [...] rote Mantel.«; Komp. 2-3: »Wir müssen etwas Funktionaleres machen.«; Komp. 1-3: »›Die Seele fühlte‹ oder ›die Sonne reflektierte sich auf dem roten Mantel‹«; Komp. 4-3: »Nimm das raus!«[76] Die Forderung nach Vereinfachung und Leichtigkeit weitet sich auf die musikalische Ebene aus. Komp. 2-3 gibt hinsichtlich der Melodieführung zu bedenken, dass man sich vor allem im Ambitus und bei der Wahl von Spitzentönen für den Samba an der Realität der gesanglichen Möglichkeiten von *Puxador* und *Comunidade* orientieren müsse und mit dem Effekt der *Empolgação* durch die Melodie spielen solle: »Die Note muss so gedehnt sein?« Komp. 3-3 stimmt zu: »Der Sänger wird sie sicher nicht so langziehen. Nimm es raus.«; Komp. 2-3: »Das gibt mehr Feuer, mehr Kraft! Es darf nicht stehenbleiben und stocken.«; Komp. 3-3: »Es muss effektvoll sein!«[77] Noch einmal kehrt die *Parceria* zur poetischen Gestaltung zurück, deren vorläufige Lösung am Perfektionsstreben

---

73 Originaltext: Komp. 1-3: »›Nas mãos tinha a lança – no peito a cruz – partilhou sua herança – se fez esperança – caminho da luz‹. [...] Pode melhorar? [...] A Letra é mais inteligente do que popular. [...] Podemos melhorar, dar mais leveza.«.

74 Originaltext: Komp. 4-3: »Já parte pro Refrão agora.« – Komp. 2-3: »Depois dá uma leveza à Letra.«.

75 Originaltext: Komp. 1-3: »Quer que eu mudar a Letra? Se quiser boto mais Letra [...] Explicar melhor. Se [...] fica muita coisa, a gente tira uma parte.« – Komp. 2-3: »Pesa. [...] tá bonito [...] bem entendido [...] meu medo é pesar.«.

76 Originaltext: Komp. 4-3: »Vê na [...] Bateria lá.« – Komp. 3-3: »Acho legal [...] mas o Samba tem que fluir ... Tá lindo, mas prendendo.« – Komp. 1-3: »Essa parte que tô refletindo [...] do manto vermelho.« – Komp. 2-3: »Tem que fazer uma coisa mais funcional.« – Komp. 1-3: »›A alma sentia‹ ou ›O sol refletia no manto vermelho‹« – Komp. 4-3: »Tira!«.

77 Originaltext: Komp. 2-3: »Essa nota tem que esticar?« – Komp. 3-3: »O cantor não vai esticar. Tira mesmo.« – Komp. 2-3/Komp. 3-3: »Dá mais porrada, mais força! Não tem que ficar parado.« – »Tem que ter efeito!«.

von Komp. 1-3 scheitert. Er schlägt die Umkehrung zweier Versteile als Weg aus der Sackgasse vor: »›Weg des Lichts – in den Händen die Lanze – auf der Brust das Kreuz‹?«[78]

Komp. 2-3 versucht, den Blick von den lyrischen, dekorativen Details ab- und stattdessen auf das Elementare zu lenken und stellt das Hin- und Herwenden poetischer Spitzfindigkeiten kritisch in Frage: »Wir müssen weiterkommen, damit der Samba fertig wird. Die Frage, ob er nun das Knie gebeugt hat oder nicht ... «; Komp. 1-3: »Mich besorgt die Passage um ›die Aura‹ und ›die Seele‹ [...], das ist viel zu kompliziert ... Das verstehen die Leute nicht.«[79] Schließlich rekapituliert die Gruppe vor dem Übergang zum nächsten Sambapart [RM], welche Dimensionen bis zur Studioaufnahme noch überarbeitet werden müssen. Komp. 1-3: »Für mein Empfinden ist es zu viel mit ›ia‹ und ›ança‹«; »Komp. 2-3: »Lasst uns vereinfachen – dann wird es besser.«[80]

Komposition II: Mittlerer Refrain (RM)

* Vergegenwärtigung der *Sinopse*, Hören der Tonaufnahme des *Lançamentos* [Sektor: »Der Heilige Georg und der Glaube«]

* 1. Idee von Komp. 1-3: »Der Refrain erzählt von einem Krieger. Ich versuche, mehr Volkstümlichkeit in den Refrain einfließen zu lassen«

• Vergegenwärtigung des Bearbeitungsstandes, melodische Fortspinnung, Platzhalter »nur, um die Melodie zu fixieren« [Komp. 3-3]

- Abschweifen zu P
- Rückkehr: Rekapitulation zum Charakter

* Komp. 3-3: »Ja, es ist gut. Aber es bräuchte mehr ... «
• Komp. 2-3: »... Feuer!« • Komp. 3-3: »Genau. [...] *Estácio* wird beim *Desfile* die erste *Escola* sein.« • Komp. 2-3: »Der Refrain muss eine ausgelassene Stimmung erzeugen!«

P
* Komp. 1-3: [Textveränderung] »›Der Himmel reflektiert sich im roten Mantel – die Seele regte an – herauszufordern – im dunklen Gewölbe beugt das Knie – teilt das Erbe – verteilt Hoffnung – hin zum Weg des Lichts‹«, Bewertung: »Es ist flüssiger, als das andere.«

• Komp. 3-3 kritisiert Fokus auf *Letras* zu Lasten der Musik. Das Resultat sei eine falsche Gewichtung beider Dimensionen: »Der Vers steht so für sich, ist so herausgerissen aus dem Ganzen. Es macht keinen Sinn, nur auf den Text zu achten – er muss von der Musik mitgenommen werden. [...] Kümmere dich mehr um die Musik [...]! Das, was [den] Samba ausmacht, ist die Musik!«

---

78 Originaltext: »›Caminho da luz – nas mãos a lança – no peito a cruz‹?«.
79 Originaltext: »Tem que seguir pra frente pra ficar pronto. A questão, se vai dobrar o joelho ou se não vai.« – Komp. 1-3: »Tô preocupado com ›a aura‹ e ›a alma‹ [...] fica complicado demais ... Não ficou para as pessoas entenderem.«.
80 Originaltext: Komp. 1-3: »Acho que é muito ›ia‹ e muito ›ança‹«– Komp. 2-3: »Vamos tomar uma simplificada – vai ficar melhor.«.

* Besonderer Vorschlag von Komp. 1-3: »Es gibt hier einen Moment, wo er sagt: ›Zuerst holten sie einen Magier‹. Da könnten wir als Highlight einen Macumba-Rhythmus hinzufügen.«

- REKAPITULATION

* Bewertung und Kritik zur Melodieführung: Komp. 4-3: »Hm, das ist alles sehr hoch.« • Komp. 3-3: »Aber ›Salve Jorge‹ besingt einen Helden!« • Komp. 1-3: »Ja, das, was jetzt rausgekommen ist, ist noch nicht optimal, es stagniert auf demselben Ton!«

* Erneutes Trial-and-Error zur Melodieführung

- ABSCHLUSS: UNTERBRECHUNG, REKAPITULATION UND AUDIO

Vertagung von Vervollkommnung [Finalversion], Verschicken von vorläufigem Text und Audios über *Whats App*

Nahtlos geht die Gruppe zur Bearbeitung des RM über. Hierfür beginnt sie erneut mit einer Lektüre der *Sinopse* und zieht zum besseren Verständnis und zur Berücksichtigung aller relevanter Details die Erläuterungen des *Carnavalescos* aus dem Sektor »Der Heilige Georg und der Glaube«[81] des *Lançamento*s der *Sinopse* heran. Komp. 1-3 hat eine konkrete Vorstellung: Der mittlere Refrain müsse sehr charismatisch sein, um die *Comunidade*[82] zu entflammen und animieren. »Der Refrain erzählt von einem Krieger. Ich versuche, mehr Popularität in den Refrain einfließen zu lassen.«[83] Hierfür ist melodische Simplizität sowie eine einprägsame und feurige Melodie in volkstümlichem Stil hilfreich, sogar elementar. Die *Parceiros* vergegenwärtigen sich alle im Zuge von Abschweifungen entwickelten melodischen Passagen und nehmen sie mit einem stellvertretenden »nanana« als Platzhalter der Lyrics auf, »um die Melodie zu fixieren«[84]. Im Zuge einer erneuten Wiederholung kehren sie kurzzeitig zur 1. Strophe zurück. Komp. 1-3 schlägt »›Der Himmel reflektiert sich im roten Mantel – die Seele regte an – herauszufordern – im dunklen Gewölbe beugt das Knie – teilt das Erbe – verteilt Hoffnung – hin zum Weg des Lichts‹«[85] als eine Textveränderung vor, die er für flüssiger und eingängiger hält als die Vorgängerfassung.[86] Hierfür erntet er Kritik von Komp. 3-3, welche kurze Zeit später in eine regelrechte Grundsatzdebatte zu führen droht. Er bemängelt den ungünstig gesetzten Fokus:

---

81 Originaltext: »São Jorge e a fé«.
82 Hier: von den Komponisten mit *povo* [Volk] bezeichnet.
83 Originaltext: »No Refrão tem que ser guerreiro [...] Vou tentar dar popularidade no Refrão. [...] botar o povo nisso.«
84 Originaltext: »Só pra segurar.«.
85 Originaltext: »›O céu refletiu no manto vermelho – a alma pedia pra desafiar – na cave dobrou o joelho – divide a herança – partilhou esperança – caminho da luz‹«.
86 Originaltext: »Mais fluindo que o outro.«.

Eine übermäßige Konzentration auf die *Letras*, in so perfektioniertem Maße, dass sie zu Lasten der musikalischen Entwicklung und Entfaltung gehe, bewirke eine falsche Schwerpunktsetzung zwischen beiden künstlerischen Komponenten. »Der Vers steht so für sich, ist so herausgerissen aus dem Ganzen. Es macht keinen Sinn, nur auf den Text zu achten – er muss von der Musik mitgenommen werden. [...] Kümmere dich mehr um die Musik [...]! Das, was [den] Samba ausmacht, ist die Musik.«[87] Bei der Rückkehr zum RM ziehen die *Parceiros* ein Resümee zum Stand ihres Werkes und zu den verbleibenden Korrekturarbeiten. Komp. 3-3 erklärt: »Ja, es ist gut. Aber es bräuchte mehr ...« und Komp. 2-3 ergänzt: »Feuer!«; Komp. 3-3: »Genau. [...] *Estácio* wird beim *Desfile* die erste *Escola*[88] sein!«; Komp. 2-3: »Ja. Und der Refrain muss ausgelassen und frei sein!«[89] Schließlich präsentiert der *Primeiro* eine spontane Idee für den Einbau eines besonderen musikalischen Elementes: der *Paradinhas*[90] der *Bateria*. In diesem speziellen Samba könnten sie den *Mestre de Bateria* genau an einer bestimmten Stelle konzipieren: »Es gibt hier einen Moment, wo er[91] sagt: Zuerst holten sie einen Magier. Da könnten wir als Highlight etwas Macumba hinzufügen.«[92] Bevor die *Reunião* nach einer letzten Revision des Zwischenergebnisses beendet und die vorläufige Fassung in einem Audio festgehalten wird, hinterfragt und diskutiert die Gruppe noch einmal die Melodieführung im RM, die sie beim nächsten Treffen überdenken möchte: Komp. 4-3: »Hm, das ist alles sehr hoch.«; Komp. 3-3: »Aber ›*Salve Jorge*‹ besingt einen Helden!«; Komp. 1-3: »Ja, das, was jetzt rausgekommen ist, ist noch nicht optimal, es stagniert auf demselben Ton!«[93]

NACH DER *Reunião*: Im Anschluss an die Aufnahme des letzten Audios rekapituliert die Gruppe das Tagesergebnis: Auch wenn der Fokus der künstlerischen Arbeit auf der P lag, erhielten alle vier Teile zumindest eine auszugsweise Bearbeitung. Die Vervollkommnung und Überarbeitung bis hin zu einer finalen Version wird auf einen der folgenden Tage verschoben. Gemeinsam besprechen sie das weitere Vorgehen und fassen zusammen, was an Hauptarbeiten, Korrekturen, Feinheiten und kleineren Veränderungen (*Ajustes*) in den Strophen- und Refrain-

---

87 Originaltext: »O verso tá solto! Não adianta se a Letra for legal – tem que levar a Letra! [...] Vai na música [...] que leva o Samba é a música.«.
88 Gemeint: erste Sambaschule, welche sich der Jury an diesem Tag im *Sapucaí* präsentiert.
89 Originaltext: Komp. 3-3: »Tá legal! Mas tem que ter mais...« – Komp. 2-3 ergänzt: »Porrada!« – Komp. 3-3: »É. [...] Estácio vai ser a Primeira Escola!« – Komp. 2-3: »O Refrão tem que soltar!«.
90 *Paradinha/Bossa*: besonderes Rhythmusarrangement der *Bateria*, thematisch bezogener Einschub im Arrangement der *Bateria*. Vgl. auch Chico Santana: *Batucada: Experiencia em movimento* (Tese de doutorado em música, Instituto de Artes da Universidade Estadual de Campinas), Campinas 2018.
91 Er: hier ist der *Carnavalesco* gemeint.
92 Originaltext: »Tem uma coisa aqui que a gente pode dar: Uma pontuada de Macumba. Ele fala aqui ›Primeiro eles eles chamaram um mágico‹.«.
93 Originaltext: Komp. 4-3: »Muito alto.« – Komp. 3-3: »Salve Jorge canta de um guerreiro!« – Komp. 1-3: »Mas o que tá saindo não tá legal, fica no mesmo tom!«.

parts sowie der musikalischen Einleitung noch aussteht. Auch organisatorische und technische Absprachen zum *Disputa* und dem zu erstellenden Videoclip, dem Werbefilm der *Parceria*, werden getroffen und die vorläufigen Versionen von Text und Musik in Form von Audios über WhatsApp verschickt, um zu Hause die Ergebnisse in Ruhe überdenken zu können. Es wird vereinbart, bis zur nächsten *Reunião* permanent in Kontakt zu bleiben, um auch zwischenzeitlich Veränderungsvorschläge auszutauschen.

Übersicht zur Komposition des *Sambas* für *GRES. Estácio de Sá* 2016
Enredo: »Salve Jorge! O guerreiro na fé«

Bearbeitungszeit (gesamt): 282 Minuten

Ausserhalb der *Reunião* im Vorfeld	Besuch des »*Lançamento do Enredo/Apresentação da Sinopse*« (durchgeführt vom künstlerischen Leiter der Sambaschule) durch die Mitglieder der *Parceria*
	Zu Hause: erste individuelle Überlegungen zu Einteilung und Umsetzung der *Sinopse*, erste Ideen (Komp. 5-3), Recherchen zum *Enredo*; aber: Beginn der Ideenentwicklung gemeinsam in der *Reunião*
	Austausch über die gemeinsame WhatsApp-Gruppe: Organisation der *Reunião*, Vereinbarung von Terminen, technische Details, Vorbesprechung zu Wettstreit, Finanzen
Input	*Sinopse* »*Salve Jorge! O guerreiro na fé*« (2016) in schriftlicher Ausführung * Informationsblatt zu *Disputa* und *Entrega do Samba* [Daten] von *Carnavalesco* und Direktion (Tonaufnahme der Präsentation) * Elementar: Kenntnisse der besonderen Charakteristika der *Escola* (musikalisch: *Andamento da Bateria*, melodische Stilistik; poetisch: spezifische Wortwendungen); * Im Vorfeld: Ideen zum Intro und spezifisches Wissen von Komp. 5-3
Innerhalb der *Reunião*	Struktur/Vorgehen: Arbeit an Text und Musik aller vier Teile des Sambas [P–RM–S–RB];
	Beginn mit gemeinsamer Lektüre und Einteilung der *Sinopse* (Zuteilung von *Sektoren* und Sambaparts); dann Komposition beginnend mit der 1. Strophe [P], die im Fokus bleibt; Der RM wird teilweise, die beiden letzten Teile [S, RB] nur sehr fragmentarisch (in Form erster Skizzen) angefertigt und entstehen vor allem im Zuge von Abschweifungen
	Verlauf: Chronologisches Vorgehen, wenig Abschweifungen in andere Teile; Abschweifungen, vor allem zwischen benachbarten oder verwandten Teilen [P – RM; RM–S; RM–S–RB]; Besonderheit: Abschweifungen zu Ideen für einen möglichen neuen Samba einer anderen *Escola* [*Vila Isabel*]

CHARAKTERISTIKA DER KÜNSTLERISCHEN ARBEIT: Hoher Anteil an strukturellen, musikalischen und poetischen Fragen (Textzuordnungen zu Sambateilen); z. T. mehrfache Bearbeitung verschiedener Teile [P – RM – S – RB; RM – S – BB; P – RM; RM – S];

Umfangreiche Diskussion zu korrektem Stellenwert und Funktion von Text und Musik, Textwiederholungen, zur Komplexität der poetischen Umsetzung und Verständlichkeit von Metaphern/poetischen Mitteln, zu musikalischen Fragen (Harmonie, Melodieführung, Spitzentöne, Reproduzierbarkeit für *Puxador/Comunidade*);
Berücksichtigung von Besonderheiten der *Escola* wie speziellen Worten, Expressionen oder Verweisen, *Andamento da Bateria*

STRUKTUR DER KOMMUNIKATION: Ausgeglichener Anteil von nonverbaler Kommunikation (Präsentation durch Vorsingen) und verbalem Ideenaustausch, Hierarchie zeigt sich in der Dialogführung (Art der Beiträge, Gesprächsleitung, Entscheidungsfindung)

ZEITLICHER RAHMEN: 282 min. zur Entwicklung und verwendete Zeit der vier Teile [P/S und RM/RB] sehr unterschiedlich: intensive und detaillierte Arbeit an der 1. Strophe und (beginnend) am RM, Unterbrechung mit kürzeren und längeren Pausen (von ca. 5-33 min) und Rekapitulation (anfangs in größeren Abständen, im letzten Drittel deutlich häufiger)

ENTWICKLUNG DER PARTS, ABSCHWEIFUNGEN UND BEARBEITUNGSZEITEN IN *Reunião 1*

Primeira Parte	• [P–] RM–S–RB; *Vila Isabel* [2 x]; RM; [P–] RM–S–RB; RM; P – RM [2 x]; RB; [P–] RM – S	168 min + 26.30 min + [ges.] 59 min U [aus 4.30, 6.0, 33.30, 15.0]
Refrão do Meio	• P	27.30 min + 1 min

ABSCHLUSS DER *Reunião*

REKAPITULATION UND ZUSAMMENFASSUNG der vorläufigen Ergebnisse nach Aufnahme des letzten Audios

* Alle vier Teile des Sambas wurden zumindest anfänglich bearbeitet (Fokus: P und RM);
* Besprechung zu weiterem Vorgehen: Was muss noch gemacht werden? Korrekturen, Feinheiten, Veränderungen (*Ajustes, Lapidar o Samba*), Ausarbeitung von S, RB und Einleitung;

* Organisatorische und technische Absprachen (*Disputa*, Videoclip), nächstes Treffen in ein paar Tagen; bis dahin: Kommunikation und Austausch zu Veränderungsvorschlägen über WhatsApp;
* Audios (Zwischenergebnisse) und Text werden verschickt

Output	Vorläufige Version der P und RM, in Text und Musik je bereits detailliert ausgearbeitet, zu S und RB nur Anfangsideen (fragmentarisch)
Nach der *Reunião*	Geplant ist weiteres Treffen (*Reunião* II), zunächst Austausch über Telefon
	Ziel: Einarbeitung von Veränderungsvorschlägen und Überarbeitung von Feinheiten (*Ajustes*) und Polieren des Sambas (*Lapidar o Samba*) für die Aufnahme im Studio

Lyrics für *GRES. Estácio de Sá, Samba* 2016: Version 1: *Reunião*, Version 2: Endfassung

Primeira Parte

O guerreiro da fé a nos guiar
Abençoa meu Estácio de Sá
Nós somos a garra, e a força do leão
O manto vermelho, nos dão proteção
Na Capadócia vivia, em berço dourado
O nobre menino

   (1) Lugar onde pedra por pedra
   (2) A alma pedia
   (1) Ergueu sua história, sagrado destino
   (2) Pra desafiar e dobrar o joelho

Nas mãos a lança, no peito a cruz

   (1) Divide a herança, partilhou esperança
   (2) Partilhou sua/a herança, divide esperança

Caminho da luz

Refrão do Meio

Salve Jorge

Primeira Parte final

O guerreiro da fé a nos guiar
Abençoa meu Estácio de Sá
A força de mártir, a garra do leão
O manto vermelho, nos dão proteção
Na Capadócia vivia, em berço dourado
O nobre menino

Lugar onde pedra por pedra

Ergueu sua história, sagrado destino

Nas mãos a lança, no peito a cruz

Partilha herança, semeia esperança

Caminho da luz

Refrão do Meio final

Salve Jorge defensor de sua crença
Não há força que lhe vença, cavaleiro lutador
Que não se curva, não se cansa, não se rende
Nas batalhas me defende, é meu protetor

SEGUNDA PARTE   SEGUNDA PARTE FINAL

                                        Lenda ou realidade
                                        Os feitos do mártir, os passos do santo
//   Multiplicarem milagres.
                                        Vencendo combates por todos os campos
[noch kein Textentwurf]   Dizem que um dia montado
                                        Sobre seu cavalo, venceu o dragão
                                        Vestindo bravura e nobreza
                                        Cobriu a princesa de amor e proteção
                                        No seu galope ligeiro, certeiro ele vem
                                        Cruzou os mares, o tempo a fé incomum
                                        E conquistou o povo brasileiro
                                        São Jorge é Oxóssi, São Jorge é Ogum

                                             [BIS] *E conquistou o povo brasileiro*
                                                    São Jorge é Oxóssi, São Jorge é Ogum

REFRÃO DE BAIXO   REFRÃO DE BAIXO FINAL

Eu sou, Estácio de Sá   *A alvorada anuncia, chegou o dia*
                                        Eu sou, Estácio de Sá
                                        A lua cheia, clareia
                                        Eu tô com Jorge, nada vai me derrubar

9.3 Betrachtung des strategischen Vorgehens von *Parceria* 3 im Verlauf der Session

Parceria 3 entwickelt im Zuge ihrer 1. *Reunião* mit einer Gesamtzeit von 282 Minuten einschließlich Unterbrechungen eine vorläufige Version aller vier Sambaparts. Diese kommen in unterschiedlicher Ausprägung und Intensität zur Bearbeitung: Beginnend mit der Eroeffnung der 1. Strophe [P] (*Cabeça do Samba*) orientiert sich die 3. Gruppe am chronologischen Handlungsverlauf der *Sinopse* sowie an der aus ihr hervorgehenden Zuordnung der Sambateile zu Sektoren und Stationen. Die Ausarbeitung der 1. Strophe [P] zeigt sich mit 158 min innerhalb der *Reunião* gegenüber den nachfolgenden Teilen als so zeitintensiv, komplex und detailreich, dass die Komponisten am Ende des Tages über eine vollständige vorläufige Version ihrer Komposition mit Ideen für alle Parts verfügen,[94] die Arbeit an der 1. Strophe [P] gegenüber den anderen Teilen jedoch ein überdimensionales Maß an Aufmerksamkeit für sich beansprucht hat. So wird der mittlere Refrain [RM] erst etwa 30 Minuten vor Ende der *Reunião* Zentrum des künstlerischen Arbeitsprozesses, während für die 2. Strophe [S] und den zentralen Refrain [RB] nur im Zuge spontaner Inspiration in Abschweifungsmomenten erste motivische Fragmente,

---

94 Verschiedene Varianten für bestimmte Verse: vgl. Gegenüberstellung der Lyrics in der Fallbeispielanalyse.

skizzenhafte Kernideen, harmonische und strukturelle Entwürfe entstehen. Als Konsequenz zeigt sich die *Primeira Parte* am Abschluss der ersten Session im Vergleich zu den verbleibenden drei Teilen *Refrão do Meio – Segunda Parte – Refrão de Baixo* [RM–S–RB] wesentlich feiner ausgearbeitet und sowohl musikalisch als auch poetisch bereits elaboriert.

Neben dem chronologischen Vorgehen bei der Erstellung der vier Parts ist die Arbeitsstruktur der 3. Gruppe durch eine Vielzahl von Abschweifungen geprägt, die allein innerhalb der Bearbeitung der 1. Strophe nahezu 30 Minuten in Anspruch nehmen. In mehr als der Hälfte der Fälle handelt es sich um zeitgleiche Exkurse in mehrere Teile, welche in strukturellem Zusammenhang stehen und in der Regel auch die zentral in Bearbeitung stehende 1. Strophe einschließen: [P] – RM – S – RB; RM – S – RB; P – RM ·[2 x]; [P –] RM – S. Bei diesen Parallelbearbeitungen tauscht sich die *Parceria* meist über konzeptionelle musikalische oder lyrische Fragen aus, deren Entscheidungen sich auf alle betreffenden Parts auswirken. Darunter fallen beispielsweise Fragen zur Gesamtanlage des Sambas,[95] zur Zuordnung des Handlungsgeschehens, der Wahl der Grundtonart oder die Versetzung entstandener Einfälle in andere Sambaparts. Sie finden konzentriert im Eröffnungsmoment der *Reunião* statt, für den partübergreifende Entscheidungen vorprogrammiert sind, da sie den weiteren Kompositionsverlauf maßgeblich beeinflussen, und konzentrieren sich später im mittleren Drittel der Arbeitsphase an der *Primeira Parte* [P].

Eine Besonderheit der 3. *Parceria* ist die ungeplante Entwicklung einer Kernidee für den neuen Samba einer anderen *Escola*: Innerhalb einer siebenminütigen Abschweifung entsteht auf der Suche nach der anfänglich entwickelten Idee für den hier geplanten Samba für *Estácio* im improvisatorischen Prozess des Trial-and-Error eine neue *Célula Master* im musikalischen Stil der *Unidos de Vila Isabel*. Bedingt durch ihren melodischen Charakter, der nach Meinung der *Parceiros* deutlich in der Tradition der *Vila Isabel* steht, wird die melodische Kernzelle für die gegenwärtige Komposition verworfen, jedoch für eine spätere Verwendung und Ausarbeitung als mögliche Ausgangsidee des neuen Sambas 2016 konserviert. Neben Abschweifungen prägen regelmäßige Unterbrechungen unterschiedlicher Länge und die sich den Kompositionsphasen anschließenden Rekapitulationen den Verlauf der Session. In der Regel mit Exkursmomenten zusammengelagert bewegen sich die Unterbrechungen des künstlerischen Schaffensprozesses durchschnittlich in einem zeitlichen Rahmen von bis zu 33 Minuten, wobei die umfangreiche 45-minütige Pause der zweiten Hälfte, die das gemeinsame Abendessen einschließt, deutlich länger ausfällt als die kürzeren kompositionsfreien Zeiten der ersten Hälfte der Kompositionssession. Die kritischen Rekapitulationen des generierten Materials finden anfangs in etwa halbstündlichen Abständen statt und konzentrieren sich im letzten Drittel der Session mit weit höherer Frequenz, da sich die Gruppe die entstandenen Ergebnisse hier noch einmal bewusst vergegenwärtigt und – wie auch *Parceria* 1 und 2 – versucht, aus den verschiedenen Varianten die beste Lösung zu ermitteln. In Gruppe 3 endet die *Reunião* mit einer Fixierung der Ergebnisse in Form eines abschließenden Audios, das zusammen mit der vorläufigen Textfassung über What-

---

95 Frage nach Einbindung des Refrains [kurzer *BIS*].

sApp an alle Mitglieder verschickt wird. Die *Parceiros* besprechen das weitere Vorgehen und fassen zusammen, was bis zum Zeitpunkt der Studioaufnahme bzw. der Fertigstellung des Sambas noch aussteht: Korrekturen, Feinheiten, Veränderungen an der 1. Strophe, die Vervollständigung der noch sehr fragmentarischen Parts *Refrão do Meio* [RM] und *Refrão de Baixo* [RB] sowie die Erarbeitung der 2. Strophe [S].

9.4 Die Verteilung der Mythemen in der Samba-Komposition der *Parceria* 3

PART	P	RM	S	RB	GEMISCHT	GESAMT [GEMISCHT][96]
Poesia	45 %	40 %	–	13 %	15 %	43 % [38 %]
Melodia	4 %	27 %	–	20 %	32 %	10 % [14 %]
Sinopse	16 %	6 %	–	13 %	7 %	13 % [12 %]
Escola	6 %	7 %	–	20 %	1 %	7 % [6 %]
Refrain	1 %	6 %	–	–	17 %	2 % [5 %]
Struktur	9 %	5 %	–	27 %	22 %	9 % [11 %]

Tonart – Fixierung – Andamento – Dauer: 1–4 %; Ausnahme: Tonart in P [12 %]

Die Auswertungen der 3. *Parceria* müssen unter Berücksichtigung des individuellen Verlaufs der 1. Session betrachtet werden: Da innerhalb des kreativen Schaffensprozesses hier keine separate Bearbeitung der 2. Strophe stattfand, existieren zu diesem Sambapart keine statistisch auswertbaren Ergebnisse. Am umfassendsten gestaltete sich die Diskussion der 1. Strophe. Die kompositorischen Arbeiten am RB und RM waren fragmentarisch, weshalb sich die Analysen hier auf die Ergebnisse der kurzen Kompositionsetappen verschiedener Sambaparts in Abschweifungsphasen stützen.

Die statistisch auswertbaren Ergebnisse der 3. *Parceria* legen folgende prozentuale Verteilungen der diskutierten Aspekte innerhalb der Dialoge der Komponisten offen: Innerhalb der reinen Bearbeitung der einzelnen Sambaparts entfällt der höchste Anteil der Gespräche auf poetische, textgestalterische Aspekte: Mit 45 % in der 1. Strophe [P] und 40 % im mittleren Refrain [RM] konzentriert sich in den beiden intensiv ausgearbeiteten Sambaparts fast die Hälfte der Gruppenkonversation auf Fragen lyrisch-poetischer Gestaltung. In den Abschweifungen befindet sich die poetische Komponente mit 15 % nur auf vierter Position und liegt deutlich hinter den Mythemen Melodie [32 %], Struktur [22 %] und Refrain [17 %].

Die Musik als zentrale künstlerische Dimension tritt mit einem prozentualen Anteil von 4 % [P] – 27 % [RM] – 20 % [RB] in den reinen Bearbeitungsabschnitten als zweitstärkster Parame-

---

96 Ergänzende Diagramme zur genauen Aufschlüsselung der Resultate der Bearbeitung aller reinen Parts und Abschweifungen siehe Darstellungen im digitalen Anhang, S. 44 ff.

ter auf. Im gemischten Exkursteil erhält sie mit 32 % sogar den größten Anteil am dialogischen Geschehen.

Ein direkter Vergleich der statistischen Ergebnisse von Strophen- und Refrainteilen legen offen, dass musikalische Fragen innerhalb der Parts [RM] und [RB] deutlich häufiger thematisiert und diskutiert wird als in den strophischen Abschnitten [hier: P]. Da die musikalische Stilistik typischerweise im hymnischen Hauptrefrain als besonderem Schlüsselmoment mit emotionaler Wirkung weitaus stärker im Fokus der Aufmerksamkeit steht als in den handlungszentrierten Strophenteilen, erklärt dieses Ergebnis. Entsprechend zeigen sich die Refrainparts mit 27 % im [RM] und 20 % im [RB] von musikalischen Überlegungen dominiert.

Die *Sinopse* als zentrale Orientierungsgrundlage der Textgestaltung und Ort der Verarbeitung des Handlungsgeschehens bestimmt mit einem prozentualen Anteil von 13 % in der Gesamtverteilung den dialogischen Austausch der Gruppe. Innerhalb der separaten Auswertung der Sambaparts ist sie besonders in den Strophen präsent: Bei der Konzeption und Gestaltung der 1. Strophe [P] wird sie nahezu ununterbrochen zur Klärung von Verständnisfragen und Klärung von Details des Handlungsgeschehens sowie zur korrekten Interpretation der Sektoren herangezogen; später kommt sie im kontrollierenden Abgleich mit den Lyrics zum Einsatz, erhält hier einen Anteil von 16 % [P] am dialogischen Austausch und belegt in der Gesamtverteilung mit 13 % den 3. Platz.

Diskussionspunkte, welche als Parameter *Escola* die spezifische Einbindung von *Alas*, *Componentes* und besonderer Charakteristika der Sambaschule betreffen, werden mit einem prozentualen Anteil von 6 % [P] und 7 % [RM] in den reinen Bearbeitungen der 1. Strophe und dem mittleren Refrain thematisiert. Die Struktur zur Anlage des Sambas kommen hier mit 9% [P] und 5 % [RM] ebenfalls punktuell zur Diskussion. Im zentralen Refrain [RB] verändert sich das Bild: Hier kommen beide Mythemen umso prägnanter zur Geltung: 27 % entfallen im hymnischen Part [RB] auf die strukturelle Dimension, 20 % auf die besonderen Charakteristika der *Escola* und die Integration ihre Segmente.

Konkrete Überlegungen zum Hauptrefrain stehen in den einzelnen Bearbeitungen der Sambaparts mit 1% [P] und 6 % [RM] innerhalb dieser *Reunião* nur partiell im Fokus der Gruppenkonversation. Im gemischten Teil der Abschweifungen kommt er mit 17 % umso stärker zum Tragen und nimmt die dritte Position in der prozentualen Verteilung ein, was sich auf seine besondere Funktion im Gesamtgefüge eines Sambas de Enredo zurückführen lässt.

Eine Besonderheit der 3. *Parceria* ist die umfassende Diskussion der Harmoniegestaltung in der Eröffnung der 1. Strophe (*Cabeça do Samba*): Ist die Frage der Tonart ein spezifischer Aspekt, der in der Regel nur sehr kurz in den Sessions diskutiert wird, so entfallen in den Dialogen der 3. Gruppe 12 % der [P] auf Überlegungen zur Grundtonart und auf aus Tonartwechseln resultierende Konsequenzen für andere Teile des Sambas. Die prozentualen Werte der verbleibenden Parameter Fixierung, Dauer und des Mythemas *Andamento* bewegen sich im geringfügigen Rahmen von 1% bis 4 % und kommen in den Unterhaltungen der Gruppe nur untergeordnet zur Sprache.

9.5 Generierung, Gestaltung und Verarbeitung musikalischer und poetischer Ideen

1. Strategien zur Erarbeitung der Lyrics

Für die Anlage und Ausgestaltung des poetischen Textes, der *Letras*, greift das 3. Komponistenkollektiv auf ähnliche Techniken und Strategien zurück wie die Fallbeispielgruppen 1 und 2: Grundlage ist die *Sinopse*, die intensiv studiert wird, permanent in der Session präsent ist und in verschiedenen Stadien der Lösungsfindung zur Inspiration und Kontrolle der detailgetreuen, konzeptionellen Stimmigkeit der Lyrics herangezogen wird. Unter der Führung von Komp. 1-3, der den Großteil der poetischen Ideen generiert, entwickelt sich der Textentwurf Abschnitt für Abschnitt, wobei die Segmente eines komplementären Verspaares in möglichst direkter Folge aufeinander kreiert werden. Die jeweils zweite Passage bildet hierbei als Fortsetzung des vorangehenden Versteils die poetische Fortspinnung. Ist zunächst eine Grundgestalt festgelegt, konzentriert sich die Gruppe auf poetische Detailfragen, dreht und wendet Elemente und Schlüsselworte und versucht, Platzhalter gegen finale Textversionen auszutauschen. Die Reihenfolge der Entstehung von Musik und Text ist nicht festgelegt, sondern entscheidet sich am spezifischen Fall: So ist beispielsweise der Beginn der Kompositionssession von einem Abschnitt reiner Textdiskussion im Anschluss an die Lektüre der *Sinopse* geprägt, wobei die musikalischen Überlegungen erst im Anschluss und in gewisser Unabhängigkeit davon stattfinden; in anderen Fällen ist die Reihenfolge umgekehrt.

Für die Erarbeitung der *Letras* fokussieren sich die drei Komponisten auf verschiedene Komponenten poetischer Gestaltung und stilistischer Fragen: Vielschichtige Wortspiele, Metaphern und Reime werden eingeflochten. Dazu zählt die Einbindung bestimmter Expressionen und Schlagworte, die in einfacher oder doppelter Bedeutung verwendet werden und im zweiten Fall auf elementare Charakteristika der *Escola* anspielen können – z.B. »vergoldete Wiege«, »Kraft des Löwen«, »mein *Estácio*«, »rot«. Dabei stehen der Perfektionsanspruch des *Primeiros da Parceria*, der so viel Zeit investieren möchte, wie nötig ist, um die optimale Fassung des Sambas zu erschaffen, den pragmatischen Bestrebungen der anderen *Parceiros* in einigen Momenten entgegen. So rückt nach einer gewissen Zeit des Hin- und Herwendens einer Passage die Komplexität der Lyrics auf humoristische Weise in den Mittelpunkt des Geschehens: »Die Frage, ob er das Knie nun beugen wird, oder nicht ...«; »Wir müssen etwas Funktionaleres machen.« (Komp. 2-3); »Der Text hat zu viel Intelligentes und zu wenig Volkstümliches.« (Komp. 1-3). Grundkonflikte von ästhetisch-stilistischen Aspekten wie der Zwiespalt zwischen einer Gestaltung nach den Prämissen des künstlerisch-komplexen Anspruchs und der im Samba-Enredo bevorzugten Simplizität zugunsten von Eingängigkeit und Transparenz, kommen innerhalb der Dialoge stark zum Ausdruck. Auch die Sorge über eine durchschlagende Eintönigkeit durch die wiederholte Verwendung bestimmter Silben und Reimendungen wie »ia« oder die zwanghafte

Einbindung von aus künstlerischer Perspektive ungeeigneter aber obligatorischer Schlüsselworte ist Teil der Gespräche: »Müssen wir wirklich diesen Planeten einbringen?« (Komp. 1-3). Im Kontext der Textarbeit berücksichtigt die 3. Gruppe bei ihren Entscheidungen über Verse, Silben und der passenden Wortwahl neben den genannten Komponenten poetischer Natur deren Stimmigkeit mit der musikalischen Linie und mit stilprägenden, zentralen Charakteristika der Sambaschule wie der *Marcação da Bateria*. Diese wird im Rahmen verschiedener Revisionen durch eine perkussive Selbstbegleitung mit dem mitgebrachten *Surdo* simuliert und definiert als Kriterium für eine gelungene Textverarbeitung die Entscheidungen der Komponisten: »Lasst uns dann mit der *Bateria* dort schauen.« (Komp. 3-3).

Exemplarische Auszüge der Dialoge (P), Gruppenkonversationen der 3. Parceria

---

Szene 2
- Komp. 5-3 stößt zur Gruppe hinzu
- Austausch von Ideen, Kontrolle von musikalischen Parallelen zu anderen Sambas
- Thematisierung der Videos-Clips für Wettstreit
- Repetition, musikalische Veränderung und Bewertung, Diskussionen über musikalische Entscheidungen: Konsequenzen der melodischen Veränderung
- weiterer Diskussionspunkt: *Breque* als Störfaktor der melodischen Linie, Thematisierung von *Bateria* und *Andamento*
- Forderung, sich nicht zu lange an einem Teil aufzuhalten um Resultate zu erzielen

---

1	23.00	[Komp. 1-3 spielt dem zur Gruppe hinzugestoßenen Komp. 5-3 das
2		vorläufige Ergebnis vor]
3		Komp. 5-3: Ich denke, das hier ist gut. Das ist der Weg, der genommen wird.
4		Davon kann nicht *so-o* groß abgewichen werden. [...] Ich denke, hier sind wir
5		in den Samba der *Grande Rio* gerutscht – [Komp. 1-3 summt und tippt,
6		Komp. 5-3 singt vor: ›*Hoje a Academia está em festa – transformou o Desfile em procissão*‹
7		Komp. 4-3: Ziemlich viele nehmen den Samba mit Clip auf.
8		Viele machen ein Video zum Samba.
9	25.00	Komp. 1-3: Komp. 5-3, komm mal her – wir haben uns das hier überlegt ...
10		Schau mal! [wiederholt]
11		Komp. 3-3: Das ist schön! [...] Sehr hübsch!
12		Komp. 2-3: Wir 10 es mehr loslassen. Wiederholen wir. [Spielt, singt]
13		Komp. 3-3: Ja, das ist es. Wird super. Fehlt nur noch das Ende der 1. Strophe [...].
14		Schön! [...]. Genau so, Mann. [...]
15	27.40	Komp. 1-3: [Bei ›Die Waffen von *Jorge*‹] Was ist das für ein Ton? Du bist auf D.
16		Komp. 2-3: Erniedrigt.
17		Komp. 4-3: [...] Ja, ich hab den Ton [die Tonart] zu D geändert.

18		KOMP. 5-3: Nein, er hat nicht das verändert ... er hat die Tonart geändert.
19		KOMP. 1-3: Nein, das ist zu tief.
20		KOMP. 5-3: War höher, oder?
21		KOMP. 4-3: Ja, Mann, geh zurück auf die Quinte. Mach das besser auf der Quinte.
22		[Sie spielen gemeinsam weiter]
23		KOMP. 1-3: Wenn wir das machen, müssen wir die ganze Eröffnung ändern.
24		KOMP. 2-3: Naja, dann nimm es einfach ein bisschen höher!
25	30.50	[Komp. 1-3 spinnt die Melodie fort]
26		KOMP. 2-3: Nicht fallen lassen. Nein, mach hier keinen Break. Lass es nicht abfallen.
27		Nicht hetzen! Schaffst du das?
28		KOMP. 1-3: Die *Bateria* rennt schon so. Wenn wir eine gerade Melodie machen, verliert es jede
29		Schönheit, Mann!
30		KOMP. 3-3: Der Samba ist schön [...]. [Sie wiederholen]
31	31.00	KOMP. 2-3: Warte mal. Es gibt schon bei ›Tatze‹ einen Break, dann bei ›*Jorge*‹ willst du noch
32		einen? Es sind schon zwei Cuts, Mann! [...]
33		KOMP. 2-3: Los, machen wir weiter. Noch mal von vorn! Dann schauen wir. [...]
34		KOMP. 3-3: Lasst uns mal aufnehmen.

SZENE 3
- Fokus auf der Gestaltung der *Letras* mit Orientierung an der *Sinopse*
- Verschiedene poetische Vorschläge und Argumentationslinien zeigen die Evaluationsstruktur
- Kritik an Komplexität [Hinderlich für Verständnis und Charakter]
- Frage nach mehr Leichtigkeit und Funktionalität
- Sorge um Komplexität kehrt häufig als zentraler Kritikpunkt wieder

1		KOMP. 1-3: Ach Mann, es ist so kompliziert [...].
2		KOMP. 2-3: Ja ... und wir müssen die Sprache vereinfachen.
3		Ich weiß, es ist kompliziert, aber ... [...].
4		KOMP. 1-3: ›Tatze‹ ist gut. [Schaut sich die *Sinopse* an, liest die
5		Schlagworte vor] ›Die Himmelskörper, Planeten‹ – ›Planet‹ ist furchtbar.
6		Ich nehme im Universum, im Kosmos, im Unendlichen.
7		[Schweigen, Zwischengespräch]
8	1.54.45	KOMP. 1-3: [Tippt, beginnt aus der *Sinopse* vorzulesen]
9		›Die Jugendzeit. Georg [...] seinem Schicksal folgend [...], bald wurde er in die
10		kaiserliche Hauptstadt gerufen. [...] 22 Jahre ... [überlegt] ›Planet ... Unendlichkeit‹
11		KOMP. 2-3: Mann, ist es denn wirklich so wichtig, ›Planet‹ zu nehmen?
12		KOMP. 4-3: Keine Ahnung...
13		KOMP. 2-3: Nein, wir lassen das mit dem Planeten.
14	1.57.40	KOMP. 1-3: Hier ... ›Errichten‹, da die Steine die Dinge konstruieren.
15		›Sein Ruhm‹? [...]

16		KOMP. 4-3: Der Weg seines Lebens ...
17		KOMP. 2-3: [Flüstert] ›Kleidung‹?
18		KOMP. 1-3: ›Kleidung‹ ist das Gegenteil, oder? ... ich glaube, das würde es lösen.
19		Besser ›In den Händen die Lanze – auf der Brust das Kreuz‹ ... oder ›Reisender‹? Nicht?
20		KOMP. 4-3: Ja, schön ... das ist gut so.
21		KOMP. 1-3: [Wiederholt] ›In den Händen die Lanze – auf der Brust das Kreuz‹ [tippt]
22		Besser? Oder kann es noch verbessert werden?
23		KOMP. 4-3: Wollen wir das wiederholen?
24	2.00.00	KOMP. 1-3: Nein, ich denke nicht, der Text verlangt es nicht. Er hat mehr
25		Intelligentes als Volkstümliches. [Singt, wiederholt und führt fort] ›In den Händen
26		die Lanze – auf der Brust das Kreuz – teilte sein Erbe –
27		machte sich Hoffnung – Weg des Lichts.‹
28		KOMP. 2-3 UND KOMP. 3-3: [Zeitgleich] Toll!!!
29		KOMP. 4-3: Lasst uns zum Refrain übergehen. Ich glaube, jetzt ist es besser!
30		KOMP. 1-3: Wir können das noch verbessern, mit mehr Leichtigkeit versehen ...
31		KOMP. 2-3: Das mit der Leichtigkeit machen wir später. Der Abschluss
32		ist echt perfekt! Und an erster Stelle steht die Geschichte, Mann!
33		KOMP. 1-3: Willst du, dass ich den Text verändere? Wenn du willst, dass ich mehr
34		Text komponiere, komponiere ich mehr Text. Erkläre besser ...
35		[Schweigen in der Gruppe, Komp. 1-3 summt, tippt gelegentlich]
36		KOMP. 1-3: Gut. Es ist echt schön. Wenn es jetzt zu viel wird,
37		lassen wir einen Teil weg.
38		KOMP. 4-3: Nein, ich denke es ist überhaupt nicht zu viel.
39	2.05.00	KOMP. 1-3: Oh! [Singt den Beginn, erweitert um eine neue Sequenz]
40		›Die Sonne reflektierte – auf dem roten Mantel – die fühlende Seele – die bittende
41 [41]		Aura – beugte das Knie‹– ist Christ geworden, nicht wahr? – ›In den Händen die Lanze – auf der Brust das Kreuz‹.
42		Krass! Fantastisch [...], nur sehr viel.
43		KOMP. 2-3: Und schwer.
44		KOMP. 1-3: Ja, wir können etwas weglassen. Wenn es nicht geht, warte ...
45		KOMP. 2-3: Nein – echt, es ist wirklich schön. Perfekt interpretiert.
46		[...] Meine Sorge ist nur, dass es zu schwerfällig ist.
47		KOMP. 1-3: Ich glaube auch, dass es einen Tick zu schwer und komplex ist.
48		KOMP. 2-3: Wenn du schon so weit bist – bring's einfach zum Abschluss.
49		KOMP. 1-3: Ja. ›Die Seele fühlte – Körper und Seele fühlten‹ ...
50		Krass, wirklich sehr schön! Die Frage ist, ob es noch besser geht.
51		KOMP. 2-3: Schauen wir mal!
52		KOMP. 4-3: Lasst uns mal ... schauen wir mit der *Bateria* dort, ob das funktioniert.

53		KOMP. 1-3: Nee, die Eröffnung ist ein Knaller. [Spielt ab dem Anfang]
54	2.07.20	KOMP. 3-3: Also, ich sage mal meine Meinung dazu. Ich glaube es ist echt gut.
55		Aber der Samba muss mehr fließen.
56		KOMP. 4-3: Aber er fließt! – Mann – ich finde es perfekt! Genau verstanden!
57		KOMP. 3-3: Es ist echt schön, aber es ist zu statisch.
58		Schön, aber zu es wirkt zu starr.
59		KOMP. 1-3: Also, der Teil, über den ich nachdenke, ist das mit dem roten Mantel.
60		KOMP. 2-3: Wir müssen etwas machen, das funktionaler ist.

SZENE 4
- Gestaltung der *Lyrics*: Erneut sind Leichtigkeit und Simplizität vs. komplexer, subtiler Poesie und die daraus erwachsende Schwerfälligkeit ein Streitpunkt
- Anspruch auf Transparenz der *Letras* im Allgemeinen
- Wunsch, dem eigenen poetischen Anspruch und gleichzeitig dem Publikum gerecht zu werden
- Heranziehen der *Sinopse*, Grundsatzdiskussion zu Gewichtung bzw. Verhältnis von Text und Musik

1		KOMP. 1-3: [Summt] Also – was nun, in welche Richtung gehen wir jetzt?
2		KOMP. 2-3: Ich denke, wir müssen einfach mal weitergehen, damit wir irgendwann
3		fertig werden ... Die Frage, ob er das Knie nun beugt oder nicht ... Wir müssen einfach
4		vorwärtskommen, weiter machen.
5		KOMP. 1-3: Also ... Mich besorgt das mit ›die Aura‹ und ›die Seele‹ ...
6		Ich fürchte das ist zu kompliziert ...
7		KOMP. 4-3: Um es zu singen, meinst du?
8		KOMP. 1-3: Das verstehen die Leute nicht ...
9		KOMP. 2-3: Ja, lasst es uns einfach poetisch leichter machen – dann wird's besser.
10		KOMP. 1-3: [Singt und summt einen neuen Vorschlag] ›Er wartete nicht, um
11		das Knie zu beugen‹ ... ›auf diesem Weg‹ ...
12	2:22:00	KOMP. 4-3: Nimm ›Seele‹ raus und nimm stattdessen ...
13		KOMP. 1-3: Oh Mann, es ist viel zu viel ›ia‹ und ›ança‹.
14		Da wird einem schlecht.
15		[Wiederholt die Passage] Der Text reflektiert das nicht, verstehst du?
16		KOMP. 4-3: Hm, das ist zu schwer.
17		KOMP. 2-3: Zu viel ›ia‹, nicht wahr? ... [...]
18		KOMP. 1-3: ›Die Seele fühlte‹ ... ja und jetzt verdammt?! Los, weiter!
19	2:24:00	KOMP. 1-3: ›Der Märtyrer und der Glaube‹ ... – Also, hören wir mal [nimmt die *Sinopse*,
20		blättert, Audio vom *Lançamento* ist zu hören, Erklärung der entsprechenden Stelle]
21		Im Refrain muss der Krieger zur Geltung kommen!
22	2:28:00	KOMP. 1-3: ›Die Seele fühlte ... bat ... die Seele regte an ... – herauszufordern –
23		und das Knie zu beugen – in den Händen die Lanze – an der Brust das Kreuz –

24	– verteilte sein Erbe – Weg des Lichts‹. Hm, da muss das Volk mit rein.
25	Es muss Volkstümlichkeit in den Refrain. Das Volk liebt ihn, weil er ist wie er ist.
26	Ich versuche, mehr Popularität im Refrain unterzubringen.
27	KOMP. 2-3: Ja, los, lass uns weitermachen!!
28	KOMP. 1-3: ›Teilte das Erbe – spendet Hoffnung‹ – nein ... ›verteilt das Erbe – spendet Hoffnung
29	– Weg des Lichts‹.
30	KOMP. 2-3: Nein, das ist immer noch so kompliziert ...
31	KOMP. 3-3: Der Vers ist losgelöst! Es nützt überhaupt nichts, wenn die Lyrics perfekt sind, man, der
32	Text muss mitgenommen werden. Es nützt alles nix, Mann. Der Text – okay ... konzentriere dich auf
33	die Musik. Was den Samba ausmacht, ist die Musik!
34	KOMP. 2-3: So siehts aus. [...] Wirf das Gewicht ab [mach es leichter und klarer].

2. Strategien der musikalischen Ideenfindung und -verarbeitung

Bei der Generierung und Verarbeitung des musikalischen Materials lässt sich in *Parceria* 3 eine determinierte Strategie im kompositorischen Vorgehen beobachten: Der Weg zum melodischen Motiv und schließlich zur vollständigen Phrase vollzieht sich ausgehend von einem Ursprungsmotiv oder fragmentartigen Partikel einer musikalischen Kernidee in einem mehrschrittigen Verfahren.[97]

---

97 Vgl. vollständige Transkription der Session (Erarbeitung und Bearbeitung) mit mehrschrittiger Analyse musikalischer Beziehungen, koloriert und in mehreren Schichten im digitalen Anhang.

Beispiel 2: Fragment 5 und 6

Motive oder Fragmente entwachsen entweder einem spontanen Inspirationsmoment und gehen als Resultat aus einer Improvisation oder Weiterführung eines Durchlaufs hervor oder sie entstehen aus dem Impuls einer vorgetragenen Passage der *Sinopse*. Markant ist, dass entstehende Motive sich nicht sofort im ersten Entwurf in einer vollständigen Form präsentieren müssen. Sie können ebenso als untextierte Fragmente auftreten und – teils ohne definierbare Tonhöhen oder Rhythmen – nur andeutungsweise gesummt werden und erst im Folgeverlauf über mehrere Durchläufe eine eindeutige Form ausbilden. Die Komposition des ersten Segments illustriert dieses Prinzip: Das erschaffene Fragment, zunächst von diversen Cuts[98] durchbrochen, vervollständigt sich erst in der dritten Fassung zu einem kompletten Segment (illustriert in Beispiel 1). Ausgehend von dieser Version entwickelt sich im natürlichen Fluss ohne Umschweife ein komplementärer Part (Segment 2), der sich mühelos um ein weiteres Segment (3) ergänzt.

---

98 Abbrüche mit anschließendem Neuansätzen.

Beispiel 3: Natürliche Weiterentwicklung und Erweiterung der Segmente 1–2

Zwischen den entwickelten Nachbarsegmenten [1–2, 3–4] zeigen sich enge Verwandtschaften des musikalischen Materials, das sich in Segmentpaaren komplementär zu musikalischen Phrasen zusammenschließt und nach einem Prinzip natürlicher Fortspinnung auseinander hervorgeht. Diese im Notenmaterial verzeichneten Beziehungen bestehen nicht immer ab der ersten Ausführung der Segmente, sondern bilden sich im natürlichen Prozess des Trial-and-Error-Verfahrens im Zuge mehrerer Durchläufe und gegebenenfalls mit Veränderungen oder Versetzungen von motivischem Material heraus. Interessant ist, dass der Entstehungsmoment musikalischen Materials – noch vor dem Eintritt in seine bewusste Erarbeitung – zeitweilig von kritischen Bewertungen oder Rückversicherungen begleitet wird (»Das kann man so machen, oder?« Komp. 1-3). Charakteristisch für das Vorgehen der 3. *Parceria* ist außerdem ein schrittweises Vorangehen bei der Entwicklung der Abschnitte. Unter der Führung von Komp. 1-3 entstehen nicht im Block sondern Segment für Segment bei jedem Durchlauf Fortspinnungen bereits bestehender Phrasen. Die Erweiterung erfolgt in diversen Fällen zunächst als fragmenthafter Fortsatz, nicht als vollständige Passage, wie sich auch in den illustrativen Beispielen der Fragmente 4 und 5 zeigt:

Beispiel 4: Segmente 1–3 und Fragment 4

Beispiel 5: Segment 2–4 und Fragment 5

Revisionen vollziehen sich in ganzen Durchläufen, in der Regel ab Segment 1 beginnend, ohne Aussparung von Zwischensegmenten. Die blockweise, gesonderte Segmentbearbeitung ist in der kompositorischen Strategie der Gruppe eine Ausnahme. Dennoch werden die Passagen in den Durchläufen mit jeder Revision leicht verändert und in Abgleich mit ihrem musikalischen Kontext mit einer Reihe musikalischer Gestaltungsmittel variiert, beispielsweise durch melodische Umspielungen, Tonlagenveränderungen oder rhythmische Transformation.

Beispiel 6: Segment 1 in vier Ausführungen

Als Besonderheit musikalischer Gestaltung konzeptioniert der *Primeiro* der Gruppe bewusst die Umsetzung des Handlungsgeschehens in tonmalerischer Form mit passenden melodischen Elementen und reflektiert über geeignete Stellen für *Paradinhas* der *Bateria* sowie eine mögliche Begleitung durch einen *Macumba*-Rhythmus. Auch die Übereinstimmung des Sambas mit dem *Andamento* der Sambaschule und den Charakteristika der *Bateria do Estácio* wird zu einem elementaren Bestandteil der Diskussion und leitet die Entscheidungsfindung der Gruppe:

Beispiel 7: *Breque* in der Melodie (aus dem Bearbeitungsteil)

Gelegentlich ist der gelegentlich losgelöste Einwurf von Fragmenten zu beobachten, die jedoch nicht aufgegriffen und musikalisch weiterverarbeitet werden, sondern unkommentiert verblassen, sowie die teils simultanen *Fortspinnungen* einer Phrase in melodisch oder rhythmisch differierender Gestalt durch mehrere Komponisten.

(2) Uma virada!
(1) E tem que ser mais alto.
(2) É. Tá muito errado.
(3) A Entrada?
(1) É um outro tom, Cara.

Beispiel 8: Losgelöstes Fragment 7

Beispiel 9: Segment 4 (zeitgleiche Fortspinnung der Komponisten)

Beispiel 10: Segment 1 (aus dem Bearbeitungsteil), zeitgleiche Fortspinnung

Der Bearbeitungsteil ist aus kompositorischer Sicht im Wesentlichen durch dieselben konstituierenden Prinzipien von Revision und Rekapitulation gekennzeichnet, die den Ausgangspunkt für musikalische Transformation bilden. Auch hier werden neu entstehende Fragmente eingeflochten und von Durchlauf zu Durchlauf stetig kleine Veränderungen vorgenommen. Allerdings fällt auf, dass spezifische Segmentpaare nun auch losgelöst von ihrer Kontextualisierung im Gesamtdurchlauf rekapituliert und blockweise separat umgearbeitet werden [Segment 11–12; Segment 5].

Dieser Teil der *Reunião* ist weitaus stärker von kritischen Einwürfen, Anmerkungen und Evaluationen begleitet und legt eine Vielzahl an Wünschen musikalischer oder ästhetischer Natur offen. Auch die Problematik unbewusster Verwendung von *Padrões* kommt im Zusammenhang mit der Eigenkontrolle innerhalb der *Parceria* bewusst zur Sprache: Komp. 5-3: »Hier seid ihr in den Samba der *Grande Rio* gerutscht.«

Beispiel 11: Musikalisches Zitat der Sambaschule *Grande Rio*

9.6 Kommunikationsstruktur und dialogischer Austausch

In den dialogischen Wechseln und dem musikalischen Austausch der 3. Komponistengruppe offenbart sich eine ausgeglichene Mischung verbaler und nonverbaler Kommunikation innerhalb der von mir begleiteten *Reuniões*. Einerseits finden sich in den transkribierten Dialogen und Audioaufnahmen der Session umfangreiche verbale Ausführungen der Komponisten zu Themenbereichen wie Struktur, Inhaltsvermittlung, musikalische wie poetische Feinheiten, Überlegungen zur Umsetzung des *Enredos* sowie zur Sorge um seine simpel anmutende, im Grunde genommen aber gefährliche, da sehr populäre Thematik: »Das ist schwierig, einen einfachen Samba machen alle gut.« (Komp. 1-3). Andererseits demonstrieren diverse Passagen, wie sich ein Austausch fast ausschließlich auf der nonverbalen Ebene vollziehen kann. Hier kommuniziert die Gruppe über das Medium Musik und unterbreitet sich gegenseitige Vorschläge durch die gesungene oder instrumental im gemeinsamen Trial-and-Error ausgeführte praktische Demonstration neuer Ideen. Dies schließt nicht aus, dass die musikalischen Dialoge und Fortführungen von verbalen Kommentaren begleitet sein können. Insgesamt zeigt sich der Anteil von verbalem und nonverbalem Austausch sehr ausgeglichen; die Reproduktion von Musik in Durchläufen und Repetitionen wird nicht als Ersatz für den verbalen Dialog, sondern als komplementäre Strategie in der künstlerischen Arbeit verwendet.

Die langjährige Beziehung der drei *Parceiros* spiegelt sich vielfach in der Struktur ihrer Kommunikation. Seit vielen Jahren sind sie ein eingespieltes Team und einander auf persönlicher, freundschaftlicher Ebene, aber auch professionell in unterschiedlichen Kontexten verbunden – sowohl beim Komponieren als auch in der Direktion der *Vila Isabel*. Dass es sich bei den drei Hauptkomponisten sowohl um eine *Parceria* mit Idolcharakter in der Samba-Enredo-Komposition als auch um die wohl älteste aller bekannten *Parcerias* handelt, bestätigen Interviews mit weiteren Komponisten (z. B. Komp. 2-2). Spiegel dieser Intimität ist der transparente dialogische Austausch, der erlaubt, jegliche Art von Aspekten, Fragen oder Zweifeln offen und ohne Scheu in der Gruppe zu kommunizieren. Anmerkungen werden in einem respektvollen Umgang miteinander vorgebracht, was die äußere Struktur der Dialoge belegt und illustriert: Bis auf einige sich überlappende musikalische Fortspinnungen, in denen mehrere *Parceiros* parallel melodische Ideen aufnehmen und in unterschiedlicher Weise weiterführen, gibt es nur wenige Überschneidungen auf der Ebene des verbalen Austauschs. Diese sind in der Regel spontane Folgereaktionen auf eine unmittelbar zuvor getätigte Bemerkung. Selbst, wenn in unterschiedlichen Momenten der *Reunião* Meinungsverschiedenheiten zu thematischen oder musikalischen Fragen auftreten, habe ich streitähnliche Situationen nie beobachtet. Die Kommunikation in der Gruppe zeigt sich als sehr direkt, Probleme werden offen und transparent erörtert und nicht etwa durch aus Unsicherheit entstehende Umschreibungen und Hedging verschleiert. Komp. 2-3 beschreibt das Beziehungsgefüge im Portraitinterview als »wie bei einem Ehepaar«: Man kenne die Stärken und Schwächen des anderen, müsse nichts beschönigen und könne sich gegenseitig die ehrliche Meinung sagen. Gleichzeitig wachse mit den Jahren auch das Vertrauen in die Fähigkeiten des anderen – jeder wisse, wo sein Platz sei. Dennoch driftet die Aufmerksamkeit auf die Komposition als eigentlichem Fokus der Überlegungen gelegentlich ab, und der dialogische Fluss in der Gruppe stockt, wenn der *Primeiro da Parceria* zu lange in individueller Arbeit an einer Passage tüftelt, ohne die anderen aktiv in das Geschehen einzubeziehen. Diese Situationen laufen leicht in Phasen der Unterbrechung oder Abschweifung in private Gespräche und Parallelhandlungen zum eigentlichen Kompositionsgeschehen über. Aktive Rückfragen können hingegen innerhalb der Komponistengruppe zum Ausgangspunkt für eine umfassende Bewertungsphase, aber auch zum Impuls für simultane Privatgespräche werden.

Das Medium WhatsApp verwendet die Gruppe vorrangig zum Austausch über kurze, notwendige Belange, weniger für die Komposition selbst. Die Gruppe ist sich darüber einig, dass die Kommunikation über ein derartiges Medium keinen gemeinsamen Schaffensprozess in der

Reunião ersetzen könne, sondern die reale Begegnung zweifelsfrei zum schnelleren und qualitativ hochwertigeren Ergebnis führe.

9.7 Bewertung, Kritik und hierarchische Strukturen

In der künstlerischen Richtungsbestimmung der Gruppe – einerseits bezüglich eingebrachter musikalischer und poetischer Ideen, andererseits im Bewertungs- und Entscheidungsprozess – erschließt sich aus den analysierten Dialogen ein festes hierarchisches Gefüge. Diese Beobachtungen werden von den Ausführungen der Komponisten zur Struktur ihrer *Parceria* in den Portraitinterviews gestützt. Innerhalb des eingespielten Beziehungsgefüges kristallisieren sich verschiedene individuelle Funktionen und Positionen heraus, doch Komp. 1-3 wird einvernehmlich als Entscheidungsträger der Gruppe anerkannt: »Komp. 1-3 ist der Star...« (Komp. 2-3). Mit seinem umfangreichen theoretischen und praktischen Wissen, aber auch mit hohem Perfektionsanspruch, versucht er, die Komposition durch ständige Eigenkontrolle, Reflexion und Transformation des musikalisch-lyrischen Materials in geordnete Bahnen zu lenken und gemeinsam mit der *Parceria* zu einem herausragenden Werk zu gestalten. Dabei erkundigt er sich regelmäßig nach den Meinungen der Kollegen, wie er selbst im Interview bestätigt: »Wir arbeiten zusammen. Klar frage ich: ›Ist das gut so?‹ Aber ich bringe den Großteil der Ideen ein. Die künstlerische Führung ist meine. Eine Teilung gibt es nicht. Die anderen kontrollieren eher.« Eine Ausnahme in dieser hierarchischen Konstellation bildet die Funktion von Komp. 5-3. Als *Puxador* der *GRES. Estácio de Sá* kommt ihm im Beziehungsgefüge der *Parceria* eine ähnliche entscheidungstragende Rolle zu wie dem *Primeiro* selbst. Seine Insiderposition und professionelle Position bei *Estácio* führen zur Anerkennung seiner Autorität in künstlerisch-stilistischen Fragen. Komp. 1-3 erkundigt sich sogar explizit nach seiner Einschätzung: »Komm mal her, Komp. 5-3, wir dachten, dass wir folgendermaßen anfangen könnten [...]«. Trotz der sichtbaren Dominanz in Gestaltungsfragen und seinen sprudelnden kreativen Einfällen, die er oft im Alleingang entwickelt, versucht Komp. 1-3, die *Parceiros* nach Möglichkeit aktiv in das Kompositionsgeschehen einzubinden: Einerseits als beratende und bewertende Instanzen im Entscheidungsprozess, andererseits in kreativer Funktion bei der kollektiven kompositorischen Ideenentwicklung. Ungeachtet des dominanten Ideenflusses des Gruppenleiters steht es auch den anderen *Parceiros* frei, aufkeimende Impulse einzubringen und Entwürfe kritisch zu hinterfragen.

Insgesamt zeichnen sich in der Rollenverteilung der Gruppe bei Komp. 1-3, Komp. 2-3 und Komp. 3-3 jedoch unterschiedliche Verantwortungsbereiche ab, die deren individuellen Qualitäten entsprechen: Neben Komp. 1-3 als künstlerischem Leiter offenbart sich Komp. 2-3 als strukturgestaltendes Mitglied der Gruppe. Mit einem gewissen Pragmatismus, der auch in seiner Rolle als Organisator des *Disputa* von großem Nutzen ist, übt er eine Kontrollfunktion über den Perfektionsanspruch und die Detailverliebtheit des Gruppenleiters aus. Vielmals weist er darauf hin, dass es klüger wäre, sich nicht auf problematische Mikroelemente zu versteifen, sondern das große Ganze im Auge zu behalten, um einer aufkeimenden Stagnation zu entgehen und in stetigem »vor und zurück« nur einen der vier Teile zu konstruieren. Regelmäßig hält er die Gruppe zum Voranschreiten an, um Zeitverlust entgegenzuwirken: »Gehen wir weiter, danach sehen wir«; »Versuchen wir ein bisschen vorwärtszukommen«; »Gehen wir weiter zu [...]«; »Lassen wir das jetzt erst mal.« Dieser Charakterzug ist Fluch und Segen zugleich, denn er birgt in künstlerischer Hinsicht die Gefahr der Flüchtigkeit und das Übergehen von Knackpunkten durch Ungeduld. Gelegentlich bringt Komp. 2-3 eigene melodische Ideen oder inhaltliche Kritik zu musikalisch-konzeptionellen Fragen wie der Durchbrechung der Linie mit zu vielen *Breques* ein. Komp. 3-3 hingegen überlässt die künstlerische Kreation in weiten Zügen Komp. 1-3 und begleitet das Fortschreiten der Arbeit mit regelmäßigen Bewertungen. Er bringt ästhetische Grundsatzfragen zur Sprache und betont die Bedeutung des Simplizitätskonzeptes im Samba-Enredo und stellt die Notwendigkeit allgemeiner Verständlichkeit heraus, sowie die zu priorisierende Rolle der Musik gegenüber dem Text. Vor allem für die Gemeinschaft der *Comunidade* wäre es elementar, praktisch und pragmatisch zu denken und anstelle von künstlerisch-poetisch komplexer und schwer erfassbarer Lyrik, die sich nur noch den Spezialisten im Detail erschließe, auf die Wirkung der Musik zu vertrauen und auf eine Vereinfachung des Textes zu setzen.

Begünstigt durch das gewachsene, gegenseitige Vertrauen des aufeinander eingespielten Teams fällt es den *Parceiros* leicht, Kritik und Bewertung untereinander in offener Form zu äußern: »Das ist so schwerfällig«; »Das ist sehr volkstümlich«; »Das muss freier sein«. Wie die Komponisten innerhalb der Einzelportraits berichten, steht die Qualität des Endergebnisses über den individuellen Interessen des Einzelnen. Dem Gesamtwerk zuliebe würde man im Zweifelsfall zurückstecken und nicht versuchen, entgegen der Prioritäten der Gruppe das Einbringen der eigenen Idee zu erzwingen.

Kapitel 10: Vom Wohnzimmer auf die Bühne: Der Tonstudiobesuch als Brückenmoment zwischen Komposition und Performance

10.1 Ein entscheidender Moment: Die Produktion des Videoclips und die Tonaufnahme des Sambas im Studio

Die Aufnahme eines Sambas im Tonstudio, bekannt als *Gravação*, ist für die Komponisten einer der wichtigsten Schritte und besiegelt die endgültige Fixierung ihres Werkes auf einem Tonträger [CD]. Der Tonstudiobesuch steht zwischen dem Moment der kompositorischen Schöpfung in der Session (der *Hora da composição*) und der Live-Performance im Wettstreit. Die im Studio entstehende Endfassung wird am Tag der *Entrega do Samba* zusammen mit circa 30 Kopien der *Letras* und der zu entrichtenden Gebühr von der *Parceria* eingereicht und von der Direktion der Sambaschule für den Komponistenwettstreit unter einer bestimmten Nummer registriert. Im Bereich der Samba-Enredo-Komposition ist es nach wie vor gängige Praxis, lediglich die Lyrics des Sambas auf Papier oder mittels Computer schriftlich festzuhalten und in verschiedenen Phasen zu überarbeiten. Im musikalischen Bereich hingegen beläuft sich eine Verschriftlichung höchstens auf die Verzeichnung von Akkorden. Auf eine Notation der Melodie oder sonstiger Notentexte wird in der Regel vollkommen verzichtet. Dies konnte ich im Zuge der Feldforschung in den *Reuniões* und *Gravações* vielfach feststellen. Außerdem festigte sich die Beobachtung durch die Bestätigung der Komponisten innerhalb der geführten Interviews. Die *Parcerias* konservieren die musikalischen Teil- und Endergebnisse ihrer Ideen innerhalb der Komponistensessions in Form von Audiofragmenten: Diese werden bei besonderer Schönheit oder passender Stilistik zunächst einzeln und später erneut in ihrem musikalischen Kontext im Abschlussaudio aufgenommen und in die gemeinsame WhatsApp-Gruppe verschickt, wenn die Idee von der gesamten Gruppe bestätigt wird. Die Audios dienen neben der oralen Fixierung des Kompositionsresultates gleichzeitig als Gedankenstütze für die Komponisten, mit denen die Melodielinien – parallel zu den verschriftlichten *Letras* – in Erinnerung gerufen werden können. Die Ideen können mithilfe der Audios bis zum Zeitpunkt der CD-Aufnahme stetig weiterentwickelt, verändert, variiert und ergänzt und über den Austausch in der gemeinsamen WhatsApp-Gruppe selbst fernmündlich von allen Teilnehmern bearbeitet werden – eine Möglichkeit der neuen Medien, die Segen und Fluch zugleich ist. Im Moment der Aufnahme findet der Samba schließlich in seine finale Fassung für den *Disputa*: Die fertige CD-Version kann als akustisches Äquivalent zur gedruckten Partitur betrachtet werden und ist zunächst für die anschließenden Live-Präsentationen vor Publikum und Jury im *Quadra* der Sambaschule verbindlich. Korrigiert wird nun nur noch im Ausnahmefall. An dieser Stelle sollte angemerkt werden, dass es sich bei der *Gravação* um ein Brückenstadium zwischen dem künstlerischen Entstehen des musikalischen Werkes im privaten, öffentlichkeitsabgewandten Rahmen der *Reunião* und der Präsentation des Sambas in der öffentlichkeitsorientierten Bühnenshow handelt: Sie beinhaltet als einmaliger Verbindungsmoment zwischen Komposition und Performance Charakteristika beider Phasen und ist angesichts der heutigen Produktionsbedingungen in ihrer Mitte angesiedelt.

10.2 Wie gestaltet sich der typische Ablauf einer Studioaufnahme?

Die Aufnahme der finalen Version des Sambas für den Wettstreit der Komponisten ist ein sehr aufwändiges Verfahren, das in der Regel mehrere Stunden, unter Umständen bis zu mehreren Tagen dauert. Die geschätzte Stundenzahl wird innerhalb der *Reunião* von den Komponisten besprochen und ein entsprechendes Zeitfenster mit dem Tonmeister des betreffenden Studios vereinbart. Sprengt die Dauer von Aufnahmen, Veränderungen und Korrekturen den angesetzten zeitlichen Rahmen – wie im Fall der *Gravação* von Fallbeispiel II, *GRES. Porto da Pedra* 2016 oder der konkurrierenden Sambas der *Parceria* 7 für *GRES. Unidos de Vila Isabel* 2015, für die ich den Violinen-Part einspielte –, kann ein zweiter Tag für Korrektur- und Abschlussarbeiten vereinbart werden. Üblicherweise werden im Studio alle Stimmen bzw. Stimmgruppen separat eingespielt.[1] Nicht alle Komponisten müssen beim gesamten Prozess anwesend sein, sondern können je nach Verfügbarkeit dazustoßen. Eine Ausnahme ist der »Chef der Gruppe«, der *Líder da Parceria*, der in der Regel als Ansprechpartner des Tonmeisters fungiert, alle Vereinbarungen und Konditionen mit ihm aushandelt, die künstlerische Leitung übernimmt und das finale Wort bei kompositorischen Entscheidungen hat. Bezüglich der Reihenfolge aller aufzunehmenden Instrumente besteht eine feste Ordnung. Nach der Ankunft der Komponisten im Studio beginnt die *Gravação* mit den perkussiven Instrumenten der *Bateria* als rhythmischer Basis des Sambas. Hier stellt sich für jede Gruppe die Frage, ob *Surdo*, *Repique*, *Caixa*, *Tamborim Cuíca* und *Chocalho* sowie gegebenenfalls *Agogô* nach einem vorgefertigten Muster vom Band zusammengestellt oder live eingespielt werden. Im Falle der ersten Variante ist es dem Tonmeister möglich, die Ausgewogenheit im Klangverhältnis der Instrumente, ihre Abmischung, sowie das für den Samba gewählte Tempo dem Stil der *Bateria* der betreffenden *Escola* in Grundzügen anzupassen und auf Sonderwünsche der Gruppe einzugehen. Er präsentiert dem *Primeiro da Parceria* einen klanglichen Entwurf und erstellt nach Rücksprache mit ihm die perkussive Basis. Die zweite, deutlich aufwändigere Möglichkeit ist die Live-Einspielung der *Bateria* durch von der *Parceria* angefragte *Ritmistas* der betreffenden Sambaschule. Diese verlangen zwar nicht immer Gagen, doch gestaltet sich die Aufnahme aller Instrumente umfang-

---

[1] Einträge im Forschungstagebuch zu verschiedenen Studiobesuchen, z. B. *Gravação* für *Unidos do Santa Marta* am 2.7.2015.

reich und zeitintensiv, woraus eine große Zahl an Produktionsstunden im Studio resultiert, die in der Regel mit circa 100–150 Reais pro Stunde vergütet werden.[2] Dennoch ist diese Variante nicht nur aufgrund des originalen Klangs der *Bateria*, sondern auch der im Werbevideo der *Parceria* erscheinenden Musiker die deutlich lukrativere Alternative zur fertigen Basis.

Im Kontext der Tonstudioaufnahme eines Sambas ist anzumerken, dass unter den professionellen *Sambistas* bekannte Studios wie beispielsweise das *Studio do Léo* in *Vila Isabel* für die Produktionen bevorzugt werden. Dieses Studio hat sich in langjähriger Arbeit auf Samba-Enredo, die Zusammenarbeit mit den *Parcerias* und die Abmischung der Instrumente der *Bateria*[3] spezialisiert und ist mit der Aufnahme der Harmonieinstrumente und Sänger vertraut, was den Gruppen Zeit und Arbeit erspart.

Vor dem Beginn der *Gravação* wird zur Orientierung aller Musiker und *Ritmista* eine vorläufige Musterversion von Gesang und harmonischer Begleitung erstellt, die meist durch den *Primeiro do Samba* in einem Durchlauf eingespielt wird und stets parallel zur Registrierung der einzelnen Stimmen über Kopfhörer mitläuft, jedoch nur für den aufnehmenden Musiker hörbar ist. Es folgen in getrennter Aufnahme:

1. Perkussion *(Bateria)*
2. Harmonieinstrumente (*Violão/Bandolim* UND *Cavaquinho*)
3. Gesang (Chor und Interpret) und solistische Instrumente

Die Einspielung der harmonischen Basis ist in der Regel unkompliziert, da sie von einer Person vorgenommen wird und die Harmoniefolgen bzw. akkordischen Muster schematisch vorgegeben sind.[4]

> »Du weißt in etwa, wohin es gehen wird, denn im Samba gibt es ein [harmonisches] Muster, dem du folgen musst. [...] Die Musiker [...] verwenden sehr wahrscheinlich die Sequenzen, die sie im Unterricht in der Musikschule gelernt haben. [...] Es ist sehr wahrscheinlich, dass das passieren wird. Daher rührt diese Formelhaftigkeit im Samba-Enredo. Sie kreieren eine Formel [harmonische Sequenzen] im Samba-Enredo, prinzipielle Harmonien [...] [und] erschaffen Muster.«[5] FÁDICO, *Cavaquinhista* [*Unidos da Tijuca*], 25.2.2016.

---

2   Kenntnis über diesen Wert: aus Gesprächen mit anderen Musikern; andererseits war das auch die Summe, die ich etwa pro Auftritt bzw. Studioaufnahme bekam.

3   Sie verfügen bereits über einen Soundset für die *Baterias* der großen Sambaschulen mit ihren jeweiligen Besonderheiten, der nach Geschmack der Komponisten leicht abgeändert werden muss.

4   Dies bestätigten *Cavaquinhista* aus verschiedenen *Escolas de Samba* in persönlichen Gesprächen und Interviews. Ich erhielt von einem Musiker eine tabellarische Darstellung der vier am häufigsten verwendeten Akkordschemen im *Samba-Enredo*.

5   Originaltext: »Cê sabe que pra onde vai. No Samba existe uma sequencia que você tem que seguir. [...] Os músicos provavelmente [...] trazem o que aprenderam na Escola de música. [...] Provavelmente o que acon-

Der zentrale und neben der *Bateria* aufwändigste Part ist der Gesang. Hier wird zunächst der Chor, bestehend aus den anwesenden Komponisten sowie einem festen Grundstock an männlichen und weiblichen Sängern aus dem Bekannten- und Freundeskreis der *Parceria*, eingesungen. Üblicherweise wird jeder der vier Sambateile separat aufgenommen und kann besonders bei schwierigen melodischen Passagen auch kleingliedrig in wenige Zeilen aufgetrennt werden[6]. Vor dem Betreten des Studioraumes erhält jedes Mitglied des Chores eine Kopie des Textes, der gemeinsam gelesen und geübt wird. Bei der Aufnahme wird die einzusingende Passage zunächst einige Male separat einstudiert und dann Abschnitt für Abschnitt aufgenommen – gegebenenfalls mehrfach. Hier haben die Komponisten letztmalig die Möglichkeit, melodische Ideen und Veränderungsvorschläge einzubringen und direkt in die Endfassung einzuarbeiten. In diesem Rahmen gilt als eiserne Regel: Jene Mitglieder der *Parceria*, die im Studio anwesend sind, entscheiden über das finale Ergebnis. Die letzten künstlerischen Entscheidungen sind getroffen und die Gesangslinie in ihre fertige Endversion gebracht, wenn der Chor vollständig eingesungen ist. Nun ist der Solosänger *(Puxador)*[7], am Zug.[8] Als finaler Part der *Gravação* werden akustische Zugaben und besondere Effekte wie lautes Applaudieren oder Jubeln für den Anfang, gemeinsame Zwischenrufe des Chores und verschiedene Arten von *Chamadas* des Interpreten, die von den *Sambistas* als *Caco* bezeichnet werden, hinzugefügt.

Es existieren drei unterschiedliche Typen, die vom *Puxador* je nach Belieben und Geschmack spontan eingeflochten werden:

1. *Chamada/Esquenta da Comunidade*: Eröffnender Ruf des *Puxadores*[9]
2. Solistische Einwürfe in Vorsängerfunktion: Ansingen des nächsten Verses
3. Solistische Einwürfe mit kommunikativer Funktion: Spiel mit den Componentes, direktes Einbeziehen verschiedener *Alas*

---

teceu foi isso. E aí vai essa formula do Samba-Enredo. Criaram uma formula [sequencias de harmonia] do Samba-Enredo. Principalmente harmonias! [...] Criaram formulas.«.

6 Video 9 – *Gravação do Samba Concorrente* für *Unidos do Santa Marta* 2015.
7 In der Regel ein *Puxador* pro Gruppe, in vereinzelten Fällen sind zwei möglich.
8 Video 9 – *Gravação do Samba Concorrente* für *Unidos do Santa Marta* 2015.
9 Die *Chamadas* sind individuelle Markenzeichen des *Puxadores*, z. B. Tinga [*GRES. Unidos da Tijuca*]: »Solta o bicho! Alô Comunidade – canta – canta – canta«; Igor Sorriso [*GRES. Unidos de Vila Isabel*]: »Obrigado Meu Deus! Aí sim meus pretinhos«; Leozinho [*GRES. São Clemente*]: »Eu sou do bem!«; Gilhinho [*GRES. Portela*]: »É tudo nosso!«; Leonardo Bessa [*GRES. Acadêmicos do Salgueiro*]: »Deus, que tem uma porta estrelha que tem que brilhar!«. Vgl. Friederike Jurth: *Rio im Sambafieber* (unveröff. Masterarbeit), Weimar 2013; vgl. auch Leandro Braga: *Na Bateria da Escola de Samba,* Rio de Janeiro 2014, S. 37.

10.3 *Recomposição do Samba*: »Neukomposition« des Sambas. Arrangements für besondere Instrumente, Transformationen und Momente vollständiger Neugestaltung im Studio

Aufgrund der Studiogebühren, die sich nach Aufnahme- und Bearbeitungszeit vor Ort bemessen, sollte die Komposition eines Sambas idealerweise vor dem Studiobesuch abgeschlossen sein. Dennoch zeigt die Praxis, dass verschiedene künstlerische Entscheidungen oft erst im Moment der Aufnahme getroffen werden. Selbst das Einsingen der Melodie kann unterbrochen werden, um spontane Änderungen vorzunehmen. Obwohl jede *Gravação* prinzipiell einem festgelegten Ablauf folgt, ist jede Studioaufnahme eine individuelle Situation, die von *Parceria* zu *Parceria* und von Samba zu Samba in Abhängigkeit vom Stand der kompositorischen Vorarbeiten sowie der Konstellation anwesender Komponisten variiert und die eine oder andere überraschende Wendung für die Gruppe bereithalten kann. Dies soll anhand einiger Beispiele hier exemplarisch illustriert werden. In zwei von mir begleiteten Studioaufnahmen erfolgte eine derart umfassende Überarbeitung von Melodie und Lyrics, dass es einer vollständigen Neukomposition gleichkam. Das erste Beispiel ereignete sich im Kontext der Choraufnahme für den konkurrierenden *Samba* der *GRES. Unidos do Santa Marta* 2016 am 24.10.2015. Da ich hier erstmals nicht als Beobachterin, sondern als aktives Mitglied des Chores fungierte,[10] konnte ich den Prozess aus einer neuen Position wahrnehmen und in seinen Abläufen nachvollziehen. Während die Chorsänger unter Leitung der beiden Komponisten Guilherme Salgueiro und Walace Cestari zunächst *Refrão de Baixo* und *Refrão do Meio* und erst anschließend die beiden Strophen Passage für Passage übten und aufnahmen, kamen den künstlerischen Leitern im Augenblick der Einstudierung spontan diverse Ideen für melodische und sprachliche Umgestaltungen. Sie unterbrachen, sangen den neuen Einfall vor und ließen ihn von den *Parceiros* bewerten. Dies geschah im Laufe des Einsingens in so gehäufter Form, dass Walace schließlich mit einem Lächeln kommentierte: »Wir komponieren den Samba gerade neu!« (»Estamos recompondo o Samba!«).[11]

Der zweite exemplarische Fall entstand im Rahmen des Studiobesuches von *Parceria* 2.[12] Aufgrund von zeitlichen Engpässen der Komponisten musste die ursprünglich als zweite, für Korrekturen und Feinheiten angesetzte, *Reunião* zur Fertigstellung des Sambas abgesagt werden. So verlagerte sich sämtliche Kommunikation zu melodischen und poetischen Transformationen des Sambas auf die gemeinsame WhatsApp-Gruppe; das nächste Treffen erfolgte erst im Studio. Leider stellte sich dort heraus, dass nur ein Teil der Komponisten die Konversation aktiv mitverfolgt hatte, weshalb die Vorstellungen und Erwartungen darüber, was als Endversion aufgenommen

---

10 Die *teilnehmende Beobachtung* ermöglichte bessere Nachvollziehbarkeit und praktisches Verständnis der Vorgänge.
11 Video 9 – *Gravação do Samba Concorrente* für *Unidos do Santa Marta* 2015.
12 Gravação der 2. *Parceria* am 2.7.2015 im *Studio do Léo*.

werden sollte, extrem voneinander abwichen. Aufgrund der Differenzen kam es hier zu einer grundlegenden Überarbeitung verschiedenster Teile, die ebenfalls den Charakter einer Neukomposition trug, wie sie normalerweise innerhalb einer Kompositionssession stattgefunden hätte. Bedingt durch den Ärger über die Kommunikationsschwierigkeiten über WhatsApp, sowie den Unmut darüber, dass die Zeit im Studio für die Aufnahme und nicht für eine Neubearbeitung der Komposition vorgesehen ist, wurde die Beschleunigung aller noch offenen künstlerischen Entscheidungen angestrebt. Es kam zu hitzigen Diskussionen um melodische, poetische und strukturelle Fragen, die in leidenschaftlichen Streitgesprächen zwischen verschiedenen Komponisten ausgetragen wurden. Sie gipfelten in Grundsatzdebatten über kompositorische Entscheidungen und enthielten eindrucksvolle Dialoge zur Gratwanderung zwischen dem eigenen Geschmack und externen Vorgaben. Verschiedene Streitpunkte und Differenzen wären im Rahmen einer regulären Session unter geringerem zeitlichen und finanziellen Druck für alle Beteiligten sicher nicht in dieser Deutlichkeit zur Sprache gebracht worden.

Ein weiterer erwähnenswerter Aspekt, der exemplarisch für spontane Veränderungen im Studio steht, ist die improvisatorische Aktivität bei der Aufnahme solistischer Instrumente. Da ich an diversen Einspielungen von Sambas de Enredo mit der Violine mitgewirkt habe, möchte ich diese Erfahrungen als markante Beispiele einflechten. Zunächst muss ich an dieser Stelle darauf verweisen, dass der Umgang mit der Violine für die *Sambistas* aus mehreren Gründen ungewohnt war: zum einen aufgrund ihrer besonderen Verortung in der klassisch-abendländischen Musik, der *Musica erudita*, zum anderen aber auch durch ihre enge Bindung an die Tradition der Verschriftlichung in Form von gedruckten Noten und Partituren, die dem Samba-Enredo äußerst fremd sind. Wie auch Paulo Portela in seinem Tagebuch zur Entstehung und Aufnahme seines Sambas ausführt,[13] ist die Fixierung eines Arrangements in schriftlichen Noten eine absolute Ausnahme innerhalb des Genres. Dies bestätigte sich in vielen Fällen, bei denen ich die Einspielung der Violine für einen Samba übernahm.[14] Meist blieb es mir selbst überlassen, ein passendes melodisches Arrangement zu entwickeln, wenngleich schon im Vorfeld diverse Ideen von Seiten der Komponisten bestanden, welche Melodien mit meinem »exotischen« Instrument in Übereinstimmung mit dem *Enredo* eingespielt werden könnten – beispielsweise bestand der Wunsch nach einer Einbindung der Hauptthemen von Peter Tschaikowskys *Schwanensee* für das Thema *Largo de Cisne*.

Im Umgang mit der Erstellung und Einspielung eines Arrangements der Violine erlebte ich während der Feldforschung unterschiedliche Herangehensweisen, die an dieser Stelle illustrativ ausgeführt werden sollen. In der *Parceria 7* von Macaco Branco, Daví Sambaí und Paulinho Miranda wurde zwar sehr früh über eine Konzeption des Sambas mit Violine nachgedacht,[15] die

---

13 Vgl. Paulo Portela: *Samba ›Bravo!‹ do GRES. Unidos de Vila Isabel/2015. Nossa História.* Rio de Janeiro 2015, S. 1, S. 6 f.
14 Z. B. *Samba* der *Parceria 18* »*Família de Vila Isabel*« 2015, *Samba da Parceria 7 Vila Isabel* 2015, *Samba-Enredo official* der *Vila Isabel* 2015, *Samba-Enredo oficial* der *GRES. Tradicao* 2016.
15 Die Anfrage kam bereits in einem Nachrichtenwechsel im März 2014, vor der Veröffentlichung des *Enredos*.

konkrete Umsetzung bei der Aufnahme war jedoch äußerst improvisiert. Im Forschungstagebuch notierte ich zu meinem Eindruck des Studiobesuches am 22.7.2014 und 23.7.2014: »Sehr viele Dinge sind Resultat des Zufalls, des Momentes! Das meiste wird spontan kreiert.« Der angesetzte Termin mit dem *Primeiro da Parceria* zur gemeinsamen Erarbeitung des Violinen-Arrangements entfiel aus zeitlichen und organisatorischen Gründen, doch wurde mir als Idee übermittelt, die Melodie des Sambas simultan zum Interpreten unverändert mitzuspielen. Unglücklicherweise erhielt ich erst unmittelbar vor der Aufnahme – in der Nacht vor der *Gravação* – eine Vorversion der Melodie, sodass es nahezu unmöglich war, die Melodie aller Teile am kommenden Morgen fehlerfrei und auswendig zu beherrschen. Nach dem ersten Durchlauf wurde diese Idee aufgrund metrischer und gesanglicher Unvereinbarkeiten zwischen Violine und Interpret verworfen, die stilistischen Charakteristika des Genres geschuldet waren. Es stellte sich heraus, dass ein neues Konzept benötigt wurde, um die Melodien von Gesang und Violine auf harmonische Weise zu vereinen. Zeitgleich zur Studioaufnahme des *Puxadores* entstand im Außenbereich des Studios aus der spontanen Improvisation einiger Musiker und Komponisten parallel zu meinem Einspielen für die Aufnahme der Violine die Idee zu einem solistischen Intro.[16] Der legendäre Samba, *Renascer das Cinzas* von Martinho da Vila, einem Idol vieler *Sambistas*, sollte leicht abgewandelt im Stil der klassisch-abendländischer Musiktradition auf der Violine neuinterpretiert werden.[17] Mehrmals wurde mir die Melodie vorgesungen, während ich versuchte, den Anfangston zu finden und die Linie auf meinem Instrument nachzuspielen.[18] Nachdem das Intro[19] bei allen Anwesenden auf Begeisterung stieß, beschlossen wir, anstelle einer durchgängigen Melodie tonmalerisch in all jenen Passagen, in denen die *Letras* explizit auf Elemente klassischer Musik verwiesen, eine Art kontrapunktische Linie in langen Tönen einzufügen, die einen ausgleichenden und begleitenden Gegenpol zur Gesangsmelodie bildeten.[20]

Das Vorgehen der *Parceria* 18, der »Familia de Vila Isabel«,[21] unterschied sich hinsichtlich der Erstellung meines Arrangements deutlich von der Spontanität von *Parceria* 7. Da besonders dem mir befreundeten Musiker der Gruppe die Unterschiede zwischen den Gewohnheiten von Orchestermusikern und der Stegreifpraxis der *Sambistas* bezüglich der Melodiefixierung überaus bewusst waren, verabredeten wir uns einige Tage vor dem Studiotermin zu einer Session, in der wir zu zweit ein passendes Arrangement ausarbeiteten. So trafen wir uns am 23.7.2014, ich brachte die Violine mit und wir testeten verschiedene Konzeptionen und Ideen in der Praxis,

---

16 *Enredo* 2015: »*O maestro brasileiro está na terra de Noel ... a partitura é azul e branca da nossa Vila Isabel*«.
17 Zu Marthinho da Vila und *Renascer das Cinzas*; vgl. auch Hugo Skuman: *Martinho da Vila. Discografia*, Rio de Janeiro 2013.
18 Video 1 – *Gravação* des *Samba Concorrente da Parceria* 7, GRES. *Unidos de Vila Isabel*, Juli 2014.
19 Vgl. *Samba-Enredo Concorrente* der *Parceria* 7, *Samba* 7 – *Parceria de Macaco Branco e cia* (*Disputa de Samba* 2016), < https://www.youtube.com/watch?v=8cKhxwEjNrk > [7.8.2014].
20 Videoclip 1 (Modell 1) – *Parceria* 7 – für den *Disputa de Samba* der GRES. *Unidos de Vila Isabel* 2015 und vgl. Dokumente 9–10 im digitalen Anhang.
21 Guilherme Salgueiro, Walace Cestari und Dalton Cunha.

indem er mir melodische Phrasen auf der Gitarre vorspielte, die ich probeweise imitierte, um einen Eindruck zu gewinnen. Vor unserem Treffen erzählte er mir, welche musikalischen Werke ihm für eine Verarbeitung im *Arranjo* als geeignet erschienen: Es handelte sich um bekannte Melodien aus dem klassischen Bereich, darunter Wolfgang Amadeus Mozarts *Kleine Nachtmusik*, das Hauptthema von Peter Tschaikowskys *Schwanensee* und Sergej Prokofjews *Romeo und Julia*. Auch »etwas von Bach« stand zur Frage. Natürlich sollte sich die melodische Gestaltung des Geigenparts nicht ausschließlich auf Werke der klassischen Literatur beschränken: Ebenso wie in *Parceria* 7 sollte durch die Verbindung der Violine mit einem populären Samba der *Vila Isabel* die Brücke zwischen der abendländischen Musiktradition und der brasilianischen orchestralen Musik als Teil des *Enredos* und des Sambas geschlagen werden: Als Ideen standen – angelehnt an die Darstellung des *Trezinho Caipira* in Form eines Allegoriewagens – eine bekannte Melodie des *Trezinho Caipira* von Heitor Villa-Lobos sowie, als Referenz zu *Vila Isabel*, ein Ausschnitt des Sambas *Quem nasce lá na Vila* von Noel Rosa zur Wahl. Mehrere Stunden experimentierten und probierten wir, Samba und Klassik miteinander zu verschmelzen. Guilherme sang und spielte auf der Gitarre die vorläufige Version des konkurrierenden Sambas, ich ergänzte die zur Wahl stehenden Melodien auf der Violine. Wir platzierten sie in unterschiedlichen Parts: Entweder über die Hauptstimme gelegt oder als Einschiebung in Gesangspausen. Wir probierten die Violine in verschiedenen Tempi, mit dekorativen Elementen wie Trillern, Vorschlägen, Glissandi und Wechselnoten versehen, nur auf die Haupttöne reduziert, verfremdet und in Originalversion. Schließlich entstand eine fertige Fassung,[22] die in genau dieser Form im Studio aufgenommen werden sollte.[23] Wir skizzierten unsere Arrangements auf Notenpapier und nahmen alle Passagen zusätzlich als Audiofragmente auf, um Charakter und Form der entwickelten Ideen bei der *Gravação* bestmöglich in Erinnerung rufen und rekonstruieren zu können.[24]

Die Arbeiten am Samba für GRES. *Tradição* zum Thema *Largo de Cisne*, eine Auftragskomposition von Lequinho da Mangueira, Fionda Junior, Gabriel Martins und Igor Leal, wies einen mit der Studioarbeit von *Parceria* 7 vergleichbaren Charakter auf. Auch hier wurden tonmalerische, Peter Tschaikowskys *Schwanensee* entlehnte, melodische Elemente von der Violine interpretiert und den entsprechenden Textpassagen unterlegt.[25] Bereits im Vorfeld äußerten die Komponisten der *Parceria* konkretere Ideen, Wünsche und Vorstellungen: In jedem Fall sollten die Hauptmotive aus Peter Tschaikowskys *Schwanensee* von der Violine gespielt werden, ansonsten hätte ich bei der Entwicklung eines passenden Arrangements freie Hand. Dennoch sollte ich meine Ideen im Vorfeld als Audios aufnehmen und zur Kontrolle per WhatsApp an die hauptverantwortlichen

---

22 Vgl. *Samba Enredo oficial* der GRES. *Unidos de Vila Isabel* 2015, <https://www.youtube.com/watch?v=QCydLIEEpoE&t=110s> [17.12.2018].
23 Videoclip 2 (Modell 2) – *Parceria* 18 für den *Disputa de Samba*, GRES. *Unidos de Vila Isabel* 2015.
24 Vgl. Dokument 11 im digitalen Anhang.
25 Vgl. *Samba Enredo oficial* der GRES. *Acadêmicos do Grande Rio* 2011: <https://www.youtube.com/watch?v=ZBs09NEDyy8> [17.12.2018].

Komponisten senden, um deren Meinung einzuholen und gegebenenfalls Veränderungen an Charakter, Ambitus und Gestaltung der melodischen Linie vorzunehmen. Da es sich hier nicht um einen Samba für den *Disputa* handelte, sollte das Arrangement nach seiner Fixierung im Tonstudio bei der Eröffnung der Saison nach dem Ebenbild der Studioaufnahme feierlich auf der Bühne präsentiert werden.[26] Obwohl viele musikalische Ideen bereits vorab von mir eingespielt und zur Kontrolle an die Komponisten verschickt wurden, erfolgten im Moment der Aufnahme diverse improvisatorische Veränderungen. An der Gestaltung der fixierten Endfassung beteiligten sich nicht nur die Komponisten selbst, sondern auch die anwesenden Musiker: *Cavaquinhista*, Gitarristen und sogar der Tonmeister. Diesbezüglich ist hier festzuhalten, dass die Aufnahme eines Sambas dem variablen und flexiblen Charakter stets treu bleibt: Entstehen plötzliche Einfälle oder Änderungswünsche, können alle Anwesenden eingreifen und Ideen für eine Variation der betreffenden Stimme einbringen. Diese wird nach demselben Schema einer Evaluation innerhalb der *Reuniões* diskutiert und die Endaufnahme eingeflochten oder verworfen.

10.4 Von der Tonaufnahme zum Videoclip: Modelle, audiovisuelle Gestaltungselemente und Inszenierungskonzepte der *Parcerias* in ihren Videoclips für den *Disputa de Samba*

Im Zuge der Professionalisierung ist es etwa seit der Millenniumswende zur Norm geworden – und wird von den meisten Sambaschulen der *Grupo Especial* und *Grupo A* nicht nur erwünscht, sondern sogar gefordert –, dass konkurrierende *Parcerias* neben der Tonaufnahme auch einen Videoclip zu ihrem Samba produzieren. Dieser wird von den Komponisten sowohl als Medium der Eigenwerbung und Steigerung ihrer Erfolgschancen im Wettbewerb eingesetzt, als auch von den Sambaschulen zu Werbezwecken in sozialen Netzwerken wie Facebook, YouTube und Instagram genutzt. Die produzierten Clips werden verlinkt und vor Beginn dem *Disputa de Samba* veröffentlicht. Aktuelle Tendenzen zeigen eine stetig wachsende Bedeutung der Videos: André Diniz erklärte mir, dass die Clips mittlerweile fast wichtiger erscheinen als die Sambas selbst. Regelmäßig hätte er in den letzten Wettstreiten beobachtet, wie Kompositionen im Vorfeld aufgrund ihrer Videos favorisiert oder ausgeschlossen wurden, unabhängig von der künstlerischen Qualität des musikalischen Werkes.[27] Darüber hinaus ist es innerhalb der *Comunidades* verbreitet, die *Ritmistas* vor der ersten Runde des Ausscheids neugierig zu ihren persönlichen Einschätzungen der einzelnen Sambas zu befragen und herauszufinden, in welchen Clips sie mitgewirkt haben und wie sie diesen beurteilen. Vor diesem Hintergrund ist es leicht vorstellbar – und bestätigte sich in Gesprächen mit Komponisten und Mitgliedern der *Bateria* –, dass die Entscheidung einer *Parceria* für oder gegen eine Live-Einspielung nicht nur eine künstle-

---

26 Vgl. Abbildungen 18–21 im digitalen Anhang.
27 Eintrag im Forschungstagebuch zum informellen Gespräch mit André Diniz am 13.3.2015.

risch-qualitative ist. An den Abenden des Wettstreits werden die Videos in Dauerschleife auf riesigen von den Komponisten organisierten Bildschirmen in der Straße vor dem *Quadra* gezeigt, was einerseits als Teil der Werbemaßnahmen zu verstehen ist, andererseits dem Lernprozess der Fangemeinde dienen soll.[28] Der jüngsten Entwicklung von Videoclips konkurrierender Sambas und ihrer fundamentalen Bedeutung im Wettstreit der Komponisten Rechnung tragend, illustrieren die folgenden verschiedene Modelle in exemplarischer Form, wie sich *Parcerias* sowohl vor als auch während des Wettstreits mit ihrer Hilfe inszenieren können.

Modell 1: Videoclip der *Parceria 7* für den *Disputa de Samba der Vila Isabel 2015*[29]

Das Video der ersten *Parceria*,[30] ein professionell produzierter Clip, zeichnet sich durch eine Verknüpfung der persönlichen Inszenierung der Gruppe, ihrer Liebe zur erwählten Sambaschule *Unidos de Vila Isabel* sowie dem Stolz, Komponisten des dortigen *Alas de Compositores* zu sein, aus. Diese emotionszentrierte Darstellung wird mit Einblendungen *Enredo*-bezogener Elemente kombiniert, die den Inhalt der Lyrics illustrativ umsetzen und ihn gekonnt zur Geltung bringen. Im Fokus der Aufnahmen stehen die Komponisten, Interpreten und teilnehmenden Musiker bzw. Perkussionisten sowie ich selbst als Solistin mit der Violine, die in verschiedenen Momenten der Studioaufnahme des Sambas gezeigt werden. Die in diversen Locations des Studios entstandenen und gefilmten Szenen werden hier in einem roten, narrativen Faden passend zum jeweiligen Handlungsgeschehen der Lyrics zusammengesetzt.

Nach einer Eröffnung mit dem Logo der *Vila Isabel* 2015, das gemeinsam mit den Namen aller beteiligten Komponisten als Standbild eingeblendet wird, beginnt das Intro mit einer solistischen Einleitung: Einem melodischen Auszug des berühmten Sambas *Renascer das Cinzas* von Martinho da Vila, gespielt auf der Violine. Im Außenbereich der Terrasse des Tonstudios in *Grajaú* aufgenommen, wird sie spielerisch aus diversen Kameraperspektiven, -winkeln und in verschiedenen Lichtverhältnissen eingeblendet. Die Situation wechselt ins Innere des Studios und zeigt die sich nach typischem, unter Musikern der *Escolas de Samba* verbreitetem Muster einschwörende *Parceria*, unterlegt von einem orchestralen Tusch. Die Kulmination des Trommelwirbels mit finalem Beckenschlag markiert den Beginn des zweiten Parts der Introduktion. Ins Zentrum rückt nun ein vokal-instrumentales Wechselspiel der solistischen Interpretation des *Puxadores* Tinga (Gesang) und der Violine, in dem beide aus verschiedenen Kameraperspektiven, in nahen und entfernten Aufnahmen sowie unterschiedlichen Schärfen gezeigt werden.

---

28 Video 10 – Szenen der *Ensaio* und *Esquenta da Torcida* für den *Disputa de Samba*, *Quadra* der GRES. *Unidos de Vila Isabel*, September/Oktober 2015 und 2016; vgl. auch Video 11 – Finale des *Disputa do Samba* der GRES. *São Clemente* für den *Carnaval* 2017, *Cidade do Samba*, Oktober 2016.

29 Vgl. *Samba-Enredo Concorrente* der *Parceria de Macaco Branco e cia*: <https://www.youtube.com/watch?v=8cKhxwEjNrk > [17.12.2015].

30 Videoclip 1 (Modell 1) – *Parceria 7* – für den *Disputa de Samba* der GRES. *Unidos de Vila Isabel* 2015.

Die Bilder spielen mit Verschwommenheit und Fokussierung vor und hinter der Glaswand des Studios und sind mit fotografischen Effekten nachbearbeitet. An diversen Stellen werden bekannte Akteure aus dem Umfeld der Sambaschule als Teil der illustrativen Textausdeutungen eingebunden: So erscheinen passend zur Passage »Der Meister trifft seinen ebenbürtigen Partner«[31] Ausschnitte aus der gemeinsamen Beratung über das Violinenarrangement zwischen mir, dem Tonmeister und Rafael Prates, einem bekannten Gitarristen der LIESA (und derzeitigem musikalischen Direktor der *Vila*). Mit dem Übergang von der Einleitung zum *Refrão de Baixo* beginnt der Hauptteil des Clips: Er gestaltet sich aus wechselnden Aufnahmen der Komponisten, die den begleitenden Chor (*Apoio* des *Puxadores*) des Interpreten Tinga bilden und verschiedenen *Ritmista* der *Bateria* der *Vila Isabel*, die bei der Einspielung der Perkussionsinstrumente in Szene gesetzt werden. Hier wird nicht nur die Liebe und der Stolz der Komponistengruppe zu ihrer Sambaschule *Vila Isabel* besungen und anhand von allseits bekannten Slogans wie »Das hier ist *Vila Isabel*«, symbolischen Elementen und Gesten ausgedeutet,[32] sondern auch die Qualität des Sambas durch die Einblendung lachender Gesichter und motiviert singender, sich rhythmisch bewegender oder emotional gestikulierender Personen im Video zum Ausdruck gebracht. Neben dem *Mestre de Bateria*, verschiedenen *Diretores* und *Ritmistas* – die auf den originalen Instrumenten der *Escola* musizieren, was anhand der Trommeln mit Design und Logo der *Swingueira* sichtbar wird – erscheinen im Video die Komponisten selbst, in einheitlicher Kleidung und mit Hüten in den Farben der *Vila Isabel* – hellblau und weiß –, sowie mit aufgedrucktem Logo der *Escola*: Der goldenen Krone. Die Gruppe selbst setzt sich hauptsächlich aus offiziellen Musikern der Schule wie den Sängern Davi Sambaí oder Gerá vom *Carro de Som* zusammen und wird von Macaco Branco[33], dem damaligen *Diretor* und gegenwärtigen *Mestre de Bateria* angeführt. Auch die Wahl des Interpreten ist keine zufällige: Mit Tinga, dem jahrelangen *Puxador* der *Unidos de Vila Isabel*, dessen Stimme und Persönlichkeit nur zwei Jahre nach seinem Wechsel zu *Unidos da Tijuca* immer noch stark mit *Vila Isabel* assoziiert wird und der *Comunidade* vertraut ist, ist die berührende Wirkung auf die Mitglieder der Sambaschule geradezu vorhersehbar. Es ist leicht vorstellbar, dass einem von ihm interpretierten Samba schon vor dem Beginn des Wettstreits ein gewisser offizieller Charakter anhaftet, der sich bereits im Moment von Tingas bekannter *Chamada* entfaltet, die über Jahrzehnte in jeder Probe und jedem *Desfile* der Ruf an die *Comunidade* der *Vila* war: »Solta o bicho – alô comunidade – canta, canta – ca–anta Vila!«. Als zentrale Elemente werden für den Verlauf des Videos traditionelle Settings im Studio gewählt und positive Emotionen wie Freude, Leidenschaft und Begeisterung in der Mimik und Gestik der Komponisten herausgearbeitet. An entsprechenden Stellen werden besondere, symbolische Gesten von den *Parceiros* eingeflochten, die dem Publikum aus den *Ensaios* und *Desfiles* der *Vila Isabel* vertraut

---

31 Originaltext: »O maestro encontra o maior partideiro«.
32 »Isso aqui é Vila Isabel«, übersetzt: »Das hier ist *Vila Isabel*«, in die Kamera blickend und auf den Boden deutend.
33 Künstlername des Komponisten.

sind, so erscheinen beispielsweise spezifische choreografische Elemente aus früheren Sambas. Zu finden sind weiterhin Szenen illustrativer Ausdeutungen der Lyrics, in denen bekannte Gesichter aus dem Umfeld der Sambaschule gezeigt werden oder der Zuschauer selbst mit visuellen Mitteln unmittelbar in die Szene einbezogen wird. Dies geschieht durch direkte Blicke der Sänger in die Kamera, sowie eine mimisch-gestische Begleitung von Schlüsselpassagen wie »Es ist unser Stolz«[34] [mit einem Deuten des Sängers auf sich selbst] oder »Sag wer du bist – komm und zeig dich«[35] [direktes Zeigen in die Kamera mit ausgestrecktem Arm]. Auch Einblendungen bekannter Personen wie des Sohnes des *Mestre de Bateria* zum Vers »Regierte ein Junge«[36] unterstützen die Inszenierung der Nähe der Gruppe zur *Comunidade* und stärken die Assoziation des Sambas mit *Vila Isabel*. Die Violine kommt ebenfalls als musikalisch-tonmalerische Ausdeutung und visuelle Illustration entsprechender Textabschnitte zum Einsatz, die einen direkten Bezug zum *Enredo* verkörperten – beispielsweise erklingt sie zur Passage »Mit dem Klang der Violinen«[37]. Den Abschluss der Inszenierung bildet eine spielerisch wirkende »Unplugged«-Szenen der *Parceria*, die im Anschluss an die offizielle Einspielung aufgenommen wurde. Hier fühlt sich der Zuschauer wie ein Teilnehmer der Studioaufnahme und erblickt ein ungezwungen und fröhlich wirkendes Finale: Die Komponisten lachen gelöst, rufen – ähnlich dem bekannten Abschlussruf der *Comunidade* bei den jährlichen Aufnahmen des offiziellen Sambas in der *Cidade do Samba*[38] – »Vila – Vila – Vila« und begleiten sich dabei mit Trommeln und *Pandeiro*.

MODELL 2: VIDEOCLIP DER *Parceria* 18 FÜR DEN *Disputa de Samba der Vila Isabel* 2015[39]

Das zweite Modell ist ein von der Komponistengruppe selbst produziertes Video[40]. In seiner Anlage, den zentralen Komponenten und Charakteristika entspricht es in großen Zügen der Konzeption des ersten Modells, wird allerdings um verschiedene Elemente erweitert. Auch in diesem Beispiel bestehen die Hauptakteure des Films aus den Mitgliedern der *Parceria*, den beiden *Puxadores* Leandro Santos und Anderson Paz sowie mir selbst als Solistin an der Violine. Die Komponistengruppe steht in dieser Aufnahme, ebenso wie im 1. Modell von *Parceria* 7, im Fokus des Geschehens und wird aus verschiedenen Kamerawinkeln im traditionellen Setting des Tonstudios beim Prozess des chorischen Einsingens ihres Sambas gezeigt. Dabei treten sie mit weniger stilistisch-ausgeklügelten oder fotografisch in Szene gesetzten Gestaltungsmitteln

---

34 Originaltext: »É o nosso orgulho«.
35 Originaltext: »Diz quem é você – vem se revelar«.
36 Originaltext: »Regeu um menino«.
37 Originaltext: »Sob o som dos violinos«.
38 Vgl. *Samba-Enredo* der *Unidos de Vila Isabel* 2015 aus: LIESA: »*Samba de Enredo* 2015. *Escolas de Samba do Grupo Especial LIESA, Gravado ao vivo na Cidade do Samba*« [2015], Universal Music, 79 min., São Paulo 2015.
39 Videoclip: aus Privatarchiv von Komp. 2-1.
40 Videoclip 2 (Modell 2) – *Parceria* 18 für den *Disputa de Samba, GRES. Unidos de Vila Isabel* 2015.

auf als die Gruppe des ersten Modells. Zunächst beginnt der Einleitungsteil mit dem computeranimierten Einlegen einer CD vor dem Hintergrund der eingeblendeten Flagge der *Vila Isabel*, auf der alle relevanten Angaben zur *Parceria*, den mitwirkenden Musikern, *Enredo* und *Escola* verzeichnet sind. Die CD beginnt sich zu drehen, und der Handlungsfaden leitet über in die erste Szene: Nach einem Standbild mit dem Logo der *Escola* eröffnet eine Mischung themenbezogener Elemente aus dem Kontext klassischer Musik und Bildmaterial aus dem Umfeld der Sambaschule und des Bezirks *Vila Isabel* das Video.

Nach der Einblendung des *Cavaquinhista* bei einer Aufnahme im Studio folgt als erste Filmsequenz der Blick auf einen sich füllenden Konzertsaal. Das Orchester erscheint in verschiedenen Perspektiven und Aufnahmewinkeln: Von nah und weit, aus der Vogelperspektive und frontal. Klangtechnisch vollzieht sich eine Überlagerung beider zentraler Komponenten – Samba und klassische Musik –, da das Stimmen der Saiten des *Cavaquinhos* dem Bild des sich vorbereitenden und einstimmenden Orchesters akustisch unterlegt ist. Schließlich beginnt »Das Konzert«: Der Dirigent tritt ans Pult, erhebt den Taktstock und anstelle eines klassischen Orchesterwerkes beginnt der Samba mit einer einleitenden solistischen Violinenpassage aus der arrangierten, leicht abgeänderten Melodie des berühmten Sambas *Quem nasce lá na Vila*[41], aus der Feder von Noel Rosa, eines musikalischen Idols und Gründervaters der *Vila Isabel*. Bevor die Violine eingeblendet wird, erscheint erneut eine visuelle Verknüpfung zum klanglichen Geschehen: Die Illustration der durch die Geige erklingenden Komposition Noel Rosas durch eine Amateuraufnahme des Bürgersteiges der am *Quadra* entlangführenden Hauptstraße von *Vila Isabel*, dem Boulevard 28 de Setembro, den eingelassene Sambatexte und Melodien von Noel Rosa zieren. Die leicht schwankende, von oben herab gerichtete Kamera vermittelt den Eindruck, als würde der Zuschauer selbst die 28 de Setembro entlangspazieren und auf die dekorativen Partituren schauen. Jene Szene ist gleichzeitig ein illustrativer und symbolträchtiger Vorgriff auf die einleitende Passage des *Refrão de baixo*: »Die Noten auf meinem Bürgersteig – [sind der] Takt meines Herzens«[42].

Schließlich beginnt der Hauptteil des Videos, zusammengeschnitten aus real-dokumentarischem Filmmaterial, das Komponisten, Interpreten und Chor in verschiedenen Momenten der Studioaufnahme zeigt. Ähnlich wie in Modell 1 werden die Freude am Samba und die Liebe zur *Escola* demonstriert und mimisch-gestisch in variantenreicher Form dargestellt. Die Gesichter aller Mitwirkenden zeigen freudige Gesichter und werden beim Singen von hingebungsvollen, emotionalen Gesten begleitet. Einblendungen scherzhafter Art wie dem Zunge-Herausstrecken und Zwinkern eines Komponisten beim Fotografieren des Chores oder ein animiertes, rhythmisches Mitbewegen der Sänger sind im Videoclip verewigt. Darüber hinaus verwendet auch diese Gruppe eine Vielzahl symbolischer Gesten, die ihre enge Verbindung zur Sambaschule und ihre Insiderposition deutlich zum Ausdruck bringen: Beispielsweise wird das fieberhafte Ausstrecken

---

41 Originaltext: »Quem nasceu lá na Vila«.
42 Originaltext: »As notas da minha calçada – compasso do meu coração«.

der Arme zum bekannten und häufig gestisch begleiteten Slogan der *Comunidade* »Ich bin Vila Isabel – so ist es«[43] eingeblendet, der sich simultan in den *Letras* als »Der Stolz von Blau-Weiß, so ist es«[44] metaphorisch widerspiegelt. Darüber hinaus erfolgt ein szenisches Unterstreichen des Textes »Sie ist das krönende Werk – meine Vila Isabel«[45] durch die auf das Herz gelegte Hand. Hinsichtlich der Kleiderfrage herrscht eine eher lockere Handhabung: Der überwiegende Teil der Gruppe trägt Alltagskleidung, nur zwei Personen des Chores besitzen mit Symbolen und Farben der *Escola* bedruckte T-Shirts.

Der abschließende Teil besteht aus einer Zusammenstellung historisch–dokumentarischen Materials, welches passend zu den jeweiligen Versen ausgewählt ist. Die *Letras* werden hier, wie zu Beginn des Videoclip, in direkter Form verbildlicht und verbinden auf künstlerische Weise die *Escola* (repräsentiert durch eine zusammengeschnittene Auswahl ihrer historischen Höhepunkte in den *Desfiles*) mit ihrem *Enredo* (repräsentiert durch Filmausschnitte aus Konzerten von Isaac Karabechevsky). Einerseits wird mit einer Einblendung von Martinho da Vila als *Maestro da Vila* und Isaac Karabechevsky, der durch seine Funktion als *Enredo* symbolisch zu einem *Maestro da Vila* wird, eine Brücke zwischen den Meistern von Klassik und Samba geschlagen.[46] Andererseits wird die *Escola* selbst mit großer Finalwirkung in Szene gesetzt, indem die Glanzpunkte ihrer zwei wohl wichtigsten *Desfiles*: *Kizomba – Festa da Raca* (1988) und *Água no feijao, que chega mais um* (2013) gezeigt werden, welche die Schule zu historischen Siegen in der *Avenida* führten. Szenen, die bei jedem Mitglied der *Comunidade* nostalgische Erinnerungen hervorrufen.

MODELL 3: VIDEOCLIP *Samba Campeão* DER *Unidos de Vila Isabel* 2014[47]

Beim dritten Modell handelt es sich um einen Videoclip, in dem das *Enredo* und die in den *Letras* poetisch umgesetzten Stationen des Handlungsgeschehens illustrativ nachgezeichnet werden. Er ist von externen Regisseuren – also nicht der *Parceria* selbst – gefertigt, verkörpert aber eine gängige Form der Clipgestaltung,[48] weshalb er an dieser Stelle zur Betrachtung herangezogen wird. Die Komponisten sind im Video[49] selbst nicht zu sehen. Das hier zum Tragen kommende Modell besteht in einer Kombination aus computeranimiertem, comichaftem Material in der Rahmenhandlung und realem Bildmaterial in den Strophen. Die Geschichte beginnt

---

43 Originaltext: »Sou da Vila – não tem jeito«.
44 Originaltext: »O orgulho azul e branco e não tem jeito«.
45 Originaltext: »É obra Prima minha Vila Isabel«.
46 Unterlegter Originaltext: »*Maestro da Vila – Senhor Partideiro – Patrimono Cultural*«.
47 GRES. *Unidos de Vila Isabel, Enredo 2014*: »*Retratos de um Brasil plural*«.
48 Der Vollständigkeit halber sollte an dieser Stelle angemerkt werden, dass die *Parceria* des *Samba Campeão* ein anderes, eigenes Video produzierte, vergleichbar mit Modell 1, in der die Gruppe selbst im Vordergrund steht.
49 Videoclip 3 (Modell 3) – *Parceria do André Diniz, GRES. Unidos de Vila Isabel* 2014, *Samba Campeão*.

– dem Thema *Retratos de um Brasil de Plural*[50] entsprechend – mit der animierten Darstellung eines Vogels, der Meer, Land und Städte überquert und dem Betrachter das Land Brasilien in seiner bunten Vielfalt mittels einer schnellen Abfolge verschiedener Bildsequenzen vor Augen führt. Ländliche und städtische Regionen werden abwechselnd in Panoramaeinstellung und eingezoomten Nahaufnahmen gezeigt. Der Einstieg vermittelt einen ersten thematischen Eindruck. Schließlich schwenkt die Filmanimation passend zur Passage »Das Volk im Gebet«[51] in ein reales Setting: Im Zentrum steht eine indigene Zeremonie, die dem Zuschauer durch verschiedene zusammengeschnittene Szenen eine Impression von religiösen Ritualen fern ab vom städtischen Umfeld vermittelt. Abwechselnd werden zeremonielle Handlungen, Kostümierungen, musikalische und tänzerische Aktivitäten eingeblendet und schließlich die Gruppe der Trommler aus unterschiedlichen Kameraperspektiven und Aufnahmewinkeln fokussiert. An diese naturnahe Szene schließt sich die Darstellung des quirlig-urbanen Lebens des städtischen Gegenpartes. Begleitend zu den *Letras*, die den Leser mit auf eine Reise durch diverse Regionen Brasiliens nehmen, wird der Betrachter zunächst durch die bekannte Einkaufsstraße des Centros sowie zur von Palmen gesäumten Kathedrale in São Paulo geführt, um sich anschließend inmitten der belebten Szenen eines religiösen Festes vor der berühmten, von der UNESCO als Weltkulturerbe nominierten Igreja de Nossa Senhora do Bonfim[52] im Stadtzentrum von Salvador da Bahia zwischen Sängern, Tänzern, Musikern und mitfeiernden Touristen wiederzufinden. Nun führt die Kamera passend zum Text »Wenn der Regen den Boden benetzt [...] Felder und Pinienbäume schützt«[53] in real-dokumentarischem Filmmaterial im Flug über die brasilianische *floresta*, den Regenwald, um als letzte Station wieder in die Rahmenhandlung der anfänglichen, comichaften Animation des über das bunte Brasilien schwebenden Vogels zurückzukehren.

10.5 Das Werbevideo als künstlerische Visitenkarte der Komponistengruppe

Jeder der drei hier ausgewählten Videoclips verkörpert auf mustergültige Weise ein Beispiel für gängige Clipformen im Samba-Enredo, wobei das l. Modell der professionell produzierten Variante von *Parceria 7* als am weitesten verbreitet bewertet werden kann. Dennoch müssen Videoclips sich keinem der angeführten Entwürfe korsetthaft anpassen: In der Praxis besteht ein großer Facettenreichtum unterschiedlicher Gestaltungs- und Kombinationsmöglichkeiten

---

50 Übersetzt: Portraits der Vielfalt Brasiliens.
51 Originaltext: »O povo em oração«.
52 Igreja de Nossa Senhora do Bonfim, vgl. Natascha Albus und Heike Barnitzke: *Das UNESCO Welterbe: mit über 900 Kultur- und Naturmonumenten*, München 2012, S. 468; vgl. auch Gerard Béhague: Art. »Brasilien«, Sp. 100 ff.
53 Originaltext: »Quando a chuva molha o chão [...] protegendo campos e pinheiras.«.

verschiedener Muster, wobei die den Modellen entlehnten Elemente neu gemischt werden und in individueller Art zusammentreten können. Exemplarisch hierzu kann das im digitalen Anhang befindliche Video der *Parceria* von Dominguinhos do Estácio für den *Disputa de Samba* 2015 von GRES. Estácio de Sá dienen.[54] Dieser Videoclip mischt in seiner Konzeption die Modelle 1 und 3: Im ersten Durchlauf des Sambas wird das Thema von *Estácio* für 2015, *São Jorge*, zunächst in Form von Zeichnungen präsentiert. Parallel zu den *Letras* werden in computeranimierter Form die zentralen Stationen des Lebens und Wirkens des Heiligen Georg durchlaufen, die im Wechsel mit der Einblendung des Interpreten Dominguinhos do Estácio erscheinen, der den Samba im Studio einsingt. Abschließend findet eine dramaturgisch geschickte Inszenierung der Gruppe statt, vergleichbar mit der im Modell 1 präsentierten Darstellung.

Festzuhalten ist, dass die Konzeption der Videos mit dem Fokus auf eine professionelle Inszenierung der *Parceria* in der Regel zwischen audiovisueller Eigenwerbung und einem Vorgeschmack auf die zu erwartende Bühnenpräsentation angelegt ist. Die Produktion ihrer Clips geschieht in der Regel parallel zur Tonaufnahme im Studio und dokumentiert zunächst zentrale Ausschnitte des Aufnahmeprozesses. Darüber hinaus treten ausgewählte Schlüsselelemente – beispielsweise zentrale Akteure wie der *Puxador*, die Komponisten und besondere solistische Instrumente – sowohl im Clip als auch später auf der Bühne zentral in Erscheinung.[55] Speziell bei den professionell produzierten Videoclips finden sich oft eigens für die Filmaufnahme inszenierte performative Momente, die als interne Verlinkung für die *Comunidade* fungieren und aus symbolischen Gesten bestehen, die von auffordernden Blicken in die Kamera begleitet werden. Handlungen gemeinsamen Musizierens, die extra für die Filmaufnahme stattfinden, sind fester Bestandteil der Inszenierung. Beispielhaft sind Momente wie die beschriebene finale »Unplugged«-Szene sowie die eröffnende Einschwörung der *Parceria* 7 anzuführen, aber auch Aufnahmen der Violine, die eigens für eine spätere Verarbeitung im Videoclip eingespielt und aufgezeichnet wurden.[56] Üblich ist ebenfalls das zielgerichtete In-Szene-Setzen zentraler und bekannter Personen aus dem Umfeld der Sambaschule, die ihrerseits gestische Patterns zeigen, mit denen Liebe und Stolz[57] der Komponisten zur Sambaschule herausgestellt werden und die unter den Mitgliedern der *Escola* als typische choreografische Bestandteile der *Ensaios* bekannt sind.[58] Dekorative Elemente und Requisiten wie im Hintergrund erscheinende Flaggen der Sambaschule oder eine einheitliche Kleidung der Komponisten in den Farben bzw. mit dem Logo der Sambaschule gelten als beliebtes Gestaltungselement der Performance. Die hier auf-

---

54 Vgl. *Samba-Enredo Concorrente da Parceria de Dominguinhos do Estácio* 2016: <https://www.youtube.com/watch?v=1RqpvgFfnVs> [12.12.2015].
55 Vgl. Videoclip 1 (Modell 1).
56 Vgl. ebd.
57 *Amor, paixão e orgulho*: Liebe, Leidenschaft und Stolz (Schlagworte aus dem Vokabular des Samba Enredo)
58 *Parceria* 7 und *Parceria* 18: Gesten wie gemeinsam Feiern und Jubeln.

geführten Vorgehensweisen zur Inszenierung einer Gruppe decken sich mit Ausführungen von Thomas Turino im seinem zweiten Kapitel *Participatory and Presentional Performance* von *Moving Away From Silence*, in dem er die Verwendung spezifischer Gestaltungsmittel zur Image-Erzeugung beschreibt.[59] Je nach Abhängigkeit vom musikalischen Genre setzen Musiker und Komponisten auch hier gezielt Charakteristika und symbolische Elemente ein, spielen mit Assoziationen, vertrauten Gesten und Requisiten, um ein bestimmtes Bild zu übermitteln und die gewünschte Zielgruppe zu erreichen. Im Samba kann das Video als künstlerische Visitenkarte einer Gruppe betrachtet werden. In einem reflektiven Gespräch zu dieser Thematik betonte André Diniz[60], wie bereits angemerkt, die gegenwärtig immer bedeutender werdende Funktion der Clips im *Disputa de Samba*, an dem sich mittlerweile sogar der Erfolg einer Komposition entscheiden kann. Wie er mir erläuterte, sind die Clips für die Gruppen mittlerweile das entscheidende Medium zur Visibilität der *Parceria* und weit mehr als ein bloßes Element der Vermarktung: Ein professionell gefertigtes, überzeugendes Video könne der Gruppe bereits im Vorfeld hohe Chancen auf Erfolg einräumen, ein schlecht produziertes hingegen das vorzeitige Aus für die Gruppe bedeuten – und dies ungeachtet der künstlerischen Qualität der Komposition. Dieser Umstand verändert den Stellenwert und die Funktion der Studioproduktion maßgeblich und lässt sie neben der bloßen akustischen Fixierung des komponierten musikalischen Werkes gleichzeitig zum ersten wichtigen Moment der Performance werden. Eine Besonderheit besteht nach wie vor in der umfassenden Gestaltungsfreiheit eines Videoclips: Selbst in Anbetracht der vorgestellten, weit verbreiteten Modelle sollte berücksichtigt werden, dass die *Parceria* gegenüber ihrer Inszenierung des Auftritts im *Quadra* – hinsichtlich von dekorativen Elementen und szenischer Umsetzung von Ideen – im Video über einen größeren Spielraum an Möglichkeiten verfügt, um sich gekonnt in Szene zu setzen und taktisch sowie dramaturgisch geschickt versteckte Codes und Hinweise an die *Comunidade* einfließen zu lassen. Dennoch sind Parallelen und direkte Bezüge zwischen der Inszenierung einer Live-Performance und dem Video in der Regel erkennbar – nicht nur die Wahl der auftretenden Akteure betreffend, sondern ebenfalls die Verwendung von mimisch-gestischen Elementen und semiotischer Symbolsprache.

---

59 Vgl. Thomas Turino: *Moving Away From Silence*, S. 64 ff.
60 Eintrag im Forschungstagebuch zum informellen Gespräch mit André Diniz am 13.3.2019.

Part 4: »Schöne Neue Welt«: Wo bleibt die künstlerische Freiheit? Professionalisierung, Globalisierung und Kommerzialisierung in den Komponistenwettstreiten und *Desfiles* der Sambaschulen

Kapitel 11: Der *Disputa de Samba* in Sambaschulen der *Grupo Especial*

Der *Disputa de Samba*, *Corte do Samba* oder *Eliminatória* – wie der Wettstreit zwischen den Komponisten einer Sambaschule auch bezeichnet wird – eröffnet in den *Escolas de Samba* jährlich wie ein Feuerwerk die neue Karnevalssaison. Er beginnt wenige Tage nach der *Entrega do Samba* aller *Parcerias* und wird in mehreren, wöchentlich stattfindenden Runden zwischen den konkurrierenden Gruppen ausgetragen. Veranstaltungsort ist in der Regel das *Quadra*, die Probenhalle der betreffenden Sambaschule. Nur in Ausnahmefällen wird der Wettbewerb auf eine andere Lokalität verlegt. Ein markantes Beispiel für die Auslagerung von Wettstreitrunden ist das Finale der *GRES. São Clemente* von 2016. Aufgrund einer vorläufigen Sperrung des *Quadras* und dem Verbot jeglicher Aktivitäten der Schule, das bedingt durch politische Unstimmigkeiten mit der Regierung der Stadt ausgesprochen wurde, fand das Finale des *Disputa de Samba* der *GRES. São Clemente* für den *Carnaval* 2017 auf der zentralen Bühne der *Cidade do Samba* statt.[1] Ein weiterer Sonderfall ist die Realisierung einer Hauptprobe der *Vila Isabel* in den Monaten des *Disputa de Samba*. Diese fand im November 2015 im *Quadra* der *Acadêmicos do Salgueiro* statt und trug aufgrund der äußeren Umstände außergewöhnliche Züge. Die Verzweiflung über die Sperrung des eigenen *Quadras* nach wiederholten Lärmbelästigungsklagen der Anwohner und einem daraus resultierenden vorläufigen Verbot von Proben, das die *Comunidade* in der finalen Phase der Ausscheide der *Sambas* besonders schmerzhaft traf, offenbarte sich durch eine ausgesprochen emotionale Anteilnahme der Mitglieder an den Geschehnissen und verwandelte das *Quadra do Salgueiro* mit zahlreichen Requisiten der *Torcida* der *Vila* – wie

---

1 Vgl. Video 11 – Finale des *Disputa de Samba* der *GRES. São Clemente* für den *Carnaval* 2017, Cidade do Samba, Oktober 2016 und Abbildungen 22–25 im digitalen Anhang.

Ensaio der *Componentes* der *Unidos de Vila Isabel* im *Quadra* der *Acadêmicos do Salgueiro*, November 2015, Rio de Janeiro

riesigen Flaggen, Luftballons – und einer aufgeregten, leidenschaftlich singenden Mitgliederschaft der eingeladenen *Escola* effektvoll in eine Ersatzlocation für den *Disputa*[2].

Was kennzeichnet einen *Disputa de Samba*, warum ist er für die Sambaschulen von so zentraler Bedeutung? In den berühmten Wettstreiten der Komponisten kämpft jedes Team darum, sich für einen der vier Plätze im spektakulären Finale zu qualifizieren, bei dem die Hymne des Jahres, der *Samba Campeão*, ausgewählt und gekürt wird. Mit ihr wird sich die *Escola* über die Dauer von 82 Minuten[3] im *Sapucai* präsentieren, um mit den anderen Sambaschulen ihrer Liga um den Titel des Karnevalssiegers zu ringen. Die Hauptphasen des Ausscheids – das Halbfinale und Finale – werden sowohl von der Gemeinschaft der eigenen Sambaschule als auch vom Pu-

---

2   Vgl. Video 12 – *GRES. Unidos de Vila Isabel convidada na Quadra* der *GRES. Acadêmicos do Salgueiro*, November 2015.
3   Dauer der heutigen *Desfile*: 82 Minuten; vgl. Hiram Araújo: *Memória Do Carnaval*, S. XXXVIII; vgl. auch Maria Laura Viveiros de Castro Cavalcanti: *Carnaval, ritual e arte*, Rio de Janeiro 2015, S. 225 ff.

blikum anderer *Escolas*, den Medien und einem breiten Publikum aus externen Besuchern mit Spannung erwartet und verfolgt. An die teilnehmenden Komponisten stellt jede Episode eines Wettbewerbs künstlerisch, finanziell und organisatorisch größte Herausforderungen: Ein gelungener Samba allein genügt in der Regel nicht, um den *Disputa* in einer Sambaschule der höchsten Ligen *Grupo Especial* und *Grupo A* zu gewinnen; das bestätigen selbst herausragende Komponisten wie Martinho da Vila, Dudu Nobre oder André Diniz. War es zu früheren Zeiten noch möglich, einen Komponistenwettbewerb ohne größere finanzielle Investitionen, sondern bereits durch die Fähigkeit, die *Comunidade* mit einem mitreißenden Samba zu begeistern und sogar als Solist erfolgreich aus einem Finale hervorzugehen, wie historische und dokumentarische Filme illustrieren[4], fallen diese Vorstellungen angesichts der gegenwärtigen Konditionen und äußeren Zwänge in die Kategorie nostalgischer Träumereien.[5] Tatsächlich erwarten die Gemeinschaft der Sambaschule sowie das Publikum zu allen Präsentationstagen ein überraschendes, glanzvolles und sich stetig steigerndes Spektakel mit effektvoller Bühnenshow. Darüber hinaus ist eine von Woche zu Woche anwachsende, enthusiastische Fangemeinde, die *Torcida*, auf dem Weg zum Erfolg eine unverzichtbare Komponente der Performance. Das *Quadra* verwandelt sich in die Bühne für ein rauschendes Fest, bei der sich die Kandidaten gegenseitig mit ihren Darbietungen übertrumpfen – dies betrifft sowohl die eigenen vorangegangenen Präsentationen als auch die Performances gegnerischer *Parcerias*. Folglich muss das strategische Vorgehen schon frühzeitig in der Gruppe besprochen werden:

> »Wir diskutieren sehr viel über die Strategie des Wettstreits. [...] Das Schöne ist, zu komponieren, nicht wahr ...? Der Wettstreit ist ein großes Theater. Das Gute besteht darin, zu komponieren, sich hinzusetzen und auch mal Unsinn zu reden, [...] um auf neue Ideen zu kommen und sich inspirieren zu lassen. Das Hässliche ist der *Disputa*.«[6] GUILHERME SALGUEIRO, Komponist [*Vila Isabel*], 16.2.2016.

Im *Disputa* aller *Escolas* bestehen individuelle Besonderheiten, deren Kenntnis die Organisation entscheidend vereinfacht. Anhand von verschiedenen Beispielen erklärte mir Guilherme Salgueiro[7] die Unterschiede: Für eine chancenreiche Wettbewerbsteilnahme bei den *GRES. Acadêmicos do Salgueiro*, unter den *Sambistas* für Glanz, Pomp und Reichtum bekannt, müssten

---

4 Vgl. DVD: »*Trinta. A história do homem que reinventou o Carnaval*« [2015]; vgl. auch »*Nossa Escola de Samba*«, Dokumentarfilm über *GRES. Unidos de Vila Isabel*, 1965: <https://www.youtube.com/watch?v=tnXFc_lolFg > [17.10.2023].
5 Vgl. Video 13 – *Disputa de Samba, Acadêmicos do Salgueiro* 1974; vgl. auch Video 14 – Szene 2 des *Documentário* »*Nossa Escola de Samba der GRES. Unidos de Vila Isabel*«.
6 Originaltext: »A gente discute muito a estratégia da Disputa. [...] O bom é compor, né ... a Disputa de Samba é um teatro. O bom é compor, sentar, falando besteira, [...] pra desenvolver inspiração. O chato é a Disputa.«.
7 Eintrag im Forschungstagebuch zum informellen Gespräch mit Guilherme Salgueiro am 30.10.2014.

hohe finanziellen Aufwendungen einkalkuliert werden, während bei *GRES. São Clemente* – wo starke persönliche und familiäre Bindungen einen hohen Stellenwert einnehmen – ein enger Kontakt zur *Comunidade* und den *Compositores de Casa* sowie zu den Mitgliedern der Tochterschule *GRES. Unidos do Santa Marta* die Wahl elementar beeinflussen. Beide Sambaschulen sind eng miteinander verbunden und bestehen zu großen Teilen aus derselben *Comunidade*. Auch die Frage der Größe des *Quadras* ist für die notwendigen Ausmaße der Akquise einer zahlenstarken *Torcida* entscheidend: Bei *Tijuca* beispielsweise ist sie aufgrund des übersichtlichen *Quadra*-Raumes weniger sorgenbehaftet als bei großen Hallen wie von *Vila Isabel* oder *Mangueira*.

Kapitel 12: Das Prinzip des Ausscheids aus dem Wettbewerb: Die *Corte do Samba*

Das Verfahren zur Auswahl der Jahreshymne einer Sambaschule, *Corte do Samba*[1], wird in der Regel von einem Komitee durchgeführt, das sich aus Mitgliedern der administrativen und künstlerischen Leitung einer *Escola* zusammensetzt. Wer genau Stimmrecht hat, unterscheidet sich von einer Sambaschulen zur nächsten. Dennoch sind die meisten darum bemüht, eine große Bandbreite an Meinungen und Rückmeldungen aus allen Teilen der *Comunidade* zur Urteilsfindung einzuholen und bedenken neben den obligatorischen Stimmberechtigten (Präsident, Vizepräsident, *Carnavalesco*, *Mestre de Bateria*, *Diretoria do Carnaval*, *Harmonia* und *Evolução*) auch Vertreter oder Direktoren des *Alas da Baianas*, *Velha Guarda* oder *Ala das Passistas* mit einem Votum. Darüber hinaus kann auch der *Puxador* als Leiter des *Carro de Som* als Wahlberechtigter in den Wertungsprozess einbezogen werden, denn immerhin obliegt es seiner Verantwortung, den Samba am Tag des Umzugs überzeugend vor Jury und Publikum zu präsentieren und sowohl Zuschauer als auch *Comunidade* mit seiner Interpretation zum Mitsingen zu animieren. Eine Aufgabe, der er mit einer positiven Einstellung zum Samba überzeugender gerecht werden kann als bei persönlicher Ablehnung. Wie ich in fünf aufeinanderfolgenden *Disputas de Samba* in der *Unidos de Vila Isabel* und exemplarisch in weiteren Sambaschulen der *Grupo Especial* durch Beobachtung und Rückfragen in Erfahrung bringen konnte, wird am Tag der Performance jedes Mitglied der Kommission mit einer Jurymappe ausgestattet, die neben verschiedenen informatorischen Dokumenten auch einen Stimmzettel enthält, auf dem Anmerkungen und persönliche Notizen getätigt und die jeweiligen Sambas mit einer Bewertung versehen werden[2]. Zum mühelosen Mitverfolgen der Texte, die mit dem Augenmerk auf ihre Übereinstimmung mit der *Sinopse*, besondere Erfordernisse wie Schlüsselworte sowie auf Schlüssigkeit und Überzeugungskraft geprüft werden sollen, finden sich auch Kopien der *Letras* in den Jurymappen:

> »Der Samba-Enredo [...] ist immer extern [und wie eine Ware durch die Existenz des Wettstreits] beeinflusst: Du kannst über alles, was du möchtest, reden, solange es im Rahmen des Erwünschten ist ... – Also: Man muss über dies reden, über das reden, ein bestimmtes Wort einbauen.«[3] WALACE CESTARI, Komponist [*Vila Isabel*], 20.2.2016.

---

1 Vgl. auch Ausführungen in: Friederike Jurth: »The phenomenon of composers' compositions within the best sambaschools in Rio de Janeiro«, in: *Musikalische Wettstreite und Wettbewerb*, hrsg. von Klaus Näumann u. a. (= Musik. Kontexte. Perspektiven. Schriftenreihe der Institute für Musikpädagogik und Europäische Musikethnologie an der Universität zu Köln, Bd. 9), München 2018. S. 123–137, hier: S. 125 ff.
2 Vgl. Abbildungen 26–27 im digitalen Anhang.
3 Originaltext: »O Samba-Enredo ele [...] é sempre encomendado porque tem uma Disputa. Porque assim:

Den Mitgliedern des Auswahlkomitees steht es frei, sich während der Performances der *Parcerias* durchs *Quadra* zu bewegen oder sich an den in Bühnennähe für sie vorbereiteten Tischen aufzuhalten. Wichtig ist nur, bis zur letzten *Parceria* auszuharren und die dargebotenen Shows aufmerksam zu verfolgen, um sich im Anschluss mit den anderen Stimmberechtigten zurückzuziehen und das Urteil über erfolgreiche – also in die nächste Runde weitergeleitete – und ausscheidende Kandidaten zu fällen. Nach der letzten Präsentation des Abends wird dem Publikum das Ergebnis der *Corte* vom Präsidenten der *Escola* im Anschluss an eine kurze Unterbrechung bekanntgegeben. Am Ende werden die Jurymappen eingesammelt und mit den Materialien der *Entrega do Samba* im Archiv der Sambaschule verwahrt.[4]

Darüber hinaus finden interne Versammlungen zwischen Komponisten und Direktion während der gesamten Phase des Wettstreites in wöchentlichen Abständen statt, wobei die Teilnahme der konkurrierenden Gruppen oder zumindest ihrer Vertreter obligatorisch ist und durch eine Anwesenheitsliste geprüft wird. Neben einer detaillierten Auswertung der Geschehnisse während der letzten *Corte do Samba* werden innerhalb dieser *Reunião* Beschwerden jedweder Art aus den Reihen anderer Segmente – beispielsweise der *Harmonia*, *Evolução*, *Bateria* – zur Sprache gebracht sowie generelle Fragen oder technische Probleme des Abends – wie nicht funktionierende Mikrofone oder sonstige Störungen der Abläufe – geklärt, um die Fehler für die nächsten Runde zu korrigieren. Beispielsweise stellte sich in der *Reunião* der *Vila Isabel* am 23.8.2014 die Frage, ob man am folgenden Samstag den Soundcheck der *Parcerias* bereits vor Beginn des *Disputas* einrichten könnte, da es mit Kabeln, Mikrofonen und Verstärkern bei diversen Gruppen Schwierigkeiten gegeben hätte. Vorgeschlagen wurde ein technischer Check zwischen 21 und 22 Uhr, der einen reibungslosen Ablauf für die nächste Runde des Wettstreits gewährleisten sollte. Diese Idee stieß bei diversen Gruppen auf Widerstand, da sie sich nicht in der Lage sahen, schon so frühzeitig im *Quadra* zu erscheinen oder die Anwesenheit der bei ihnen unter Vertrag genommenen Musiker und Sänger zu garantieren.[5] Ein anderer heftiger Streitfall ereignete sich im Verlauf des Wettstreites der *GRES. Unidos do Santa Marta*[6] 2015: Am Abend des 3.12.2014 entschloss sich eine *Parceria* trotz ausdrücklichem Verbot als Spezialeffekt ihrer Präsentation eine Trockeneismaschine einzusetzen, die das gesamte *Quadra* in dichten Nebel hüllte, was unter den Zuschauern für Verwirrung sorgte und Angstzustände auslöste. Sie verließen panisch die Halle, und es kam zu Zwistigkeiten mit den anderen Gruppen, die den Fehltritt beanstandeten und die Disqualifikation der Gruppe forderten. Ein Aspekt, der regelmäßig den Zündstoff für hitzige Diskussionen liefert, ist die Vermutung der Übervorteilung einer der *Parcerias* durch die Direktion. Der *Disputa limpa*, also der »saubere Wettstreit«, der frei von persönlichen Inter-

---

      Você pode falar sobre o que você quiser, desde que seja isso ... – Seja: Tem que falar sobre isto, tem que falar sobre isto, tem que ter esta palavra.«.
4 Vgl. Abbildungen 15–17 im digitalen Anhang.
5 Eintrag im Forschungstagebuch zum 25.8.2014.
6 Eintrag im Forschungstagebuch zum Wettstreitabend am 3.12.2014 und zur *Reunião* am 4.12.2014.

essen oder politischen Einflussfaktoren zwischen den Gruppen ausgetragen wird, existiert laut vielen von mir befragten Komponisten nur noch selten und in Sambaschulen niedrigerer Ligen, bei denen Politik und Finanzen eine vergleichsweise untergeordnete Rolle spielen.[7]

Nach der Klärung etwaiger Beschwerden besteht ein weiterer Punkt der Tagesordnung in der Information über technische Abläufe und Details der nächsten Wettbewerbsrunde. Hierzu zählen die Dauer und Anzahl an Durchläufen des Sambas mit und ohne *Bateria*, Informationen zu Verfügbarkeiten von technischen Hilfsmitteln und Zubehör auf der Bühne wie die Anzahl an bereitstehenden Mikrofonen sowie Informationen über zulässige Dekorationen im *Quadra* und den Einsatz sonstiger Requisiten für ein unvergessliches Bühnenerlebnis. Zum Abschluss der Versammlung erfolgt in der Regel die Auslosung der Präsentationsreihenfolge für die kommende Wettbewerbsrunde – das *Sorteio* – sowie die anschließende Ausgabe bestellter Eintrittskarten für die Fangemeinde[8]. Im Auslosungsverfahren haben die Gruppen in vielen Sambaschulen nach dem Erhalt ihrer Nummer einige Minuten Zeit zum Tauschen – beispielsweise, wenn eine *Parceria* durch die Reihenfolge Engpässe bei den für ihre Performance engagierten Sängern absehen kann. Die in der *Reunião da Ala* festgelegte Reihenfolge kann nachträglich nicht mehr geändert werden. Den beschriebenen Prozess des Losens und Tauschens der Präsentationsreihenfolge konnte ich bei diversen von mir besuchten Versammlungen des *Alas de Compositores* der *Vila Isabel* und *Santa Marta* beobachten. Auch für andere Sambaschulen wie *Estação Primeira de Mangueira* wurde mir während meines Besuches der *Tira-Dúvida* dieses Vorgehen vom *Carnavalesco* bestätigt.

Aufzeichnungen im Forschungstagebuch zum Ablauf der Versammlung des *Alas de Compositores* der *Unidos de Vila Isabel* am 25.8.2014 in Rio de Janeiro

1. Treffpunkt gegen 20 Uhr im *Quadra* der *Unidos de Vila Isabel*.
2. Begrüßung der Anwesenden (Vertreter aller teilnehmenden Komponistengruppen) durch den *Diretor do Carnaval* und weitere Mitglieder der administrativen Leitung.
3. Anwesenheitskontrolle durch Aufruf der gelisteten Komponistengruppen.
4. Diskussion vorgebrachter Kritik zu Störungen und Unregelmäßigkeiten.
5. Besprechung organisatorischer Unstimmigkeiten während der letzten Wettbewerbsrunde: Es gab Probleme mit Verspätungen durch nicht rechtzeitig erscheinende Sänger, weitere Verzögerungen durch Schwierigkeiten beim Soundcheck, ausgelöst durch defekte Kabel und Mikrofone, weitere akustische und visuelle Komplikationen aufgrund der Positionierung der *Bateria* direkt vor der Bühne, was die Kommunikation zwischen den Komponistenteams und Fans beeinträchtigte.
6. Auslosung der Reihenfolge der Performances für den kommenden Wettstreittag.

---

7 Einträge im Forschungstagebuch zu den informellen Gesprächen mit Guilherme Salgueiro am 30.10.2014 und Eduardo Gisi am 27.8.2014.
8 Jeder *Parceria* steht eine festgelegte Anzahl vergünstigter Karten zu, die sie innerhalb der *Reunião* für ihre Fangemeinde im Vorverkauf erwerben kann, vgl. Abbildung 28 im digitalen Anhang.

7. Kurze Pause und Gelegenheit zum Tausch (Veränderung der Reihenfolge der Präsentationen).
8. Ausgabe der Tickets (*Convintes* bzw. *Ingressos de Cortesia*) an die Komponisten; Bezahlung und Quittierung des Erhalts der bestellten Eintrittskarten und Gutscheine.
9. Ende der Versammlung gegen 21:30 Uhr.

12.1 Die Stationen von der ersten Wettstreitrunde bis zum großen Finale

Von der ersten *Corte* bis zum Finale ist es für die *Parcerias* ein langer und steiniger Weg. Auch wenn der allgemeine Ablauf von der *Entrega* bis zur finalen Performance stets ähnlich ist, gibt es in jeder Sambaschule Besonderheiten hinsichtlich der Anlage und Organisation der Wettstreitphasen, die darüber hinaus von Jahr zu Jahr leicht verändert werden können. Vor allem in der Gesamtdauer – also der Zahl der *Cortes* von der ersten bis zur letzten Präsentation – und in der letzten Etappe vor dem großen Finale differieren die Formate und Ausführungen des *Disputas*. Die Zahl der eingereichten Sambas spielt hier eine fundamentale Rolle: Ist eine hohe Nummer an konkurrierenden Kompositionen zu erwarten, wird der Wettstreit schon im Vorfeld von der Direktion umfangreicher geplant und angelegt. Er kann von sechs Wochen bis zu maximal drei Monaten andauern und in mehrere *Chaves* (Vorrunden der Gruppen) aufgeteilt sein. Zweifelsohne ist ein lang andauernder Wettstreit für die Komponisten anstrengender und ermüdender und die finanziellen Aufwendungen sind beträchtlich: Im Wettbewerb der *Beija-Flor* im Jahr 2016 wurden mehr als 100 Kompositionen eingereicht. Da selbst die angesetzten drei Monate für die Ausscheide bis zu den üblichen vier Finalisten nicht ausreichend waren, entschied sich die Direktion für eine Teilung der Gruppen in *Chave 1* und *Chave 2*, die an verschiedenen Tagen (Sonntag- und Mittwochnacht) im *Quadra* auftraten. Die Teilung in zwei *Chaves* ist an sich nichts Außergewöhnliches, sondern wird gerade in den großen *Escolas* mit einer hohen zu erwartenden Bewerberzahl wie *Salgueiro*, *Beija-Flor*, *Tijuca* oder *Mangueira* häufig praktiziert; normalerweise wechseln sich die *Cortes* der *Chaves* hier im wöchentlichen Rhythmus ab. Aus der Anzahl der eingereichten Kompositionen errechnet sich die ungefähre Anzahl erforderlicher Ausscheide pro *Corte*. Sie kann zwischen einem oder mehreren Sambas variieren, die eliminiert werden. Dennoch ist es möglich und gehört zur gängigen Praxis, dass alle Sambas bei überzeugenden Präsentationen in die nächste Runde weitergeleitet werden können. Als Konsequenz müssen in dieser umso mehr Gruppen ausscheiden.

Kurz vor dem entscheidenden Finale verfolgen die *Escolas* unterschiedliche Konzepte und Traditionen: Einige wollen sich vor dem großen Spektakel noch einmal ganz auf ihre *Comunidade* besinnen und veranstalten unter Ausschluss der Öffentlichkeit eine Versammlung, zu der ausschließlich die Mitglieder ihrer Sambaschule Zutritt haben und in einer Vorauswahl über ihren favorisierten Samba abstimmen.[9] In diversen Sambaschulen ist es außerdem zum verbrei-

---
9 Eintrag im Forschungstagebuch zum informellen Gespräch mit einem befreundeten *Ritmista* am 10.10.2016.

teten Prinzip geworden, einen Termin kurz vor dem Finale zu bestimmen, an dem der *Puxador* – der offizielle Sänger der *Escola* – gemeinsam mit den Musikern des *Carro de Som* alle für das Finale verbliebenen Kompositionen interpretiert, um Direktion und *Comunidade* einen Eindruck davon zu verschaffen, wie der Samba in seiner Interpretation klingen würde – eine Veranstaltung, die möglicherweise den entscheidenden Ausschlag für das finale Votum und die Favorisierung eines einzelnen Sambas erwirken kann. Egal, wie viele Wochen der *Disputa* insgesamt andauert: Orientierungspunkt für alle *Escolas* ist der von der LIESA im Vorfeld veranschlagte Aufnahmetermin in der *Cidade do Samba*. An diesem Stichtag muss nicht nur der Gewinner feststehen, sondern es muss auch im Vorfeld ein zeitlicher Spielraum für Über- und Bearbeitung durch einen musikalischen Arrangeur und mindestens eine Probe der finalen Version für die *Comunidade* einkalkuliert werden.

12.2 Der lange Weg bis zur finalen Nacht der Nächte. Zur Struktur und Organisation der *Parcerias* für ihre Präsentationen im *Disputa de Samba*

Nachdem die Struktur und Zusammensetzung eines Komponistenteams in den Ausführungen zur Wahl der *Parceiros* und den Aufgaben in der *Parceria* erläutert wurden, sollen nun die verschiedenen Verantwortlichkeiten der Mitglieder im *Disputa de Samba* in den Fokus rücken. Neben den künstlerisch tätigen Komponisten bilden jene, deren Hauptaufgaben im Bereich des Managements oder der finanziellen Belange liegen, in heutigen Tagen einen wichtigen Bestandteil der Gruppe. Sie treten oft unter der Bezeichnung »besonderer Teilnehmer« (*Participação Especial*) auf. Neben den Organisatoren spielen sie gerade in den Sambaschulen der hohen Ligen eine wichtige Rolle für die erfolgreiche Teilnahme einer Gruppe am Wettstreit der Komponisten. Der angestrebte Erfolg und die bereits im Vorfeld an ihn geknüpften Konditionen sind vielen Komponisten stets im Bewusstsein und beeinflussen ihre Handlungen in kontinuierlicher Form, was sich eindrucksvoll in den Dialogen der *Reuniões* und der gemeinsamen WhatsApp-Gruppe widerspiegelt. Regelmäßig werden Fragen der Planung und Strategie besprochen und ausgelotet. Dass die Teilnahme am Wettbewerb komplex ist, voll verschiedener – teils konträrer – Ansprüche steckt und für die Komponisten weitaus mehr bedeutet, als zum Zeitpunkt ihrer Performance auf die Bühne zu treten, ist allen Teilnehmern bewusst. Der Manager einer *Parceria* verwaltet drei zentrale Bereiche, die einen reibungslosen Ablauf des Abends einer *Eliminatória* oder *Corte do Samba* gewährleisten: Erstens trägt er Sorge für eine adäquate Dekoration des *Quadras*. Dies beinhaltet sowohl die Ausstattung des Innenraumes mit visuellen Blickfängen und Spezialeffekten zur dramaturgischen Gestaltung der Show[10]

Aufgrund der erklärten Bedingungen hatte ich leider keinen Zutritt zur Versammlung, sie fand in der Woche vor dem Finale zur Probenzeit von *Salgueiro* statt.
10 Der Aspekt der visuellen Gestaltung einer Performance wird zu einem späteren Zeitpunkt detaillierter erörtert.

als auch für die Beschaffung von Requisiten für eine zahlreiche Fangemeinde. Zweitens obliegt ihm die Verantwortung für die Verträge mit den Musikern und Interpreten und drittens die Gewährleistung ihrer Anwesenheit am Tag des *Disputas*. Obwohl die Komponisten meist selbst den Sängerchor (*Apoio*) zur Unterstützung des Solisten für den Samba bilden, ist die Beauftragung eines externen *Puxadores* zur Interpretation der Komposition – sofern möglich, aus den Reihen der bekanntesten und gefragtesten *Puxadores* der *Grupo Especial* (*Cantores de Ponta*) wie Tinga, Bruno Ribas, Igor Sorriso, Xandé de Pilares, Gilsinho, Leonardo Bessa etc. – gerade innerhalb der *Grupo Especial* verbreitet. Trotz der damit verbundenen hohen finanziellen Aufwendungen von etwa 1500 Reais pro Auftritt und verschiedenen voraussehbaren Schwierigkeiten wie Terminüberschneidungen mit zeitgleich geplanten Präsentationen in parallellaufenden *Disputas* gilt es mittlerweile unter den Bewerbern als »ungeschriebenes Gesetz«, die gesangliche Interpretation des Sambas in professionelle Hände zu geben. Die *Puxadores* des Samba-Enredo verfügen einerseits über die gefragte sängerische Qualität und das nötige stimmliche Volumen, sind andererseits aber auch mit den spezifischen musikalischen Besonderheiten der Gattung vertraut und wissen das *Andamento* der *Bateria* exakt zu Adaptieren. Wie bereits angedeutet obliegt es dem Manager der *Parceria*, für einen reibungslosen Ablauf zu sorgen. In der Regel liegen die *Quadra*, zwischen denen ein *Puxador* an einem Abend wechselt, eng beieinander. Lässt er sich beispielsweise für Auftritte bei *Mangueira*, *Vila Isabel* und *Salgueiro* verpflichten, die jeweils nur etwa 15 Minuten mit dem Auto voneinander entfernt liegen, so kann bei drastischen Verzögerungen ein Shuttleservice als Notfallplan zum Einsatz kommen. Der Sänger und Komponist Dudu Nobre erklärte mir,[11] dass jeder Interpret über eine persönliche Rangliste verfügt. Verspätet sich das Eintreffen des Interpreten durch einen anderen Auftritt, so ist der Organisator verpflichtet, rechtzeitig für Ersatz zu sorgen oder mit dem Sänger in ständiger Verbindung zu bleiben und ihn gegebenenfalls aus dem anderen *Quadra* abzuholen. Ein exemplarisches Beispiel für diese Vorgehensweise war für mich der Abend des 20.9.2014. Tinga, *Puxador* der von mir als Violinistin begleiteten Gruppe, musste von der *Estação Primeira de Mangueira* abgeholt werden, um den Auftritt in der *Vila Isabel* nicht zu verpassen. Er hatte die Performance anderer Sambas bei *Mangueira* und *Salgueiro* bereits vorher zugesagt und erreichte nur wenige Minuten vor Beginn unseres Auftritts das *Quadra* der *Unidos de Vila Isabel*.[12] Trotz einer solchen, für die *Parceria* nervenaufreibenden Situation vor der Präsentation sollte zugunsten der Professionalität nicht auf einen externen *Puxador* verzichtet werden, wie folgende Szene eines heftigen Streits im Zuge des Wettstreites der *Unidos do Santa Marta*[13] belegt. Noch während der laufenden Präsentation gerieten zwei der Sänger – beide Angehörige derselben *Parceria* – über die unterschiedliche Lautstärke ihrer Mikrofone auf der Bühne so sehr in Konflikt, dass von dritter Seite eingegriffen und die Prä-

---

[11] Eintrag im Forschungstagebuch zum 27.10.2014.
[12] Eintrag im Forschungstagebuch zum 20.–21.9.2014.
[13] Eintrag im Forschungstagebuch zum informellen Gespräch mit Guilherme Salgueiro am 30.10.2014.

sentation unterbrochen werden musste. Die vielfältigen drückenden Sorgen, Gedankengänge und strategischen Überlegungen vor einem *Disputa* führt der Komponist Walace Cestari folgendermaßen aus:

> »Und dann kommen diese hässlichen Versammlungen, [...] in denen wir anfangen folgendermaßen zu diskutieren: Gut, wer wird den Samba singen? Hast du schon mit Person X gesprochen? [...] Und – wie viel möchte er? [...] Dann beginnt diese eher mechanische Seite, viel weniger vergnüglich. Zunächst einmal gibt es im Haus wenig Brot[14]. Bei jeder Idee, die wir haben: ›Ah, wir fragen den‹ – ›Hm, nein wir haben kein Geld dafür.‹ Aber dafür haben wir eine Strategie. Dalton ist vor allem der Stratege. [...] Wir haben zwei Dekorationselemente – *Chuva de prata* und Fahnen. Alles, was die Sambaschule hat, in blauweiß, haben wir. Und für den Silberregen zwei Maschinen. ›Also – wann setzen wir den Silberregen ein?‹– ›Jetzt noch nicht!‹ – ›Welche Ausgaben haben wir für die *Torcida*?‹ ... Aber wir haben das ziemlich gut im Griff. [...] Am Anfang muss man zumindest einen Plan machen, nachdenken. Zunächst –, schön! Schreiben wir einen Samba?‹– ›Machen wir.‹ – ›Wie viel Geld steht uns zur Verfügung?‹ – ›So und so viel.‹ Wer singt? Das muss schon vorher entschieden werden. Dann muss der Vertrag mit dem Sänger gemacht werden – okay. Dann wird der Samba geschrieben, und dann beginnen die Probleme: Wir müssen den Aufnahmetermin festlegen, die Aufnahme [CD] produzieren. Der Sänger muss den Samba bekommen, wir müssen seine Termine kennen – und da beginnt schon der Stress. Es kann sein, dass er ankommt und sagt: ›Ah, ich habe schon jemand anderem zugesagt. Ich kann bei euch singen, aber am selben Tag muss ich auch in einer anderen *Escola* singen‹ ... – also brauchst du einen Plan B, für den Fall, dass er nicht kommt. «[15]
> WALACE CESTARI, Komponist [*Vila Isabel*], 20.2.2016.

Während die Mobilisierung, Aktivierung und Finanzierung der im Zitat erwähnten Fangemeinde von allen Mitgliedern der Gruppe gemeinsam getragen wird, liegt die Hauptverant-

---

14 Sinnbildlich: Es steht wenig Geld zur Verfügung.
15 Originaltext: »Aí começa, essas reuniões são mais chatas [...] porque a gente 'ta começando pensar assim: Bom, quem vai cantar o samba? E aí, já falou com fulano? [...] E aí – quanto que tá? [...] Aí começa a parte mais mecânica, muito menos prazerosa. Porque – Primeiro: A casa tem pouco pão. Todas as ideias, que a gente tem: ›Vamos chamar fulano‹ – ›Ah não tem dinheiro!‹ Mas tem estratégia – o Komp. 3-1 é mais estrategista. Ele pensa mais nesta parte... [...] a gente tem, os nossos dois adereços que são chuva de prata e bandeirão. Tudo que a Escola tem, de azul e branco, a gente tem. E chuva de prata a gente também tem dois maquinas. E aí – quando a gente vai botar chuva de prata? Agora não! Qual gastos a gente tem lá na torcida? Mas a gente leva muito bem isso. No inicio tem que ter pelo menos – tem que fazer um pensamento. No início – beleza: Vamos botar Samba? Vamos! Quanto dinheiro a gente tem? A gente tem X. Quem vai cantar? Isso tem que decidir bem antes. Fechar com cara que vai cantar – beleza. Acabou de fazer o samba – aí vem a primeira preocupação: Vamos lá, marcar pra gravar. Aí tem que passar o samba pro cara que vai cantar, saber a agenda dele, e aí começa ficar mais estressante. Fica que as vezes o cara: ›Ah, já fechei com fulano. Posso cantar com vocês, mas eu canto no mesmo dia em outra Escola‹ ... – aí tem que ter um plan B, será que ele veio, será que não vem ...«.

wortung für die organisatorischen Vorbereitungen betreffend der *Torcida* ebenfalls beim Manager der *Parceria*.

12.3 Die Funktion und Bedeutung der Fangemeinde und das zeitgenössische Phänomen der *Torcida organizada*

Die Fangemeinde eines Komponistenteams, bekannt als *Torcida*, steht neben der *Parceria* selbst bei jeder Präsentation im Wettstreit im Zentrum der Aufmerksamkeit. Wochen vor dem ersten Auftritt beginnen bereits die Vorbereitungen zur Mobilisierung der Fans und Überlegungen zur geeigneten Inszenierung. Die Komponisten sind bemüht und daran interessiert, die Termine für den Wettstreit frühzeitig unter den möglichen Mitgliedern der *Torcida* bekanntzumachen, Veranstaltungseinladungen in sozialen Netzwerken zu erstellen, gegebenenfalls sogar eine eigene App[16] mit genauen Informationen zum *Disputa*, aktuellen Präsentationsdaten, Fotos, Lyrics, dem Werbevideo der *Parceria* etc. zu kreieren. Die *Escolas* unterstützen die Werbungsaktivitäten aktiv.[17] In regelmäßigen Abständen soll die *Torcida* an die Termine erinnert und mit kleinen Highlights wie Freigetränken zur Teilnahme gelockt werden. Dennoch bleibt es an jedem Tag des Wettstreits eine Überraschung, wie viele der kontaktierten Personen tatsächlich erscheinen und die *Parceria* unterstützen. Beispielsweise kann schon die Voraussage von schlechtem Wetter und die Aussicht auf eine *Esquenta* (Erwärmung) im Regen die Stimmung und Motivation unter den Fans senken – ein Umstand, der von der *Parceria* einkalkuliert werden muss und für jede Wettbewerbsrunde erneuter Grund zur Sorge ist:

>»Ich finde, dieser Wettstreit über zwei Monate ist eine ziemlich lange Zeit und sehr ermüdend. [...] etwas mehr als zwei Monate, und jede Woche musst du in der Sambaschule sein, gibst Geld aus. Du hast gesehen, wie viele Leute kommen ... die bleiben nicht einfach so da. Du musst für Bier sorgen, einen Bus organisieren, über die *Escola* bekommst du die Eintrittskarten, aber es ist alles so kräftezehrend. Wenn es regnet, dann verlierst du Fans, die halt nicht kommen, weil es regnet. Dann heiratet irgendwer gerade hier in der Straße, und du hast Leute, die du extra von zu Hause mitgenommen hast, die dann plötzlich nicht mehr kommen, weil ja die Hochzeit schöner ist. Das ist so ein Stress, ich weiß nicht mal, wie wir überhaupt das Herz haben, um das auszuhalten. Diese ganzen Wochen lang.«[18] CLAUDIA NELL, Komponistin [*Vila Isabel*], 7.11.2014.

---

16 Vgl. Abbildungen 33–40 im digitalen Anhang.
17 Vgl. Abbildungen 29–32 im digitalen Anhang.
18 Originaltext: »Eu acho muito tempo essa Disputa, dois meses, é cansativo. [...] Dois meses, dois meses e pouco e toda semana cê tem que estar ali na Escola, 'tá gastando. Cê viu a quantidade de pessoas, aquelas pessoas não ficam ali a tôa. Cê tem que pagar cerveija, ce tem que pagar um ônibus, a Escola dá ingress, mas tudo é cansativo. Choveu – ai perde a torçida, porque a torçida não vai porque choveu. Tem um casamento do fulâno na

Ohne die Unterstützung einer zahlreichen, starken, fieberhaft engagierten Fangruppe, die im *Quadra* enthusiastisch zum vorgetragenen *Samba* tanzt, singt und das Publikum mit ihrer unwiderstehlichen Begeisterung zum Glühen bringt, kämpft ein Komponistenteam auf verlorenem Posten: Der Samba wirkt unbeliebt und scheidet binnen kurzer Zeit aus. Wie von Reebee Garofalo in *Musik und Emotion* beschrieben wird, ist die mitreißende Wirkung von Musik im Zusammenhang mit körperlichen Aktivitäten wie Tanz und Bewegung besonders groß und erreicht den Hörer leichter, schneller und effektiver: »To promote significance [...] [music is used] [...] to engage its participants [...] [in] practical activities [...]. Music, in particular, embodies tradition through the ritual of Performance.«[19]

> »Beim Finale der *São Clemente* waren wir etwa 400 Personen im *Quadra*, mit Luftballons und allem. Ich habe nicht allein gewonnen. Ich habe einen Samba gemacht, der im Vergleich mit den anderen tatsächlich der beste war. [...] Unsere Leute haben viel leidenschaftlicher gesungen [...], unsere Fans waren viel animierter als die der anderen – aber warum? Sie mochten den Samba am liebsten, mein Samba hatte eine übergroße, emotionale Wirkung auf die Fans, was bei dem Samba von den anderen [gemeint: bei der anderen *Parceria*] nicht in diesem Maße der Fall war ... also – im Endeffekt hat alles einen Einfluss.«[20] WALACE CESTARI, Komponist [*Vila Isabel*], 20.2.2016.

Die Struktur der Fangemeinde hat sich im Zuge der fortschreitenden Kommerzialisierung des Karnevals und der Wandlung der *Escolas de Samba* zu professionellen Unternehmen verändert: War es in den Anfangszeiten der *Cortes do Samba-Enredo* noch üblich, die Mitglieder der *Comunidade* vom eigenen musikalischen Werk zu überzeugen und neben Freunden auch Verwandte und Bekannte als Fans zu gewinnen, hat sich mittlerweile ein neues Phänomen herausgebildet, bei dem die Mehrheit der *Torcida* aus Personen bestehen kann, die vom Manager oder sogar von einem externen, speziell dafür beauftragten und vergüteten Organisator, der nicht Teil des Komponistenteams ist, vermittelt wird: die *Torcida organizada*. Sinn und Zweck ist es, die unüberschaubar großen *Quadras* zu füllen und den Anschein zu erwecken, die Fangemeinde für den betreffenden Samba wäre ungemein groß und der Samba eindeutiger Favorit. In einigen Fällen stammen die Mitglieder der *Torcida organizada* nicht einmal aus Rio, son-

---

Avenida e tem um povo que ce traz da Vila, aí não vai mais, porque a boa foi o casamento. É um estresse, não sei como a gente tem o coração pra aguentar isto. Estas semanas todas.«.

19 Reebee Garofalo: »Politics, mediation, social context and public use«, in: *Handbook of Music and Emotion. Theory, Research, Applications*, hrsg. von John A. Sloboda und Patrik N. Juslin, New York 2010, S. 734–751, hier: S. 735.

20 Originaltext: »Na São Clemente, a gente tinha 400 pessoas lá na Quadra na Final, com bola, com tudo. Eu não ganhei sozinho. Fiz o Samba e em comparação com os outros Sambas, este Samba era efectivamente melhor. [...] *A nossa galera 'tava cantando mais* [...], 'tava mais animada do que a do outro, e assim – porque? Porque eles gostaram mais do meu Samba, meu Samba pegou naquela Torcida, e na Torcida do outro cara não pegou tanto ... então assim – tudo influencia.«.

dern werden aus kleineren Städten der umgebenden ländlichen Regionen mit dem Bus zum *Quadra* gebracht, wo sie als Gegenleistung für ihr Engagement mit Eintrittskarten, Getränken und Speisen versorgt werden. Dennoch ist der Erfolg einer *Torcida* nicht in jedem Fall von der Quantität ihrer Teilnehmer abhängig. Nach dem Sieg des *Sambas Concorrente* einer befreundeten Komponistengruppe bei *GRES. São Clemente* im Wettstreit 2016, die ich als Mitglied der nicht umfangreichen aber hoch enthusiastischen Fangruppe unterstützte, erklärte mir Walace Cestari, dass entgegen der Überzeugung vieler Komponisten nicht nur die Anzahl der anwesenden Fans, sondern auch ihre aufrichtige persönliche Begeisterung eine elementare Rolle im Gesamtbild spiele. Wäre die Zahl unserer Mitglieder der *Torcida* – die ausschließlich aus Freunden, Verwandten und Bekannten zusammengesetzt war – auch dem einen oder anderen Konkurrenten unterlegen, so hätten wir fieberhafter gekämpft als jede andere Gruppe und dem Komponistenteam schließlich zum Triumph im Finale verholfen.[21] Diese Aussage wurde kurze Zeit nach unserem Gespräch auch auf der Website der *GRES. São Clemente* von externen Beobachtern bestätigt. So schrieb der Kolumnist Rodrigo Trindade in seiner Analyse des Finales[22]:

»Es ging weiter zur dritten Präsentation, jener von Rodrigo Indio. Evandro Malandro[23] eroberte die Bühne und legte ein rasches Tempo vor, welches das ganze *Quadra* ansteckte. Zwar hatte die Gruppe die kleinste Fangemeinde und die wenigsten Requisiten, aber die Fans, bestehend aus Freunden, übertrugen ihre Emotion so stark auf alle Anwesenden, dass die Präsentation des Sambas keinerlei Zweifel über den Ausgang der Wahl ließ. Nach einigen Minuten begann Leozinho Nunes[24] den *Samba Campeão* zu singen und löste eine große Welle von Emotionen bei der *Parceria* und ihrer *Torcida* aus. Sie begannen sogar, vor Rührung zu weinen. Die Komponisten erklommen erneut mit einer Fahne der Schule die Bühne und demonstrierten ihre Liebe für *São Clemente*.«[25]

Tatsächlich kann ich nicht nur aus Beobachtungen und Interviewaussagen, sondern auch aus eigener Erfahrung die unvergleichlichen Emotionen beim Sieg einer unterstützten Gruppe bestätigen. Nach der Verkündung des *Samba Campeão* der *São Clemente* 2016 sang und feierte

---

21 Vgl. Video 15 – Szenen aus *Semifinal* und *Final* des *Disputa do Samba*, *GRES. São Clemente*, Oktober 2015.
22 Rodrigo Trindade: »*E o Palhaço o que é? É doce ilusão, sonho de criança*': assim cantará a São Clemente em 2016«, <http://www2.sidneyrezende.com/noticia/256180+e+o+Palhaço+o+que+e+e+doce+ilusão+sonho+de+crianca+assim+cantara+a+São+clemente+em+2016/mobile > [20.10.2023].
23 Evandro Malandro: *Puxador* der Gruppe.
24 *Puxador* der *GRES. São Clemente*.
25 Originaltext: »Passou na terceira apresentação, de Rodrigo Indio. Evandro Malandro comandou o palco e colocou um andamento mais à frente, contagiando a Quadra. Era a menor Torcida, com menos adereços, mas Torcida de amigos que tomados pela emoção impulsionaram o Samba sem deixar dúvidas sobre a escolha. Após alguns minutos, Leozinho Nunes cantou o Samba-Campeão para a emoção da Parceria e torcida. Todos começaram a chorar e vibrar. Os Compositores subiram ao palco exibindo uma bandeira da agremiação, mostrando todo o amor pela Escola.«.

unsere Fangemeinschaft noch Stunden nach der Entscheidung bis in die späten Morgenstunden mit den Komponisten im *Quadra* – ebenso euphorisiert wie die Schöpfer des Werkes selbst.

Trotz des positiven Ausgangs dieser spezifischen Situation ist festzuhalten, dass die Organisation der *Torcida* von den meisten Komponisten insgesamt als sehr unkalkulierbar und aufreibend empfunden wird, das jederzeit spontane Improvisation erfordern kann. Dalton Cunha, Mitglied der siegreichen *Parceria* der *São Clemente* 2016, erzählte mir nach dem Abend des Finales von Schwierigkeiten, die rasch und stillschweigend und ohne Verunsicherung der Fangemeinde gelöst werden mussten:

> »Der Moment des Wettstreits ist sehr energiezehrend und aufwändig – das Finale in der *São Clemente* war besonders stressig. 120 Leute, die vor meiner Haustür standen und zwei angemietete Busse, um die Fans abzuholen, die einfach nicht ankamen! Und die Leute standen da und warteten auf den Bus. Zum Glück konnte uns ein Freund von *Estácio* helfen, der spontan einen anderen Bus organisierte, [...] der dann einmal fuhr, die Fans holte und dann noch einmal zurückkam, um den Rest abzuholen. Das, was du investierst, ist wirklich sehr viel.«[26] DALTON CUNHA, Komponist [*Vila Isabel*], 15.10.2015.

Die hier beschriebene Szene sowie eine Übersicht verschiedener Momente des Wettstreits der Komponisten 2016 in der *GRES. São Clemente*, insbesondere der finalen Phasen von Halbfinale und Finale, findet sich auch im digitalen Anhang dieses Buches.[27]

12.4: The Show must go on: Ein Abend im Wettstreit der Komponisten während der *Eliminatória do Samba*

Bevor die Performance einer Komponistengruppe in einer *Corte do Samba* detailliert in ihrem vielschichtigen Kontext erörtert wird, soll zunächst ein kurzer Überblick zur Konzeption des Abends vonseiten der Sambaschule gegeben werden. Die Auslosung der Reihenfolge kann – sofern sie nicht in der Versammlung des *Alas de Compositores* erfolgt – als erste Amtshandlung der Direktion zu Beginn des Wettstreitabends durchgeführt werden. In diesem Fall sind die Regeln äußerst strikt: Erscheint eine Komponistengruppe unpünktlich zur Auslosung, muss sie eine Strafe in Kauf nehmen, die bis zu einer Disqualifizierung reichen kann. Dass dieses Vorgehen

---

26 Originaltext: »A parte da Disputa é trabalhosa, é estressante – a Final da São Clemente foi muito estressante. Com 120 pessoas na porta da minha casa, dois ônibus alugados e caras que não vem! E as pessoas esperando o ônibus. Quem nos ajudou foi um amigo do Estácio que conseguiu um ônibus alugado [...]. Aí foi, levou uma galera e voltou. Então, o que cê gaste é muito grande.«.

27 Vgl. Video 15 – Szenen aus dem Halbfinale und Finale des *Disputa do Samba*, GRES. São Clemente, Oktober 2015.

nicht als theoretische Drohung zu verstehen ist, sondern in der Wettbewerbspraxis umgesetzt wird, erfuhr ich aus Gesprächen mit Komponisten zum Fall einer solchen Disqualifikation in der Sambaschule *Salgueiro*.[28] Da mit einem tatsächlichen Beginn des Wettbewerbs nicht vor Mitternacht zu rechnen ist, da die *Bateria* in der Regel zu 0:30 Uhr erwartet wird, der offizielle Zeitpunkt jedoch auf 22 Uhr festgesetzt ist,[29] ist es gängige Praxis, den Abend zur Einstimmung des Publikums mit *Pagode* zu eröffnen, während die Komponistengruppen mit ihren Fans in unmittelbarer Nähe proben und feiern. Mit dem Einritt der *Bateria* gilt die Probe *(Ensaio)* schließlich als eröffnet. Nun treten die Segmente der Sambaschule in folgender Reihenfolge auf:

- *Harmonia und Evolução*
- *Velha Guarda und Baianas*
- *Mestre Sala und Porta Bandeira*
- *Passistas*

Sie alle präsentieren sich nacheinander in kleinen Shows.[30] Musikalisch begleitet werden sie von *Puxador* und *Carro de Som*, die die *Sambas antigos* der Schule in der Reihenfolge ihrer Entstehung spielen, wobei sie mit dem Samba der letzten Saison enden. Stehen Neubesetzungen in den professionellen Segmenten und *Alas* an – wie *Mestre-Sala* und *Porta-Bandeira, Passistas* oder *Musas* – so werden die Auswahlrunden in den Wettstreit eingebunden,[31] wobei der Endausscheid als Höhepunkt des Selektionsprozesses vorzüglich am Tag des Finales stattfindet. Nach der *Ensaio* der *Comunidade* beginnt der Hauptteil des Abends: die Präsentationen der *Parcerias* und die Urteilsverkündung nach Abschluss der letzten Performance. Veranschaulichend zu den Aufgaben, die ein Komponistenkollektiv in der Nacht einer Performance bewältigt, nachfolgend eine kurze Übersicht der elementaren Stationen[32] für *Parceria* und *Torcida* von ihrer Ankunft am *Quadra* bis zum Ende der Performance.[33]

PHASE 1: BEGINN DES ABENDS GEGEN 21–22 UHR VOR DEM *Quadra*
- Treffen der *Parceria* in der Nähe der Probenhalle.

---

28 Eintrag im Forschungstagebuch zum informellen Gespräch mit Eduardo Gisi am 27.8.2014.
29 Vgl. Friederike Jurth: »The phenomenon of composers' compositions within the best sambaschools in Rio de Janeiro«, S. 123, S. 127 ff.
30 Vgl. Video 16 – Szenen der *Ensaio-Show, GRES. Unidos de Vila Isabel*, Oktober 2014/2015 und *Acadêmicos do Salgueiro*, Oktober 2015/2016.
31 Vgl. Abbildungen 41–43 im digitalen Anhang.
32 Vgl. Friederike Jurth: »The phenomenon of composers' compositions within the best sambaschools in Rio de Janeiro«, S. 126 ff.
33 Rekonstruiert aus Primärquellen und eigenen Beobachtungen, Erfahrungsberichten, Feldaufzeichnungen der 2012–2017 besuchten *Eliminatórias do Samba-Enredo*.

- Aufbauen der Stände und Requisiten zur Einstimmung der *Torcida*: In der Regel wird eine große Tonanlage mit Boxen aufgebaut, über die der Samba der Gruppe in Schleife abgespielt wird (wenn möglich gibt es einen Bildschirm mit dem Videoclip, manchmal sogar eine tragbare Leinwand).
- Verpflegung für die Fans: Getränke, meist Bier, auch Fingerfood bzw. *Churrasco*.
- Bereitstellen von Kopien der *Letras, Adereços* (Dekoration), Verteilung von einheitlicher Kleidung (T-Shirts) an die Fans.
- Vorbereitung und Verteilung der *Adereços*.
- Gegen 22–23 Uhr: Eintreffen der Fans.

Phase 2: bis ca. 0.00 Uhr vor dem *Quadra*
- Beginn der *Esquenta da Torcida*: Einfinden der Fans am Standort der Komponistengruppe.
- Probe des Sambas, gemeinsames Einstimmen auf den Abend und Anheizen der Stimmung durch die Komponisten.
- Wenn notwendig (Beispiel: *São Clemente* 2016) Transport der *Torcida* zum *Quadra*, Austeilen der Eintrittskarten (*Convintes* oder *Cortesia da Parceria*). Angehörige der Sambaschule haben freien Eintritt und müssen beim Betreten des *Quadras* nur ihren Ausweis vorlegen.
- Gegen 0:00 Uhr gemeinsamer Einzug ins *Quadra*, gegebenenfalls mit Instrumenten und Fahnen in den Farben der Sambaschule. Selbst, wenn die Performance erst einige Stunden später stattfindet, müssen alle *Parcerias* mit ihren Fans gegen Mitternacht einziehen, sonst verfallen die Karten und müssen zu teuren Preisen an der Abendkasse neu erworben werden.

Phase 3: Im *Quadra*, vor der Präsentation ab ca. 0.00 Uhr
- Nach dem Betreten des *Quadras* beginnen die Komponisten mit der Werbung für Kurzentschlossene: Sie verteilen Kopien ihres Sambatextes im Publikum, bewegen sich durch die Probenhalle und warten auf ihre Präsentation.
- Ca. 1–2 Performances vor dem eigenen Auftritt sammeln sich Komponisten und Fans an einem vereinbarten Bühneneingang im hinteren Teil des *Quadras*.
- Nun werden Fahnen, Luftballontrauben und sonstige, von der Gruppe organisierte Dekorationselemente unter der Fangemeinde verteilt, der Samba wird gemeinsam – ungeachtet der Präsentation im vorderen Teil der Halle – zur Einstimmung gesungen, bis der große Moment gekommen ist und die Gruppe auf die Bühne tritt.
- Im hinteren Teil, ein wenig abseits von der Fangemeinde, treffen sich – ebenfalls kurz vor dem Auftritt – die Musiker und Sänger zu Proben des Sambas.

Phase 4: Im *Quadra*, Präsentation der *Parceria* 1
- Ein Teil der *Parceria* betritt gemeinsam mit dem Hauptinterpreten (*Puxador*) die Bühne: Sie werden den Interpreten als Chor unterstützen und gleichzeitig das Publikum und die *Torcida* von hier aus animieren.

- Es folgen kurze Absprachen und ein Soundcheck aller Sänger und Musiker.
- Nach der Anmoderation der Gruppe durch den *Diretor do Carnaval* (Nennung der Namen aller registrierter Komponisten, der zugeordneten Nummer des Sambas sowie der Anzahl der Durchläufe mit und ohne *Bateria*) ist die Bühne freigegeben.
- Einige Komponisten befinden sich im Publikum und koordinieren die *Torcida* während der Präsentation: Sie animieren zum Singen, leiten choreografische Einlagen und koordinieren Show-Effekte (z. B. den Einsatz von *Chuva de Prata*, von Tanzshows oder selbstgefertigten allegorischen Elementen).

PHASE 5: IM *QUADRA*, PRÄSENTATION DER *PARCERIA* 2
- Nach der Show wird die *Torcida* zurück hinter die Bühne geleitet (während parallel die nächste Komponistengruppe einzieht). Die ausgeteilten Dekorationen werden wieder eingesammelt und für die nächste Runde des Wettbewerbs in die Obhut der Gruppenmanager gegeben.
- Dann sind die Fans »befreit«, die Komponisten bleiben im *Quadra* und erwarten das Resultat der Jury.

Ensaio der *Componentes* (*Mestre-Sala* und *Porta-Bandeira* sowie *Ala de Passistas*) bei der *Corte do Samba*, *Disputa de Samba* der *Unidos de Vila Isabel* 2015, Oktober 2014, Rio de Janeiro

Parceria im *Disputa de Samba* der *GRES. Unidos de Vila Isabel* 2015/2016, Rio de Janeiro

- Ende der Wettstreitrunde ist in der Regel zwischen 4 Uhr und 6 Uhr, beim Finale gegen 9 Uhr morgens.

Wie in den Ausführungen zur Bedeutung und Funktion der Fangemeinde umrissen, spielen neben dem Enthusiasmus der *Parceria* auch Elan und Leidenschaft der *Torcida* eine entscheidende Rolle für die Bewertung der Performances im *Disputa de Samba*. Ein besonderer Moment, der oft als Teil der Show mitinszeniert wird, ist die Vorbereitungsphase (*Concentração*) in der Nähe der Probenhalle der Sambaschule: Sie beinhaltet die Sammlung, Einstimmung und Probenphase der Komponisten mit ihren Fans, bevor der gemeinsame Einzug ins *Quadra* folgt. Hier handelt es sich um jenen zentralen Zeitpunkt, an dem die *Torcida* von den Komponisten auf den bevorstehenden Abend vorbereitet wird. In der Regel hört man bereits von Ferne die verschiedenen, konkurrierenden Sambas in Schleifen erklingen, die sich durch die benachbarten Standorte der Gruppen akustisch überlappen.[34] Jede *Parceria* sichert sich zu Beginn des Wettstreits einen geeigneten Platz in der Nähe des *Quadras*, der über die gesamte Phase des Ausscheids als zentraler Sammelplatz bestehen bleibt. Die *Ensaio da Torcida* kann sich je nach Konstellation der Komponistengruppe zu einem Ereignis entwickeln, das einen ersten Eindruck von der zu erwartenden Performance liefert, da neben der Musik selbst auch choreografische Elemente

---

34 Vgl. Video 10 – Szenen der *Ensaio* und *Esquenta da Torcida* für den *Disputa de Samba*, *Quadra* der *GRES. Unidos de Vila Isabel*, September/Oktober 2015 und 2016.

einstudiert werden.[35] Die Komponisten bemühen sich, bereits in dieser Phase eine ausgelassene und mitreißende Stimmung unter den Fans zu erzeugen, um sie entsprechend einzustimmen und ihren Elan zu befeuern. Darüber hinaus nutzen sie die Möglichkeit, spontan Entschlossene auf ihre Seite zu ziehen. Es werden Kopien der *Letras* verteilt,[36] gegebenenfalls einheitliche T-Shirts und Freigetränke ausgeteilt und schließlich wird zusammen gesungen. Hierbei steht der Refrain als Herzstück der Komposition im Fokus der Aufmerksamkeit und der sängerischen Bemühungen. Er wird wieder und wieder repetiert, um sich ohrwurmhaft im Gedächtnis der Sänger zu verankern. Obwohl der gesamte Samba in Melodie und Text meist bis zur Präsentation nicht vollständig auswendig beherrscht werden kann, ist der Refrain mit seinen wenigen Zeilen durchaus auch in Kürze erlernbar. Er folgt bestimmten musikalischen Prinzipien, die Helmut Rösing als typisch für viele Genre der Popularmusik beschreibt: »Musikalische Motive verdichten sich zu einer prägnanten Gestalt, deren Wiedererkennungswert mit jeder Wiederholung zunimmt. Jeder, der will, kann sich diesen Typ von Musik hörend aneignen […].«[37] Für einen konkreten Eindruck von den *Ensaios da Torcida* und der Vorbereitungsphase finden sich im digitalen Anhang verschiedene Filmaufnahmen, die Szenen illustrativer Schlüsselmomente und vorgestellter Phänomene an Beispielen verschiedener *Cortes do Samba* zeigen[38].

Gegen Mitternacht ziehen schließlich alle *Parcerias* mit ihren Fans ins *Quadra* ein. Die Atmosphäre hat zu diesem Zeitpunkt oft einen fieberhaften Höhepunkt erreicht, einige Gruppen inszenieren den Moment wie einen Eroberungszug, besonders wenn das Finale kurz bevorsteht. Sie singen lauthals, bahnen sich einen Weg durch die dicht gedrängten Besucher am Einlass und schwenken riesige Fahnen mit dem Logo in den Farben der *Escola*. All dies zählt nur zum Vorspiel des eigentlichen Spektakels des Abends: die Bühnenperformances der konkurrierenden Gruppen. Erst hier gilt es, Jury und *Comunidade* von der eigenen musikalischen Schöpfung zu überzeugen, wobei eine Varietät aus künstlerischen, finanziellen, sozialen, politischen und repräsentativen Elementen und Faktoren zum Tragen kommt, die zum Sieg oder zur Niederlage einer Komposition beitragen:

> »Gut, ich würde sagen, dass es schon immer einen Wettstreit gab, das ist klar. Aber heute […] ist das alles zu einem neuen Fest mit riesigen Ausmaßen geworden. Es ist ein neues Event der Sambaschule. Also – du musst einen Wettkampf führen, Sänger engagieren, für Fans sorgen, allegorische Elemente

---

35 Vgl. Video 10 – Szenen der *Ensaio* und *Esquenta da Torcida* für den *Disputa de Samba*, *Quadra* der *GRES. Unidos de Vila Isabel*, September/Oktober 2015 und 2016, vgl. auch Video 2 – *Cortes do Samba* im *Quadra* der *GRES. Unidos de Vila Isabel* 2015 und 2016, September–Oktober 2014/2015.

36 Vgl. Friederike Jurth: »The phenomenon of composers' compositions within the best sambaschools in Rio de Janeiro«, S. 131 ff.

37 Helmut Rösing: »Forensische Popmusikanalyse«, S. 258.

38 Vgl. Video 10 – Szenen der *Ensaio* und *Esquenta da Torcida* für den *Disputa de Samba*, *Quadra* der *GRES. Unidos de Vila Isabel*, September/Oktober 2015 und 2016.

und Dekoration besorgen. Wenn jemand das nicht macht, bleibt das *Quadra* leer und selbst wenn der *Samba* [künstlerisch/qualitativ] gut ist, wird die Jury sagen – [...] nein, der *Samba* ist nicht gut, den möchte keiner.«[39] MARTINHO DA VILA, Komponist [*Vila Isabel*], 24.2.2016.

Der *Disputa de Samba* und die mit ihm verbundenen politischen und ökonomischen Strategien sind ein zentrales Thema in den Versammlungen der Komponisten und darüber hinaus ausschlaggebend für die Wahl der *Parceiros*. Zwei Komponisten beschreiben den Einfluss der Teammitglieder im Interview:

»Manchmal verändert sie [die *Parceria*] sich aufgrund einer politischen Frage, manchmal wegen einer Frage der Arbeitsweise. Das ist besonders im Bereich des *Samba-Enredo* der Fall. Was passiert? Du stehst in einem Wettkampf, das bedeutet abgesehen von finanziellen Belangen stehen politische Aspekte und Fragen der Arbeitsweise im Zentrum. Manchmal passiert es, dass man mit einem *Parceiro* nicht so gut zusammenarbeiten kann oder dass er sich nicht genug einbringt. Und *Samba-Enredo* etwas, das sehr viel Energie braucht. Es kommt vor, dass [...] ein Typ sich einfach nicht so intensiv am *Disputa* beteiligt. Ich hatte schon mal einen *Parceiro*, der aufgehört hat, *Samba* mit mir zu komponieren, da die Direktion der Schule gesagt hat ›Schreib keinen *Samba* zusammen mit ihm, er wird hier nicht gewinnen.‹«[40] DUDU NOBRE, Komponist [*Mocidade*], 17.2.2016.

»Heutzutage ist es eigentlich kein richtiger Wettstreit mehr. Hätten wir mit demselben *Samba*, wenn die *Parceria* aber nur aus mir, Guilherme und Dalton bestanden hätte, bei *São Clemente*[41] gewonnen? Wenn wir nicht Rodrigo Indio und Alexandre Araújo als *Parceiros* gehabt hätten, die als Komponisten fest zur *São Clemente* gehören, die Schule gut kennen und bei der *Comunidade* bekannt sind? Hätte unser *Samba* dann dasselbe Gewicht gehabt?«[42] WALACE CESTARI, Komponist [*Vila Isabel*], 20.2.2016.

---

39 Originaltext: »Então, eu vou dizer sempre houve Disputa, é claro. Mas hoje [...] tudo virou uma festa nova. Um evento novo na Escola de Samba. Então você tem que fazer a Disputa, botar Puxadores, botar Torcida, fazer Alegorias. Se um não faz isso, a Quadra fica vazía e mesmo se o Samba fica bom o Jury vai falar – [...] o Samba não tá bom, na Escola ninguém quer o Samba.«.

40 Originaltext: »Ás vezes muda por uma questão política da Escola, as vezes muda por uma questão de trabalho, principalmente nas Parcerias do Samba-Enredo. O que é que acontece? Você tá numa Disputa, quer dizer – além de ter a questão financeira tem a questão política e questão de trabalho. As vezes um Parceiro não é um bom Parceiro de trabalho, algumas vezes um Parceiro não participa tanto. E o Samba-Enredo é uma coisa que consome muito. [...] Você pegar e as vezes o cara chega e não tá participando intensamente da Disputa. [...]. Já tinha um Parceiro meu que deixou fazer Samba porque a Diretoria da Escola falou de não faz Samba comigo, que não vai ganhar.«.

41 Gemeint ist hier der Wettstreit bei GRES. *São Clemente, Disputa de Samba* 2015.

42 Originaltext: »[Hoje] não é mais uma Disputa de verdade. Será, se fosse só eu, Komp. 1-1 e Komp. 3-1 neste mesmo Samba, se a gente teria ganhado na São Clemente, se não tivesse a Parceria do Rodrigo Indio, do Ale-

Über den Verlauf mehrerer Jahre konnte ich in verschiedenen *Escolas de Samba* der *Grupo Especial* miterleben, in welcher Form die *Performances* der Gruppen von einer Wettbewerbsrunde zur folgenden mitreißender und glanzvoller inszeniert wurden.[43] Verschiedene Schlüsselelemente verwendet die Gruppe von Beginn an, um ihren Wiedererkennungswert zu unterstützen; andere werden erst später eingesetzt. *Parceria 7* entschloss sich beispielsweise, im Zuge des *Enredos* der *Unidos de Vila Isabel* 2015 als melodisches Äquivalent zum späteren thematisch bezogenen *Paradinha da Bateria*[44] das Solo der Violine als festen Bestandteil der Performance des Wettstreites zu integrieren. Die Melodie der Geige als einleitende Eröffnung der Show erwies sich als geschickter Schachzug: Sie entwickelte sich nach wenigen Wettbewerbsrunden zu einem Markenzeichen der Gruppe und bewirkte, dass das Publikum bei den ersten Tönen in Begeisterungsjubel ausbrach.[45] Es bleibt festzuhalten, dass sich mit jeder Wettbewerbsrunde die Quantität und Ausgefallenheit der eingesetzten Showeffekte steigern. Dennoch müssen die Konkurrenten bedenken, dass es bis zum Finale ein langer Weg ist und die Pracht über den Zeitraum von mehreren Wochen bis Monaten durchgehalten werden muss.[46] Zu den allgemein verbreiteten Dekorationselementen im *Quadra* zählen in Netzen gefangene bunte Luftballontrauben, die am Höhepunkt der Präsentation auf das Publikum herunterregnen, explodierende Luftschlangen, Konfettiregen oder der als *Chuva de Prata* bezeichnete Silberregen aus glitzerndem Konfetti, der mit einer eigens dafür hergestellten Maschine zwischen den jubelnden Fans in die Luft gewirbelt wird.[47] Darüber hinaus wird die *Torcida* mit Requisiten wie bunten Fahnen, Luftballons oder beweglichen, thematisch angepassten Elementen ausgestattet – beispielsweise im Rahmen des *Enredos Musica erudita* (Klassische Musik) mit riesigen Papiernoten und Papiernotenschlüsseln oder im Zuge der Thematik *Agricultura* mit Regenschirmen, deren angeheftete Silberfäden strömenden Regen simulieren und während der Präsentation der Gruppe leidenschaftlich durch die Luft geschwenkt werden. Die Luftballons zerplatzen in der Regel am Ende der Aufführung wie ein akustisches

---

xandre Araujo, que são Compositores da propre Escola, que conhecem mais a Escola, que são conhecidos pela Escola, né? Seja – será que terá o mesmo peso?«.

43 Vgl. Friederike Jurth: »The phenomenon of composers' compositions within the best sambaschools in Rio de Janeiro«, S. 128 ff.

44 Zu Besonderheiten der *Baterias* der *Escola de Samba* und des Phänomens der *Paradinhas/Bossas*: vgl. auch Chico Santana: *Batucada: Experiencia em movimento* (Tese de doutorado em música, Instituto de Artes da Universidade Estadual de Campinas), Campinas 2018.

45 Vgl. Video 2 – *Cortes do Samba* im *Quadra* der *GRES. Unidos de Vila Isabel* 2015 und 2016, September–Oktober 2014/2015.

46 Vgl. Friederike Jurth: »The phenomenon of composers' compositions within the best sambaschools in Rio de Janeiro«, S. 131 ff.

47 Vgl. Video 2 – *Cortes do Samba* im *Quadra* der *GRES. Unidos de Vila Isabel* 2015 und 2016, September–Oktober 2014/2015; vgl. Video 17 – Szenen des *Disputa de Samba*, *Quadra* der *GRES. Acadêmicos do Salgueiro* und *GRES. Estação Primeira de Mangueira*, Oktober/November 2016; vgl. Abbildungen 35–40 im digitalen Anhang.

Feuerwerk. Hier werden weder Kosten noch Mühen gescheut, um einen Auftritt schillernd, überraschend und thematisch passend zu inszenieren.[48] Walace Cestari beschreibt in diesem Zusammenhang die finanziellen Ausschweifungen und benennt wesentliche Kostenfaktoren:

»Für den Komponistenwettstreit gibt man sehr viel aus. Wir waren eigentlich immer auf der Suche nach jemandem, der Geld aufbringen konnte, um uns zu sponsern, da uns die Abhängigkeit von finanziellen Ressourcen einschränkt. [...] Wir vollbringen wahre Wunder damit, nur zwischen fünf- und zehntausend [Reais] auszugeben. Normalerweise gibst du 30.000 und aufwärts aus. Es wird gesagt, dass du – um bei *Salgueiro* zu konkurrieren – mindestens 50.000 aufwenden musst. [...] Du brauchst Geld für die Bühne, Sänger und Musiker. In unserem Fall sparen wir schon das *Cavaco*, da Guilherme spielen kann. Da er auch singen kann, brauchen wir nur noch zwei weitere Sänger [...]. Die Gruppe [...] muss für die Eintrittskarten aufkommen. Und da es kein Geheimnis ist, dass die Leute von Freigetränken angezogen werden, [...] ist es auch notwendig, Bier zur Verfügung zu stellen. Dazu kommen Produktionskosten für die CD, die verteilt wird [...]. Und wenn man beispielsweise Luftschlangen im *Quadra* anbringt, kann das noch einmal zwei- bis dreitausend [Reais] pro Nacht kosten, [...] – in Abhängigkeit von der Menge. Manchmal macht uns das so wütend, dass alles so kontrolliert ist und irgendwelchen Regeln zu folgen hat.«[49] WALACE CESTARI, Komponist [*Vila Isabel*], 4.12.2014.

Auch Martinho da Vila bestätigt:

»Heute beispielsweise ist es so, dass ein Komponist – egal wie talentiert und intelligent er auch sein mag – eigentlich keinen Samba-Wettbewerb allein bestreiten und gewinnen kann. Es ist prinzipiell möglich, aber extrem kompliziert. Sehr, weißt du. [...] In dem Moment, als der *Disputa* sich zu einer finanziell-orientierten Angelegenheit entwickelte, als begonnen wurde, die Sambas aufzunehmen, da hat sich die Sache verändert. Also heutzutage gibst du viel im Samba-Wettstreit aus, etwa 100.000 Reais. Die Komponisten sind gezwungen, das aufzubringen. Stell dir mal vor – ein Komponist allein bezahlt 100.000 [...] – wie soll das gehen? Das ist es, was so kompliziert ist.«[50] MARTINHO DA VILA, Komponist [*Vila Isabel*], 24.2.2016.

---

48 Vgl. Abbildungen 44–47 im digitalen Anhang.
49 Originaltext: »Gasta-se muito com a Disputa. Sempre estivemos à procura de alguém que tivesse esse dinheiro para nos ajudar, porque ficamos limitados sem grana. [...] A gente é que faz verdadeiros milagres de só gastar por volta de cinco a 10 mil Reais. Normalmente gasta-se de trinta pra cima... Há quem diga, que não se concorre no Salgueiro com menos de 50.000. [...] Gasta-se dinheiro com o palco, cantores e músicos. No nosso caso economizamos o Cavaco, pois é o Guilherme toca. Como ele também canta, temos apenas dois cantores [...]. A Parceria [...] banca os ingressos. E [como] sabemos que as pessoas vão [ser] atraídas mais [...], oferecer cerveja é algo necessário. [Tem] os gastos de produção de um CD pra disutibuir [...]. Colocar canhões de Serpentina, por exemplo, pode custar de 2 a 3 mil Reais por noite, [...] dependendo da quantidade. [...] As vezes a gente fica bem chateado, porque tudo é tão controlado e segue as regras.«
50 Originaltext: »Hoje por exemplo, um Compositor – o mais talentoso que ele seja, inteligente e tal – pra di-

Ensaio der *Componentes* (*Mestre-Sala* und *Porta-Bandeira* sowie *Ala de Passistas*) bei der *Corte do Samba, Disputa de Samba* der *Unidos de Vila Isabel* 2015, Oktober 2014, Rio de Janeiro

Um den Wettbewerb zu bestreiten, wird von den Komponistengruppen zu einem strategisch kontrollierten Zeitpunkt das verfügbare ökonomische und soziale Kapital im Sinne der Definition von Pierre Bourdieus[51] eingesetzt:

> »Es gibt so viele Faktoren, dass der Samba selbst nur noch einer davon ist. Wenn man es bis ins Finale schafft, überlegen wir: [...] setzen wir mehr Geld ein, investieren wir mehr, gibt es Dekoration, gibt es Luftballons? Das ist die bürokratische Seite der Sache ... Das ist Bestandteil des Sambageschäfts, in dem es so viele Details gibt.«[52] WALACE CESTARI, Komponist [*Vila Isabel*], 20.2.2016.

Einige Musterbeispiele aus dem Wettstreit der *Unidos de Vila Isabel* 2015 illustrieren die Genauigkeit bei der Kalkulation der Requisiten und Ressourcen: Die für das Finale favorisierten *Parcerias* warteten erst ab dem Achtelfinale mit aufwändigen und kostenintensiven Bühnenshows auf. *Parceria* 18 engagierte als besonderes Highlight eine Ballerina des *Teatro Municipal*, die das Publikum mit einem klassischen Ballett in der Mitte des *Quadras* zum Staunen brachte. Viele der Besucher hatten noch nie eine Ballettvorführung gesehen und konnten eine derartige Darbietung zum ersten Mal aus der Nähe bewundern. *Parceria* 7 brachte nicht nur die erwähnte Violinenpassage ein, sondern ließ in der Nacht des Viertelfinales eine riesige, selbstgefertigte Allegorie in Form einer Lokomotive ins *Quadra* einfahren, welche bunt bemalt und prachtvoll dekoriert den Mittelraum füllte.[53] Abgesehen von der finanziell aufwändigen visuellen Gestaltung des Bühnenspektakels kalkulieren die Gruppen auch mit dem Einsatz sozialen Kapitals[54] und legen Wert auf die musikalische Qualität der Darbietung. *Parceria* 7 nahm den Interpreten *Tinga* unter Vertrag, eine kluge Entscheidung angesichts der Tatsache, dass ebenjener Sänger über den Zeitraum von etwa 20 Jahren offizieller *Puxador* der *Vila Isabel* war und somit nach wie vor für viele Mitglieder der *Comunidade* noch immer die Stimme der *Vila* verkörperte. Die Wahl von Tinga als Verteidiger des Sambas machte sich mit einer freudigen, emotionalen Stimmung unter den Mitgliedern der *Comunidade* bezahlt, die sich während der langsamen Einleitung ausbreitete und ihre besondere Wirkung bereits mit der persönlichen *Chamada* an

---

sputar um Samba-Enredo sozinho... dificilmente ele ganha. É possível, mas é difícil. Muito, sabe [...] Quando a Disputa virou uma coisa mais financeira, quando os Sambas passarem ser gravados – aí mudou a coisa. Então hoje em uma Disputa de Samba-Enredo, você gasta assim – em media de cem mil Reais [100.000]. Os Compositores gastam isso. Então para um Compositor sozinho, que tem que despedir 100.000 [...] não dá ne?! Então isso é complicado.«.
51 Vgl. Pierre Bourdieu: »The Forms of Capital«, S. 243, S. 248.
52 Originaltext: »Tem tantos fatores, que o Samba em se é só mais um, que eles vão levar em consideração. Se chegar na Final e aí assim – a gente vai [...] botar mais dinheiro, vamos investir mais coisas, vai ter adereços, vai ter bola. É a parte burocrática da coisa... faz parte do Samba, nestes Sambas são muitos detalhes.«.
53 Vgl. Video 2 – *Cortes do Samba* im *Quadra* der *GRES. Unidos de Vila Isabel* 2015 und 2016, September–Oktober 2014/2015.
54 Vgl. Pierre Bourdieu: »The Forms of Capital«, S. 243, S. 248.

die verschiedenen Segmente: »Meine *Vila* – meine *Comunidade*, meine *Baianas*, meine *Velha Guarda* ... «[55] zur Gänze entfaltete.[56]

Ein Beispiel außergewöhnlicher Maßnahmen zeigen die Bemühungen der *Parceria* 15 im Wettstreit der *Vila Isabel* 2015. Nach dem Finale des *Disputa de Samba* überließ mir Paulo Portela sein sorgsam geführtes Kompositionstagebuch *Samba ›Bravo!‹ do GRES. Unidos de Vila Isabel/2015. Nossa Historia*[57], in dem er auf einzigartige Weise über die verschiedenen Schritte und Stationen der Entstehung des Gemeinschaftswerkes berichtet: Von der Gründung der *Parceria* über die Konzeptionsphase zum Schritt der Komposition und schließlich zur Vorbereitung des *Disputas*. Die Studie seiner Aufzeichnung zeigte mir außergewöhnliche Vorgehensweisen und Strategien, wie die Organisation klassischer Gesangsstunden für den Interpreten zum Erlernen der Besonderheiten des Operngesangs, sowie die Zusammenarbeit mit dem namhaften Arrangeur Rildo Hora, der mit der Anfertigung eines Arrangements aus Samba und Elementen klassischer Musik betraut wurde:

> »Im *Disputa de Samba-Enredo* ist üblich, dass die teilnehmenden *Parcerias* Interpreten aus anderen Sambaschulen [für die Performance] unter Vertrag nehmen. Wir entschieden uns [...] [für] Bruno Ribas [*Puxador* der *Mocidade Independente de Padre Miguel*], nicht nur aufgrund seiner herausragenden sängerischen Qualitäten, sondern auch durch seine stimmliche Ansiedelung zwischen Tenor und Bass. Damit unser Interpret die Besonderheiten des Operngesangs mit in die Präsentation einfließen lassen konnte, entschieden wir, ihn für einen Kurs in lyrischem Gesang einzuschreiben. [...] Seinen Unterricht erhielt er von Pedro Oliveiro, dem ersten Stimmführer der Bässe des Chores vom Teatro Municipal [...]. Unsere Hoffnungen erfüllten sich: Bruno Ribas zeigte sich als äußerst talentierter Sänger für den klassischen Bereich. Teil unserer Bemühungen war es, dass der Samba in einigen Momenten an eine Sinfonie erinnerte, wofür wir den Einsatz des Streicherklangs für sehr wertvoll hielten. [...] Viele unserer Vorstellungen sahen wir bereits realisiert – doch fehlte noch das Wichtigste: ein namhafter künstlerischer Direktor, jemand mit der Fähigkeit, all unsere Wünsche in eine konkrete Form zu bringen. [...] Schließlich luden wir niemand Geringeren als Rildo Hora zur Zusammenarbeit ein. [...] Zu unserer großen Überraschung übernahm Rildo nicht nur die künstlerische Gesamtleitung, sondern erklärte sich sogar bereit, Partituren für die Stimmen der Violinen, *Cavaquinhos*, Soprane, Alte, Tenöre und Bässe zu schreiben. [...] Auch über die Eröffnung des Sambas kamen wir schnell überein. Sie sollte an ein oder zwei klassische, bekannte Sinfonien erinnern. Als Favoriten kristallisierten sich die *Vier Jahreszeiten* von Vivaldi und die *5. Sinfonie* von Beethoven heraus. Wir entschieden uns für den *Frühling* aus den *Vier Jahreszeiten* – einerseits aufgrund seiner Leichtigkeit in Melodie und Harmonie, andererseits auch durch seine Bekanntheit und die große

---

55 Originaltext: »Minha Vila – minha Comunidade, minhas Baianas, minha Velha Guarda ... «.
56 Eintrag im Forschungstagebuch zum 23. und 30.8.2014. Vgl. Video 2 – *Cortes do Samba* im *Quadra* der *GRES. Unidos de Vila Isabel* 2015 und 2016, September–Oktober 2014/2015.
57 Paulo Portela: *Samba ›Bravo!‹ do GRES. Unidos de Vila Isabel/2015. Nossa História*, Rio de Janeiro 2015.

Kapitel 12: Das Prinzip des Ausscheids aus dem Wettbewerb

Auszug aus dem *Arranjo* des Sambas »Bravo« der *Parceria* 15 von Rildo Hora

Beliebtheit beim Publikum. [...]. Etwas, von dem wir nicht einmal zu träumen gewagt hätten, passierte [...]: Unser Samba wurde in die Form einer Partitur gebracht. – Eine vollkommene Neuerung innerhalb des Samba-Enredo. In anderen Fällen, wenn Instrumente wie Violinen im Samba-Enredo verwendet werden, geschieht die Beteiligung des Musikers immer in der Art und Weise einer Improvisation, die sich an die Melodie des fertigen Sambas anlehnt bzw. sie in Teilen übernimmt. Unser Modell unterschied sich grundlegend davon: [...] [Alle Musiker] folgten dem Arrangement, niedergeschrieben in einer Partitur, exklusiv durch Maestro Rildo Hora entwickelt.«[58]

Sowohl sängerische Ausbildung des Interpreten als auch die Zusammenarbeit mit einem professionellen Arrangeur stellen einen Ausnahmefall dar. Wie aus dem Zitat ersichtlich und mit meinen eigenen Erfahrungen übereinstimmend ist die Arbeit mit Partituren bzw. jedweder Form schriftlicher Aufzeichnungen des musikalischen Materials ein ungewöhnliches Vorgehen im Samba. Die ergreifendsten visuellen Überraschungen werden in der Regel für die *Cortes* der glamourösen Halbfinale und Finale aufgespart. Hier ist nicht nur Kreativität gefragt, sondern auch die Fähigkeit zur Überbietung aller bisherigen Shows mit einem spektakulären Höhepunkt. Ein Finale in einer *Escola* der *Grupo Especial* beginnt nicht vor 2.30/3.00 Uhr nachts und endet ebenso selten vor 9.00 Uhr morgens. Es wird als spannender Höhepunkt nach Wochen des harten Kampfes sehnsüchtig erwartet und nicht nur von der *Comunidade* und einem

---

58 Paulo Portela: *Samba ›Bravo!‹. Nossa História*, S. 3 ff. Originaltext: »É usual se contratar intérpretes de outras Escolas por parte de Parcerias de Compositores em Disputa de Samba de Enredo. Decidimos contratar o Bruno Ribas, [hoje na Mocidade Independente de Padre Miguel] para interpretar o nosso Samba, não apenas pelas qualidades vocais indiscutíveis do Bruno, mas, também, pela sua característica em situar-se entre a categoria dos Tenores e a dos Barítonos. Para que o nosso intérprete pudesse simular um cantor de ópera, inscrevemos o Bruno em um curso de canto lírico [...]. As aulas foram com o professor Pedro Oliveiro [Primeiro Baixo do Coro do Teatro Municipal [...]]. Nossas expectativas se concretizaram. Bruno Ribas se revelou, antes e após a Gravação, um cantor erudito de enorme potencial. Se a nossa intenção era a de que o nosso Samba lembrasse, em alguns momentos, uma sinfonia, a sonorização complementar com violinos e violas seria de grande valor. [...] Tinhamos conseguidos quase todos os nossos objetivos previamente estabelecidos, mas faltava o mais importante: Um grande profissional para ser o Diretor Artístico; alguém com a capacidade de fazer tudo aquilo funcionar. [...] Convidamos mais nada menos que o Rildo Hora [simplesmente o maior maestre popular vivo do Brasil]. [...] Para nossa surpresa, Rildo Hora não apenas faria a Direção geral como se comprometeu a criar as partituras para violino, cavaquinhos e vocalizes para o nosso coro de sopranos, contraltos, tenores e baixos. [...] Praticamente houve consenso no grupo sobre a abertura do samba. Ela deveria ser com uma ou duas sinfonias conhecidas. As 4 Estações de Vivaldi e/ou a 5.ª Sinfonia de Beethoven, resolveram qualquer dúvida existente. Optamos pelas Quatro Estações/Primavera pela leveza e harmonia melódica; além de ser mais conhecida e admirada pelo grande público. [...] Algo maior do que um dia sonhamos aconteceu: A inexistencia de [...] improvisos na peça musical que criamos. Todo o nosso Samba foi partiturado. Algo absolutamente novo, tratando-se de Samba de Enredo. Em outras oportunidades, onde instrumentos como o violino entraram em um Samba-Enredo, sempre value-se do improviso do músico, adaptando-se à melodia do Samba, já existente. Nosso caso foi diferente: [...] [todos] seguiram partituras exclusivamente elaboradas pelo Maestro Rildo Hora.«.

breiten Publikum verfolgt, sondern auch von sämtlichen Medien begleitet und in Szene gesetzt. Aloisio Villar erörtert die Erwartungen an eine Performance in der finalen Phase:

»Im *Quadra*, am Tag der Präsentation benötigst du [...] Kopien mit dem Text des Sambas, silbernen Konfettiregen, Lichtmaschinen [...], wenn möglich sogar ein Innenraumfeuerwerk [...]. Jede Präsentation sollte eine Mischung aus dem Jahreswechsel an der Copacabana und der Eröffnung der olympischen Spiele sein.«[59]

Dass das Innenraumfeuerwerk keine überhöhte Beschreibung, sondern tatsächlich Teil des Show-Spektrums ist, illustrieren Szenen aus dem Zusammenschnitt des *Disputa de Samba der Vila Isabel* 2015–2016.[60] Und auch der renommierte Komponist Martinho da Vila merkt an, dass sich selbst ein im Vorfeld favorisierter Titelanwärter nicht ausruhen sollte, wenn der Sprung zum Siegertreppchen gelingen soll:

»Beim *Festa d'Arraiá*[61] waren wir bereits die Favoriten. Aber trotzdem muss man ein Spektakel veranstalten. Es darf keinesfalls den Eindruck machen, dass du dich zu sicher fühlst und nicht kämpfen willst. Du musst den Samba verteidigen!«[62] MARTINHO DA VILA, Komponist [*Vila Isabel*], 24.2.2016.

Trotz der Spannung in der erbitterten Wettkampfphase existiert innerhalb der Komponisten des *Alas* eine faire gegenseitige Behandlung. Ein Beispiel hierfür ist der kollegiale Umgang der *Parcerias* mit meiner Beteiligung als Violinistin: Auch wenn mir von verschiedenen Seiten versichert wurde, dass meine Mitwirkung als Musikerin keinerlei Zwistigkeiten auslöse, war die der Performance mit der Violine eine Gratwanderung, da ich außerhalb des Wettstreits eng mit verschiedenen konkurrierenden Gruppen der *Vila Isabel* zusammenarbeitete. Nach den ersten Runden des Wettstreites ergab sich die Frage nach der Verstärkung von *Parceria* 15 auf der Bühne. Dass es sich bei den bereits bei ihnen mitwirkenden Streichern um meine Freunde aus den Sinfonieorchestern der UFRJ handelte, erschwerte die Entscheidung. Dennoch zeigt sich die Wertschätzung eines fairen Umgangs miteinander:

---

59 Originaltext: »Na Quadra, em sua apresentação, [...] é bom colocar umas faixas com versos do Samba, [...] máquina de papel picado, [...] raio laser [...] além de queima de fogos. Cada apresentação sua tem que ser uma mistura de virada de ano em Copacabana e abertura de jogos olímpicos.«.
60 Vgl. Video 2 – *Cortes do Samba* im *Quadra* der *GRES. Unidos de Vila Isabel* 2015 und 2016, September–Oktober 2014/2015.
61 *Unidos de Vila Isabel, Enredo* 2013: »*A Vila canta o Brasil Celeiro do Mundo – água no feijão que chegou mais um ...*«.
62 Originaltext: »Na ›Festa d'Arraiá‹ nós eramos favoritos, capaz. Mas mesmo assim você tem que fazer evento. Não parece que você não quer disputar. Tem que defender!«.

Mit der Violine im Finale des *Disputa de Samba* 2015 mit *Parceria* 15, Oktober 2014, Rio de Janeiro, Foto: Pawel Loj

»Frederica! Das Angebot steht! Aber ich denke, du solltest dich deshalb nicht mit Macaco[63] überwerfen. Sollte sein Samba ausscheiden, ändert sich die Situation. Ich rate dir folgendes: Spiele weiter als Musikerin in seiner Gruppe, aber verbringe die Zeit vorher bei uns in der Avenida 28.«[64] PAULO PORTELA, Komponist [*Vila Isabel*], 31.8.2014.

Diese Worte blieben keine leere Versprechung: Meine Partizipation als Musikerin an der Seite meiner Orchesterkollegen auf der Bühne des *Quadras* erfolgte tatsächlich erst im Finale des Wettstreites, nach dem Ausscheiden des gegnerischen Sambas, nach dem Ausscheiden der Gruppe, für deren Samba ich Violine spielte.

---

63 Künstlername eines Komponisten.
64 Originaltext: »Frederica! A proposta foi pra valer. Acho apenas que você não deve se indispor com o Macaco. Caso que ele seja eliminado, a situação muda. Um conselho: Continua a tocar com o Macaco e seja sempre com nos na Avenida 28.«.

Das vielschichtige Spannungsfeld der *Parceria* im *Disputa de Samba*

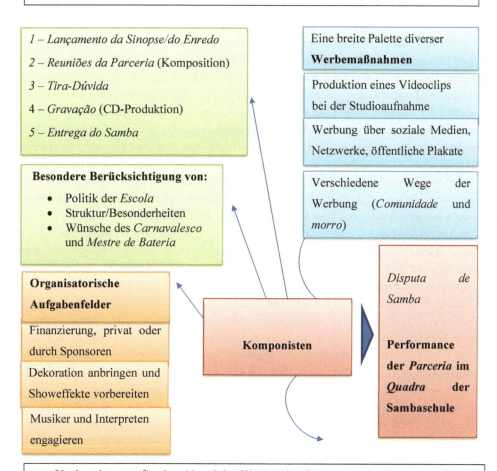

Kapitel 13: *Samba Campeão*. Der strahlende Sieger des Finales. Wie geht es nun weiter?

Ist die Wahl zum *Samba-Campeão* gefallen, bedeutet dies keineswegs das Ende der Bearbeitung. Wenige Tage nach ihrem Sieg versammelt sich die *Parceria* mit dem Interpreten, der Direktion und dem *Mestre de Bateria* im Tonstudio, um über mögliche textliche oder melodische Änderungen für die Endfassung des Sambas zu entscheiden. Diskutiert werden Aspekte der Eingängigkeit der Melodie, Fragen des Ambitus, Ausweichmöglichkeiten für schwierige Intervallsprünge, Möglichkeiten einer melodischen Vereinfachung zu Gunsten der Sanglichkeit sowie Veränderungen der syllabischen Verteilungen und lyrischen Anpassungen zur Erleichterung der Aussprache.[1] Auch Anpassungen an die *Sinopse* können im Zweifelsfall hier noch realisiert werden. Die entstandene Endversion wird erneut aufgenommen und in der folgenden Probe gemeinsam mit allen Segmenten Passage für Passage in Vorbereitung des festgesetzten Produktionstermins der offiziellen CD der Sambas de Enredo der *Grupo Especial* eingeübt.

Am Tag der *Gravação official* finden sich alle Mitglieder in den Farben ihrer *Escola* gekleidet in der *Cidade do Samba* ein – im Falle der *Baianas*, *Bateria*, *Velha Guarda*, *Passistas*, *Musas* und *Mestre-Sala* und *Porta-Bandeira* in festlichen Gewändern und Kostümen. Tonmeister, Fotografen, Musiker[2] und Arrangeure der LIESA sowie Techniker sind vor Ort, leiten und koordinieren die Aufnahme, die nicht nur in der CD-Aufnahme, sondern auch in der Produktion eines offiziellen Videoclips der LIESA besteht.[3] Zunächst wird die *Bateria* gesondert aufgenommen, was mehrere Stunden in Anspruch nehmen kann. Es folgt der Chor der Sambaschule, bestehend aus der gesamten *Comunidade*, begleitet und angeleitet von *Puxador* und Arrangeur. Alle solistischen Stimmen und Instrumente – also *Puxador*, *Cavaquinho* und *Violão* sowie ein kleiner Chor (*Apoio*) – werden zu diesem Aufnahmetermin mitgeschnitten. Diese Musiker finden sich wenige Tage später gesondert im Tonstudio ein, um nach der Vorlage eines auskomponierten Arrangements aus der Feder eines professionellen Arrangeurs der LIESA[4] ihre Stimmen separat und in ungestörter Atmosphäre einzuspielen.[5] Während meiner Feldforschung konnte ich mehrmals an einer offiziellen Aufnahme teilnehmen: Als Mitglied des Chores im Jahr 2014, 2015 und 2016, für den *Carnaval* 2015 außerdem als Solistin. Hier war es möglich, mittels der Einspielung der Violine das spezifische Prozedere der Aufnahme von Solisten und ihre Zusammenarbeit mit den Arrangeuren kennenzulernen. Jorge Cardoso von der LIESA erklärte mir im Gespräch über seine

---

1 Vgl. Video 18 – *Pre-Gravacção do Samba Campeão* der GRES. *Unidos de Vila Isabel* 2014, Oktober 2013.
2 *Cavaquinista* und Gitarristen [*violão de sete cordas*].
3 Vgl. Video 3 – Clip zum *Carnaval* 2015 der GRES. *Unidos de Vila Isabel*, November/Dezember 2014.
4 Jorge Cardoso oder Rildo Hora.
5 Vgl. Dokument 8 im digitalen Anhang.

Arbeit, dass seine Prämisse darin liege, die Besonderheiten des musikalischen Charakters einer Schule im Arrangement musikalisch herauszuarbeiten und zu unterstreichen, gleichzeitig aber auch das Thema geschickt umzusetzen und an geeigneten Stellen musikalische Bezüge miteinfließen zu lassen.[6] Darüber hinaus sei es ihm ein wichtiges Anliegen, das stimmige Gesamtergebnis nicht aus den Augen zu verlieren und den Fokus auf eine konzeptionell gelungene Kombination und Produktion aller Sambas de Enredo auf der CD der 12 *Escolas* von *Grupo Especial* sicherzustellen.[7]

---

[6] Samba-Enredo der *Unidos de Vila Isabel* 2015: *Sambas de Enredo* 2015, Universal Music, Produktion: Manaus 2015; sowie unter < https://www.youtube.com/watch?v=QCydLIEEpoE&t=110s > [15.12.2018].

[7] Eintrag im Forschungstagebuch zum informellen Gespräch mit Jorge Cardoso am 15.1.2015.

Kapitel 14: Externe Instanzen und Autoritäten mit Einfluss auf die künstlerische Arbeit der Komponisten

14.1 Die *Liga Independente das Escolas de Samba* (LIESA) und die Jury der *Desfiles* der Sambaschulen

Zu den vorgestellten autoritären Instanzen und ergebnisrelevanten Faktoren innerhalb der *Escolas de Samba,* deren Wünsche und Anforderungen während der Phase der künstlerischen Schöpfung in Erwartung des *Disputa de Samba* von den Komponisten berücksichtigt werden, existieren zwei weitere externe Einflussnehmer, die bislang noch nicht zur Sprache gebracht wurden. Es handelt sich um die den Sambaschulen übergeordnete Assoziation *Liga Independente das Escolas de Samba* (LIESA)[1] sowie die externen Sponsoren der Sambaschulen.

Die LIESA, 1984 gegründet,[2] fungiert als unabhängige Bewertungs- und Kontrollinstanz. Sie ist mit der im Bereich des Fußballsportes bekannten Fifa[3] vergleichbar. Von ihr wird der Wettbewerb der Sambaschulen als Höhepunkt des *Carnavals* im *Sapucai* organisiert und ausgerichtet. Ihnen obliegen die Verkäufe von Eintrittskarten sowie die Verfügung über Film-, Foto- und Aufnahmerechte, die an *Rede Globo* verkauft werden, sowie die jährliche Produktion der CD der Sambas de Enredo.[4] Die Verteilung von Subventionen[5] nach dem Ranking der Sambaschulen, das sich nach der Platzierung einer *Escola* im aktuellen *Desfile* und der Anzahl ihrer Siege innerhalb der vergangenen zehn Jahre richtet, gehören ebenfalls in ihren Aufgabenbereich. Eine der wichtigsten Funktionen der LIESA ist die Auswahl und Zusammenstellung des Jury-Komitees. Jeweils zu viert entscheiden die Juroren über die Benotung der insgesamt zehn Bewertungskategorien und vergeben Punkte zwischen null und zehn, die abschließend zu einer Gesamtsumme addiert werden. Der Samba-Enredo bildet innerhalb der *Quesitos* eine eigene Kategorie und zählt zu den ersten Bewertungsgegenständen der Historie.[6] Als Leitlinie zur Orientierung der Jurymitglieder wird von der LIESA jährlich ein begleitender und bindender Kriterienkatalog herausgegeben, der die Anforderungen an jedes *Quesito* auflistet und ausführt. Es trägt den Namen *Regulamento* und wird in Buchform an alle Juroren verteilt, kann aber auch im Internet eingesehen

---

1 Vgl. Homepage der *Liga Independente das Escolas de Sam*ba, <http://liesa.globo.com> [27.2.019].
2 Vgl. Maria Laura Viveiros de Castro Cavalcanti: *Carnaval, ritual e arte*, S. 174.
3 Vgl. Homepage des Weltfußballverbandes: <http://de.fifa.com> [10.1.2019].
4 Vgl. Maria Laura Viveiros de Castro Cavalcanti: *Carnaval, ritual e arte*, S. 176 ff.
5 Genaue Aufstellung der Finanzbeträge und -verteilung: Vgl. ebd., S. 179 f.
6 Vgl. Alberto Mussa und Luiz Antonio Simas: *Samba de Enredo*, S. 128 f.

werden.[7] Die hier formulierten Kriterien fungieren nicht nur als Richtlinien für die Punktevergabe der Juroren, sondern müssen gleichsam dem entscheidungstragenden Komitee der Sambaschulen im *Disputa* sowie den Komponisten während ihrer kreativen Arbeit präsent sein, um den Samba bestmöglich auf die finale Bewertung im Umzug vorbereiten zu können. Zur Kategorie Samba-Enredo[8] finden sich zunächst verschiedenste allgemeine künstlerisch-ästhetische Hinweise zur überzeugenden Text- und Melodiegestaltung, die allerdings recht vage formuliert sind und eine subjektive Auslegung nahezu herausfordern: Beispielsweise wird hier der Wunsch nach »melodischer und poetischer Kreativität, Schönheit und gutem Geschmack« formuliert; auch ist die Rede von einer »gelungene[-n] Verbindung der Verse mit den melodischen Motiven«. Selbst die Ausdeutung der »Entsprechung, Stimmigkeit und Übereinstimmung von Text und *Enredo*« oder der textlichen »Übereinstimmung mit der Melodie bzw. die gelungene Verbindung der Verse mit den melodischen Motiven« liegt im Auge des Betrachters. Weniger Interpretationsspielraum findet sich im Gegenzug dazu in der »Einhaltung der [typischen] eigenen rhythmischen Charakteristika der Gattung Samba« und der »Fähigkeit seiner musikalischen Harmonie, den teilnehmenden Gesang und Tanz zu erleichtern«. Im Rahmen meiner Nachfrage versucht der künstlerische Direktor der LIESA im Interview zu konkretisieren:

> »Ein gelungener Samba-Enredo ist abhängig von: einem guten *Enredo*, der Inspiration seiner Autoren, einem guten Text im Geiste des Themas, einer schönen Melodie von simpler, sanglicher und einprägsamer Machart.«[9] HIRAM ARAÚJO, *Diretor Artistico* [LIESA], 20.2.2012.

BEWERTUNGSGEGENSTAND SAMBA-ENREDO AUS DEM *MANUAL DO JULGADOR REGULAMENTO*, *CARNAVAL 2015*

Bezüglich des Bewertungsaspektes Samba-Enredo sollte der Juror Text und Melodie des präsentierten Sambas de Enredo mit dem Fokus auf die poetischen Charakteristika bewerten.

TEXT (POESIE): BEWERTUNG MIT 4,5 BIS 5,0 PUNKTEN

Die Textgestaltung kann beschreibend oder interpretativ angelegt sein; im Fall der interpretativen Anlage sollte das Thema erzählerisch gut umgesetzt sein, ohne sich zu sehr in Details zu verlieren.
Zu berücksichtigen sind:

Die Entsprechung/Stimmigkeit/Übereinstimmung von Text und *Enredo*.
Seine Fülle/Reichtum an poetischer Kreativität, Schönheit und gutem Geschmack.

---

7 Beispiel: *Quesito Samba-Enredo* aus dem *Regulamento* 2015, S. 40; vgl. Homepage der *Liga Independente das Escolas de Samba*, <http://liesa.globo.com> [22.10.2023].
8 Vgl. ebd., *Regulamento* 2015.
9 Originaltext: »*Um bom Samba de Enredo depende de: Um bom Enredo, da inspiração dos autores, uma boa Letra dentro do espírito focado no Enredo, uma melodia bonita e de fácil assimilação.*«.

> Seine Anpassung/Übereinstimmung mit der Melodie bzw. die gelungene Verbindung der Verse mit den melodischen Motiven.
>
> MELODIE: BEWERTUNG MIT 4,5 BIS 5,0 PUNKTEN
>
> Zu berücksichtigen sind:
> Die Einhaltung der eigenen rhythmischen Charakteristika der Gattung Samba.
> Sein Reichtum an melodischer Kreativität, Schönheit und gutem Geschmack der melodischen Motive.
> Die Fähigkeit seiner musikalischen Harmonie, den Teilnehmenden Gesang und Tanz zu erleichtern.
>
> Nicht zu berücksichtigen sind:
>
> Jedwede Form von Werbung [direkt oder indirekt] im Samba-Enredo.
> Eine Panne/Fehler des *Carro de Som* [Musikgruppe] oder des Soundsystems im *Sapucai*
> Aspekte, die andere Bewertungsgegenstände betreffen.

Um der schwierigen Aufgabe der Beurteilung gewachsen zu sein, werden alle gewählten Juroren durch eine Schulung auf das *Desfile* vorbereitet.[10] Innerhalb von drei festgesetzten Terminen von je 90-minütiger Dauer vermittelt ihnen der Präsident der LIESA alle wichtigen Informationen. Nach einem gemeinsamen Lunch nehmen und einer feierlichen Begrüßung durch die Direktion der LIESA nehmen alle geladenen Gäste ihre Plätze im Versammlungsraum ein. Neben den Juroren dürfen zwei Repräsentanten jeder *Escola* vertreten sein. Dies sind in der Regel der Präsident und ein Mitglied der Direktion. Die Versammlung findet unter strengem Ausschluss der Öffentlichkeit statt. Bei meiner Anwesenheit handelte es sich um einen Ausnahmefall, der nur aufgrund meines Forschungsinteresses und eines im Vorfeld an den Präsidenten Jorge Castanheiro gestellten Antrags genehmigt wurde. Film- oder Tonaufnahmen waren nicht gestattet, sondern ausschließlich handschriftliche Notizen.

Zum Verlauf: Innerhalb der Veranstaltung werden alle Jurymitglieder durch den Präsidenten der LIESA zu ihrem jeweiligen Bewertungsgegenstand und diversen Fragen rund um das *Desfile* und den Weg einer Urteilsfindung und Notenvergabe geschult. Neben allgemeinen Informationen zum technischen Ablauf, dem korrekten Ausfüllen und Versiegeln der Urteilsmappe (*Caderno do Julgador*), dem Verlauf der Auswertung sowie Belehrungen über Disqualifikation bei offensichtlich parteiischem Verhalten werden auch spezifische Hinweise zum jeweiligen Bewertungsgegenstand gegeben. So heißt es beispielsweise für die Benotung des Sambas de Enredo: »O Samba é na *Avenida*!« (»Der Samba findet in der *Avenida* statt! Die Feuerprobe eines Sambas ist die *Avenida*!«), was so viel bedeutet, dass eine vorzeitige Be- oder sogar Verurteilung einer Komposition vor dem eigentlichen Moment der Performance im *Desfile* ausgeschlossen werden muss. Am Tag des *Desfile* selbst werden sämtliche Erklärungen und Entscheidungen der Juroren

---
10 Eintrag im Forschungstagebuch nach Teilnahme an allen Schulungsveranstaltungen am 28.1.2015.

im *Caderno do Julgamento* fixiert. Sie enthalten neben der Punktevergabe auch die Urteilsbegründungen, welche – im Fall von Punktabzügen – detailliert aufgeschlüsselt und gerechtfertigt werden müssen. Eine analytische Betrachtung der Urteilsbegründung und der Argumentationslinie der verschiedenen Jurymitglieder für den Bereich Samba-Enredo von 2006–2013 legte mir interessante Bewertungsaspekte und in unterschiedlicher Form wiederkehrende Kritikpunkte offen, die unabhängig von Juror und Sambaschule häufig für die Benotung angeführt werden. An dieser Stelle soll zur Illustration eine exemplarische Auswahl der Kernpunkte beigefügt werden, die einen Eindruck über Schlüsselkriterien der Juroren vermittelt, die in verschiedensten Dialogen und Diskussionen innerhalb der *Reuniões* der *Parcerias* wiederkehren und (un-)bewusst von den Komponisten als Richtlinien im musikalischen Schaffensprozess Verwendung finden.

14.2 Bewertungskriterien und Schlüsselargumente der Jury zur Beurteilung der künstlerischen Qualität eines Sambas de Enredo[11]

MELODIE	TEXT/POESIE	SONSTIGES
Melodia descendente/tonalidade dificultou o canto, a Escola não cantou	*Faltou beleza poética*	*(faltou) Empolgação*
Melodia fraca, pouco criativa (escalação simples, repetitiva, acentuacoes causativas)	*Letra clara*	*Escola não manteve o canto*
A altura da melodia não combina com a altura da Letra	*Sinopse é desencontrada na Letra*	*Marcação acelerada alterou as características rítmicas*
Melodia marcheada	*Riqueza poética*	*Música e melodia não foram equilibradas*
Faltou creatividade nos desenhos melódicos	*Entrosamento poético*	*Métrica da melodia não combinou com a métrica dos versos*
Linha melodica bem trabalhada	*Rimas incederentes*	
Beleza musical	*Poéticamente bem trabalhado*	
Refrão forte	*Superficial, complicada*	
Uma parte do Refrão fica solto (isolado), não é bem relacionado a Letra	*Bom entendimento do Enredo*	
Melodia fica com poucos desenhos musicais (melodia fica pobre em desenhos e cansativa)	*Os Versos não fazem sentido*	
Musica cair e perde o pique	*Letra deixe pontos funadamentais (da Sinopse/Enredo) do lado*	

---

11 Zusammengestellt aus verschiedenen *Cadernos do Julgamento* der der Jahre 2006–2013; Übersetzung und Thematisierung im folgenden Fließtext, nach Kategorien geordnet, daher hier nicht übersetzt; Volltextversionen aller Juryurteile: vgl. *Homepage der Liga Independente das Escolas de Samb*a, <http://liesa.globo.com> [27.2.2019].

14.3 Die Lyrics als Bewertungsgegenstand der Sambas de Enredo im *Desfile*

In der Kategorie »Text« des Bewertungsgegenstandes Samba-Enredo wird von den Juroren die Erfüllung formaler Kriterien neben einer gelungenen künstlerischen Verarbeitung, poetischer Kreativität und einer Umsetzung diverser spezifischer Subaspekte geprüft. Einerseits konzentrieren sich die Betrachtungen auf die poetische Kreation und die Übereinstimmung der Lyrics mit der *Sinopse*, andererseits auf allgemeine stilistische Charakteristika sowie die gekonnte Arbeit mit dichterischen Gestaltungsmitteln. Bewertet wird auch die Einarbeitung altbekannter klischeehafter Wendungen oder das Ausweichen auf Verlegenheitslösungen mangels eigener kreativer Alternativen.

Innerhalb des ersten Feldes – der geschickten Umsetzung von Thema und *Sinopse* – findet sich gehäuft Kritik zum Umgang mit dem zu verarbeitenden Stoff, dessen Handlung und Inhalt im *Desfile* mittels der poetischen Verarbeitung der verschiedenen Sektoren zur Geltung gebracht werden soll. Bemängelt wird hier ein Text, der entweder in zu elaborierter, komplizierter und undurchsichtiger Art angelegt ist, sich in unorganisierter Form präsentiert, die Zugehörigkeit von Text und Sektor nicht klar nachvollziehen lässt, die Chronologie der *Sinopse* missachtet oder elementare Schlüsselaspekte des *Enredos* ignoriert. In diesem Zusammenhang wird kommentiert, dass ein Verständnis von Zuordnung, Sinn und Bedeutung der Verse nur durch eine begleitende Lektüre des *Abre Alas*[12] möglich sei, was von Seiten der Sambaschule nicht als Voraussetzung betrachtet werden könne. Die Lyrics des Sambas müssten idealerweise selbsterklärend und transparent sein, anstatt durch ein erläuterndes Begleitdokument verständlich zu werden. Der hieraus entstehende Mangel, das *Desfile* adäquat zu begleiten, kommt einer Verfehlung der zentralen Aufgabe des Sambatextes gleich und wird bei der Urteilsfindung der Jury hart abgestraft:

- *Sinopse é desencontrada* (die *Sinopse* ist in den *Letras* nicht getroffen/nicht erfüllt)
- *Letra deixe pontos funadamentais do lado* (der Text lässt elementare Punkte aus)
- *Letra menciona somente superficialmente aspectos* (der Text streift fundamentale Aspekte nur sehr oberflächlich)
- *Deixe ao lado pontos fundamentais, não se adequa completamente ao Enredo* (wichtige Kernpunkte werden ausgespart, die *Letras* sind nicht adäquat für das Thema)
- *Letra não possui uma organização, come se fossem detalhes entre si, que não possuem correspondência com os Setores* (der Text ist unorganisiert und wirkt wie aus isolierten Details gefertigt, die keine Korrespondenz zu den Sektoren aufweisen)
- *Letra é sem cronologia* (es fehlt die Chronologie)
- *Letra superficial, complicada, entendimento fica dificultando, não consegue explicar a ideia do Enredo* (der Text ist oberflächlich und kompliziert, erschwert das Verständnis; es gelingt nicht, die Idee des Themas zu erklären)

---

12 Vgl. *Abre Alas*: Homepage der *Liga Independente das Escolas de Samba*, <http://liesa.globo.com> [27.2.2019].

- *O sentido de alguns versos não fica clara, somente a leitura da Abre Alas traz enclarecimento* (der Sinn einiger Verse ist unklar, nur die Lektüre des *Abre Alas* kann Aufklärung bringen)

Abgesehen von der Übereinstimmung mit der *Sinopse* und einer transparenten Verarbeitung relevanter Details werden die verwendeten poetischen Stilmittel und die interne Struktur der Lyrics auf ihre Stimmigkeit geprüft. Als Kriterien fungieren neben einer Bewertung der Verständlichkeit der *Letras* auch der Eindruck des Jurors über die strukturelle Einheit, die übergeordnete erzählerische Struktur und die innere Organisation der interpretativen und narrativen Verse. In diesem Kontext werden entstehender Brüche in der Struktur oder Isolationen einzelner Elemente analytisch ins Visier genommen:

- *Texto fica difícil de se entender* (der Text ist schwer zu verstehen)
- *A Letra é direta, communicativa, mas falta um cuidado poético* (der Text ist verständlich, kommunikativ, aber entbehrt poetischer Sorgfalt)
- *Os Versos não fazem sentido juntos* (die Verse ergeben zusammen keinen Sinn)
- *Quebra na estrutura narrativa* (vorhandene Brüche in der erzählerischen Struktur)

Auch die Art der internen Gestaltung der Verse und die Verwendung und Vielfalt dichterischer Stilmittel spielt eine elementare Rolle. Betrachtet werden die Einarbeitung und kreative Umsetzung lyrisch-rhetorischer Mittel wie Reime, Metaphern, Wortspiele sowie ihre Vereinbarkeit mit dem musikalischen Stil, die Verteilung von Silben auf Töne bzw. Wortphrasen auf Melodiepassagen. Ist beispielsweise eine Silbe über die Dauer eines gesamten Taktes der Melodie gehalten, umgekehrt zu viel Text auf zu wenig Melodie verteilt oder stehen Schlagworte losgelöst neben dem ihnen zugehörigen Vers, wird dies als Mangel an ästhetischem Empfinden bewertet.

- *Versos apresentam metaforas interessantes* (die Verse präsentieren interessante Metaphern)
- *A Letra parece uma lista de items isolados* (die Lyrics erscheinen wie eine Liste isolierter Aspekte)
- *Expressiva a utilizacao de palavras soltas* (expressives Verwenden von alleinstehenden, losgelösten Worten)
- *Utiliza um compasso inteiro na mesma silaba* (Verwendung derselben Silbe über einen Takt)
- *Muitas palavras pra pouca melodia criou um certo desconforto pra cantar* (zu viele Worte für wenig Melodie; ist unbequem zu singen)
- *Poetica fraca em rimas* (Poesie ist in ihren Reimen schwach gestaltet)

Ein Äquivalent zu den in der Musik oft kritisierten melodischen Versatzstücken, die auf formelhafte Weise musikalische Klischees erfüllen, ist auf poetischer Seite die repetitive Verwendung bestimmter Reime, oft mit »ar, ão, ia«-Endungen, bestimmter Schlagworte und Ausdrücke (s. u.), die als stereotyp für die Gattung Samba-Enredo gelten:

- *Duas linhas foram substituidas por »oh–oh–oh«* (zwei Verse wurden durch »oh–oh–oh« ersetzt)
- *Excesso de rimas terminadas em »ar«* (exzessive Verwendung der Endungen auf »ar«)
- *Muitas rimas em »ão«, occorrência de verbos terminandos em »ar«* (sehr viele Reime auf »ão«, Häufung der Verben mit der Endung »ar«)
- *Rimas todas com »a«, »ar«, »ia«; Muitas rimas com »ão« e »ões«* (alle Reime mit »a«, »ar«, »ia«; sehr viele Reime auf »ão« und »ões«)
- *Várias expressões muito comuns, muito batidas* (sehr viele gewöhnliche Ausdrücke, sehr klischeehaft/abgedroschen)
- *Algumas clichês indesejáveis* (einige unerwünschte Klischees werden verwendet)
- *Uso de palavras comuns como: »Amor, Liberdade, Igualdade, Emoção, Paz, Felicidade«* (Einbindung von gängigen, klischeehaften Worten wie Liebe, Freiheit, Gleichheit, Emotion, Friede, Glück)
- *Uso de versos muito comuns do Samba-Enredo como: »Chegou o grande dia, rumam os tambores na Avenida, reflete os antigos Rituais, sinto a emoção, um Rio de amor me leva«* (Gebrauch von Ausdrücken, die im Samba-Enredo sehr verbreitet sind, z. B.: »Der große Tag ist da, es klingen die Trommeln in der *Avenida*, reflektieren die alten Rituale, ich fühle die Emotion, ein Fluss der Liebe nimmt mich mit«)

Ein besonderer Aspekt, der oft zur Gratwanderung wird, ist die Einarbeitung des Namens der *Escola*. Auch wenn der hymnische Charakter[13] des Refrains nahelegt, eine Sambaschule speziell in diesem kulminierenden Part zu besingen, darf die Exklamation die Grenze zum exzessiven Gebrauch nicht überschreiten, sondern sollte sich auf ein dezentes, subtiles Maß beschränken:

- *Repeticão excessiva de nome da Agremiacão* (exzessive Wiederholung des Namens der Sambaschule)

14.4 Die Musik als Bewertungsgegenstand der Sambas de Enredo im *Desfile*

Für den musikalischen Teilbereich liegt der Fokus der Aufmerksamkeit der Juroren auf folgenden Aspekten: Zunächst steht die einfallsreiche Gestaltung der melodischen Linie im Vordergrund, wobei nicht nur die eigentliche Melodieführung, sondern auch ihre gelungene oder verfehlte harmonische Verbindung (das sogenannte *Entrosamento*) mit der Metrik, ihre Division und Verteilung auf die Silben sowie ihre Passgenauigkeit mit der Satzmelodie der Verse berücksichtigt wird. Hinsichtlich der rhythmischen Struktur werden ein Hang zum Marschhaften und

---

13 Samba-Enredo wird in den *Cadernos do Julgamento* auch als *Hino* [Hymne] bezeichnet. Vgl. Homepage der *Liga Independente das Escolas de Samba*, <http://liesa.globo.com> [27.2.2019].

die Übereinstimmung mit traditionellen rhythmischen Merkmalen und Besonderheiten des Sambas überprüft. Auch die Wahl der Tonart spielt eine signifikante Rolle. Mehrfach wird eine zu tief gewählte Grundtonart oder Lage melodischer Teilsegmente sowie eine absteigende melodische Linie (*melodia descente*) als verantwortlich für eine mangelnde Kommunikation von bzw. mit *Escola* und Publikum und eine zu geringe *Empolgação* erklärt:

- *Faltou Empolgação* (es fehlte an Spannung und mitreißender Wirkung)
- *Faltou comunicação com o público* (es fehlte an Kommunikation mit dem Publikum)

Die Einbuße »musikalischer Würze« (*A melodia perde o pique*) wird außerdem als Motiv für unsauberen oder schwächlichen Gesang des Chores ins Feld geführt:

- *A Escola não cantou* (die Mitglieder der Sambaschule haben nicht gesungen)
- *Dificultou o canto* (der Gesang wurde erschwert)
- *Escola não manteve o canto* (die Sänger konnten die Melodie nicht halten)
- *Interprete teve problema de manter o canto/tonalidade* (der Interpret hatte Probleme, die Tonart zu halten)
- *Trechos desconfortáveis* (es gibt Abschnitte, die schlecht/ungünstig zu singen sind)

Die Schönheit einer Melodie misst sich weiterhin an der Qualität ihrer *Desenhos melódicos*, ein heikler Punkt, der im anschließenden Abschnitt über melodische Versatzstücke und Patterns konkreter betrachtet wird. Den Juryurteilen folgend, dürften die melodischen Muster weder zu klischeehaft noch zu vorhersehbar sein. Sie sollen keinesfalls aus einem Mangel an Inspiration oder in Rücksichtnahme auf bereits gefertigte Verselemente verwendet werden und hierfür – gewissermaßen aus der Not heraus – passend gemacht werden, ohne dem eigenen natürlichen, melodisch-harmonischen Fluss zu folgen. Interessant ist die in den Juryurteilen teils unterschiedliche Verwendung des Begriffes *Desenho melódico*. Oftmals wird der Ausdruck im Rahmen einer negativen Kritik mit Zusätzen wie monoton oder nuancenlos versehen:

- *Faltou creatividade nos Desenhos melódicos* (es fehlte an Kreativität in den melodischen Mustern)
- *Desenhos melódicos sem nuances/Desenhos monotonos nos versos xy* (die melodischen Muster sind in den Versen xy ohne Nuancen und monoton)

Von anderen Juroren wird die Bezeichnung hingegen als Synonym für die melodisch kreative Gestaltung verwendet:

- *Melodia com poucos Desenhos musicais* (die Melodie verfügt über wenige melodische Muster/Motive)

- *Fica pobre em desenhos e acaba sendo cansativa* (ist schwach an Motiven und wirkt ermüdend)
- *Pouca originalidade e poucos Desenhos melódicos* (wenig Originalität und wenige melodische Motive/Muster)

Darüber hinaus wird die Einheit des musikalischen Charakters bewertet: Brüche im Fluss der melodischen Linie oder der Eindruck einer zusammenhanglosen Aneinanderreihung der Phrasen erhalten Urteile wie:

- *Melodia parece feita em pedaços, parece que a musica foi construida com frases independentes* (die Melodie wirkt zusammengestückelt, als wären die Phrasen separat voneinander komponiert)

Auch abrupte Wechsel von einem Sambateil zum nächsten ohne entsprechende musikalische Vorbereitung oder eine harmonisch-melodisch fließende Überleitung [*Preparação*] zum *Refrão* führen zu Punktabzug. Repetitive, zu lineare, gleichbleibende, monotone oder abwechslungslose Passagen sowie reine Skalenbewegungen, monotone Akzentuierungen in der Gestaltung der melodischen Linie oder die Wahl von immer gleichbleibenden Kerntönen und Intervallen werden als uninspiriert eingestuft:

- *Escalação simples, repetitiva, acentuações cansativas* (sehr einfache Skalen, repetitiv, ermüdende Akzentuierungen)
- *Composta de notas com pouca riqueza melódica* (Zusammengesetzt aus Noten mit wenig melodischem Reichtum)

Im Kontext der melodischen Gestaltung und der Verwendung bzw. des Rückgriffs auf *Desenhos* stellt sich die essenzielle Frage der Forderung nach Innovation als Ausdruck künstlerischer Kreativität. Direkt oder indirekt führen sämtliche Kritikpunkte zu einem Spagat der Komponisten, die sich im künstlerischen Schaffensprozess zwischen Neuerung und Abwechslung einerseits sowie der Bewahrung bestehender Traditionen andererseits bewegen – dies betrifft besonders die rhythmischen und melodischen Charakteristika. Eine formelhafte Verwendung von Klischees und bekannten, populären Phrasen (Versatzstücken), die keinen spezifischen Bezug zur fraglichen Komposition und ihrem *Enredo* aufweisen, sondern als bloßes Füllmaterial hinzugefügt werden,[14] gilt als einfallsloseste aller Varianten und wird mit dem Urteil der Variationslosigkeit oder sogar »Vulgarisierung« bestraft:

- *Muitas paradas e variações melodicas que não se harmonizam e vulgarizaram a melodia* (viele Momente und Variationen der Melodie harmonisieren nicht und trivialisieren)
- *Melodia sem nenhuma inovação* (Melodie ohne Innovation)

---

14 Können als stereotype Lösung in jeden Samba eingesetzt werden.

- *Melodia esta em alguns momentos com muitos chlichês desnecessários* (in verschiedenen Augenblicken zeigt die Melodie unerwünschte Klischees)
- *Melodia não traz algo novo ou criativo, o Refrão apresenta uma melodia com intervalos repetivos* (die Melodie bietet nichts Neues oder Kreatives an, der Refrain präsentiert sich in einer Folge sich stetig wiederholter Intervalle)

Eine besondere Kategorie innerhalb der musikalischen Sektion bilden *Refrão do Meio* und *Refrão Principal*, wobei letzterer verstärkt im Zentrum der Aufmerksam steht. Auf der gelungenen oder verfehlten Entfaltung und Wirkung dieses Herzstücks der Komposition liegt der Fokus aller Juroren. Als Dreh- und Angelpunkt des Werkes liegt es vor allem am Hauptrefrain, den Chor der *Comunidade* und das Publikum zu euphorisieren und in mitreißender Form zum Singen anzustecken, was stets als ein Schlüsselkriterium mitgewertet wird.[15] Das Ausbleiben der erwünschten *Empolgação* hingegen sorgt unter Umständen für eine erklärte Untauglichkeit der gesamten Komposition. Regelmäßig finden sich in den Urteilen der Jury Lob oder Kritik am Refrain. Manchmal wird er als *forte* (stark) hervorgehoben, in anderen Fällen als *fraco* (schwach) abgestraft. Auch das Vorhandensein einer passenden musikalischen Vorbereitung bzw. Hinführung (*Preparação*) wird besonders beim *Refrão de Baixo* geprüft. Dennoch wird der Hauptrefrain nie als losgelöster Teil, sondern stets im Gesamtzusammenhang mit den anderen Sambaparts betrachtet und in der Schlüssigkeit seiner Gestaltung mit dem ganzheitlichen Konzept der Komposition geprüft. Hierbei fällt ein Qualitätsunterschied hinsichtlich der Sorgfalt bei der Bearbeitung von Strophen- und Refrainteilen negativ ins Gewicht:

- *Refrões são funcionais, facilitaram canto e dança, más as estrofes apresentam muitas variações melódicas abruptas* (die Refrainteile sind funktional, erleichtern Gesang und Tanz, aber die Strophen zeigen sehr viele abrupte Variationen der Melodie)
- *Samba tem força melódicamente diferente no Refrão [mais forte] e Estrofes [mais fracas]* (die Refrainteile und Strophenteile des Sambas sind musikalisch qualitativ unterschiedlich: die Refrainteile besser, die Strophen schwächer)

Im Kontext der Analyse von Beurteilungskriterien sind die Ausführungen in einem Juryurteil interessant, welche am Beispiel eines Samba die perfekte Umsetzung der gefragten Elemente illustrieren und definieren:

GRES. *Acadêmicos do Grande Rio Samba-Enredo* (2011): »Dieser Samba[16] vereint alle Elemente, die es für ein gelungenes *Desfile* braucht: Einen leicht verständlichen Text, simple Melo-

---

15 Vgl. Leandro Braga: *Na Bateria da Escola de Samba*, S. 33.
16 Samba-Enredo der *Acadêmicos do Grande Rio* 2011, <https://www.youtube.com/watch?v=ZBs09NEDyy8> [17.12.2018].

dien und musikalische Patterns von gutem Geschmack sowie wirkungsvolle Refrainteile. Dieser Samba wird seiner Aufgabe vollständig gerecht.«[17]

Anzumerken ist, dass die angeführten musikalischen und poetischen Bewertungskriterien innerhalb der *Reuniões* im Prozess der evaluativen Diskussion und Selbstkontrolle von den Komponisten schon ab der ersten Präsentation einer Idee berücksichtigt werden.[18] Nach Abschluss des Karnevals stehen die Ausführungen der Juroren unter der Kategorie *Cadernos do Julgamento* allen Interessenten zur freien Einsichtnahme auf der Homepage der LIESA zur Verfügung.[19]

Im Kontext der Erläuterung zur Urteilsfindung sollte ein grundlegender Aspekt der Bewertung nicht außer Acht gelassen werden: Die Übereinstimmung aller im *Desfile* präsentierten Elemente mit den Ausführungen im *Abre Alas* (*Defesa*). Es handelt sich hier um ein Manuskript, das von jeder teilnehmenden *Escola de Samba* verfasst und bei der LIESA in gedruckter Form eingereicht wird. Es enthält eine äußerst detaillierte Präsentation des geplanten Umzugs. Hierzu zählen neben einer Beschreibung des *Enredos* auch Erklärungen zum zugehörigen Samba und der lyrischen Umsetzung aller Stationen, allegorischen Wagen, *Destaques* und *Fantasias*. All diese Komponenten werden auf kleinteiligste Art in ihrer Bedeutung, Anlage und Farbgebung beschrieben und ihre Sinnhaftigkeit im Gesamtkonzept gerechtfertigt. Der *Abre Alas* muss zu einem festgelegten Zeitpunkt[20] bei der LIESA eingereicht werden und ist ab diesem Moment bindend: Er kann nicht zurückgezogen oder verändert werden und ist für die Jury einsehbar. Am Tag des *Desfiles* wird die *Defesa* gemeinsam mit dem *Regulamento* als Grundlage für Punktvergabe und -abzug verwendet. Sie wird von den Juroren parallel zur Parade verfolgt und dient zur kritischen Kontrolle von Vollständigkeit, Plausibilität und Übereinstimmung aller aufgeführten Elemente.

Illustrativ findet im digitalen Anhang der Auszug der *Defesa* der *Unidos de Vila Isabel* 2015 zum Samba-Enredo. Neben der Verwendung der Violine im *Desfile* werden die poetische Gestaltung und die metaphorische Ebene *Letras* erklärt und begründet. Innerhalb der *Reuniões* zerbrechen sich die Komponisten ihre Köpfe um die geschickte Umsetzungen der Sektoren, was das Tagebuch von Paulo Portela und die Auszüge der Konversationsanalyse eindrücklich belegen.[21] Obgleich für den *Disputa* bekanntermaßen noch keine konkrete Erklärung notwendig ist, findet sich im Tagebuch eine Gesamtfassung der Lyrics, in der die jeweiligen Abschnitte der *Sinopse* eingeklammert sind, farblich hervorgehoben und mit »refere-se à« (»bezieht sich auf«) versehen sind.

---

17 Originaltext: »Um Samba que compõe todos os elementos para um bom Desfile: Letra de fácil leitura, melodias simples e de bom gosto nos seus desenhos musicais com Refrões fortes. O Samba cumpriu bem o seu papel.«.

18 Beispiele innerhalb der Analyse und Auswertung der Fallbeispiele, ab S. 160.

19 Einzusehen auf der Homepage der *Liga Independente das Escolas de Samba*, <http://liesa.globo.com> [30.4.2018].

20 In der Regel einige Wochen vor dem *Desfile*, in der Weihnachts- bzw. Neujahrszeit.

21 Paulo Portela: *Samba ›Bravo!‹ do GRES. Unidos de Vila Isabel/2015. Nossa História*, S. 9.

Kapitel 15: Formelhaftigkeit in den zeitgenössischen Kompositionen: Aktuelle Kontroversen um melodische Versatzstücke und typische Bausteine der zeitgenössischen Sambas

Bei der analytischen Betrachtung populärer Strategien der Komposition im Samba-Enredo kommt nun ein aktuelles Phänomen zur Diskussion, welches innerhalb der Gemeinschaft der *Sambistas*, unter den Experten und Juroren der *Desfiles* ein kontrovers debattierter Aspekt der musikalischen Entwicklung dieser Gattung ist. Innerhalb einer separaten, zunächst zufallsbedingten Höranalyse erhärtete sich bei mir die Vermutung eines existierenden Pools an populären musikalischen Patterns oder Versatzstücken. Im Dialog mit verschiedenen Komponisten, durch die vielfache kritische Thematisierung vorgefertigter Passagen innerhalb der Sessions sowie die wiederholte Erwähnung »typischer, klischeehafter Muster« in den *Cadernos do Julgamento* verfestigte sich meine Annahme, dass jene musikalischen Patterns, oft auch als *Desenhos melódicos* oder *Padrões* bezeichnet, in den zeitgenössischen Kompositionen verbreitet sind und in signifikantem Maß auftreten. Die Problematik der mitunter scharf kritisierten Versatzstücke gründet sich in einer musikalischen Verwandtschaften zwischen bestimmten Patterns, Motiven oder Teilsegmenten rhythmisch-melodischer Art in Sambas unterschiedlicher Jahre und Schulen, deren Ähnlichkeit Ausmaße einer nahezu vollständigen Übereinstimmung annehmen kann.

Oft sehen sich moderne Kompositionen bei einer Einflechtung solcher Patterns mit dem Tadel konfrontiert, ein stereotypes Muster zu wiederholen und eine Art Lego mit musikalischen Versatzstücken zu spielen. Dies wiederum geht mit dem Vorwurf einfallsloser Repetition vorgefertigter Ideen Hand in Hand, die von Jury und Kollegen als *falta da creatividade dos compositores, uso de desenhos previsíveis e repetitivos*[1] (»Fehlen der kompositorischen Kreativität, Verwendung von vorhersehbaren, repetitiven Mustern«) abgewertet werden. Im Dialog mit den Komponisten ergab sich jedoch, dass die Einflechtung von Versatzstücken nicht ausschließlich negativ behaftet ist, sondern diese durchaus als erfolgversprechende und qualitativ hochwertige Hilfsmittel für eine neue Komposition fungieren können:

> »Ja, der Samba ist ein Lego [...]. Du hast einen Haufen an Teilen im Kopf, die du zusammenfügst. Wenn du das Jahr beendest, baust du dein Lego auseinander und weißt, wenn du im nächsten Jahr etwas für den Refrain brauchst, sagst du [zu deinem *Parceiro*] – ›Hey, erinnerst du dich an das Jahr, als wir den Samba verloren haben, da gab es eine Stelle im Refrain, die fantastisch war. Lass uns die einbauen, ich denn hier passt sie gut!‹ Und so veränderst du etwas, nimmst dieselben Stücke aber

---

[1] Vgl. Schlüsselargumente zur Begründung eines Juryurteils, S. 439; vgl. Homepage der *Liga Independente das Escolas de Samba*, <http://liesa.globo.com> [30.4.2018].

ein bisschen anders … weil du weißt, dass es funktionieren wird, dass die Leute wollen, dass du sie ins Lego einbaust. Nicht wahr – es ändert nichts, ein anderes Puzzlestück zu kreieren. Die Teile, die es gibt, da weiß man schon, dass sie erfolgreich sind. Darum war der Samba von dem Typ so toll.«[2]
WALACE CESTARI, Komponist [*Vila Isabel*], 20.2.2016.

Angeregt durch eine erste stichprobenhafte Höranalyse und die kontroversen Diskussionen um Fluch und Segen der typischen melodischen Motive konnte ich im Rahmen dieser Studie meine Untersuchungen intensivieren und verschiedene Arten von Versatzstücken identifizieren, die entweder in akustisch identischer Form oder als Varianten eines bestimmten melodischen bzw. rhythmischen Typus in Kompositionen für verschiedene *Escolas* in unterschiedlichen Jahren sichtbar werden. Innerhalb der insgesamt 60 angefertigten exemplarischen Transkriptionen aus den Jahren von 1988–2018[3] kristallisierten sich melodische Wendungen heraus, die mit signifikanter Regelmäßigkeit auftraten und bei Komponisten und Publikum beliebt erschienen. Exemplarisch findet sich hier eine Auswahl von 25 Passagen[4], die im digitalen Anhang um weitere Beispiele ergänzt wird.[5]

Beispiel 1 – *GRES. Mocidade Independente* 2010
Parte do Samba: P, Hörbeispiel: 1

Beispiel 2 – *GRES. Unidos da Tijuca* 2013
Parte do Samba: P, Hörbeispiel: 2

---

2   Originaltext: »É – o Samba é Lego […]. cê tem um monte de peçinhas na cabeça e vai encaixando as peçinhas. Se voce termina neste ano, voce desmonta o teu lego tu sabe, que no ano que vem, se você precisa de um Refrão, faca assim fala – ›Cara, lembra deste ano que a gente perdeu, aí tinha uma parada de um Refrão ali, que era maneiro. Vamos botar, acho que ele encaixa ali!‹ Ai cês mudam, levam as mesmas peças que ficam um troço diferente … porque ce sabe que vai funcionar, eles querem encaixar lego. Ne, seja – não adianta se você tá criando uma peça diferente. Pega as peças que cê já tem que ce sabe que funcionam. Por isso que o Samba do cara foi legal.«.

3   Exemplarische Sammlung von Patterns aus den 12 *Escolas* der *Grupo Especial;* die Übersicht ist beispielhaft und kann in einem Folgeprojekt erweitert und vervollständigt werden.

4   Vgl. die Hörbeispiele im digitalen Anhang.

5   Vgl. melodische Versatzstücke Samba-Enredo, erweiterte exemplarische Liste und farbige Einzeichnungen im digitalen Anhang.

Kapitel 15: Formelhaftigkeit in den zeitgenössischen Kompositionen

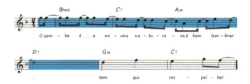

Beispiel 3 – *GRES. Unidos de Vila Isabel* 2014
Parte do Samba: RB, Hörbeispiel: 3

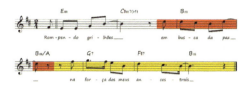

Beispiel 4 – *GRES. Beija-Flor de Nilópolis* 2012
Parte do Samba: RM, Hörbeispiel: 4

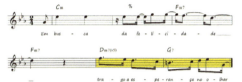

Beispiel 5 – *GRES. São Clemente* 2014
Parte do Samba: P, Hörbeispiel: 5

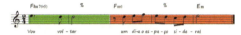

Beispiel 6 – *GRES. Mocidade Independente* 2011
Parte do Samba: S, Hörbeispiel: 6

Beispiel 7 – *GRES. Beija-Flor de Nilópolis* 2012
Parte do Samba: S, Hörbeispiel: 7

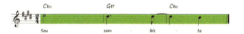

Beispiel 8 – *GRES. União da Ilha* 2015
Parte do Samba: S, Hörbeispiel: 8

Beispiel 9 – *GRES. Mocidade Independente* 2010
Parte do Samba: S, Hörbeispiel: 9

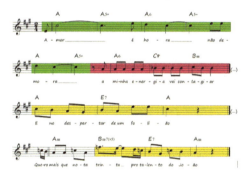

Beispiel 10 – *GRES. Acadêmicos do Grande Rio* 2010
Parte do Samba: P, RM, Hörbeispiel: 10-1 und 10-2

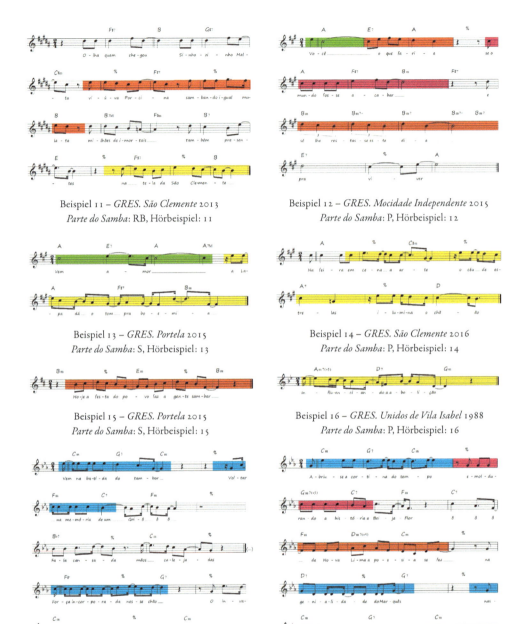

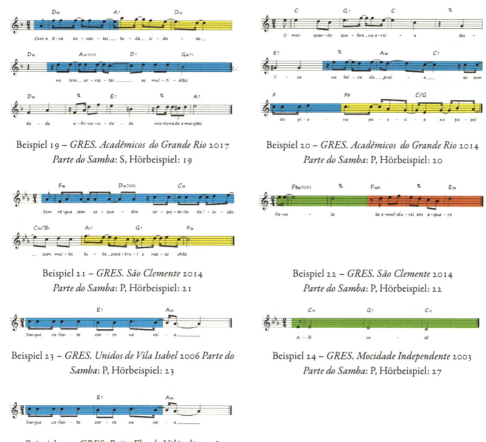

Beispiel 19 – GRES. Acadêmicos do Grande Rio 2017
Parte do Samba: S, Hörbeispiel: 19

Beispiel 20 – GRES. Acadêmicos do Grande Rio 2014
Parte do Samba: P, Hörbeispiel: 20

Beispiel 21 – GRES. São Clemente 2014
Parte do Samba: P, Hörbeispiel: 21

Beispiel 22 – GRES. São Clemente 2014
Parte do Samba: P, Hörbeispiel: 22

Beispiel 23 – GRES. Unidos de Vila Isabel 2006 Parte do Samba: P, Hörbeispiel: 23

Beispiel 24 – GRES. Mocidade Independente 2003
Parte do Samba: P, Hörbeispiel: 27

Beispiel 25 – GRES. Beija-Flor de Nilópolis 1998
Parte do Samba: P, Hörbeispiel: 25

Wie anhand der ausgewählten Noten- und Hörbeispiele nachvollziehbar ist, lassen sich eine Reihe rhythmisch-melodischer *Padrões melódicos* in den Sambas identifizieren, die sowohl strukturelle Charakteristika teilen als auch meist in denselben Kernmomenten der Komposition auftreten.

Zunächst präsentiert sich die Gruppe der eröffnenden Formeln, verzeichnet in Hellgrün, die vermehrt in der *Cabeça do Samba* der *Primeira Parte* auftreten. Sie kennzeichnen sich durch einen getragenen Stil, durch angesprungene oder direkt eintretende lange Notenwerte, denen sich eine umspielende, mittige Formel in Gestalt einer Repetition bzw. einer schrittweisen Pendelbewegung (meist im Rahmen einer Terz) oder eine skalisch-absteigende Bewegung (im Intervallraum einer Quarte) anschließen kann (vgl. u. a. Beispiel 1 *Mocidade* 2010, Beispiel 6 *Mocidade* 2011, Beispiel 7 *Beija-Flor* 2012 Beispiel 13 *Portela* 2015, Beispiel 22 *São Clemente* 2014).

Darüber hinaus gibt es Beispiele, die selbst bei abweichenden Notenbildern starke akustische Übereinstimmungen aufweisen. Exemplarisch anzuführen sind hier die Parallelen zwischen der Eröffnung des Sambas der *Unidos da Tijuca* 2013 (Beispiel 2), *Mocidade* 2010 (Beispiel 1) und *Mocidade* 2015 (Beispiel 12). Auch *União da Ilha* 2015 (Beispiel 8) präsentiert sich klanglich nahezu identisch zu *Beija-Flor* 2012 (Beispiel 7).

Ferner existiert die Kategorie der mittig-umspielenden Versatzstücke, die in Funktion einer Überleitung zur Schlusswendung auftreten. Hier finden sich verschiedene Beispiele (in der Transkription in Gelb markiert), die auf rhythmischer Ebene von punktierten Notenwerten geprägt sind und in ihrer melodischen Linie eine absteigende Bewegung im Rahmen einer Terz bis Quinte vollziehen. Die in Tonschritten absteigenden Skalenbewegungen enden in einem umspielenden Motiv, das entweder zum Finale einer Phrase bzw. eines Teils überleitet oder direkt in eine Abschlussformel übergeht (vgl. Beispiel 4 *Beija-Flor* 2012, Beispiel 5 *São Clemente* 2014, Beispiel 6 *Mocidade* 2011, Beispiel 13 *Portela* 2015, Beispiel 13 *Portela* 2015, Beispiel 14 *São Clemente* 2016, Beispiel 10 *Grande Rio* 2010).

Als weitere Kategorie mittiger Formeln kristallisierten sich Wendungen heraus, die hauptsächlich in der 1. und 2. Strophe eines Sambas anzutreffen sind, und sich in drei unterschiedlichen Ausprägungen von synkopischen oder in Achtelwerten angelegten Repetitionsmustern zeigen (verzeichnet in Hellblau, Rosa und Orange). Die in der Transkription rosa und orange eingezeichneten Formeln, die auch in kombinierter Form auftauchen und sich als Mischformen präsentieren, unterscheiden sich in zwei Arten einer charakteristischen Terz-Motivik: Die orange Version zeigt vorwiegend schrittweise pendelnde oder skalisch absteigende Tonschritte im Intervallraum einer Terz. Die Bewegungen können hier sowohl in triolischer Form, oft mehrfach repetiert, auftreten (vgl. Beispiel 1 *Mocidade* 2010, Beispiel 2 *Unidos da Tijuca* 2013, Beispiel 12 *Mocidade* 2015) oder als melodisch-komplementäres Motiv in Verbindung mit einer Eröffnungsformel eingesetzt werden (vgl. Beispiel 1 *Mocidade* 2010, Beispiel 6 *Mocidade* 2011, Beispiel 24 *São Clemente* 2014). Rosa gekennzeichnete Muster repräsentieren von Tonrepetitionen dominierte *Padrões melódicos*, die rhythmisch in durchlaufenden Achtelketten verlaufen, wohingegen sich die hellblau kolorierten Patterns neben der Repetition durch synkopische Rhythmen und Überbindungen auszeichnen (vgl. Beispiel 2 *Unidos da Tijuca*, Beispiel 3 *Vila Isabel* 2014, Beispiel 23 *Vila Isabel* 2014, Beispiel 17 *Beija-Flor* 2015, Beispiel 18 *Beija-Flor* 2016, Beispiel 19 *Grande Rio* 2017).

Die Schlussformeln besitzen in der Regel eine Gestalt, die bereits aus dem Repertoire der klassischen Musiktheorie bekannt ist, wie sie beispielsweise Clemens Kühn oder William Caplin aufzeigen.[6] So finden sich leittönige Anläufe, Quartsprünge und Quintfälle und dekorative Schlusswendungen in Form von Pendelbewegungen, Hinführungen oder Umspielungen. Diese kommen in sämtlichen vier Teilen und Phrasenenden der Sambas zum Vorschein und wurden hier nicht separat verzeichnet.

---

6 Vgl. Clemens Kühn: *Formenlehre der Musik*; vgl. auch William E. Caplin: *Classical Form*, S. 3 ff.

Nach der exemplarischen Analyse[7] kristallisierten sich drei Hauptkategorien heraus:

I   Eröffnende Formeln (*Abertura*) für die *Cabeça do Samba*
II Mittig angelegte Formeln (in verschiedener Ausprägung)
III Schlussformeln

Bei aufmerksamer Betrachtung der aufgezeigten Muster lässt sich feststellen, dass gewisse Typen von *Desenhos* gern von den Komponisten kombiniert und einige Formeln von bestimmten *Escolas* bevorzugt werden (vgl. Beispiele der *Mocidade, São Clemente, Beija-Flor, Grande Rio*). In diesem Kontext stellt sich die Frage, ob dies der spezifischen Charakteristik einer Sambaschulen entspringt oder der musikalischen Handschrift bestimmter Komponisten, die den Stil einer *Escola* über lange Zeit prägen. André Diniz erklärte mir in unserem jüngsten Gespräch zur Stilistik von Patterns und der Stereotypisierung bestimmter Wendungen, dass die musikalische Handschrift eines Komponisten sowohl ein relevanter Faktor für der musikalischen Charakterbildung einer Sambaschule als auch des Genres Samba de Enredo sei. Er berichtete, dass er, selbst Idol vieler junger Komponisten, sich mittlerweile gezwungen sehe, neue künstlerische Wege zu finden und von seinem eigenen persönlichen Stil abzuweichen, da ihn Kollegen kopieren würden und wesentliche Elemente seiner individuellen musikalischen Handschrift im Verlauf der vergangenen Jahre zum Stereotyp umfunktioniert wurden. Um sich stilistisch abzusetzen, sei er nun kurioserweise gezwungen, auf seinen eigenen Charakter zu verzichten und sich selbst zu erneuern.[8]

Wovon die Wahl und Verwendung der in den Kompositionen dominierenden Pattern exakt abhängt, kann in dem Rahmen dieser Arbeit nicht abschließend geklärt werden. Hier wäre eine umfassende Untersuchung der Versatzstücke über einen längeren Zeitraum mit einem Fokus auf die Häufigkeit ihres Erscheinens in bestimmten *Escolas* notwendig. Interessant wäre, zu untersuchen, ob die Bevorzugung tatsächlich als Konsequenz einer Orientierung an einem bestimmten Komponisten oder herausragenden *Parcerias* zu sehen ist, die mit ihrem individuellen Stil das »Gesicht der Sambaschule« tiefgreifend prägen. Das folgende, im Rahmen eines Gruppeninterviews entstandene Zitat von Lequinho da Mangueira stützt diese Vermutung:

»Manchmal geschieht es, dass du so eine starke Identität mit der *Escola* kreierst, dass die Leute sagen: ›Ah, der Samba hat den Charakter der *Mangueira*!‹ [Beispielsweise] André in der *Vila*. Denn manchmal entwickelt sich eine persönliche Art, Samba zu komponieren, die dazu führt, dass die Leute den individuellen Stil als Marke der *Escola* identifizieren. [...] Die Differenz ist auch, den

---

7   Die Frage nach einer systematischen Bevorzugung spezifischer Patterns durch die Komponisten in bestimmten Teilen des Sambas sowie nach Vorzügen determinierter *Desehnhos* für bestimmte *Escolas de Samba* eignet sich als Forschungsfrage für anschließende Studien.
8   Eintrag im Forschungstagebuch zum informellen Gespräch mit André Dinz am 13.3.2019.

Samba mit vielen zu schreiben – André ist der, der komponiert, das erzeugt eine unverkennbare eigene Handschrift.«[9] LEQUINHO DA MANGUEIRA, Komponist [*Estação Primeira de Mangueira*], 25.2.2016.

Im Kontext der musikalischen Zitate und Entlehnungen ist die Auseinandersetzung mit Michael Kleins Konzept der *Intertextuality* interessant. Im Eröffnungskapitel von *Intertextuality in Western Art Music* beschreibt er eindrücklich die stetigen Bezüge von Künstlern auf vorangegangene Schlüsselwerke. Diese finden sich sowohl in der Literatur, beispielsweise in Umberto Ecos bekanntem Roman *Der Name der Rose*, als auch in der Musik, wie die beispielhaft angeführten Etüden Chopins zeigen, die ihrerseits wiederum erkennbare Referenzen und Relationen zu früheren Kompositionen wie zu Bachs *Wohltemperiertem Klavier* aufweisen.[10] Wie gezielt und bewusst musikalische Parallelen und Rückbezüge in Form von *Padrões melódicos* im Samba-Enredo eingesetzt werden, ist gegenwärtig eine offene Frage. Gewiss ist aber, dass das beschriebene Phänomen etwa ab dem Beginn der 1990er Jahre zunehmend an Sichtbarkeit gewann und begann, hitzige Debatten in der Fachwelt auszulösen. Zwar lassen sich tradierte Wendungen, die charakteristisch für das Genre sind, in früheren Kompositionen nachweisen, hier jedoch in wesentlich geringerer Quantität. Ein ausschlaggebender Aspekt für die Ähnlichkeiten ist die natürliche musikalische Linie des Sambas und seiner Tongestaltung, die seit Generationen in der Gattung verankert ist. Diese Wendungen, die dem Publikum vertraut sind und ihm als Ohrwurm im Gedächtnis bleiben, sind folglich schneller erlernbar und reproduzierbarer als innovative Melodien. Auch äußere formale Zwänge und verfestigte Regeln können eine Rolle bei der Entscheidung für etablierte Formeln spielen: Im Zuge einer *Reunião* wie auch im Gespräch mit professionellen Musikern bzw. Komponisten ergaben sich Gespräche zum harmonisch gefestigten Schema des *Cavaquinhos* und daraus resultierende musikalischen Limitationen des Genres. Einige der populärsten Harmoniefolgen,[11] die nicht nur speziell für den Samba-Enredo, sondern insgesamt in der Sambakomposition verbreitet sind, sind nachfolgend exemplarisch dargestellt:

---

9 Originaltext: »Ás vezes acontece de você criar uma identidade tão forte com a Escola, que as pessoas falam assim – ›Ah, esse Samba tem a cara da Mangueira!‹ Ou o caso do André na Vila. Porque as vezes cria uma forma de fazer Samba, que fosse que as pessoas identificam como se fosse aquela marca da Escola. [...] A diferença é também de quem fazer Samba com muitas pessoas – André é quem faz, isso cria uma identidade forte que é dele.«.
10 Vgl. Michael Klein: *Intertextuality in Western Art Music*, S. 2 ff.
11 Die abgebildeten Schemen beziehen sich auf die Stimmung des *Cavaquinhos* von D – B – G – D, auf dem Griffbrett aufsteigend von Saite 1 zu 4.

Kapitel 15: Formelhaftigkeit in den zeitgenössischen Kompositionen   363

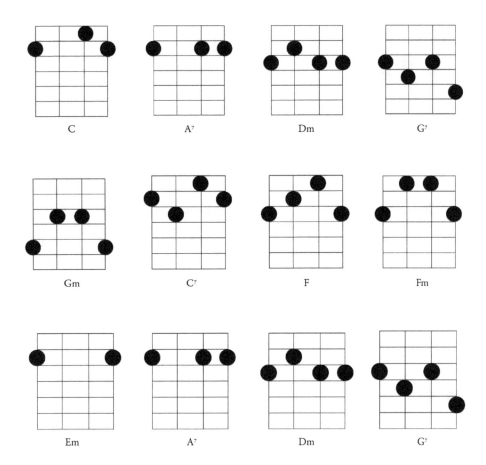

Cavaquinho, harmonisches Schema 1[12]

---

12 Abbildung 23–24: aus dem Privatbestand eines Komponisten der *Parceria* 18, auf Grundlage der Stimmung des *Cavaquinhos* auf: D – B – G – D.

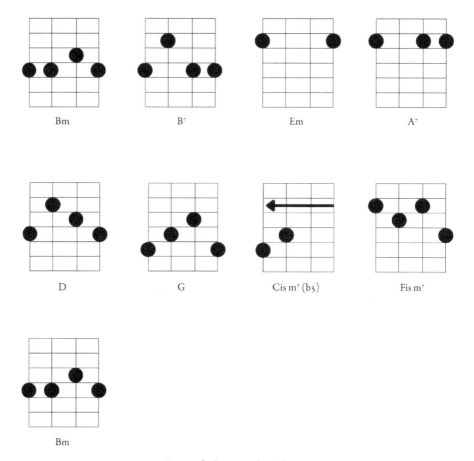

Cavaquinho, harmonisches Schema 2

Zu den hier aufgezeigten harmonischen Wegen beschrieb Eduardo Gisi, befreundeter Komponist, *Cavaquinhista* und Musikwissenschaftler, folgende als typische dritte Harmoniefolge:

C	Em	Gm	C7	F	Fm	G7	C

Cavaquinho, harmonisches Schema 3

Er merkte gleichzeitig an, dass der zweite harmonische Weg oft in einer anderen Tonart als im Schema abgebildet vorgetragen wird:

Kapitel 15: Formelhaftigkeit in den zeitgenössischen Kompositionen

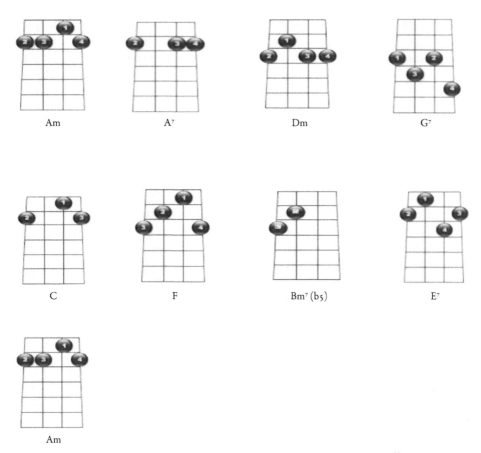

Cavaquinho, harmonisches Schema 2, ausgehend von der Grundtonart a-Moll[13]

Die festen Akkordkonstellationen bedingen, dass Komponisten oftmals keine freie Entscheidung für innovative Melodieführungen treffen können.[14] Aufgrund der bekannten Struktur steht ihnen nur eine geringe Anzahl von Varianten zur Verfügung: Der Pool ist auf drei bis vier traditionelle harmonische Wege reduziert, von denen einer als Unterbau der melodischen Linie ausgewählt werden muss, um die Komposition nicht genrefremd und ausfallend extravagant zu gestalten. Auch *Cavaquinhista*, die im Nachhinein die komponierte melodische Linie des Sambas harmonisieren und nicht zugunsten der Komponisten von den gängigen Schemen abweichen wollen, tragen einen gewissen Anteil am Anpassungsprozess. Einen ähnlichen Ge-

---

13 Abbildung 24–26: Transkription: Eduardo Gisi.
14 In einer umfangreicheren Folgestudie müsste die Vermutung eines direkten Zusammenhangs noch einmal separat geprüft werden.

danken äußert William Caplin, der anmerkt, dass selbst in klassischen Werken die Wahl der harmonischen Wege großen Einfluss auf die Gestaltung der melodischen Linie nehmen kann und die Entscheidung für eine Gruppierung von Motiven nicht nur von ihren individuellen Merkmalen, sondern auch vom ihnen übergeordneten Harmonieschema determiniert sind.[15] Fadico, Leiter der *Cavaquinhista* der *Unidos da Tijuca* und Komponist, bestätigt im Interview:

> »Viele von ihnen [gemeint: Komponisten] spielen nicht professionell. Aber das ist vielleicht gerade das Gute im Moment der Komposition. Denn sie sind nicht limitiert. Ich beispielsweise habe vielleicht ein Limit, weil ich weiß, wo es langgehen muss, dass es eine Sequenz gibt, der du folgen musst. In ihrem Fall kommt das Brillante genau daher. Denn manchmal kreieren sie etwas, das schwer zu spielen ist [...], was eigentlich gar nicht geht ... wie, dass nach F ein D kommt. Aber sie machen es so. Das schockt dann eventuell das Ohr des Musikers [...] und der Musiker versucht, das harmonische Schema zu finden. [...] Die Musiker machen den Fehler, das mitzubringen, was sie in der Musikschule gelernt haben. [...] Wahrscheinlich ist das passiert. Daher kommt diese Formel des Samba-Enredo. Sie haben eine Formel des Samba-Enredo kreiert. – ›Nein, das ist nicht Samba-Enredo, die Harmonien sind diese hier!‹ [...] Ich glaube das ist nur die Faulheit ... Der Typ will es nicht anders machen. [...] Aber er müsste die Sensibilität besitzen, die Melodie nicht zu verändern [...] und stattdessen die Harmonie anzupassen.«[16] FADICO, *Cavaquinista* und Komponist [*Unidos da Tijuca*], 25.2.2016.

Die Komponisten spielen mit der Hörerfahrung und Hörerwartung des Publikums und mit der Wirkung bestimmter Muster, die gegebenenfalls schon ausgetestet wurden. Ziel ist es, die Zuhörer zum Singen des Sambas zu animieren und die *Empolgação*, die emotionale Entflammung, bei ihnen hervorzurufen. Melodische Versatzstücke können ebenso bewusst und wirkungsvoll eingesetzt werden, wie sprachliche Expressionen und Schlagworte im poetischen Bereich. Allerdings kann der erwünschte Effekt ebenso schnell verfehlt und ihr Auftreten als einfallslose Einbindung einer typischen Klischeewendung abgewertet werden. Vermutlich spielen hier, ebenso wie im Zusammenhang mit der allgemeinen Gestaltung der musikalischen Linie, auch

---

15 Vgl. William E. Caplin: *Classical Form*, S. 4 ff.
16 Originaltext: »Muitos deles [dos Compositores] não tocam profissionalmente. Mas talvez isso seja o diferencial deles na hora de compor. Porque eles não tem o que limite eles. Por exemplo [eu] talvez tenho limite, porque sei pra onde vou, que existe uma sequência que tem que seguir. Talvez no caso deles, o brilhantismo vem disso. Por que as vezes eles criam uma coisa, que é difícil pra tocar [...] tipo – não pode... depois do Fá não pode vir um Ré. Mas é. E ás vezes, pro ouvido do músico é choquante, porque eles criam [...] e o músico tem que decifrar. [...] Os músicos provavelmente caíram no erro de trazer o que aprenderam na escola de música. [...] Provavelmente o que aconteceu isso. E aí vai essa formula do Samba-Enredo. Criaram uma formula do Samba--Enredo. – ›Não, no Samba-Enredo, os principais harmonias são essas aqui!‹ [...] Eu acho que é preguiça... o cara não quer fazer diferente. [...] Mas o cara tem que ter a sensibilidade de não mexer muito na melodia [...] e tentar levar pro instrumento.«.

die Abstimmung auf den melodischen Charakter bzw. die stilistischen Besonderheiten und Kenntnisse individuell bevorzugter Versatzstücke einer Sambaschule für die Wahl bestimmter Patterns eine Rolle.[17] Ein weiterer möglicher Grund für die Verfestigung und Häufung der Muster liegt in den aktuellen Produktionsbedingungen, die gegen Mitte bis Ende der 1990er Jahre mit dem Beginn der kommerziellen Ausrichtung und des sich herausbildenden Eventcharakters, etwa zeitgleich mit der Herausbildung der *Padrões*, einen tiefgreifenden strukturellen Wandel durchlebten. In dieser Zeitspanne begannen die Komponisten, ihre Sambas immer häufiger nach einem Prinzip der geplanten Produktion in teils kürzester Zeit anzufertigen, was die Vermutung nahelegt, dass die Komponisten sich aus der Notwendigkeit, rasch zu einem vorzeigbaren Ergebnis zu kommen, dazu verleiten lassen, auf bekannte bzw. erfolgsbewährte Schemen zurückgreifen. Verschiedene Musiker betonen, dass sie im kollektiven Prozess besonders darum bemüht sind, durch gegenseitige Kontrolle in der *Parceria* die Verarbeitung von Formeln auf ein Minimum zu reduzieren und Klischeebildungen durch unterschiedliche Methoden so weit wie möglich auszuschließen – nicht immer eine einfache Aufgabe:

> »Sie leiten meine Arbeit. […] Ich frage: ›Ist das gut so?‹, und die anderen inspirieren mich, fügen Ideen hinzu […]. Also – die künstlerische Leitung habe ich. In der Kunst kann man nicht teilen. Die *Parceiros* kontrollieren die Qualität. Na klar – man muss sich vertrauen, sich zuhören, manchmal gibt es andere Wege, ist es nicht diese oder jene Note.«[18] ANDRÉ DINIZ, Komponist [*Vila Isabel*], 15.2.2016.

> »Im Prinzip zeigen wir, wohin es mit der Melodie geht. Es kann sein, dass einer sagt: ›Mann, das klingt nicht so gut.‹ […] oder dass einer meint – ›Mann, machen wir das noch mal! Von vorn! Wie ist das? Noch mal!‹ […] Oder es kann sein, dass dich [die Melodie] plötzlich an etwas anderes erinnert. […] Manchmal ist eine Formel gut, um ›Brot‹ zu machen, und im Enredo brauchst du aber ›Kuchen‹ […]. Die ganze Kreation eines Sambas ist ein einziger großer Prozess der Bewertung.«[19] LEQUINHO DA MANGUEIRA, Komponist [*Estação Primeira de Mangueira*], 25.2.2016.

---

17 Diese in Höranalyse begründete Vermutung müsste innerhalb einer Folgestudie geprüft werden.
18 Originaltext: »Eles dirigem meu trabalho. […] Eu vou perguntar: ›Isso tá legal?‹ e vão muito mais ideias […]. Então o mando artístico é meu. Não há uma divisão artística. Eles são muito mais controles de qualidade. Lógico, tem confirmar, tem que escutar, ás vezes tem outras saídas, as vezes a nota não é aquela.«.
19 Originaltext: »Á principio a gente mostra a melodia. Pode acontecer que o cara fala assim – ›Pô, isso ainda tá legal não.‹ […]. Ou pode ser que o cara fala – ›Pô, fala de novo aí, vamos embora! De novo! Como é que é? De novo!‹ […] Ou pode lembrar de alguma outra coisa. […] E as vezes aquela formula é bom pra fazer pão, e o Enredo é bolo […] *A feitura toda do Samba é uma grande avaliação.*«.

Kapitel 16: Die *Escolas de Samba* in der Ära der Professionalisierung und Globalisierung, gefangen in einem System des externen Sponsorings

Im Kontext der fortschreitenden ökonomischen Ausrichtung der *Desfiles* und des *Carnaval* von Rio de Janeiro, der sich unter dem Werbeslogan *Maior Show da Terra* (Größte Show der Welt) als globales Event an ein internationales Publikum richtet,[1] vollzog sich auch innerhalb der *Escolas de Samba* ein Wandel. »Dieser Karneval wird zu einem historischen Wendepunkt. Wem es nicht gelingt, ein erfolgreiches *Desfile* zu meistern, wird sich vor der LIESA und seiner *Comunidade* verantworten müssen«[2], kommentiert Wagner Araújo, Präsident der *GRES. Imperatríz Leopoldinense*, bereits im Jahr 2000 die hohen Investitionen der *Escolas* gegenüber der Zeitung *O Globo*.[3]

Die heutigen Strukturen der Sambaschulen gleichen denen großer Unternehmen: Neben der Verwaltung professionalisierte sich die Organisation des Finanzhaushaltes, die Probensituation – die sich zu wöchentlichen *Ensaios* und *Ensaio Shows*[4] ausgebildet hat[5] – sowie die künstlerische Produktion, die sich im entsprechenden *Barracão* der Sambaschule in der *Cidade do Samba* ereignet. Hier befinden sich neben Etagen für die Fertigung von Kostümen und *Alegorias* auch Räumlichkeiten für Verwaltung und Administration. Den heutigen professionellen Charakter der Sambaschulen sowie ihrer Veranstaltungen, beispielsweise dem Wettstreit der Komponisten, kommentiert Mestre Wallan, bis zum Karneval 2018 *Mestre de Bateria* der *Unidos de Vila Isabel*, folgendermaßen:

> »Dieser Wettkampf stört eigentlich. Er hat sich so sehr verprofessionalisiert. [...] Man kann [den Kandidaten] keine Möglichkeit geben, ihren eigenen Stil zu entfalten, sondern man muss dem Professionalitätsmuster gerecht werden. Wenn du heute das System der Sambaschule analysierst, stellst

---

1   Vgl. Nei Lopes und Luiz Antonio Simas: *Dicionário da História social do Samba*, S. 139, S. 275; vgl. auch Tania Hoff: »Imagens do Brasil. *Globalização e identidade cultural brasileira na Publicidade*«, in: *Ecos Revista*, Jg. 9/2 (2005), S. 195–212.
2   Vgl. André Diniz und Diogo Cunha: *Na Passarela do Samba*, S. 147.
3   O Globo: *Interview mit Wagner Araújo* [5/3/2000], Rio de Janeiro 2000, S. 12. Originaltext: »Esse Carnaval vai ser um divisor de águas. Quem não conseguir fazer um bom Desfile vai ter que se explicar com a Liga e com a sua Comunidade.«.
4   Proben finden in der Regel in neu geschaffenen, großräumigen *Quadras* statt.
5   Vgl. Video 5 – *Ensaio de Rua, GRES. Unidos de Vila Isabel*, Dezember 2014; vgl. auch Video 16 – Szenen der *Ensaio-Show, GRES. Unidos de Vila Isabel*, Oktober 2014/2015 und *GRES. Acadêmicos do Salgueiro*, Oktober 2015/2016.

du fest, dass sie eigentlich ein Unternehmen wie jedes andere ist.«[6] WALLAN, *Mestre de Bateria* [*Vila Isabel*], 24.1.2013.

Jener Schritt ins Zeitalter der Kommerzialisierung wurde von verschiedenen Neuerungen, Umbrüchen und Strukturveränderungen eingeleitet und begleitet, die in den 1980er Jahren begannen: Neben der Neukonstruktion und Verwandlung des *Sapucaí* im Jahre 1984[7] in ein Stadion, dessen Tribünen etwa 90.000 Zuschauern Platz bieten,[8] bildeten die Gründungen der LIESA im selben Jahr (1984), ihre Übernahme der Karnevalsorganisation vom Tourismusverband Riotur[9] sowie die Gründung und Anerkennung der *Grupo Especial* als höchster Wertungsgruppe zentrale Wendepunkte in der Historie.[10] Die vollzogene Entwicklung stellt die Sambaschulen vor die Aufgabe, jährlich ein immer pompöseres Spektakel zu bieten. Damit verbindet sich die Notwendigkeit hoher finanzieller Investitionen.[11]

»Momentan erleben wir die kommerzielle Phase, in der große Unternehmen und Firmen das Sponsoring der Themen von Sambaschulen als Marketingstrategie verwenden. Die begann in der Zeit der 1990er Jahre im Karneval von Rio und ist seit 2000 zu einer regelrechten Notwendigkeit und Selbstverständlichkeit geworden.«[12] EDUARDO NUNES, Historiker und Komponist [*Vila Isabel*], 6.6.2013.

Seit dem Ende der 1980er Jahre, in verschärfter Form jedoch seit Anbruch des neuen Millenniums, sehen sich die Sambaschulen besonders innerhalb der *Grupo Especial* gezwungen, sich sowohl untereinander in Pracht, Überraschung und Effektreichtum zu übertreffen, als auch eine stetige Überbietung der Performance(s) des jeweiligen Vorjahres zu erreichen, um vor Jury

---

6 Originaltext: »Essa competição só atrapalha. Profissionalisou muito. [...] a gente não poderia dar a oportinudade do madurism, nos temos que nos inquadrar a profissionalização. Se você para pra analizar uma Escola de Samba hoje, ela é uma empresa como outra qualquer.«.
7 Zu Veränderungen bis zum Millennium und der Geschichte des *Sambódromo*: vgl. André Diniz und Diogo Cunha: *Na Passarela do Samba*, S. 29 ff.; vgl. auch Renato Ortiz: *A moderna tradição brasileira. Cultura brasileira e indústria cultural*, São Paulo 1988.
8 Vgl. auch: Felipe Ferreira: *O livro de Ouro do canaval Brasileiro*, S. 370–372; vgl. Hiram Araújo: *Seis Milênios do Carnaval*, Rio de Janeiro 2003. S. XXXVIII.
9 Vgl. Maria Laura Viveiros de Castro Cavalcanti: *Carnaval, ritual e arte*, S. 19; vgl. auch Hiram Araújo: *Memória do Carnaval*, Rio de Janeiro 1991, S. 1 ff., S. 580.
10 Vgl. André Diniz und Diogo Cunha: *Na Passarela do Samba*, S. 91.
11 Vgl. Video 18 – Szenen der *Desfiles* von *GRES. Portela* (2016), *GRES. Unidos de Vila Isabel* (2016), *GRES. Beija-Flor* (2016).
12 Friederike Jurth: *Rio im Sambafieber*, S. 80.
Originaltext: »E atualmente vivemos a fase ›comercial‹, em que muitas vezes grandes empresas adotam como estratégia de marketing o patrocínio de Enredos das Escolas de Samba. Isto iniciou na década de noventa no Carnaval Carioca e na década de 2000 fica altamente evidente.«.

Szenen der *Desfiles* der *Escolas de Samba* im *Sapucai* 2013 und 2016 (*GRES. Unidos de Vila Isabel* (2013), *Estação Primeira de Mangueira* (2013), *GRES. Portela* (2016), *Beija-Flor de Nilópolis* (2016)

und Publikum hervorzustechen und den Sprung in die Reihe der besten sechs Kandidaten zu schaffen, die sich beim *Desfile dos Campeães* erneut im *Sapucai* präsentieren. Hierfür bedarf es eines umfangreichen finanziellen Kapitals, das nicht ausschließlich durch die Sambaschulen selbst oder die verfügbaren Subventionsbeträge der LIESA erzielt werden kann. Folglich gingen die *Escolas* dazu über, neue Wege zu beschreiten, um die Problematik lastender Finanzen zu bewerkstelligen: Sie begannen, ihre Themen als *Enredos Particinados* durch unabhängige Sponsoren fördern zu lassen:

> »Das von den *Escolas* [in den Karneval] investierte Kapital hat sich sehr erhöht [...]. Und somit auch die Notwendigkeit, einen Sponsor zu finden.«[13] GUILHERME SALGUEIRO, Komponist [*Vila Isabel*], 9.10.2012.

Bei den fraglichen Beträgen handelt es sich nicht etwa um geringfügige Beihilfen, sondern um kapitale Einsätze in Millionenhöhe, wie sich am Beispiel der bestplatzierten Sambaschulen des Jahres 2013 illustrieren lässt: Der Sieger des Karnevals, *GRES. Unidos de Vila Isabel*, wurde von BASF für die Realisierung des *Enredos: Água no feijao que chega mais um* mit 3,5 Millionen Reais ausgestattet, während der Vizemeister *Beija-Flor de Nilópolis* sowie die drittplatzierte *GRES. Unidos da Tijuca* für ihre Themen *Carvalo – Amigo fiel* und *Alemanha* von ihren Förderern Stihl, Merck und Volkswagen zwischen 3.5 und 6 Millionen Reais erhielten.[14] Als Gegenleistung für ihre ökonomische Unterstützung fordern die Sponsoren verschiedene Formen von Visibilität

---

13 Originaltext: »Aumentou o dinheiro [...] nas Escolas. Aumentou a necessidáde de se conseguir partocínio nas Escolas.«.
14 Vgl. ebd., S. 76.

im *Desfile* und nutzen den Wettstreit der Sambaschulen als Plattform für eigene Werbezwecke.[15] Die Erfüllung vertraglicher Übereinkünfte mit einem externen Unternehmen ist eine Zwickmühle und stellt die Betroffenen hinsichtlich der künstlerischen Umsetzung und Gestaltung des Umzugs vor große Herausforderungen. Das Mitspracherecht des Sponsors muss sich nicht auf die visuellen Gestaltungsebene beschränken, sondern kann sich auch auf die lyrische Ebene ausweiten. So können beispielsweise konkrete Forderungen hinsichtlich von Slogans, Zitaten oder Schlüsselbegriffen in den Sambatexten gestellt werden. Der Komponist Guilherme Salgueiro berichtet über das Verpflichtungsverhältnis zwischen den Sambaschulen und ihren Sponsoren:

> »Heutzutage gibt es sehr viele *Enredos Patrocinados*, und die Sponsoren verpflichten die *Escolas* dazu, etwas für sie Typisches einzubauen. Ein Satz [...], etwas, das an den Sponsor erinnert.«[16] GUILHERME SALGUEIRO, Komponist [*Vila Isabel*], 9.10.2012.

Belege finden sich beispielsweise in den *Letras* der *Estação Primeira de Mangueira* von 2005 mit dem integrierten Werbespruch des Energiekonzerns Petrobrás[17] *A Energia é o Nosso Desafio* (»Die Energie ist unsere Herausforderung«) oder im Hauptrefrain der Sambalyrics der *Acadêmicos do Grande Rio* von 2010 mit dem wenig stilvollen Verweis auf die Ehrenloge, *Camarote Nr. 1*, in der die Sponsoren das Geschehen in der *Avenida* verfolgen: *Vibra a Arquibancada, explode – O Camarote Nr. 1* (»Vibriere Tribüne, explodiere Loge 1«). Nachweise für Eigenwerbung auf visueller Ebene finden sich vor allem in Gestalt von Elementen an den *Alegorías*. So berichtet Fabio Ricardo, *Carnavalesco* der *São Clemente* im *Carnaval* 2013, über seien Umgang mit besonderen Wünschen eines *Patrocinadores* innerhalb der plastisch-visuellen Komponente des Umzugs:

> »Zunächst schreibe ich die Gesamthandlung, erzähle von allem. In der *Tira-Dúvida* konkretisiere ich dann, was elementar und zentral für die Präsentation der *Escola* ist. Das geschieht normalerweise mit einer Glossarliste, die ich neben mir liegen habe und mit der ich kontrolliere, ob etwas fehlt. [...] vor allem, wenn es sich um ein gesponsertes *Enredo* handelt. Da müssen bestimmte Worte, Namen oder sonstiges auftauchen.«[18] FÁBIO RICARDO, *Carnavalesco* [*São Clemente*], 26.10.2012.

---

15 Luiz Antonio Simas und Fábio Fabato: *Pra tudo começar na quinta feira*, S. 63.
16 Ebd., S. 83.
 Originaltext: »Então a gente hoje ver muitos Enredos partocinados e os partocinadores obrigam as Escolas á colocar alguma coisa do partocinador. É alguma frase [...], algo que faz lembrar do partocinador.«.
17 Renato Lemos: *Inventores do Carnaval*, S. 68.
18 Originaltext: »Eu faço a história geral, eu faço um conto geral de tudo, e aí na Tira-Dúvida o de que é necessário ou não [...]. O que vai ser necessário para o Desfile da Escola. Normalmente com um mesmo glossário de lado por saber o que não pode faltar [...] principalmente quando um Enredo é com patrocínio. Que têm que ter um nome tal, têm que ter aquela palavre tal.«.

Kapitel 16: Die Escolas de Samba in der Ära der Professionalisierung und Globalisierung   373

Der bekannte *Carnavalesco* Fernando Pamplona beschreibt das Phänomen der Entdeckung jener Werbewirksamkeit eines *Desfiles* durch die Sponsoren sowie den daraus resultierenden Freiheitsverlust der ausführenden Künstler wie Komponisten und *Carnavalescos*[19], folgendermaßen:

> »In den Sambaschulen hat eine Entwicklung stattgefunden, die mir nicht gefällt: die Kommerzialisierung. Es wurde begonnen, *Porta-Bandeira*, *Mestre-Sala* einzukaufen und monatlich zu bezahlen. Die Kommerzialisierung des Sambas de Enredo begann. Selbst der *Carnavalesco* verlor seine [künstlerische] Freiheit. [...] [Die Sponsoren] entdeckten, dass es[20] ein Medium der Kommunikation ist, dass sich weit mehr lohnt als eine Seite in einem Journal oder einer Zeitung [...]. Für 3 Millionen Reais bekommst du eine Werbung, die 40 Millionen Menschen erreicht.«[21]

Diese, mit der Entwicklung des Karnevals zum internationalen Event einhergehenden, tiefgreifenden strukturellen Veränderungen begannen um den Jahrtausendwechsel große Sorge über mögliche Zukunftsszenarien auszulösen. Die teilweise exzessiven Ausmaße des Mitspracherechts der Sponsoren wurden zum Mittelpunkt kontroverser Debatten zwischen den Experten über den Nutzen und Schaden der *Enredos Particinados*. Besorgniserregend war und bleibt vor allem, dass es sich bei den Finanzierenden meist um externe Firmen ohne eigenen Bezug zur Karnevalstradition handelt, die aber ungeachtet dessen konkrete künstlerische Entscheidungen treffen, unter Umständen sogar über das *Enredo* selbst befinden. Dass dieser schmale Grat zwischen Eigen- und Fremdbestimmung mit diplomatischem Feingefühl ausgelotet werden muss und die Grenze allzu leicht überschreiten kann, zeigt sich eindrücklich am viel zitierten Beispiel der *GRES. Porto da Pedra* in ihrem *Desfile* von 2012. Hier wurde ein Sponsorenvertrag mit dem Großkonzern Danone geschlossen, wobei die Kombination des wachsenden Mitspracherechts des Förderers und seiner Unkenntnis der Traditionen des Karnevals problematische Folgen für die Sambaschule nach sich zog: Die Einigung auf *Joghurt*, einem karnevalsfremden und für einen Wettbewerbsbeitrag denkbar ungeeigneten *Enredo*, sprengte die Grenzen einer künstlerisch-wertvollen Themenwahl und ließ die *Escola* an der Herausforderung scheitern.[22] Sie erlitt

---

19 Folha de São Paulo: *Interview mit Fernando Pamplona* [23.2.2009], <https://www1.folha.uol.com.br/fsp/cotidian/ff2302200922.htm> [14.1.2019].
20 Hier gemeint: Sambaschulen und Umzüge im *Sapucai*.
21 Originaltext: »Houve uma transformação nas Escolas que não me agradou. A comercialização. Comecaram a comprar Porta-Bandeira, Mestre-Sala e pagar por mes. Começou a comercialização, principalmente do Samba-Enredo. O próprio Carnavalesco perdeu a liberdade. [...] [Os Patrocinadores] Descobriram que [a Escola de Samba] é um veículo de comunicação, que rende mais do que comprar página de jornal e revista. Entao está todo mundo pra cima. [...] Por 3 Milhoes Reais você faz uma publicidade para 40 milhoes de pessoas.«.
22 Vgl. Renato Lemos: *Inventores do Carnaval*, S. 68; vgl. auch Elisa Fernandes: *Porto da Pedra falou do iogurte e teve poucos pontos positivos no desfile*, <http://tudodesamba.com.br/veja-as-fotos-do-desfile-da-porto-da-pedra/> [10.1.2019].

einen dramatischen Abstieg in die untere Liga (*Grupo A*), von dem sie sich bis zu ihrem Sieg im Karneval 2023, mit dem sich der erneuten Aufstieg in *Grupo Especial* verband, nicht erholen konnte. In von mir geführten Interviews erwähnten Komponisten und Musiker dieses Ereignis. Fádigo, *Cavaquinhista* des *Carro de Som* der *Unidos da Tijuca*, stellte mir im Gespräch die rhetorische Frage: »Wie würdest du denn sechs allegorische Wagen zum Thema Joghurt entwerfen?!«[23]

Die Wahl des geeigneten Sponsors kann für die Sambaschulen aus diversen Gründen zur Zerreißprobe werden: Im Karneval 2015 löste *GRES. Beija-Flor de Nilópolis* mit der Wahl ihres *Patrocinadores* einen der wohl meist thematisierten, kritischsten Fälle des *Enredos Patrocinados* aus. Sie ließ sich von der Regierung Äquatorial-Guineas finanziell unterstützen, einem diktatorisch regierten Land mit zahlreichen Korruptionsfällen und bekannter Missachtung der Menschenrechte, welches im Gegenzug für die Investition gewürdigt und verherrlicht wurde. Diese Entscheidung gipfelte innerhalb der Gemeinschaft der Sambaschulen und darüber hinaus in einer heftigen Kontroverse und führte beinahe zu einer Aberkennung des errungenen 13. Titels.[24] Die Diskussion um den Sieg war mehrere Tage das Titelthema der Medien und wurde innerhalb der LIESA wie auch in der *Comunidades* der *Escolas de Samba* hitzig debattiert, was ich im Zuge meiner Feldforschung aus erster Hand miterleben konnte. Wenige Tage nach dem zweifelhaften Triumpf veröffentlichte die Zeitung *O Globo* einen Artikel mit dem Titel »Polemisch: der Sieg der *Beija-Flor de Nilópolis* wird auch außerhalb der Sambawelt in Frage gestellt«[25]. Hier heißt es:

> »Eine der weltweit gegenwärtig bekanntesten und einflussreichsten bildenden Künstlerinnen, die aus Rio stammende Anna Bella Geiger, die bereits Mitglied der Jury für die Kategorie der Allegoriewagen und plastischen Dekorationen war [...], betrachtet es als unehrenhaft, dass eine Sambaschule ein undemokratisches Land als Thema für ihre Präsentation im *Sapucai* bestimmt. ›Das hätte nicht geschehen dürfen und berührt peinlich. Selbst vorurteilsfrei muss ich anmerken, dass der Umzug der *Beija-Flor* einfach brachial war. Aber nichts ist vergleichbar mit einem Sponsorenvertrag mit einem diktatorischen, unehrenhaften Land. Das vermittelt den Eindruck, dass absolut alles käuflich ist.‹«[26]

---

23 Originaltext: »Como é que cê vai fazer seis alegorias falando do iogurte?!«.
24 Vgl. Renato Lemos: *Inventores do Carnaval*, S. 65 f.
25 Originaltitel: »Polêmico, título da Beija-Flor de Nilópolis é questionado mesmo fora do mundo do Samba«.
26 Vgl. Caio Briso Barretto: *Polêmico, título da Beija-Flor de Nilópolis é questionado mesmo fora do mundo do samba. Artista plástica carioca considera campeonato indigno, e sociólogo diz que título coloca carnaval em dilema moral* < https://oglobo.globo.com/rio/carnaval/2015/polemico-titulo-da-beija-flor-de-nilopolis-questionado-mesmo-fora-do-mundo-do-samba-15387204> [10.1.2019].

Originaltext: »Uma das artistas plásticas mais prestigiadas do mundo, a carioca Anna Bella Geiger, que já foi jurada de alegorias e adereços [...] considera indigno uma Escola levar à Sapucaí um enredo sobre um país onde não há democracia. ›Isso não poderia ter acontecido. Fica uma sensação incômoda. Sem nenhum preconceito, achei o Desfile da Beija-Flor um tanto bruto. Mas nada se compara ao Patrocínio ter partido de um país em ditadura, o que considero indigno. Dá a impressão de que tudo pode ser comprado.‹«.

Skeptische Stimmen zur fortschreitenden Globalisierung des Karnevals schlagen sich in der Wahl zeitgenössischer *Enredos* mit konkreten Anspielungen auf die Internationalisierungsprozesse wie *Brasilien mit Z – Das werden wir niemals! Oder doch?* (*Caprichosos de Pilares*, 1986)[27] oder *Karneval, süße Illusion* (*Caprichosos de Pilares*, 2005)[28] nieder.

Zweifelsohne berühren alle hier ausgeführten Aspekte auch den kompositorischen Schöpfungsprozess eines Sambas de Enredo, sie verändern und beeinflussen das musikalische Werk auf vielschichtige Weise. Dennoch wird die Wirkung externer Einflüsse, bedingt durch Globalisierung und Kommerzialisierung, nicht von allen Experten als negativ bewertet, sondern von einigen als Folge der natürlichen Transformation aller Dinge betrachtet:

> »Das Leben steckt voller Veränderungen, manchmal auch sehr radikalen. Der Samba, wie alle musikalischen Ausdrucksformen, unterliegt ebenfalls einem ihn ständig begleitenden äußeren Einfluss. [...] Der heutige Karneval mit seinem Einfluss auf Personen, die Unternehmen und die Stadt, sogar das Land, ist in seiner Schönheit unermesslich [...], die *Escolas* bieten ein audiovisuelles, herausragendes künstlerisches Spektakel [...], besonders im Karneval von Rio. Dies zieht natürlich große Zahlen internationaler Zuschauer an [...], die allerdings [...] wenig Einfluss auf die Komponisten des Samba-Enredo haben.«[29] *Hiram Araújo, Diretor artístico* [LIESA], 20.2.2012.

Zur Übersicht des gesamten Spannungsfeldes der Komposition im Samba-Enredo findet sich nachfolgend eine veranschaulichende Darstellung der komplexen Konstellation zwischen den Komponisten und verschiedenen Instanzen, Einflussfaktoren und relevanten externen Aspekten, welche die *Parcerias* im Zuge ihrer schöpferischen Arbeit auf ihrem Weg von der Komposition über den Wettstreit bis zur finalen Präsentation im *Desfile* begleiten und von ihnen berücksichtigt werden.[30]

---

27 *Enredo*: »*Brasil com Z – seremos jamais! Ou seremos?*«; vgl. André Diniz und Diogo Cunha: *Na Passarela do Samba*, Rio de Janeiro 2014, S. 206.
28 *Enredo*: »*Carnaval, doce Ilusão*«. Vgl. ebd., S. 218.
29 Originaltext: »A vida em si é cheia de mutações, mudanças muitas vezes radicais. O Samba ou qualquer outra expressão musical também sofre a influência que consequentemente acompanha. [...] A influência do Carnaval com relacao às pessoas, as empresas, a cidade, [...] ao país é simplesmente imensurável em virtude da sua beleza [...], pura arte e o espectáculo áudiovisual oferecido pelas Escolas de Samba [...] notadamente no Carnaval Carioca. Isso acarreta um movimento muito grande de turistas [...] mas tem [...] pouca influência aos autores de Samba de Enredo.«.
30 Vereinfachtes Schema in englischer Sprache: vgl. Friederike Jurth: »The phenomenon of composers' compositions within the best sambaschools in Rio de Janeiro«, S. 132.

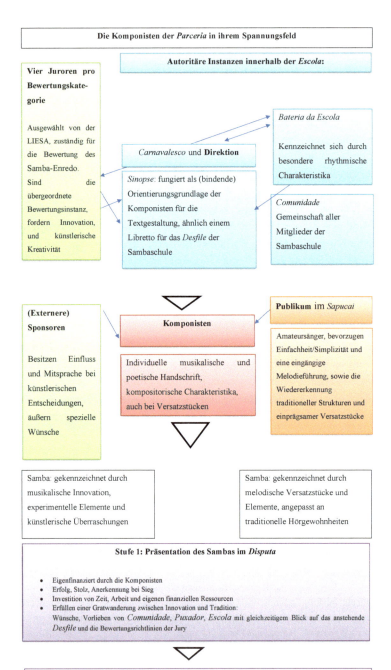

Das Schaubild illustriert das komplexe System und gesamte Spektrum sämtlicher in den Kompositionsprozess involvierter Institutionen und Instanzen, künstlerischer Komponenten und allgemeiner Rahmenbedingungen. Auf der rechten Seite des Schemas erscheinen die Segmente einer Sambaschule, die in ihrer Funktion als interne Autorität die Anforderungen, Bedürfnisse und Interessen der *Comunidade* vertreten und eine direkte Kontrollinstanz für die Komponisten im *Disputa de Samba* darstellen. Hierbei handelt es sich zum einen um die Leitung der *Escola* sowie die *Bateria*, die als direkte, übergeordnete Entscheidungsträger in den *Disputa de Samba* involviert sind, ihrerseits jedoch wiederum äußeren Urteilen und externen Wünschen dritter Instanzen wie Sponsoren oder der LIESA unterliegen. Zum anderen bestehen sie aus einer unabhängigen Publikumsgruppe, die sich aus externen Besuchern, Fans und der *Comunidade* zusammensetzen. Diese Gruppe ist vorrangig den traditionellen Hörgewohnheiten verbunden, besitzt eine Neigung zum Bekannten, Eingängigen und bevorzugt die Kompositionen mit vertrauten Melodien oder Versatzstücken (gegebenenfalls aus früheren Sambas). Weiterhin zeichnet sie sich durch die Vorliebe für musikalische Simplizität und für Amateursänger sanglichen melodischen Linien aus. Die in direktester Form Einfluss nehmenden Autoritäten *Carnavalesco*, Direktoren und *Bateria* zählen zu den konstituierenden und legislativen Organen der *Escola de Samba*: *Carnavalesco* und Direktion bestimmen gemeinsam das entsprechende Thema und veröffentlichen die *Sinopse*, die den Komponisten als Libretto des Umzugs sowohl als bindender Leitfaden für die strukturelle Gesamtanlage der Lyrics als auch für Detailfragen der künstlerischen Gestaltung der Verse dient, die sogar vom *Carnavalesco* im Zwischenstadium des kreativen Prozesses kontrolliert und verändert werden können.[31] Auf musikalischer Ebene legt die *Bateria* die Richtlinien und Standards für jedwede Fragen rhythmischer Gestaltung fest, kontrolliert die Einhaltung besonderer Charakteristika und Traditionen der *Escola* und definiert die klangliche Form, Richtung und Besonderheiten von *Andamentos*, *Marcação* und *Divisão*. All diese Komponenten werden zu ausschlaggebenden Faktoren und zur Messlatte für Fragen der passenden melodischen Gestaltung im Stile des traditionellen Charakters, der Akzentuierungen, der gewählten syllabischen Verteilung in den *Letras* und der Übereinstimmung der Verse mit dem Metrum der *Bateria*.

Auf der linken Seite befinden sich sämtliche Autoritäten, die entweder in indirekter Form – also mittels ihres Einwirkens auf Entscheidungsträger beim Wettstreit – oder im *Desfile* selbst Einfluss auf die Arbeit der Komponisten ausüben, indem sie die Werke bewerten und benoten. Letzte Instanz für die Komponisten ist die Jury der LIESA, die zum krönenden Abschluss die Wirkung und künstlerische Qualität des Sambas anhand von musikalischen und poetischen Gesichtspunkten, wie auch hinsichtlich seiner Breitenwirksamkeit und Fähigkeit zur *Empolgação* auf ein differenziertes Publikum beurteilt und benotet. Einerseits mit der Zeit gehend, andererseits die Tradition bewahrend, fordert die LIESA von den Komponisten eine gelungene Mischung aus Traditionstreue und Innovation, die in einer modernen Ära dem Selbstverständ-

---

[31] Vorgaben in der *Sinopse* sind obligatorischer Natur; sie erlauben kreative gestalterische Umsetzung, aber keine Ignoranz essenzieller Aspekte zugunsten der künstlerischen Freiheit.

nis des *Carnaval Carioca* als international ausgerichteter *Maior Show da Terra* Rechnung trägt. Schließlich fordert der *Patrocinador* mit individuellen Wünschen seinen Tribut. Er ist vorrangig an der Visibilität und Promotion seines Unternehmens interessiert, welches er ungeachtet der künstlerischen Bewertungsinstanzen und ihrer Prämissen in den Vordergrund eines Vertragsverhältnisses zwischen ihm und der Sambaschule rückt. Wie viel Mitspracherecht und indirekte Einflussnahme ein Sponsor tatsächlich ausübt, ist dennoch individuell und sollte nicht generalisiert werden. Die Frage einer stärkeren Traditionsverankerung oder Bevorzugung von künstlerischer Innovation entscheidet sich von Fall zu Fall neu. Der im Schema gesplittete Publikumsapparat, der in seiner Gesamtgestalt auf vielfache Weise indirekt über den Aufstieg und Fall eines Sambas mitentscheidet, bleibt hier zu erläutern: Zum Zeitpunkt des Komponistenwettstreites ist er vorrangig aus der gruppeneigenen Fangemeinde und Mitgliedern der *Comunidade* zusammengesetzt. Im *Sapucai* stellt diese Gruppe mit ihren musikalischen Interessen und Präferenzen wie Eingängigkeit und Wiedererkennbarkeit bekannter, populärer Melodielinien lediglich einen Teil des Publikums. Die andere Hälfte – im Schema auf der linken Seite angesiedelt – besteht aus Besuchern des *Desfiles*. Die internationalen Gäste, die zugunsten des einfachen Mitsingens ebenfalls melodische Eingängigkeit bevorzugen, fordern vermutlich keine traditionellen Wendungen und Melodiegestaltungen der typischen Sambas, sondern bevorzugen eher eine innovative Öffnung des Genres für außerbrasilianische musikalische Einflüsse.[32] All diese einander gegenüberstehenden Anforderungen verbinden sich unter einem gemeinsamen Dach der externen Bedingungen, die bei der Erschaffung eines Sambas de Enredo ungeachtet ihrer Gegensätzlichkeit erfüllt werden wollen. Sie befördern die Komponisten in eine Situation des Zwiespalts von Innovation und Tradition, in der es gilt, den unterschiedlichen Wünschen der beurteilenden Instanzen gleichermaßen überzeugend gerecht zu werden. Den Spagat zwischen beiden Welten illustrieren die Beschreibungen zweier Komponisten auf eindrückliche Weise: Guilherme Salgueiro und André Diniz erläutern ihre persönlichen Erfahrungen bei der Suche nach einer passgerechten melodischen Gestaltung, die sich auf dem schmalen Grat zwischen Formelhaftigkeit und Traditionen einerseits und den Grenzen musikalisch-innovativer Ideen andererseits bewegt:

> »Das Genre Samba[33] ist […] hinsichtlich seiner harmonischen und melodischen Gestaltung sehr eingeschränkt. Denn wenn du sehr von der [typischen] melodischen Linie abweichst, ist es schon kein Samba mehr. Die Leute [Hörer] sehen es nicht als Samba, sondern als etwas anderes. Denken sogar, es wäre hässlich ... Wenn jemand wagt, einen Samba-Enredo mit einer andersartigen melodischen Linie zu schreiben, […] sagen die Leute ›Nein!‹ und machen das Ergebnis schlecht. Also ist es so, dass die Harmonie einem Muster folgt, genau wie die Melodie. Du kannst also […] mittels praktischer Erfahrung – in Anführungszeichen – erraten, wo der Samba musikalisch hinführen wird. Wenn du sehr von

---

32 Das kann nicht generalisiert werden, aber es ist anzunehmen, dass innovative musikalische Trends nicht abgelehnt, sondern vom ausländischen Publikum positiv bewertet werden.
33 Gemeint: Samba-Enredo.

dem bekannten Schema abweichst, verlässt du gleichzeitig die [Merkmale der] Gattung Samba. Das mögen die Leute nicht. Und wenn du den gängigen Mustern folgst, dann bist du nicht kreativ und originell. – Es ist eine extrem komplizierte Mischung. Es ist sehr selten, dass jemand vom bekannten Weg abweicht. Du hast einen Hauptweg mit drei, vier möglichen Ausgängen, aber außerhalb davon enthebst du den Samba schon seiner Charakteristika. [...] wenn du zu sehr abweichst, ist es schwierig, und letztendlich machst du Abstriche in der Kreativität, damit es dann nicht aus dem Rahmen fällt. Da liegt das große Problem.«[34] GUILHERME SALGUEIRO, Komponist [*Vila Isabel*], 16.2.2016.

André Diniz verdeutlicht die praktischen Auswirkungen dieser allgemeinen Reflexion anhand eines konkreten Beispiels von Grenzüberschreitungen und ihren Konsequenzen aus seinem eigenen kompositorischen Schaffen:

[Autorin: »Aber worin liegt die eigentliche Bedeutung eines Sieges? Ist es so, dass das Gewicht des Wettstreits, des kommerziellen Marktes und der Auswirkungen der Globalisierung auch den Kompositionsprozess berührt?«] – »Naja, es erzeugt Schemata. Schafft Muster. Kreiert Modelle, die die Dinge bestimmen – denen man dann gezwungen ist zu folgen. [...] Kannst du dich an den Wechselgesang [die zweite Melodielinie] *vom letzten Jahr*[35] erinnern? Das war eigentlich kein Wechselgesang. Sondern eine Antwort. Meine Idee war es, zwei Stimmen zu mischen, zu kreuzen. Aber mein *Parceiro* meinte: ›André! Die Idee ist toll. Aber so werden wir niemals gewinnen. Wir verlieren den Wettstreit, sie werden sagen, dass du verrückt geworden bist und du wirst nicht die kleinste Chance haben, zu siegen.‹ Also – rate mal, was passiert ist – habe ich gemacht, was ich gern wollte? Natürlich nicht! Also – diese Musterbildungen verhindern, das zu machen, was uns einfällt, was wir wollen.«[36] ANDRÉ DINIZ, Komponist [*Vila Isabel*], 19.11.2012.

---

34 Originaltext: »O genero do Samba é [...] em termos de harmonia e melodia, ele é um genero limitado. Porque se cê forge muito daquela linha melódica, já não é mais Samba. As pessoas não entendem como Samba, entendem como outra coisa. Até acham feio ... se alguem ousa escrever um Samba-Enredo com uma linha diferente, as pessoas [...] falam ›não!‹, falam feio. Então aquela harmonia segue um padrão, a melodia também. Então [...] pela pratica, você consegue meio – entre aspas – a devinar pra onde o Samba tá indo. [...] é tão dificil sair de um lugar comun. Porque se você sair radicalmente de um lugar comun, você tá saindo do Samba. As pessoas não gostam. E se você segue o lugar comun, não tá sendo original. – É dificil demais. Assim, é raro mudar alguma coisa do trilho ali. Cê tem um trilho com tres, quatro opções, mais fora daquele alí já decarateriza. [...] se você sair muito da curva, deixe ser creativo, pra não ser Samba. Este que é o problema.«.
35 Hier ist gemeint: Samba der *Vila Isabel* 2012, »*Enredo: Você semba lá ... Que eu sambo cá! O canto livre de Angola*«.
36 Originaltext: [Autorin: Qual é a importância de ganhar e a importância da Disputa, do mercado comercial, da Globalização também afeita a composição?] »Padroniza. Cria padrões. Cria modelos pra determinar as coisas – tem que seguir aquilo. [...] Lembra do contracanto do ano passado? Não era um contracanto. Era quase uma resposta. A minha ideia eram duas vozes, se misturando. Mas o meu Parceiro falou: ›André! Muito legal. Mas não vai ganhar. Vai perder a Disputa, eles vão dizer que tá maluco e você não tem a minimal chance de vencer.‹ Então – fiz o que eu queria? Não! Então – as padronizações impedem de fazer o que a gente quer.«.

Part 5: *A receita do Samba.*
Ein Rezept für den Samba.

Gibt es ein Rezept für die Komposition eines Sambas de Enredo? Bereits die schlichte Kombination der Worte Rezept und Komposition mag provokant erscheinen und vielleicht sogar Unverständnis bei dem einen oder anderen Leser hervorrufen. Ist die Komposition nicht ein Inbegriff der musikalischen Kunst und ihres kreativen Schaffens? Steht sie nicht sinnbildlich für einen genialen Funken der Inspiration, den Impuls kreativer Eingebung, der sich nicht ohne Weiteres herbeizaubern lässt, sondern den Kunstschaffenden in den unpassendsten Momenten überfallen kann, scheinbar unplanbar und spontan? Ist das Rezept demgegenüber nicht etwas Kalkulierbares? Kann es nicht ein jeder nach Lust und Laune mit den geeigneten Zutaten wiederholen? Bei genauerer Betrachtung werden wir feststellen, dass diese kristallklar erscheinenden Fakten auf den zweiten Blick und in Abhängigkeit von der individuellen Perspektive etwas von ihrer Überzeugungskraft einbüßen.

Als ich kürzlich bei einer familiären Zusammenkunft voller Stolz das Inhaltsverzeichnis dieses Buches präsentierte, erntete ich von meinem Vater skeptische Blicke – ausgelöst von ebenjenem Zweifel. »Ein Rezept? Wieso Rezept? Ich weiß nicht, kannst du so sagen?«, fragte er mich. »Wäre nicht Mosaik passender? Etwas, das man zusammensetzt, eine Art elaborierte Collage?« Es kostete mich einige Zeit, um die passende Antwort auf diese Frage zu finden. Wieder und wieder beschäftigte sie mich. Mosaik? Rezept? Rezept. Egal wie oft ich die einleuchtenden Argumente gedanklich hin- und herbewegte – in meinen Augen war und blieb Rezept das adäquate Wort. Aber warum erschien mir Mosaik nicht überzeugend und treffend genug? Schließlich fand ich meine Antwort. Das Mosaik ist etwas nach einem bestehenden Plan sorgfältig Zusammengesetztes. Es beinhaltet verschiedenste Teile, winzige Splitter, Kristalle, Komponenten, die in einer exakten Anordnung zusammengefügt werden, damit ein bestimmtes Bild entsteht. Sitzt ein Teil an einer anderen Stelle als der ihr zugedachten, passt es entweder nicht oder es entsteht nicht das Bild, das wir sehen und erkennen sollen. Zweifelsohne teilt es einen Großteil seiner Charakteristika mit dem Rezept. Ja, auch dieses besteht aus Komponenten, die in einer gewissen Manier, nach einem vorgezeichneten Weg in einer bestimmten Reihenfolge zusammengemischt und vereint werden. Doch Achtung! Hier zeigt sich die kleine aber alles entscheidende Differenz: Die besten Köche vereinen ebenso wie die weniger begabten alle notwendigen Zutaten in der angegebenen Menge.

Die Spitzenköche jedoch verstehen es, das vorgegebene Rezept zu improvisieren, die Bestandteile in einer Art und Weise zu vermischen, mit den Mengenangaben und Gewürzen zu spielen und zu experimentieren und innerhalb dieses Prozesses den entscheidenden, vielleicht genialen, kreativen Funken einfließen zu lassen, der ihrer Speise das Besondere verleiht, Staunen unter den Gästen hervorruft und vielleicht sogar die Lorbeeren, ein wahrer Künstler zu sein? Sicher sind die Gäste neugierig auf die Zutaten und erfragen das Rezept. Doch ob es ihnen in ähnlicher Weise gelingen wird, ist ungewiss. Warum? Weil das Rezept trotz aller scheinbaren Berechenbarkeit doch eine gewisse Anzahl unkalkulierbarer Faktoren involviert.

Im Anschluss an diese kurze, etwas unkonventionelle Einleitung dieses fünften und finalen Teils meiner Studie möchte ich zurück zu den innerhalb der Analyse erhobenen Daten und Resultaten leiten, die als Grundlage für die anstehende Theoriebildung fungieren. Beginnend mit einer kurzen Revision der drei Fallbeispiele in ihrer individuellen Ausprägung kommt es diesem letzten Part zu, die im Rahmen der Analyse herauskristallisierten Details in einer finalen Auswertung zu bündeln und kondensieren, die sich – ebenso wie die Untersuchungen der Fallstudien selbst – vom Allgemeinen zum Spezifischen bewegt. Bevor die im Verlauf meiner Studie gesammelten Teilergebnisse zu unterschiedlichen Bereichen, Facetten, Komponenten und Einflussfaktoren der Sambakomposition zusammengeführt und die Kernresultate zu einem theoretischen Modell verdichtet werden, möchte ich an dieser Stelle den künstlerischen Arbeitsprozess in den drei zentralen Fallbeispielgruppen in Kurzbetrachtungen rekapitulieren und die zentralen Beobachtungen und Charakteristika in Erinnerung rufen.

Betrachtung des kompositorischen Schaffensprozesses der 1. *Parceria*

In der 1. *Parceria* ließ sich zunächst hinsichtlich der übergeordneten Struktur von Verlauf und Vorgehen der Gruppe ein etabliertes Schema zur Er- und Überarbeitung musikalischer und textlicher Ideen feststellen. Die Beobachtung über einen festen künstlerischen Weg bei der gemeinsamen Arbeit, der sich laut Aussagen der *Parceiros* über mehrere Jahre entwickelt und herausgebildet hat, bestätigen die Aussagen der drei Komponisten in den geführten Einzelinterviews. Wie sich sowohl in den Verlaufsgrafiken als auch anhand der Konversationsanalyse und musikalischen Untersuchungen nachvollziehen lässt, verfolgt die *Parceria* ein Kompositionsprinzip, bei dem im Anschluss an eine verbale Erörterung des umzusetzenden Sektors der *Sinopse* nach dem exploratorischen Trial-and-Error-Verfahren Kernideen entwickelt und in einem Kreislauf von beständiger Repetition und Überarbeitung fortlaufend geprüft und modifiziert werden, bis es schließlich zur Ausbildung und Festigung einer finalen Version kommt. Im Transformationsprozess geschieht die Wiederholung (Rekapitulation und Revision) bereits unter Einbettung des überarbeiteten oder neu kreierten Motivs in seinen musikalischen Kontext. Ist nach mehreren Rekapitulationsdurchgängen eine Lösung gefunden, wird diese in einer Audioaufnahme fixiert. Eine Kernidee kann mit der Partizipation einiger oder aller Gruppenmitglieder durch das Prinzip der melodischen *Fortspinnung* im Anschluss an eine Reproduktion ergänzt und erweitert werden: Inspiriert vom Ausgangsmotiv werden im Kollektiv neue Ideen entwickelt oder bestehende fortgeführt. Durch die zahlreichen Rekapitulationen erfolgen beständig Sprünge und Rückgriffe, die dazu verleiten können, getroffene Entscheidungen erneut in Frage zu stellen und die betreffende Passage zu überarbeiten, was den Arbeitsprozess verlängert und die Entscheidungsfindung hinauszögert. Die Komponisten betonen dennoch die fundamentale Bedeutung einer mehrfachen Kontrolle der künstlerischen Ergebnisse für die Qualität des Sambas: Vor allem in Bezug auf melodische Dopplungen oder im ersten Bearbeitungsstadium übersehene musikalische Zitate aus eigenen früheren oder fremden Sambas[1] sind Vorsicht und sorgfältige Revision nötig; selbes gilt für die Stimmigkeit der Ideen in ihrem musikalischen und poetischen Kontext innerhalb des Sambas. Anstelle von schnellen standardisierten oder bewährten, formelhaften Lösungen investiert die *Parceria* die Zeit, die nötig ist, bis alle geeigneten Varianten mit Sorgfalt gegeneinander abgewogen und unerwünschte Formeln und Zitate lokalisiert und durch neue Ideen ersetzt wurden. Dennoch spielen die *Parceiros* in besonderen Passagen bewusst mit melodischen Zitaten. Diese können aus bestehenden Sambas stammen oder themenbedingt aus anderen musikalischen Genres entlehnt sein, aus ästhetischen Gründen, aber auch als bewusste musikalische Verlinkungen eingesetzt werden: Komp. 2-1: »Stell dir vor, jemand schreibt eine *Sinopse* zu Ivete Sangalo. – Im *Refrão* wird ›Poeira‹ kommen! ›Vai levantar a poeira‹. Wenn ich komponieren würde, um den Samba zu gewinnen […], [würde ich das einbringen.] Nicht mal wegen der *Sinopse*. Der große Erfolg von Ivete Sangalo ist ›Poeira – poeira – levanta poeira‹. […] Das ist automatisch mit drin! […] Wenn du einen Refrain brauchst, machst du das so, sagst: ›Hey, erinnerst du dich an das Jahr […], da hatten wir einen Refrainteil, der fantastisch war. Nehmen wir das, ich denke, es fügt sich hier gut ein‹ … «[2]. Reflektiert erarbeitet die Gruppe verschiedene Punkte und Fragen, durchdenkt die möglichen Versionen der dichterischen und musikalischen Umsetzung von allen Seiten. Entscheidend ist stets die Zufriedenheit aller mit dem Endergebnis: Die finale Lösung muss nicht auf Anhieb gefunden werden. Stattdessen kann die Bearbeitung einer Passage bei der Stagnation des Ideen- oder Arbeitsflusses zurückgestellt und auf einen späteren Zeitpunkt verlegt werden. Die aus den Verlaufsgrafiken ersichtlichen Unterbrechungen des Schaffensprozesses mit privaten Gesprächen oder Abschweifungen zu anderen Themenbereichen kritisieren die *Parceiros* gleichermaßen: Hier schlage der positive Effekt der persönlichen freundschaftlichen Beziehungsverhältnisse in die Gefahr der Ablenkung vom eigentlichen Ziel um. Auch wenn Zerstreuung in stagnierenden Momenten als Auflockerung nütze und als Quelle neuer Inspiration fungiere, plädieren alle Komponisten unabhängig voneinander dafür, eine strukturiertere Trennung zwischen Zeiten für Privates und für die Komposition zu schaffen. Nur die strikte Separation beider Bereiche ermögliche innerhalb des Schaffensprozesses ein produktiveres und konzentriertes Arbeiten, und die gemeinsamen Pausen nach der Komposition könnten umso unbefangener genossen

---

1   Wie beispielsweise die melodische Passage des gemeinsamen Sambas für *Vila Isabel* 2012.
2   Originaltext: Komp. 2-1: »Você imagina por exemplo – alguém solta uma Sinopse de Ivete Sangalo. – Refrão tem poeira! Vai levantar a poeira. Se vou compor pra ganhar […], nem é pela Sinopse. O grande sucesso da Ivete Sangalo é ›poeira – poeira – levanto poeira‹. Eu não duvido nada que essa artista da Grande Rio vai levantar poeira. Já tá ali! […] se você precisa de um Refrão, faça assim fala – ›cara, lembra deste ano […], aí tinha uma parada de um Refrão ali, que era maneiro. Vamos botar, acho que ele encaixa aqui … «.

werden. Die Strategie der Ideengenerierung im explorativen Trial-and-Error-Verfahren mit regelmäßigen rekapitulierenden Rücksprüngen zu bereits bearbeitetem Material, das Durchsetzen der künstlerischen Arbeit mit Unterbrechungen sowie die wiederholte Aufnahme der entwickelten Phrasen zur Fixierung der entstandenen Melodie gestalten einen Kompositionsprozess, der nur in Teilabschnitten durch einen vollständig stringenten, linearen Fortgang der Komposition gekennzeichnet ist. Bis zur endgültigen Bestätigung einer Idee durch die gesamte Gruppe kann diese unzählige Male allein oder in ihrem musikalischen Kontext wiederholt und variiert werden. Selbst, wenn ein Einfall bereits akzeptiert ist, erfolgt beim späteren Auftreten einer noch besseren Variante das erneute Aufgreifen und gegebenenfalls der Austausch gegen eine andere Idee. Im Fall einer besonders kopfzerbrechenden Passage versucht die Gruppe über zwei Wege zur Lösung zu gelangen: Entweder über die bewährte Strategie des Wiederholens im gemeinsamen Trial-and-Error oder in individueller Stillarbeit mit einer anschließenden Präsentation der verschiedenen Ergebnisse in der Gruppe. Ist keine der entstehenden Varianten zufriedenstellend, wird nach einer unabhängigen Lösung gesucht oder die Ursprungsidee einer Reihe tiefgreifender Transformationen des Charakters ihres rhythmisch-melodischen Materials unterzogen, wie beispielsweise in den Segmenten 7 und 8 der musikalischen Analyse gezeigt. Möglich ist auch eine komplette Neuentwicklung – einhergehend mit dem Verwerfen der ursprünglichen Kernidee – oder ihrer Versetzung an eine andere Stelle des Sambas. Die entstandene Lücke kann stellvertretend für die noch zu findende Passage mit einem Platzhalter versehen[3] oder vorläufig freigelassen werden. Sie wird im Anschluss an die *Reunião* zu Hause individuell überdacht, wobei die entstehenden Ergebnisse als Audio oder Textfragmente über die gemeinsame WhatsApp-Gruppe ausgetauscht werden. Ein Beispiel bietet die umstrittene Passage »durch die Hände des Schöpfers«. Alternativ kann die finale Überarbeitung auf einen späteren Moment der *Reunião* selbst oder in die nächstgeplante Sitzung der Gruppe verlegt werden, um gemeinsam im Kollektiv eine vollkommen neue Lösung zu erarbeiten.

Betrachtung des kompositorischen Schaffensprozesses der 2. *Parceria*

Der künstlerische Weg der 2. Komponistengruppe vollzog sich, ähnlich der 1. *Parceria*, einem determinierten Schema folgend. Dem Umstand einer mitgliederreichen Gruppe geschuldet kristallisierte sich innerhalb der *Reunião* schnell heraus, dass nicht alle elf *Parceiros* gleichermaßen aktiv am künstlerischen Schaffensprozess Anteil haben können: Einige enthielten sich oder partizipierten nur an elementaren Fragen, die von der gesamten Gruppe entschieden werden sollten. Andere brachten sich im untergeordneten Maß ein und überließen den Großteil des künstlerischen Schaffensprozesses den vier federführenden Mitgliedern, von denen

---

[3] Platzhalter sind meist lyrischer Natur wie »lalala« oder »dadidada« und kommen in der 1. *Parceria* besonders zur Rekapitulation und Fixierung untexteter musikalischer Phrasen zum Einsatz, um in Ermangelung melodischer Verschriftlichung die entwickelte Melodie zu bewahren.

drei professionell im Bereich der Komposition arbeiten. Folglich reduziert sich die Gruppe der Hauptakteure auf vier Personen. Dieser Eindruck entstand bereits während der Beobachtung der *Reunião* und bestätigte sich später der quantitativen Verteilung der Redeanteile im Rahmen der Konversations- bzw. musikalischen Analyse. Dass es sich hierbei nicht um einen Einzelfall handelt, sondern sich in mitgliederreichen *Parcerias* die Aufgaben zu Gunsten eines künstlerisch herausragenden Ergebnisses geschickt verteilt werden sollten, betonte der *Líder* der *Parceria* im Portraitinterview. Die Kreation von Musik und Lyrics beginnt sowohl in den einzelnen Parts als auch an verschiedenen Schlüsselpunkten des Handlungsgeschehens mit einer ausführlichen Betrachtung der *Sinopse*. Mehrere Exemplare sind im Umlauf und werden – hauptsächlich vom *Primeiro da Parceria* – auszugsweise laut vorgetragen und im Anschluss im Kollektiv interpretiert und analysiert. Der Fokus liegt auf der Herausstellung zentraler Aspekte und Stationen sowie auf der Zuordnung und Positionierung der Sektoren in den verschiedenen Sambaparts. Charakteristisch für *Parceria* 2 ist eine äußerst genaue Orientierung an der *Sinopse*, die in verschiedensten Momenten des kompositorischen Handelns und in dialogischen Auseinandersetzungen deutlich wird: Wiederholt erkundigen sich die *Parceiros* nach der konkreten Formulierung und nehmen den Text der *Sinopse* als Ausgangspunkt für Inspiration und Korrekturen. Beispielsweise richtet sich Komp. 1-2 mit einer Aufforderung an die Gruppe, ihm einen inspirativen Impuls oder Anhaltspunkt für die Fortführung der ersten Passage zu liefern: »Gebt mir eine Idee, gebt mir eine Idee zum Weiterführen.« und erkundigt sich nach der genauen Bezeichnung der in der *Sinopse* zitierten Radiostation: »Was war der Name des Radios?«

Die kollektiven Arbeitsprozesse gestalten sich in ihren übergeordneten Prinzipien denen der 1. *Parceria* sehr ähnlich, unterscheiden sich jedoch in Detailfragen. Zunächst wird gemäß der Strategie der musikalischen und poetischen Exploration und Improvisation nach dem Trial-and-Error-Verfahren eine Idee generiert, die in einem fließenden Prozess des repetitiven Durchlaufens stetig rekapituliert und bewertet wird. Im Laufe von Revision und Repetition verändern sich die Form und Farbigkeit und es entstehen zahlreiche Varianten, bis schließlich eine vorläufige oder finale Fassung gefunden wird. In einer im Vergleich zur 1. Gruppe sehr exzessiven Repetitionsstruktur prüft die 2. *Parceria* die entstandenen Motive, Phrasen und Verse wieder und wieder, wobei die Vorschläge und Veränderungen nicht immer erklärt oder von einer verbalen Reflexion begleitet werden. Die harmonische Kontextualisierung mit dem *Cavaquinho* obliegt dem *Primeiro da Parceria* (Komp. 1-2). Entwickelte Ursprungsideen ergänzen bzw. erweitern vor allem die drei federführenden Komponisten der Gruppe im stetigen Wechsel und nach dem Fortspinnungsprinzip. Ebenso lässt sich beobachten, wie der Weg einer nonverbalen Kommunikation über das Medium Musik als Inspirationsanstoß für neue Ideen, Motive und Phrasen genutzt wird, die sich nach dem Prinzip der improvisatorischen Fortführung im natürlichen Fluss entspinnen. Repetition und Revision der entwickelten Passagen geschehen meist eingebettet in den jeweiligen musikalischen Zusammenhang der vorangehenden und nachfolgenden Phrase. Vollständige und fragmentarisch ausgebildete Teilergebnisse fixiert die *Parceria* regelmäßig als Audio, in der Regel ausgeführt vom Gruppenleiter und eingeleitet von aufmunternden Ankündigungen wie »Halten wir das fest?!« Durch die stetige kontextualisierende Revision erfolgen Rückgriffe, die oftmals in einer erneuten verbalen oder musikalischen Infragestellung bereits abgeschlossener Passagen gipfeln und beispielsweise durch ein Unterbrechen des Gesangsflusses und Hineinsingen einer neuen Variante ausgelöst werden. Zur Prüfung der Ideen auf musikalische Zitate, Versatzstücke bzw. *Padrões melódicos* aus anderen Kompositionen dienen Wiederholung und Revision als Medien der Kontrolle. Innerhalb der hier betrachteten *Reunião* taucht die Frage melodischer Versatzstücke zwar nur am Rande auf, doch wird sie im Zusammenhang mit der grundlegenden Funktion von Repetition und Revision in den persönlichen Gesprächen mit den Komponisten thematisiert. Hier zeigt sich die deutliche Bestrebung zur Vermeidung standardisierter Formeln: Komp. 3-2: »Das Problem ist, wenn ein *Parceiro* wieder und wieder kommt [...] mit einer kreierten Formel und das wiederholt.« – Komp. 2-3: »[...] es kann sein, dass etwas an eine andere Sache erinnert. [...] Der ganze Prozess des Erschaffens eines Sambas ist eine große Bewertung.« Im Fall einer Stagnation versucht *Parceria* 2 über verschiedene Lösungswege ein zufriedenstellendes Ergebnis zu erzielen: Verbreitet ist die Suche nach neuen Möglichkeiten künstlerischer Umsetzung im Trial-and-Error-Verfahren. Auch im Stillen kann individuell über neue, passende Varianten nachgedacht werden. Verläuft jeder der beiden Wege erfolglos, besteht die letzte Möglichkeit im Einsetzen eines Platzhalters oder dem Offenlassen der betreffenden Stelle, um sie mit gegebenem Abstand in einer anderen *Reunião* oder innerhalb der WhatsApp-Konversation aufzugreifen und zur Bearbeitung freizugeben. Die Diskrepanz zwischen dem vorherrschenden Perfektionsanspruch der professionellen *Sambistas* und einem – in den Interviews kritisierten – hohen Arbeitstempo führen in der Gruppe zu einem Interessenkonflikt. Komp. 3-2: »Komp. 1-2 und seine Leute sind es gewöhnt, sehr schnell zu komponieren.«; Komp. 2-2: »Ungefähr so – sie wollen alles in einer Nacht schaffen. Geht so was gut? Kann sein. Kann aber auch sein, dass es nicht gut geht. Hier machen wir das anders – selbst, wenn wir in einer Nacht fertig werden, treffen wir uns noch einige Male danach, bereden das Ergebnis und prüfen, ob es wirklich gut ist.« Die Dialoge und musikalischen Transkriptionen verdeutlichen, wie die Komponisten bestimmte Stellen mit großer Sorgfalt und Detailverliebtheit vielfach punktuell überarbeiten, was die Nerven einiger *Parceiros* in langen Diskussionen wie zur Zeitform von »überschwappen« und »mitreißen« oder dem losgelösten Versfragment »Bravo Carequinha« auf die Probe stellt. Darüber hinaus herrscht ein Bestreben zur Zeitoptimierung, was zur Folge hat, dass mitunter ungeklärte Stellen rasch übergangen werden und ein ungeduldiges Ringen um schnelle Lösungen in einen Produktionscharakter umschlägt.

Betrachtungen des kompositorischen Schaffensprozesses der 3. *Parceria*

In der 3. Gruppe hat sich nach vielen Jahren enger Zusammenarbeit ein festes Schema beim Vorgehen im gemeinsamen kompositorischen Schaffensprozess etabliert. Dies bestätigen die *Parceiros* in ihren jeweiligen Portraitinterviews. Grundlage für die Erarbeitung ist erneut die

Sinopse: Sie spielt nicht nur bei der Gesamtanlage der Komposition eine fundamentale Rolle, sondern auch im Hinblick auf die innere Organisation der *Letras*. Als Leitfaden steht sie für die *Parceria* allgegenwärtig im Zentrum des Geschehens, liegt vor Beginn der Session ausgedruckt auf dem Kompositionstisch und wird allgemein mit großer Regelmäßigkeit und insbesondere zur Überprüfung der stimmigen lyrischen Umsetzungen und der poetisch-metaphorischen Textinterpretation herangezogen. Im Anschluss an eine erste Lektüre und eine erste Phase angeregten Diskutierens zu Möglichkeiten der Auslegung und Darstellung verschiedener Stationen des Handlungsverlaufs wird durch den *Líder* der *Parceria*, Komp. 1-3, nach dem explorativen Trial-and-Error-Verfahren eine melodische Kernidee als Ausgangspunkt der musikalischen Arbeit entwickelt. Bevor die schrittweise Erarbeitung der Verse vorgenommen wird, erörtert die Gruppe alle strukturellen Grundfragen zur Konzeption des Sambas: Die *Parceiros* beraten über die Tonart – die sich auch bei ihnen am *Refrão de Baixo* ausrichtet –, überlegen, ob das musikalische Material der *Célula Master* [PC] auch an anderer Stelle in variierter Form Verwendung finden könne und besprechen innovative Ideen zur Formgebung: »Wiederholung – Refrain. Dann kommt eine kurze 2. Strophe.« (Komp. 1-3). Ein Großteil der musikalischen Kreation entfällt auf Komp. 1-3, den *Primeiro da Parceria*. Auch, wenn er kein professioneller Musiker ist, besitzt er ein ausgeprägtes, herausragendes Talent im Bereich der Komposition. Mit musikalischer Genialität und autodidaktischer Erfahrung entwickelt er seine Ideen. Von seinen *Parceiros* wird er entsprechend seiner Fähigkeiten als künstlerischer Leiter betrachtet, der den Hauptpart der melodischen Ideengenerierung und einen Großteil der poetisch-kreativen Arbeit im Prozess der Weiterentwicklung entstandener Einfälle leistet. Musikalische Kernmotive werden von ihm zunächst gesanglich entwickelt, später mit dem *Cavaquinho* harmonisiert und – je nach Situation – augenblicklich oder nachfolgend mit einem passenden Text versehen.

Auf dem Weg vom Fragment zum fertigen Motiv bzw. zur vollständigen Phrase verfolgt die 3. *Parceria* kontinuierlich verschiedene Strategien, mit denen sie die Stufen und Stadien der Elaboration und Prüfung der Einfälle im künstlerischen Prozess meistert. Neben bewertenden verbalen Kommentaren, die den Wechsel von Ideenfindung, Repetition und Revision begleiten und steuern, werden von den *Parceiros* zeitweilig neue melodische Motive oder Wendungen in Gestalt eines Fragments[4] eingeflochten, die aus der Inspiration einer Situation heraus entstehen. Wie in den anderen Komponistengruppen kommt es bedingt durch die fortlaufende Revision von und ihrer Kontextualisierung mit vorangehenden Versen zu Rücksprüngen, die eine erneute Infragestellung bereits geschlossener Phrasen mit sich bringen. Entwickelte Abschnitte kehren in diesem Vorgang sogar in eine fragmentarische Form zurück.[5] Sehr reflektiert und mit hohem Perfektionsanspruch wird die Komposition unter der Führung des *Primeiros da Parceria* (Komp. 1-3) Zeile für Zeile erarbeitet und vom Kollektiv unter allen Varianten die bestmögliche ausgewählt. Dies betrifft sowohl musikalische als auch poetische Wendungen. Im Falle einer

---

[4] Einfälle ohne eindeutig definierbaren Rhythmus oder Tonhöhen.
[5] Z. B. Segment 4 oder Fragment 7 anstelle von Segment 5.

Stagnation kommt das Trial-and-Error-Verfahren wiederholt zum Einsatz. Schnelle, standardisierte Patterns versucht die Gruppe zu meiden, doch gehen die Vorstellungen über Perfektion zwischen den drei Hauptkomponisten durchaus auseinander: Vielfach fordert Komp. 2-3 zum Voranschreiten auf, um sich nicht in Details zu verstricken und dabei den Fortgang der Komposition aus den Augen zu verlieren: »Ob der nun das Knie gebeugt hat oder nicht ... « (Komp. 2-3), während Komp. 3-3 kontroverse Grundsatzdiskussionen eröffnet und dazu anregt, die Versbearbeitung nicht ausarten zu lassen, sondern bodenständig zu bleiben und den Fokus auf die Musik zu lenken. Als eigentliches Herz des Sambas sollte der musikalische Part im Fokus aller Überlegungen stehen: »Das ist so schwerfällig! Wir müssen das Gewicht rausnehmen! Was den Samba trägt, ist die Musik!« (Komp. 3-3).

Prägend für die beobachtete Session ist eine Mischung intensiver, kompositorisch stringenter Arbeit bei der Erschaffung einer Passage und dem anschließenden Umschlagen der Konzentration in Distraktion eines oder mehrerer *Parceiros*. Durch ablenkende Außenfaktoren oder abschweifende Gedanken, die den Kollegen ohne Umwege mitgeteilt werden, entstehen beispielsweise Paralleldialoge zu organisatorischen Fragen. Je nach Situation kann eine Unterbrechung eine Stagnation auflockern und für einen erfrischten Neubeginn nach kurzer Entspannung sorgen. Die Rückbesinnung auf die kompositorische Arbeit fällt durch das enge freundschaftliche Verhältnis und die gemeinsame Arbeit in der Direktion einer *Escola de Samba*, über die ständiger Gesprächsbedarf herrscht, in der Regel schwer. Bisweilen führen themenfremde Abweichungen bis zum Versanden einer Kernidee oder es sind mehrfache disziplinarische Aufrufe des Gruppenleiters notwendig, um die Aufmerksamkeit der Kollegen wieder auf das Kompositionsgeschehen zu lenken.

Kapitel 17: Darstellung der Ergebnisse zu Phasen, Charakteristika und Verlauf des künstlerischen Arbeitsprozesses in den kompositorischen Sessions der Fallbeispielgruppen

Die in den Abschlussreflexionen der drei Fallstudien gebündelten Beobachtungen verbinden sich hier zu einem vielschichtigen Bild aus charakteristischen Strukturen, Parallelen und Differenzen in den Arbeitsweisen der Gruppen, die sowohl die übergeordneten typischen Verlaufsschemen sowie strukturelle Aspekte und inhaltliche Fragen betreffen.

Die folgende kolorierte Darstellung der Kompositionsverläufe[1] visualisiert die aufeinander folgenden bzw. einander überlagernden Phasen und illustriert ihre zeitliche Einteilung. Sie wird durch eine komplementäre tabellarische Übersicht ergänzt, die zeitlichen Ablauf, Ordnung und Arbeitsabschnitte der exemplarischen Sessions detailliert aufschlüsselt. Während die tabellarische Darstellung die exakten Zeitfenster und jeweiligen temporalen Aufwendungen aller in Bearbeitung stehenden Teile eines Sambas (Spalte 1), sämtliche Abweichungen in andere Teile (Spalte 2) sowie die reine Bearbeitungszeit des im Fokus stehenden Parts mit entstandenen Abweichungen [A] und zeitlichen Dimensionen stattfindender Unterbrechungen [U] verzeichnet (Spalte 3), gibt die farbige Übersicht einen visuellen Eindruck der Kennzeichen, Gemeinsamkeiten und Unterschiede im Gesamtverlauf der künstlerischen Schaffensprozesse in den Gruppen.

---

[1] FARBLEGENDE: *Primeira Parte/Cabeça do Samba:* Gelb; *Refrão do Meio:* Orange; *Segunda Parte:* Hellrot; *Refrão de Baixo:* Rosa; Unterbrechung: Blau; Rekapitulation: Grün; Abweichung zu anderen *Sambas* [*Parceria* 3]: Violett.

390   Part 5: A receita do Samba

Parceria   *Parceria 1*   *Parceria 2*   *Parceria 3*
Parte do Samba   P – RM –   P – RM –   P – RM –
                    S – RB   S – RB   S – RB

VERLAUF 1–3,
KOLORIERT

Tabellarische Übersicht der Kompositionsphasen (temporale Episoden):

Parceria 1: GRES. Unidos da Tijuca

Primeira Parte	• RB, RM, RB – RM	40.30 min + 4 min [A] + 5 min [U, Regen]
Refrão do Meio	• S, RB [2 x], P	27.20 min + 5 min [A]
Segunda Parte	• RB [5 x], P – RM – S	53.55 min + 4.30 min [A] + 30 min [U]
Refrão de Baixo	--	10 min [davon 2 min Vermischung von Komposition und U]

Parceria 2: GRES. Porto da Pedra (Reunião 1 und 2)

Primeira Parte	--	60 min, 5 min [U]	*Refrão do Meio*	--	2.30 min
Refrão do Meio	--	25 min	*Primeira Parte*	• RM, RB	9.50 min
Segunda Parte	--	45 min + 5 min [U] später 15 min [U]	*Refrão do Meio*	• P	12.20 min
Refrão de Baixo	--	25 min	*Segunda Parte*	• P	2.40 min

Parceria 3: GRES. Estácio de Sá

Primeira Parte	• [P–] RM – S – RB; *Vila Isabel* [2 x]; RM; [P–] RM – S – RB; RM; P – RM [2 x]; RB; [P–] RM – S	168 min + 26.5 min [A] + 59 min [U]
Refrão do Meio	• P	min + 1 min [A]
Segunda Parte	--	nur als [A] bearbeitet
Refrão de Baixo	--	nur als [A] bearbeitet

Reihenfolge und Chronologie bei der Erschaffung der vier Parts

Wie aus der Grafik ersichtlich und anhand der Fallbeispielanalyse demonstriert, erfolgen die Erarbeitungen der vier Teile in allen drei Komponistengruppen der chronologisch vorgegebenen Reihenfolge *Primeira Parte – Refrão do Meio – Segunda Parte – Refrão do Meio* entsprechend. Dieses Vorgehen begründet sich in erster Linie durch die Orientierung der Gruppen am Verlauf des Handlungsgeschehens und der festgelegten Anordnung der Sektoren in den *Sinopsen* der *Enredos*. Dennoch unterscheiden sich Form und Quantität der Er- und Bearbeitung der verschiedenen Teile: Bearbeiten *Parceria 1* und *Parceria 2* sämtliche Parts parallel, so konzentriert sich *Parceria 3* in detaillierter Arbeit auf die *Primeira Parte*. Aus zeitlichen Gründen können hier am Abschluss der Session nur noch Teile des *Refrão do Meio* erschaffen werden, während die verbleibenden Parts nur sehr fragmentarisch und skizzenhaft erarbeitet werden. Daher können für *Segunda Parte* und *Refrão de Baixo* im Rahmen dieser Komposition keine separaten Einschätzungen erfolgen.

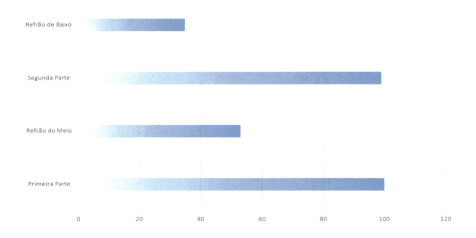

Proportionale Bearbeitungsdauer der Sambaparts

Proportion der Parts und Verteilung der Bearbeitungszeiten

In Bezug auf die Arbeitszeiten, die mit den jeweiligen Kompositionen insgesamt verbracht werden und neben den Momenten reiner Erarbeitung determinierter Sambateile sämtliche Unterbrechungen und Abweichungsphasen einbeziehen, weisen die Ergebnisse mit je 175 Minuten Gesamtdauer für die 1. und 2. Gruppe ein überraschend identisches Ergebnis auf, während die Sitzung der 3. *Parceria* mit 282 Minuten in ihrer Summe 112 Minuten mehr in Anspruch nimmt:

Unidos da Tijuca: 175 min
Porto da Pedra: 175 min
Estácio de Sá: 282 min

In einem direkten Vergleich der Bearbeitungszeiten der Sambaparts zwischen Gruppe 1 und Gruppe 2 zeigen sich deutliche strukturelle Übereinstimmungen, während die Ergebnisse von Gruppe 3, bedingt durch ihre Reduktion auf die Bearbeitung der 1. Strophe und des *Refrão do Meio*, abweichen. Es zeigt sich, dass alle Gruppen eine deutlich höhere Zeit für die Komposition der Strophen als für die Arbeit an den Refrainabschnitten aufwenden. Dies ist darauf zurückzuführen, dass die Strophen wesentlich umfangreicher als die Refrainparts angelegt sind und sich als Hauptträger des in der *Sinopse* definierten Handlungsgeschehens verstehen. Der zeitlich arbeitsintensivste und umfangreichste Part ist typischerweise die 1. Strophe [P], während der Hauptrefrain *Refrão de Baixo* [RB] als hymnischer Teil des Sambas nur eine kurze

Bearbeitungsdauer in Anspruch nimmt. Dieses Verhältnis spiegelt sich in den Ergebnissen von Gruppe 1 und Gruppe 2 wieder und findet sich in der oben abgebildeten Darstellung der proportionalen Bearbeitungszeiten aller Sambaparts.

ABSCHWEIFUNGEN UND ZEITGLEICHE DISKUSSIONEN MEHRERER TEILE IN DEN GRUPPEN

Die grafischen Darstellungen der Verläufe zum künstlerischen Arbeitsprozess in den *Reuniões* legen offen, dass das Prinzip kurzzeitiger Abschweifungen von der Bearbeitung des Hauptteils in andere Teile oder die kurzfristige parallele Erarbeitung verschiedener Teile in allen Fallbeispielgruppen praktiziert wird.[2] Durchbrechungen der Sessions mit Abschweifungen treten mit großer Regelmäßigkeit auf, übersteigen den 5-minütigen Rahmen meist aber nicht.[3] Die Grafiken zeigen darüber hinaus, dass in diversen Fällen mehrere Abweichungen zum selben Teil direkt aufeinanderfolgen. Eine Ausnahme bildet der *Refrão de Baixo*: Möglicherweise der Kürze seiner Bearbeitungsdauer geschuldet oder aufgrund des Alleinstellungsmerkmals als *Hino do Samba*, in der kein Handlungsgeschehen mehr verarbeitet werden muss, lassen sich keine Abschweifungen verzeichnen. In den verbleibenden drei Teilen der Sambas kommt es, wie aus der Übersicht der Bearbeitungszeiten und Verlaufsgrafiken ersichtlich, in allen Fallbeispielen zu vielfachen Abweichungen vom fokussierten Part zu benachbarten oder verwandten Komponenten der Komposition: P – S, RM – RB oder P – RM, RM – S, S – RB.

Oft entstehen diese Abschweifungen aus Momenten der Repetition und Bewertung einzelner Ideen, Passagen oder Zwischenergebnissen abgeschlossener Teile heraus. Da die bearbeiteten Phrasen während der Rekapitulation oft mit vorangehenden oder nachfolgenden Passagen bzw. Sambaparts kontextualisiert werden, ist es gut vorstellbar, dass die Gruppen wie automatisch in einen anderen Teil wechseln, der im Folgenden zum Zentrum einer Überarbeitung wird. Dennoch sind die Gründe für Abschweifungen mannigfaltiger Natur: Wie in der Sekundärliteratur beschrieben wird, können sie – einer Laune der plötzlichen Inspiration folgend – wie aus dem Nichts entstehen.[4] In Abhängigkeit von Handlungsgeschehen und der Gestaltung anderer Teile kann es auch im Zuge von neuen Zuordnungen und Versetzungen von Passagen in andere Parts

---

2 Ergänzung zu *Parceria* 2: Aufgrund der Quellenlage und dem daraus angefertigten grafischen Verlauf könnte fälschlicherweise der Eindruck entstehen, dass es in dieser Gruppe keine Abweichungen gäbe. daher wurde zur Relativierung dieses Eindrucks die zweite Session bzw. *Reunião-Gravação* vergleichsweise herangezogen und ebenfalls in grafischer Form umgesetzt. In dieser zweiten Session lässt sich strukturell eine ebenso durchbrochene/wechselhafte Vorgehensweise in der Arbeit erkennen (vor allem stetiger Wechsel zwischen P – RM aber auch dem bereits identifizierten Schema entsprechend der Wechsel zu verwandten oder angrenzenden Teilen – RM – RB bzw. RM – S) beobachten.
3 Mit Ausnahme von *Parceria* 3, die mit einer Dauer von bis zu 10 Minuten zum RM abschweift.
4 Vgl. Helmut Rösing: Art. »Komposition«, Sp. 545 ff.; vgl. Reinhard Kopiez und Luisa Rodehorst-Oehus: »*Eigentlich komponiert man immer*«, S. 4 ff.

zum Abschweifen der *Parceria* kommen. Ebenso können Übergänge von einem Teil zum anderen oder strukturelle Überlegungen den entscheidenden Ausschlag geben: Gerade im Anfangsmoment der Komposition zeigen sich gehäuft Parallelbearbeitungen mehrerer Teile, die dazu bestimmt sind, generelle Fragen wie die der Grundtonart und Form festzulegen; Entscheidungen, die diverse Wechsel- und Rückwirkungen auf die Gestalt und Struktur aller Teile besitzen. Wie der *Refrão de Baixo* der ersten Fallbeispielgruppe demonstriert, können bei einer Abschweifung sogar Kreationen eines vollständigen Sambaparts entstehen: So bildete sich eine fertig konzipierte und teilweise ausgearbeitete Fassung des *Refrão de Baixo* des Sambas für *Unidos da Tijuca* lange vor dem Zeitpunkt seiner planmäßigen Erarbeitung heraus. Wie in der Verlaufsübersicht verzeichnet, treten in besonderen Fällen Abschweifungen auf, in denen sich eine ungeplante Generierung von Ideen für neue Sambas anderer Sambaschulen vollzieht. Dies belegt das 3. Fallbeispiel der Komposition für *Estácio de Sá*. Obwohl es sich hier nicht um einen stereotypen Fall handelt, ist der Entwicklungsverlauf bei der detaillierten Betrachtung seiner kontextuellen Umstände wenig überraschend: Die drei Komponisten sind seit Jahren einer anderen *Escola de Samba* – der *Unidos de Vila Isabel* – eng verbunden und hier in leitenden, administrativen Funktionen tätig. Auf der Suche nach einer passenden *Célula Master* entsteht am Beginn des Kompositionsprozesses im improvisatorischen Trial-and-Error ein melodisches Kernmotiv, dessen musikalischer Charakter von der Gruppe als stilistisch passender für *Vila Isabel* als für *Estácio de Sá* befunden wird. Von der *Parceria* eine Zeitlang weiterentwickelt, wird es schließlich für die gegenwärtige Komposition verworfen, jedoch als Audio für spätere Gelegenheiten konserviert.

Unterbrechungen der Session

Unidos da Tijuca: 37 [35][5] min
Porto da Pedra: 20 [25] min
Estácio de Sá: 59 min

Sowohl die Dokumentationen der Fallstudien als auch die darüber hinaus gesammelten Erfahrungen belegen, dass es sich bei Pausierungen im Kompositionsprozess meist um kurzzeitig Unterbrechungen von wenigen Minuten handelt. Die Illustration in den Verlaufsgrafiken der *Reuniões* zeigen die Tendenz von kürzeren zu längeren Unterbrechungen (im jeweils letzten Drittel einer Session von einer Dauer bis zu 15, 20 und 30 Minuten). Pro Gruppe lassen sich etwa ein bis zwei dieser umfangreicheren Pausen verzeichnen. Im Fall des 3. Komponistenkollektivs schließen sogar zwei lange Unterbrechungen direkt aneinander und werden nur kurzzeitig von einer Arbeitsphase durchbrochen. Dieses Phänomen ist durchaus keine Besonderheit, zählt es doch innerhalb der *Reuniões* zur üblichen Praxis, dass die Gruppen ihr Schaffen für einen gewissen Zeitraum unterbrechen, um in gelöster Atmosphäre zusammen zu sitzen, gemeinsam zu

---

5   [ ] bezeichnet die Mischphasen aus Unterbrechungen und Kompositionsmomenten.

essen und sich bei persönlichen Gesprächen etwas zu entspannen – ähnlich den Praktiken, die Thomas Turino bei der Probenstruktur der peruanischen *Tarkas de Putina* vor dem Karneval beobachtet und beschreibt.[6] Dennoch sind Unterbrechungen nicht grundsätzlich dem kompositionsfremden Austausch der *Parceiros* vorbehalten. Auch arbeits- und themenbezogene künstlerische Fragen können hier erörtert und diskutiert oder während der Session angesprochene Sorgen erneut aufgegriffen werden. Selbst das spontane Entstehen von neuen Ideen kann sich in einem solchen Kontext ereignen. Generell umfangreiche oder kurze Pausen finden zum Abschluss eines Parts oder Zwischenergebnisses statt: Nachdem eine vorläufige Version erstellt und von der Gruppe als positiv und final bewertet wird, erfolgt der verdiente Entspannungsmoment, in dem neue Energie und Inspiration zur Fortführung der Komposition gewonnen wird oder der Blick für anstehende Rekapitulationen und Überarbeitungen erfrischt wird.

Rekapitulationsmomente, Wendepunkte und Fixierungen in Audios

Unidos da Tijuca: 8
Porto da Pedra: 9
Estácio de Sá: 11

Ein prägender Bestandteil der *Reuniões* sind die – sowohl in den Verlaufsgrafiken verzeichneten als auch in den analytischen Verlaufsbeschreibungen der Fallbeispiele markierten – Momente der Rekapitulation und Bewertung von kompositorischen Ergebnissen in der Gruppe. Diese erfolgen häufig im Zusammenhang mit der Erstellung eines fixierenden Audios am Ende eines bearbeiteten Parts sowie im Zuge der finalen Revision am Ende der *Reunião*. In der Mitte von Bearbeitungsphasen sind sie anzutreffen, wenn eine generierte oder modifizierte Passage geprüft oder den Komponisten ein bestimmtes Bearbeitungsstadium nach Umarbeitungen in Erinnerung gerufen werden soll. Elementare Rekapitulationsmomente[7] werden im dialogischen Austausch meist durch typische Schlüsselsätze ausgelöst und von bewusst formulierten Aufforderungen zur Evaluation des Ergebnisses in der Gruppe oder zur Fixierung einer Passage als Audio eingeleitet: »Lasst uns den ganzen Samba einmal durchspielen«; »Lasst uns aufnehmen.« Es folgt in der Regel ein Augenblick besonderer Aufmerksamkeit und die Einleitung einer aktiven, bewussten Revision der *Parceria*. Die Übersicht belegt, dass sich die Summe relevanter Rekapitulationen zwischen den Gruppen stark ähnelt, wobei Gruppe 3 (*Estácio de Sá*) geringfügig vorn liegt. Dies erklärt die auffällige Konzentration der zentralen Revisionen der 3. *Parceria* im letzten Drittel der Session, die sich aufgrund von Dauer und Intensität der Arbeit am Abschluss

---

6 Vgl. Thomas Turino: *Moving Away From Silence*, S. 74 f.
7 Es existieren unzählige kleine Rekapitulationsmomente, für die Analyse wurden nur die wichtigsten verzeichnet.

der Session deutlich häufen, während sich die markanten Wendepunkte der *Parcerias* 1 und 2 eher in den mittleren Arbeitsabschnitten in konzentrierter Form finden.

Zur Verteilung der Mythemen in den Kompositionssessions

Part	Parceria 1	Parceria 2	Parceria 3
Poesia	44 % [43 %]	43 %	43 % [38 %]
Melodia	25 % [25 %]	28 %	10 % [14 %]
Sinopse	9 % [9 %]	7 %	13 % [12 %]
Escola	4 % [4 %]	3 %	7 % [6 %]
Refrain	5 % [6 %]	3 %	2 % [5 %]
Struktur	5 % [6 %]	6 %	9 % [11 %]

Parceria 1:   Tonart – Fixierung – Andamento – Dauer: 0–5 %, maximal 6 %
Parceria 2:   Tonart – Fixierung – Andamento – Dauer: 0–4 %, maximal 10 %
Parceria 3:   Tonart – Fixierung – Andamento – Dauer: 0–4 % (Ausnahme: Tonart in P [12 %])

Für einen finalen Vergleich der prozentualen Verteilung der Mythemen, die als zentrale Pfeiler den Mythos einer »Sambakomposition« konstruieren, wurden die Werte aller Sambaparts P – RM – S – RB sowie die Sambaparts mit Abschweifungen für jede *Parceria* in einer Übersicht tabellarisch zusammengefasst. Die Häufigkeit des Auftretens der verzeichneten Mythemen in den Dialogen der Komponisten zeigten sowohl in den Phasen separater Erarbeitung eines Parts als auch in Momenten der Abschweifungen zu anderen Teilen interessante Verteilungen. In der anteiligen Thematisierung der insgesamt zehn Parameter in der Gesamtauswertung lassen sich deutliche Parallelen zwischen den Sessions der drei Gruppen erkennen: Ihre Ergebnisse liegen nahe beieinander, selbst wenn es sich hier um drei unterschiedliche Komponistengruppen handelt, die den musikalischen Schaffensprozess unabhängig voneinander und für verschiedene *Escolas de Samba* durchlaufen.

Mit Werten von 44 % in der 1. Gruppe, 43 % in der 2. Gruppe und 43 % in der 3. Gruppe entfällt der größte Anteil der Dialoge der Komponisten in ihren Sessions auf die Erarbeitung und Überarbeitung der kreierten Lyrics/*Letras* oder ihrer Evaluation unter stilistisch-poetischen Gesichtspunkten. Diesem mit fast 50 % am Gesamtgeschehen beteiligten Mythema folgen Überlegungen zur musikalischen Ebene.

Mit 25 % in der 1. Gruppe, 28 % in der 2. Gruppe und 10 % [14 %] in der 3. Gruppe dominieren Erwägungen zu musikalischem Stil und Charakter sowie der melodischen Gestaltung die Dialoge der Komponisten. Der Parameter Musik steht somit in der Gesamtauswertung an zweiter Stelle. Der Wert der 3. Gruppe weicht in der Auswertung der Einzelparts prozentual von dem Ergebnis der Gruppen 1 und 2 ab, da in ihrer Session hauptsächlich die Eröffnung der 1. Strophe

Kapitel 17: Darstellung der Ergebnisse zu Phasen, Charakteristika und Verlauf 397

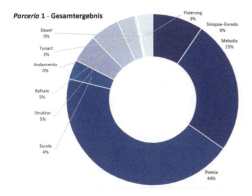

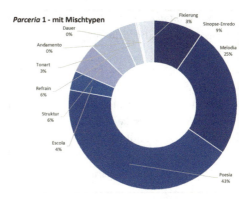

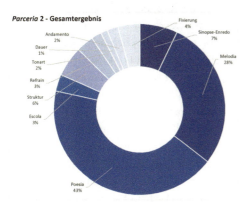

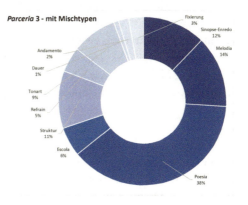

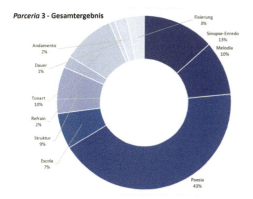

Die prozentuale Verteilung der Mythemen in den *Reuniões*

(Cabeça do Samba) bearbeitet wurde, der Sambapart, in dem typischerweise Aspekte des Handlungsgeschehens, die Einteilung der Sektoren und textinterpretatorische Fragen im Mittelpunkt stehen.

Die Dimension *Sinopse-Enredo* ist mit 9 % in der 1. Gruppe, 7 % in der 2. Gruppe und 13 % in den Gesprächen der 3. Gruppe vertreten und belegt insgesamt die dritte Position in der Gesamtverteilung. Dieses Ergebnis deckt sich mit meinen Beobachtungen innerhalb der *Reuniões*: nahezu ununterbrochen kam die *Sinopse* zum Einsatz und wurde von den Komponisten konsultiert, um Aspekte des Handlungsgeschehen zu erörtern und Interpretations- und Verständnisfragen zu *Enredo*, Sektoren, Chronologie und der korrekten Umsetzung zu klären. Darüber hinaus diente die *Sinopse* häufig als Ausgangspunkt für Inspiration oder zur Kontrolle von entwickelten Ideen und Ergebnisse.

Die besonderen Charakteristika der Sambaschule und Integration ihrer Komponenten (*Escola*) sowie die Dimensionen Refrain und Struktur unterscheiden sich in ihrem prozentualen Anteil am Gesamtergebnis zwischen den Gruppen kaum und bewegen sich im prozentualen Bereich von unter 10 %. Sie zeigen durchschnittliche Werte von 3 % und 9 %. In Gruppe 1 und 2 erlangen die Mythemen *Escola* (4 % und 3 %), Refrain (5 % und 3 %) und Struktur (5 % und 6 %) in beiden Gruppen ähnliche Ergebnisse, die nur zwischen 1 % und 2 % voneinander abweichen. Im Schaffensprozess von Gruppe 3 spielen die Parameter *Escola* und Struktur mit 7 % und 9 % hingegen eine dominantere Rolle. Sie werden über punktuelle Momente hinaus im Kompositionsprozess dieser *Parceria* thematisiert.

Die verbleibenden Dimensionen Tonart, Fixierung, *Andamento* und Dauer bewegen sich in den Sessions der *Parcerias* durchschnittlich im Bereich von 1 % bis 4 %. Mit Ausnahme der umfangreicheren Diskussion zur Wahl der Tonart im dialogischen Austausch der 3. *Parceria*, die mit einem Anteil von 12 % verzeichnet ist, wird von keinem sonstigen der genannten Variablen der prozentuale Wert von 10 % überschritten.

Kapitel 18: Theoriebildung zum kompositorischen Schaffensprozess der *Parcerias* der *Escolas de Samba* von *Rio de Janeiro* im Kontext ihres Feldes

Die innerhalb der komplexen Analyse- und Auswertungsprozesse gewonnenen Resultate zu formalen und künstlerischen Details betreffend Ablauf, Strategie, Technik, Prämissen sowie facettenreichen externe und interne Einflussfaktoren, die den künstlerischen Schaffensprozess innerhalb einer *Parceria* gestalten und prägen, werden an dieser Stelle als *Receita do Samba-Enredo* gebündelt und zu einem theoretischen Phasenmodell des Kompositionsvorganges zusammengeführt. Die Ergebnisse offenbaren ein komplexes Bild, das die verschiedenen Ebenen, Komponenten und Mosaikteile einer Sambakomposition offenlegt und illustriert, dass der kreative Schaffensprozess in der *Parceria* nicht ausschließlich künstlerischen – also musikalischen, poetischen und ästhetischen – Kriterien unterliegt, sondern als Teil eines vielschichtigen Spannungsfeldes unter Berücksichtigung kultureller, sozialer und feldspezifischer Gesichtspunkte betrachtet werden muss. Obgleich die zur Theoriebildung herangezogenen Ergebnisse der exemplarischen Fallbeispiele keinen Anspruch auf eine vollständige Abdeckung sämtlicher existenter Muster und Modelle der kompositorischen Schaffensprozesse in *Parcerias* erheben können, ermöglicht die Selektion der Stichproben im Sinne des Theoretical Samplings die Illustration des bestehenden Variationsreichtums anhand einer breit gefächerten Palette exemplarischer Phänomene unter dem Dach gemeinsamer Grundbedingungen.[1]

Ausgehend von dieser Entscheidung zeigt sich zwischen den *Parcerias* der Fallstudien ein detailreiches Spektrum an Parallelen und Unterschieden: Einerseits werden vor allem bedingt durch die variierende Zusammensetzung und Größe der Gruppen teils voneinander abweichende Prämissen im Entscheidungsprozess und strukturelle Differenzen in den künstlerischen Strategien der verschiedenen Kollektivtypen sichtbar, andererseits offenbarte sich eine Reihe gemeinsamer, allgemeiner Tendenzen. Zunächst kristallisierte sich für mich innerhalb der dokumentierten sowie zahlreichen weiteren beobachteten und dokumentierten Sessions hinsichtlich eines typischen Ablaufs der Kompositionshandlungen auf Makro- wie Mikroebene – eine Bandbreite charakteristischer Prinzipien heraus, die den Prozess in allen Fallbeispielgruppen richtungsweisend lenken, gestalten und von den Komponisten wieder und wieder durchlaufen werden. Diese sind in der folgenden Illustration zusammengefasst:

---

[1] Vgl. Anselm Strauss und Barney Glaser: *Grounded Theory*, S. 61 ff., S. 76 ff.

18.1 Phasen, Komponenten und Elemente im Entstehungsprozess eines Sambas de Enredo

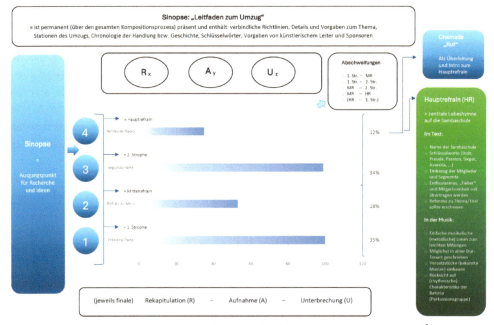

Der Kompositionsprozess eines Sambas de Enredo: Phasen, Komponenten und Elemente[2]

Innerhalb eines Zeitraumes, der von Komponistengruppe zu Komponistengruppe je nach Tag, Situation, Verfügbarkeit der Beteiligten und sonstigen Rahmenbedingungen individuell variieren kann, vollzieht sich in den *Parcerias* ein chronologisch organisierter künstlerischer Schaffensprozess: Die Orientierung und Richtungsweisung für den lyrischen Teil der Kompositionsarbeit, der *Letras*, erfolgt vorrangig auf Grundlage der detaillierten Beschreibungen zum Handlungsgeschehen des anstehenden *Desfiles* in der *Sinopse* und der in ihr aufgezeigten Reihenfolge der

---

2 Legende: R = Rekapitulation/Revision; G = *Gravação* [Audioaufnahme]; U = Unterbrechung [f] = Finalversion; X, Y, Z = Variablen für unbestimmte Anzahl.
Ausgangspunkt Sinopse mit: Thema, Sektoren, Chronologie der erzählten Handlung, Schlüsselworte, Zitate, Tag und Zeit des *Desfiles*, Name der Sambaschule und Vorgaben von *Carnavalesco*, ggf. des *Patrocinadors*.
RB: Hymne an die Sambaschule enthält 1. Im Text: Name der Sambaschule, Schlüsselworte (wie Freude, Gaudi, Sieger, Leidenschaft, Stolz, Fest, *Avenida*, das Volk), Spiel mit den Gruppen/Segmenten, Erzeugen einer starken Verbindung zur *Escola*, Referenz zu Thema, Titel und *Sinopse*. 2. In der Musik: Einfach strukturierte, wirkungsvolle Melodien (vorzugsweise in Dur), ggf. Einbindung populärer melodischer Formeln, Rücksicht auf den Rhythmus/*Andamento da Bateria* (Grafik auch im digitalen Anhang).

Sektoren, die von der künstlerischen und administrativen Leitung der Sambaschule konzipiert, veröffentlicht und innerhalb der Versammlung des *Alas de Compositores* erläutert werden. Die *Sinopse* ihrerseits fungiert als Grundpfeiler des Geschehens. Sie ist sowohl Ausgangspunkt als auch konstante Richtlinie und Kontrollmedium für die poetischen Entscheidungen der Komponisten. Die Ausrichtung an ihr betrifft nicht nur die Gesamtstruktur und die Einhaltung der chronologischen Reihenfolge der Stationen, sondern auch die Gestaltung der Lyrics bis hin zur Feinabstimmung der Verse auf Details der ihnen entsprechenden Sektoren. Somit steht die *Sinopse* als zentrales Säulenelement am Beginn jeder Komposition und liegt, ähnlich einem Dach, über dem gesamten Entstehungsprozess aller vier Hauptteile eines Sambas. Dennoch muss diese Bindung an eine übergeordnete Chronologie und der Einbezug spezifischer Worte als ein Markenzeichen der Moderne verstanden werden. Diverse Komponisten und auch Beiträge in der Sekundärliteratur berichten von der weitgehend ungebundenen Form früherer Sambas,[3] die zunächst überwiegend frei improvisiert wurden und sich erst unter dem Einfluss verschiedener Faktoren und als Konsequenz veränderter politischer Rahmenbedingungen zur festen Abfolge von *Primeira Parte – BIS: Refrão do Meio – Segunda Parte – BIS: Refrão de Baixo* umstrukturierten. Die vorherrschende Starre der formalen Gestaltung muss in Anbetracht jüngster Tendenzen relativiert werden: In einer Reflexion über die Ergebnisse der Studie erklärte mir André Diniz, dass die Komponisten aktuell darum bemüht seien, das mittlerweile gefestigte Schema aufzubrechen und den Samba wieder in eine variantenreichere und freiere Gestalt zu führen – beispielsweise durch Versuche einer weniger statischen Bindung an die *Sinopse* oder durch strukturverändernde Experimente wie die Einbindung kleiner Wiederholungen, Verkürzung von Strophenteilen, Hinzufügen weiterer Refrainteile sowie Variationen der Verszahlen in den Parts.[4] Dies lässt sich schon in aktuellen Kompositionen der vergangenen Jahre beobachten.

Die Ergebnisse der *Reuniões*[5] illustrieren neben der chronologischen Erarbeitungsreihenfolge[6] eine Tendenz zum jeweiligen Bearbeitungsumfang der verschiedenen Teile: Wie aus der Darstellung der Proportion und Aufteilung der Bearbeitungszeiten der Teile ersichtlich[7] wird, nehmen die Strophen in der Regel einen deutlich längeren temporalen Umfang ein, als die Refrainteile. Innerhalb der beiden Kategorien Strophe und Refrain liegt die Bearbeitungszeit der *Primeira* leicht über dem der 2. Strophe. Der *Refrão de Baixo*, das Herzstück eines Sambas de Enredo und in seinem Versumfang identisch zum mittleren Refrain, benötigt hingegen die mit Abstand kür-

---

3 Vgl. Alberto Mussa und Luiz Antonio Simas: *Samba de Enredo*, S. 24, S. 117; vgl. Carla Maria de Oliveira Vizeu: *O Samba-Enredo carioca e suas transformações nas décadas de 70 e 80*, S. 37.
4 Eintrag im Forschungstagebuch zum informellen Gespräch mit André Dinz am 13.3.2015.
5 Unter Vorbehalt der 3. *Parceria*, in welcher aus Zeitgründen nur Part 1 und 2 des Sambas zur Bearbeitung kamen.
6 Es kann nicht ausgeschlossen werden, dass der Anfang einer *Reunião* in einigen Fällen auch mit der Komposition anderer Teile als der *Primeira Parte* begonnen wird, z. B. wenn bereits vor Beginn Ideen zu anderen Teilen bestehen.
7 Vgl. Grafik 4: Proportionale Bearbeitungsdauer der Sambaparts, S. 508.

zeste Erschaffungszeit in den Gruppen. Für dieses Resümee lassen sich verschiedene Begründungen finden: Zunächst ist es plausibel, dass die Erarbeitung der Strophen als zentralen Orten der Verarbeitung des Handlungsgeschehens und den durchschnittlich vierzeiligen Refrainteilen in ihrer Verszahl hoch überlegen, eine deutlich längere Entwicklungs- und Bearbeitungszeit in Anspruch nimmt.[8] Als Mittelpunkt des Handlungsstranges müssen die Strophen sowohl im Hinblick auf die Abfolge der Ereignisse als auch der poetischen Stilmittel und Vorgaben sorgsam überlegt und abgewogen werden. Der 1. Strophe, die mit der *Cabeça do Samba* das musikalische Werk eröffnet, wird in diesem Zusammenhang eine besondere Bedeutung zuteil. Der *Refrão de Baixo* hingegen ist dem gegenüber, ungeachtet seiner herausragenden Funktion, in vielen Schaffensprozessen am schnellsten erstellt: Als Herzstück des Sambas[9] besitzt er die fundamentale Funktion, bei Publikum und *Comunidade* eine fieberhafte, emotionsgeladene Mitgerissenheit, die *Empolgação*, auszulösen. Seine Aufgabe gilt als erfüllt, wenn er die eigene Sambaschule und eine möglichst umfangreiche Publikumsgruppe zum begeisterten Singen und Tanzen zu animieren versteht. Seine Fähigkeit, Freude und Leidenschaft über die musikalische Ebene zu transportieren und zu vermitteln, werden hier als Hauptaugenmerk priorisiert und betreffen sowohl das Geschehen innerhalb des Komponistenwettstreites als auch das *Desfile* in der *Avenida* als Höhepunkt der Saison. Um diesem Ziel gerecht zu werden, nimmt der *Refrão de Baixo* die Funktion einer Hymne an seine *Escola* ein und erfährt innerhalb der Komposition eine Sonderbehandlung. Er ist kein zentraler Vermittler und Träger des Handlungsgeschehens mehr, obwohl es gern gesehen wird, wenn in ihm in metaphorischer Form das *Enredo* zum Tragen kommt. Für die *Hino da Escola* existieren eine Reihe von Merkmalen, die deutlicher vorherbestimmt sind als für die verbleibenden Parts. Nicht umsonst erscheinen in den Fallbeispielen Sätze wie: »Der Refrain muss einfach sein und animieren.« mehr als ein Mal.

Neben bestimmten musikalischen Hörerwartungen wie stiltypische melodische Linien und Patterns, deren Bevorzugung sich von Sambaschule zu Sambaschule unterscheiden kann und die, wie der individuelle Stil ihrer *Bateria*, das musikalische Gesicht (»a Cara da der Escola«)[10] prägt, besteht hier ein besonderer Anspruch an Simplizität und Eingängigkeit,[11] die Rösing als typisch für popularmusikalische Genres beschreibt.[12] Darüber hinaus gibt es eine Reihe poetischer Gestaltungsmittel, typischer Expressionen, Wendungen und Schlüsselworte, die oftmals eingeflochten werden. Diese werden vorzugsweise von *Parcerias* in einen zentralen Refrain eingebaut und

---

8 Vgl. Friederike Jurth: »The phenomenon of composers compositions within the best sambaschools in Rio de Janeiro«, S. 125 ff.
9 Vgl. Leandro Braga: *Na Bateria da Escola de Samba,* Rio de Janeiro 2014, S. 33.
10 Originaltext: »*A cara da Escola*««.
11 In melodischer Frage steht die leichte Reproduzierbarkeit im Fokus, welche das fieberhafte Mitsingen beim *Desfile* durch die aus Laiensängern bestehende *Comunidade*. Daher an eine Rücksichtnahme auf deren gesangliche Möglichkeiten gebunden, was eine gewisse musikalische Simplifizierung, Eingängigkeit bis hin zur Verwendung (ggf. abgewandelter) wiedererkennbarer melodischer Muster erfordert.
12 Vgl. Helmut Rösing: »Forensische Popmusikanalyse«, S. 258.

gestalten, wie eine Art Bausteine, seine lyrische Form. In vielen Fällen lassen sich folgende Elemente wiederfinden:

- Einflechtung des Namens der Sambaschule.
- Ausdruck von Leidenschaft für die Sambaschule mit Begriffen wie *orgulho, paixão, amor*[13].
- Bewusstes Herstellen einer direkten Verbindung zwischen Sängern und Sambaschule, die durch direktes Ansprechen der *Comunidade, Segmentos* und Involvieren der Sänger erzeugt wird, z. B. Verwendung von Ich-Perspektive der Sänger wie: »auch ich komme zum Tanz/ komm, tanz' mit mir«.
- Besingen des siegreichen *Desfiles* mit Schlüsselbegriffen wie *Campeão*.
- Übermittlung des fröhlich-ausgelassenen Charakters des Karnevals in Worten und im musikalischen Ausdruck (Schlagworte: *folia, festa, alegria, felicidade* u. a.).
- Überleitung zum *Refrão* mit der *Chamada* in Gestalt einer melodischen Attacke, um die *Comunidade* zu rufen und zu animieren.
- Vorziehen einer einfachen poetischen Struktur mit eingängigen Versen und Reimen für die Lyrics.
- Melodische Führung tendenziell aufwärtsstrebend, Vorziehen von Dur zur Verstärkung des positiven Charakters, eingängige melodische Wendungen für leichte Reproduzierbarkeit
- Ausrichtung der Tonart am Hauptrefrain (z. B.: »Es gibt eine Reihe schöner Refrains in G[14].«).

Es zeigt sich, dass viele Komponenten von Text und Musik von bestimmter Beschaffenheit sind und sich einem determinierten Schema unterordnen. Die Lösungsfindung mittels der Verwendung bestehender Bausteine gestaltet sich einfacher und die Bearbeitungszeit wird kürzer. Illustrativ sind die zentralen Aufgaben, Merkmale und im *Refrão de Baixo* zu berücksichtigenden Aspekte in der grafischen Darstellung unter RB – *O Hino da Escola* (der Hymne an die Sambaschule) – für die Kategorien Text und Musik zusammengefasst. Der Hauptrefrain soll das Publikum meist nicht ausschließlich in gesanglicher Hinsicht, sondern verbunden mit tänzerischen Aktivitäten für das *Desfile* und die *Escola* begeistern und wird in einer Vielzahl der Fälle mit effektvollen choreografischen Elementen versehen. Wie auch in *Musik und Emotion* beschrieben, entwickelt sich die Musik besonders in Kombination mit physischen Aktivitäten wie dem Tanz leicht zum Hauptträger einer Gefühlsvermittlung: »[Music ist used] to engage its participants [...] [and] mobilize tradition. [...] Traditions [...] involve practical activities, forms of ritualized practice [...]. Music, in particular, embodies tradition through the ritual of Performance.«[15]

---

13 Schlagworte und Expressionen: vgl. Glossar.
14 Hier wird nicht konkretisiert, ob G-Dur oder g-Moll gemeint ist.
15 Reebee Garofalo: »Politics, mediation, social context and public use«, S. 735.

Die einleitende *Chamada*, welche die *Comunidade* nach der 2. Strophe in Erwartung des Refrains als musikalischer Ruf einstimmen soll, ist ebenfalls in der Grafik hervorgehoben.

Der innere Kompositionsprozess der vier Sambateile setzt sich aus verschiedenen Komponenten, Mechanismen und Techniken zusammen, die den künstlerischen Vorgang als substanzielle Elemente beherrschen und sich im Anschluss an die Kreation einer melodischen oder poetischen Kernidee in regelmäßigen Abständen wiederholen. Es handelt sich um zirkuläre Prozesse der konstanten Revision und Rekapitulation entstehender oder überarbeiteter Einfälle, um längere Unterbrechungen und kurze Pausierungen, die in verschiedenen Momenten der künstlerischen Arbeit erfolgen, sowie um die Aufnahme von Audios, die als Medium zur Fixierung von Ideen, vorläufigen Fassungen oder Endversionen der traditionell oral vollzogenen und in der Regel nicht verschriftlichten musikalischen Samba-Komposition fungieren (*Gravação*).

All diese Strategien und Komponenten decken sich mit Konzepten anderer traditioneller und popularmusikalischer Kompositionstraditionen, wie sie beispielsweise von Thomas Turino in *Moving Away From Silence* oder Stephen Blum in *Composition* beobachtet und ausgeführt werden.[16] Da die Anzahl des Auftretens der genannten Komponenten nicht bestimmbar ist, sondern sich von Werk zu Werk unterscheidet, wurden sie in der grafischen Darstellung zum Kompositionsverlauf mit Variablen [x – y – z] versehen. Da sich weiterhin abzeichnete, dass die finale Revision und Rekapitulation eines (gegebenenfalls vorläufigen) Ergebnisses in der Regel zur Sicherung des Bearbeitungsstandes durch eine Fixierung im Audio begleitet wird und eine Unterbrechung zur Erholung vor der nächsten Arbeitsphase am Abschluss eines jeden Hauptteils steht, wurden in der Grafik für diese Momente separate Bezeichnungen kreiert[17] und die Variablen mit dem Zusatz [f] für final versehen.[18]

Die vergleichende Analyse der Untersuchungsergebnisse, die sich mit meinen Beobachtungen in zahlreichen Kompositionssessions deckt, zeigt in allen Gruppen diverse kurzzeitige einfache oder mehrfache Abweichungen in verwandte oder benachbarte Teile des jeweils in Bearbeitung stehenden Sambaparts. Sie erfolgen in einer Vielzahl von Augenblicken der Kompositionsprozesse und können entweder bedingt durch spontane Inspirationen eines *Parceiros* oder teilübergreifende strukturelle Fragen – wie der Festlegung der Grundtonart – entstehen. Unter Umständen formen sich im Kontext der ungeplanten Abweichungen[19] sogar spontan ganze Passagen und Teile in einem Zug, wie der *Refrão de Baixo* aus Fallstudie 1 (*Unidos da Tijuca*) belegt. In welcher exakten prozentualen Verteilung einzelne Parameter wie Musik, Poesie, *Sinopse* und *Enredo*, Charakteristika der *Escola* und strukturelle Merkmale als individuelle Mythemen in den Kompositionsvorgang eingehen, ihn gestalten und intern organisieren, illustrieren die Auswertungen der strukturanalytischen Untersuchungen nach Claude Levi-Strauss Modell des Mythos. Die bereits

---

16 Vgl. Thomas Turino: *Moving Away From Silence*, S. 74 ff.; vgl. Stephen Blum: Art. »Composition«, S. 189 ff.
17 Variablen: R [f]; G [f]; U [f].
18 Übersicht: vgl. Abkürzungs- und Symbolverzeichnis im digitalen Anhang.
19 Im Schema in einem eigenen Kasten mit den Kombinationsmöglichkeiten dargestellt.

im Vorfeld durch Beobachtungen begründeten Vermutungen zur Signifikanz poetischer und musikalischer Dimensionen als im Kontext der Gruppendiskussionen meist thematisierten Themen bestätigte sich in den Auswertungen und im Ergebnis ihrer prozentualen Anteile am Gesamtgeschehen. Auch die Diskussion der *Sinopse* als übergeordneter Orientierungsgrundlage und die Debatte um strukturelle Belange nehmen wichtige Positionen im Gesamtgeschehen ein und werden von punktuellen Überlegungen zum Herzstück der Komposition, dem Hauptrefrain, sowie von Erwägungen zur Verarbeitung besonderer Charakteristika und zur metaphorischen oder direkten Integration der *Componentes* begleitet. Ob im Kompositionsprozess Poesie oder Musik an erster Stelle der Prioritätenliste steht, welches der beiden Parameter die stärkere Wirkung entfaltet und welchem der Fokus und Vorrang bei der Kompositionshandlung gebühren sollte, wird von jeder *Parceria* und selbst von jedem Komponisten im Samba-Enredo unterschiedlich beantwortet. Bedingt durch den Umstand, dass sich eine melodische Linie leichter auf einen Text komponieren lässt bzw. sich Noten einfacher anpassen lassen als Silben und Reime, plädieren einige Komponisten für das Maßschneidern der Melodie auf die Lyrics: »Schreib erst den Text und kreiere darüber die Melodie« (»Cria a Letra und em cima a Melodia«). Gleichzeitig ist eine allzu große Fokussierung auf den Text auch ein Angriffspunkt und ruft leicht Kritik über ein Ungleichgewicht hervor, wie sich an der Debatte der 3. *Parceria* zeigt: »Was den Samba trägt, ist die Musik«. Ob nun erst der Text und dann die Musik oder erst die Musik und dann der Text oder beides zeitgleich entstehen sollte, entscheidet sich schlussendlich an der individuellen Philosophie jeder Komponistengruppe oder an der spontanen Gegebenheit der Situation. Dennoch konnte ich insbesondere zu diesem Thema verschiedene kontroverse Diskussionen innerhalb der *Reuniões* miterleben.

18.2 Ideengenerierung und Bearbeitung einer Samba-Komposition: Der Weg einer musikalischen oder poetischen Idee im künstlerischen Schaffensprozess

Ebenso wie im übergeordneten Ablauf des künstlerischen Schaffensprozesses ist auch die detaillierte musikalisch-poetische Ideenentwicklung und -bearbeitung vom Moment der Inspiration zu einer noch rohen *Célula Master* bis zur Ausformung ihrer Endgestalt ein komplexer Vorgang. Hier durchläuft die Kernidee diverse methodische Schritte und Stadien und ist dabei einer Reihe von transformativen Arbeitsschritten und -techniken unterworfen.[20] Das nachfolgende Schema bildet ein aus der Praxis der Fallbeispiele gründetes theoretisches Modell ab, das die unterschiedlichen Entwicklungsstufen und Vorgänge visualisiert.

---

20 Ein praktischer Nachvollzug der Schritte, Phasen und Wege musikalischer und poetischer Ideen ermöglicht die Transkription der drei Sessions (Erarbeitung und Bearbeitung) mit mehrschrittiger Analyse innermusikalischer Beziehungen, die koloriert im digitalen Anhang zu finden ist.

Part 5: A receita do Samba

Typischer Weg musikalischer und poetischer Ideen im künstlerischen Schaffensprozess

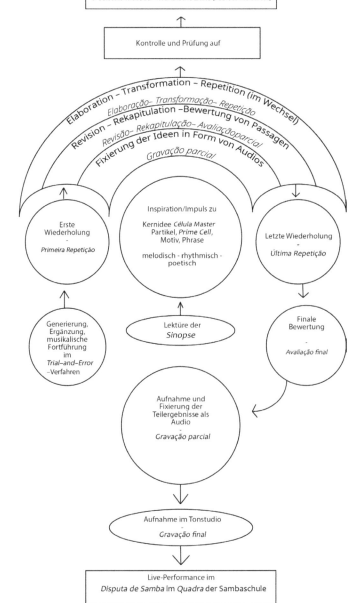

Mit dem illustrativen Schema vollzieht sich hier der Schritt von einer modellhaften Darstellung charakteristischer Elemente, Vorgehensweisen und Prinzipien, die gemäß der Analyseergebnisse der Fallstudien kennzeichnend für einen Kompositionsverlauf der *Parcerias* der *Escolas de Samba* sind, zur tiefer liegenden Ebene der essenziellen Mechanismen und typischen Abläufe, die die inneren Strukturen des musikalisch-poetischen Schaffensprozesses, also die Kreation und Entwicklung künstlerischer Ideen im Samba-Enredo, prägen und lenken. Das entstehende Bild offenbart ein vielschichtiges Wechselspiel diverser Techniken und Komponenten, die in den Komponistengruppen ausgehend vom Funken der Inspiration und der ihr erwachsenden künstlerischen Grundidee zirkulär durchlaufen werden. Im Zentrum steht die von Martinho da Vila als *Célula Master* bezeichnete Kernidee, die den Ausgangspunkt für jeden weiteren Schritt im musikalischen Schaffensprozess bildet. Sie findet in der weiterführenden Literatur zu Kompositionsprozessen verschiedenster Gattungen, Stilrichtungen und Kulturkreise Erwähnung[21] und kann diverse, unter Umständen vollkommen freie Formen und Gestalten annehmen: Die künstlerische Kernzelle kann bereits in ihrer Ursprungsgestalt als vollständiges musikalisch-poetisches Motiv[22] auftreten wie bei »A arte« in *Parceria* 1. Ebenso kann sie anfänglich auch nur in einem Partikel bzw. Fragment bestehen – wie sich am Beginn des künstlerischen Schaffensprozesses der 3. Komponistengruppe zeigt – oder auf nur eine der künstlerischen Ebenen bzw. Komponenten bezogen sein, wie Beispiele der separaten Ideengenerierung zur Rhythmus- oder Melodiegestaltung, Harmonieführung und Lyrics zeigen. Was genau den Impuls zur Entstehung einer solchen Kernzelle gibt und wie sich die Inspiration zu künstlerischen Ideen konkret vollzieht, wurde in verschiedenen wissenschaftlichen Studien zu entschlüsseln versucht, konnte bislang aber nicht vollständig geklärt werden, sondern ist mit einem Black-Box-Charakter behaftet, welcher der Forschung Rätsel aufgibt.[23] Nicht umsonst wurde die musikalische Kreation über Jahrhunderte dem Genie zugesprochen und als unerklärlich und gottgegeben mystifiziert.[24]

Im Bereich des Sambas de Enredo können einige Faktoren, die direkten Einfluss auf die Entstehung und Ausformung einer *Célula Master* besitzen, lokalisiert und identifiziert werden: Elementare Inspirationsquellen, die den Komponisten mittels entstehender Assoziationen und Bilder insbesondere den konkreten Anstoß für die Gestaltung der *Letras*, aber auch für musikalische Einfälle geben, sind die Beschreibungen aus der *Sinopse*. Dies gilt sowohl für das Finden der Kernideen als auch für nachfolgende Ergänzungen, Fortführungen und Überarbeitungen, die sich im Laufe des Prozesses am Material vollziehen und die *Sinopse* als beständiges Medium der

---

21 Vgl. Stephen Blum: Art. »Composition«, S. 186 ff.; vgl. Thomas Turino: *Moving Away From Silence*, S. 74 ff.
22 Das Ausmaß ist ebenfalls individuell und kann von einem Motiv bis zu einer vollständigen Phrase reichen, wie beispielsweise am Beginn des Schaffensprozesses von *Parceria* 1 und 2.
23 Vgl. Reinhard Kopiez und Luisa Rodehorst-Oehus: »*Eigentlich komponiert man immer*«, S. 4–5 ff.; vgl. Helmut Rösing: Art. »Komposition«, Sp. 544 ff.; vgl. auch Claudia Bullerjahn: »Junge Komponisten in zeitgenössischer Kunst- und Pop-Musik«, S. 107.
24 Vgl. Kurt Westphal: *Genie und Talent in der Musik*, S. 52 ff.

Kontrolle berücksichtigen und einbeziehen. Darüber hinaus können plötzliche Ideenimpulse auch aus dem Spektrum der eigenen Hörerfahrungen oder im Rahmen von musikfremden Tätigkeiten entstehen,[25] bei denen der Komponist nicht bewusst nach einer Lösung sucht, das Gehirn jedoch unterbewusst weiterarbeitet. Wie von verschiedenen Experten hinsichtlich anderer Stile und musikalischer Gattungen beschrieben wird[26], hat ein Komponist »ständig Töne im Kopf«[27]. Dies wird nicht nur in der Sekundärliteratur ausgeführt, sondern spiegelt sich auch in den Aussagen der Komponisten in den Portraitinterviews. Hier formulieren verschiedene *Parceiros*, dass einige ihrer besten Ideen bei musikfremden Tätigkeiten wie beim Kellnern oder im Traum entstanden sind, teils so spontan, dass sie Mühe hatten, eine Möglichkeit der Fixierung zu finden. Natürlich entwickeln einige Künstler, je nach persönlicher Erfahrung, auch individuelle Wege und greifen auf mehrfach erprobte Strategien und musikfremde Tätigkeiten zurück, mit denen sie den Funken der Inspiration bewusst herbeiführen können. Komp. 2-1: »Manchmal denke ich an etwas, manchmal nehme ich ein Bad […], und dann kommt mir eine Sache in den Sinn, und ich denke mir: Ah, das ist gut, passt in den Vers [xy] – zum Beispiel Sieger zu sein. […] Ich weiß, dass Sieger sich allgemein gut macht. […] beim Autofahren mache ich das häufig und nehme dann eine Idee auf, die mir in den Sinn kommt.«[28] Außerdem werden bewusst bekannte Verfahren wie Trial-and-Error oder die gezielte improvisatorische Suche nach Ideen und Fortführungen zur Entwicklung oder Ergänzung von Ideen[29] eingesetzt. All diese Konzepte und Vorgehensweisen kommen in Untersuchungen zu Komposition weiterer musikalischer Stile als Methoden des Spektrums zur Ideenentwicklung ebenfalls zur Sprache, wie die Erörterungen Anja Rosenbrocks zur Arbeit von Rock– und Popmusikbands beispielhaft belegt.[30] Nicht zuletzt kann eine Idee aus dem Zufall entstehen, wie das Prinzip der vielfachen Abschweifungen der *Parcerias* von einem Teil zum anderen bedingt durch spontane Einfälle illustriert.

Die generierten Ideen durchlaufen nach einem ersten Repetitionsvorgang (in der Grafik als *Primeira Repetição* bezeichnet) unter Mitwirkung der gesamten Gruppe einen beständigen, schleifenartigen Prozess verschiedener Überarbeitungsstufen, bei dem Strategien der sich ab-

---

25 Vgl. Claudia Bullerjahn: »Junge Komponisten in zeitgenössischer Kunst- und Pop-Musik«, S. 119.
26 Vgl. Simon Frith: *Creativity as a social fact*, S. 10; vgl. Jason Toynbee: *Making Popular Music*, S. 57 ff.; vgl. Max Peter Baumann: »The Musical Performing Group«, S. 83, S. 86; vgl. auch Tiago de Oliveira Pinto: *Capoeira, Samba, Candomblé*, S. 37.
27 Vgl. Howard Gardner: *Abschied vom IQ*, S. 101.
28 Originaltext: Komp. 2-1: »Penso as vezes em alguma coisa, as vezes acabo tomando um banho […] aí subia alguma coisa, aí se subia alguma coisa faço assim: Ah, isso fica legal, encaixa só um versinho – por exemplo de ser Campeão. […] sei que Campeão é legal. […] Dirigindo as vezes eu faço muito isso, gravo uma coisa que ta subindo.«.
29 Vgl. Anja Rosenbrock: *Komposition in Pop- und Rockbands*, S. 289.
30 Vgl. Thomas G. Witzel: »Der musikalische Arbeitsprozess von Amateurbands«, S. 76; vgl. auch Jason Toynbee: *Making Popular Music*, S. 35; vgl. auch Claudia Bullerjahn: »Junge Komponisten in zeitgenössischer Kunst- und Pop-Musik«, S. 119; vgl. auch: Simon Frith: *Creativity as a social fact*, S. 15.

wechselnden, zeitgleichen oder separaten Elaboration (*Elaboração*), Transformation (*Transformação*) und Repetition (*Repetição*) zur Anwendung kommen. Hierbei werden die aus dem Impuls der Inspiration entstandenen, zunächst noch rohen Fragmente, Motive oder Passagen im bewussten Vorgang des Ergänzens, Variierens und Veränderns durch kollektive oder individuelle Improvisation der *Parceiros* zunächst zu vollständigen Segmenten und anschließend zu komplementären Segmentpaaren ausgebaut. Dabei kann musikalisch mit neu generierten oder aus bereits bestehenden, anderen Teilen oder Kompositionen entlehnten Versatzstücken gespielt werden, wie es auch Studien zur kompositorischen Arbeit in anderen musikalischen Genres als gängige Praxis beschreiben.[31] Versetzungen von Partikeln, Elementen und Motiven in sonstige Segmente können vorgenommen, der rhythmische und/oder melodische Charakter modifiziert oder Ableitungen diverser Natur gebildet werden. Das Ergebnis dieser ersten Ebene der Erarbeitung wird im nächsten Schritt in das Stadium der Evaluation und künstlerischen Ausarbeitung mittels Rekapitulation, Revision (*Revisão*) und Bewertung (*Avaliação*) überführt. Dieser Prozess der Prüfung ist für die Gruppe von besonderer Bedeutung, da die Entscheidungen hier unter Beteiligung und Zustimmung aller Komponisten getroffen werden. Ein mental entwickelter Vorschlag kann in der eigenen Vorstellung vollkommen anders klingen als in der Realität musikalischer Praxis, im Kontext von bereits entwickeltem musikalischem Material oder eingebunden in die harmonischen Schemen des *Cavaquinhos*. Auch hier decken sich die herausgestellten Mechanismen der Ideenfindung und die identifizierten Stufen zur Ausarbeitung in großen Teilen mit den in der Literatur formulierten Konzepten, vorgestellten Techniken und Methoden des kompositorischen Schaffens in musikalischen Gattungen populärer oder traditioneller Musik, wie jene von Thomas Witzel und Thomas Turino.[32] Auf dem Weg zur Fixierung des Ergebnisses im Audio (*Gravação parcial/final*) überwindet eine Idee bereits verschiedenste Kontrollpunkte und besteht künstlerische Prüfungen, bevor sie von der Gruppe in einer finalen Wiederholung (*última Repetição*) als optimale Lösung bewertet wird und Eingang in die *Gravação final* des Sambas im Studio findet (vgl. grafische Darstellung: Weg einer kreativen Idee im künstlerischen Schaffensprozess). Nicht nur in ihrer Rohform kann sie bei der ersten Präsentation in der Gruppe aus vielfältigen Gründen als unpassend deklariert werden und ausscheiden, sondern auch innerhalb der gemeinsamen Ausarbeitung, bei der sie erneut und mehrfach alle Phasen der Elaboration (*Elaboração*) – Transformation (*Transformação*) – Repetition (*Repetição*) und Rekapitulation – Revision (*Revisão*) – Bewertung (*Avaliação*) durchläuft. Wie mir André Diniz[33] erklärte, ist selbst am Ende des Prozesses keine der fixierten Versionen unveränderbar: In Abhängigkeit vom Geschehen im Komponistenwettstreit und selbst nach dem Sieg eines Sambas sowie der offi-

---

31 Vgl. Jan Hemming: *Begabung und Selbstkonzept*, S. 156; vgl. auch Reinhard Andreas: Art. »Improvisation«, Sp. 595 ff.; vgl. auch Thomas Turino: »Formulas and Improvisation in Participatory Music«, S. 103 ff.
32 Vgl. Thomas G. Witzel: »Der musikalische Arbeitsprozess von Amateurbands«, S. 75 ff.; vgl. auch Vgl. Thomas Turino: *Moving Away From Silence*, S. 74–75 ff.
33 Eintrag im Forschungsbuch zum 13.3.2019.

ziellen Aufnahme des *Samba Campeão* und sogar bis kurz vor dem Tag des *Desfiles* können bei Bedarf kurzfristige Änderungen vorgenommen werden.

Es ist festzuhalten, dass in diesem äußerst dynamischen Prozess jeder Entwurf einer ständigen Prüfung, Kontrolle und dem konstanten Abgleich mit stilistischen Vorgaben und dem Abgleich mit einem übergeordneten Referenzsystem unterliegt.[34] Diese Feuerprobe, von Simon Frith und Richard Middleton auch für andere Genre deklariert,[35] betrifft nicht nur die musikalische Ebene, sondern erweitert sich um ein komplexes Gefüge zusätzlicher Aspekte und Faktoren: Hier werden neben der melodisch-rhythmischen Stilistik individuelle Merkmale einer Sambaschule, das *Andamento* ihrer *Bateria* sowie die gesanglichen Möglichkeiten des Interpreten und Chores berücksichtigt, darüber hinaus die spezifische Ästhetik der *Letras* und die Chronologie der *Sinopse*. Hinzu kommt die Kontrolle auf Stereotypen und musikalische Zitate aus anderen Kompositionen, deren Einflechtung den Samba umgehend einem Vorwurf der schnellen, unoriginellen Produktion aussetzt. Wenngleich die Qualität einer Idee im Samba nicht ausschließlich an der künstlerischen Ausgefallenheit verwendeter Einfälle, beispielsweise eines umfangreichen semantischen Schatzes[36] und rhythmisch wie harmonisch ausgefeilter, innovativer Wendungen[37], gemessen wird, gilt der nachweisbare Einfluss stereotyper Merkmale als wenig originell und anfechtbar. Dies deckt sich mit Studien zu Genres populärer Musik, bei denen eine Ausrichtung der Kompositionen auf Klischeebedienung und eine Orientierung an Vorbildern kommerzieller, massenmedial verbreiteter Musik ebenfalls abgelehnt wird.[38] Die Kontroverse um die derzeit vorherrschende Formelhaftigkeit, mit der sich die aktuellen Sambas de Enredo wiederholt konfrontiert sehen, ist eine sensible Thematik und im Rahmen der melodischen und poetischen Kreation von Ideen heiß umstritten. Der Vorwurf des schnellen Rückgriffs moderner Komponisten auf musikalische Formeln wird sowohl in der einschlägigen Literatur von Experten wie Alberto Mussa oder Nei Lopes kritisch vorgebracht[39] als auch innerhalb der Gemeinschaft der *Sambista*, unter den Mitgliedern der *Comunidades* sowie den Spezialisten der LIESA und der Jury des Karnevals, hitzig debattiert.

---

34 Vgl. Anja Rosenbrock: *Komposition in Pop- und Rockbands*, S. 269; vgl. Simon Frith: *Creativity as a social fact*, S. 85–87; vgl. auch Richard Middleton: *Studying Popular Music*, S. 162.
35 Vgl. ebd.
36 Vgl. Reinhard Kopiez und Luisa Rodehorst-Oehus: »*Eigentlich komponiert man immer*«, S. 12; Helmut Rösing: Art. »Komposition«, Sp. 543; vgl. auch Reinhard Andreas: Art. »Improvisation«, Sp. 597–599; vgl. auch Helmut Rösing: »Forensische Popmusikanalyse«, S. 258, S. 261 ff.
37 Vgl. Thomas G. Witzel: »Der musikalische Arbeitsprozess von Amateurbands«, S. 83.
38 Vgl. Anja Rosenbrock: *Komposition in Pop- und Rockbands*, S. 270 f. Vgl. Jason Toynbee: *Making Popular Music*, S. 39 f., S. 160 ff.
39 Vgl. Alberto Mussa und Luiz Antonio Simas: *Samba de Enredo*, S. 187; vgl. Nei Lopes und Luiz Antonio Simas: *Dicionário da História social do Samba*, S. 138, S. 258.

18.3 Der Samba als Lego? Die Schlüsselfrage nach der Existenz einer Formel x

Wie ich anhand der *Cadernos do Julgamento* detailliert beleuchtet habe und in der exemplarischen Versatzstückanalyse stichprobenhaft in den zeitgenössischen Kompositionen nachweisen konnte, sind die dominanten melodischen Muster einerseits gescheut, andererseits weit verbreiteter Bestandteil gegenwärtiger Werke und aktuell in hoher Zahl anzutreffen. Ihre Visibilität – wenngleich scharf kritisiert und als einfallslos abgetan – ist so markant, dass bereits kritische Schaubilder wie die *Fórmula do Samba-Enredo*[40] aus der Kolumne von João Marcos anzutreffen sind, die auf humoristische Weise illustrieren, wie mit wenigen, stereotypen Zutaten wie nach Rezept ein erfolgsgekrönter Samba-Enredo erschaffen werden kann. Diesem Schema nach müsste eine *Parceria* mittlerweile kaum noch schweißtreibende kreative Arbeit leisten, um einen perfekten Samba zu komponieren:[41]

Dem Schema nach wäre mit einer Eröffnung des Sambas nach Standardformel x, wie etwa dem Ruf »Alô, meu povo!« (»Hallo, mein Volk!«), sowie mit der Wahl eines typischen Themas wie *Raizes da África* (afrikanische Wurzeln), *Amazônia* (Amazonas) oder *Sertão* (Wildnis im Nordosten Brasiliens) ein Großteil der Entscheidungen getroffen. In Abhängigkeit von der ausgewählten Weggabelung stünden den Autoren nun ein Pool bewährter Schlüsselworte für den Hauptteil zur Verfügung: Beim Thema Afrika erscheint eine Liste der *Orixás* (afrikanische Gottheiten) für *Amazônia* und *Sertão* eine Reihe assoziativer Bilder. Für die Gestaltung des zweiten Teils schlägt der Schöpfer der Grafik vor, wahlweise eine Ikone, die Magie oder ein Grundproblem wie die Erderwärmung plakativ in die Lyrics einzuflechten. Später sollten die berühmten Ausrufe »ô-ô-ô« und »Laiá laiá« das Ende der Komposition einleiten. Viel mehr brauche es nicht, um das Werk unter Berücksichtigung dieser Elemente zu fertigen. Inwiefern diese überspitzte Darstellung als Spiegel der Realität betrachtet werden kann, ist an dieser Stelle der individuellen Interpretation überlassen. Ein weiterer Komponist, Antônio Xavier, in *Parcerias* der *Escolas de Samba* wie der *Estação Primeira de Mangueira* aktiv, beschreibt gegenüber dem Autor Candinho Neto unter dem Titel »Wie schreibt man einen erfolgreichen Samba-Enredo«[42] in polemischem Stil ein simplifiziertes Grundrezept für die Produktion einer wirkungsvollen, gefeierten Samba-Komposition. Antônio Xavier führt im Gegensatz zu João Marcos keine exakten Wortlaute, Schlüsselworte oder einschlägigen Wendungen an, illustriert jedoch den Sinn und Zweck der Komposition in karikativer Art und verweist auf die Verpflichtung, Elemente wie die Charakteristika und Besonderheiten der Sambaschule (*Particularidades da Escola, levantada*) einzuarbeiten und die *Componentes* mit Aufmerksamkeit zu bedenken, um

---

40 Vgl. João Marcos: *Coluna do João Marcos,* <http://www.sambariocarnaval.com/index.php?sambando=joao-colunas> [27.2.2019].
41 ABBILDUNG: *Fórmula do Samba-Enredo*, aus der *Coluna do João Marcos*, von der Autorin erweitert.
42 Vgl. Antônio Xavier: *Como fazer um Samba-Enredo de sucesso,* <http:blogdotas.terra.com.br/2012/02/16/aprender_a_fazer_um_samba_enredo> [15.5.2013].

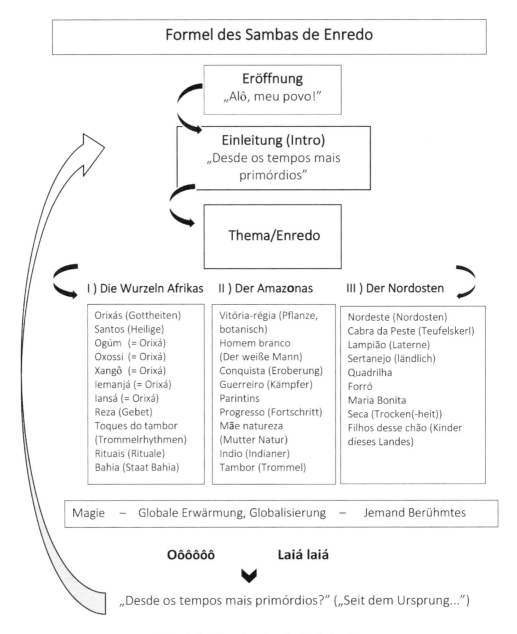

Musterhafte »Formel x« eines Sambas de Enredo

den Samba vom ersten Moment an zielführend und funktional zu gestalten. Ebendiese Komponenten konnten auch innerhalb der Fallstudien nachgewiesen werden, in denen sie als elementare Pfeiler bestimmter Momente der Sambas in allen *Parcerias* ausführlich debattiert und in den Kompositionen verarbeitet wurden. Die hier angeführten humoristischen Kritiken bilden einen kleinen Ausschnitt der zahlreichen Thematisierungen vorgefertigter Versatzstücke und Stereotype poetischer und musikalischer Natur, die nicht nur im Zusammenhang mit der Reperkussion der bekannten Kompositionen, sondern auch innerhalb der *Reuniões* und der Portraitinterviews als Muster (*Padrão*) zur Sprache gebracht wurden, mit dem Anliegen, sie doppelt zu prüfen und klischeehafte Wendungen zu vermeiden. Ungeachtet der kreativen und innovativen Ebene muss hinsichtlich der Gestaltung von Sambas de Enredo nach dem Baukastenprinzip stets in Erinnerung gerufen werden, dass diese Art des Sambas, gegenüber anderen, nicht themengebundenen Musikarten, einer determinierten Funktion im Gesamtkunstwerk des *Desfiles* unterworfen ist, das wiederum an diverse externe Faktoren und eine Reihe unterschiedlichster Ansprüche und Instanzen gebunden ist. Allen Wünschen gleichermaßen entsprechen zu wollen, ist kaum leistbar, da sich die verschiedenen Autoritäten und ihre individuellen Anforderungen nahezu unvereinbar gegenüberstehen. Man bedenke allein den Kontrast zwischen dem Innovationsanspruch an generierte Ideen von Seiten der Jury, den Forderungen des *Patrocinadores*, seine Marke mit Mitteln gezielter Werbung gekonnt in Szene zu setzen sowie dem Wunsch der Amateursänger aus der *Comunidade* nach vertrauten und eingängigen Melodien, die sich an bekannte Traditionen anlehnen und auch für Laien wiedererkennbar und leicht reproduzierbar sind. Die Frage, woran sich ein erfolgreicher, qualitativ hochwertiger Samba-Enredo misst, ist unter Berücksichtigung aller angeführten Aspekte nicht leicht zu beantworten. Als elementarer Faktor in Entscheidungsprozessen und künstlerischen Überlegungen im Künstlerkollektiv muss darüber hinaus das Spannungsfeld kompositorischer Ideen im Samba-Enredo berücksichtigt werden, in dem sich die *Parceria* eingekesselt zwischen individuellen und gemeinsamen Bedingungen sieht. Dies verdeutlicht die nachstehende grafische Darstellung:

18.4 Ideen im Korsett: Das Spannungsgefüge und Bedingungsfeld der Sambas de Enredo

Es vollzieht sich also der Ausarbeitungs- und Bewertungsprozess auf der Grundlage eines komplexen Gefüges individueller und gruppenabhängiger Bedingungen, die in ständiger Wechselwirkung miteinander und mit den kontextuellen Gegebenheiten des Feldes stehen. Ein gemeinsamer künstlerischer Stil und die Identifikation aller *Parceiros* mit dem Gesamtergebnis entscheidet – wie auch Thomas Witzel in seinen musikwissenschaftlichen Studien ausführt[43] – ebenso über Erfolg und Misserfolg, wie ein reibungsloser Ablauf in der musikalischen und ver-

---

43 Vgl. Thomas G. Witzel: »Der musikalische Arbeitsprozess von Amateurbands«, S. 75 ff.

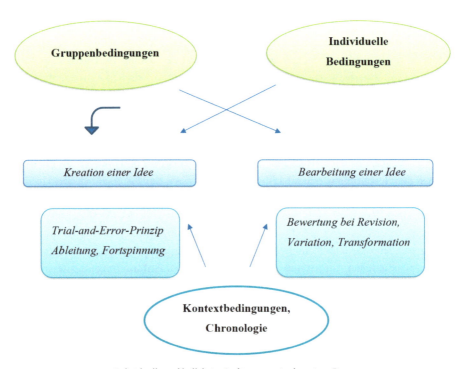

Individuelle und kollektive Bedingungen im kreativen Prozess

balen Verständigung der *Parceiros*. In einer Komponistengruppe begegnen sich Individuen mit spezifischen Vorstellungen, verschiedenen persönlichen Hintergründen und unterschiedlichen Erfahrungen. Zusätzlich zu diesem sozialen Gefüge befindet sich der kompositorische Schaffensprozess in einem komplexen Spannungsfeld von äußeren Faktoren und Rahmenbedingungen sowie stilistischen und genrespezifischen Vorgaben.

Entscheidend für den inspirierten Fluss der Komposition und die Zufriedenheit aller Teilnehmer mit dem Gesamtergebnis ist in erster Linie die harmonische, offene und spannungsfreie Kommunikationsstruktur innerhalb der Gruppe sowie ein hierarchisches Beziehungsgefüge, in dem sich keiner der Beteiligten benachteiligt oder gar untergeordnet fühlt. Dass eine persönliche, private und freundschaftliche Beziehung zwischen den *Parceiros* das Verständnis füreinander begünstigt und das Ergebnis nachhaltig positiv beeinflussen kann, kristallisierte sich besonders in der Zusammenarbeit der 1. und 3. *Parceria* heraus, bestätigte sich anhand diverser Aussagen im Rahmen der geführten Experteninterviews und wurde auch in vorangehenden Studien zu popularmusikalischen kollektiven Schaffensprozessen bereits beobachtet.[44] In *Parcerias*, deren

---

44 Vgl. Anja Rosenbrock: *Komposition in Pop- und Rockbands*, S. 252.

Mitglieder nicht regelmäßig oder langfristig zusammen komponieren, müssen die individuellen Stärken, Schwächen und Positionen erst ausgelotet werden.[45] Auch die im Groben übereinstimmenden, im Detail jedoch variierenden Methoden und Prämissen der Komposition müssen hier zunächst auf einen gemeinsamen Nenner gebracht werden, um die reibungslose Verständigung zu ermöglichen und musikalische Ideen »mit- und aneinander zu entwickeln, [...] sich zu ergänzen und gegenseitige Inspiration zu bewirken«.[46] Wie Jan Hemming, Wolfgang Martin Stroh und Anja Rosenbrock beschreiben,[47] entfalten sich Motivation und Selbstwahrnehmung des einzelnen *Parceiros* im hierarchischen Gefüge nicht zuletzt auf Grundlage seiner erlebnisbezogenen positiven oder negativen Erfahrungen und der Reperkussion der von ihm eingebrachten Ideen in den gemeinsamen kompositorischen Schaffensprozess.

---

45 Vgl. Jan Hemming: *Begabung und Selbstkonzept*, S. 52–54.
46 Anja Rosenbrock: *Komposition in Pop- und Rockbands*, S. 252.
47 Vgl. Jan Hemming: *Begabung und Selbstkonzept*, S. 52–54; vgl. Wolfgang Martin Stroh: *Leben Ja. Zur Psychologie musikalischer Tätigkeit. Musik in Kellern, auf Plätzen und vor Natodraht*, Stuttgart 1984, S. 213 f.; vgl. Anja Rosenbrock: *Komposition in Pop- und Rockbands*, S. 241.

Kapitel 19: *Não deixe o Samba morrer.*
Lasst den Samba nicht sterben.

Perspektiven: Zurück zum kreativen Funken

Wie jede wissenschaftliche Untersuchung kann auch die vorliegende Studie nur einen ausschnitthaften Beitrag zum komplexen Feld der kompositorischen Schaffensprozesse im Samba-Enredo leisten und den Weg für weiterführende Forschungen öffnen. Dennoch konnte mit den drei Fallstudien ein Bild vom künstlerischen Schaffensprozess in den *Parcerias* der *Escolas de Samba* skizziert werden, welches in neuen Untersuchungen wie beispielsweise zu Komponistenkollektiven mit anderen Strukturen und Zusammensetzungen ihrer Mitglieder oder zu Kompositionen des Samba-Enredo in einem veränderten Bedingungsfeld, erweitert und vervollständigt werden kann. Im Rahmen dieser Forschungsarbeit lag der Fokus auf Komponistengruppen, die ihre musikalischen Werke ausschließlich und gezielt für eine Beteiligung am Wettbewerb einer Sambaschule der höchsten Ligen *Grupo Especial* bzw. *Grupo A* anfertigen. Interessant wäre, ob und inwiefern künstlerische Strategien, Methoden, Vorgehensweisen und Prämissen bei der Erarbeitung von Kompositionen für weniger kommerziell ausgerichtete *Escolas de Samba* oder auch für eine Sambaschule außerhalb von Rio de Janeiro variieren und abweichen. Sind einige der in den Fokus gerückten Aspekte als Resultat der klar definierten Bedingungen und komplexen Spannungsfelder zu verstehen, denen die Komponisten der Sambaschulen hoher Ligen nicht entrinnen können? Hier denke ich beispielsweise an die Ausführung des bekannten Komponisten André Diniz, der mir von seiner Idee der Stimmenkreuzung zwischen *Puxador* und *Comunidade* erzählte, die trotz – oder kurioserweise gerade aufgrund – ihrer musikalischen Innovation nicht eingebracht werden konnte, da sie die Chancen der Gruppe im Wettstreit signifikant verringert hätte:

> »Meine Idee waren zwei sich vermischende Stimmen. Aber mein *Parceiro* meinte: André, tolle Idee, aber damit werden wir nicht gewinnen. Werden den *Disputa* verlieren, sie werden dir sagen, dass du verrückt bist und wir werden nicht den Hauch einer Chance haben, weiterzukommen. Also was habe ich getan – das, was ich gern getan hätte? Nein .... «[1] ANDRÉ DINIZ, Komponist [*Vila Isabel*], 19.11.2012.

---

[1] Originaltext: »A minha ideia eram duas vozes mesmo, se misturando. Mais meu Parceiro falou: André, muito legal. Más não vai ganhar. Vai perder disputa, eles vão dizer que você é malouco e você não tem a minimal chance de vencer. Então foi o que eu queria? Não ... «.

Könnten sich zugunsten der kreativen Freiheit solche Barrieren und Limitationen durch weniger strikte Wettbewerbsbedingungen oder mit weniger erdrückendem Kapitaleinsatz und geringeren Bedenken vor ökonomischen Einbußen auflösen? Wie gehen die Sambaschulen auf lange Sicht mit dem durch den modernen *Disputa* entstehenden Druck auf ihre Komponisten um? Zeigen sich mittlerweile auch von Seiten der *Escolas* neue Wege und Tendenzen? Aktuell finden sich interessante und ungewöhnliche Ereignisse, die Fragen aufwerfen, wie beispielsweise der vollständige Verzicht auf einen Komponistenwettstreit zur Saison 2023/2024 in der *Unidos de Vila Isabel*. Anstelle des aufreibenden Wettkampfes um die Hymne des *Desfiles* 2024 entschied sich die Schule für das Neuarrangement ihres Sambas von 1993 von Martinho da Vila, mit dem die Sambaschule im kommenden Karneval ihr *Enredo*: *Gbala – Viagem ao Templo da Criação* unter der Leitung des *Carnavalescos* Paulo Barros in der *Avenida* verteidigen wird. Ist dies als einmaliger Sonderfall zu verstehen oder könnten sich hinsichtlich der *Disputas* in den kommenden Jahren neue Modelle und Tendenzen ergeben? Könnten die Komponisten bei einer Lockerung der derzeit fixen Strukturen und möglicherweise wieder unabhängiger entscheiden und der früheren Form der freieren Sambas wieder etwas näherkommen? Die Wende zur Trennung vom starren Korsett der auferlegten Vorgaben zeichnet sich bereits in den aktuellen Kompositionen ab. Dennoch bleibt der *Disputa* die obligatorische und gleichzeitig belastende, unschöne Seite der Komposition, und ich erinnere mich an die verzückten Blicke der Komponisten und Musiker bei den romantischen Erzählungen über die Zusammenkünfte früherer *Parcerias*, die unabhängig von kommerziellen Hindernissen und sonstigen bindenden Vorgaben über ein Thema philosophieren und komponieren konnten. Um dieser Frage intensiver nachzugehen, könnten komparative Feldstudien in unkommerziellen und weniger bekannten *Escolas de Samba* niedrigerer Ligen oder auch außerhalb von Rio vorgenommen werden, in denen beispielsweise das Phänomen der *Torcida organizada* noch kein nennenswertes Ausmaß angenommen hat, sondern tatsächlich die *Comunidade*, weniger von politischen als von künstlerischen Motiven gesteuert, bei der *Corte do Samba* für ihren Favoriten entscheidet. Bereits die Struktur der von mir zwischen 2015 und 2017 regelmäßig besuchten Wettstreitrunden in der *GRES. Unidos do Santa Marta (Grupo B)*, angesiedelt auf dem Morro do Santa Marta in Botafogo, vermittelte mir ein von den Gegebenheiten der *Grupo Especial* abweichendes Bild, das durch die Aussagen der mir befreundeten und dort am Wettstreit teilnehmenden Komponisten untermauert wurde: »Ja, wenn du einen richtigen Wettstreit sehen möchtest, ohne Politik und Kommerz, so wie es früher war, musst du in kleine *Escolas* wie die *Santa Marta* gehen.«

In Anlehnung an den Aspekt der Popularität, kommerziellen Produktion und die Erwartungshaltungen des Publikums schließt sich hier die nächste Anregung an: War es innerhalb dieser Studie lediglich möglich, die Thematik der melodischen Versatzstücke in den zeitgenössischen Kompositionen der Sambas de Enredo exemplarisch vorzustellen, könnten weiterführende Untersuchungen den Ansatz aufgreifen, um die Sammlung der *Padrões melódicos* und Bausteine der Sambakomposition zu einer umfangreichen Kollektion von *Patterns* auszubauen. In diesem Zusammenhang ist die Hinterfragung und Auseinandersetzung mit der Bedeutung und wechselseitigen Einflussnahme der bevorzugten Patterns und musikalischen Zitate bestimmter *Escolas* auf die Kompositionen sowie umgekehrt der herausragenden *Desenhos* im Personalstil bekannter Komponisten auf die musikalischen Vorlieben der Sambaschulen relevant und interessant: Prägt die individuelle musikalische Stilistik der *Escolas*, die nachweislich existiert, die Handschrift der Komponisten oder verändert umgekehrt auch der individuelle Stil eines Komponisten, der zum Vorbild für Kollegen wird und über viele Jahre den Wettstreit in einer oder mehreren Sambaschulen gewinnt, langfristig das musikalische Gesicht einer Sambaschule? Werden musikalische Rückgriffe als bewusste Bezüge eingesetzt oder fließen sie wie automatisch in die Kompositionen ein? In diesem Zusammenhang wäre eine tiefergehende Kontextualisierung mit Kleins Konzept der Intertextuality ein interessanter weiterführender Forschungsansatz.

Darüber hinaus findet sich ein fruchtbarer Anknüpfungspunkt für zukünftige Studien im internationalen Bereich in der Untersuchung des Phänomens kompetitiver Umzüge und der Existenz von Sambaschulen nach demselben Modell außerhalb von Rio de Janeiro. Hier stehen wir derzeit noch vor einer umfassenden Forschungslücke: In Brasilien selbst bestehen in den unterschiedlichen Regionen nicht nur diverse Arten von Samba, sondern auch unterschiedliche Modelle des Karnevals, die sich von Ort zu Ort in ihrer Ausformung und Charakteristik unterscheiden. Man denke an die berühmten Karnevalsfeste der Trios Elétricos in Salvador, an Recife oder den Karneval in Florianópolis, an Samba do Terreiro, Samba Canção, Samba-Rock oder den UNESCO–nominierten Samba de Roda. Im Hinblick auf das Modell von Rios *Maior Show da Terra* lässt sich ein außergewöhnliches Phänomen beobachten: Dieses Konzept wird in anderen Ländern und Kulturkreisen auf individuelle Art und in verschiedenster Form nachweislich aufgegriffen und rezipiert. Sei es in Form von Festivals wie dem deutschen »Samba Festival Coburg«, bei dem sich hauptsächlich *Batucada*-Gruppen unter einem gemeinsamen Dach versammeln, wo aber auch Workshops zu praktischen Bereichen des Sambas durchgeführt werden, oder kompetitiv orientierte Umzüge samt *Alegorias* und *Alas* stattfinden, die sich die *Desfiles* von Rio zum Vorbild nehmen und diese, ebenfalls als groß angelegte Wettbewerbe, zu imitieren versuchen. Eine der bekanntesten Formen der Rezeption der *Desfiles* von Rio ist der in Tokio (Japan) stattfindende »Karneval von Asakusa«,[2] der zwischen japanischen Sambaschulen ausgetragen wird, einer Liga untersteht und jährlich ein Publikum von mehr als einer halben Million Zuschauer auf die Tribünen lockt. Angelegt als Wettstreit und in seinen Prämissen wie auch im Aufbau an sein brasilianisches Original angelehnt, wurde der Karneval von Asakusa sogar selbst einmal Ausgangspunkt für eine transkulturelle Rück-Rezeption in Rios *Sapucai*. Eine sehr umfangreiche und spannende Forschungslücke ist die konkrete Betrachtung dieser Karnevalsrezeptionen hinsichtlich von Übernahmen und Verarbeitungen verschiedener Elemente aus dem Original, aber auch kulturell bedingter Eigenentwicklungen und Neugestaltungen – sowohl in Bezug auf das *Desfile*, als auch in musikalischer Hinsicht. Aus zufälligen Beobachtungen ist mir bekannt, dass

---

2 Vgl. Homepage des *Asakusa Samba Carnival*: <https://tokyocheapo.com/events/asakusa–samba–carnival/> [18.2.2019].

für einige Karnevalsfeste, beispielsweise in Uruguay oder Argentinien, namenhafte *Parcerias* aus Rio mit der Komposition von Sambas beauftragt werden. Doch wie verhält es sich damit in Japan? Und wie steht es hier mit portugiesischen Sambatexten? Von wem werden die Sambas für den Karneval in Japan geschaffen und interpretiert? Welche musikalisch übernommenen oder aus der eigenen Kultur beigesteuerten Charakteristika zeigen sich in den Kompositionen? Sind auch hier wiederkehrende melodische Muster erkennbar?

An dieser Stelle möchte ich die Brücke zurück nach Rio schlagen. Erkennen wir die *Desfiles* der *Escolas* als international so bedeutendes Referenzelement kultureller Äußerung an, dass sie sogar außerhalb des Landes rezipiert und kopiert werden, so haben sie in ihrer Diversität der sie gestaltenden Komponenten bereits eine signifikante Funktion im eigenen traditionellen und gegenwärtigen kulturellen Kontext und sind als lebendige kulturelle Äußerungen ein unverkennbarer Teil des materiellen und immateriellen Erbes von Brasilien. Wurde der Samba de Roda des Recôncavo bereits 2008 von der UNESCO in die Liste des immateriellen Kulturerbes aufgenommen, so wäre es interessant und zweifelsfrei für den Karneval der Sambaschulen ein bedeutender Schritt, zu prüfen, inwiefern auch die Ausprägung dieses Samba-Typus als traditionelle orale, lebendige Ausdrucksform und darüber hinaus seinem übergeordneten Aufführungskontext, den *Desfiles*, mit ihren vielfältigen Kennzeichen künstlerischen Ausdrucks verbunden, als wichtigem Träger der brasilianischen Kultur die erforderlichen Bedingungen zur Nominierung durch die UNESCO und Aufnahme in die Liste des immateriellen Weltkulturerbe erfüllt.[3] All diese Aspekte stellen nur eine Auswahl des nach wie vor vielfältigen Forschungsfeldes Samba-Enredo dar, das auch für die Zukunft ein breites Spektrum an zu entschlüsselnden Forschungsfragen bereit hält.

---

3   UNESCO: *Unesco Convention for the Safeguarding of Intangible Cultural Heritage*, <http://www.unesco.org/new/en/santiago/culture/intangible-heritage/convention-intangible-cultural-heritage/>, [30.1.2019]., vgl. auch Tiago de Oliveira Pinto, Tiago: »Musik als Kultur. Eine Standortsuche im immateriellen Kulturerbe«, S. 378 ff.

Quellen- und Literaturverzeichnis

Albus, Natascha und Barnitzke, Heike: *Das UNESCO Welterbe: mit über 900 Kultur- und Naturmonumenten*, München 2012.
Amabile, Teresa M.: *The Social Psychology of Creativity*, New York 1983.
Andreas, Reinhard: Art. »Improvisation«, in: *MGG 2*, Sachteil Bd. 4, Kassel u. a. 1998, Sp. 538–611.
Araújo, Hiram u. a.: *Memória Do Carnaval*, Rio de Janeiro 1991.
Araújo, Hiram: *Seis Milênios do Carnaval*, Rio de Janeiro 2003.
Atkinson, J. Maxwell und Heritage, John: *Structures in Social Action. Studies in Conversation Analysis*, Cambridge 1984.
Augras, Monique: *O Brasil do Samba-Enredo*, Rio de Janeiro 1998.
Bahle, Julius: *Der musikalische Schaffensprozess. Psychologie der schöpferischen Erlebnis- und Antriebsformen*, Leipzig 1936.
Bailey, Derek: *The Art of Improvisation. Its Nature and its Practice in Music*, London 1992.
Barenboim, Daniel: *Klang ist Leben. Die Macht der Musik*, München ²2009.
Barretto, Caio Briso: *Polêmico, título da Beija-Flor de Nilópolis é questionado mesmo fora do mundo do samba. Artista plástica carioca considera campeonato ›indigno‹, e sociólogo diz que título coloca carnaval em dilema moral*, <https://oglobo.globo.com/rio/carnaval/2015/polemico-titulo-da-beija-flor-de-nilopolis-questionado-mesmo-fora-do-mundo-do-samba-15387204> [10.1.2019].
Baumann, Max Peter: »The Musical Performing Group: Musical Norms, Tradition, and Identity«, in: *The world of Music/Die Welt der Musik*, Jg. 30/2 (1989), S. 80–111.
Béhague, Gerhard H.: Art. »Brasilien«, in: *MGG 2*, Sachteil Bd. 2, Kassel u. a. 1998, Sp. 100–129.
Becker, Howard: *Art Worlds*, London u. a. 1982.
Bergmann, Jörg: »Konversationsanalyse«, in: *Handbuch Qualitative Sozialforschung. Grundlagen, Konzepte, Methoden und Anwendungen*, hrsg. von Uwe Flick u. a., Weinheim 1995, S. 213–219.
Berliner, Paul F.: *Thinking in Jazz. The infinite Art of Improvisation*. Chicago 1994.
Besseler, Heinrich: *Aufsätze zur Musikästhetik und Musikgeschichte*, Dresden 1987.
Birdwhistell, Ray L.: *Kinesics and Context. Essays on Body-Motion Communication,* Norwich 1970.
Birkenstock, Arne und Blumenstock, Eduardo: *Salsa, Samba, Santería. Lateinamerikanische Musik*, München ²2003.
Blum, Stephen: Art. »Composition«, in: *New Grove's Dictionary of Music and Musicians*, Bd. 6, London ²2001, S. 186–201.
Bohnsack, Ralf u. a.: »Exemplarische Textinterpretation: Diskursorganisation und dokumentarische Methode«, in: *Die dokumentarische Methode und ihre Forschungspraxis. Grundlagen qualitativer Sozialforschung*, hrsg. von Ralf Bohnsack, u. a., Wiesbaden 2007, S. 309–324.
Bourdieu, Pierre: »The Forms of Capital«, in: *Handbook of Theory and Research for the Sociology of Education*, hrsg. von John G. Richardson, New York 1986, S. 214–258.
Bowman, Marcus: *Using Video in Research*, <https://www.sfu.ca/media-lab/cmns362/Spotlight45.pdf> [8.11.2023].
Braga, Leandro: *Na Bateria da Escola de Samba,* Rio de Janeiro 2014.

Browning, Barbara: *Samba. Resistance in Motion,* Bloomington 1995.

Bruno, Leonardo und Galdo, Rafael: *Cartas para Noel. Histórias da Vila Isabel* (= Cadernos de Samba), Rio de Janeiro 2015.

Brüsemeister, Thomas: *Qualitative Forschung. Ein Überblick,* Wiesbaden 2000.

Burckhardt Qureshi, Regula: *Sufi Music of India and Pakistan. Sound, Context and Meaning in Qawwali,* Chicago 1995.

Bullerjahn, Claudia: »Junge Komponisten in zeitgenössischer Kunst- und Pop-Musik. Ein Vergleich musikalischer Werdegänge, Motivationen und kreativer Prozesse«, in: *Begabung und Kreativität in der populären Musik,* hrsg. von Günter Kleinen (= Beiträge zur Musikpsychologie, Bd. 4), Münster 2003, S. 107–124.

Cabral, Sérgio: »Foliões do Brasil«, in: *Meu Carnaval Brasil,* hrsg. von Leonel Kaz und Nigge Loddi, Rio de Janeiro 2008/2009, S. 15–20.

Cabral, Sérgio: *As Escolas de Samba do Rio de Janeiro,* Rio de Janeiro 1996.

Caplin, William E.: *Classical Form. A theory of formal functions for the instrumental music of Haydn, Mozart and Beethoven,* New York und Oxford 1998.

Cohen, Sara: *Rock Culture in Liverpool. Popular Music in the Making,* Oxford 1991.

Cook, Nicholas: *Music – A very short introduction,* Oxford und New York 1998.

Cook, Nicolas und Clarke, Eric: Introduction: »What is empirical Musicology?«, in: *Empirical Musicology. Aims, Methods, Prospects,* hrsg. von dens., Oxford 2004, S. 1–13.

Csikszentmihalyi, Mihaly: *Kreativität. Wie sie das Unmögliche schaffen und ihre Grenzen überwinden,* Stuttgart 1997.

Da Vila, Carlinhos: *Minha Vida, Minha História. Lembrancas & Recordações,* Rio de Janeiro 2007.

Danuser, Hermann: Art. »Interpretation«, in: *MGG 2,* Sachteil Bd. 4, Kassel u. a. 1998, Sp. 1053–1069.

De Castro Cavalcanti, Maria Laura Viveiros: »Os sentidos no espetáculo«, in: *Revista de Antropologia,* Jg. 45/1 (2002), S. 37–78.

De Castro Cavalcanti, Maria Laura Viveiros: *Carnaval, ritual e arte,* Rio de Janeiro 2015.

De Oliveira Pinto, Tiago und Kubik, Gerhard: Art. »Afroamerikanische Musik«, in: *MGG 2,* Sachteil Bd. 1, Kassel u. a. 1998, Sp. 215–261.

De Oliveira Pinto, Tiago und Tucci, Dudu: *Samba und Sambistas in Brasilien* (= Musikbogen. Wege zum Verständnis fremder Kulturen, Bd. 2), Wilhelmshaven 1992.

De Oliveira Pinto, Tiago: »Der urbane Samba um 1900. Musikgeschichte und immaterielles Kulturerbe«, in: *Populäre Musik und Kulturelles Gedächtnis. Geschichtsschreibung – Archiv – Internet,* hrsg. von Martin Pfleiderer u. a. (= Schriftenreihe der Hochschule für Musik FRANZ LISZT, Bd. 7), Köln u. a. 2011, S. 49–65.

De Oliveira Pinto, Tiago: »Musik als Kultur. Eine Standortsuche im immateriellen Kulturerbe«, in: *Die Tonkunst. Magazin für klassische Musik und Musikwissenschaft,* Jg. 10/4 (2016), S. 378–389.

De Oliveira Pinto, Tiago: *Capoeira, Samba, Candomblé. Afro-Brasilianische Musik im Recôncavo, Bahia* (= Veröffentlichungen des Museums für Völkerkunde Berlin, Abteilung Musikethnologie VII, Bd. 52), Berlin 1991.

De Oliveira Pinto, Tiago: Art. »Samba«, in: *MGG 2,* Sachteil Bd. 8, Kassel u. a. 1998, Sp. 886–893.

De Oliveira Vizeu, Carla Maria: *O Samba-Enredo carioca e suas transformações nas décadas de 70 e 80: Uma análise musical* (Tese de Mestrado em Música Universidade Estudal de Campinas), Campinas 2004.

Dehn, Christopher: *Die filmische Beobachtung als qualitative Forschungsmethode. Eine Untersuchung am Beispiel der Filmtrilogie »Turkana Conversations« von David und Judith MacDougall*, Berlin 1997.
Denzin, Norman: »Reading Film – Filme und Videos als sozialwissenschaftliches Erfahrungsmaterial«, in: *Qualitative Forschung. Ein Handbuch*, hrsg. von Uwe Flick u. a., Reinbek 2000, S. 417–428.
Diniz, André und Cunha, Diogo: *Na Passarela do Samba*, Rio de Janeiro 2014.
Diniz, André: *Almanaque do Samba. A história. O que ouvir, o que ler, onde curtir*, Rio de Janeiro ³2012.
Ehrenzweig, Anton: *The hidden order of Art: A study in the psychology of artistic imagination*, Berkeley und Los Angeles 1967.
Ellgring, Heiner: »Audiovisuell unterstützte Beobachtung«, in: *Handbuch Qualitative Sozialforschung. Grundlagen, Konzepte, Methoden und Anwendungen*, hrsg. von Uwe Flick u. a., Weinheim 1995, S. 203–208.
Fernandes, Elisa: *Porto da Pedra falou do iogurte e teve poucos pontos positivos no desfile*, <http://tudodesamba.com.br/veja-as-fotos-do-desfile-da-porto-da-pedra/> [10.1.2019].
Ferreira, Felipe: »Terra de Samba e Pandeiro. Uma História do Carnaval«, in: *Meu Carnaval Brasil*, hrsg. von Leonel Kaz und Nigge Loddi, Rio de Janeiro 2008/2009, S. 21–45.
Ferreira, Felipe: *O livro de Ouro do canaval Brasileiro*, Rio de Janeiro 2004.
Fischer-Lichte, Erika: *Semiotik des Theaters. Ästhetik des Performativen*, Berlin 2004.
Flick, Uwe: »Annäherungen an das Forschungsfeld«, in: *Handbuch Qualitative Sozialforschung. Grundlagen, Konzepte, Methoden und Anwendungen*, hrsg. von Uwe Flick u. a., Weinheim 1995, S. 154–156.
Flick, Uwe: »Entscheidung für die Methode(n) der Datensammlung«, in: *Handbuch Qualitative Sozialforschung. Grundlagen, Konzepte, Methoden und Anwendungen*, hrsg. von Uwe Flick u. a., Weinheim 1995, S. 156–160.
Flick, Uwe: »Fixierung der Daten«, in: *Handbuch Qualitative Sozialforschung. Grundlagen, Konzepte, Methoden und Anwendungen*, hrsg. von Uwe Flick u. a., Weinheim 1995, S. 160–163.
Flick, Uwe: »Stationen des qualitativen Forschungsprozesses«, in: *Handbuch Qualitative Sozialforschung. Grundlagen, Konzepte, Methoden und Anwendungen*, hrsg. von Uwe Flick u. a., Weinheim 1995, S. 148–177.
Folha de São Paulo: *Interview mit Fernando Pamplona* [23.2.2009], <https://www1.folha.uol.com.br/fsp/cotidian/ff2302200922.htm> [14.1.2019].
Frith, Simon: *Creativity as a social fact*, <https://www.degruyter.com/document/doi/10.1515/transcript.9783839419656.45/pdf> [8.11.2023].
Frith, Simon: *Can Music Progress? Reflections on the History of Popular Music* <https://core.ac.uk/download/pdf/25912065.pdf> [30.4.2018].
Fryer, Peter: *Rhythms of Resistance. African Musical heritage in Brasil*, Hannover 2000.
Gardner, Howard: *Abschied vom IQ. Die Rahmen-Theorie der vielfachen Intelligenzen*, Stuttgart 1991.
Garofalo, Reebee: »Politics, mediation, social context and public use«, in: *Handbook of Music and Emotion. Theory, Research, Applications*, hrsg. von John A. Sloboda und Patrik N. Juslin, New York 2010, S. 734–751.
Gerold, Dommermuth u. a.: *Mythen. Die großen Mythen der griechischen Antike*, Köln ²2016
Green, Lucy: *Music, Gender, Education*. Cambridge 1997.
Guilford, Joy Peter: »Kreativität«, in: *Kreativität und Schule*, hrsg. von Günther Mühle und Christa Schell, München ²1970, S. 13-36.

Hajabi, Giwar [Xatar]: *Xatar. Alles oder Nix. Bei uns sagt man, die Welt gehört dir*, München 2015.
Hajdu, Georg: »Disposable Music«, in: *Die Dynamik des kulturellen Wandels. Essays und Analysen. Festschrift Reinhard Flender zum 60. Geburtstag*, hrsg. von Jenny Svensson (= Schriften des Instituts für kulturelle Innovationsforschung an der Hochschule für Musik und Theater Hamburg, Bd. 2), Berlin 2013, S. 227–245.
Hanslick, Eduard: *Vom Musikalisch-Schönen. Ein Beitrag zur Revision der Ästhetik der Tonkunst*, Leipzig ²1965.
Hemming, Jan: *Begabung und Selbstkonzept. Eine qualitative Studie unter semiprofessionellen Musikern in Rock und Pop* (= Beiträge zur Musikpsychologie, Bd. 3), Münster 2002.
Heath, Christian: »Talk and Recipiency: Sequencial organization in Speech and Body Movement«, in: *Structures in Social Action. Studies in Conversation Analysis*, hrsg. von John Maxwell u. a., London 1984, S. 183–200.
Heritage, John: *Conversation Analysis and Institutional Talk: Analysing Data*, <https://www.sscnet.ucla.edu/soc/faculty/heritage/Site/Publications_files/SILVERMAN_2.pdf> [8.11.2023].
Hoff, Tania: »Imagens do Brasil. Globalização e identidade cultural brasileira na Publicidade«, in: *Ecos Revista*, Jg. 9/2 (2005), S. 195–212.
Illius, Bruno: »Feldforschung«, in: *Ethnologie: Einführung und Überblick*, hrsg. von Bettina Beer und Hans Fischer u. a., Berlin 2003, S. 73–98.
Jost, Christopher: »Videoclip und Musik im Fernsehen«, in: *Populäre Musik. Geschichte, Kontexte, Forschungsperspektiven*, hrsg. von Ralf von Appen u. a. (= Kompendien Musik, Bd. 14), Laaber 2014, S. 141–153.
Jost, Christopher: *Musik, Medien und Verkörperung. Transdisziplinäre Analyse populärer Musik*, Baden-Baden 2012.
Junior, Raymondh: *Um tempo em que eram exigidos temas nacionais para os enredos*, <http://www.sidneyrezende.com/noticia/176180> [1.12.2017].
Jurth, Friederike: »The phenomenon of composers' compositions within the best sambaschools in Rio de Janeiro«, in: *Musikalische Wettstreite und Wettbewerb*, hrsg. von Klaus Näumann u. a. (= Musik. Kontexte. Perspektiven. Schriftenreihe der Institute für Musikpädagogik und Europäische Musikethnologie an der Universität zu Köln, Bd. 9), München 2018, S. 123–137.
Jurth, Friederike: *Rio im Sambafieber* (unveröff. Masterarbeit), Weimar 2013.
Karkoschka, Erhard: »Komposition – Improvisation«, in: *Über Improvisation*, hrsg. von Wolfgang Stumme, Mainz 1973, S. 95–101.
Klein, Michael: *Intertextuality in Western Art Music*, Bloomington 2005.
Knauer, Wolfram: *Jazz und Komposition. Darmstädter Beiträge zur Jazzforschung*, Darmstadt 1991.
Kopiez, Reinhard und Rodehorst-Oehus, Luisa: »*Eigentlich komponiert man immer*« – *Ein offenes Leitfadeninterview zum kreativen Prozess mit dem Komponisten Johannes Schöllhorn, dem Jazzmusiker Herbert Hellhund und dem Musikproduzenten Johann Weiß*, <https://d-nb.info/1017491267/34> [9.11.2023].
Knoblauch, Hubert u. a.: »Introduction. Video-Analysis. Methodological Aspects of Interpretive Audiovisual Analysis in Social Research«, in: *Video-Analysis. Methodology and Methods. Qualitative Audiovisual Data Analysis in Sociology*, hrsg. von dens., Frankfurt am Main u. a. 2006, S. 69–83.
Kubik, Gerhard: *Angolan traits in Black Music, Games and Dances of Brazil*, Lissabon 1979.

Kuckartz, Udo: *Computergestützte Analyse qualitativer Daten: Eine Einführung in Methoden und Arbeitstechniken*, Opladen 1999.
Kühn, Clemens: *Formenlehre der Musik*, Kassel u. a. [8]2007.
Legewie, Heiner: »Feldforschung und teilnehmende Beobachtung«, in: *Handbuch Qualitative Sozialforschung. Grundlagen, Konzepte, Methoden und Anwendungen*, hrsg. von Uwe Flick u. a., Weinheim 1995, S. 189–193.
Lehmann, Andreas C.: »Komposition und Improvisation: Generative musikalische Performanz«, in: *Allgemeine Musikpsychologie. Allgemeinpsychologische Grundlagen musikalischen Handelns* (= Enzyklopädie der Psychologie, Bd. D/VII/1), Göttingen 2005, S. 913–954.
Leman, Marc: »Music«, in: *Encyclopedia of Creativity*, Bd. 2, San Diego 1999, S. 285–297.
Lemos, Renato: *Inventores do Carnaval* (= Cadernos de Samba), Rio de Janeiro 2015.
Lévi-Strauss, Claude: *Mythos und Bedeutung. Vorträge*, Frankfurt am Main [1]1995.
Lévi-Strauss, Claude: *The Structural Study of Myth*, <www.jstor.org/stable/536768> [7.11.2023], S. 428–444.
Lindley, Mark: Art. »Composition«, in: *New Grove's Dictionary of Music and Musicians*, Bd. 4, London 1980, S. 599–602.
Lopes da Cunha, Fabiana: *Da marginalidade ao estrelato. O Samba na Construção da Nacionalidade*, São Paulo 2004.
Lopes, Nei und Simas, Luiz Antonio: *Dicionário da História social do Samba*, Rio de Janeiro 2015.
Malinowski, Bronislaw: »Argonautas do pacífico ocidental«, in: *Textos básicos de Antropologia. Cem anos de tradição: Boas, Malinowski, Lévi-Strauss e outros*, hrsg. von Celso Castro, Rio de Janeiro 2016, S. 94–123.
Marcos, João: *Coluna do João Marcos,* <http://www.sambariocarnaval.com/index.php?sambando=joaocolunas> [27.2.2019].
Matt, Eduard: »Darstellung qualitativer Forschung«, in: *Qualitative Forschung. Ein Handbuch*, hrsg. von Uwe Flick u. a., Reinbek 2000, S. 578–587.
Mayring, Philipp: »Qualitative Inhaltsanalyse«, in: *Handbuch Qualitative Sozialforschung. Grundlagen, Konzepte, Methoden und Anwendungen*, hrsg. von Uwe Flick u. a., Wiesbaden 1995, S. 209–213.
Mayring, Philipp: *Einführung in die qualitative Sozialforschung*, Weinheim und Basel 2002.
McClary, Susan und Walser, Robert: »Start Making Sense! Musicology Wrestles with Rock«, in: Simon Frith u. a.: *On Record. Rock, Pop and Rap*, New York 1990, S. 277–292.
McGowan, Chris und Pessanha, Ricardo: *The Brazilian Sound. Samba, Bossa Nova und die Klänge Brasiliens*, St. Andrä-Wördern 1993.
Mello Soares, Maria Thereza: *São Ismael do Estácio, O Sambista que foi Rei*, Rio de Janerio 1985.
Metzger, Werner: *Narrenidee und Fastnachtsbrauch. Studien zum Fortleben des Mittelalters in der europäischen Festkultur* (= Konstanzer Bibliothek 15), Konstanz 1991.
Metzger, Werner: *Schwäbisch-alemannische Fastnacht. Kulturerbe und lebendige Tradition*, Stuttgart 2015.
Middleton, Richard: *Studying Popular Music*, Philadelphia 1990.
Monson, Ingrid: *Saying something. Jazz Improvisation and Interaction*, Chicago 1996.
Mussa, Alberto und Simas, Luiz Antonio: *Samba de Enredo. História e arte*, Rio de Janeiro 2010.
Negeborn, Daniel: *Die Kameraperspektive*, <https://www.filmmachen.de/film-grundlagen/bildgestaltung/kameraperspektive> [10.10.2023].

Niesyto, Horst: *Leitfaden für die Analyse der Videofilm*, <http://www.ph-ludwigsburg.de/fileadmin/subsites/1b-mpxx-t-01/user_files/Leitfaden_Videofilmanalyse.pdf> [10.7.2016].

Nettl, Bruno: »Preface«, in: *Musical Improvisation. Art, Education, and Society*, hrsg. von Gabriel Solis und Bruno Nettl, Chicago 2009, S. xi–1.

Nettl, Bruno [u. a.]: Art. »Improvisation«, in: *New Grove's Dictionary of Music and Musicians*, Bd. 12, London 1980, S. 92–133.

Niesyto, Horst: *Editorial: Visuelle Methoden in der Forschung*, <https://www.medienpaed.com/article/view/53/53> [8.11.2023].

Nunes da Silva, Eduardo: »Narrativas sobre a história e ação no domínio dos Enredos das Escolas de Samba do Rio de Janeiro durante a década de 1980«, in: *Mariana. Caderno de resumo e anais do 6. Seminário Brasileiro da História e Historiografia. O giro-linguístico e a Historiografia: Balanço e Perspectivas*, Rio de Janeiro 2012, S. 3–20.

Nussbaumer, Thomas: »Oswald von Wolkensteins Fasnachtslied (Kl 60) im Kontext der Fasnacht des Mittelalters«, in: *Miszellen und mehr. Hans Moser zum 80. Geburtstag*, hrsg. von Ursula Mathis-Moser und Thomas Schröder, Innsbruck 2019, S. 19–38.

O Globo: *Interview mit Wagner Araújo* [5/3/2000], Rio de Janeiro 2000, S. 12.

Ortiz, Renato: *A moderna tradicao brasileira. Cultura brasileira e indústria cultural*, São Paulo 1988.

Petermann, Werner: »Fotografie- und Filmanalyse«, in: *Handbuch Qualitative Sozialforschung. Grundlagen, Konzepte, Methoden und Anwendungen*, hrsg. von Uwe Flick u. a., Weinheim 1995, S. 228–232.

Poincaré, Henri: *The Foundations of Science*, New York 1913.

Portela, Paulo: *Samba ›Bravo!‹ do GRES. Unidos de Vila Isabel/2015. Nossa História*, Rio de Janeiro 2015.

Rauchfleisch, Udo: »Psychoanalytische Betrachtungen zur musikalischen Kreativität«, in: *Psychoanalyse und Musik. Eine Bestandsaufnahme*, hrsg. von Bernd Oberhoff, Gießen 2002, S. 333-361.

Reinhard, Andreas: »Improvisation«, in: *MGG 2*, Sachteil Bd. 4, Sp. 595–600.

Reily, Suzel Ana: »Brazil: Central and Southern Areas«, in: *The Garland Handbook of Latin American Music*, hrsg. von Dale O. Olsen und Daniel E. Sheehy, London ²2008, S. 326–351.

Réti, Rudolf: *Thematic Patterns in Sonatas of Beethoven*, London 1976.

Rice, Timothy: »Toward a Mediation of Field Methods and Field Experience in Ethnomusicology«, in: *Shadows in the Field. New perspectives for Fieldwork in Ethnomusicology*, hrsg. von Gregory Barz und Timothy Cooley, New York ²2008, S. 42–62.

Rosenbrock, Anja: »*… und ich sage dir, ob du Stücke schreibst*. Voraussetzungen für die Komposition in Pop- und Rockbands«, in: *Begabung und Kreativität in populären Musik*, hrsg. von Günter Kleinen (= Beiträge zur Musikpsychologie, Bd. 4), Münster 2003, S. 176–188.

Rosenbrock, Anja: »*Man kann ja beim Songwriting nicht sagen, dass es etwas Falsches und etwas Richtiges gibt.* Fragen an eine Musikerin, die Workshops in Songwriting veranstaltet«, in: *Begabung und Kreativität in der populären Musik*, hrsg. von Günter Kleinen (= Beiträge zur Musikpsychologie, Bd. 4), Münster 2003, S. 189–201.

Rosenbrock, Anja: *Komposition in Pop- und Rockbands. Eine qualitative Studie zu kreativen Gruppenprozessen* (= Beiträge zur Musikpsychologie, Bd. 6), Hamburg 2006.

Rösing, Helmut und Bruhn, Herbert: »Komposition«, in: *Musikpsychologie. Ein Handbuch*, hrsg. von Helmut Rösing u. a., Reinbek 1993, S. 515–516.

Rösing, Helmut: »Forensische Popmusikanalyse«, in: *Black Box Pop*, hrsg. von Dietrich Helms und Thomas Phleps (= Beiträge zur Popularmusikforschung, Bd. 38], Bielefeld 2012, S. 258–259.
Rösing, Helmut: Art. »Komposition«, in: *MGG 2*, Sachteil Bd. 5, Kassel u. a. 1998, Sp. 543–551.
Rostvall, Anna-Lena und West, Tore: *Theoretical Perspectives on Designing a Study of Interaction* <http://citeseerx.ist.psu.edu/viewdoc/download?doi=10.1.1.513.256&rep=rep1&type=pdf> [8.11.2023].
Russ, Sandra W.: Art. »Emotion and Affect«, in: *Encyclopedia of Creativity*, Bd. 1, San Diego 1999, S. 659–669.
Sachs, Klaus-Jürgen u. a.: Art. »Komposition«, in: *MGG 2*, Sachteil Bd. 5, Kassel u. a. 1998, Sp. 506–557.
Sandroni, Carlos: »Samba Carioca e Identidade Brasileira«, in: *Raízes músicais do Brasil*, hrsg. von Dominique Dreyfus, Rio de Janeiro 2005, S. 25-33.
Santana, Francisco (Chico): *Batucada: Experiencia em movimento* (Tese de doutorado em música, Instituto de Artes da Universidade Estadual de Campinas), Campinas 2018.
Simas, Luiz Antonio und Fabato, Fábio: *Pra tudo começar na quinta feira. O Enredo dos Enredos*, Rio de Janeiro 2015.
Skuman, Hugo: *Martinho da Vila. Discografia*, Rio de Janeiro 2013.
Slawek, Stephen: »Keeping it Going: Terms, practices, and processes of improvisation in Hindustani Instrumental Music«, in: *In the course of Performance. Studies in the world of musical improvisation*, hrsg. von Bruno Nettl und Melinda Russell, Chicago 1998, S. 358–363.
Sloboda, John A.: *The Musical Mind. The Cognitive Psychology of Music*, Oxford 1985.
Stock, Jonathan P. J.: »Documenting the musical Event: Observation, Participation, Representation«, in: *Empirical Musicology. Aims, Methods, Prospects*, hrsg. von Nicholas Cook und Eric Clarke, Oxford 2004, S. 15-33.
Strauss, Anselm und Corbin, Juliet: *Grounded Theory: Grundlagen Qualitativer Sozialforschung*, Weinheim 1996.
Strauss, Anselm L. und Glaser, Barney G.: *Grounded Theory. Strategien qualitativer Forschung*, Bern ³2010.
Stroh, Wolfgang Martin: *Leben Ja. Zur Psychologie musikalischer Tätigkeit. Musik in Kellern, auf Plätzen und vor Natodraht*, Stuttgart 1984.
Theodoro, Helena: *Guerreiras Do Samba*, <http://www.tecap.uerj.br/pdf/v6/helena_theodoro.pdf> [22.6.2017].
Tinhorão, José Ramos: *Pequena história da música popular da modinha à canção de protesto*, Petrópolis 1974.
Torrance, Paul: »Dyadic Interaction in Creative Thinking and Problem Solving«, in: *Annual Meeting of the American Educational Research Association*, New Orleans 1973,
Toynbee, Jason: *Making Popular Music. Musicians, Creativity and Institutions*, London 2000.
Trindade, Rodrigo: *E o Palhaço o que é? É doce ilusão, sonho de criança: assim cantará a São Clemente em 2016«*, <http://www2.sidneyrezende.com/noticia/256180+e+o+Palhaço+o+que+e+e+doce+ilusão+sonho+de+crianca+assim+cantara+a+São+clemente+em+2016/mobile > [10.1.2018].
Turino, Thomas: »Formulas and Improvisation in Participatory Music«, in: *Musical Improvisation. Art, Education, and Society,* hrsg. von Gabriel Solis und Bruno Nettl, Chicago 2009, S. 103-116.
Turino, Thomas: *Moving Away From Silence: Music of the Peruvian Altiplano and the Experience of Urban Migration,* Chicago und London 1993.
UNESCO Convention for the Safeguarding of Intangible Cultural Heritage, <http://www.unesco.org/new/en/santiago/culture/intangible-heritage/convention-intangible-cultural-heritage/>, [7.11.20123].

Valença, Rachel: *Carnaval, pra tudo se acabar na quarta-feira*, Rio de Janeiro 1996.

Valença, Rachel: *Palavras de purpurina*, Nierói 1982.

Wallbott, Harald G.: »Analyse der Körpersprache«, in: *Handbuch Qualitative Sozialforschung. Grundlagen, Konzepte, Methoden und Anwendungen*, hrsg. von Uwe Flick u. a., Weinheim 1995, S. 232–237.

Weisberg, Robert W.: *Kreativität und Begabung. Was wir mit Mozart, Einstein und Picasso gemeinsam haben*, Heidelberg 1989.

Westphal, Kurt: *Genie und Talent in der Musik*, Regensburg 1977.

Wicke, Peter: »Popmusik in der Analyse«, in: *Acta musicológica*, Jg. 75 (2003), S. 106–126.

Witzel, Thomas G.: »Der musikalische Arbeitsprozess von Amateurbands. Eine empirische Untersuchung im Gießener Raum«, in: *ASPM – Beiträge zur Popularmusikforschung*, Jg. 25/26 (2000), S. 73–90.

Xavier, Antônio: *Como fazer um Samba-Enredo de sucesso*, <http:blogdotas.terra.com.br/2012/02/16/aprender_a_fazer_um_samba_enredo> [15.10.2023].

Onlinequellen von Webseiten und Social-Media wie Facebook und YouTube

Website der *Liga Independente das Escolas de Samba* LIESA: <http://liesa.globo.com> [9.11.2023].

Hier auch: *Cadernos do Julgamento* 2006–2013 der *Liga Independente das Escolas de Samba do Rio de Janeiro*

Hier auch: *Abre Alas* der *Vila Isabel* 2015, Auszug: *Quesito Samba-Enredo*

Hier auch: *Manual do Julgador* [*Regulamento* der LIESA]

Homepage der *GRES. Unidos de Vila Isabel*: < https://unidosdevilaisabel.com.br> [9.11.2023].

Homepage des *Asakusa Samba Carnival*: <https://tokyocheapo.com/events/asakusa–samba–carnival/ > [18.2.2019].

Hompage des Weltfußballverbandes: <http://de.fifa.com> [10.1.2019].

Website der *Letras* der *Sambas-Enredo oficiales*: < http://letras.mus.br/ > [20.2.2023].

Homepage der *GRES. São Clemente*: Ankündigung der *Tira-Dúvida* [Bildschirmfoto], [10.2.2019].

Homepage der *GRES. Estação Primeira de Mangueira*: Ankündigung der *Tira-Dúvida* [Bildschirmfoto], [10.2.2019].

Homepage der *GRES. Acadêmicos do Salgueiro*: Ankündigung des *Disputas de Samba* [Bildschirmfoto], [10.2.2019].

Facebook der *GRES. Unidos de Vila Isabel*: Werbung für den *Disputa de Samba* 2016 [Bildschirmfoto], [10.2.2019].

Facebook der *GRES. Unidos da Tijuca*: Werbung für die Präsentation von *Sinopse* und *Enredo* [Bildschirmfoto], [10.2.2019].

Facebookeintrag der *Parceria 18* »*Familia de Vila Isabel*« [*Disputa der Vila Isabel* 2015] [Bildschirmfoto], [10.2.2019].

Facebookeintrag einer *Parceria*: Werbung für den *Disputa de Samba* der *GRES. Unidos do Santa Marta* 2014 [Bildschirmfoto], [10.2.2019].

Final de Samba da São Clemente 2017 [Cobertura Tv G Rio Online]:
<https://www.youtube.com/watch?v=yIj4AqlcT9Y> [29.11.2017].

Final de Samba–Anúncio Campeão São Clemente-Carnaval 2016: <https://www.youtube.com/watch?v=urQCFZt-0F0> [27.2.2017].

Cobertura Tv G Rio Online, *Rio Online* von *Final de Samba da S. Clemente* 2017: <https://www.youtube.com/watch?v=yIj4AqlcT9Y> [1.2.2019].

Desfile der *GRES. São Clemente* 2019: <https://www.youtube.com/watch?v=_qc6QcneHEU> [28.3.2019].

Primärquellen 1: Interviews, chronologisch

Eduardo Pires Nunes da Silva, Komponist, Historiker [*Vila Isabel*]: Interview am 11.9. 2012 [Vila Isabel, Rio de Janeiro].

Guilherme Salgueiro, Komponist [*Vila Isabel*]: Interview am 9.10.2012 [Vila Isabel, Rio de Janeiro].

Fabio Ricarco, *Carnavalesco*: Interview am 26.10.2012 [*Cidade do Samba, Barracão São Clemente*, Rio de Janeiro].

Claudia Nell, Komponistin [*Vila Isabel*]: Interview am 7.11.2012 [Tijuca, Rio de Janeiro].

Wallan, *Mestre de Bateria de Vila Isabel*: Interview am 14.11.2012 [Vila Isabel, Rio de Janeiro].

André Diniz, Komponist [*Vila Isabel*]: Interview am 19.11.2012 [Vila Isabel, Rio de Janeiro].

Walace Cestari, Komponist [*Vila Isabel*]: Interview am 24.11.2012 [Vila Isabel, Rio de Janeiro].

Eduardo Pires Nunes da Silva, Komponist, Historiker [*Vila Isabel*]: Interview am 6.6.2013 [Vila Isabel, Rio de Janeiro].

Jorge Cardoso, Musikalischer Arrangeur [LIESA]: Interview am 15.1.2015 [*Cidade do Samba*, Rio de Janeiro].

Dalton Cunha, Komponist [*Vila Isabel*]: Interview am 15.10.2015 [Vila Isabel, Rio de Janeiro].

Fernando Araújo, Direktor des *Centro de Memória* der LIESA: Interview am 29.10.2012 [LIESA, Centro, Rio de Janeiro].

Hiram Araújo, *Diretor Artistico* der LIESA: Interview am 20.2.2013 [LIESA, Centro, Rio de Janeiro].

Alberto Mussa, Autor, Komponist [*Salgueiro*]: Interview am 8.9.2014 [Portuária, Rio de Janeiro].

Paulo Portela, Komponist, [*Vila Isabel*]: Interview am 11.11.2014 [Centro, Rio de Janeiro].

Machadinho, Komponist [*Vila Isabel*]: Interview am 23.2.2015 [Vila Isabel, Rio de Janeiro].

Guilherme Salgueiro, Komponist [*Vila Isabel*]: Interview am 16.2.2016 [Vila Isabel, Rio de Janeiro].

Dudu Nobre, Komponist [*Mocidade*]: Interview am 17.2.2016 [Barra da Tijuca, Rio de Janeiro].

Martinho da Vila, Komponist, [*Vila Isabel*]: Interview am 24.2.2016 [Barra da Tijuca, Rio de Janeiro].

Fadico, *Cavaquinista* und Komponist [*Unidos da Tijuca*]: Interview am 25.2.2016 [Madureira, Rio de Janeiro].

Lequinho da Mangueira, Komponist [*Estacao Primeira de Mangueira*]: Interview am 25.2.2016 [*Cidade do Samba*, Rio de Janeiro].

André Diniz, Komponist [*Vila Isabel*]: Gespräch am 13.3.2019 [Vila Isabel, Rio de Janeiro].

Portraitinterviews der Komponisten

Komp. 1-1: Interview am 16.2.2016 [Vila Isabel, Rio de Janeiro].
Komp. 2-1: Interview am 20.2.2016 [Vila Isabel, Rio de Janeiro].
Komp. 3-1: Interview am 17.2.2016 [Vila Isabel, Rio de Janeiro].
Komp. 2-1: Interview am 17.2.2016 [Barra da Tijuca, Rio de Janeiro].
Komp. 2-2: Interview am 25.2.2016 [Madureira, Rio de Janeiro].
Komp. 2-3: Interview am 25.2.2016 [Madureira, Rio de Janeiro].
Komp. 3-1: Interview am 15.2.2016 und 17.2.2016 [Vila Isabel, Rio de Janeiro].
Komp. 3-2: [† 24.12.2015, Vila Isabel, Rio de Janeiro], ersatzweise Befragung der *Parceiros* am 17.2.2016 [Vila Isabel, Rio de Janeiro]
Komp. 3-3: Interview am 18.2.2016 [Vila Isabel, Rio de Janeiro].

Einträge aus dem Forschungstagebuch, nach Datum

Eintrag im Forschungstagebuch zum Studiobesuch am 22.7.2014 und 23.7.2014.
Eintrag [Beschreibung] im Forschungstagebuch vom 23.8.2014.
Eintrag im Forschungstagebuch zur *Reunião* der *Ala dor Compositores* der *Vila Isabel* am 25.8.2014.
Eintrag im Forschungstagebuch, Notizen zu informellem Gespräch mit Eduardo Gisi am 27.8.2014.
Eintrag im Forschungstagebuch vom 30.8.2014.
Eintrag im Forschungstagebuch zum 20.–21.9.2014.
Eintrag im Forschungstagebuch vom 27.9.2014.
Eintrag im Forschungstagebuch zum informellen Gespräch mit Guilherme Salgueiro am 30.10.2014.
Eintrag im Forschungstagebuch zur *Entrega do Samba* bei *GRES. Unidos do Santa Marta* zum 30.10.2014.
Eintrag im Forschungstagebuch zum Wettstreitabend des 3.12.2014 und zur *Reunião da Ala* am 4.12.2014.
Eintrag im Forschungstagebuch zum informellen Gespräch mit Douglas Rodrigues am 15.1.2015.
Eintrag im Forschungstagebuch [Protokolle] zum Besuch der Schulung der Jury am 14.1.2015 und 21.1.2015.
Eintrag im Forschungstagebuch nach Teilnahme an allen Schulungsveranstaltungen am 28.1.2015.
Eintrag im Forschungstagebuch zum 6.7.2015.
Eintrag im Forschungstagebuch zum informellen Gespräch mit Lequinho da Mangueira am 25.2.2016.
Eintrag im Forschungstagebuch zum informellen Gespräch mit André Dinz am 13.3.2019.

Aufnahmen aus dem Feldforschungsmaterial für die Fallbeispiele [Aufnahmen: Friederike Jurth]

Parceria 1 [MATERIAL FÜR ANALYSE UND TRANSKRIPTION]
3 Audioaufnahmen, insgesamt: 62.28 min [1.02 h]
37 Videosequenzen [Kamera, Smartphone], insgesamt: 154 min [2.34 h]

Quelle für Szene 1–6: Videomitschnitt MVI 0708 [29:59 min]
Parceria 2 [MATERIAL FÜR ANALYSE UND TRANSKRIPTION]
2 Audioaufnahmen, insgesamt: ca. 30 min [0.5 h]
19 Videosequenzen [Smartphone, Reunião-Gravacão], insgesamt: 31.07 min [0.5h]
Gravação am 2.7.2015 im Studio do Léo, Vila Isabel – Andaraí
Parceria 3 [MATERIAL FÜR ANALYSE UND TRANSKRIPTION]
4 Audioaufnahmen, insgesamt: 282 min [4.7 h] vom [30.06.2015]
36 Videosequenzen [Kamera, Smartphone], insgesamt: ca. 130 min [2.10 h]

Primärquellen 2: gedruckte Dokumente und handschriftliche Manuskripte

Manual do Julgador [*Regulamento* der LIESA] 2015, erhalten beim Besuch der Schulung der Jury am 14.1.2015, 21.1.2015, 28.1.2015, Auszug: *Quesito Samba-Enredo,* S. 40.
Regulamento für den *Disputa de Samba* der *GRES. Unidos de Vila Isabel* 2012, Archiv der *Unidos de Vila Isabel*, Oktober 2015, Rio de Janeiro.
Kompositionstagebuch des Komponisten Paulo Portela: *Samba ›Bravo!‹ do GRES. Unidos de Vila Isabel/2015. Nossa História.* Rio de Janeiro 2015. [Privatarchiv Paulo Portela]
Entwürfe der *Carros Alegóricos* der *Unidos de Vila Isabel* 2015; ursprünglich entworfen für *GRES. Império Serrano* von Max Lopes und Jorge Luiz Silveira, Rio de Janeiro 2015. [Privatarchiv von Paulo Portela] [HS]
Dokumente einer Jurymappe aus dem Komponistenwettstreit der *Unidos de Vila Isabel* 2015, Archiv der *Unidos de Vila Isabel*, Oktober 2015, Rio de Janeiro.

Parceria 1
Sinopse der *GRES. Unidos da Tijuca* 2016 [Privatarchiv der *Parceria* 1] [Druck] (vgl. verwendete *Sinopsen*)
Letras in verschiedenen Korrekturstufen: Version 1: *Reunião*, Version 2: Endfassung

Parceria 2
Sinopse der *GRES. Porto da Pedra* 2016 »Palhaço Carequinha: Paixão e Orgulho de São Gonçalo! Tá certo ou não tá?« [Privatarchiv der *Parceria* 2] [Druck] (vgl. verwendete *Sinopsen*)
Letras in verschiedenen Korrekturstufen: Version 1: *Reunião*, Version 2: Endfassung

Parceria 3
Sinopse der *GRES. Estácio de Sá* 2016 »Salve Jorge! O guerreiro na fé« [Privatarchiv der *Parceria* 3] [Druck] (vgl. verwendete *Sinopsen*)
Letras in verschiedenen Korrekturstufen: Version 1: *Reunião*, Version 2: Endfassung
Ablaufplan zum Komponistenwettstreit 2016 für *GRES. Estácio de Sá* [Privatarchiv Komponist 3-1]

Verwendete *Sinopsen*

Rosa Magalhães, Alex Varela und Martinho da Vila: *Você Semba Lá ... Que Eu Sambo Cá! O Canto Livre de Angola*, Sinopse de Enredo da Unidos de Vila Isabel, 2012.

Rosa Magalhães, Alex Varela und Martinho da Vila: *A Vila canta o Brasil Celeiro do Mundo – »água no feijão que chegou mais um ... «*, Sinopse de Enredo da Unidos de Vila Isabel, 2013.

Marcus Roza und Mauro Quintaes: *Semeando Sorriso, a Tijuca festeja o solo sagrado*, Sinopse de Enredo da Unidos da Tijuca 2015, <https://radioarquibancada.com.br/2015/07/03/sinopse-da-unidos-da-tijuca/> [9.11.2023].

Jaime Cezário: *Sinopse de Enredo do Porto da Pedra 2015*, < https://galeriadosamba.com.br/noticias/confira-a-sinopse-do-enredo-da-porto-da-pedra-para-o-carnaval-2016/13453/> [10.11.2023].

Chico Spinosa: *Sinopse de Enredo do Estácio de Sá 2015*,
< http://www.apoteose.com/carnaval-2016/estacio-de-sa/sinopse/> [9.11.2023].

Arrangements und Transkriptionen für Violine

Arrangements [Jorge Cardoso] der *Sambas-Enredo official* der LIESA für *GRES. Unidos de Vila Isabel* und *GRES. Beija-Flor de Nilópolis* 2015. [Privatarchiv von Jorge Cardoso]

Violinstimme [Arrangement, Friederike Jurth, Macaco Branco] für den *Samba concurrente Parceria 7, Vila Isabel* 2015. [Druck, handschriftlich ergänzt]

Violinstimme [Arrangement, Rildo Hora] für vier Violinen, für den *Samba concurrente Parceria 15, Vila Isabel* 2015. [Druck]

Violinstimme [Arrangement Friederike Jurth, Guilherme Salgueiro] für den *Samba concurrente Parceria 18, Vila Isabel* 2015. [HS]

Melodische Transkriptionen [Anfertigung: Friederike Jurth]

Notenbeispiel: Version 1 – Erarbeitung, Bearbeitung – *Samba-Enredo Concorrente, GRES. Unidos da Tijuca* 2016.

Notenbeispiel: Version 2 – Erarbeitung, Bearbeitung – *Samba-Enredo Concorrente, GRES. Estácio de Sá* 2016.

Notenbeispiel: Version 3 – Erarbeitung, Bearbeitung – *Samba-Enredo Concorrente, GRES. Porto da Pedra* 2016.

Notenbeispiel: Version 1 – fertige Komposition – *Samba-Enredo Concorrente, GRES. Unidos da Tijuca* 2016.

Transkription der Harmonien für *Cavaquinho* für *Samba-Enredo Concorrente, GRES. Estácio de Sá* 2016: Leonardo Franca, März 2019, Rio de Janeiro.

Notenbeispiel: Version 2 – fertige Komposition – *Samba-Enredo Concorrente, GRES. Porto da Pedra* 2016.

Transkription der Harmonien für *Cavaquinho* für *Samba-Enredo Concorrente, GRES. Porto da Pedra* 2016: Leonardo Franca, März 2019, Rio de Janeiro.

Notenbeispiel: Version 3 – fertige Komposition – *Samba-Enredo Concorrente, GRES. Estácio de Sá* 2016.
Transkription der Harmonien für *Cavaquinho* für *Samba-Enredo Concorrente, GRES. Estácio de Sá* 2016: Leonardo Franca de Almeida, März 2019, Rio de Janeiro.
Transkription der melodischen Versatzstücke 1–60: Friederike Jurth
Transkription der Harmonien für *Cavaquinho* der melodischen Versatzstücke 1–27: Eduardo Gisi, März 2019, Rio de Janeiro.

Abbildungsnachweise Fotografien

Material der Feldforschung und Zusatzmaterial: Friederike Jurth, August 2012 – Oktober 2016, Rio de Janeiro; bei anderen Autoren: mit * gekennzeichnet vermerkt sowie in den Quellen verzeichnet

Abbildungen im Haupttext

KAPITEL 3: ABBILDUNG 1–4: *Ensaio* der *Componentes, Ensaio de Rua* der *Unidos de Vila Isabel*, Oktober–Dezember 2014, Rio de Janeiro.

KAPITEL 6: ABBILDUNG 1–2: *GRES. São Clemente* und *GRES. Estação Primeira de Mangueira*: Ankündigung der *Tira-Dúvida* für den Karneval 2016, Juni/Juli 2015, Rio de Janeiro.

KAPITEL 11: ABBILDUNG 1–4: *Ensaio* der *Componentes* der *Unidos de Vila Isabel* im *Quadra* der *Acadêmicos do Salgueiro*, November 2015, Rio de Janeiro.

KAPITEL 12: ABBILDUNG 1–3: *Ensaio* der *Componentes* (*Mestre-Sala* und *Porta-Bandeira* und *Ala de Passistas*) bei der *Corte do Samba, Disputa de Samba* der *Unidos de Vila Isabel* 2015, Oktober 2014, Rio de Janeiro.

KAPITEL 12: ABBILDUNG 4: *Parcerias* im *Disputa de Samba* der *GRES. Unidos de Vila Isabel* 2015/2016, Rio de Janeiro.

KAPITEL 12: ABBILDUNG 5–11: Szenen des Wettstreits der Komponisten für den *Carnaval* 2013, 2015 und 2016, *Quadras: Unidos de Vila Isabel, Estação Primeira de Mangueira* und *Acadêmicos do Salgueiro*, September/Oktober 2013–2015, Rio de Janeiro.

KAPITEL 12: ABBILDUNG 12: Beispielseite aus *Arranjo* des *Sambas* »Bravo« der *Parceria* 15 von Rildo Hora

KAPITEL 12: ABBILDUNG 13*: Partizipation mit der Violine im Finale des *Disputa de Samba* 2015 mit *Parceria* 15, Oktober 2014, Rio de Janeiro, Foto: Pawel Loj.

KAPITEL 15: ABBILDUNG 26–28: Harmonische Schemen des *Cavaquinhos*

KAPITEL 16: ABBILDUNG 1–8: Szenen der *Desfile* der *Escolas de Samba* im *Sapucaí* 2013 und 2016 (*GRES. Unidos de Vila Isabel* (2013), *Estação Primeira de Mangueira* (2013), *GRES. Portela* (2016), *Beija-Flor de Nilópolis* (2016).

Abbildungen und Dokumente im digitalen Anhang

DOKUMENTE 1–6: *Abre Alas* der *Unidos de Vila Isabel* 2015, Auszug *Samba-Enredo*.
DOKUMENTE 7–8: Arrangements der Violine für *Unidos de Vila Isabel* 2015, *Samba-Enredo*.
DOKUMENTE 9–10: Arrangements der Violine für den *Disputa de Samba, Unidos de Vila Isabel* 2015 *Sambas Concorrentes* der *Parceria* 18 – *Parceria* 7.
ABBILDUNG 1–4: *Carro de Som* der *GRES. Unidos de Vila Isabel* für den Karnaval 2015 –
Disputa de Samba, September 2014 – *Ensaio de Rua*, November 2014 – *Ensaio técnico*,
Januar 2015 – *Desfile no Sapucaí*, Februar 2015, Rio de Janeiro, Aufnahmen: Sybille Jurth, Pawel Loj, Diego Mendes.
ABBILDUNG 5–8: *Barracão* der *Vila Isabel, Cidade do Samba*, November 2014–Februar 2015, Rio de Janeiro
ABBILDUNG 9–11: Entwürfe des *Carnavalescos* Max Lopes der *Carros alegóricos* der *GRES. Unidos de Vila Isabel* 2015; August 2014, Rio de Janeiro 2015.
ABBILDUNG 12: *Regulamento* 2012, *GRES. Unidos de Vila Isabel*, Archiv der *Vila Isabel* Rio de Janeiro.
ABBILDUNG 13–14: *Parceria* bei *Entrega do Samba, Quadra* der *Unidos do Santa Marta* 2014, Rio de Janeiro.
ABBILDUNG 15–17: Dokumente der *Parcerias* der *Entrega do Samba*, Archive der *GRES. Estação Primeira de Mangueira* und der *GRES. Unidos de Vila Isabel*, Juni/Juli 2015, Rio de Janeiro.
ABBILDUNG 18–21: *Lançamento do Enredo/Samba* der *GRES. Tradição,* Oktober 2016, Rio de Janeiro.
ABBILDUNG 22–25: Finale der *GRES. São Clemente* in der *Cidade do Samba*,
Oktober 2016, Rio de Janeiro.
ABBILDUNG 26–27: Jurymappen 2013/2014, *GRES. Unidos de Vila Isabel*, Archiv der *Vila Isabel* Rio de Janeiro.
ABBILDUNG 29–34: Werbung für die Präsentation von *Sinopse/Enredo* und *Disputa de Samba* der *Escolas* und *Parcerias* über *Social-Media*-Netzwerke, *GRES. Unidos da Tijuca, GRES. Acadêmicos do Salgueiro, GRES. Unidos de Vila Isabel, GRES. Unidos do Santa Marta*), Rio de Janeiro.
ABBILDUNG 35–40: Werbung der *Parcerias* für den *Disputa de Samba*: Anzeigen, Fahnen, *Letras*, *Adereços*, CDs, *Chuva de Prata* (*Unidos de Vila Isabel* 2015/2016; *Estação Primeira de Mangueira* 2016)
ABBILDUNG 41–43:* *Concurso* der 2. *Porta–Bandeira, Quadra* der *Unidos de Vila Isabel* 2015, Rio de Janeiro; davon Schwarz-Weiß-Abbildung: Aufnahme Pawel Loj.
ABBILDUNG 44–47: Luftballontrauben, Fahnen *Chuva de Prata,* Tanzgruppen und *Adereços* im *Disputa de Samba, Quadra* der *GRES. Unidos de Vila Isabel* und *GRES. Sao Clemente*, Oktober 2015/2016, Rio de Janeiro. kjh

NACHWEIS ZU DEN FOTOGRAFIEN DER TRANSKRIPTIONEN AUF PERGAMENT: Schichtenartige Darstellung verschiedener Stadien des Kompositionsprozesses und der innermusikalischen Beziehungen (Bearbeitung und Erarbeitung eines Sambas der *Parceria* 1-3), angefertigt von Friederike Jurth, Weimar, April 2019.

Nachweise zu Filmaufnahmen des digitalen Anhangs:
Material der Feldforschung und Zusatzmaterial: Friederike Jurth, August 2012 – Oktober 2016, Rio de Janeiro, bei anderen Autoren/Fotografen mit * gekennzeichnet und im Haupttext vermerkt sowie in den Quellen verzeichnet.

Filmmaterial der Feldforschung

Video 1 * – *Gravação* des *Samba Concorrente da Parceria 7, GRES. Unidos de Vila Isabel*, Juli 2014 (Aufnahme: Sybille Jurth), fertiger Clip auch unter: <https://www.youtube.com/watch?v=8cKhxwEjNrk> [9.11.2023].

Video 2 * – *Cortes do Samba* im *Quadra* der *GRES. Unidos de Vila Isabel* 2015 und 2016, September–Oktober 2014/2015; hier: Videosequenz 1 und 2 (Präsentation der *Parceria 7*, Min. 0.00 – 6.20): Diego Mendes.

Video 3 * – Clip zum *Carnaval* 2015 der *GRES. Unidos de Vila Isabel*, November/Dezember 2014, auch unter: <https://www.youtube.com/watch?v=lEV7hN6SP_g> [9.11.2023].

Video 4 * – Szene 1 des *Documentário* »Nossa Escola de Samba«, (1965) der *GRES. Unidos de Vila Isabel*, auch unter: <https://www.youtube.com/watch?v=tnXFc_lolFg> [17.10.2023].

Video 5 – *Ensaio de Rua, GRES. Unidos de Vila Isabel*, Dezember 2014.

Video 6 – *Ensaio na Quadra* der *GRES. Unidos de Vila Isabel*, Dezember 2013.

Video 7 – *Parceria do Salgueiro, Acadêmicos do Salgueiro* 1974 (DVD Trinta).

Video 8 – *Samba-Enredo, Acadêmicos do Salgueiro* 1974 (DVD Trinta).

Video 9 – *Gravação do Samba Concorrente* für *Unidos do Santa Marta* 2015.

Video 10 – Szenen der *Ensaio* und *Esquenta da Torcida* für den *Disputa de Samba, Quadra* der *GRES. Unidos de Vila Isabel*, Rio de Janeiro, September/Oktober 2015 und 2016.

Video 11 – Finale des *Disputa do Samba* der *GRES. São Clemente* für den *Carnaval* 2017, *Cidade do Samba*, Oktober 2016.

Video 12 – *GRES. Unidos de Vila Isabel convidada na Quadra* der *GRES. Acadêmicos do Salgueiro*, November 2015.

Video 13 * – *Disputa de Samba, Acadêmicos do Salgueiro* 1974 (DVD Trinta).

Video 14 * – Szene 2 des *Documentário* »Nossa Escola de Samba«, der *GRES. Unidos de Vila Isabel* 1965.

Video 15 – Szenen aus Halbfinale und Finale des *Disputa do Samba, GRES. São Clemente*, Oktober 2015.

Video 16 – Szenen der *Ensaio-Show, GRES. Unidos de Vila Isabel*, Oktober 2014/2015 und *Acadêmicos do Salgueiro*, Oktober 2015/2016.

Video 17 – Szenen des *Disputa de Samba, Quadra* der *GRES. Acadêmicos do Salgueiro* und *GRES. Estação Primeira de Mangueira*, Oktober/November 2016.

Video 18 – *Pre-Gravação do Samba Campeão* der *GRES. Unidos de Vila Isabel* 2014, Oktober 2013.

Video 19 – Szenen der *Desfiles* von *GRES. Portela* (2016), *GRES. Unidos de Vila Isabel* (2016), *GRES. Beija-Flor* (2016).

Video 20 (Zusatz): Clip zum Video »Die Sambageigerin«, in: *Der Spiegel*, Februar 2015.

Filmausschnitte aus Dokumentarfilmen, Spielfilmen und Videoclips

»*Nossa Escola de Samba*«, Dokumentarfilm über *GRES. Unidos de Vila Isabel*, 1965:
< https://www.youtube.com/watch?v=lEV7hN6SP_g> [9.11.2023].
Video: Ausschnitt 1: »*Ensaio da Comunidade*«
Video: Ausschnitt 2: »Aufgabenverteilung in der *Escola de Samba*«
DVD: »*Trinta. A história do homem que reinventou o Carnaval*« [2015], Sony DADC Brasil/20[th]Century Fox, 94 min., Manaus 2015.
Video: Ausschnitt 1: »*Enredo* und Samba-Enredo, *Acadêmicos do Salgueiro* 1974«
Video: Ausschnitt 2: »Schwierigkeiten externer Komonisten, *Acadêmicos do Salgueiro* 1974«
Video: Ausschnitt 3: »*Disputa de Compositores, Acadêmicos do Salgueiro* 1974«
Video: *Samba-Enredo Concorrente* der *Parceria* 7, *Samba 7 – Parceria de Macaco Branco e cia* (*Disputa de Samba* 2016), <https://www.youtube.com/watch?v=8cKhxwEjNrk> [9.11.2023].
Video: *Samba-Enredo Concorrente* der *Parceria* 18: Privatarchiv der *Parceria* (*Disputa de Samba* 2016).
Video: *Samba Campeão der GRES. Unidos de Vila Isabel* 2014, *Parceria Campeãe Vila* 2014: Privatarchiv der *Parceria* 3 (*Disputa de Samba* 2015).
Videoclip: »*Gravação oficial Vila Isabel* 2015« aus: »*Samba de Enredo 2015. Escolas de Samba do Grupo Especial LIESA, Gravado ao vivo na Cidade do Samba*« [2015], Universal Music, 79 min., São Paulo 2015; auch unter: https://www.youtube.com/watch?v=lEV7hN6SP_g> [9.11.2023].
Videoclip zum Artikel »Die Sambageigerin«, in: *Der Spiegel*, Februar 2015.

Weitere verwendete Tonaufnahmen (im digitalen Anhang verfügbar)

Samba Enredo der GRES. *Acadêmicos do Grande Rio* 2011: <https://www.youtube.com/watch?v=ZBs09NEDyy8> [17.12.2018].
Sambas de Enredo 2015, Universal Music, Produktion: Manaus 2015.
sowie unter: <https://www.youtube.com/watch?v=QCydLIEEpoE&t=110s> [17.12.2018].
Samba official der GRES. *Tradição* 2017: https://www.youtube.com/watch?v=UiqrV_CVzfo 15.12.2018].
Samba-Enredo Concorrente Parceria 7: aus eigenem Privatarchiv (CD des *Disputa de Samba* 2015)
sowie unter *Samba-Enredo Concorrente* der *Parceria de Macaco Branco e cia*, <https://www.youtube.com/watch?v=8cKhxwEjNrk> [7.8.2014].
Samba-Enredo Concorrente der *GRES. Unidos da Tijuca, Parceria* 1:
<https://www.youtube.com/watch?v=A09rG0KABTI> [15.12.2015].
Samba-Enredo Concorrente für *GRES. Porto da Pedra Samba* 2016, *Parceria* 2: <https://www.youtube.com/watch?v=naC_LllK-20> [17.9.2015].
Samba-Enredo Concorrente für *GRES. Estácio de Sá* 2016, *Parceria* 3: <https://www.youtube.com/watch?v=1RqpvgFfnVs> [12.9.2015].

Tonquellen für die Hörbeispiele der Versatzstücke

1. Aus dem Haupttext der Studie

1 *GRES. Mocidade Independente* 2010: <https://www.youtube.com/watch?v=DUx_85TTayw> [1.11. 2023].
2 *GRES. Unidos da Tijuca* 2013: <https://www.youtube.com/watch?v=MI-oLdiBjRg&t=86s> [1.11.2023].
3 *GRES. Unidos de Vila Isabel* 2014: <https://www.youtube.com/watch?v=sIDz1RViLuQ> [1.11.2023].
4 *GRES. Beija-Flor de Nilópolis* 2012: <https://www.youtube.com/watch?v=DUx_85TTayw> [1.11. 2023].
5 *GRES. São Clemente* 2014: <https://www.youtube.com/watch?v=caA78rJyTaE> [1.11.2023].
6 *GRES. Mocidade Independente* 2011: <https://www.youtube.com/watch?v=1pOVRACLg-VE&t=183s> [1.11.2023].
7 *GRES. Beija-Flor de Nilópolis* 2012: <https://www.youtube.com/watch?v=DUx_85TTayw> [1.11.2023].
8 *GRES. União da Ilha* 2015: <https://www.youtube.com/watch?v=CPtoCYzqIjo> [1.11.2023].
9 *GRES. Mocidade Independente* 2010: <https://www.youtube.com/watch?v=soehQ-GtOc8> [1.11.2023].
10 *GRES. Acadêmicos do Grande Rio* 2010: <https://www.youtube.com/watch?v=ObkUuPiDuKw>
11 *GRES. São Clemente* 2013: <https://www.youtube.com/watch?v=caA78rJyTaE> [1.11.2023].
12 *GRES. Mocidade Independente* 2015: <https://www.youtube.com/watch?v=7Q8EPXGvKlE> [1.11.2023].
13 *GRES. Portela* 2015: <https://www.youtube.com/watch?v=osfHjc85--0> [1.11.2023].
14 *GRES. São Clemente* 2016: <https://www.youtube.com/watch?v=fpWzwukHJOo&t=67s> [1.11. 2023].
15 *GRES. Unidos de Vila Isabel* 1997: <https://www.youtube.com/watch?v=-WeZAoM2nso> [1.11. 2023].
16 *GRES. Unidos de Vila Isabel* 1988: <https://www.youtube.com/watch?v=pYFemPjfcF8> [1.11.2023].
17 *GRES. Beija-Flor de Nilópolis* 2015: <https://www.youtube.com/watch?v=BiHjtFX6vsc&t=110s> [1.11.2023].
18 *GRES. Beija-Flor de Nilópolis* 2016: <https://www.youtube.com/watch?v=SPsvdb2_zWw> [1.11.2023].
19 *GRES. Acadêmicos do Grande Rio* 2017: <https://www.youtube.com/watch?v=VRSmx_GLCzE&t=173s> [1.11.2023].
20 *GRES. Acadêmicos do Grande Rio* 2014: <https://www.youtube.com/watch?v=caA78rJyTaE> [1.11. 2023].
21 *GRES. São Clemente* 2014: <https://www.youtube.com/watch?v=caA78rJyTaE> [1.11.2023].
22 *GRES. São Clemente* 2014: <https://www.youtube.com/watch?v=caA78rJyTaE> [1.11.2023].
23 *GRES. Unidos de Vila Isabel* 2014: <https://www.youtube.com/watch?v=caA78rJyTaE> [1.11.2023].

24 *GRES. Mocidade Independente de Padre Miguel* 2003: <https://www.youtube.com/watch?v=ABxT-MAG-Opg> [1.11.2023].
23 *GRES. Unidos de Vila Isabel* 2006: <https://www.youtube.com/watch?v=oZ6TC7y4dnA> [1.11.2023].
25 *GRES. Beija-Flor de Nilópolis* 1998: <https://www.youtube.com/watch?v=aMnUpfFbWx8> [1.11.2023].
26 *GRES. Acadêmicos do Grande Rio* 2010: <https://www.youtube.com/watch?v=ObkUuPiDuKw&t=75s> [1.11.2023].
27 *GRES. Unidos de Vila Isabel* 2014: <https://www.youtube.com/watch?v=caA78rJyTaE> [1.11.2023].

2. Exemplarische Beispiele aus dem digitalen Anhang

28 *GRES. União da Ilha* 2015: <https://www.youtube.com/watch?v=CPtoCYzqIjo> [1.11.2023].
29 *GRES. Mocidade Independente de Padre Miguel* 2015: <https://www.youtube.com/watch?v=7Q8EPXGvKlE> [1.11.2023].
30 *Unidos da Tijuca* 2005: <https://www.youtube.com/watch?v=-zGU1eR24iM&t=112s> [1.11.2023].
31 *GRES. Unidos de Vila Isabel* 2009: <https://www.youtube.com/watch?v=yjopz_oNo7Y> [1.11.2023].
32 *GRES. Unidos de Vila Isabel* 2018: <https://www.youtube.com/watch?v=LUL2SLxteAg> [1.11.2023].
33 *GRES. Unidos de Vila Isabel* 2011: <https://www.youtube.com/watch?v=tj6_swbtHNE&t=104s> [1.11.2023].
34 *GRES. Unidos de Vila Isabel* 2008: <https://www.youtube.com/watch?v=rP5PGa3x0zQ> [1.11.2023].
35 *GRES. Acadêmicos do Salgueiro* 2014: <https://www.youtube.com/watch?v=30Fckid-vBM&t=114s> [1.11.2023].
36 *GRES. Portela* 2015: <https://www.youtube.com/watch?v=osfHjc85--0> [1.11.2023].
37 *GRES. Imperatriz Leopoldinense* 2003: <https://www.youtube.com/watch?v=3BwWDYhc1vA&t=107s> [1.11.2023].
38 *GRES. União da Ilha* 2014: <https://www.youtube.com/watch?v=NNUrE_CUO-A&t=104s> [1.11.2023].
39 *GRES. Estação Primeira de Mangueira* 2013: <https://www.youtube.com/watch?v=Y8yJRDmckz4> [1.11.2023].
40 *GRES. Acadêmicos do Grande Rio* 2006: <https://www.youtube.com/watch?v=30Fckid-vBM&t=114s> [1.11.2023].
41 *GRES. Acadêmicos do Grande Rio* 2017: <https://www.youtube.com/watch?v=VRSmx_GLCzE&t=173s> [1.11.2023].
42 *GRES. Beija-Flor de Nilópolis* 2014: <https://www.youtube.com/watch?v=7Ufa3YIgj9E> [1.11.2023].
43 *GRES. Unidos de Vila Isabel* 2011: <https://www.youtube.com/watch?v=tj6_swbtHNE&t=104s> [1.11.2023].
44 *GRES. Unidos de Vila Isabel* 2013: <https://www.youtube.com/watch?v=gF_E7YBlCFQ> [1.11.2023].
45 *GRES. Beija-Flor de Nilópolis* 2013: <https://www.youtube.com/watch?v=X_NQmYob_uc&t=42s> [1.11.2023].

46 *GRES. Acadêmicos do Salgueiro* 2014: <https://www.youtube.com/watch?v=3oFckid-vBM&t=114s> [1.11.2023].
47 *GRES. Unidos da Tijuca* 2004: <https://www.youtube.com/watch?v=hkxg1FyEXBY&t=64s> [1.11.2023].
48 *GRES. Portela* 1995: <https://www.youtube.com/watch?v=a8EvvC8PJYU> [1.11.2023].
49 *GRES. Beija-Flor de Nilópolis* 2014: <https://www.youtube.com/watch?v=7Ufa3YIgj9E> [1.11.2023].
50 *GRES. Beija-Flor de Nilópolis* 2007: <https://www.youtube.com/watch?v=SuO-XrE188k> [1.11.2023].
51 *GRES. São Clemente* 2016: <https://www.youtube.com/watch?v=fpWzwukHJOo&t=67s> [1.11.2023].
52 *GRES. Unidos da Tijuca* 2001: <https://www.youtube.com/watch?v=wqNQlfvDv3o&t=155s> [1.11.2023].
53 *GRES. Acadêmicos do Salgueiro* 2018: <https://www.youtube.com/watch?v=98nCJxC41pc> [1.11.2023].
54 *GRES. Acadêmicos do Salgueiro* 2018: <https://www.youtube.com/watch?v=98nCJxC41pc [1.11.2023].
55 *GRES. Acadêmicos do Salgueiro* 2018: <https://www.youtube.com/watch?v=98nCJxC41pc> [1.11.2023].
56 *GRES. Unidos da Tijuca* 2016: <https://www.youtube.com/watch?v=A685xZemCaU&t=194s> [1.11.2023].
57 *GRES. Unidos da Tijuca* 2016: <https://www.youtube.com/watch?v=A685xZemCaU&t=194s> [1.11.2023].
58 *GRES. Unidos de Vila Isabel* 1990: <https://www.youtube.com/watch?v=7fVn3q-giAA> [1.11.2023].
59 *GRES. Mocidade Independente de Padre Miguel* 2014: <https://www.youtube.com/watch?v=CdC7ccdw-dA> [1.11.2023].
60 *GRES. Imperatriz Leopoldinense* 2003: <https://www.youtube.com/watch?v=3BwWDYhc1vA&t=107s> [1.11.2023].

Anhang

Abkürzungs- und Symbolverzeichnis

Allgemeine verwendete Abkürzungen im Text:
GRES.: *Grêmio Recreativo das Escolas de Samba*
Liga und LIESA: *Liga Independente das Escolas de Samba*

Abkürzungen für die vier Teile des *Sambas*:
[P]: *Primeira Parte*
[RM]: *Refrão do Meio*
[S]: *Segunda Parte*
[RB]: *Refrão de Baixo* [*Refrão principal*], auch Hauptrefrain

Abkürzungen für die musikalische Analyse:
[PC]: *Prime Cell, Célula Master* (Kernzelle)
[CoM]: *Conclusion Motiv*
[FF]: *Fortführung/Fortspinnung*
[FM]: *Finalmotiv*
⌈ : Zeichen für Segmentanfänge, z. B. ⌈¹ für den ersten Vers bzw. das erste Segment

Abkürzungen für Mythemen:
[T]: Tonart [*Tonalidade*]
[F]: Fixierung [Audio]
[A]: Tempo [*Andamento*]
[D]: Dauer [*Duracao*]

Symbole innerhalb der Konversationsanalyse:
[Komp. 1-3]: Personalisierte Abkürzung für die Komponisten der *Parcerias*
[...]: Aussparung irrelevanter Passagen/Worte
... : [innerhalb des zitierten Text] Abbrechen des Satzes, Auslaufen ins Leere, optional mit Beispiel möglicher Formen:

> aus Konversationsanalyse *Parceria 1*:
> [1] – ... *chegar com componente...*
> [2] *Coloca-...*
> [3] *De... – que a Tijuca, que a gente* [...]

   ___ : Unterstreichung: Besondere Betonung der Silbe/des Wortes
   [ ]:   Anmerkung, Ergänzung der Autorin [in deutscher Sprache], Beispiel: [Blätterrascheln]
   » «:   Zitat der Komponisten, innerhalb der Fußnoten und Fließtexte
   › ‹ :   Anfang und Ende eines Zitates der Versideen
   – :   Zeichen zur Abtrennung der Verse innerhalb der direkten Dialoge
   a[-]a: Mehrfache Notation derselben Vokale/Konsonanten, mit oder ohne [-] als Ausdruck des langgezogenen Haltens, Beispiel:

> aus Konversationsanalyse *Parceria* 1:
> [1] mu-uito
> [2] sabe-er
> [3] aaah, hhm

Schreibweise der Buchstaben *kursive*: wörtliche [originale] Zitate
Schreibweise der Buchstaben gerade: ergänzende Kommentare und Erläuterungen der Autorin
Einrückung von Textzeilen: Überlappung mit überstehendem Kommentar im Dialog, kann auch zwischen mehreren Personen stattfinden, Beispiel:

> aus Konversationsanalyse *Parceria 2*:
> Komp. 5-2: *Durch die Wellen des Radios...* [...]
> Komp. 2-2: *Ne-ein...*
> Komp. 5-2: *Oder im Imperfekt...* [...]
> Komp. 2-2: *Ich glaube, wir müssen ein Verb ändern...* [...]

Auflistungen von Versen farbig und in Klammern: Verschiedene Varianten für die Endfassungen, vorläufige Platzhalter in den *Letras* [vor und nach der *Reunião*], Beispiel:

> aus der Arbeitsversion des Sambas der *Parceria 2*:
> Tá certo ou não tá, brincar na Avenida
> A dor suplantar é arte da vida
> Tá certo ou não tá, essa honra é minha

Legende der Variablen zur Grafik »Verlauf des Kompositionsprozesses«:
[R]:   Rekapitulation, Revision
[G]:   Audioaufnahme *(Gravação)*
[U]:   Unterbrechung
[A]:   Abweichungen, Abschweifungen
[f]:   Finalversion eines Abschnittes
[x, y, z]: Variable, stehen stellvertretend für eine unbestimmte Anzahl

Farblegende zu Verlaufsgrafik der *Reuniões*:
Primeira Parte/Cabeça do Samba   Gelb
Refrão do Meio   Orange
Segunda Parte   Hellrot
Refrão de Baixo   Rosa
Unterbrechung   Blau umrandet
Rekapitulation   Grüne Linie
Abweichung zu anderen Sambas (*Parceria* 3) Türkis